经济思想史

THE EVOLUTION OF ECONOMIC THOUGHT 8E

经济学精选教材译丛

〔美〕斯坦利·L. 布鲁（Stanley L. Brue）
兰迪·R. 格兰特（Randy R. Grant） 著　邱晓燕 等 译

第8版

北京大学出版社
PEKING UNIVERSITY PRESS

著作权合同登记号　图字:01-2014-4172

图书在版编目(CIP)数据

经济思想史. 第8版/(美)布鲁(Brue,S.L.),(美)格兰特(Grant,R.R.)著;邸晓燕等译. —北京:北京大学出版社,2014.10

(经济学精选教材译丛)

ISBN 978-7-301-24787-7

Ⅰ. ①经… Ⅱ. ①布… ②格… ③邸… Ⅲ. ①经济思想史—西方国家—教材 Ⅳ. ①F091

中国版本图书馆 CIP 数据核字(2014)第 203387 号

Stanley L. Brue, Randy R. Grant
The Evolution of Economic Thought, 8th edition
Copyright © 2013 South-Western, Cengage Learning.

Original edition published by Cengage Learning. All Rights Reserved.
本书原版由圣智学习出版公司出版。版权所有,盗印必究。

Peking University Press is authorized by Cengage Learning to publish and distribute exclusively this simplified Chinese edition. This edition is authorized for sale in the People's Republic of China only (excluding Hong Kong, Macao SARs and Taiwan). Unauthorized export of this edition is a violation of the Copyright Act. No part of this publication may be reproduced or distributed by any means, or stored in a database or retrieval system, without the prior written permission of the publisher.
本书中文简体字翻译版由圣智学习出版公司授权北京大学出版社独家出版发行。此版本仅限在中华人民共和国境内(不包括中国香港、澳门特别行政区及中国台湾地区)销售。未经授权的本书出口将被视为违反版权法的行为。未经出版者预先书面许可,不得以任何方式复制或发行本书的任何部分。

本书封面贴有 Cengage Learning 防伪标签,无标签者不得销售。

书　　　名	经济思想史(第8版)
	JINGJI SIXIANGSHI(DI-BA BAN)
著作责任者	〔美〕斯坦利·L.布鲁(Stanley L. Brue)　〔美〕兰迪·R.格兰特(Randy R. Grant)　著
	邸晓燕　等译
责任编辑	王　晶
标准书号	ISBN 978-7-301-24787-7
出版发行	北京大学出版社
地　　　址	北京市海淀区成府路 205 号　100871
网　　　址	http://www.pup.cn
微信公众号	北京大学经管书苑(pupembook)
电子邮箱	编辑部 em@pup.cn　总编室 zpup@pup.cn
电　　　话	邮购部 010-62752015　发行部 010-62750672　编辑部 010-62752926
印　刷　者	北京市科星印刷有限责任公司
经　销　者	新华书店
	787 毫米×1092 毫米　16 开本　32.25 印张　745 千字
	2014 年 10 月第 1 版　2025 年 1 月第 13 次印刷
定　　　价	89.00 元

未经许可,不得以任何方式复制或抄袭本书之部分或全部内容。
版权所有,侵权必究
举报电话: 010-62752024　电子邮箱: fd@pup.cn
图书如有印装质量问题,请与出版部联系,电话: 010-62756370

经济思想的

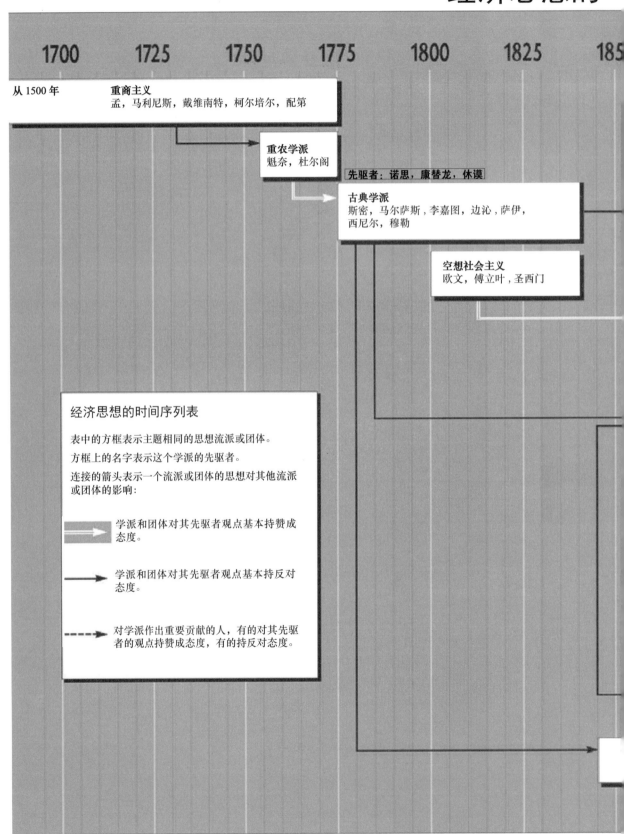

时间序列表

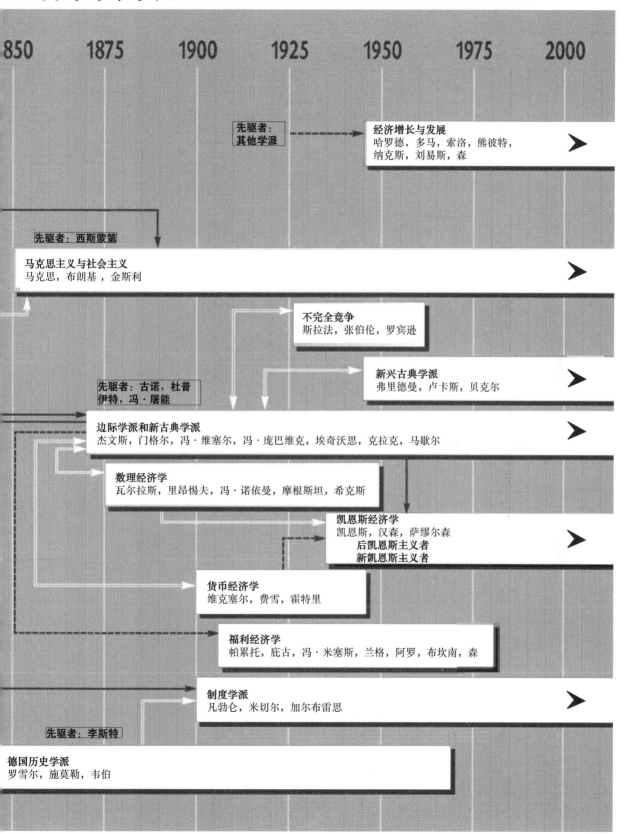

出 版 者 序

作为一家致力于出版和传承经典、与国际接轨的大学出版社,北京大学出版社历来重视国际经典教材,尤其是经管类经典教材的引进和出版。自2003年起,我们与圣智、培生、麦格劳-希尔、约翰-威利等国际著名教育出版机构合作,精选并引进了一大批经济管理类的国际优秀教材。其中,很多图书已经改版多次,得到了广大读者的认可和好评,成为国内市面上的经典。例如,我们引进的世界上最流行的经济学教科书——曼昆的《经济学原理》,已经成为国内最受欢迎、使用面最广的经济学经典教材。

呈现在您面前的这套"引进版精选教材",是主要面向国内经济管理类各专业本科生、研究生的教材系列。经过多年的沉淀和累积、吐故和纳新,本丛书在各方面正逐步趋于完善:在学科范围上,扩展为"经济学精选教材"、"金融学精选教材"、"国际商务精选教材"、"管理学精选教材"、"会计学精选教材"、"营销学精选教材"、"人力资源管理精选教材"七个子系列;在课程类型上,基本涵盖了经管类各专业的主修课程,并延伸到不少国内缺乏教材的前沿和分支领域;即便针对同一门课程,也有多本教材入选,或难易程度不同,或理论和实践各有侧重,从而为师生提供了更多的选择。同时,我们在出版形式上也进行了一些探索和创新。例如,为了满足国内双语教学的需要,我们改变了影印版图书之前的单纯影印形式,而是在此基础上,由资深授课教师根据该课程的重点,添加重要术语和重要结论的中文注释,使之成为双语注释版。此次,我们更新了丛书的封面和开本,将其以全新的面貌呈现给广大读者。希望这些内容和形式上的改进,能够为教师授课和学生学习提供便利。

在本丛书的出版过程中,我们得到了国际教育出版机构同行们在版权方面的协助和教辅材料方面的支持。国内诸多著名高校的专家学者、一线教师,更是在繁重的教学和科研任务之余,为我们承担了图书的推荐和评审工作;正是每一位评审者的国际化视野、专业眼光和奉献精神,才使得本丛书聚木成林,积沙成滩,汇流成海。此外,来自广大读者的反馈既是对我们莫大的肯定和鼓舞,也总能让我们找到提升的空间。本丛书凝聚了上述各方的心血和智慧,在此,谨对他们的热忱帮助和卓越贡献深表谢意!

"千淘万漉虽辛苦,吹尽狂沙始到金。"在图书市场竞争日趋激烈的今天,北京大学出版社始终秉承"教材优先,学术为本"的宗旨,把精品教材的建设作为一项长期的事业。尽管其中会有探索,有坚持,有舍弃,但我们深信,经典必将长远传承,并历久弥新。我们的事业也需要您的热情参与!在此,诚邀各位专家学者和一线教师为我们推荐优秀的经济管理图书(em@ pup. cn),并期待来自广大读者的批评和建议。您的需要始终是我们为之努力的目标方向,您的支持是激励我们不断前行的动力源泉!让我们共同引进经典,传播智慧,为提升中国经济管理教育的国际化水平作出贡献!

北京大学出版社
经济与管理图书事业部

译者序

这部《经济思想史》是美国大学中很受欢迎的经济思想史教科书,在美国已经出版了8版,作者是斯坦利·L.布鲁(Stanley L. Brue)和兰迪·R.格兰特(Randy R. Grant)。布鲁在内布拉斯加林肯大学获得了博士学位,是太平洋路德大学的教授,曾获得过美国国家利维奖。布鲁教授在经济学与经济史领域著述很多,他的《经济学:原理、问题和政策》已有中译本,是中国读者熟悉的一本经济学教科书。格兰特是林菲尔德学院的教授,专长的领域是美国经济史和公共政策,曾获得过该校的伊迪丝格林杰出教授奖。北京大学出版社在2008年出版了第7版中译本,本书在第8版英文本基础上,结合第7版中译本,翻译修订为第8版的中译本。

经济思想史研究经济学产生、发展的历史,历史是具有延续性和连贯性的,因此融会贯通地研究经济思想史才能真实、科学地揭示经济学演变的过程,探讨其发展变化的规律,从而进一步提高经济学学科发展的水平。本书有这样几个特色:

第一,沿着经济思想发展的主线梳理了主流经济学的发展历程。本书按照经济学的各个流派来讲述经济思想史发展演变的脉络,这是经济思想史教材常用的结构安排,读者能够比较容易地理解和把握经济思想发展的历程。本书介绍了自重商主义时代以来经济学各个主要流派的主要观点及代表人物的贡献,包括重商主义学派、重农学派、古典学派、社会主义思潮、德国历史学派、边际学派、新古典学派、数理经济学、制度学派、福利经济学、凯恩斯学派、经济增长与经济发展理论以及芝加哥学派。作者对各个时期各个学派的重要经济学家的生平、主要观点都进行了全面深入的研究,其中还包括多位诺贝尔经济学奖得主。

第二,独特的说明方法。在介绍主要的经济学流派的概况时,作者通过五个主要问题加以说明,这和其他的经济思想史教科书有所区别。这五个主要问题是:这个学派产生的历史背景,这个学派的主要信条,这个学派对谁有利或为谁谋利,这个学派在当时是如何有效、有用或正确的,这个学派的哪些信条具有长远贡献。这种新颖独特的说明方式有助于读者准确地把握每一个学派的主要思想及其特征。

第三,注重历史与现实的联系。书中穿插了多个"历史借鉴"专栏,将一些重要的经济思想或重要经济学家观点的历史渊源和现实应用联系起来,揭示了经济思想的生命力及其鲜活表现,为读者在历史与现实之间架起了一座沟通的桥梁。

第四，语言表达清晰直白，便于读者理解。本书没有运用复杂的专业术语，而是采用简单易懂、生动有趣的叙述风格，并且对每一位经济学家都作了严谨的、解释性的传记，增加了本书的可读性。这本书既可以作为经济学专业人士的研究参考书，也适合一般读者阅读。

第五，大量引用原著，并提供了大量资料来源。在评述主要经济学家的重要思想时，作者广泛引用了经典原著的内容，正如其在前言中所说，这使读者可以直接领略历史上主要经济学著作的内容和风格，能够激起读者进一步阅读原著的兴趣。另外，在第一章的附录中，作者提供了经济学主要资料的来源，包括学术著作、期刊和网站等。在每一章的最后还列出相关的精选文献。

我们试图用中文还原这部优秀的经济思想史著作的原貌，本着认真负责的态度，力争尽可能准确地反映本书的内容和特点。书中部分章节的原著引文，我们参考了国内相关著作已有的中文译本及本书第六版的中译本，在此向有关的译者表示感谢。本书的翻译，得到了北京大学出版社刘京编辑的大力支持，在此向她致谢。由衷感谢北京大学出版社的王晶编辑，她与译者并肩作战，耐心细致地做了编校工作，为此版本的翻译增色颇多。同时感谢为本书的出版作出贡献的所有人士。

本书的第1—18章、22—25章由邱晓燕翻译修订，19—21章由王花蕾翻译。由于水平和时间有限，译文中存在不少错误和遗漏，恳请读者朋友指正。当然，译文的纰漏由译者负责。

邱晓燕
2014年9月

前言

本书的主要目的是以一种清晰、学术、平衡和有趣的风格来讲述经济学历史的故事。毕竟,它是一个非常重要的故事——它加深了我们对现代经济学的理解并且提供了一个在其他学科领域所没有的独特视角。

经济思想史的研究随着经济学这门学科的成熟而不断发展。新的思想、新的证据、新的问题和新的价值要求重新审视过去的基本争论和主要贡献。尽管本书保留了以前版本的基本特点,但这一版还是有很大的调整与修改。下面列出一些最重要的改变。

新增的重要经济学家

这一版新增了下列重要经济学家的贡献:
- 伊莱·赫克歇尔和伯蒂尔·俄林(第7章)
- 保罗·克鲁格曼(第7章)
- 约瑟夫·伯特兰(第12章)
- 海因里希·冯·斯塔克尔伯格(第12章)
- 查尔斯·柯布和保罗·道格拉斯(第14章)
- 弗里德里希·A.哈耶克(第22章)
- 海曼·明斯基(第22章)
- 穆罕默德·尤努斯(第23章)
- 埃德蒙·菲尔普斯(第24章)

听从审稿人的建议,约瑟夫·熊彼特关于"资本主义的衰落"的讨论,从本书网站移回到第23章。

新增的历史借鉴部分

这一版包括6个全新的或有重大修订的历史借鉴部分。这些"专栏"将以前的思想——有时仅仅被简要提及——与后来的或现代的经济学贡献或问题联系起来。在一些情况下,这种思想的特殊联系会延续几十年;而在另外一些情况下,它仅会跨越几年。这些部分有时会展望未来,有时会回顾过去。但在所有的情况下,它们都涉及最初的思想及其对后来的经济理论、问题或事件的影响。

这些历史借鉴部分能够帮助学生认识各种思想之间的历史和逻辑联系。读过这些章节以后,学生们可能会开始在学习的其他领域中将历史思想联系起来。而且,这些部分有时候也是一种媒介,将一定程度上偏离正文的重要思想或问题引入进来,从而使后者能够得到独立充分的讨论。

新增的历史借鉴的标题是:
- 马尔萨斯、卡莱尔和悲观科学(第 6 章)
- 李嘉图以来的贸易理论(第 7 章)
- 古诺双寡头垄断理论的扩展(第 12 章)
- 货币政策与大衰退(第 16 章)
- 关于大衰退的几种理论(第 22 章)
- 尤努斯、微信用与诺贝尔和平奖(第 23 章)

目录中包括历史借鉴部分的完整列表。

扩充了章节末的内容

每个章节末的复习与讨论根据新内容增加了一些问题。而且,精选文献列表部分也在适当之处做了扩展和更新。

网站的更新

这一版的网站在上一版的基础上更新了相关资料。通过网址 www. cengagebrain. com 可以访问。这个网站的特点包括:

- **关于 1500 年以前的经济思想的章节**。一些章节介绍希腊哲学、从《圣经》到新教改革中犹太教与基督教的贡献,说明了经济学的早期思想,其中一些在现代仍然可以找到。
- **增加了介绍美国早期经济思想的章节**。对于美国的政治家,如本·富兰克林、托马斯·佩恩及亚历山大·汉密尔顿,尽管他们以其政治理论和行动为人熟知,但是他们也明确表达了新兴经济思想,且与当时公认的经济理论家彼此影响。
- **增加了经济学家**。部分章节扩充了一些经济学家的生平和贡献。乔治·斯蒂格勒、阿巴·勒纳和许多其他经济学家的资料,可从网站下载 PDF 或 WORD 文件。
- **与其他网址的链接**。有些学生想要了解更多经济思想演化过程的突出特征,我们为之提供了思想史方面其他重要网址的链接。

我们希望读者能定期到网站搜索新资料,因为我们会持续增加新内容,以填补重要的缺口,并紧跟这个学科的发展。

本书特色

本书的显著特点包括：

- **五个主要的问题**。在介绍每一个重要的经济思想学派的时候，我们会考虑五个主要问题：这个学派产生的历史背景是什么？这个学派的主要信条是什么？这个学派对谁有利或为谁谋利？这个学派在当时是如何有效、有用或正确的？这个学派的哪些信条具有长远贡献？

对这些问题的回答提供了每一个学派的概况。接下来的讨论则集中于在每一个广义的学派中作出重要贡献的经济学家。这种方法不仅具有知识的合理性，而且通过培养学生记忆知识的方式来介绍经济思想史，具有一定的教学意义。

- **广泛的引证**。本书大量引用原著，以使读者可以直接领略历史上主要的经济学著作的风格和内容。我们希望这些段落能够激起学生去进一步阅读原著的兴趣。

- **知识的历史**。这一版延续了以前各版的通识导向。它不仅是一部关于现代的、形式主义的经济理论出现过程的论著，而且还强调更加广阔的经济思想的发展以及它与知识的历史中其他部分的关系。当然，广阔的、通识的导向并不排除——在许多情形下它需要——对正统的和非正统的经济理论的严格、深入的探讨。因此，我们对现代经济学主要教科书的技术方面的发展给予认真关注。

- **清晰的解释**。这本书继续强调解释的清晰性。《经济思想史》设计得容易理解和接受，不仅对于学习过大量经济学课程的人来说是如此，而且对于那些按照合理严格的顺序仅仅选修了经济学原理课程的本科生也是如此。

- **经济思想的时间序列表**。本书的扉页后包含一个经济思想的时间序列表。时间序列表中的每一个方框代表一个主要的学派或方法，每个方框内的名字是那些在这一学派或思想体系中最重要的或最具代表性的经济学家的名字。连接两个学派的特定类型的箭头（白色或黑色）表明它们之间关系的本质。尽管这些箭头具有指导性的作用，但它们并不能完全反映两个学派之间关系的细微差别。大量复杂问题几乎使每个学派与其他学派都有一致或不同之处。

- **关于资料来源的附录**。第 1 章包括一个附录，总结概括了这一领域中的主要资料来源，包括那些可在互联网上找到的资料。

- **复习与讨论**。在每一章的结束部分都有复习与讨论。这些问题会回顾这一章的内容，引导学生们"扩展"他们的理解，并将过去、现在和将来的材料联系起来。

- **人物传记**。书中为每个人物都认真地写了说明性传记。

致谢

这本书的长期读者将会在其中发现雅可布·奥泽的遗产。尽管奥泽教授已经不在世，未参与过去五个版本的工作，但是本书在很多地方保留着早期版本的特征、风格和真实的语言。我们很荣幸能够继续从事奥泽教授的工作。

在本书的修订过程中，我们从评论人提供的帮助中受益匪浅，在此公开向他们致谢。他们是：麦克玛斯特大学的斯雅德·奥曼；弗兰克罗塞尔公司的欧内斯特·安克瑞姆；罗林斯学院的本杰明·巴拉克；伊利诺伊州奥古斯塔纳学院的理查德·鲍尔曼；南达科他州奥古斯塔纳学院的莱斯·卡森；马里兰州圣玛丽山大学的卡尔·W.恩奥夫；弗吉尼亚州立大学的马克斯韦尔·O.依西奴；北密歇根大学的托尼·亨特·法拉里尼；纽约州立大学新帕尔茨分校的彼特·加利克；阿肯色大学的戴维·E.R.盖伊；霍巴特和威廉史密斯学院的杰弗里·吉尔伯特；乔治华盛顿大学的Ching-Yao Hsieh（华裔经济学家——译者注）；太平洋路德大学的罗伯特·詹森；马里兰州圣玛丽山大学的约翰·拉里维；塔斯卢卡萨的阿拉巴马大学的查尔斯·G.莱瑟斯；艾奥纳学院的玛丽·H.莱塞；范德堡大学的安德里·曼尼思奇；马萨诸塞州威顿学院的约翰·A.米勒；贝勒大学的特蕾西·米勒；美国海军学院的克莱尔·E.莫里斯；巴布森学院的劳伦斯·莫斯；太平洋路德大学的诺里斯·彼得森；里诺内华达大学的迈克尔·里德；西彭斯堡大学的托马斯·雷茵沃德；扬斯敦州立大学的特雷莎·M.赖利；阿什兰大学的罗伯特·P.罗杰斯；伊利诺伊州立大学的尼尔·T.斯卡格斯。许多经济思想史课程的学生也热心地指出了错误和改进的建议。特别感谢林菲尔德学院的经济学校友凯尔·艾本，他对本研究的帮助堪称典范。

此外，我们感谢Thomson/South-Western and Interactive Composition Corporation的几位能干的人士，他们对修订进行了专业处理，把它从概念变成了最终的产品：组稿编辑史蒂文·斯考博、执行编辑西奥多·奈特、高级美术主管米歇尔·库克、版权经理安伯·霍齐亚和印务管理凯文·克拉克。

最后，我们衷心感谢泰瑞和克雷格，感谢苏西、亚历克斯和卡拉，感谢他们坚定不移的支持和鼓励。

目录

第1章 导言与概览 1
- 1.1 经济思想的时间序列表 2
- 1.2 五个主要问题 3
- 1.3 研究经济学及其历史的意义 6
- 复习与讨论 7
- 精选文献 7
- 附录 经济思想史:资料来源 8

第2章 重商主义学派 11
- 2.1 重商主义概览 11
- 历史借鉴 2-1 重商主义与劳动力供给 14
- 历史借鉴 2-2 重商主义的影响犹存 17
- 2.2 托马斯·孟 18
- 2.3 杰拉德·马利尼斯 20
- 2.4 查尔斯·戴维南特 21
- 2.5 让·巴蒂斯特·柯尔培尔 22
- 2.6 威廉·配第爵士 24
- 复习与讨论 27
- 精选文献 28

第3章 重农学派 29
- 3.1 重农学派概览 29
- 3.2 弗朗索瓦·魁奈 33
- 历史借鉴 3-1 魁奈和循环流向图 35
- 3.3 安·罗伯特·雅克·杜尔阁 36
- 复习与讨论 38
- 精选文献 39

第4章 古典学派:先驱者 40
- 4.1 古典学派概览 40
- 4.2 达德利·诺思爵士 44
- 4.3 理查德·康替龙 46
- 4.4 大卫·休谟 48
- 历史借鉴 4-1 休谟与合作 51
- 复习与讨论 53

- 精选文献 54

第5章 古典学派:亚当·斯密 55
- 5.1 生平细节 55
- 5.2 对斯密有重要影响的因素 56
- 5.3 道德情操论 56
- 5.4 国富论 59
- 5.5 竞争经济中的经济规律 64
- 历史借鉴 5-1 亚当·斯密与效率工资 67
- 复习与讨论 73
- 精选文献 74

第6章 古典学派:托马斯·罗伯特·马尔萨斯 75
- 6.1 历史与知识背景 75
- 6.2 马尔萨斯的人口理论 77
- 历史借鉴 6-1 马尔萨斯、卡莱尔和悲观科学 80
- 6.3 市场供给过剩理论 82
- 6.4 对马尔萨斯贡献的评价 84
- 历史借鉴 6-2 马尔萨斯、森与现代饥荒 84
- 复习与讨论 87
- 精选文献 88

第7章 古典学派:大卫·李嘉图 89
- 7.1 生平细节 89
- 7.2 货币问题 91
- 7.3 收益递减与地租理论 92
- 7.4 交换价值与相对价格理论 95
- 历史借鉴 7-1 李嘉图等价定理 98
- 7.5 收入分配 99
- 7.6 政策含义 102
- 历史借鉴 7-2 李嘉图以来的贸易理论 104
- 7.7 李嘉图对失业问题的看法 105
- 7.8 评价 106

复习与讨论 107
精选文献 108

第8章 古典学派：边沁、萨伊、西尼尔、穆勒 110

8.1 杰里米·边沁 110

历史借鉴8-1 阿奎那、边沁、费雪论高利贷 113

8.2 让-巴蒂斯特·萨伊 116

历史借鉴8-2 萨伊与寻租 117

8.3 纳索·威廉·西尼尔 120

8.4 约翰·斯图亚特·穆勒 123

历史借鉴8-3 穆勒、泰勒和妇女的权利 123

复习与讨论 133

精选文献 134

第9章 社会主义思潮的兴起 135

9.1 社会主义概览 135

9.2 亨利·克劳德·圣西门 141

9.3 查尔斯·傅立叶 142

9.4 西蒙·德·西斯蒙第 143

9.5 罗伯特·欧文 145

9.6 路易·布朗基 148

9.7 查尔斯·金斯利 150

复习与讨论 152

精选文献 152

第10章 马克思的社会主义 154

10.1 生平细节与影响马克思的各种学术思想 154

10.2 马克思的历史理论 156

10.3 资本主义社会的"运动规律" 158

10.4 资本主义运动规律：一个总结 166

10.5 对马克思经济学的评价 167

复习与讨论 169

精选文献 170

第11章 德国历史学派 172

11.1 德国历史学派概览 172

11.2 弗里德里希·李斯特 175

历史借鉴11-1 李斯特与战略贸易理论 178

11.3 威廉·罗雪尔 179

11.4 古斯塔夫·施莫勒 180

11.5 马克斯·韦伯 183

11.6 后记 184

复习与讨论 185

精选文献 186

第12章 边际学派：先驱者 187

12.1 边际学派概览 187

12.2 安东尼·奥古斯丁·古诺 191

历史借鉴12-1 古诺双寡头垄断理论的扩展 195

12.3 朱尔斯·杜普伊特 196

历史借鉴12-2 戈森：效用与迟到的荣誉 199

12.4 约翰·海因里希·冯·屠能 200

复习与讨论 202

精选文献 203

第13章 边际学派：杰文斯、门格尔、冯·维塞尔和冯·庞巴维克 205

13.1 威廉·斯坦利·杰文斯 205

历史借鉴13-1 杰文斯：赌博是理性的吗 210

13.2 卡尔·门格尔 213

13.3 弗里德里希·冯·维塞尔 217

历史借鉴13-2 富兰克林和巴师夏论机会成本 220

13.4 欧根·冯·庞巴维克 221

复习与讨论 224

精选文献　225

第14章　边际学派：埃奇沃思和克拉克　227

14.1　弗朗西斯·Y.埃奇沃思　227

历史借鉴14-1　雅各布·瓦伊纳的成本曲线　234

14.2　约翰·贝茨·克拉克　236

历史借鉴14-2　克拉克、边际生产力与首席执行官的薪水　242

复习与讨论　244

精选文献　244

第15章　新古典学派：阿尔弗雷德·马歇尔　246

15.1　马歇尔的生平与学术方法　246

15.2　效用与需求　248

历史借鉴15-1　行为经济学：我们是理性的吗　250

15.3　供给　255

15.4　均衡价格与均衡数量　256

15.5　收入分配　259

15.6　成本递增与成本递减行业　262

历史借鉴15-2　为什么企业会存在　262

复习与讨论　267

精选文献　268

第16章　新古典学派：货币经济学　269

16.1　约翰·古斯塔夫·克努特·维克塞尔　270

16.2　欧文·费雪　275

16.3　拉尔夫·乔治·霍特里　281

历史借鉴16-1　货币政策与大衰退　283

复习与讨论　285

精选文献　285

第17章　新古典学派：不完全竞争经济学　287

17.1　皮耶罗·斯拉法　288

17.2　爱德华·黑斯廷斯·张伯伦　291

历史借鉴17-1　委托人、代理人与X-无效率　294

17.3　琼·罗宾逊　295

历史借鉴17-2　罗宾逊、买方垄断和公共政策　300

复习与讨论　302

精选文献　303

第18章　数理经济学　305

18.1　数理经济学的类型　305

历史借鉴18-1　计量经济学的进展　311

18.2　莱昂·瓦尔拉斯　312

18.3　瓦西里·里昂惕夫　315

18.4　约翰·冯·诺依曼和奥斯卡·摩根斯坦　317

历史借鉴18-2　约翰·纳什：发现、绝望与诺贝尔奖　319

18.5　约翰·R.希克斯　321

18.6　线性规划　325

复习与讨论　327

精选文献　328

第19章　制度学派　330

19.1　制度学派概览　330

19.2　索尔斯坦·邦德·凡勃伦　334

历史借鉴19-1　凡勃伦物品和向上倾斜的需求曲线　336

19.3　韦斯利·克莱尔·米切尔　343

19.4　约翰·肯尼思·加尔布雷思　347

历史借鉴19-2　道格拉斯·诺斯和新制度主义　351

复习与讨论　353

精选文献　353

第20章 福利经济学 355

- 20.1 维尔弗雷多·帕累托 355
- 20.2 阿瑟·塞西尔·庇古 358
- 历史借鉴20-1 庇古与科斯论外部性 361
- 20.3 路德维希·冯·米塞斯 364
- 20.4 奥斯卡·兰格 366
- 20.5 肯尼思·阿罗 367
- 20.6 詹姆斯·M.布坎南 369
- 20.7 阿马蒂亚·森 373
- 复习与讨论 378
- 精选文献 379

第21章 凯恩斯学派——约翰·梅纳德·凯恩斯 381

- 21.1 凯恩斯学派概览 381
- 21.2 约翰·梅纳德·凯恩斯 385
- 历史借鉴21-1 凯恩斯与斯德哥尔摩学派 393
- 复习与讨论 396
- 精选文献 397

第22章 凯恩斯学派：凯恩斯之后的发展 399

- 22.1 阿尔文·H.汉森 399
- 历史借鉴22-1 蒙代尔-弗莱明对 IS-LM 模型的贡献 404
- 历史借鉴22-2 阿巴·勒纳与"凯恩斯的方向盘" 406
- 22.2 保罗·A.萨缪尔森 407
- 22.3 后凯恩斯主义者 414
- 22.4 新凯恩斯主义者 416
- 历史借鉴22-3 关于大衰退的几种理论 418
- 复习与讨论 420
- 精选文献 420

第23章 经济增长与经济发展理论 422

- 23.1 罗伊·F.哈罗德爵士与埃弗西·多马 423
- 23.2 罗伯特·M.索洛 425
- 23.3 约瑟夫·阿洛伊斯·熊彼特 427
- 历史借鉴23-1 熊彼特、创造性破坏与反托拉斯政策 430
- 23.4 拉格纳·纳克斯 432
- 历史借鉴23-2 尤努斯、微信用与诺贝尔和平奖 435
- 23.5 W.阿瑟·刘易斯 436
- 历史借鉴23-3 托达罗对刘易斯和舒尔茨的批评 438
- 复习与讨论 440
- 精选文献 440

第24章 芝加哥学派：新兴古典主义 442

- 24.1 芝加哥学派概览 442
- 24.2 米尔顿·弗里德曼 446
- 历史借鉴24-1 从斯蒂格勒到"柠檬" 452
- 24.3 小罗伯特·E.卢卡斯 453
- 24.4 加里·S.贝克尔 456
- 历史借鉴24-2 人力资本形成？或遴选与发出信号？ 459
- 复习与讨论 463
- 精选文献 464

第25章 结束语 466

- 历史借鉴25-1 诺贝尔经济学奖得主 467
- 复习与讨论 472
- 精选文献 472

人名索引 474

主题词索引 480

第 1 章　导言与概览

经济思想的早期源流可以追溯至古代。例如,经济学(economics)一词的根源可追溯到古希腊,在那里,oeconomicus 的意思是"家庭管理"。亚里士多德(Aristotle,公元前384—公元前322)的经济思想区分了"自然探索和非自然探索"。他写道,自然探索,包括诸如种田、打鱼、狩猎等活动,生产出生活必需品。非自然探索,是他不赞成的,指为了获得个人必需品以外的物品而从事的探索。柏拉图(Plato,公元前427—公元前347)描述了理想城邦中的人们因专门化而获得利益。这种专门化预示了后来亚当·斯密(Adam Smith)的劳动分工的思想。《圣经》中也包含一些经济学的思想,包括反对以获利为目的的借贷。在中世纪,圣·托马斯·阿奎那(St. Thomas Aquinas,1225—1274)发展了公平价格的思想:无论是买者还是卖者都不占对方便宜时的价格。

公元 1500 年以前的这段时期,代表了一个远远不同于 16 世纪至今的时代。1500 年以前,贸易很少,大部分产品都是在社区内消费,而不是首先拿到市场上交易。因此,尽管在古代就出现了货币和信用,但没有得到广泛使用。强大的国家和统一的国家经济体还没有完全发展起来,经济思想的任何流派也没有形成。

相比而言,1500 年以后,市场和贸易迅速扩大,这既是地理大发现的结果,也加速了地理大发现的进程。货币经济取代了自然经济或自给自足经济。具有统一经济体的国家成为主导。经济学流派开始形成,并形成了系统的思想和政策体系。

在 16 世纪,"政治经济时代"开始取代"道德哲学时代"。对政治经济的关注,使得经济思想的碎片转化为系统的理论,产生了更连贯一致的经济思想体系。然而,我们意识到这些早期思想碎片具有深远影响,因此在本书的相关网站上(http://www.cengagebrain.com),我们总结了古希腊和从《圣经》时期到宗教改革时期的宗教思想的影响。尽管我们将会偶尔参阅早期思想,但本书是从 16 世纪的重商主义开始经济思想演进的讲述。

1.1 经济思想的时间序列表

在数个世纪中,经济思想表现出显著的延续性。一项新理论的开创者可能吸收其前人的思想,并将该思想进一步发展,或者,他们反对早期的思想,从而激发他们自己在新方向上的思想。在本书的扉页后,经济思想的时间序列表刻画了不同思想流派之间的关系。综览这个序列表,要记住,描绘各流派影响及相互联系的任何组织纲要,都需要基于一些关于哪些适合哪里的主观判断。

时间序列表中的每一个矩形都代表一个主要流派或方法。每一个矩形中的名字是发展该流派或方法最重要或最有代表性的经济学家。矩形的上方是该流派的先驱者。连接两个矩形的白色箭头表示后者是由前者发展而来或者是对前者的接替。黑色箭头表示后者对前者是对抗的或者是由前一流派的对立面产生的。虚线箭头表示有些贡献者是支持前辈的,而另一些则是反对的。

这样你会发现,例如,重农主义者完全反对重商主义者的学说(黑色箭头),而亚当·斯密及古典学派对重农主义者则是支持的(白色箭头)。边际主义者根源于古典主义,但却突破了古典学派,而约翰·梅纳德·凯恩斯(John Maynard Keynes)则丢弃了边际主义的宏观经济学思想。因此黑色箭头出现在这些序列中,尽管可以说在这两种情况中他们的相似性要大于差异性。当然,边际主义者和货币主义经济学家之间存在密切的支持关系(白色箭头)。另一种情况,有些福利经济学家发展了边际主义者的思想,而另一些则对这些思想提出了挑战。因此,从边际主义学派到福利经济学家是虚线。

许多现代思想与一些过去从未被接受或者长期受到批判的概念有相似性。例如,20世纪80年代美国的供给学派经济学家倡导重新回到国家金本位制,该思想曾经被经济学家提出并在19世纪得到一些国家采纳,但随着20世纪30年代大萧条的到来而被放弃。由亚当·斯密和约翰·斯图亚特·穆勒(John Stuart Mill)阐述过的人力资本理论一直处于休眠状态,直到20世纪60年代后期被西奥多·舒尔茨(Theodore Schultz)和加里·贝克尔(Gary Becker)复兴和发展。托马斯·罗伯特·马尔萨斯(Thomas Robert Malthus)于1798年的悲观判断,在20世纪70年代很多经济学家那里能够听到同样的声音,只不过形式上有所变化。他们预言,资源的稀缺不久之后将导致世界经济崩溃。20世纪80年代和90年代出现的新古典宏观经济学,成为对流行的凯恩斯主义观点的挑战,其实是对某些先前世纪老古典主义的改头换面。

这并不表明历史是循环运动的,而我们又回到了先前时期。然而经济思想史似乎是螺旋式上升运动的。经济理论和政策确实经常和早先时期的类似,但是它们发展水平不同,面临的条件也不同。这些差异和相似是一样重要的,都值得仔细检验。这正是我们通过时间序列表来考察的。阅读本书的过程中要经常参考这个时间序列表,因为它能帮助发现正被研究的经济学家和思想在经济学说的更广阔的历史潮流中的位置。

最后，贯穿本书你会看到很多"历史借鉴"的部分。这些部分表明，过去的思想，有时是断断续续的形式，是后来更先进和更正式的经济思想及政策的先驱。

1.2 五个主要问题

介绍每一个重要的经济思想学派时，需要考虑五个主要问题。这种方法将会揭示学派及其产生的社会环境的背景。开篇的简单总结将有助于澄清被研究的最重要的经济学家思想的关键点。对经济学家的研究能说明与之联系的学派的特征，引用他们的著作能揭示其思想风格。

1.2.1 这个学派产生的历史背景是什么

我们考察历史背景是为了确定是否这个背景本来就会孕育一套思想体系。经济理论常常随新环境的变化和新问题的出现而发展，了解一些时代背景的知识对理解为什么人们要那样思考和行动是必要的。当然，很多思想体系在许多经济学家个人头脑中同时存在也是事实，聪明的人倾向于使思想得到从最明智到最狂想的多样发展。与当时社会无关的思想会逐渐衰亡，而那些对解决问题，至少是回答某些问题有效用的思想，则会得以传播和流行，因而有助于提高其作者的声望。亚当·斯密对经济思想贡献巨大，但可能也有人怀疑，假如他不存在，同样的思想后来是否也会出现呢？也许只是不会表达得这么充分或这么清晰罢了。因而在明白无误地到达理智的道路之前，学者们可能会犯些错误。

斯密作出了重要贡献，无疑是因为他的思想满足了他那个时代的需求。例如，如果大卫·李嘉图(David Ricardo)在国际贸易中的比较优势理论出现在封建社会时期，那么在那个当地自给自足、贸易很少的乡土社会里，就没有什么重要性。19世纪早期英国谷物法的争论，导致了地租理论的产生。如果凯恩斯是在1926年而不是1936年出版《就业、利息和货币通论》(*The General Theory of Employment, Interest and Money*)，那可能引起不了那么多的注意。显然产生思想的社会环境很重要。

事实上，有些经济学家认为，社会、政治和经济环境头等重要，正是环境决定了经济学家提出的问题的基本性质和在特定时期产生的经济理论的核心内容。例如，约翰·肯尼思·加尔布雷思(John Kenneth Galbraith)认为："思想本身都是保守的。它们不会屈服于其他思想的攻击，却会屈从于它们难以应付的环境的巨大冲击。"[①]换言之，只有当时的事件使原来的旧理论显然不充分时，新思想才会取代已被广泛接受的经济理论。例如，有些人主张，长期以来认为市场经济自动产生充分就业的观念并没有屈服于凯恩斯《通论》的逻辑，而是屈服于20世纪30年代全世界范围内的大萧条和大量失业。

韦斯利·C.米切尔(Wesley C. Mitchell)提出了类似的观点，他写道：

---

① John Kenneth Galbraith, *The Affluent Society* (Boston: Houghton Mifflin, 1958), 20.

经济学家倾向于认为他们的工作是建立在逻辑性问题之上的自由智慧的结果。他们承认其思想受到他们的才智足以选择的读物及接受的教育的影响，但是他们很少意识到，他们的自由智慧是由其成长的环境塑造的，他们的思想是社会的产物，他们不可能在真正意义上超越他们的环境。

认识到关于他们自身的所有这些是很重要的，如果研究者能够适当地自我批判；也就是说，如果他们能够意识到视野的局限性。但是，对特定环境形成的思想，不把环境看做想当然，或者认识到它本身正是暂时条件的产物因而有很多局限，这是非常困难的。[2]

然而很多其他的经济学家不同意环境力量是经济理论最主要塑造者的观点，或至少对此有很大的保留。他们主张一个学科的内部因素，如探索和解释尚未解决的悖论，是导致理论进步的最主要的原因。乔治·J. 斯蒂格勒（George J. Stigler）的观点可以作为他们的代表：

我相信，如果适宜的环境条件是所需的主要因素，那么近几百年以来的主要的经济理论进展都可以大大提前。即使凯恩斯的《通论》也可以在后拿破仑时期、19世纪70年代或90年代找到明显的实证基础。或许这意味着经济学家所认为的经济体制的基本因素已经存在很长时间了，这也是显而易见和毋庸置疑的。自从斯密时代以来，经济体制的本质没有发生多大的变化。

因此，我认为当时的环境对经济理论的发展仅起微乎其微的，甚至是偶然的作用，因为它已经是一个专业化的学科。即使在某些情况下最初的环境因素对特定理论具有明显的激发作用，如李嘉图的地租理论，但很快专业搬用这个问题并重新表达使之远离了当时的情况，直到最后最初情形与理论的本质或使用已经没有任何明显的关系。[3]

两种观点哪个正确？两者都包含合理的因素。有些理论显然直接产生于当时现实中的迫切问题；经济学的另一些进步起因于对知识的进一步不断探索，和当时的现实无关。

1.2.2 这个学派的主要信条是什么

这个标题下说明的是连续的经济学流派思想的一般化归纳。这个环节的优点是能简洁表达流派的本质。缺点是不能具体考察一般化之余的例外情况。简单总结是对一派经济学家思想的一致风格的表达，但例外情况可能包含最终获得非凡成功的思想火种。我们一般普遍认为重商主义者赞成金银积累，然而他们中还有一些人持反对立场。这些人最初被压倒，很难听到其声音，但他们的思想最终得到了证实。同样，古典学派坚信国家间的自由贸易；而古典经济学家马尔萨斯则支持对进口商品实施关税。

---

[2] Wesley C. Mitchell, *Types of Economic Theory*, ed. Joseph Dorfman, vol.1 (New York: A. M. Kelley, 1967), 36—37.
[3] George J. Stigler, *Essays in the History of Economics* (Chicago: University of Chicago Press, 1965), 23.

1.2.3　这个学派对谁有利或为谁谋利

主导一个群体思想的某类经济问题,对另一群体来说可能根本不重要。例如,中世纪的神学者非常关心借出的金钱收取利息的道德问题。随着时间的流逝,这个问题不重要了。一群所谓重商主义者的思想家和从业者探索:"怎样能使国家积累最多的金银?"古典经济学家更关心"如何增加产出?"社会学家想尽办法改善工业革命造成的严酷环境。凯恩斯探求市场经济怎么能避免萧条和高失业。货币主义者考虑通货膨胀的起因。为了受欢迎,一套思想体系要么必须适合社会所有人的需要,要么至少被维护、发展和运用它的那些社会分子所接受。

大多数经济理论家都假设,个人的自利本性主宰和引导了经济进程。然而,个人自利并不会导致个人按照对立于社会其他人的方式行动的混乱。市场、社会、政治和道德力量引导个人和其他人合作,来构成与社会的合理的工作关系。进一步,由于社会压力、共同的利益和思想,以及天然的群居倾向,他们联合组成群体。从而就有宗教学、政治学、美学、社会学和经济学团体,每一个群体在特定的利益层面上都代表着一致的见解和系统。我们这里关注那些人,他们部分基于自利部分基于利他,发展共通的思想,有助于形成他们的设想,经济如何组织,经济该向哪个方向发展。我们尽可能确定每一个思想学派的支持群体,以及每一个学派向哪些群体寻求支持,不管成功的还是不成功的。

1.2.4　这个学派在当时是如何有效、有用或正确的

必须在两种相反的危险中找到出路。一种错误观点是认为过去的思想家都是错误的、幼稚的、无知的或愚蠢的,而我们现在更有智慧,发现了终极真理。如此,J. B. 萨伊(J. B. Say)150多年前就著述质疑:"研究很久以前就被推翻的荒谬的观点和教条有什么有用的目的,而且值得吗?企图恢复他们不过是无用而迂腐的。科学越完善,其历史就越短。"④

这种看法更多地适用于自然科学,而不是社会科学。因为在近几个世纪中,自然世界不会有可察觉的变化,所以支配其运转的法则也不会有太大变化。随着科学知识的增长,我们更接近真理。即使如此,自然科学的历史也是有意义的。但是社会已经变化了,因此并不奇怪出现新理论来解释新进展。在17世纪合理的理论和政策在400年之后可能根本不相关了。

另一个极端是认为过去的每一个主导思想在当时都是正确、公平、合理的。当然,经济理论在当时当地肯定是有一定合理性的,但是,在最初提出来时甚至就可能是错误的,或者不完善的。例如,考察卡尔·马克思(Karl Marx)的劳动价值论,不仅要联系到早期斯密和李嘉图的劳动论,而且还要结合当代的价值论。当然,这种批判的方法也必

---

④ Charles Gide and Charles Rist, *A History of Economic Doctrines from the Time of the Physiocrats to the Present Day* (University of California; D. C. Heath, 1948), 10.

须运用到当前的思想中来。如今广为接受的概念往往不适用于过去,到将来也可能不再适合。

1.2.5 这个学派的哪些信条具有长远贡献

这部分要确定一个学派提出的观点中哪些具有长久的重要性因而在现代的经济学教科书中仍然可以找到。在这里,那些"经过时间检验"的贡献将会从那些在其当时合理,但当新情况出现或社会条件改变后就无用的理论中挑选出来的。

1.3 研究经济学及其历史的意义

在艰难的知识领域准备奋勇前进的学生们可能会有疑问:"值得这样努力吗?为什么研究经济理论?为什么研究它的历史?"

有很多答案。除了可能获得个人利益,两个最主要的原因可以证明研究经济理论的价值。首先,这种研究可以让我们理解经济是如何运转的;就是说,什么使它保持一致并发挥作用?其次,经济理论帮助社会达到它自己选择的目标。依靠经济学知识,社会得以更快达到经济目标。

但是,为什么研究经济思想的历史?首先,这样的研究可以增强一个人对当代经济思想的理解。举例来说,构成当代供给-需求分析基础的很多复杂概念的历史发展将会被追溯。更具体地说,我们将看到收益递减及规模收益等这些概念,如何为现代短期-长期供给分析铺平了道路;以及边际效用和无差异曲线模型如何引致现代需求理论的出现。你也许会发现,正如马克·布劳格(Mark Blaug)所说:"当代理论还带着已解决的过去的问题的疤痕,已更正的过去的谬误的痕迹,如果不是作为过去流传下来的遗产,则不可能完全被理解。"⑤

其次,几十年来经济学家所作的大量分析和证明能够对不可靠的泛泛而论进行更准确的检验。这能够使我们在做个人决策及形成国家和地方经济政策时,比过去少犯错误。然而经济学中仍然存在很多未被解决、未被回答的问题。我们对过去的成功、错误、僵局的理解对回答和解决这些问题都是有帮助的。

最后,最重要的是,研究经济思想史可以观察和理解我们的过去,正在变化的思想和问题,以及发展的方向。它帮助我们认识到没有哪一群人可以垄断真理,很多群体和个人都对知识、文化和物质继承的丰富性和多样性作出了贡献。研究经济思想演进和与之相联系的变化的社会背景,能够帮助阐释我们所关心的其他领域的变化,如政治、艺术、文学、音乐、哲学和自然科学。当然,这是一种相互的关系,更好地理解这些领域的知识能有助于解释变化的经济思想。

很遗憾,知识和理解的积累并不必然导致一个更好的世界。即使所有人都完全充

---

⑤ Mark Blaug, *Economic Theory in Retrospect*, 4th ed.(London: Cambridge University Press, 1985), vii.

分了解经济事务,争执和冲突还是会存在的,这是因为对什么是优什么是劣、应该接受或反对哪些目标、每一个目标的优先顺序应该是什么,都存在不同的意见。即使我们对经济目标都赞同,也可能在它们之间的相对重要性上达不成一致。但是经济分析帮助我们设计这样一套制度,在这个制度下,个人和社会意义上的公共利益可以被定义,在这个制度下人们在追求自我利益的同时能够增加其他人的福利。

在特定的环境中,人类某些令人失望的罪恶品质就会浮现出来。希望随着我们经济知识的增长和对社会问题掌握程度的提高,以及物质财富的增加,对生活中的文化、美学和智力方面的鉴赏能力的扩展,我们会变得更加文明,更加人道,更加关心彼此。如果研究过去及现在的经济理论和问题能有助于实现这些目标,这些努力将是值得的。

复习与讨论

1. 根据作者的观点,公元 1500 年之前经济思想的贡献怎样不同于从那时之后的贡献?
2. 解释在经济思想的时间序列表中连接各学派的黑白箭头的含义。图表中如何区分一个流派的先驱者和它的代表者?推测一下为什么把某个经济学家归入到一个特定经济思想学派中有时是困难的。
3. 列出本书组织经济思想学派讨论的五个主要问题。简单解释为什么每个问题对理解和评价主要学派都很重要。
4. 列出五个最近媒体报道或讨论的当代经济热点和问题。当你进一步阅读这本书时,注意经济学家发展了和这些问题有关的思想的例子。
5. 了解某个特定的经济学家生活和写作的社会、政治和经济背景有什么价值?
6. 评价如下引文:"对过去的作者的傲慢蔑视当然是一种危险——但祖先崇拜更是一种危险。"(马克·布劳格)
7. 研究经济学及其历史有什么好处?
8. 经济史是用经济学的视角(包括经济学的理论工具)研究历史事件。经济史与本书研究经济思想的历史的目的有何不同?

精选文献

书籍

Blaug, Mark. *The Methodology of Economics or How Economists Explain*. London: Cambridge University Press, 1980.

——, ed. *The Historiography of Economics*. Brookfield, VT: Edward Elgar, 1991.

Colander, David, and A. W. Coats, eds. *The Spread of Economic Ideas*. New York: Cambridge University Press, 1989.

Mackie, Christopher D. *Canonizing Economic Theory: How Theories and Ideas Are Selected in Economics*, Armonk, NY: M. E. Sharpe, 1998.

Meeks, Ronald L. *Economics and Ideology and Other Essays: Studies in the Development of Economic Thought*. London: Chapman and Hall, 1967.

Mitchell, Wesley C. *Types of Economic Theory*. Introduction by Joseph Dorfman. 2 vols. New York: Kelly, 1967, 1969.

Rogin, Leo. *The Meaning and Validity of Economic Theory*. New York: Harper, 1956.

Stigler, George J. *Essays in the History of Economics*. Chicago: University of Chicago Press, 1965.

期刊论文

Cesarano, Filippo. "On the Role of the History of Economic Analysis." *History of Political Economy* 15 (Spring 1983): 63—82.

Dillard, Dudley. "Revolutions in Economic Theory." *Southern Economic Journal* 44 (April 1978): 705—724.

Ekelund, R. B., and R. W. Ault. "The Problems of Unnecessary Originality in Economics." *Southern Economic Journal* 53 (January 1987): 650—661.

Stigler, George J. "The Influence of Events and Policies on Economic Theory." *American Economic Review* 50 (May 1960): 36—45.

附录　经济思想史：资料来源

这个附录的目的是提供一个简单总结，说明收集关于经济思想史信息的适当的资料类型。参考这个领域内众多的并在增长的文献资料，对于做学期论文或希望更深入探讨这个问题的学生来说非常有用。

1. 主要来源

主要来源由本书讨论的经济学家的完整著作所构成。这些资料列在每章最后的"精选文献"部分。

2. 阅读书籍

除了完整的著作，还有一些精彩的文集包含了原始资料摘录的精选部分。举例如下：

Abbott, Leonard Dalton, ed. *Masterworks of Economics*. 3 vols. New York: McGraw-Hill, 1973.

Needy, Charles W., ed. *Classics of Economics*. Oak Park, IL: Moore, 1980.

Newman, Philip C., Arthur D. Gayer, and Milton H. Spencer, eds. *Source Readings in Economic Thought*. New York: W. W. Norton, 1954.

3. 关于经济思想史的论著

关于经济方法与理论的历史有大量的重要论著值得列举出来。由于其篇幅过长、细节甚微或内容严谨，这些论著通常不用作本科水平的教材。但它们是扩展和加强个人知识的很好的来源。这类著作有以下四个例子：

Blaug, Mark. *Economic Theory in Retrospect*. 5th ed. London: Cambridge University Press, 1997.

Pribram, Karl. *A History of Economic Reasoning*. Baltimore: Johns Hopkins University Press, 1983.

Schumpeter, Joseph A. *History of Economic Analysis*. New York: Oxford University Press, 1954.

Spiegel, Henry W. *The Growth of Economic Thought*. 3rd ed. Durham, NC: Duke University Press, 1991.

4. 关于科学进步的论著

通过提出关于产生科学进步的因素的丰富理论，下面几本著作为我们研究经济学历史提供了有用的框架：

Kuhn, Thomas. *Structure of Scientific Revolutions*. 3rd ed. Chicago：University of Chicago Press, 1996.

Lakatos, Imre. *The Methodology of Scientific Research Programmes*. London：Cambridge University Press, 1978.

Popper, Karl. *The Logic of Scientific Discovery*. 2nd ed. London：Hutchinson and Co., 1968.

5. 关于个别经济学家的著作

大量的传记考察了伟大经济学家的生平和时代，有几部里程碑式的作品考察了某些特定经济学家的贡献。大多数具有重要意义的著作都被作为"精选文献"而列在相关章节的最后。我们建议你注意所列举的这些著作并没有穷尽全部，新的作品会不断出现。当你开始查找这些书时，可以求助于学术图书馆的参考书目系统。

6. 期刊论文

经济学方面的学术期刊是经济学家用来提出经济思想史方面的新知识的平台。在一些章节的脚注和每一章的最后我们都引用了一些期刊论文，但是这些参考资料仅是就这一章所讨论主题的各个方面所写的众多论文中的一小部分。期刊包括两种类型：(1) 一般期刊，它包含覆盖经济学各子领域广泛范围的各种论文；(2) 专业期刊，它们专门属于经济学的某一个领域，如公共财政，劳动经济学，或者是经济思想史。

一般期刊。经济思想史方面的论文有时也会出现在一般的经济学期刊上，比如，*American Economic Review*, *Oxford Economic Papers*, *Journal of Political Economy*, *Southern Economic Journal*, *Economica* 等此类期刊。下面这两个重要的索引是我们搜索感兴趣的文章的有用工具：

美国经济学会的《经济学论文索引》(*Index of Economic Articles*. Homewood, IL：Richard D. Irwin, Inc.)。这个丛书是通过定期的新卷本来更新的，并且包含引用自250多种经济学期刊的论文。每一卷覆盖一个特定时期。但是，这些卷本并不是最新的，因此最近发表的论文需要使用下面这个来源获得。

美国经济学会的《经济文献杂志》(*Journal of Economic Literature*, *JEL*) 季刊。这一出版物列出最近的期刊论文、主题索引和精选文章的摘要，还按照主题进行了分类。分类体系中的 B1、B2 和 B3 (以前的 030) 定义了经济思想史的主题。*JEL* 所列举的论文也可以通过 EconLit(www.aeaweb.org/econlit/subject.php)来获得。EconLit 是一个经济学学术文章的综合检索索引，可使用 *JEJ* 号码加一个 0 来进行检索。

还应该特别提到的是《斯堪的纳维亚经济学杂志》(*Scandinavian Journal of Economics*)。它每年都会包含诺贝尔经济学奖获得者的学术传记。

专业期刊。有五本值得注意的专门研究经济思想史的期刊：*History of Political Economy*, *Journal of the History of Economic Thought*, *History of Economic Review*(在澳大利亚出版)，*The European Journal of the History of Economic Thought*(在英国出版)，*History of Economic Ideas*(在罗马出版)。

7. 期刊论文集

有几套非常出色的多卷本的期刊论文集可供选择。下面是三套最近的按特定的经济学家和经济思想学派编写的论文集：

Blaug, Mark, ed. *Schools of Thought in Economics*. 12 vols. Brookfield, VT: Edward Elgar, 1992.

——, ed. *Pioneers in Economics*. 46 vols. Brookfield, VT: Edward Elgar, 1991.

Wood, John C. *Contemporary Economists*: *Critical Assessments*: Continuing series. London: Routledge, 1990.

8. 网站

互联网提供了许多经济思想史方面的有用信息。在本书网站（http://www.cengagebrain.com）可以找到这些链接网址和其他有趣的链接网址。其他几个特别重要的网址是：

经济思想史网站

http://homepage.newschool.edu/~het/

这个优秀的网站包含了对经济思想史作出重要贡献的人物的详细信息，他们按字母顺序排列并被分成了广义的经济思想学派。它同时还提供有关经济思想发展的许多其他网站的链接，包括第一手和第二手的资料，以及一些对经济思想演进研究有兴趣的机构。

基本资料的档案

http://socserv.mcmaster.ca/econ/ugcm/3ll3/

麦克马斯特大学的经济思想史档案提供了200多位对经济思想演进非常重要的经济学家的资料，并且定期增加新资料。它还提供英国和澳大利亚的镜像网站链接。

网上的经济学期刊

http:www.oswego.edu/~economic/journals.htm

这个网站包含了一个许多经济学期刊网站的索引。

（这些网址都是在本书出版时的地址，但是互联网地址有时会改变。如果你通过这些网址找不到它们的话，可以尝试使用本书的网站或标准的互联网搜索引擎来找到它们，比如，AltaVista，Bing，Excite，Google 或者 Yahoo！。）

第 2 章　重商主义学派

被称为重商主义的经济学说出现于中世纪之后,自由主义盛行之前。重商主义大致可以追溯到 1500—1776 年。然而具体时期在不同国家和地区会有所变化。

这一章我们首先采用"五个主要问题"的方法勾画出重商主义的概览,然后研究四位重商主义者的思想,他们是孟、马利尼斯、戴维南特和柯尔培尔。我们还要讨论威廉·配第爵士,他是一位重商主义者,他提出的一些概念给后来的古典经济学以重要的启发。

2.1　重商主义概览

2.1.1　重商主义学派产生的历史背景

自给自足的封建社会慢慢被新兴商业资本主义取代。中世纪逐渐兴起的城市变得越来越重要。国内与国际贸易日益繁荣,货币的使用范围逐渐扩大。西半球金矿的发现促进了贸易量的增长,也激发了贵金属理论的产生。航海发展促进的地理大发现拓展了贸易范围。生产规模虽然较小,但商人越来越多地周旋于生产者与消费者之间。尽管在"拥有土地的贵族"眼中,商业资本家是"可鄙的商人",但他们在商业世界中却越来越成为重要的角色。

民族国家正在兴起,其中最强大的国家都在攫取殖民地和势力范围。国家间的经济竞争更加激烈。因此毫不奇怪,一个取代封建概念、提倡民族主义、赋予商人新贵身份和重要性、为经济和军事扩张进行政策辩护的学说形成了。这个学说就是重商主义。

2.1.2　重商主义学派的主要信条

这一学派的主要观念如下:
- 金银是财富的最佳形式。重商主义者倾向于将一国的财富等同于它拥有的金银块的数量。一些早期的重商主义者甚至认为贵金属是唯一值得追求的财富形式。他们都把金银作为获取权力和财富的途径。因此，为了获得硬通货报酬，一国的出口贸易顺差是必要的。甚至在战时，只要敌国购买商品是用黄金支付的，一些国家也会把商品出口给敌国。

- 民族主义。不可能所有国家在同一时间出口大于进口。因此，一国促进出口和积累财富都是以邻国为代价的。只有强大的国家才能攫取和控制殖民地，主导贸易路线，赢得战争胜利，并在国际贸易中获得优势。从这种经济生活的静态方面来看，整个世界的经济资源数量是固定的，一国资源的增加只能以另一国资源的减少为代价。1580年，法国评论家米歇尔·德·蒙田（Michel de Montaigne）写道："一个人的获利即为另一个人的损失……在没有别人损失的情况下不可能获得任何额外的利益。"①

重商主义者的民族主义很自然地导致了军国主义。强大的海军和商人舰队是绝对必需的。因为渔场是海军的摇篮，也就是海军预备人员的训练基地，英国的重商主义者在1549年强制实施了"政治斋戒"，在一周内的几天里法律禁止人们吃肉，以保证国内的鱼类市场及相应的对水手的需求。这个法令被严格执行了约一个世纪，直到19世纪才从法令全书中消失。

- 对本国不能生产的原材料免征关税，对本国能够生产的制成品和原材料实行保护，并严格限制原材料出口。这种重视出口而不愿意进口的倾向被称为"对商品的恐惧"。商人的利益优先于国内消费者的利益。作为他们出口商品的回报，商人得到黄金流入，而限制进口又减少了国内可供消费的商品。结果，金银得以积累，并被认为是国家的财富和实力得到增强。

禁止原材料外流有利于最终产品出口保持低价。例如，在伊丽莎白女王统治时期的1565—1566年，曾颁布法律禁止活绵羊出口。违反该法律的惩罚措施是没收财产、一年监禁和砍掉左手，第二次触犯将被处以死刑。在查尔斯二世统治期间（1660—1685年），禁止羊毛出口，违反者也将被处以同样的刑罚。

- 殖民地化和殖民地贸易垄断。商业资本家赞成殖民地化，并希望殖民地保持对宗主国的永久依赖和附属地位。因宗主国的经济增长和军事力量而流入殖民地的任何利益，都是剥削政策的偶然的副产品。

1651年和1660年英国航海法就是这种政策的很好的例子。进口到大不列颠及其殖民地的商品，必须用英国及其殖民地的船只来运输，或者用原产国的船只运输。殖民地的某些商品只能销售到英国，其他商品在卖到外国之前也要先运到英国。殖民地从外国进口是受到严格限制或禁止的。殖民地的制造业受到严格控制，某些情况下还被认为是非法的，因此，附属国一直是低成本原材料的供应者和英国制成品的进口者。

- 反对影响商品流通的国内费用、税收和其他限制。重商主义的理论家和实践者认识到，税费扼杀商业企业，并促使一国出口商品价格上扬。一个极端的例子是1685年易北河上的状况。将60块木板从萨克森运送到汉堡，需要向沿途收费站缴纳的费用

---

① Michel de Montaigne, *Essays of Michel Montaigne*, *Chapter XXI*, trans. Charles Cotton, ed. William. C. Hazlitt, (Project Gutenberg, EBook #3600, 2006). Original essay pub. 1685—1686, trans. pub. 1877.

相当于 54 块木板！结果是只有 6 块木板到达目的地。

但需要重点指出的是，重商主义者并不赞成国内自由贸易，如果这种贸易是允许人们从事任何其想做的贸易。相反，重商主义者希望尽可能地获得垄断特许权或排他贸易特权。

- 强大的中央政府。要实现重商主义者的目标，一个强大的中央政府是必需的。政府授予外贸公司垄断特权，控制国内商业活动的自由进入以限制竞争。农业、采矿业和工业由于政府的补贴得到快速发展，并通过进口关税而受到保护。此外，政府严格管制生产方式和产品质量，以便使该国的产品不至于在国外市场上因声誉不佳而妨碍出口。换言之，重商主义者并不相信商人自己的判断和诚信，而是相信由于商人们共同利益的需要，政府应该禁止落后工艺和劣质原材料。结果就出现了支配商品生产的令人困惑的管制。

因此一个强有力的国家政府必须实行全国统一的管制措施。中央政府也是必要的，以便实现上面讨论的那些目标：民族主义、保护主义、殖民主义以及不受费用和过度征税而妨碍的国内贸易。

- 数量众多且努力工作的人口的重要性。规模大、勤奋工作的人口，不仅能够提供充足的战士和水手来为国家的荣誉和财富而战，而且能够保证劳动力的充足供应从而维持工资低水平。这有什么好处呢？较低的工资水平可以：(1) 降低出口商品价格，从而增加黄金流入；(2) 减少人们的懒惰，使更多的人加入到劳动大军中来。

身体健全人的游手好闲和乞讨得不到怜悯，盗窃则会受到严厉惩罚。英国国王亨利八世在位期间(1509—1547 年)，曾有 7 200 个小偷被处以绞刑。1536 年颁布的法令宣布"强健的流浪汉"将被割掉耳朵，第三次流浪被发现则处以死刑。1547 年，拒绝工作的人将被判给揭发他们的人做奴隶。1572 年伊丽莎白女王统治时期通过一项法令：未经许可的 14 岁及 14 岁以上的乞丐要受到鞭打并打上烙印，除非有人愿意雇用他们；若第二次触犯，如果没有人愿意雇用他们，他们将被处死；若第三次触犯，他们将被视为重罪犯而被毫不留情地处死。

伯纳德·德·曼德维尔(Bernard de Mandeville，1670？—1773)，定居伦敦的荷兰哲学家、批评家和医生，曾这样写道：

> 在一个不允许奴隶存在的自由国家里，最可靠的财富存在于众多辛勤劳作的穷苦人……因为他们仅仅是免于饿死，所以他们没有任何值得储蓄的东西……所有富有国家的利益就在于，占人口最大多数的穷人永远不能游手好闲，并且必须消费掉他们所得到的一切……穷人们必须不断劳动，节俭削减了他们的欲望，而无知却泯灭了他们的欲望……要想使社会和人们在这样悲惨的境况下感到轻松和愉悦，他们中的大多数人就必须保持贫穷与无知。②

---

② Bernard de Mandeville, *Fable of the Bees*, ed. F. B. Kay (London: Oxford University Press, 1924), 193—194, 248, 287—288.

威廉·泰姆普（William Temple）在其 1770 年发表的《论贸易与商业》（*Essay on Trade and Commerce*）中对儿童全职工作问题给予了缜密的思考：

> 当这些孩子们四岁的时候，他们将被送往国家的济贫院。在那里，他们每天学习两个小时，剩下的时间在适合他们年龄、体力和能力的制造业作坊里工作。如果有人对此持反对意见，认为他们年龄太小，不能做什么有用的工作，那么我的回答是，孩子们四岁的时候已经有足够的工作能力来谋生。此外，不论孩子们是否有能力自己养活自己，他们每天工作十二个小时以上在他们的人生中还是有这样或那样的意义。通过这种方式，我们希望正在成长的一代将能够习惯持续工作，并最终能够感到这对他们是适合的和令人愉悦的。③

历史借鉴 2-1
重商主义与劳动力供给

一些重商主义者认为，低工资是减少懒惰和促进劳动力就业必不可少的措施。他们认为提高工资率会使工人们每小时获得更多的收入，从而使他们减少工作时间。如果父母每小时可以获得更多收入，包括孩子在内的辅助性工人就可能退出劳动力市场。

用现代术语来说，重商主义者强调了提高工资率的收入效应。由于更高的工资率增加了每小时的收入，工人们可以负担得起"购买"额外的闲暇。他们可以通过减少工作时间来获得更多的闲暇。

但是，重商主义者忽视了提高工资率时产生的潜在抵消作用的替代效应。在 1930 年的一篇经典论文中，英国经济学家莱昂内尔·罗宾斯（Lionel Robbins，1898—1984）解释了更高的工资率会降低"收入的价格"。为了获得价值 1 美元的商品，需要的工作时间更短。例如，如果工资率是每小时 2 美元，则 1 美元收入的"价格"是半个工作时。然而，当工资率提高到每小时 3 美元时，1 美元收入的"价格"降低到 1/3 个工作时。因为用工作时间定义的收入变得便宜了，所以工人们会购买更多的收入。在这里，工人们将购买更少闲暇而工作更长时间，他们将以工作替代现在更加昂贵的闲暇。*

罗宾斯的替代效应还可以用另一种方法来解释。工资率提高意味着，为了所消费的每一小时的闲暇，工人们必须放弃更多的收入（商品），这就意味着闲暇的价格或机会成本上升了。当一种商品的价格上升时，人们会减少购买该种商品。在这里，工人们将购买更少的闲暇而工作更长时间；他们将以工作来替代现在变得更加昂贵的闲暇。

因为提高工资率的收入效应与替代效应的作用方向相反，所以并不确定工人们将做出怎样的反应。如果收入效应超过替代效应，工作时间和工人数量都会减少；劳动力总供给曲线也将呈下降趋势。如果替代效应超过收入效应，工资的增加则会导致工作时间和工人数量的增加；劳动力供给曲线也将呈上升趋势。

---

③ Edgar S. Furniss, *The Position of the Laborer in a System of Nationalism* (Boston: Houghton Mifflin, 1920), 114—115.

关于这个问题有什么实证证据呢？当前对美国的研究表明，收入效应与替代效应大致是相互抵消的。但是从历史上来看，更高的工资率确实导致了更短的每周工作时间。** 自重商主义时代以来，提高工资率的收入效应超过了替代效应。

较短的每周工作时间正如重商主义者认为的那样是坏事吗？当代经济学家并不同意这一观点。经济的目的是使其成员的福利最大化，而不是使国家金库所拥有的金银的数量最大化。如果社会认为额外一小时闲暇的价值大于额外一小时收入（商品）的价值，那么较少的工作时间将会增加社会福利。

 * Lionel Robbins, "On the Elasticity of Demand for Income in Terms of Effort." *Economica* 10 (June 1930): 123—129.

 ** 自1945年以来，美国每周工作时间的长度一直保持相对稳定。

2.1.3 重商主义学派对谁有利或为谁谋利

这一学派的信条显然对商业资本家、国王和政府官员有利。它尤其有利于那些最有权力、地位稳固且拥有最优惠的垄断地位与特权的人。有些经济思想史学家认为，重商主义可以被理解为"寻租行为"④的一个极端的例子。在这里，"经济租"适用的定义是，超出使商业资本家从事当前活动所必需的回报的部分，也就是可以补偿他们从事这些活动的机会成本之外的部分。寻租行为就是私人团体试图向政府寻求安全有利的法律规章保护，从而增加其利润的行为。

在这种情况下，法律采取赋予垄断地位、禁止进口以及使新加入的生产者和商人很难与已有的生产者竞争的管制等形式。由此可推论，掌握权力的政府官员也愿意通过这些法律规章来分配经济租，以便维护他们自己和他们服务的王室的利益。例如，在英国，为了保护羊毛制品的利益，禁止进口羊毛制品的替代品——一种名为"印花布"的印染棉制品。1721年，法律禁止消费印染印花布，但生产和出口该商品却是允许的。在17世纪晚期，法律要求死人要穿羊毛寿衣入葬，尽管按照宗教传统应该是亚麻寿衣。

法国重商主义具有更浓厚的封建色彩，地位稳固的垄断者在获得政府对其利益的支持方面更为成功。从1686年到1759年，生产、进口和使用印染印花布都是被禁止的。执行这一政策所处死的人及其在武装冲突中死亡的人，估计有16 000人之多，还有更多的人被送往军舰上服役。

还有另一个例子，1666年到1730年间，法国仅在纺织品方面颁布的法令就有七大卷。印染工艺手册，号称是当时印染技术最完备的说明书，就包括317项条款。这些规章限制了劣等工艺的采用，但是也严重阻碍了新技术的试验和发展，而新技术很可能是与现有企业竞争的生产者发明的。

大量的政府官员、检察官、法官和执行官都能够从重商主义的管制中获利。法国政

---

④ B. Baysinger, R. B. Ekelund Jr., and R. D. Tollison, "Mercantilism as a Rent-Seeking Society," in *Towards a Theory of the Rent-Seeking Society*, ed. J. M. Buchanan et al. (College Station, TX: Texas A&M University Press, 1980), 235—268.

府(而不仅仅是英国政府)从罚款,向商业集团出售特许、垄断权中获得了大量的收入。官员要从政府规制违反者手中征收的罚款中提取一定的比例。而且,重商主义政策带来的金银流入,增加了国家的税收收入,也增强了一国通过战争获取经济利益的能力。

2.1.4 重商主义学派在当时是如何有效、有用或正确的

重商主义虽然夸大了金银的作用,但是它处于中世纪占支配地位的自给自足经济与现代货币信用经济之间的过渡时期,所以也是有一定意义的。商业的快速增长需要更多的货币参与流通,而银行业的发展程度还不足以创造这么多的货币。战争中金银的使用要采取量入为出的原则,金银可以留存为备用金以便招募士兵、发放饷银、建造船舰、收买盟国和贿赂敌军。

英国与波罗的海地区、东印度群岛的贸易需要贵金属的国际流动。英国几乎不能生产出口到这些地区的贵金属,而由于国际货币市场的不发达,这些地区也不接受纸币。因此,英国的殖民地开始生产金银,以便用于支付从波罗的海和东印度地区购买的商品。在国际金融和多边贸易开始发展之前,金银在国际支付中发挥着非常重要的作用。

重商主义者还意识到,贵金属的流入使得征税更加容易了。他们懂得,如果随着贸易的扩张,货币数量增加,价格就会上升,或者至少不会下跌。不仅产量不断扩张,而且自给自足的家庭也逐渐参与到市场经济中来。因此,购买和销售同样数量的产品需要支付更多的货币。一些重商主义者还发现,流通中金银数量的增加降低了利率,促进了商业发展。

2.1.5 重商主义学派的哪些信条具有长远贡献

重商主义者对经济学的长期贡献在于其强调了国际贸易的重要性。在这方面,他们还发展了一些经济学和会计学概念,这些概念如今被称为一国与世界其他国家之间的国际收支平衡表。但是,除了这些贡献外,重商主义者(不包括配第,或许还不应该包括孟)对我们今天所知的经济学理论贡献甚微。他们中的大多数人并不了解,要使一个国家变得富有,不仅可以通过使邻国变得贫困来达到,还可以通过发现更多的自然资源、制造出更多的资本品以及更有效地使用劳动力来达到这一目的。他们也没有理解,通过专业化分工和贸易可以同时增加所有国家的财富,以及给工人支付高工资并不必然导致懒惰和劳动力减少。

尽管重商主义者并没有对经济理论作出直接的贡献,但是他们确实曾对经济学与经济的发展作出了间接贡献。首先,他们永久地影响了人们对待商人的态度。中世纪的贵族曾经将经商的人视为可鄙的二等公民,认为这些商人只知道推销商品和交换货币。重商主义者赋予商人以尊贵和重要的地位,他们认为,如果商人的活动由政府给予适当引导,商人不仅会使其自身变得富有,而且会使其国家和统治者变得富有。拥有土地的贵族最终也开始参与商业投资,且并没有因此失去地位和尊严。后来,他们让子女与商人家庭的后代通婚,从而将贵族血统与巨大的商业财富结合起来。

其次，重商主义对经济学的另一个间接影响是提倡民族主义，这种影响至今犹在。当出现如下情形时，中央政府的管理是必要的：需要使用统一的度量衡、货币制度和法律法规时；生产和贸易还没有充分发展到可以依赖竞争为消费者提供大范围可供选择的商品时；贸易的财务风险很高，以至于垄断权利来承担风险成为必需，否则风险就可能对贸易造成不利的影响。

再次，拥有特权的贸易公司，也就是现代公司的前身，通过以下措施帮助改造了欧洲的经济组织：引进新产品、为制造品提供销路、为资本投资增长提供刺激。最后，重商主义还通过以下方式对经济发展产生了长久影响：扩展了国内市场，提倡货物不受通行费阻碍而自由流动，建立了统一的法律和税收制度，保护人员与货物在国内与国际运送过程中的安全。

历史借鉴 2-2
重商主义的影响犹存

重商主义的某些信条并没有完全消失，在 20 世纪和 21 世纪所提出的一些观点和政策与 200～300 年前的思想是相似的。

在 20 世纪 30 年代席卷全球的大萧条时期，很多国家都采取提高进口关税、贬值本币的措施来限制进口和鼓励出口。设置高关税目的是减少进口，以便利用国内闲置的劳动力和资本资源以满足国内先前对进口品的需求。理论上这样可以增加国内的产量和收入。另外，本币贬值也被认为会减少一国的进口，因为用本币定义的进口商品的价格变得更加昂贵。此外，一国的货币贬值还被认为可以增加出口，因为这将使外国人可以用更少的该国货币来购买外国产的商品。

不幸的是，如果贸易伙伴国也实行报复性的高关税和贬值本币政策，那么这些重商主义政策就不能取得预期的效果。在大萧条时期确实发生过这样的报复行为。各国纷纷征收高额关税并将自己的货币贬值。最终的后果是，国际分工和贸易利得的损失和国际货币体系的崩溃。

在 20 世纪 80 年代晚期、90 年代早期，许多美国人对美国国际收支平衡表中庞大的贸易赤字表现了极大的关注。这些巨额赤字反映出国内和国际条件迟早都要调整，在这个程度上，这种"对商品的恐惧"是合理的。然而这一恐惧却招致了大量的提议：征收关税，强制实施进口配额，给予出口商补贴，要求某些进口产品必须达到一定的"本土化比例"，给予从事出口业务的美国公司以反垄断豁免权。经济学家指出，这一系列政策如果得以实施，将回归到过时的重商主义思想体系中去。

日本也因实行刺激出口、限制进口的政策而受到指责。在整个 20 世纪 80 和 90 年代，日本持续的巨额贸易盈余在某种程度上反映了"对国外商品的恐惧"，也反映了日本"赢得"利润丰厚的国际市场的欲望。为了保持数额巨大的贸易盈余，日本消费者丧失了一些潜在的因国际专业化分工和国际贸易产生的消费利益。

有些发展中国家仍然提倡民族主义，将其作为克服阻碍经济发展的部落主义和地方主义的一种途径。这些国家还常常授予垄断特权以鼓励新建的投资项目,并设置贸易壁垒来保护国内幼稚产业。

重商主义的影响持续到了 21 世纪。在美国,"离岸外包",即国内企业将生产运营活动转移到拥有便宜劳动力资源的国家去,已经引起了很大程度的关注。除了"对商品的恐惧",如今还加上了"对服务的恐惧"。甚至当制造业岗位也移向海外时,美国服务业的工人仍感到相当安全。然而,由于技术进步显著降低了全球范围内的通信成本,金融服务行业的顾客呼叫中心和计算机技术支持等业务,已经从美国迁移到印度。因为海外投资而已经出现和潜在发生的工作岗位流失刺激了保护的呼声。

环境标准和劳动标准作为贸易问题也成为前沿问题,发达经济体要求发展中国家在此问题上实行更严厉的管制。他们声称,较低的标准使发展中国家以环境和受剥削工人为代价保持了较低的成本,这就给发展中国家提供了不公平的贸易优势。在世界贸易组织(WTO)最近期的谈判中,发展中国家联合起来抵制发达经济体强加给他们更苛刻限制条件的企图。

中国在 21 世纪促进经济增长的策略包括持续的巨额贸易盈余,这些盈余是依靠保持低价出口和高价进口,以及在国际汇兑市场上维持人民币的币值来实现的。中国的重商主义办法支撑了经济的强劲增长,但是也招致了国际批评和贸易壁垒,后者被用以抵消 2004 年美国民主党总统候选人约翰·克里所谓的"掠夺性的货币操纵"。*

简而言之,重商主义的思想依然存在而且影响广泛。然而非常重要的一点是,我们必须认识到这些观点和政策仅仅反映了重商主义学派全部信条中的某些方面。而且,当今各国应用这些思想是在不同的条件下,出于不同的原因以及不同于重商主义时代的社会政策背景中。

---

* John Kerry, "Kerry Statement on the U. S. -China Economic and Security Review Commissions' Report," June 15, 2004 (www.johnkerry.com/pressroom/releases/pr_2004_0615b.html).

2.2 托马斯·孟

托马斯·孟(Thomas Mun,1571—1641)是一位英国纺织品商人的儿子,他作为商人在意大利和近东贸易中获得了财富和声望。被选为东印度公司董事之后,孟卷入了关于公司出口黄金政策的论战中,他出版了一本小册子来为自己的立场辩护。1621年,孟出版了《论英国东印度贸易》(*A Discourse of Trade from England unto the East Indies*)一书,在这本书中他认为,只要总出口超过总进口,从任何一个贸易地区的国家的各类商品外流都无关紧要。

大约在 1630 年,孟写就了反映重商主义思想的著作《英国得自对外贸易的财富》(*England's Treasure by Forraign Trade*),这本书在他去世之后由其子于 1664 年出版。第 2 章的标题"使英国变富和增加我们财富的手段"提出了一个关键问题:怎样才能使英国变得更加富有？根据孟的观点，答案既不是生产也不是资本品的积累，而是获得出口盈余。当然，为了出口一国必须生产，但是生产仅仅从属于最终目的——黄金积累。在只有两页的讨论该问题的章节中，第一页内容如下：

> 虽然英国可以通过收到赠品或者其他国家对其产品的购买而变得富有，但是这些事情都是不确定的，而且收效甚微。因此，增加我们财富和金银的通常办法就是对外贸易，我们应该已经看到过这一办法是如何起作用的，那就是每年我们向国外卖出的商品的价值超过我们购买国外商品的价值。假设英国国内的衣料、铅、锡、铁、鱼类及其他国内产品有足够的供给，那么我们每年可以将多余的部分产品出口到国外，这些产品价值 2 200 000 英镑；我们也可以从国外购买我们需要使用和消费的外国产品，这部分产品价值 2 000 000 英镑。通过这一贸易往来，我们可以确定英国每年会增加 200 000 英镑的财富，因为那部分没有回到我们仓库的存货必然给国内带来财富。⑤

孟指出，尽管英国已经很富有了，但是如果开垦荒地用来种植大麻、亚麻、树木、烟草以及其他"目前要从国外进口而使我们财富减少"的产品，英国就可以变得更加富有。出口产品要用英国船只来运送，以便获得保费和运费收入。

在为东印度公司因购买商品而出口金银辩护时，孟强调要进行多边贸易而不是双边贸易：

> 在某些国家，我们卖出商品并买回他们的器具，或者零件赚钱；而在其他一些国家，我们出售商品并拿回钱，因为这些国家很少或没有符合我们需要的商品；还有一些场合，我们需要购买国外的商品而这些国家很少用我们的商品，这样他们从我们手中赚到了我们在其他国家赚到的钱。因此，通过贸易过程（随着时间而变化），这些特定的国家之间会相互适应，并共同实现完整的贸易。⑥

孟还分析了英国对所有国家的贸易平衡表，而不仅仅是单独分析其与每一个国家的贸易状况。他认为，如果出口到其他国家的进口商品能够盈利，那么增加进口将会增加英国贵金属的存量。因此孟得到以下推论，金银应该被允许输出以支付进口商品，这反过来将增加出口商品的总量：

> 那么我们为什么要怀疑在贸易中支付的金钱不一定能够以财富的形式收回来；并伴随着它可能产生巨大的收益……如果我们只看到农夫在播种时期将许多非常好的谷物抛到田里的行为，我们肯定会认为他是个疯子而不是个农夫；但当我们在其收获的最后努力中考虑他的劳动时，我们就会发现他行为的价值和巨大增值。⑦

但是孟强调的是在购买和销售中获利，而不是通过将进口原材料加工成制成品这

---

⑤ Thomas Mun, *England's Treasure by Forraign Trade* (New York: Macmillan, 1903), 7—8.
⑥ Mun, 46—47.
⑦ Mun, 26—27.

一过程获利,虽然后者在纺织品的例子中被提到过。

强调通过进口获得财富会导致一个奇怪的结论,那就是国内贸易不会增加一国的财富。孟写道:"我们既可以在国内,也可以与外国进行贸易。如果在国内进行贸易,国家财富将不会因此而增加,因为一个人所得就是另一个人所失。但是,如果我们与外国进行贸易,我们的利益将增加国家的财富。"⑧

在考察总的国际收支平衡表时,孟敏锐地充分考虑了无形的收支项目。早在三个半世纪之前,孟就指出,如果无形收支项目能够表明"该重大商业活动能够增加或降低我们的财富"⑨,那么它就应该包括在总的平衡表内。他将以下无形项目包括在收支平衡表中:货物运输支付的运费;海上损失的船;保险费;支持国外战争的费用;支付国际贿赂的费用和为"因彻底的背叛行为得到收入"⑩的间谍提供的资金;旅行的开销;送给外国人和大使的礼物;金钱的利息;逃避关税的走私;秘密将金钱运往国外的宗教团体的捐献。对最后这一点,孟补充道:"如果这一损害行为不能被阻止,那么它必须被估算并看作英国的明确的损失。"⑪

2.3 杰拉德·马利尼斯

杰拉德·马利尼斯(Gerard Malynes,1586—1641)出生于比利时的安特卫普,父母是英国人。后来他回到英国并成为从事国际贸易的商人。他的这一职业生涯并不很成功,曾因为欠债而短期入狱。他还担任过英国贸易委员会驻比利时的委员、政府的贸易事务顾问、造币厂的化验师以及造币事务委员会委员。

在1622年出版并于1686年再版的《古代商业法典》(*Lex Mercatoria* 或 *the Ancient Law-Merchant*)中,马利尼斯表述了一些重商主义观点。例如,他写道,在贵族看来贸易的地位曾经是很低下的。但是马利尼斯为商人进行了辩护:

> 保持商业和贸易往来对于所有的皇族与掌权者来说是如此合意、令人愉快和满意,以至于国王一直是并且在当今仍然是商人社会的国王。尽管很多时候商人们存在着个别的分歧和争论,然而在贸易上他们是一致的。因为由贸易所能直接带来的财富是一颗耀眼的星,它将使王国和国家繁荣。商人作为一种工具和方法,和其他阶层一样,对君主制度和增加国家的荣耀、辉煌及利益作出了重要贡献。因此,毫无疑问,商人的地位是崇高的,应该被珍视的。因为通过他们,新的国家被发现,发展了国家之间的友谊,也获得了政治经验。⑫

---

⑧ Mun, 71—72.
⑨ Mun, 117.
⑩ Mun, 122.
⑪ Mun, *England's Benefit and Advantage by Foreign Trade*, *Plainly Demonstrated*, (London: Printed by E. F. for Thomas Horne, at the South-Entrance of the Royal Exchange in Cornhill, 1689), 171.
⑫ Gerard Malynes, *Lex Mercatoria: or, the Ancient Law-Merchant* (1622), a.

马利尼斯还提出如下观点,为保证出口商品的高质量,政府对商品的管理是必要的。他写道:

> 布料被货真价实地制造出来,在国外会有更好的销路,在那里每天都有许多对造假的抱怨……因此根据上述法令,王国中所有商品的贸易都会增加,关税将被按时缴纳,所有人都会服从上帝的荣誉、国王的尊严,最终将会使所有治理良好的国家都实现公平与公正。[13]

重商主义的观念——一国货币过多会导致物价上涨并刺激商业活动,被马利尼斯做了如下发展:

> 货币量充足通常会使所有的东西变得昂贵,货币量稀缺则通常会使东西变得相当便宜。特别是商品通常也会因为其本身数量的多寡、用量的多少而变得昂贵或便宜。从而,货币是注入生命中的灵魂的制约(如同身体中的血液一样):当货币量稀缺的时候,即使商品供给充足并且相当便宜,贸易量也会下降;反之,当货币量充足的时候,即使商品供给不足并且价格昂贵,贸易量也会增加。[14]

2.4 查尔斯·戴维南特

查尔斯·戴维南特(Charles Davenant,1656—1714)是诗人与剧作家威廉·戴维南特爵士的儿子。他一生中的大部分时间是在各种政府部门任职,主要处理税收、出口和进口方面的事务。他还是一名议员。

戴维南特被称为一个开明的重商主义者、一个试图调和新旧观点的折中主义者、一个比其他任何重商主义者都更多影响了自由主义的人。他确实如此。但是,对他的著作的研究表明,从某些方面来看戴维南特是一个传统的重商主义者。他在《论东印度的贸易》(An Essay on the East-India Trade,1696)中提出了如下重金主义观点:

> 我经常想知道,议会是在什么样的背景下通过了死者埋葬必须着羊毛制品入殓这一法案的。该法案确实增加了羊毛的消费,但这种消费对于作为生产者的英国并没有多大好处。因为如果将这些羊毛制成服装出口,穿在外国人身上,并得到货币支付,要比把这些羊毛埋在本国地下强得多。如果普通人(包括了大多数人也是最大的消费群体)像以前一样用别无他用的旧床单裹尸,而不是用将失去其他一切使用价值的新羊毛来裹尸,那么不是更好吗?……国外的廉价商品不断增加,对本国商品的消费减少,自己国内生产的产品在市场价格最高的国外市场上出售并被国外所消费,是所有贸易国的利益所在。因为一个人所失去的就是另一个

---

[13] Malynes, 43.
[14] Malynes, 176.

人所得到的,因此国内的消费总的来说并不会使国家变富,而所有的国外消费则会产生很好的明确的收益。[15]

在《论贸易平衡中可能的获利办法》(*An Essay on the Probable Means of Making the People Gainers in the Balance of Trade*, 1699)一书中,戴维南特指出,如果一种出口产品全部是用国内原材料生产的,那么该国可以获得出口该产品的全部利润。但如果原材料需要进口,那么一国出口该产品可获得的净利润将是二者价值之差额。

在《论英国的财政收入与贸易》(*Discourses on the Publick Revenues, and on the Trade of England*, 1698)一书中,戴维南特表达了国内战争优于国外战争的观点,并用如下理由说明其经济上的原因:

> 一场国外战争必定会消耗一国的财富……法国自查理九世至亨利四世统治时期一直内战不断,还经常受到西班牙和德国军队的侵略;但这些战争并没有输出财富,因而并没有使法国变穷。[16]

同样在该书中,戴维南特呼吁政府对商业进行管制,因为商人不被信赖:

> 如果没有商人社会的存在,整个国家仅仅依靠其自身的单方面贸易往来以获得繁荣是不可想象的。因此,无论在任何时候商人接受咨询时,他们的答案都是含糊的、有偏见的;而当他们自己集会进行商讨时,他们则通常用偏袒和保密的眼光来看待他们自己的优势……现在已经可以被理解的是,商人拥有现成的资金,当他们发现其他人想要的是何种必需品时,如果没有被国家的谨慎与明智所禁止,他们会在欲望的驱使下对此加以利用,而破坏同行和国家的利益。[17]

戴维南特非常开明地认为,一个国家的财富是它所生产出来的产品,而不是拥有的金银数量。贸易决定金钱,而不是反过来。投资于轮船、建筑、制造、装修、服饰等此类项目,同钱币与金块一样可以构成财富。戴维南特赞成贸易盈余,因为他相信当货币数量增加时,利息率会下降,土地价值上升,税收收入增加。但是,金银过多也是有害的,例如西班牙,就曾经因富裕而忽视了艺术和制造业。戴维南特还为航海法和多边贸易进行了辩护。换句话说,他坚信,只要有机会,一个国家就应该与其殖民地进行双边贸易,以排挤其他贸易国家。但当形势对所有国家相同时,就适合进行多边贸易。

2.5　让·巴蒂斯特·柯尔培尔

让·巴蒂斯特·柯尔培尔(Jean Baptiste Colbert, 1619—1683)代表重商主义的核心与精神,在法国被称为柯尔培尔主义。他在路易十四时期于1661—1683年担任法国

---

[15] Charles Davenant, *An Essay on the East-India Trade* (1696), 26, 30.
[16] Charles Davenant, *Discourses on the Publick Revenues, and on the Trade of England* (1689), 12.
[17] 同上,30,45—46.[Davenant, *Publick Revenues*, 30, 45—46.]

财政部长。虽然他出身卑微(他来自一个谷物商人家庭),但是他不择手段地升任到拥有极大权力的位置。与他无止境的野心相匹配,他有着极强的工作能力和对工作细节高度的注意力。

柯尔培尔是一个重金主义者,他认为一国的国力取决于其财力,而财力又取决于国家的税收能力,而货币充足时税收收入最多。他赞成增加出口、减少进口以及限制金银流出本国的法令。

作为一个著名的民族主义者和军国主义者,柯尔培尔认为"你必须限制所有职业使他们服务于设计的伟大目标:发展农业、贸易、陆战和海战"[18]。他相信,殖民地是法国商品的适宜市场和原材料供应地,法国拥有一个强大的海军和商船舰队也是必不可少的。柯尔培尔认为,因为贸易量、从事贸易的船只数量以及制造品的产量都是相对固定的,所以一个国家只有以另一国家的利益为代价才能变得更加富有。因此,商业成了国家之间为了经济利益而进行的一场持久、艰苦的战争。

柯尔培尔极力推动国内贸易的发展。他努力为法国制定统一的度量衡,但却受到了封建的地方主义、传统主义以及教会和贵族的既得利益的阻挠。在反对流通领域货物通行费、内部关税壁垒、过高的地方关税方面,他所做的努力也失败了。柯尔培尔还资助修建了连接大西洋和地中海的朗格多克运河。由于在封建制度下强制农民铺路(称为服劳役),他招致了人们的怨恨,但15 000英里的路还是铺成了。

在法国,带有浓厚封建色彩的政府商业管制是柯尔培尔政策的一个主要特征。柯尔培尔认为那些牺牲国家利益满足自身利益的商人目光短浅、自私、贪婪,反映出封建时期盛行的对商人的鄙视。商品质量和制作工艺受到严格管理以便达到统一标准,这保护了消费者的利益,并为法国商品在国际市场上赢得了良好的声誉。垄断特权和补贴被授予新兴产业,尤其是那些很难建立和需要大量资金投入的产业项目。但这一机制却被滥用了,一些垄断特权被授予那些能为国家带来财富的项目,或者是那些奉承朝臣的人。一些厂家被冠名为"皇家生产商",这样可以保证其商品销往皇宫。

尽管柯尔培尔蔑视商人,但他还是通过法律允许贵族参与商业而不丧失其地位和特权。1669年颁布的一条法令宣布:"我们希望一个上流人士有权利加入一个公司并拥有商业股份,只要他不从事零售业即可。"[19]

柯尔培尔赞成拥有大量努力工作、工资低廉的劳动人口。他认为,没有儿童因年幼而不能参与生产制造,国家应该强制儿童劳动。柯尔培尔在1665年写道:"以往的经验已经清楚地表明,一个儿童生命中早期的懒惰是他后来生活中一切失序的真正根源。"[20]在1668年的一项法令中,他命令所有欧塞尔的居民都要在其子女年满6岁时将孩子们送到花边厂工作,否则将被处以每个儿童30苏的罚款。

---

[18] John Baptiste Colbert, as quoted in Arthur Tilley, *Modern France a Companion to French Studies*, (Cambridge: The University Press, 1922), 65.

[19] Colbert, as quoted in Henri Eugene See, *Modern Capitalism: Its Origin and Evolution*, (New York: Burt Franklin, 1928), 195.

[20] Colbert, as quoted in Eli F. Heckscher, *Mercantilism*, trans. Mendel Shapiro, (London: Allen, 1935), 2: 155.

柯尔培尔认为僧侣、修女、律师和政府官员都是不从事生产的闲人,所以他尽量减少这些人的数量。他还尽量抑制宗教信仰、限制宗教机构。他还将停止工作的宗教节日取消了 17 天,仅剩下 24 天(除了星期天)。

1666 年的一项法令规定,早结婚的人可以免除几年税收。每位有十个活着的孩子的父亲也可以免税。非常有意思的是,入伍后牺牲的士兵可以被计算在活着的儿子中,但牧师、修女和僧侣则不能计算在内。因人们广泛的欺诈行为这一法令于 1683 年被废止。

直到 1789 年法国大革命时期,才废除了封建权力、内部通行费和关税、各种特权和地方权力。公开卖官行为被终止,税收实现了平等,度量衡也在公制的基础上进行了标准化。这些措施都为法国商业、工业和农业的巨大进步开辟了道路。

2.6 威廉·配第爵士

威廉·配第爵士(Sir William Petty,1623—1687)是一位提出很多新观点的重商主义者,这些新观点给古典经济学很多启发。

在 16 岁之前,配第就掌握了拉丁语、希腊语、法语、数学、天文学和航海知识。作为一个贫苦的布商的儿子,他后来获得了极大的财富、声望和荣誉。在 17 世纪的英国,往上层社会流动已经慢慢成为可能,这就是一个例子。在忙碌的一生中,配第曾经是一个海员、医生、解剖学教授、发明家、测量员、议员、使用铁器与铜器的倡导者、造船实验家、作家、统计学家和大地主。

我们先讨论配第的重商主义观点,然后讨论他的那些为亚当·斯密提供了思想来源的观点。

2.6.1 配第的重商主义观点

配第的经济学观点体现在他几本主要著作中:《赋税论》(*A Treatise of Taxes and Contributions*,1662)、《语言的智慧》(*Verbum Sapienti*,写作于 1665 年,于 1691 年作为《爱尔兰的政治剖析》的补充出版)、《爱尔兰的政治剖析》(*The Political Anatomy of Ireland*,写作于 1672 年,出版于 1691 年)和《政治算术》(*Political Arithmetick*,写作于 1672—1676 年,1690 年首次出版)。配第比其他重商主义者更赞成自由的国际贸易,在某种程度上是因为他认为自由贸易能够避免大范围的走私活动。他认为应该对进口商品征收关税,以便使它们"如果可能在进口国国内销售,也会比进口国国内生长或制造的同类产品要贵一些"[21]。对进口原材料应该"温和对待"[22],也就是说,应征收较少的关税。配第不赞成禁止金银出口,但在《政治算术》中他谴责以下做法:将金银作为运

---

[21] Sir William Petty. *Tracts; Chiefly Relating to Ireland*, (Dublin: Printed for Boulter Grierson, 1769), 43.
[22] Petty, 43.

费支付给外国人,将金银支付给荷兰人让他们从事"在我们领海上所进行的"[23]渔业贸易,将金银花费在英国能够制造的进口商品上。

与其他重商主义者一样,配第也赞成拥有大量人口。但是配第这一观念是基于这样的角度:人口众多可以增加政府收入,从而可以减少政府统治更多人口的单位成本。"人口稀少,是真正的贫困。一个800万人口的国家所拥有的财富,将是有着相同国土面积但人口只有400万的国家所拥有的财富的两倍。而对于同一统治者来说,他们统治较多人口与较少人口的花费是相差无几的。"[24]

在《赋税论》一书中,配第对重商主义的"充分就业"观点表现出了极大的热情。他提出的按人头征税的观点很简明:"这似乎可以激励所有的人将他们的孩子送到适合孩子能力的地方去工作赚钱,用孩子自己的劳动所得来支付每个孩子的人头税。"[25]

配第还反对绞死小偷,但并不是出于人道主义的动机:

> 为什么不应该将那些无力偿债的小偷处死,而是应该将他们变成奴隶?因为他们成为奴隶后可以在其体力允许的范围内,被迫从事许多劳动,被支付很少的工钱,因此,相当于一个国家增加了两个人,而不是减少了一个人。如果英国用较少的人口(假设为一半),就能创造和现在一样多的财富,那么就必须使这些人的工作量是目前的两倍;也就是说,应该让一些人成为奴隶![26]

配第认为政府应该雇用那些失业的人来修路、挖河道、种树、造桥、采矿和制造各种商品。从这个意义上说,配第是那些提倡采用公共服务雇佣来减少结构性、周期性失业的当代经济学家的先驱。但配第毕竟是个真正的重商主义者,他补充道:这种雇佣应该"不消费外国商品,而如果在索尔兹伯里平原上建造一座无用的金字塔、把斯通亨奇的石头运到塔山上等类似的事情,是没有问题的。"[27]从而,配第是凯恩斯理论的先驱,即无论在古代还是在现代,建造金字塔(或类似的工程)都是一剂消除失业的良药。

这些公共工程如何筹措资金?凯恩斯认为,可以通过印制纸币或者向民间借债,而配第则认为应该通过征税方式。因为人们关心的是与邻居对比的相对收入水平,所以只要金钱在国内消费,人们就不会反对比例税:

> 征税从来不是大问题,如果对所有人都征收一定比例的税收,那么每个人的财富都不会因此而有所损失。因为如果人们(像我们刚才所说的)的财富都减少一半或者增加一倍,在这两种情况下,人们的富裕程度是一样的。对他们而言,每个人都保持了他先前的地位、尊严和身份。此外,货币并未流出本国,与其他国家相

---

[23] Petty, "Political Arithmetick," in *Economic Writings*, ed. Charles H. Hull, vol.1 (Cambridge: The University Press, 1899), 108.
[24] Petty, "A Treatise of Taxes and Contributions," in *Economic Writings* 1: 34.
[25] Petty, *Tracts*, 51.
[26] Petty, *Taxes and Contributions* 1: 69. [Sir William Petty, "A Treatise of Taxes and Contributions," in Economic Writings, ed. Charles H. Hull, vol.1 (Cambridge: The University Press, 1899).]
[27] Petty, *Tracts*, 16.

比,本国仍然拥有与先前同样数量的财富。㉘

2.6.2 作为古典经济学先驱的配第

配第是统计学家的先驱。在《政治算术》序言中他写道:"与只使用比较级或最高级的词语以及理性的论证相反,我采用了这样的方法……用数字、重量和尺度来表达自己想说的问题;只使用符合常理的论据,只考察在自然中有可见根据的因素,至于那些以个人的易变的思想、意见、偏好和情绪为依据的,则留待别人去研究。"㉙他的许多计算并不精确,而且很多计算是基于弱假设。例如,因为1664年从英国出口的牛、羊、牛油和牛肉的数量比1641年多了1/3,配第就推断出,英国1664年的人口比1661年多了1/3!但这类失误并不能抹杀配第是统计科学奠基人这一事实。今天,统计分析是经济学科的一个显著特征。

配第还零零碎碎地阐述了其他一些后来被古典经济学家加以具体发展的观点。这些观点有:货币流通速度的概念、劳动分工、地租是来自土地的剩余、资本品的重要性以及劳动价值论等。我们简要考察一下每个观点:

- 货币流通速度。在《语言的智慧》一书中,配第认识到货币流通速度——货币在人们手中的转换频率——和货币数量一样重要。如果按周支付而不是按季度支付,那么只需较少的货币就可以做同样的事情。他还认为货币过多或过少一样不好。"货币不过是政治肌体的脂肪,如果过多会影响肌体的敏捷,过少也会使肌体生病。"㉚他建议将盈余的金银卖给外国以防对本国产生损害。

- 劳动分工。虽然没有具体发展这一观点,但配第已经认识到经济与劳动专业化及工作分工的联系。例如,他写道:"如果一个人梳理,另一个人纺纱,再一个人织布,这样生产出来的布料,一定比上述操作都由一双手笨拙地完成所生产出来的布料便宜。"㉛亚当·斯密后来更深入地讨论和发展了这一思想。

- 地租理论。配第提出了最早的地租理论:

> 假设一个人可以自己耕种一块土地来生产谷物,即他一个人可以提供耕种这块土地所需要的一切劳动,包括:掘地或者犁地、耙松、除草、收割、运回家、脱粒及扬谷。除掉用于来年耕种该土地所需要的种子,也就是说当这个人将种子从他的收成中扣除,再扣除他自己的口粮及用来交换衣服和其他必需品而付给别人的部分谷物后,剩余的谷物就是这块土地上这一年的正常的、真实的地租。㉜

㉘ Petty, *Taxes and Contributions* 1: 32.
㉙ Petty, "Political Arithmetick," 244.
㉚ Petty, *Verbum Sapienti in The Political Anatomy of Ireland with the Establishment for that Kingdom and Verbum Sapienti* (Shannon, Ireland: Irish University Press, 1970, 222) [orig. pub. in 1691].
㉛ Petty, "Political Arithmetick," 260.
㉜ Petty, *Taxes and Contributions* 1: 43. [Sir William Petty, "A Treatise of Taxes and Contributions," in Economic Writings ed. Charles H. Hull, vol.1(Cambridge: The University Press,1899).]

将地租作为土地的剩余来进行分析,是经济思想的一大进步。但是,配第并没有将资本报酬与土地报酬区分开来,这在17世纪是很容易犯的错误,因为在当时投资于工具和肥料的资本的作用并不重要。他也没有指出粗放耕种与集约耕种产生的收益的差别。但是,配第却认识到了距离市场近的土地会产生更高的地租,这是由于产品运输的费用较低的缘故。

- 资本的重要性。在1691年出版的《爱尔兰的政治剖析》一书中,配第写道:

> 我们必须在工艺与简单劳动之间做出一个平衡。如果仅仅通过简单劳动,我可以在1 000天的时间里犁100英亩土地并做好播种准备。然后假设,为达到同样目的,我花费100天的时间来研究一种更简单的方法并发明犁地的工具,这100天里我没有犁地;但是,剩下的900天里我能犁200英亩地。那么,花费100天发明出来的上述工艺价值一个人的劳动力,因为通过这项新工艺,一个人可以干以前没有这项工艺时需要两个人干的活。[33]

对资本与生产的重视越来越适宜18世纪工业革命的出现。配第对这些问题的关注使他非常不像一个重商主义者!

- 劳动价值论。配第认为,劳动是财富之父,土地是财富之母。在《赋税论》中他写道,如果收获一蒲式耳谷物与制造一盎司白银需要的劳动相同,那么它们的价值就应该相等。

配第对生产方面的兴趣和他对决定价格的价值理论的探索激发了新的理论思维。他的思想被后来的经济学家进行了扩充和改进。

复习与讨论 》》

1. 解释下列名词,并简要说明其在经济思想史中的重要性:托马斯·孟,《英国得自对外贸易的财富》,杰拉德·马利尼斯,查尔斯·戴维南特,让·巴蒂斯特·柯尔培尔,威廉·配第爵士,《政治算术》。
2. 评价下面这句话:重商主义既是一系列可以观察到的政策,也是一个由主要学者提出的真正统一的经济学体系。
3. 为什么有时将重商主义者称为重金主义者?将以下名词包括在你的答案中:出口、进口、殖民地、战争、关税、国家授权的垄断、殖民主义、大量人口、自由的国内贸易。
4. 为什么重商主义者赞成拥有大量人口和低工资?在工资率上升的收入效应与替代效应问题上,重商主义者持什么样的立场?配第认为拥有大量人口的优势何在?
5. 和国际贸易相关的术语"对商品的恐惧"是什么意思?它与赞成国内商品自由交换而对进口商品加以限制的观点一致吗?谁将在这种限制中获益?谁将受损?
6. 将现代的贸易保护主义(历史借鉴2-2)与重商主义时代的贸易保护主义作一下比较和对比。
7. 重商主义者认识到:(a)出口盈余会导致金银从外国流入本国;(b)货币存量增加会推动一国物价上涨。从长期来看,这两个结果是相互一致的吗?

---

[33] Petty, "The Political Anatomy of Ireland," in *Economic Writings* 1:182.

8. 重商主义者托马斯·孟为将金银输出国外的政策进行辩护的基础是什么？
9. 将以下人物与他们对应的观点或贡献配对，并加以解释。
　　_____马利尼斯　　　a. 国内战争优于国外战争
　　_____戴维南特　　　b. 强制劳工铺路
　　_____配第　　　　　c. 为商人进行有力的辩护
　　_____柯尔培尔　　　d. 《政治算术》
10. 配第的经济分析在哪些方面超出了一个典型的重商主义者的观点？

精选文献

书籍

Blaug, Mark, ed. *The Early Mercantilists*. Brookfield, VT: Edward Elgar, 1991.

Cole, Charles W. *Colbert and a Century of French Mercantilism*. 2 vols. New York: Columbia University Press, 1939.

Davenant, Charles. *Discourses on the Publick Revenues, and on the Trade in England*. London: Printed for James Knapton, 1698.

Furniss, Edgar S. *The Position of Labor in a System of Nationalism*. Boston: Houghton Mifflin, 1920.

Heckscher, Eli F. *Mercantilism*. 2nd ed. 2 vols. London: Allen and Unwin, 1955.

Johnson, E. A. J. *Predecessors of Adam Smith*. New York: Prentice-Hall, 1937.

Magnusson, Lars. *Mercantilism: The Shaping of an Economic Language*. London: Routledge, 1994.

Malynes, Gerard. *Lex Mercatoria or the Ancient Law-Merchant*. 1686 [written in 1622].

Mun, Thomas. *England's Treasure by Forraign Trade*. New York: Macmillan, 1903 [written in 1630].

Petty, William. *Economic Writings*. Edited by Charles H. Hull. 2 vols. Cambridge: The University Press, 1899.

Roncaglia, Alessandro. *Petty: The Origin of Political Economy*. Armonk, NY: M. E. Sharpe, 1985.

Viner, Jacob. *Studies in the Theory of International Trade*. New York: Harper, 1937.

期刊论文

Allen, W. R. "Modern Defenders of Mercantilist Theory." *History of Political Economy* 2 (Fall 1970): 381—397.

Aspromourgos, Tony. "The Life of William Petty in Relation to His Economics: A Tercentenary Interpretation." *History of Political Economy* 20 (Fall 1988): 337—356.

Ekelund, R. B., Jr., and R. D. Tollison. "Economic Regulation in Mercantile England: Heckscher Revisited." *Economic Inquiry* 18 (October 1980): 567—599.

Officer, Lawrence H. "The Purchasing-Power Parity Theory of Gerard de Malynes." *History of Political Economy* 14 (Summer 1982): 256—259.

第 3 章 重农学派

重农学派出现于重商主义时代结束时期的法国。重农学派的出现可以追溯到1756年魁奈在《大百科全书》(Grande Encyclopédie)中第一篇经济学论文的发表。该学派结束于1776年，标志是杜尔阁失去其在法国政府的高官地位以及亚当·斯密出版《国富论》。在这20多年时间里重农学派引导着世界的经济思想，但他们的影响远远超出了他们的时代。我们首先简要介绍一下该学派，然后考察最杰出的两位重农主义者——魁奈和杜尔阁对经济学的贡献。

3.1 重农学派概览

3.1.1 重农学派产生的历史背景

重农学派是在反对重商主义和法国旧政权封建特性的过程中产生的，但是它也没有完全摆脱当时盛行于法国的中世纪观念。

政府对于生产过细的管制，比如竟然具体规定到每英寸布所必需的丝线根数，可能曾经有利于提高产品质量，但它不允许生产方式的试验与创新、不允许消费者品味的变化，必然束缚生产的发展。而一个腐败奢靡的政府不可能保证这些规则的公正实施，工商业的发展和竞争的加剧使这些规则变得毫无必要。

法国地方政府征收国内通行费、各种税收和关税，因而阻碍了货物的流动，延缓了工业的发展。拥有土地的贵族所强加的各种条件加重了法国农业的负担。农民要负担课征于土地和农业利润的各种赋税，而贵族和神职人员却可以免于这些税收。征税额年年变化，完全取决于征税人员的心血来潮和农民的财富。事实上，征税权被出售给了"包税者"，这允许他们为了自身利益从给定区域的居民身上榨取尽可能多的税收。在每个纳税年度之始，包税者向政府缴纳一个固定数额的年费，超过这一数额的一切收入归包税者所有。这样严重损害了个人积累财富和扩大投资的积极性。农民继承或变卖财产时都必须向地主交纳税费。他们不得不和地主所有的磨坊、面包房、酿酒厂做生意并接受他们索要的高价。贵族们有权在他们的农民的田里打猎，农民除草和锄地如果惊扰到小山鹑，就会受到捕猎法禁止。由柯尔培尔提出并在其后被长期延续的强制劳役，迫使农民和被征牲畜无偿铺设公共道路，而这主要是为了其他人的利益。

几个世纪以来，法国政府和市镇行政部门对谷物贸易实行了令人费解的管制。甚至与谷物贸易相关的其他贸易也被剥夺了仅有的一点自由。禁止从法国出口谷物；政府更关心谷物的持续充足供应，而不关心提高农业的利益。但这种情况在丰收的年份除外。一些特殊的许可也可能被授予个人，许可证上通常标明允许出口的数量和谷物的种类以及出口的目的地。在法兰西王国内部，如果未经批准，谷物和面粉不得在各省之间流动。为了获得跨省销售谷物的许可证，商人必须向检查员提交关于企业的所有详尽资料；谷物运达之后，还必须提供一份证书证明谷物确实被运到了指定的目的地。谷物在每个省内还受到进一步的限制，法律规定了谷物的价格和销售地点。在饥荒的时候，政府为了避免囤积而强制销售谷物。通行费和各种管制阻碍了谷物贸易，因此有这样的情况：在一个地区有大量盈余充斥仓库，而在几英里以外的地方却有人饿死。

中世纪兴起的商业和手工业行会在法国存在的时间较英国要长。商业行会控制了在一个城镇进行贸易的权利；手工业行会——由行业内的学徒、熟练工和师傅组成——则控制着一个城镇手工作坊的生产和营销方式。随着国家对行会的授权和管制逐步取代了城镇政府和封建地主的管理，这些行会的特征也发生了变化。但直到1789年，行会仍然反对劳动力自由进入某些行业，限制和管制产出，实行固定价格，排斥来自其他城镇或国外的竞争。行会之间的法律纠纷和诉讼经常拖延几代甚至几个世纪，浪费了大量的时间和金钱。18世纪中期，巴黎的行会每年的法律纠纷费用就达到80万至100万里弗（一种法国的货币单位，后来被法郎取代，再后来又被欧元取代）。卖烤鹅的和卖家禽的商人相互争吵了半个世纪，直到最后后者被限制只能卖未加工的家禽为止。而那些成功的烤鹅商又开始攻击曾大胜了制酱商人的厨师。巴黎经营旧衣服的零售商和裁缝之间长达300多年的诉讼最终在1789年得到了解决，因为法国大革命摧毁了各种行会。重农学派的思想像一股清新的微风吹过当时法国腐败、腐朽的社会。

3.1.2 重农学派的主要信条

重农学派的主要观点可以大致概括如下：

- 自然秩序。重农学派将自然秩序的概念引入到经济思想中来。重农学派（physiocrat）这个词语本身就是"自然规律"的意思。根据这个思想，自然规律统治着人类社会，就像牛顿发现的那些自然规律统治着物理世界一样。因此，人类的所有活动都应该与自然规律相协调。一切科学研究的目的都是去揭示整个宇宙现象所遵从的各种规律。在经济学的范畴内，自然规律赋予个人享受自己劳动果实的自然权利，条件是这种享受要和他人的利益相协调。
- 自由放任、自由通行。"自由放任"（laissez-faire）是文森特·德·古尔奈（Vin-

cent de Gournay，1712—1759）提出的，这个短语实际意思是"不要政府干预，让人们做他们喜欢做的事情"。除了保证最低的、绝对必需的基本保障如保护生命与产权、维持签约的自由等之外，政府不应对经济生活施加任何干预。因此，重农学派几乎反对一切封建主义、重商主义和各种政府管制，支持国内工商业和国际贸易自由化。古尔奈是重商主义者队伍中的几个高官之一，他的经历使他后来成了一个自由放任主义的追随者。

- 重视农业。重农学派认为工业、贸易和各种职业都是有用的，但不是生产性的，仅仅是再生产出以原材料和工人基本生存资料为形式消耗掉的价值，也是工人们的生存手段。只有农业（也许还包括采矿业）才是生产性的，因此它生产了剩余，生产了超过所耗费资源的价值的净产品。
- 对土地所有者征税。重农主义者认为，因为只有农业才产生剩余，并且土地所有者以地租的形式获得了剩余，所以应该只对土地所有者征税。对其他人所征收的税收最终将通过某种形式转嫁给土地所有者。间接税将随着被转嫁而有所提高，因此，对土地所有者征直接税优于间接税。
- 经济的内部相关性。重农主义者，特别是魁奈，从总体上分析了经济体系中商品和货币的循环流动。

3.1.3　重农学派对谁有利或为谁谋利

农民最终将从重农学派的观点中受益，因为农民对土地所有者的繁重义务被取消了。但是如果重农学派的观点被实施，农民将成为大农场的雇佣劳动力。商业将从取消对生产和商品流通的限制的法律规章中受益。通过倡导自由放任的信条，重农学派推动了工业发展，尽管这并不是他们的本来目的；他们感兴趣的是鼓励更加自由的国内谷物贸易、刺激农产品出口和制成品进口。

重农学派特别支持使用雇佣劳动力和先进技术的资本主义农场。这些先进的农场大多数在法国北部。大生产者有大量生产剩余要进行销售，重农学派对农业和谷物国内自由贸易的重视对他们很有帮助。对农业生产剩余征税将降低土地的价值，损害拥有土地的贵族的利益，但不会影响现在或未来的支付地租的农业资本家。贵族和神职人员免于各种税负，而这些税负平民土地所有者却需要负担，对所有投入生产的土地征收单一税有助于分散社会税收负担。

重农学派真心诚意地捍卫贵族拥有土地和收取地租的权利，试着借此来安抚他们。19世纪80年代，美国的亨利·乔治（Henry George）想通过税收拿走全部地租，与他不同，重农学派认为税收占全部经济剩余的1/3就足够了。他们相信，这不会引起财富从富人到穷人的再分配，因为不论在何种情况下都是地主承担全部税收；而且，把税收从间接税变为直接税能够减轻整体税收负担。这样来看，如果重农学派的计划能够执行，贵族将从中受益。但这个观点是错误的，因为它基于这样一种错误的分析：所有可征税的经济剩余只来自土地。

3.1.4　重农学派在当时是如何有效、有用或正确的

工业革命之前,工业的主要特征是劳动生产率极其低下。这一点在法国的手工业经济中表现得尤为明显,特别是在法国大革命之前几十年的社会及政治制度之下。因此,在一个极其贫困的国家中,为贵族而进行的奢侈品生产很容易被看成"非生产性的"。另一方面,尽管农业的耕种方法十分原始,但有时也会获得巨大的丰收。农业经常提供经济剩余,用于储蓄或再投资,从而促进一个正在崛起的国家的经济增长和工业发展。不仅在法国是这样,在美国、德国、日本、俄罗斯及其他国家都是如此。

重农学派提倡自由放任,反对不利于资本主义经济发展的各种障碍。他们不经意地推动了1789年法国大革命的爆发,大革命扫清了前进路上的许多障碍。他们强调农业的劳动生产率,摆脱了只有商业才创造和扩大财富的陈旧观念;他们强调生产而不是交换才是财富的源泉。在那个时代法国盛行的间接税侵蚀了法国社会,他们对直接税的支持是对此的一个正当反应。他们主张资本积累应通过减少富人的消费来进行。

3.1.5　重农学派哪些信条具有长远贡献

重农学派的一些观点很明显是错误的。该学派错误地认为工业和贸易是非生产性的;而法国的工业和贸易越发达,重农学派的分析错误也就越明显。这种错误导致了另一种错误——因为认为只有土地才产生剩余,所以应该只对土地所有者征税。富有的工业资本家笑了,因为他们赞成这种信条:他们没有增加财富所以不必纳税。重农学派的税收观念留下了长期的影响。约翰·斯图亚特·穆勒(John Stuart Mill)在19世纪中期撰文倡导,政府应该得到由于地价上涨而增加的全部资本利得,一个方式是,政府对未来上涨的地租征税。在重农学派100多年后,亨利·乔治在美国撰文倡导"单一税收"运动,其目的是没收全部租金。

重农学派颂扬资本主义农场主是法国经济发展的主导力量,但他们在两个方面是错误的。第一,工业资本家和雇佣工人成为这个国家经济增长中最重要的力量,而农业的重要性却相对降低了;第二,是小农场主而不是大的农业资本家成为法国农业的典型象征。如果土地仍然控制在贵族手中,对土地所有权征税会限制奢侈品消费。但当大革命以后,小农获得了土地,他们就将承受绝大部分的税收负担。

然而,重农学派对经济学作出了以下几个长久贡献。第一,通过将社会作为一个整体来考察并分析支配财富与商品流通的规律,重农学派为经济学发展为一门社会科学奠定了基础。我们将发现魁奈的《经济表》是现代经济学教材中两个概念的先驱,它们是经济循环流向图和国民收入账户。第二,收益递减规律——通常归功于马尔萨斯和李嘉图——事实上是在更早以前由重农学派的杜尔阁提出的。第三,重农学派最早分析了税负转嫁和税率问题,这在如今是应用微观经济学的重要组成部分。第四,通过倡导自由放任,重农学派使经济学家的注意力转移到关注经济中政府的适当作用问题上来。

3.2 弗朗索瓦·魁奈

弗朗索瓦·魁奈(François Quesnay,1694—1774)是一个土地所有者的儿子,是重农学派的奠基人和领袖。他受过医学训练,通过他在医学和外科手术方面的技术获得了一笔财富。魁奈后来成为路易十五和蓬皮杜夫人的宫廷医生。1750年,他遇到了古尔内,不久之后他对经济学的兴趣超过了医学。魁奈和他的支持者希望把国王转变成一个"开明的君主"、和平改革的工具。在1757年发表在《百科全书》中的一篇文章中,魁奈指出小农场没有能力采用最有效率的生产方式,他支持由"企业家"经营的大农场,因此也就期望出现我们这个时代已经存在的大型农业企业。

在魁奈看来,社会类似于物质有机体。经济中财富和商品的循环就像身体中的血液循环。他们都遵循自然秩序,而且经过深入分析二者都是可以被理解的。

魁奈认为人们制定的各种规则应该符合自然规律。法国皇太子曾经向魁奈抱怨做国王的艰难(他还没有被指定继承王位)。魁奈说:"我不认为当国王会这么艰难。"皇太子问:"那么,假如你当国王你会做些什么?"魁奈回答说:"什么也不做。"被问及谁将统治这个国家时,魁奈神秘地回答:"规律。"显然他指的是自然规律。①

他为法国国王创作的著名的《经济表》,完成于1758年,1766年重新修订。《经济表》描述了在一个理想的、自由竞争的经济中,商品与货币的循环流动。这是对财富流动第一次系统的分析,后来成为宏观经济学的基础。很多分析宏观经济总量活动的经济学家,例如斯密、马克思、凯恩斯等,都对魁奈表现出敬意,因为魁奈最先使用了这一分析方法。

图3-1简单描述了魁奈的《经济表》。魁奈假设土地为地主所有,但由承租的农场主耕种,因此,农场主是唯一真正的生产阶层。农场主生产的产品不仅要满足他们自己的需要,还要满足土地所有者(包括国王、教会、公职人员和其他依赖土地所有者的收入生活的人)的需要。此外,农场主的产出还要满足非生产阶层(制造业者和商人)的需要。《经济表》说明了社会净产品是如何在三个阶层之间循环并被年复一年再生产出来的。

假设农场主开始的时候有50亿里弗的年总产出。其中,有20亿里弗作为生产必需的耗费而直接扣除,这部分花费用于提供农场主自身的食物、种子和各种饲料。在左边栏中可以看到,这样就只剩下30亿里弗的食物可以销售。地主(中间一栏)开始时拥有农场主在上一个循环支付给他们的20亿里弗的租金。最后,制造业者和商人(右边一栏)拥有价值20亿里弗的上一循环所制造的商品。

地主阶层用20亿里弗中的10亿里弗从非生产阶层那里购买制成品(箭头a),用另外10亿里弗从农场主那里购买食物(箭头b)。然后,农场主用他们向地主销售食物

---

① James Edward Le Rossignol, *Economics for Everyman: An Introduction to Social Economics* (New York: H. Holt, 1923),293.

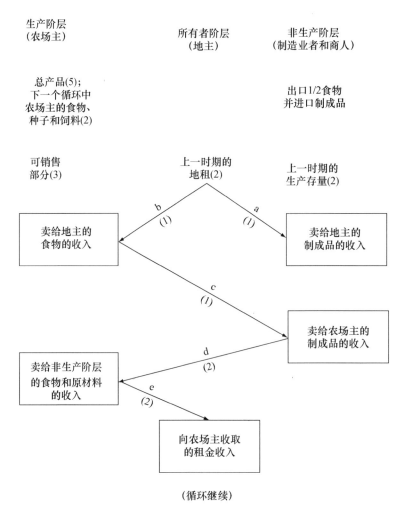

图 3-1 魁奈的经济表

魁奈的经济表描述了农场主、地主、制造业者/商人的支出及收入所得。地主用上一个循环中所得的地租收入从制造业者/商人手中购买商品(箭头 a),从农场主手中购买食物(箭头 b),因此,这样就为这两个阶层创造了收入。依次,农场主的收入使他们能够从制造业者/商人手中购买制成品(箭头 c)。制造业者/商人再用他们的收入从农场主手里购买食物(箭头 d),这又为农场主创造了收入。农场主从他们的农场收入中支付地租(箭头 e),如此循环往复。

所得的 10 亿里弗来购买同等价值的制成品(箭头 c)。当然,农场主的支出代表着制造业者和商人也有同样数量的收入。现在非生产阶层有了 20 亿里弗的收入,其中 10 亿里弗是向地主销售商品的收入,另 10 亿里弗是向农场主销售商品获得的收入。然后非生产阶层从农场主那里购买 20 亿里弗的食品和原材料(箭头 d)。

箭头 d 所示的交易完成后,这个循环将自动重复进行。在这个阶段,农场主拥有 20 亿里弗的食物、种子和饲料,他们将用这些在下一年再生产 50 亿里弗的农产品。地主拥有食物、制成品,并将从农场主下一年的收获中得到 20 亿里弗的地租(箭头 e)。

非生产阶层拥有 20 亿里弗的食物和原材料,他们将用此来生产 20 亿里弗的制成品。

一些读者会注意到,魁奈的《经济表》暗含着制造业阶层没有留下任何制成品供自己消费。罗纳德·L.米克(Ronald L. Meek)对这个问题作了回答。他发现,重农学派的著作中暗含着非生产阶层只有生产阶层的一半规模,因此,他们不必消耗掉购自农场主的 20 亿里弗的食物和原材料(箭头 d),而是出口一部分食物,用其所得来购买进口的制成品。②

魁奈的《经济表》是国民收入分析的思想源泉,它也为分析一个经济体的统计工作奠定了基础。魁奈本人就试图估计年产出值及其他总量指标。《经济表》也清晰地表达了作为整体的经济中的均衡概念,因为如果相互依存的变量中有一个发生变动,其他变量也会随之变化。而且,魁奈的《经济表》还是投入-产出分析(第18章)的先驱,里昂惕夫在 20 世纪 30 年代提出的投入-产出分析,至今仍被经济学家广泛使用。

非常重要的一点是,尽管魁奈认为非农生产是"非生产性的",但他并没有质疑所有者获得地租的权利。他认为,是自然界而不是工人生产了经济剩余。因此,土地所有者有权获得剩余产品,这是伴随土地所有权而产生的一种权利。因为他们这个阶层进行了使土地具有生产性的必要的原始资本投资,因此他们有权获得剩余产品。这样魁奈认为他是地主权利的捍卫者。然而他提出的只对地主征税的建议又被地主认为是在攻击他们的利益。

魁奈认为"在装饰方法上的过度奢华会很快毁掉一个强大、富裕的国家"③。他宁愿花费在原材料上。在一个贵族们热衷于奢侈消费、在积累财富用于进一步投资方面工业远不如农业和采矿业重要的时代,这是关于经济增长的一种政策建议。

然而,魁奈的思想也带有某种中世纪的痕迹。这很明显地表现在他对农业的颂扬和他的信仰方面——政府应该使利率保持固定④——这一点和其他重农学派的观点相反。魁奈也赞成"公平价格"的概念,但他认为自由市场比政府管制更容易实现这一点。⑤

历史借鉴 3-1
魁奈和循环流向图

魁奈的《经济表》(图 3-1)是经济循环流向图的先驱,在现代经济学教科书前几章中常常可以找到循环流向图。魁奈的经济表描述了支出和收入在以下三个阶层之间的流动:农场主、地主以及制造业者和商人。他的经济表明确暗示了实物层面的商品和服务的反向流动。例如,制造业者和商人获得收入,货币流用来交换商品,实物流则向相

---

② Ronald L. Meek, *The Economics of Physiocracy* (Cambridge, MA: Harvard University Press, 1963), 282—283.
③ Philip Charles Newman, *Source Readings in Economic Thought of Physiocracy* (New York: Norton, 1954), 94.
④ 关于贷款利息问题的早期思想史,参见:Barry Gordon, "Lending at Interest: Some Jewish, Greek, and Christian Approaches, 800 BC-AD 100," *History of Political Economy* 14 (Fall 1982): 406—426.
⑤ "公平价格"这一伦理概念是由圣·托马斯·阿奎那在 13 世纪提出的。

反的方向运动。

然而,现代循环流向图的直接来源可以追溯到经济学家弗兰克·奈特(Frank Knight),20世纪30年代早期,他在芝加哥大学任教时提出了"财富之轮"的思想。* 现代循环流向图(见图3-2)既描述了货币流,也描述了实物流。而且,它把经济划分为两个部门(家庭和企业),而不是三个阶层(农场主、地主、制造业者和商人)。最后,现代循环流向图表现了两个市场:资本市场和产品市场。在资本市场上,家庭提供资本,而企业需要资本。在产品市场上,家庭需要产品,而企业提供产品。

像魁奈的《经济表》一样,现代循环流向图也暗含了经济决策和经济活动之间的相互联系。

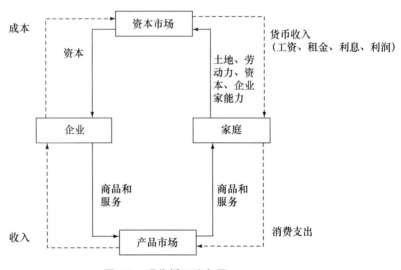

图3-2 现代循环流向图

* 对奈特图示起源的有趣讨论,参见:Don Patinkin, *Essays On and In the Chicago Tradition* (Durham, NC: Duke University Press, 1981), 53—72.

3.3 安·罗伯特·雅克·杜尔阁

安·罗伯特·雅克·杜尔阁(Anne Robert Jacques Turgot,1727—1781)出身于诺曼底的一个贵族世家,他们家连续几代为这个国家培养了有才能的政府官员。他是这个家庭的幼子,受到了教会教育。但获得神学学位之后,他决定进入司法行政部门。杜尔阁在法国政府部门的职位不断上升,到1774年他成为法国财政部长,而这个职位100多年之前正是柯尔培尔担任的。他上任不到两年,就引入了各种反封建、反重商主义的措施,并推崇重农学派的思想。允许国内谷物进行自由贸易,废除各种行会和特权贸易企业。他结束了沉重的强制劳役,这种强制劳役要求农民每年无偿工作12天或15天来维修道路、桥梁和运河;取而代之,他实行了一种所有地主都需缴纳的税收。杜尔阁大幅度削减了政府支出。政府的信誉大大提高,这使他能够以4%的利率从荷兰政府借入大笔款项,而这个利率以前是7%—12%。政府每年的利息支出减少了近2/3。杜尔阁还提倡对贵族征税,人们有择业自由,全民教育,宗教信仰自由,并且提出了创建中央银行的构想,这一构想后来由拿破仑于19世纪付诸实施。

杜尔阁的法令和计划激起了各类人们的最坚决的反对。贵族痛恨他,因为他想从土地上征收一切税收。神职人员不信任他,把他看作异教徒,因为他不但很少参加弥撒,而且主张宗教信仰自由。金融家怨恨他,因为他以比他们开价要低的利率从国外借款。国王的随从们也因杜尔阁反对他们挥霍、闲职和年金而被激怒了。那些向政府一次性缴纳固定数额而有权尽可能多征税的包税者们极其愤怒,因为他想用政府的征税官来取代他们。富有的、已经确立了地位的资本家反对他对垄断的干预。由于玛丽·安托瓦内特(Marie Antoinette)以及其他因为他的政策而失去特权的强势王室成员的反对,路易十六罢免了杜尔阁的职务。他的改革立刻被取消,直到1789年法国大革命也没有再实施。事实上,可能正是杜尔阁的倒台使大革命的发生不可避免;他的经历证明旧的政权不可能自行改革。

像其他重农主义者一样,杜尔阁相信开明的专制主义,并希望国王能实行各项改革措施。他反对国会对立法的干预。他提交给国王的一项计划中建议只允许土地所有者构成选举权人。被选举出来的国会将没有任何立法权,但它要管理税收、教育和救济穷人。显然,杜尔阁和其他的重农主义者都植根于旧的法国封建制度,他们是改革者而不是革命者。但反动的法国旧政权仍不能容忍这些改革。

在1766年写作的《关于财富的形成和分配的考察》(*Reflections on the Formation and the Distribution of Riches*)一书中,杜尔阁发展了一种工资理论,在这个理论中,他认为工人之间的竞争使工资可以降低到维持最低生存需要的水平上。这是后来被称为"工资铁律"的早期表述。只有农场主生产剩余,用来养活整个社会并提供原材料。

> 因此,他(农场主)是财富的唯一源泉,并且通过财富的循环来养活社会的全部劳动力;因为只有他的劳动产出超过其劳动的工资。⑥

杜尔阁认为富有的、资本主义的承租农场主最有能力有效耕种土地,因为他们有资本对土地进行投资。他们获得利润、投资本金及利息。企业家会将利润和储蓄的大部分用来再投资,而地主则不会这样做。

> 总体事实是,尽管所有者拥有巨大的剩余,但由于他们拥有更多闲暇,有更多欲望和激情,因此他们储蓄较少;他们把自己看作财富的更好的保证;他们考虑的更多的是如何惬意地享受财富而不是如何增加财富:奢侈是他们的天性。⑦

在1776年写给大卫·休谟的一封信中,杜尔阁称对其他团体征税会转嫁给地主。只

---

⑥ Anne Robert Jacques Turgot, *Reflections on the Formation and the Distribution of Riches* (New York: Macmillan, 1898), 9.
⑦ Turgot, *Reflections*, 97.

有当工资高于最低生存需要水平之上时,对挣工资的人征税才能被转嫁,但这只是暂时的偏离。征税不会降低处于最低生存需要水平线上的工资,因为工人不得不努力去赚取足够生存的收入。因此,对地主征收直接税优于征收被转嫁到他们身上的间接税。这种不可转嫁的税收对经济发展也是最优的,如前文所述,因为地主浪费了他们的收入份额。

杜尔阁是政府节约的坚定倡导者。在致大卫·休谟更早的一封信中,他写道:

> 您也知道,像我做的那样,所有政府的最终基础是:服从和金钱。政府的目标正如一句谚语所说的:给母鸡拔毛而不使它叫喊;现在是所有者(地主)叫喊,政府一直倾向于间接伤害他们,因为只有这样,他们才会在这件事情成为法律之后,才感觉到伤害。⑧

在一个与其政府事务相关的备忘录中,杜尔阁为自由贸易提供了一些证据:

> 一个从狭隘的政治立场出发坚持反对(自由贸易)的人,会认为在国内可以种植一切,他们会像布里(Brie)的地主一样,认为喝自己葡萄园里产的劣质葡萄酒是一种节俭的行为,而实际上他们比喝最好的葡萄酒花费的还要多,因为他们牺牲了适合种植最好的小麦的土地,而用出售小麦的收入可以来购买最好的葡萄酒。⑨

杜尔阁对经济学理论领域最大的贡献是他准确地表达了收益递减规律。这个规律出自他可能写于1767年的《基于圣·佩拉维论文的观察》(*Observation sur un Mémoire de M. de Saint-Péravy*)中。他说,很难想象农业上两倍的投入会带来两倍的产出。

> 土地的肥力就像一个被连续添加重量而压下的弹簧。如果重量小而弹簧不是很有弹性,第一次尝试就毫无结果。但当重量足以第一次克服阻力时,弹簧将被压下。承受一定的压力之后,它又会开始阻止加于其上的额外的力量,以前加在其上能够产生一英寸或者更多的压力,现在将几乎不能将其压下一毫。因此,不断添加的重量其效果是逐渐减少的。⑩

奇怪的是,亚当·斯密——曾经到法国旅行并会见杜尔阁,而且对杜尔阁的作品很熟悉——并没有把收益递减规律应用于农业。这个规律后来被李嘉图、马尔萨斯和爱德华·韦斯特应用于地租分析;但他们都像杜尔阁那样没有认识到:当若干单位的生产变量被连续追加到土地(固定变量)上时,在收益递减之前的最初阶段,收益是递增的。

复习与讨论

1. 解释下列名词,并简要说明其在经济思想史中的重要性:商业行会,手工业行会,自然秩序,自

---

⑧ Turgot, *Reflections*, 103.
⑨ Anne Robert Jacques Turgot, " Letter on the Marque des fers," in Peter Groenewegen, " Turgot's Place in the History of Economic Thought: A Bicentenary Estimate," *History of Political Economy* 15 (Winter 1983): 591.
⑩ Anne Robert Jacques Turgot, *Observation sur un Mémoire de M. de Saint-Péravy* (1767), in *Œuvres de Turgot et Documents le Concernant*, vol. 2, ed. Gustave Schelle (Paris: Librairie Félix Alcan, 1914), 644.

由放任,魁奈,《经济表》,杜尔阁,非生产阶层。

2. 重农学派开始于什么时候?结束于什么时候?为什么它存在时间这么短暂?

3. 重农学派从哪几个方面反对重商主义?为什么它出现在法国?

4. 简要总结魁奈《经济表》的基本要素。《经济表》是如何影响现代经济循环流向图和国民收入账户的?一个表可以推导出另一个表吗?请解释。

5. 柯尔培尔(第2章)和杜尔阁都是法国著名的经济思想家,除此之外,他们还有什么共同点?比较他们的基本经济观点。

6. 杜尔阁在分析对一个弹簧连续添加重量时,他想到了什么规律?利用你以前学过的经济学课程的知识画出这个规律,画出只有一个投入变量的生产函数。把纵轴标为"农业产出",横轴标为"投入变量"。(可以将你的图与图14-3的上图相对照。)

7. 重农学派重视经济中的哪个部门?为什么?这暗含着什么样的税收政策?

8. 讨论重农学派经济思想的主要贡献和不足。

9. 尝试解决以下悖论:重农学派主张自然秩序和支持自由放任,然而却强烈拥护君主的绝对权威。

精选文献 »»»

书籍

Beer, Max. *An Inquiry into Physiocracy*. London: Allen and Unwin, 1939.

Blaug, Mark, ed. *Francois Quesnay*. 2 vols. Brookfield, VT: Edward Elgar, 1991.

Groenewegen, Peter D. *The Economics of A. R. J. Turgot*. The Hague: Martinus Nijhoff, 1977.

Higgs, Henry. *The Physiocrats*. New York: Langland Press, 1952 [orig. pub. in 1897].

Meek, Ronald L. *The Economics of Physiocracy*. Cambridge, MA: Harvard University Press, 1963.

Turgot, Anne Robert Jacques. *Reflections on the Formation and the Distribution of Riches*. New York: Macmillan, 1898 [orig. pub. in 1766].

Vaggi, Gianni. *The Economics of Francois Quesnay*. Durham, NC: Duke University Press, 1987.

期刊论文

Brewer, Anthony A. "Turgot: Founder of Classical Economics." *Economica* 54 (November 1987): 417—428.

Groenewegen, Peter. "Turgot's Place in the History of Economic Thought." *History of Political Economy* 15 (Winter 1983): 585—616.

Phillips, Almarin. "The Tableau Economique as a Simple Leontief Model." *Quarterly Journal of Economics* 69 (February 1955): 137—144.

Pressman, Steven. "Quesnay's Theory of Taxation." *Journal of the History of Economic Thought* 16 (Spring 1994): 86—105.

Ware, Norman J. "The Physiocrats: A Study in Economic Rationalization." *American Economic Review* 21 (December 1931): 607—619.

第 4 章 古典学派:先驱者

古典学派始于1776年亚当·斯密《国富论》的出版,1871 年,W. 斯坦利·杰文斯、卡尔·门格尔、莱昂·瓦尔拉斯各自出版了以需求为基础的理论,后来成为新古典经济学的组成部分,至此古典学派结束。这一章我们首先介绍古典学派的概览,然后考察几位古典学派先驱者的贡献(他们的名字直接列在经济思想的时间序列表中古典学派的上方)。在第 5 章,我们将详细研究亚当·斯密的思想。

4.1 古典学派概览

4.1.1 古典学派产生的历史背景

两次"革命",其中一个相对成熟而另一个刚刚开始,对古典经济思想起到了特别重要的影响。

科技革命。1687 年,在开普勒早期关于行星运动的科学规律和伽利略关于地球上物体运动的数学法则等研究方面,艾萨克·牛顿(Isaac Newton, 1642—1727)取得了重要进展。在《自然哲学的数学原理》(*Mathematical Principles of Natural Philosophy*)一书中,牛顿提出了万有引力定律:宇宙中任何两个物体间的引力与它们的质量之积成正比,与它们之间的距离的平方成反比。这一定律解释了包括行星运动在内的物体运动的规律。

与牛顿和其他科学家相联系的科技革命有三个方面值得一提。第一,这些科学家非常依赖实验证据。牛顿和同时代的科学家都不相信那些只通过推理而没有经过实验得到的直觉知识。第二,牛顿推广了宇宙是由自然规律统治的这一已经存在的观点。第三,牛顿的理论体系是对宇宙的静态研究:空间、时间与物质之间是相互独立的,不会随时间而改变;宇宙中的运动与联系都是在不断循环往复的。

在古典学派的思想中可以看到牛顿的影响。按照古典主义者的观点,迟迟不去的封建制度和重商主义的严格限制已经没有存在的必要了。对他们来说，牛顿的科学和之前的上帝意愿一样完全有效地解释了自然界。如果是神的意愿创造了一种不加干涉就可以和谐、自动运行的机制，那么自由放任就是处理社会事务的最高形式的智慧。自然规律将引导经济体系和人们的活动。

这些观点在他们那个时代是具有革命性的。人们不再毫无疑问地接受古代的真理，如利息是罪恶的，地位可以继承，等等。如果人们自由遵循自利的自然法则，那么社会将变得更好。古典经济学中的牛顿式思想提供了证明财产收入正当的观念体系。既然自然规律最好完全不受阻碍，私人的节约和谨慎对社会利益有所贡献，那么地租、利息和利润就是对所有者和财富有效使用的公平回报。

工业革命。1776年，工业革命刚刚开始，但在后来古典经济学家写作的时期，工业革命的影响得到了强化。在17世纪，英国在商业方面落后于荷兰，在制造业方面落后于法国。但到了18世纪中叶，英国在商业和工业方面都取得了霸权地位。工业革命和古典政治经济学都首先在英国得到了发展。生活在工业革命早期的斯密和他同时代的人们，还不能充分认识到这一现象的重大意义及其未来发展的方向。这样的智慧通常总是在事后逐渐表现出来；但是他们已经意识到制造业、贸易、发明与劳动分工等都已取得了实质性发展。工业的增长导致了时下思想对经济生活中工业方面的更多关注。

到1776年，作为世界上工业效率最高、实力最强大的国家，英国从自由国际贸易中获得了巨大的利益。由于英国的企业家变得越来越强大，他们不再依赖政府补贴、垄断特权和关税保护。随着企业家数量的大幅增加，垄断协议很难达成和执行，竞争越来越依靠产品的合理价格和优良品质。在每一方面都不断扩张的商业活动高潮迭起，许多重商主义的措施被废止。

一个自由的、流动的、低工资和努力工作的劳动力大军也涌现出来。在古典政治经济学取得最后的胜利之前，国家和地方政府管理劳动力和劳动条件。有时候劳动力受到保护，但更多时候是雇主得到支持。在英国，地方治安法官对工资的管制长达几个世纪，它们通常规定工资的上限。这一措施在1762年取消，然而，劳动力的供给和需求状况导致了市场决定的低工资。议会通过圈地法案，授权人们可以用栅栏、树篱、围墙圈起公共土地及没有篱笆的空地，从前农民在那些空地上种植作物、饲养猪牛、采收燃料等。这些法令将土地严格置于私人所有权范围内，并鼓励大规模、资本密集型的农业生产。这样提高了土地和劳动力的生产率，也把农民变为获得工资的劳动力，他们需要从地主、商人和制造业者那里寻求雇佣。此外，随着工厂制度的发展，手工业者丧失了竞争优势，这迫使他们也进入劳动力市场成为挣工资的工人。高出生率和低死亡率增加了人口，童工和来到英国的破产爱尔兰农民也增加了劳动力供给。政府没有必要再采取维持低工资的措施，从而可以使商人更容易采取新兴的自由放任政策。现在轮到工人争取政府支持设立最低工资限制了，但并没有成功。

4.1.2 古典学派的主要信条

古典学派的观点常常被称为经济自由主义。其基础是个人自由、私人产权、个人主动权、私人企业，以及最低限度的政府干预。自由主义(liberalism)这一术语应该根据它所处的历史背景来理解：与封建主义和重商主义对职业选择、土地转让、贸易等的限制相反，古典学派的思想是自由的。但作为一个历史变化的证据，在今天，我们可能把提倡经济自由主义的人称为"保守派"。

这一思想学派的主要特征归纳为以下几点。对这些概念的更充分扩展将会贯穿于后面几章中。

- 最小的政府干预。古典学派的首要原则就是，管得最少的政府是最好的政府。自由的、竞争性的市场力量能够引导生产、交换和分配。没有政府介入，经济会自我调节并趋于充分就业。政府的活动应该仅限于界定财产所有权、提供国防及公共教育。
- 自利的经济行为。古典经济学家假设自利行为是人类天性的基础。生产者和商人提供产品和服务是出于获得利润的渴望；工人提供劳动服务是为了获得工资；消费者购买商品是为了满足他们的需要。
- 利益的和谐。除了李嘉图这个重要的例外，古典主义者强调市场经济中利益的自然和谐。通过追求自身的个人利益，人们也为社会利益的最大化作出了贡献。
- 所有的经济资源和经济活动都很重要。古典主义者指出，所有的经济资源——土地、劳动力、资本及企业家才能，以及所有的经济活动——农业、商业、生产及国际交换，都对一个国家的财富作出了贡献。重商主义者认为财富得自商业；重农主义者把土地和农业看成一切财富的源泉。
- 经济规律。通过对明显的经济理论或"规律"的集中分析，古典学派对经济学作出了巨大的贡献。例如，包括比较优势理论、收益递减规律、马尔萨斯人口理论、市场法则(萨伊定律)、李嘉图的地租理论、货币数量论以及劳动价值论。古典主义者认为经济学的规律是普遍的和不可改变的。

4.1.3 古典学派对谁有利或为谁谋利

从长期来看，古典经济学服务了整个社会，因为对其理论的应用促进了资本积累和经济增长。它赋予商人与以前那些拥有荣誉与收入的贵族和绅士同样的地位。商人与工业家作为国家财富的促进者而获得了新的地位与尊严，企业家追求利润的行为也被确信是为社会服务。这些信条最终导致了企业的所有者和经营者获得更多的物质利益，因为古典学派的观点有助于提升鼓励工业、贸易和利润发展的政治、社会和经济氛围。

但并不是所有人都平等地从古典主义的观念中获益；工业化产生利益的同时也带来了成本。在英国，特别是挣工资的工人，通过长时间在低酬劳下工作，分担了工业化的最主要的成本。但经济进步最终能使工人提高自身的地位，在这个意义上，古典经济学也使他们受益了。如今，在工业化市场经济中，工资和薪金已经占到了国民收入的2/3。

4.1.4　古典学派在当时是如何有效、有用或正确的

古典经济学使得那些有进取心的人所采取的措施合理化。它认为废除那些过时的、无用的重商主义的各种限制是公正合理的。竞争成为越来越显著的现象,依靠竞争作为经济的主要调节者的观点是站得住脚的。政府因挥霍腐败而声名狼藉,在这种情况下,政府干预越少越好。通过帮助扫除封建制度的残余,古典经济学促进了商业企业的发展。例如,封建土地法废除后,地主可以将土地作为信用担保来筹措大量资金并投资于农业或工业。

当工业化刚开始的时候,社会最需要的是将资源集中用于最大限度的生产扩张。私人部门相对于工业部门地位的上升极好地服务于这一目标。因为消费者总体是贫穷的,而投资机会又似乎是无限的,因此资本家有强烈的动机将利润的绝大部分用于再投资,结果使产量大幅度上升。公共部门的持续扩张要求税收增加,从而转移了可以用于私人资本形成的资源。

通过实现更自由的国际贸易和增加城市劳动大军,古典经济学及其拥护者使市场得以扩大。勉强维持生活的农民消费自己生产的大部分产品,而只从市场上购买少量商品;相反,到18世纪末期,城市劳动者从市场上购买他们的食品。这样农业可以更直接地进入到经济的货币部门,商人与加工者可以在农民与消费者之间找到一个合理的定位。

4.1.5　古典学派的哪些信条具有长远贡献

古典经济学家对他们那个时代的经济世界做了最好的分析,远远超过了重商主义者和重农主义者的分析。他们为现代经济学作为一门社会科学奠定了基础,后来的几代人都是在此基础上提出了他们的见解和成就。古典经济学的一些"规律"在当今的标准经济学教科书中仍被作为经济学"定理"讲授。古典学派具有长远贡献的信条包括但绝不仅限于以下几条:(1)收益递减规律;(2)比较优势理论;(3)消费者主权概念;(4)资本积累对经济增长的重要性;(5)市场作为一种协调个人与社会利益的机制。

这并不是说古典经济学就没有缺陷与错误。历史与后继的经济理论家表明,自由放任作为一种公共政策在处理以下问题方面是不够的:经济萧条,垄断(无论是自然垄断还是非自然垄断),买方垄断力量,私人行为的外部效应,以及收益不可分割的物品(公共物品)的供给等。有些古典经济学的倡导者对自由放任的呼吁达到了极其荒唐的程度。仅举一例,伦敦的《经济学家》杂志批评"卫生运动",该运动督促政府要实施纯净的水的供应和适当的污水排放。甚至污水管线建好之后,也没有要求房屋所有者立刻与之接通。《经济学家》宣称恶劣的居住条件和城市高死亡率:

> 是由于两个原因所致,实施新法规将使两者都恶化。第一个原因是大众的贫困,如果可能的话,新法规带来的税收负担将使贫困加剧。第二个原因在于人们从

不被允许自己关心自己。他们常常受到像奴隶或儿童一样的对待,政府采取措施,迫使他们成为政府希望的那种样子……有一种比伤寒、霍乱或者不纯净的水更可怕的不幸,那就是精神低能。①

除了过分强调自由放任外,古典经济学在经济分析的一些领域是不明确、不完善,甚至是错误的。例如,我们会发现古典学派作出的预测——随着经济发展,地租收入将上涨、利润将下降——没有考虑技术进步的作用以及不断提高的生产力和工资之间的关系。另一个例子是,一些古典主义者提出的劳动价值论在确定产品价值时,没有把效用及需求的作用完全包含进来。但是,这里不详细阐述这些观点。接下来让我们考察古典学派的三位先驱者。

4.2 达德利·诺思爵士

达德利·诺思爵士(Sir Dudley North,1641—1691)生活于重商主义的巅峰时期,他沉重打击了重商主义的核心信条。在与土耳其的贸易中他成为一个富有的商人,后来还担任过关税专员和财政部官员。诺思被称为世界上第一位杰出的自由贸易者。

诺思唯一一本出版的著作是1691年匿名出版的简明小册子《贸易论》(*Discourses upon Trade*)。作为一个商人和政府高官,他的观点与当时流行的观点不一致,所以这种谨慎是可以理解的。几十年后他的弟弟暗示这一作品的出版曾受到故意的压制。李嘉图看到再版的版本的时候,他写道:"我没有想到,在这么早的时代,就有人在这本出版物中表达了如此正确的观点。"②

诺思强调,贸易不仅使获得出口盈余的国家获得单方面的利益,而且可以使双方都获得共同的利益。贸易的目标不在于积累金银,而在于交换盈余。即使不存在金银,劳动分工与国际贸易也会增加财富:

> 贸易只是一种交换剩余产品的行为。例如,我给予我多余的,来交换你多余的而我需要的……最勤劳、种植最多农产品或者制造最多产品的人,将最大程度地拥有别人生产或种植出来的产品,从而不会有什么缺少的东西,并可以享受到最大的便利。这才是真正的富有,即使在他们之间并不存在金、银之类的东西。③

诺思批判了财富应该由一国的贵金属存量来衡量的观点。他强调的是工商企业和积累。这里他批判的是重商主义者的理论而不是他们的实践。但是,他没有把制造业包括在生产性活动的名单之中,这对他那个时代来说是可以理解的。甚至考虑到"制

---

① *Economist*, London, July 13, 1850.
② David Ricardo and Piero Sraffa, *The Works and Correspondence of David Ricardo: Volume 9, Letters July 1821—1823*, (Cambridge: Cambridge University Press for the Royal Economic Society, 1952), 483.
③ Sir Dudley North, *Discourses upon Trade* (1691), ed. Jacob H. Hollander (Baltimore, MD: Johns Hopkins Press, 1907), Reprinted edition.

造"的原意是"用手制作",制造业在 17 世纪也是相对不重要的。

> 没有人会因为将他的财产全部用货币、金银等形式保管而变得更加富有,相反,他会因此而变得更加贫困。最富有的人,使其财产处于增值状态中,或者投资于农场土地、借贷获得利息,或者投资于贸易商品。如果有人出于任性,将其全部财产转化成货币持有,而不流动,那么当他吃掉存量之后,他很快就会感觉到贫困也渐渐向他靠近。
> 我们来做更进一步的研究,什么是人们所需要的?谁迫切需要金钱?我将从分析乞丐开始:他渴望、恳求金钱,但他得到金钱后会用来做什么呢?买面包,等等。那么事实上他需要的并不是金钱,而是面包和其他生活必需品。④

一些人即使到今天也没有理解最后这段话的内涵:我们需要金钱只是为了交出它,因为我们真正需要的是商品和服务。那么一个国家的财富究竟是什么呢?

诺思发现国家之间的商业往来,就是根据它们的贸易需求来分配货币供给。他写道:

> 可以观察到,没有造币厂的国家,其贸易并不需要有充分的货币供给;因为如果它需要,其他国家的货币就可以参与流通,就像在爱尔兰和普兰塔寻……那么不要让对某种特定货币的担心如此折磨我们;因为富有的民族可能不需要它,并且如果他们没有的话,其他国家的货币可以提供给他们。⑤

诺思主张自由放任是实现国内与国际贸易利益最大化的手段。这在民族主义盛行的时代是一个大胆的理论提法。

> 现在听到这一说法可能会令人感到奇怪,那就是,就贸易而言,整个社会就像一个国家或民族,而在这其中的各个国家就像个人一样。不能仅单独考虑与一个国家进行贸易的损失,而要考虑更多的整个世界的贸易缩减和损失,因为所有国家都是联系在一起的。对公众来说,可能所有贸易都能够获利,因为如果不能获利,公众就会停止贸易。当从事贸易的商人事业兴旺了,公众也将富裕起来,因为商人是公众的一部分。这将驱使人们千方百计从事贸易,从中可能恰好获得了利润;但是公众没有受益,因为它只是取自一个人而给予另一个人而已……简而言之,对取自另一个人的贸易或利益给予全部支持,是荒谬的,这会减少公众的很多利润。⑥

尽管诺思相信自由贸易无论对贸易商还是对国家都有助益,但是他并没有像后来斯密所宣称的那样公开表述过利益和谐的观点。事实上诺思发现,很多特定的利益是通过利用政府的权力来获得某些特权,从而以公众的利益为代价而获得的。因此他认为,政府不应该支持狭隘的私人利益,这和重商主义的观点截然相反。他还提出了与现代贸易观点相关的真知灼见:

---

④ North, *Discourses*, 11, 12.
⑤ North, *Discourses*, 16, 17.
⑥ North, *Discourses*, B1, B2.

无论什么时候,人们在考虑公共物品时,正如考虑促进贸易或者同时考虑这两者时一样,他们都是以自身的直接利益作为衡量好坏的通用标准。有很多人,从自己的贸易中获得一点利益,并不关心其他人为此损失了多少;每个人要想得到利益,必须在他们的交易中强迫其他人服务于他的利润,但这是在公众的掩盖下进行的。

　　因此,纺织商人强迫人们购买他们的制成品;我还要提及的是,比如出售羊毛的商人,他们可能会以高价强迫人们购买,尽管这会给纺织商人带来损失……通常,那些懒惰、无所事事,或者不积极行动、不太注意为他们的产品寻找销路的人,或者无法自己进行贸易的人,将通过法律强迫所有的贸易者为他们带回足够的利润,不管他们(贸易者)从中盈利还是受损。⑦

　　最后,诺思也不赞成重商主义者的这一观点:战争或征服能使一国变富。他写道:"贸易中输出的货币会增加一国的财富;但是,在战争中的耗费和对外支付,都会使一国变得贫穷。"⑧这里"对外支付"(payment abroad)可能指的是没有得到相应的进口回报而进行的支付,给盟友的军事补贴就是一例。这是对重商主义观点的强烈反对,但这一观点本身也招致了批评:一国的财富除了包括国内和进口产品的价值,还应包括提供的服务的价值。

4.3　理查德·康替龙

　　理查德·康替龙(Richard Cantillon,1680?—1734)出生于爱尔兰。他在巴黎生活了许多年,成为一个富有的银行家和从事股票及外汇买卖的成功的投机商。1734年,康替龙遭到抢劫并被谋杀,房子也被放火,这可能是他十天前解雇的一个厨师所为。他唯一一本著作《商业性质概论》(*Essai sur la Nature du Commerce en Général*)写作于1730—1734年,1755年以法语出版。这本书可能是康替龙自己从英文手稿翻译过来的,但手稿至今也没有被发现。

　　康替龙在两个方面领先于重农学派。第一,他使用了"企业家"这一称谓,并强调这个角色在经济生活中所起到的作用。康替龙认为,商人总是以固定的成本来预期获得不确定的收益;承担的风险可以从获得的利润中得到补偿,竞争将会使利润降低到企业家服务价值的正常水平。第二,比魁奈创作《经济表》还早几十年时间,康替龙就写道:

　　因此现金是必不可少的,不仅用于支付地主的地租……而且用于支付农村消费掉的城市生产的产品……当地主将农场主一次性支付给他的租金分批分次在城市进行消费时,当城市的企业家、屠夫、面包师、酿酒商等人将他们一点一点积攒下

---

⑦　North, *Discourses*, B.
⑧　North, *Discourses*, 14.

来的钱用来向农场主一次性购买牛、小麦、大麦等产品时,货币循环就发生了。⑨

康替龙发展了价值与价格理论。他强调土地与劳动力的作用,强调供给与需求,强调价格围绕其内在价值上下波动,这使他成为古典经济学的直接先驱。

> 村民们在集市日来到城镇出售他们的产品,并且购买他们需要的产品。价格由可供出售的产品与人们愿意为之支付的金钱的比例来决定……当价格落在一个小区间,其他人可以无困难地跟随这个价格的时候,当天的市场价格就被决定了……
>
> 一件商品的价格或内在价值,是生产它所需要的土地和劳动力数量的一种衡量,且需要考虑土地的肥沃程度和生产力以及劳动力的数量。但是在市场上经常会出现一些产品并没有按照其内在价值出售的情形,这是取决于人们的心情、偏好及消费情况……
>
> 如果一个国家的农民比往年种植了更多谷物,远远超过了人们该年的消费需求,谷物真实的内在价值相当于投入其生产的土地及劳动力的数量;但因为有大量的富余供给,卖者的数量超过买者数量,谷物的市场价格必然跌落到内在价格或价值以下。相反,如果农民种植的谷物的数量少于人们的消费需求,买者多于卖者,谷物的市场价格将会高于其内在价值。
>
> 内在价值永远不会变动,但由于不可能使一个国家生产出来的商品与其消费成比例,所以价格每天都在变化,并且不断地涨涨跌跌。⑩

康替龙在其他几个方面也预见了古典经济学的思想。例如,他写道:"如果人们的生存手段不受限制,他们会像谷仓里的老鼠一样繁殖众多。"⑪古典经济学家托马斯·马尔萨斯也持有类似的观点。康替龙还将利息看作贷出的货币承担风险的一种回报,这种回报的基础是企业家通过借款和投资可以获得利润。他指出,银行家创造信用,因为如果有 10 万盎司的黄金储蓄在他那里,其中有 9 万盎司可以借贷出去;这样的贷款当然不会削弱存款者用银行签发的活期存款单来购买他人商品的能力。此外,康替龙还集中研究了一个国家的资源的生产力。对于贵族与修道士不从事生产性工作,他感到非常遗憾。不过他指出,贵族只是一个国家的华丽的装饰,但是在战争期间,为了取得胜利,他们至少会让他们的侍从和马匹参与到战争中去。"而修道士,正像人们所说,在天堂的这一边,无论在和平时期还是战争时期,他们都是既无用处又无装饰作用的。"⑫康替龙还进一步提到,天主教国家的圣日太多了,"这些圣日每年将使人们的劳动量减少大约 1/8"⑬。

康替龙认为出口盈余对商业是有益的,在这一点上他是站在重商主义阵营中的。

---

⑨ Richard Cantillon, *Essai sur la Nature du Commerce en Général*, ed. Henry Higgs (London: Macmillan, 1931), 125—126.
⑩ Cantillion, *Commerce*, 29—30.
⑪ Cantillion, *Commerce*, 83.
⑫ Cantillion, *Commerce*, 41.
⑬ Cantillion, *Commerce*, 42.

但他并不认为在国内开采的金银也会达到同样目的。他强调的是商品生产及其在国外销售,这样商业才会繁荣。但是,他认为不可能永远保持出口盈余;随后的事情会破坏它。康替龙对于阻碍出口保持永久盈余的力量的分析,以及他对商品销售而不是金银积累的强调,使他更接近古典学派的思想。

康替龙认为,对富饶的金矿和银矿的发现与开采将提高国内的价格、租金和工资水平。这些提高了的成本反过来会使进口增加,导致货币流出本国,从而对国内工人和制造商造成损害。"货币的大规模流通,往往在刚开始的时候就停止了;贫困与不幸却随之而来,采矿的劳动看起来只对那些矿主和那些因此获利的外国人有好处。"⑭他说这就是在西班牙发生过的事情。

但如果货币量的增加来自商品的出口盈余,它将使商人和企业家变得富有,并给工人提供就业。然而,随着货币流入和商业的繁荣,消费和物价会上升,用于进口奢侈品的花费也增加,出口盈余将会不断缩小。国家开始失去盈利的一些贸易部门,工人们也将离开这个国家。

> 这将逐渐使一个国家变穷,并使国家从强大走向衰落。当一个国家已经达到财富的顶点(我通常假设国家的相对财富主要由各自拥有的货币数量构成),按照事物通常的发展规律,它将不可避免地走向贫穷。大量的富余货币,只要它持续构成了国家的实力,那么也能不被觉察但自然地将国家再度抛到贫困当中。因而,当一个国家贸易扩张,充足的货币量导致土地和劳动力价格上升时,君主或立法者应该从流通中撤出一部分货币。⑮

请注意,这里并没有信赖自然秩序或均衡的自动重建!正是大卫·休谟将这一问题的分析推进了一步。

4.4 大卫·休谟

大卫·休谟(David Hume, 1711—1776)出生于苏格兰,比他的同道和朋友——亚当·斯密早了12年。休谟12岁时就进入爱丁堡大学,在15岁时离开,没有获得学位。后来,作为一个杰出的哲学家,休谟因其怀疑论精神和非正统思想,曾两次被爱丁堡大学拒绝聘为哲学系教授。事实上,亚当·斯密也曾因在房间被发现有一本休谟的《人性论》而险些被牛津大学开除。

休谟的一生是侯爵的家庭教师和低级的政府官员。退休以后他回到继承来的庄园里,在那里他进行了大量的创作。他作为一个历史学家的声望来源于多卷本的《英国史》(History of England),该书出了大量版本;他作为一个经济学家的名望来自他在1752年出版的《政治论丛》(Political Discourses)上发表的经济学论文。在所有的古典

---

⑭ Cantillion, Commerce, 69.
⑮ Cantillion, Commerce, 185.

经济学先驱者中,休谟的思想和亚当·斯密最接近。如果他著有完整而系统的经济学文集的话,那么他将成为最杰出的经济学创始人之一。

作为一个经济学家,休谟最大的贡献在于提出了后来被称为"价格-铸币流动机制"的理论。为了积累硬币,重商主义者希望提高出口盈余。从康替龙悲观的角度看来,这一策略会弄巧成拙,因为如果获得更多硬币,价格就会上升,进口就会增加,而为了支付进口商品,金钱将被运往国外,只留下贫困和破产;因此,政府应该防止货币过剩。重农学派基本上不关心对外贸易,除了一个例外,他们希望可以允许谷物自由流动到国外。但是,正像康替龙接受了约翰·洛克的货币数量论(给定货币流通速度和产量,价格水平由可得的货币数量决定)一样,休谟分析了在不受政府干预下起作用的国际均衡机制,自由放任主义占了上风,产生了理想的结果。在《论贸易平衡》一文中,休谟写道:

> 假如英国所有货币量的4/5在一夜之间被销毁,就硬币来讲,国家减少到亨利与爱德华统治时期的水平,那么结果会怎么样?所有的劳动力与商品的价格都将按比例下降吗?所有的商品都像在那个时代那么便宜吗?那么在任何国外市场上,哪有国家可以和我们争夺呢?或者假装操纵市场或以同样价格出售商品,哪有国家可以像我们从中获得充足的利润呢?从而在多么短的时间内,我们就可以赚回以前失去的金钱,并且达到与所有邻国相当的富裕水平?在我们达到什么样的水平后,我们会立刻丧失廉价劳动力与廉价商品的优势?而进一步的货币流入会因我们货币充足而停止?

> 再假设英国所有的货币量在一夜之间翻了5倍,会出现与上述效应相反的结果吗?是否会产生以下结果:所有的劳动力和商品的价格都涨到了一个过度高的水平,以至于没有任何一个邻国能够支付得起从我们这里购买商品;而另一方面,他们的商品却变得相对便宜,从而,即使法律不允许,他们的商品也会进来,而我们的货币会流出;直到我们的财富降低到和外国同样的水平,并失去那种将我们置于如此不利地位的巨大的财富优势?[16]

休谟并不认为这些价格水平的调整(无论上升还是下降)会立即发生。在他的《论货币》与《论利息》中,他指出,最初的价格水平的变化将滞后于货币量的变化。在一定时期内,货币量的一次性增加会促进消费、生产和就业。但最终,流入的货币将被完全吸收转化为价格水平的上涨。同样,货币供给量的一次性减少,在使价格水平降低之前将首先抑制消费、产出与就业。[17]

休谟的价格-铸币流动机制是自然法则思想,它所依赖的前提是一个均衡假设。一旦经济偏离了均衡,促使它恢复均衡的事件就会自动发生。当然,在国际经济中,休谟的机制就不再起作用了。因为所有的国家都取消了完全金本位制,某一特定经济体内的货币量不再取决于黄金的流动。中央银行对国内货币供给的控制,基本上不受贸易

---

[16] David Hume, *Writings on Economics*, ed. Eugene Rotwein (Surrey, Eng. : Thomas Nelson and Sons, 1970), 62, 63.
[17] Hume, *Economics*, 37—38.

平衡的限制。价格与工资也不像休谟所假设的那样可以自由地向下浮动。但是休谟也注意到了促进国际贸易均衡的另一个因素——这一因素超越了价格变动及黄金的流动。当两国间货币的汇率可以自由浮动时，贸易的不平衡就可以自我纠正。在《论贸易平衡》的脚注中，休谟写道：

> 对于任何一个与英国进行贸易的国家而言，还有另一个原因可以控制贸易失衡，尽管它操作起来要受到更多限制。当我们进口超过出口时，汇率就会对我们不利，而这又变成促进出口的一个新的激励措施。[18]

重申一次，如果一个国家，比如英国，进口多于出口，那么最终英国的货币与他国货币的比值会下降。为什么会这样？英镑相对于其他国家货币的贬值的原因是，英国为了支付其进口而需要的外汇数量，超过英国对外国销售商品而赚得的外汇数量。这一外汇缺口将导致外汇价格的上涨，也就是说，外汇的英镑价格将上涨。这就意味着英镑贬值而其他国家的货币升值。因而英国商品对其他国家来说就更便宜，结果英国的出口增加；而且由于外国商品现在变得更昂贵了（一英镑只能购买更少的外国商品），英国也将减少进口。英国最初的净进口盈余就消失了。

在《论贸易的妒忌》(1758 年)一文中，休谟反驳了重商主义的这种观点：贸易国是竞争对手，一国获利是以他国受损为代价的：

> 为反对这一狭隘、有害的观点，我冒昧地断言，任何一个国家的财富和贸易的增加将不会损害，而是促进所有邻国的财富和贸易。如果周围所有的国家都被淹没在无知、懒惰与野蛮之中，那么一个国家几乎根本不能够从事贸易与工业活动。[19]

用现代博弈论（第 18 章）的术语来说，休谟所指的是，国际贸易是一种正和博弈，其收益总和是一个正数。这与重商主义者的零和博弈观点形成了鲜明的对比，在重商主义者看来，一方所得到的恰好是另一方所失去的。

但是，国际贸易会不会将富裕国家对贫困国家的优势永远保持下去呢？毕竟，富裕国家拥有更广阔范围的贸易、巨额的资本、发达的工业、熟练的劳动力，等等。在 1758 年写给凯姆斯勋爵的一封信中，休谟对此的回答是："不会"。他认为，在富裕的国家，食品和劳动力变得越来越昂贵。贫困国家可以先在粗加工工业，然后在精加工工业上与富裕国家成功竞争。

200 多年之后，我们用事后聪明可以发现，休谟的这一乐观观点在一些情况下是合理的，而在另一些情况下则不正确。富裕国家可以引进资本和人才，这方面贫困国家往往是不成功的。富裕能够改善健康和教育，提高社会管理资本，扩大市场，以及带来其他利益，这反过来导致财富和收入的进一步扩张。与此相对照，贫穷往往导致永久贫穷。因此，在很多情况下，穷国与富国的差距扩大了。但是在有些情况下，休谟的预见

---

[18] Hume, *Economics*, 64.
[19] Hume, *Economics*, 78.

被证明是正确的。自休谟时代以来,韩国、新加坡和日本是少数几个很好的例子,它们依赖国际贸易提高了它们相对于英国、荷兰及法国的生活水平。但是,在贸易最后所有国家将实现同等富裕的国际均衡的观点似乎过于乐观了。休谟显然夸大了贸易利益的国际一致性,但在18世纪,这是治疗国家间猜忌和经济利益冲突的一剂良药。

休谟也探讨了另外几个感兴趣的话题。例如,他已经意识到需求弹性的概念,这一概念直到很晚的时候才被吸收到经济学分析之中。你可以回忆一下,这个概念关注的是一种产品的购买者对于该产品价格变动的敏感程度。休谟认为,如果降低酒类的关税,政府就会获得更多的收入。显然其假设前提是,由国外销售数量增加带来的收入提高,将超过因单位价格下降带来的收入损失。但他并没有将这一观点扩展到国际均衡的分析。他认为进口的增加会刺激出口。但他没有意识到如果一个国家销往国外的商品缺乏弹性(需求量变动的百分比小于价格变动的百分比),进口盈余导致国内价格下跌,但不能刺激足够多的出口以恢复均衡。

在1776年写给杜尔阁的一封信中,休谟反对重农学派的如下观点:对工人征税会通过工资提高、地租降低的方式转嫁给地主。他指出,瑞士对劳动力不征任何税,但瑞士劳动力的价格要比税负很重的法国劳动力价格高。在英国的殖民地几乎没有任何税收,而其劳动力比欧洲国家的贵三倍。他认为,劳动力的工资取决于劳动力的供给与需求,而不是税收。对工人消费的商品征税时,直接的结果是工人们减少消费或增加劳动;税收不会简单地转嫁给地主。

历史借鉴4-1
休谟与合作

最近,经济学家们对博弈论中"重复博弈"的分析产生了极大的兴趣。什么是博弈论?什么是重复博弈?大卫·休谟的观点是如何与这一概念相联系的?

1944年,约翰·冯·诺依曼与奥斯卡·摩根斯坦出版了《博弈论与经济行为》(*Theory of Games and Economic Behavior*)一书,这一贡献我们将在第18章中加以讨论。博弈论适用的情况是:当企业作出定价、生产、广告或其他相关的决策时,需要估计对手可能作出的反应。传统的假设是,在这种"博弈"中,最优策略是利用对手的"行动"所带来的利润机会。

一个著名的情景是所谓的囚徒困境,假设有两个人——亚当斯和本森——都犯了罪,并且被作为嫌疑犯拘禁。大家都对嫌疑犯一无所知,他们犯罪的外部证据并不充足。警察将两个嫌疑犯分别单独关押在两个房间,并给他们每人提供一个选择机会:坦白的话就能减刑。这样,每个被关押者都面临一种困境:如果亚当斯不交代,而本森坦白,亚当斯就被认定有罪并获刑较长时间。对于本森也是同样的情况。最终的结果怎么样呢?两个人都会认罪,即使如果都不坦白结果将比这好得多。每一方都担心另一方会先坦白!

囚徒困境的观点也被应用于双寡头(一个行业中只有两家厂商)在固定价格协议下的欺骗倾向的分析。在达成这样的协议后,每个厂商都担心另一家厂商会利用这一高价格,秘密地对买者作出少许价格让步。这将在损害另一方共谋者利益的前提下,增加欺骗者的利润和市场份额。由于担心另一个厂商会欺骗,每个厂商都决定欺骗,这样固定价格协议就失效了。

但是,囚徒困境与双寡头行为可能并不具有可比性。囚徒在他们剩余的生活时间里一般不可能再在一起合作。而与此相反,双寡头之间可能一直要竞争下去。因此,囚徒困境是"一次博弈",双寡头情况则是"重复博弈"。

1984年,政治学家罗伯特·阿克塞尔罗德(Robert Axelrod)证明,重复博弈的最优策略是只要另一方会作出回应就应该进行合作。* 如果埃贾克斯今天利用了艾克米,在将来的不同条件下,艾克米就会利用埃贾克斯。如果现在埃贾克斯和艾克米合作,那么埃贾克斯可以预期艾克米以后也会合作。

阿克塞尔罗德对博弈论的贡献促进了关于将合作作为最优策略的许多新的理论与研究。但是,这一观点有多么新颖呢?在1740年所著的《人性论》(*A Treatise on Human Nature*)中,大卫·休谟写道:

> 用间接的、虚伪的方式比通过直接的、鲁莽的观念能更好地满足我们的需要。我可以学会为一个人服务,而不必对他怀有真正的好感;因为我能预见到他也会用相同的方式为我提供服务来作为回报。这是为了维持我及其他人的帮助。于是,我为他提供服务后,他拥有从我的行动中获得的好处,这会促使他提供他那一部分服务,因为他预料到他拒绝提供的话会有什么后果。**

简而言之,休谟认识到,在双方将来会产生相互影响的情况下,合作可能是最优的策略。这一观点所暗含的经济思想是,有些固定价格协议可能比我们推测的效果更好。

* Robert Axelrod, *The Evolution of Cooperation* (New York: Basic Books, 1984).
** David Hume, as quoted by James W. Friedman in *Game Theory with Applications to Economics*, 2nd ed. (New York: Oxford University Press, 1990), 110.

休谟与亚当·斯密是好朋友。斯密出版《道德情操论》之后,休谟用讽刺性幽默写了一封信来赞扬他:

> 我想告诉你不太好的消息,那就是你的书非常不幸,因为公众似乎非常赞赏它。它被没有耐心的愚蠢人阅读了;文学界的那伙人也开始大声赞美它……米勒(出版商)狂喜并夸耀说这一版已经卖出了2/3,现在可以肯定他成功了。你看,世俗的人仅仅用书能给他带来的利润来衡量书的价值。从那个角度来看,我相信这可以证明它是一本非常好的书。[20]

[20] John Rae, *Life of Adam Smith* (London: Macmillan, 1895), 143—144.

在给斯密的一封信中,休谟表达了深刻的见解,其观点后来被李嘉图的地租理论吸收。1776年4月1日,读了斯密的《国富论》之后,休谟写道:

> 我非常高兴看到你的这一成果……如果你是在我家的壁炉边,我会就你的一些理论与你争论。我认为,农场的地租并不构成产品价格的一部分,价格由需求和数量共同决定……但这些以及其他的很多观点只适合在谈话中讨论;除非你告诉我相反的情形,否则我很快就会为我的这些观点而自鸣得意了。我希望这一天很快来到:因为我的身体状况非常不好,不能拖延太久。㉑

这以后还不到5个月,休谟就过世了,不过斯密在其生病的最后日子里探望过他。

复习与讨论

1. 解释下列名词,并简要说明其在经济思想史中的重要性:经济自由主义,圈地法,牛顿,工业革命,诺思,康替龙,内在价值,企业家,休谟,价格-铸币流动机制。
2. 如果牛顿及其他科学家带来的科学革命和休谟对经济学的巨大贡献存在着联系,那么这是什么联系?请解释。
3. 比较古典学派与重农学派(第3章)的主要信条,其中哪些是相似的?哪些是不同的?在比较的基础上,你是否认为重农学派是古典学派的先驱?请解释。
4. 根据诺思的观点,为什么人们渴望得到货币?
5. 将诺思的下面这段话与当代的国际贸易问题联系起来:"无论什么时候,人们考虑公共产品时……他们都是以他们自己的直接利益作为衡量好坏的通常标准。"
6. 按照康替龙的观点,什么决定商品的内在价值?为什么商品的市场价格可能不同于其内在价值?
7. 详细解释下面这段话:美元的英镑价格上升同时也一定意味着英镑的美元价格下降。哪种货币升值了?哪种货币贬值了?按照休谟的观点,哪些贸易因素可能导致两种货币相对价值的变化?汇率会如何变化并最终改变这种情况?
8. 利用下面的数学恒等式(交换方程)解释休谟的价格-铸币流动机制:$MV = PT$,其中M=货币存量,V=货币流通速度,P=价格水平,T=交易的商品的数量。假设V与T是固定不变的。
9. 讨论:古典经济学家认为经济规律是不可变的,既不能被削弱也不能被阻挠。他们及其追随者不能理解,作为对经济发展的总结,经济规律能够被抑制、被战胜或被改变方向,即人类可以控制经济生活。
10. 讨论:古典经济学家相信自利行为是人类天性的基础。因此,似乎自私行为也是真正的自利。

㉑ Hume, *Economics*, 216—217.

精选文献

书籍

Blaug, Mark, ed. *Richard Cantillon and Jacques Turgot*. Brookfield, VT: Edward Elgar, 1991.

Brewer, Anthony. *Richard Cantillon: Pioneer of Economic Theory*. London: Routledge, 1992.

Cantillon, Richard. *Essai sur la Nature du Commerce en Général*. Edited by Henry Higgs and printed in French and English. London: Macmillan, 1931 [orig. pub. in 1775].

Irwin, Douglas A. *Against the Tide: An Intellectual History of Free Trade*. Princeton, NJ: Princeton University Press, 1996. Chapter 3.

Murphy, Antoin E. *Richard Cantillon: Entrepreneur and Economist*. Oxford: Clarendon Press, 1986.

North, Dudley. *Discourses upon Trade*. Edited by Jacob H. Hollander. Baltimore: Johns Hopkins Press, 1907 [orig. pub. in 1691].

Rotwein, Eugene. *David Hume: Writings on Economics*. Madison, WI: University of Wisconsin Press, 1970.

期刊论文

Aspromourgos, Tony. "The Theory of Production and Distribution in Cantillon's Essai." *Oxford Economic Papers* 41 (April 1989): 356—373.

Brems, H. "Cantillon versus Marx: The Land Theory and the Labor Theory of Value." *History of Political Economy* 10 (Winter 1978): 669—678.

Duke, M. I. "David Hume and Monetary Adjustment." *History of Political Economy* 11 (Winter 1979): 572—587.

Hebért, Robert F. "Richard Cantillon's Early Contribution to Spatial Economics." *Economica* 48 (February 1981): 71—77.

Perlman, Morris. "Of a Controversial Passage in Hume." *Journal of Political Economy* 95 (April 1987): 274—289.

Schabas, Margaret, and Carl Wennerlind. "Retrospectives: Hume on Money, Commerce, and the Science of Economics." *Journal of Economic Perspectives* 25 (Summer 2011): 217—230.

Spengler, J. J. "Richard Cantillon: First of the Moderns." *Journal of Political Economy* 62 (August and October 1954): 281—295, 406—424.

第 5 章　古典学派：亚当·斯密

这一章我们讨论亚当·斯密对经济学的贡献。亚当·斯密不仅是古典学派的奠基人，还是这个学派最著名的成员。在接下来的几章中，我们将讨论其他几位重要的古典学派经济学家。

在对斯密的讨论中，首先我们来看他的生平细节，并指出对他产生关键影响的几件事。然后，我们考察斯密的第一本著作《道德情操论》(*The Theory of Moral Sentiments*)，探寻他的道德哲学思想和政治经济思想之间的联系。最后，我们仔细剖析他的不朽的巨著《国富论》(*Wealth of Nations*)及其光辉思想：(1) 自由放任和利益的协调；(2) 劳动分工；(3) 竞争经济的若干规律。

5.1　生平细节

亚当·斯密(Adam Smith, 1723—1790)是公认的古典学派卓越的创始人，他出生于苏格兰的港口和制造业城镇柯科迪。他的父亲是城镇海关的审计员，在他出生以前就已经去世。玛格丽特·道格拉斯·斯密给了她的儿子一个家，直到 1784 年她 90 多岁时去世。

年轻的斯密 14 岁时进入格拉斯哥大学学习，后来他又到牛津的巴利奥尔学院学习道德与政治科学、语言学。然后他回到母亲的家中继续自学了两年。之后，他去了爱丁堡，在那里他讲授修辞学和文学。1751 年，他当选为格拉斯哥大学的逻辑学教授，第二年又被聘为道德哲学教授，在这个职位上他干了近 12 年。1759 年，他出版了《道德情操论》，这之后他讲演的重点从道德伦理方面转向了法学与政治经济学。

斯密辞去教授职务，做了查尔斯·汤森(Charles Townsend)的继子的家庭教师，查尔斯·汤森是财政部长，后来因殖民地的茶叶税问题而在美国声名赫赫。斯密利用他做家庭教师的收入，在法国生活了两年多，在那里他与重农主义者，包括魁奈和杜尔阁建立了亲密的个人友谊。返回苏格兰之后，斯密就退休了，他的家庭教师职位使他每年获得 300 英镑的年金，并且终其一生。

1776年斯密出版了《对国民财富的性质和原因的研究》(*An Inquiry into the Nature and Causes of the Wealth of Nations*)，十年之前他在法国就开始了这本书的创作。这本书出版后立即获得了很高的声誉，并为斯密赢得了永久的声望。

出版这本书之后，斯密在伦敦度过了两年，在那里他经常与当时著名的学者进行交流。后来，由于被任命为苏格兰的海关专员，斯密回到爱丁堡和母亲一起生活。据说他的大部分收入都秘密地花在了慈善事业上。他很喜欢招待朋友们共进晚餐，即使没有发送邀请那样正式；而且在爱丁堡，他的星期天晚餐在很长时期内都很有名。他获得过各种荣誉，其中之一是当选为格拉斯哥大学的校长。在1790年去世前不久，遵照他的遗嘱，他大部分未完成的手稿都被销毁，且没有任何解释。

5.2 对斯密有重要影响的因素

有几个因素对斯密的思想产生了重要影响。第一，也许是最重要的一个因素就是他那个时代普遍的学术氛围。他所处的时代正是启蒙运动时期。这次的思想运动有两大支柱：人类的推理能力和自然秩序的概念。正如第4章所表明的，与牛顿相联系的科学革命确立了这样的观念：秩序与协调构成了自然世界的特征。通过系统地推理，人们不仅能发现这些自然规律，而且还能发现支配社会的规律。因此，启蒙思想家都是乐观主义者，他们一般都相信人类的思想和活力能够产生无限的进步。

第二，但绝对相关的是，斯密受到了重农学派特别是魁奈和杜尔阁的影响。他赞美重农学派的体系"即使考虑其所有的缺陷"，仍然"可能是迄今为止公开发表的关于政治经济这一主题的最接近真理的理论体系"。① 重农学派对重商主义的抨击以及他们清除贸易壁垒的建议赢得了斯密的钦佩。从这些思想家那里他得到如下主题：财富是"社会劳动每年再生产出来的可消费的商品"，对于经济中政府干预最小化的愿望，以及生产和分配循环过程的概念。他本打算将《国富论》献给魁奈，如果后者能够活到这本著作完成的话。

斯密在格拉斯哥大学的导师弗朗西斯·哈奇森(Francis Hutcheson)，是对斯密产生重要影响的第三个因素。哈奇森认为，通过发现对人类有益的行为，人们自己能够认识什么是伦理上认为的好，即上帝的旨意。

最后，斯密还受到他的朋友大卫·休谟的影响。休谟通过信件和个人谈话对斯密的学术发展和经济思想产生了重要影响。

5.3 道德情操论

《道德情操论》的出版比《国富论》早17年。在斯密的一生中，这本书共出版了6

---

① Adam Smith, *An Inquiry into the Nature and Causes of the Wealth of Nations* (London: T. Nelson and Sons, 1868), 282[orig. pub. in 1776].

版,最后一版是在他生命的最后一年,因此不能说这本书仅仅体现了斯密的早期思想而《国富论》体现了他的后期思想。这两本书同样重要,它们一起体现了斯密不同但具有互补作用的思想方面。《道德情操论》讨论道德力量,它约束人们的自私,并把他们结合在一起构成一个可以运转的社会;《国富论》假设存在一个公平的社会,并表明个人是如何受经济力量的引导和制约的。

《道德情操论》开篇第一章的题目是"论同情"。斯密认为,同情可以战胜自私。同情(或"移情"、"共情")使我们关注到别人的命运,并且使他人的幸福对我们是必要的。这是正确的,尽管事实是,除了看到别人幸福而产生的愉快之外,我们从别人的幸福中得不到任何东西。别人的悲伤和喜悦引起了我们相似的感情。如果我们把自己置于另一个人的位置,我们的想象力能够引起我们对别人没有意识到的情形的同情。精神错乱的人可能会大笑、大唱而完全感觉不到不幸。因此,我们看到这样的人所感到的痛苦并不是来自他们的痛苦,而是来自通过我们的推理和判断能力而对他们所处的情形的认识。这就是同情。我们甚至会同情死去的人,因为我们会想象我们活着的灵魂在他们死去的躯体上,然后构想在这样的情形下我们会是怎样的感情。对死亡的恐惧损害了我们的幸福,但限制了人类的不公;这种恐惧使个人受折磨且难堪,但它可以守卫和保护社会。

按照斯密的划分,有非社会性情感和社会性情感。前者的例子包括憎恶和仇恨。考虑到这些情感,我们把同情在感受到情感的人和成为情感对象的人之间进行划分,因为这两者的利益是对立的。社会性情感包括慷慨、人道、仁慈、怜悯、相互的友谊与尊重。这些情感几乎在每一个场合都会让那些冷漠的旁观者感到愉快,因为他们对感受到这些情感的人的同情与他们对这些成为情感对象的人的关注恰好一致。我们一直对慈善情感怀有最强烈的同情,因为它们看起来每个方面都令我们感到愉快。

因为人们更倾向于理解我们的欢乐而不是我们的悲伤,所以我们总是炫耀我们的财富而隐藏我们的贫困。这个世界上的大多数辛苦与忙碌并不是为了满足我们的必需而是为了满足我们的虚荣。我们希望被别人以同情和赞许的方式观察、照顾和关注。富人以财富为荣,因为财富为他们吸引了这个世界的注意力;穷人以贫困为耻,因为贫困令他们身份低微。斯密写道:

> 钦佩或近于崇拜富人和大人物、轻视或至少是怠慢穷人和小人物的这种倾向,虽然为建立和维持等级差别和社会秩序所必需,但同时也是我们道德情操败坏的一个重要而又最普遍的原因……
>
> 我们经常看到:富裕和有地位的人引起世人的高度尊敬,而具有智慧和美德的人却并非如此。我们还不断地看到:强者的罪恶和愚蠢较少受到人们的轻视,而无罪者的贫困和软弱却并非如此。受到、获得和享受人们的尊敬和钦佩,是野心和好胜心的主要目的。我们面前有两条同样能达到这个我们如此渴望的目的的道路:一条是学习知识和培养美德;另一条是取得财富和地位……
>
> 为了获得这种令人羡慕的境遇,追求财富的人们时常放弃通往美德的道路。不幸的是,通往美德的道路和通往财富的道路的方向有时截然相反。但是,具有野

心的人自以为,在他追求的那个优越的处境里,他会有很多办法来博得人们对他的钦佩和尊敬,并能使自己的行为彬彬有礼,风度优雅;他未来的那些行为给他带来的荣誉,会完全掩盖或使人们忘却他为获得晋升而采用的各种邪恶手段。②

斯密认为,人只能生存于社会之中;他们可能互相伤害,但他们也需要其他人的帮助。当人们出于爱心、感激、友谊和尊敬而互相提供必要的帮助时,社会就会繁荣和幸福。但是,即使缺乏相互的爱心和情感,由于其效用,社会仍将继续存在下去,尽管它不是那么令人幸福和满意。但是,如果人们随时准备伤害和侮辱别人,那么社会就无法存在下去。因此,一个公正的体系是必要的。

因此,对于社会的存在来说,仁慈远不如公正必要。没有仁慈,尽管社会不会处于最令人满意的状态,但它可以生存下去;但是不公正的盛行将彻底毁掉它。③

然后,斯密考虑了我们的自私这一恼人的问题以及如何约束和控制它。

对于人性中那些自私而又原始的情感来说,我们自己的毫厘之得失会显得比另一个和我们没有特殊关系的人的最高利益重要得多,它会激起某种更为激昂的高兴或悲伤,引出某种更为强烈的渴望和嫌恶。只要利益是从别人的角度来衡量,那么他们的那些利益就绝不会被看得同我们自己的一样重要,绝不会限制我们去做任何有助于促进我们的利益而给他带来损害的事情……

让我们假设,中国这个伟大帝国连同她的亿万居民突然被一场地震吞没,并且让我们来考虑,一个同中国没有任何关系的具有人性的欧洲人在获悉中国发生这个可怕的灾难时会受到什么影响。我认为,他首先会对这些不幸的人遇难表示深切的悲伤,他会怀着深沉的忧郁想到人类生活的不安定以及人们全部劳动在顷刻之间就这样毁灭掉了,化为乌有。如果他是一个投机商人的话,或许还会推而广之地想到这种灾祸对欧洲的商业和全世界的贸易往来所能产生的影响。而一旦做完所有这些精细的推理,一旦充分表达完所有这些善意的情感,他就会继续悠闲而平静地从事他的生意或追求他的享受,寻求休息和消遣,好像不曾发生过这种不幸的事件。那种可能落到他头上的最小的灾难会引起他某种更为现实的不安。如果明天要失去一个小指,他今晚就会睡不着觉;但是,倘若他从来没有见到过中国的亿万同胞,他就会在知道了他们毁灭的消息后怀着绝对的安全感呼呼大睡,亿万人的毁灭同他自己微不足道的不幸相比,显然是更加无足轻重的事情。……既然我们总是深深地为任何与己有关的事情所动而不为任何与他人有关的事情所动,那么是什么东西促使高尚的人在一切场合和平常的人在许多场合为了他人更大利益而牺牲自己的利益呢?这不是人性温和的力量,不是造物主在人类心中点燃的仁慈的微弱之火,即能够抑制最强烈的自爱欲望之火。它是一种在这种场合自我发挥

---

② Adam Smith, *The Theory of Moral Sentiments*, 10th ed. (London: Strahan and Preston, 1804), 119—122, 126—127[orig. pub. in 1759].

③ Smith, *Moral Sentiments*, 175.

作用的一种更为强大的力量,一种更为有力的动机。它是理性、道义、良心、心中的那个居住者、内在的那个人、判断我们行为的伟大的法官和仲裁人……

当他人的幸福或不幸在某方面依我们的行为而定时,我们不敢按自爱之心可能提示的那样,把一个人的利益看得比众人的利益更为重要。内心的那个人马上会提醒我们:我们太看重自己而过分轻视别人,这样做会把自己变成同胞们蔑视和愤慨的合宜对象……④

斯密指的是,我们的道德力量制定了各种行为准则来限制我们的自私行为。这些准则可以看作是神的命令和规则。如果我们违反了上帝的规则,我们将会受到内心耻辱和自我谴责的惩罚。如果我们遵守上帝的意愿,我们就可以得到精神宁静、知足和自我满意的奖赏。因此,上帝促进了人类的幸福。

在与《国富论》中更有名的一篇文章相类似的一段文字中,斯密指出,富人倾向于储蓄和再投资,因而消费的不比工人多。富人无意中同较穷的工人一起分享了他们进步的成果,"尽管他们只图自己方便,尽管他们雇用千百人来为自己劳动的唯一目的是满足自己无聊而又贪得无厌的欲望"。他在下面的文字中继续表达了这一观点:

[企业所有者]由一只看不见的手引导,对生活必需品作出几乎同土地在平均分配给全体居民的情况下所能作出的一样的分配,从而不知不觉地增进了社会利益,并为不断增多的人口提供生活资料……⑤

《道德情操论》和《国富论》协调个人利益和社会利益,都是通过看不见的手的原理或自然和谐,以及个人天生自由的原理或公正权利。在《道德情操论》中,同情和仁慈限制自私;在《国富论》中,竞争引导着自我利益的经济趋向于社会福利。

5.4 国富论

斯密的900多页的经济学巨著《对国民财富的性质和原因的研究》出版于1776年,也就是美国独立革命爆发的那一年。正是这本书确立了斯密作为经济思想史上最重要的经济思想家之一的地位。因此,《国富论》中所包含的洞见需要仔细加以研究。

5.4.1 劳动分工

《国富论》第1章的题目是"论劳动分工",这在斯密的时代还是一个陌生的词汇。开篇第一句是这样的:"劳动生产力上的最大提高,以及在直接或应用的各种场合所表现出来的技能、敏捷和判断力,在很大程度上似乎都是劳动分工的结果。"⑥

---

④ Smith, *Moral Sentiments*, 274—280.
⑤ Smith, *Moral Sentiments*, 386.
⑥ Smith, *Wealth of Nations*, 2.

由于认识到劳动分工这个概念对他整个主题的重要性,斯密将这个概念运用到一个大头针工场的详细描写中:

> 大头针制造业是极其微小的,但它的分工往往引起人们的注意,所以,我把它引来作为一个例子。一个劳动者,如果对于这种职业(使大头针的制造成为一种专门职业也是分工的结果)没有受过相当的训练,又不知道怎样使用这种职业中的机械(使这种机械有发明的可能,恐怕也是分工的结果),那么即使竭尽全力工作,也许一天也制造不出1枚大头针,要做20枚,当然是绝对不可能了。但按照现在的经营方法,不但这整种作业已经成为专门职业,而且这种职业分成若干部门,其中较大的部门可能也同样成了专门职业。一个人抽铁线,一个人拉直,一个人切截,一个人削尖一端,一个人磨另一端以便装上圆头。要做圆头,就需要有两三种不同的操作。装圆头,涂白色,乃至包装,都是专门的职业。按照这样的方式,大头针的制造分为18种操作。有些工场,这18种操作分别由18个专门的工人担任;不过在其他工场有时一人也兼任两三种操作。我见过一个这种小工厂,只雇用了10个工人,因此在这一工厂中,有几个工人担任两三种操作。像这样一个小工厂的工人虽然很贫穷,必要机械设备也很简陋,但他们如果勤勉努力,一天也能制成12磅大头针。以每磅中等大头针有4 000枚计,这10个工人每天就可以制成48 000枚大头针,即一人一天可以制成4 800枚大头针。但如果他们各自独立工作,不专门学习一种特殊业务,那么,他们不论是谁,绝对不可能一天制造20枚大头针,说不定一天连1枚大头针也制造不出来。⑦

斯密认为,劳动分工能够提高产出数量是由于三个原因。第一,每个工人在重复完成某项专一任务过程中提高了灵巧程度。第二,如果工人不需要从一项工作转换到另一项工作,就可以节约时间。第三,一旦各项工作由于劳动分工而被简化和程序化,就有可能发明有利于提高生产率的机械。请注意这里对制造业生产和劳动生产率的强调。回想一下重商主义者主要关心的是,商品被生产出来以后,如何通过商品的交换来增加一个国家的财富。另一方面,重农学派关注的焦点是农业产出。在《国富论》的开始,斯密通过讨论同样数量的工人如何通过劳动分工大幅度提高产出,清楚地表明《国富论》是对当时存在的各种主要经济观念的突破。⑧

5.4.2 利益的和谐与有限政府

斯密指出,经济活动的参与者倾向于追求他们自身的个人利益。商人追求利润:"我们每天所需的晚餐,不是出自屠夫、酿酒师或面包师的恩惠,而是出于他们自身利

---

⑦ Smith, *Wealth of Nations*, 3.
⑧ 注意到自斯密时代以来大头针制造业的生产率已经大幅度提高是很有意义的,这也是在斯密预料之中的。在1980年,英格兰的每个工人每天可以制造80万枚大头针,是斯密估计他那个时代每个工人制造4 800枚的167倍。这种提高大部分可以归因于不断改善的资本设备。参见:Clifford F. Pratten, "The Manufacture of Pins," *Journal of Economic Literature* 18 (March 1980): 93—96.

益的打算。"⑨在质量一定的情况下,消费者希望找到最低价格的产品。在工作的非工资方面给定的情况下,工人们尽量去寻找最高的工资。然而,隐藏于经济活动的混乱表面之中的是一种自然秩序。有一只看不见的手引导个人的自利行为,从而形成社会福利。让我们听一下斯密的说法:

> 每个人必然竭尽全力使社会的年收入总量增大。事实上,他通常既不打算促进公共利益,也不知道他自己是在什么程度上促进它。他宁愿投资支持国内产业而不支持国外产业,盘算的只是他自己的安全;他管理产业的方式是为使其产品的价值能达到最大程度,他所盘算的也只是他自己的利益。在这种场合,像在其他许多场合一样,他受着一只看不见的手的指引,去尽力达到一个并非他本意想要达到的目的。也并不因为不是出于促进社会利益的本意,就对社会有害。他追求自己的利益,往往使他能比在真正出于促进社会利益的本意的情况下更有效地促进社会的利益。我从来没有听说过,那些假装为公众促进社会利益而经营贸易的人做了多少好事。事实上,这种装模作样在商人中间并不普遍,用不着多费唇舌去劝阻他们。⑩

理解斯密的看不见的手的关键是竞争的概念。每一个想要获取利润的生产者和商人,其行为受到其他同样也想赚钱的生产者和商人的限制。竞争降低商品的价格,从而减少每一个销售者所得到的利润。在最初只有一个销售者的情况下,超额利润吸引新的竞争者加入,从而增加供给并消除超额利润。同样,雇主们为了得到最好的工人而相互竞争,工人为了得到最好的工作而相互竞争,消费者为了消费商品的权利而相互竞争。用现代经济学的术语来表述,其结果就是资源被配置到最有价值的用途中去,从而使经济富有效率。并且,由于工商业者储蓄和投资——同样出于他们的自利——从而资本得以积累,经济获得增长。受到竞争限制的自利追求,往往会产生斯密所说的社会福利——产出最大化和经济增长。

这种利益的和谐意味着政府对经济的干预是不必要的和不受欢迎的。按照斯密的观点,政府是浪费的、腐败的、无效率的,并且是对整个社会有害的垄断特权的授予者。

> 每一个人处在他自己的角度来判断其经济利益,显然能比政治家或立法者可以为他作的判断好得多。如果政治家企图指导私人应该如何运用他们的资本,那不仅是自寻烦恼地去注意最不需要注意的问题,而且是僭取一种不能放心地委托给任何个人、任何委员会或参议院的权力。把这种权力交给一个大言不惭的、荒唐的自认为有资格行使它的人,是再危险不过的了。⑪

斯密对政府的不信任进一步反映在他对自己国家政府的提及上,而大多数历史学家认为这是当时世界上最诚实、最有效率的政府之一。

> 政府的浪费,虽然无疑会阻碍英格兰在财富与改良方面的发展,但却不能使它

---

⑨ Smith, *Wealth of Nations*, 6—7.
⑩ Smith, *Wealth of Nations*, 184.
⑪ Smith, *Wealth of Nations*, 184—185.

停止发展。与复辟时代和革命时代相比较,现在英格兰土地和劳动的年生产量是多得多了。因此,英格兰每年用以耕种土地和维持劳动力的资本,也一定比过去多得多了。一方面虽有政府的索取,但另一方面,却有无数个人普遍地、不断地且不受阻碍地努力改进自己的境况,用他们的节俭和良好品行不动声色地、一步一步地把资本积累起来。正是这种努力,受着法律和自由权利保障,能在最有利的情况下发展,使英格兰几乎在过去所有时代都能日趋富裕、日趋改良,而且,也被希望将来永远这样下去。可是,英格兰从来没有过很节俭的政府,所以,居民也没有很节俭的特性。英格兰的王宫大臣假装通过颁布禁止奢侈浪费的法令或禁止外国奢侈品的进口来监督私人经济,限制公众的消费,实在是最放肆、最无耻的行径。他们自己毫无例外总是社会上最挥霍浪费的阶级。他们管好自己的花销就行了,至于公众的花销他们可以放心地交给公众自己去管。如果他们的浪费都不会使国家灭亡,那么公众的浪费就更不会了。⑫

斯密进一步把利益和谐和自由放任的观点扩展到国际贸易方面:

邻国的财富,尽管在战争和政治中是危险的,但是在贸易中肯定是有利的。在一个敌对国家,它可能使我们的敌人拥有强于我们的舰队和军队;但是在一个和平和商业的国家,它同样可以使他们和我们交换更大的价值,并且不仅可以为我们自己工业的直接产品提供一个更好的市场,而且也可以为我们用那种产品所购买的任何产品提供一个更好的市场。就像一个富人和一个穷人相比,会成为他的勤奋的邻居的更好的顾客,一个富有的国家也是同样的道理。⑬

在对重商主义进行的一个直接的批评中,斯密主张政府不应该干预国际贸易。国家,就像个人和家庭一样,应该专门生产他们具有优势的产品而去交换其他国家具有优势的产品。

使国内产业中任何特定的工艺或制造业的产品独占国内市场,就是在某种程度上指导私人应该如何运用他们的资本,而这种管制几乎毫无例外必定是无用的或有害的。如果本国生产的产品在国内市场上的价格同外国生产的产品一样低廉,这种管制显然无用。如果价格不能一样低廉,那么一般来说,这种管制必定是有害的。如果一件东西购买所花费的代价比在家庭内生产所花费的小,就永远不会想要在家庭内生产,这是每一个精明的家长都知道的格言。裁缝不想制作他自己的鞋子,而向鞋匠购买。鞋匠不想制作他们自己的衣服,而雇裁缝制作。农民既不想制衣,也不想制鞋,而宁愿雇用那些不同的工匠去做。他们都感到,为了他们自身的利益,应当把他们的全部精力集中使用到比邻人更具优势的方面,而以一部分劳动产品,或一部分代价,购买他们所需要的其他任何物品。

每一件在家庭的行为中是精明的事情,在一个大国的行为中就不太可能是荒

---

⑫ Smith, *Wealth of Nations*, 142.
⑬ Smith, *Moral Sentiments*, 386.

唐的。如果外国能以比我们自己制造还便宜的商品来供应我们,我们最好就用我们自己有优势的产业生产出来的物品的一部分向他们购买。⑭

在其他地方,斯密还讨论到对外贸易如何通过克服国内市场的狭隘,促进了更深程度的劳动分工。出口可以消除国内没有需求的剩余产品,并且带回国内有需求的产品。他还谴责了出口奖励金(补贴):

> 由奖励金引起的产品在外国市场的推广,必定在每一年都牺牲了国内市场,因为靠奖励输出、没有奖励金就不会输出的谷物,在无奖励金的情况下,定可留在国内市场上,以增加消费而减低谷物的价格。应该指出,谷物奖励金,像一切其他输出奖励金一样,对人们课以两种不同的税。第一,为支付奖励金,人们必须纳税;第二,由于国内市场上这种商品价格提高而产生的税,且因为大众都是谷物购买者,所以在这种特定商品上,该税由大众缴纳。所以,就这种商品而言,第二种税比第一种税重得多。⑮

我们很容易给斯密贴上自由放任主义提倡者的标签,我们注意到他反对政府干预经济。但是,和其他更极端的自由放任主义提倡者不同,斯密确实认识到了政府尽管有限但非常重要的作用。特别地,他指出了政府的三个主要功能:(1) 保护社会免遭外国的入侵;(2) 建立司法机构;(3) 建立和维护那些私人企业家不能从中获利的公共工程和机构。

散见于全书的各个观点中,斯密支持那些符合前述的三种类型,或者是扩展了可接受的政府活动的范围的各种政府干预。他认为法律应该保护合约的履行。银行家必须要控制纸币的发行,尽管这可能会被看成违反天赋自由。对利率的合法控制是可以接受的;但是利率应该比最低市场利率略高(尽管不是高很多),这样可以促进合理的项目,而不是轻率的、浪费的或是投机性的项目,这样的项目是高利率可能会允许的。保障佃农安全的法律是有益的,因为他们可以促进对土地的改良和投资。斯密赞成有期限的专利和知识产权。他甚至赞成两种保护性关税:(1) 对国防所必需的国内产业的保护;(2) 通过对某种产品的进口征收关税,可以使国内该产业的税收负担均等化。否则,自由贸易是适宜的。但是,斯密称,如果是在实行了很长时期的保护主义后引进自由贸易,那么自由贸易应该逐步实行,以避免突然使许多人失业、使许多企业家破产。政府应该支持的公共工程是那些能够促进商业和教育的公共工程,包括运河、公路、港口、邮局、造币、学校和教堂等。与其他事情相比,对普通大众实行免费公共教育是必要的,这可以抵消劳动分工使人变愚蠢这一结果:

> 一个人如果把他一生全消磨于一些简单的操作,而且这些操作所产生的影响又是相同的或极其相同的,那么,他就没有机会来发挥他的智力或运用他的发明才能来寻找解决困难的方法,因为他永远不会碰到困难。这样一来,他自然要失掉努

---

⑭ Smith, *Wealth of Nations*, 185.
⑮ Smith, *Wealth of Nations*, 207.

力的习惯,而变成最愚钝、最无知的人……这样看来,他对自身特定职业所掌握的技巧和熟练,可以说是由牺牲他的智能的、交际的、婚姻的好处而获得的。但是,在一切进步、文明的社会,政府如不设法加以防止,劳动贫民,即大多数人们,就必然会陷入这种状态。⑯

为了给政府的这些活动提供资金,斯密建议征税。他关于最优税制的四条公理如下:第一,税收应该与在国家的保护下所享受的收入成比例。这严重背离了当时盛行的累退式税收。第二,税收的缴纳时间、缴纳方式和缴纳金额应该是可预测的和统一的。第三,税收应该在纳税人最方便的时间、以最方便的方式征收。第四,税收的征取应在政府最小成本的基础上进行。

5.5 竞争经济中的经济规律

在分析市场经济的过程中,斯密提出了一些观点,后来的经济学家将它们分类为经济规律。我们已经讨论了三个这样的观点——劳动分工、自利行为规律和国际贸易中的绝对优势规律。其他的一些规律包括涉及价值与价格的规律,涉及工资、利润和地租的规律,关于货币与债务的功能的规律,以及经济发展规律。

5.5.1 价值

在提出"水-钻石悖论"的一段论述中,斯密注意到存在两种价值。

> 应当注意,"价值"一词有两个不同的意义。它有时表示特定物品的效用,有时又表示由于占有此物而取得的对他种货物的购买力。前者可以叫做使用价值,后者可叫做交换价值。使用价值很大的东西,往往具有极小的交换价值,甚或没有;反之,交换价值很大的东西,往往具有极小的使用价值,甚或没有。例如,水的用途最大,但我们不能以水购买任何物品,也不会拿任何物品与水交换。反之,钻石虽然几乎没有使用价值可言,但须有大量其他货物才能与之交换。⑰

斯密没有解决这一价值悖论。它只能等待后来的经济学家清楚地指出商品的总效用和边际效用之间的分别后才解决。斯密将他的注意力转向了交换价值,即拥有一件商品所提供的购买其他商品的能力——它的"自然"价格。什么决定一件商品的交换价值或仅仅是它的相对价格的问题,自市场经济出现以来一直是经济学家关心的核心问题之一。后来的经济学家以不同的方式提出了这一问题:"是因为人们潜入水中找到珍珠,所以珍珠才有价值,还是因为珍珠有价值,人们才潜入水中寻找珍珠?"

斯密基本的回答是珍珠(商品)具有价值是因为人们需要潜入水中才能获得它们,

---

⑯ Smith, *Wealth of Nations*, 327.
⑰ Smith, *Wealth of Nations*, 12.

也就是说,生产成本决定了商品的交换价值或相对价格。斯密首先考察了"早期野蛮"状态经济中的交换价值,他定义在这种交换价值中只有劳动是稀缺资源(资本和土地或者不存在,或者是免费商品)。然后,他发展了一个发达经济的价值理论,在这个发达经济中,资本逐渐积累起来,并且资本和土地都有正的价格。

原始社会的劳动价值论。斯密认为,在一个劳动是唯一资源的社会中,一种商品的相对价值由生产该商品所必需的劳动数量决定。这是对由配第最先提出的"劳动成本价值论"的详细表述。斯密写道:

> 在资本积累和土地私有尚未发生以前的早期野蛮社会,获取各种物品所需要的劳动量之间的比例,似乎是各种物品相互交换的唯一标准。例如,一般地说,狩猎民族捕杀1头海狸所需要的劳动,2倍于捕杀1头鹿所需要的劳动,那么,1头海狸当然交换或价值2头鹿。[18]

按照斯密的观点,这可以从另一种角度来看。任何商品的价值,对其拥有者而言,如果他想用来交换其他商品,那么就"等于这种商品使他能够购买到或可支配的劳动的数量。因此,劳动是衡量所有商品交换价值的真实尺度"[19]。斯密价值论的这种描述有时也被称为"可支配劳动价值论"。利用斯密的鹿和海狸的例子,假设抓获1头海狸需要2小时,而捕捉1头鹿需要1小时,则海狸的交换价值是多少?答案是:2头鹿或2小时的劳动。也就是说,一个人可以用这头海狸来交换2头鹿(因为捕获1头鹿需要1小时),或者可以用这头海狸来支配2小时的劳动服务。按照斯密的观点,在原始经济中,劳动既是交换价值的源泉(劳动成本论),也是交换价值的尺度(可支配劳动论)。

发达经济中的价值论。斯密意识到资本增长会使简单的劳动成本价值论失效。为了说明其中的原因,我们设想有两种商品是由相同技能的劳动制造的,假设我们把制造每件商品所必需的劳动时间加总,包括生产原材料所必需的劳动和生产中使用的资本品所必需的劳动,让我们假设生产每件商品都需要2小时。但是商品A,比如种在肥沃土地上的马铃薯,几乎不需要任何资本。另一方面,商品B,棉纱,在生产过程中需要复杂的、昂贵的机器设备。如果1磅棉纱和10磅马铃薯,每一种都包含2小时的劳动,它们能够在市场上相互交换吗?人们会生产什么?当然是马铃薯。因为他们可以避免大量的资本投资,并且他们的劳动可以得到相同的回报。当我们讨论李嘉图和马克思的劳动价值论的时候,这个两难问题还会再次出现。

斯密认为,在一个社会中当资本投资和土地资源都变得很重要的时候,商品通常可以交换其他商品、货币或劳动,这个交换数额要足够高以包含工资、地租和利润。而且,利润将取决于雇主垫付的资本的整体价值。商品的真实价值不再以其包含的劳动来衡量。但是,它们仍然可以用"每一件商品所能购买或支配的劳动的数量"[20]来衡量。一件商品能够购买的劳动数量要超过它生产中所体现的劳动数量,因为其中包含总利润

---

[18] Smith, *Wealth of Nations*, 20.
[19] Smith, *Wealth of Nations*, 78.
[20] Smith, *Wealth of Nations*, 21.

和地租。

按照斯密的观点,需求不会影响商品的价值;长期来看,生产成本——工资、地租和利润是决定价值的唯一因素。如果我们以斯密暗含的假设为基础,那么这就是一个合理的命题,该假设是生产可在单位产出成本固定的条件下扩张或收缩。竞争将会使价格降低到包含正常利润的成本上。需求的任何增长都不会提高价值,因为每一单位商品的生产成本保持不变。但是,如果我们假设上升或下降的成本,那么斯密的原理就是站不住脚的。如果产品的需求上升,并且如果商品的成本随着这一产业的扩张而提高,那么该商品的长期价格(价值)就会上升。如果提高产出会导致单位成本下降,那么需求的增加会引起商品的长期价格下降。

5.5.2 市场价格

像康替龙一样,斯密也区分了商品的内在价格或自然价格与商品的短期市场价格。根据斯密的观点,在每个社会或地区都存在普遍的或平均的工资率、地租率和利润率。他称之为各自的自然率。当一件商品以自然价格出售时,其收益恰好能支付自然率的工资、地租和利润。"自然价格"是一种长期价格,低于自然价格企业家将不再继续出售这种商品。在绝境时他们可能会以更便宜的价格出售商品,但这不会一直继续下去。他们通常将会退出这个行业或者转入其他生产。

商品售出的实际价格被称为它的"市场价格"。它可能高于、低于或正好等于它的自然价格。市场价格取决于短期供给和需求的偏差,而且它围绕自然价格上下波动。如果它高于自然价格,更多的商品就会进入市场,从而压低市场价格。如果低于自然价格,一些生产要素就会撤出,供给数量下降,从而市场价格就会上升到自然价格。换言之,短期供给和需求不是价格(交换价值)的根本决定因素,而仅仅引起市场价格围绕商品的自然价格或价值波动。

斯密还区分了商品的真实价格和它的货币价格或名义价格。这里他只是重复休谟和其他经济学家的观点,指出社会中货币存量的增加会引起商品或资源的货币价格上升。斯密提醒读者,商品的真实价格是它可以支配的劳动,而不是它可以支配的货币。如果工资也增加一倍的话,价格增加一倍不会提高商品可支配的劳动数量。

5.5.3 工资

斯密提出工资有三个层面:工资总水平、工资随时间的增长、工资结构。关于前两个层面,他运用了工资基金理论:

> 耕种者大都没有充足的资金来维持生活到庄稼收割的时候。他们的生活费通常是由雇用他们的农场主从他的工资项下垫付的。除非农场主能分享劳动者的产品,换言之,除非他在收回资本时得到相当的利润,否则他就不愿意雇用劳动者。[21]

---

[21] Smith, *Wealth of Nations*, 27.

关于工资基金的观点暗示着,在被支付的现行工资之外,有一个循环资本的存量。这个存量是由资本家的储蓄构成的,并取决于上一个生产和销售过程中获得的收益。结果,这个基金在短期内是固定的,但是年复一年它会增长。由公式(5-1)可知,年平均工资取决于工资基金的规模与工人数量之比。

$$年平均工资 = \frac{工资基金}{工人数量} \tag{5-1}$$

最低工资率必须能够使工人和他的家庭生存下去,并且能够不断提供劳动供给。当对劳动的需求上升时,工资会上涨到这个最低工资率以上。国民财富的增长率决定对劳动的需求,并且通过影响工资基金的规模来决定工资。如果一个国家的财富非常庞大,然而是静态的,人口从而劳动力的供给最终会超过就业机会数倍,工资就会下降。这也解释了斯密为什么强调资本积累和经济增长。斯密赞赏伴随经济增长而出现的工资的上涨,反对重商主义的低工资信条。

> 下层阶级生活状况的改善是对社会有利还是对社会不利呢?一看就知道,这个问题的答案极为明显。在任何大型政治社会中,各种佣人、劳动者和职工都占最大部分。社会最大部分成员境遇的改善,绝不能视为对社会全体不利。有大部分成员陷于贫困悲惨状态的社会,绝不能说是繁荣幸福的社会。而且,供给社会全体衣食住的人,应该在自己的劳动产品中分享一份以达到还不错的衣食住条件,才算是公正。㉒

而且,斯密认为高工资可以增强工人们的健康与体力,可以激励工人们努力工作,因为高工资给了他们提高生活水平的希望。用现代术语来说,这个概念即所谓的"高工资效率"或"效率工资"。

历史借鉴 5-1
亚当·斯密与效率工资

在《国富论》中,斯密将支付给工人的工资与工人的生产率联系起来。他论述道:

> 充足的劳动报酬,鼓励普通人们生育,因而促使他们勤勉。劳动工资是对勤勉的鼓励,勤勉像人类其他品质一样,与所受的鼓励成正比。丰富的生活资料使劳动者体力增进,而生活改善和晚景优裕的愉快希望使他们尽可能地更加努力。所以,高工资地方的劳动者,总是比低工资地方的劳动者活泼、勤勉和敏捷。*

后来,斯密指出金匠和珠宝匠得到高工资是"由于有贵重材料托付给他们" **。斯密的观点就意味着他们获得的报酬必须足够高以防止他们携带黄金和珠宝逃跑!

斯密将工资与工作绩效联系在一起,可以在一组当代效率工资理论中找到其现代

㉒ Smith, *Wealth of Nations*, 33.

表述。*** 其中的一系列理论认为，一些雇主支付的工资高于市场出清时的工资——效率工资——以减少雇员的偷懒和流动，这两种情况会降低劳动生产率和企业的利润率。为了确保拥有这份高工资的工作，工人们不敢疏忽大意或逃避工作。偷懒减少就会提高每个工人的劳动生产率。而且，获得效率工资的工人辞掉这份工作去从事新工作的可能性就会更小。新雇员的比例减少，需要接受新培训的人员的比例降低，结果是企业劳动力的平均劳动生产率得到提高。

效率工资理论据称有助于解释摩擦性失业和周期性失业。效率工资吸引了比雇主实际想要雇用的人数多得多的工作申请者。然而，这些申请者宁愿选择处于失业状态，一直等到企业人员正常缩减时获得支付效率工资的工作，在此期间他们不会接受其他工作。因此，等待性失业就会出现，摩擦性失业增加。

而且，效率工资还加强了向下的工资刚性。当对产品的需求下降时，支付效率工资的企业不愿意降低工资——降低工资不仅可能鼓励偷懒，而且可能会增加辞职工人的数量。在辞职的工人中包括技术熟练的工人，在他们身上企业投入了大量的培训费用。由削减工资引起的偷懒增加和工人的大量流失会进一步降低劳动生产率。

因此，效率工资可能使总需求的降低引发真实产出降低。也就是说，效率工资有助于解释在衰退时期为什么就业和产出会显著下降，而价格却不会下降。面对疲软的需求，企业会减少生产，解雇那些较不熟练和资历较浅的工人，而不会削减他们继续雇用的工人的效率工资。因此，总需求的较大减少常常会导致衰退和大范围的失业。具有讽刺意味的是，对于斯密效率工资这些零碎思想的发展，是在质疑斯密更主要的思想——关于自我调节的、充分就业的经济——的过程中进行的。

* Adam Smith, *The Theory of Moral Sentiments*, 10th ed. (London: Strahan and Preston, 1804), 119—122, 126—127[orig. pub. in 1759].

** Smith, *Wealth of Nations*, 43.

*** 阿克洛夫和耶伦总结了这些理论，参见：George A. Akerlof and Janet L. Yellen, eds., *Efficiency Wage Models of the Labor Market* (Cambridge: Cambridge University Press, 1986).

斯密还意识到了谈判在工资决定过程中起到的作用：

> 在任何地方，劳动者的普通工资都取决于劳资双方所订的契约，而这两方的利益绝不一致。劳动者盼望多得，雇主盼望少给。劳动者都想为提高工资而联合，雇主却想为减低工资而联合。㉓

斯密假设了一个完全自由的社会，在这个社会中所有的人都可以自由选择和改变职业。因此，他认为每种工作的利与弊都相等或趋向于相等。在这种"均等化差异"理论下，或在当代经济学家称为补偿性工资差别理论（compensating wage differentials）下，

㉓ Adam Smith, *An Inquiry into the Nature and Causes of the Wealth of Nations*, (New York: G. P. Putman's Sons, 1877), 19 [orig. pub. in 1776].

不同工作的实际工资率——工资结构——将随五种因素而变化。㉔

- 工作的舒适性。斯密认为,如果其他条件相同,那么越是艰苦、肮脏、不舒适、危险的工作,支付的工资就越高。
- 为获得必要的技能和知识所付出的成本。斯密指出,一台昂贵的机器设备所能产生的收益必须能够补偿初始成本,并带来投资利润。类似地,他指出,人们的收入必须能够补偿他们接受教育和训练的费用,并且能为这种投资提供一个回报率。那些需要较多教育和培训的工作,较之不需要这些教育和培训的工作,支付的工资要高,这是必要的。这种早期的人力资本理论是斯密对现代经济思想的另一重要贡献。㉕
- 工作的规律性。斯密认为,工作越不规律,工资就越高。因为大多数工人都更喜欢规律性的工作而不喜欢不规律性的工作,所以雇主必须向面临就业与失业风险的工人支付一部分补偿性工资酬金。
- 信任与责任水平。有些人,比如金匠、珠宝匠、外科医生和律师,他们被给予了更多的信任,得到的工资就应该比那些从事需要承担较少责任与义务的工作的人的工资更高。
- 成功的可能性与不可能性。那些从事具有高失败风险的职业的人,如果获得成功,得到的工资要高于那些从事具有低失败风险的职业的人的工资。

5.5.4 利润

斯密认为,因为每项投资都面临遭受损失的风险,因此最低利润率必须足够高,可以补偿这类损失并仍有企业家的剩余。总利润包括损失补偿和剩余。净利润或纯利润仅指剩余,换句话说,是企业的净收益。

在那些财富迅速增加的国家里,企业间的竞争会降低利润率。

> 如果大量的富商都把资本投入到同一个行业中,他们之间的相互竞争自然倾向于降低这一行业的利润;如果同一社会各种行业的资本全都同样增加了,那么同样的竞争必对所有行业产生同样的结果。㉖

在快速发展的经济中,较低的利润率可以抵消高工资的效应。这样,繁荣的国家也可以和较不富裕的邻国以同样便宜的价格出售商品,尽管邻国的工资率较低。

古典经济学家通常都不把利息看作一个独立的分配份额,而仅仅看成对利润的扣除。最低利息率要略高于资金借出有时会发生的损失。借款者所能支付的利息是净利

㉔ 格雷格·J.邓肯(Greg J. Duncan)和伯蒂尔·霍姆兰德(Bertil Holmlund)在他们的文章中对工资差异均等化作了有趣的讨论,参见:"Was Adam Smith Right After All? Another Test of the Theory of Compensating Wage Differentials," *Journal of Labor Economics* 1 (October 1983): 366—379. 又参见:R. F. Elliot and R. Sandy, "Adam Smith May Have Been Right After All: A New Approach to the Analysis of Compensating Differentials," *Economic Letters* 59 (April 1998): 127—131.

㉕ 关于这点的更详细描述,参见:Joseph J. Spengler, "Adam Smith on Human Capital," *American Economic Review* 67 (February 1977): 32—36.

㉖ Adam Smith, *An Inquiry into the Nature and Causes of the Wealth of Nations* (New York: G. P. Putnam's Sons, 1877), 19 [orig. pub. in 1776].

润或纯利润的一个比例,并且利息率必须低于利润率以便刺激借款。当利润增加时,借款者寻求更多的资金,利息率就会上升;当利润减少时,利息率会随之下降。

5.5.5 地租

斯密提出了几种地租理论,但没有一种是完整或完全正确的。回忆一下大卫·休谟,他曾经批判过斯密的这一论断:地租要进入这块土地上生产的产品的价格。但是在那一部分论述中,斯密是在一般意义上考察商品价格的组成部分。当商品被售出时,所获得的收益必须包括工资、地租和利润。地租能来自其他地方吗?

但是在书中的其他部分,斯密又追随配第(以及休谟)的观点,认为农产品的价格决定地主可以索要的地租。斯密说,地租"是使用土地的价格"。它是佃农在扣除工资、资本损耗、平均利润和其他生产费用以后所能支付的最高价格。因此,地租是一种盈余或剩余。农产品的高价格产生高地租,低价格产生低地租。在这些论述中,斯密应用的分析方法和后来李嘉图提出级差地租理论时的方法是相同的。但是李嘉图的理论依据的是收益递减规律,而斯密没有将其应用于农业。这是令人奇怪的,因为更早的时候配第和杜尔阁已经提出了这一概念,而且斯密本人在对鱼类价格的一个讨论中也表明他对此已有初步的了解。相反,斯密试图通过其他几种途径来解释地租,包括他把地租看作一种垄断收益,或者看作将土地用于一种用途而放弃其他用途的机会成本。所有这些尝试都没有产生一种完整的、准确的、统一的地租理论,类似于后来李嘉图提出的那样。

总而言之,斯密关于工资、利润和地租的这些观点,是阐述收入的功能分配(要素份额)理论的一种尝试。尽管并不完整,但毫无疑问,斯密的这些分析远远超越了重农学派所提出的分配理论。

5.5.6 货币与债务的作用

斯密创立了不强调货币的重要性这一古典传统。作为一种支付手段,货币当然是非常关键的,因为没有货币的话,经济将会受到物物交换制度的束缚。但是货币本身并不增加一个社会的产出或财富。它方便了产品流通,但只有产品的生产才构成财富。尽管流通中的金币和银币是一国资本的重要组成部分,但它们是静止的存货,不生产任何东西。后边这一洞见是一个永久的贡献。现代经济学家把货币从经济资源的名单中排除,因为正如刚才所言,货币是非生产性的。

斯密关于货币问题的观点显然是和重商主义者相反的。如果货币的作用是充当交换的媒介,那么纸币就可以和金银起到相同的作用,并且只需要较少耗费来生产。斯密说,金和银就像高速公路一样将商品运送到市场上,而其自身是非生产性的。银行通过提供纸币可以节省用于生产黄金的劳动,就像高速公路从空中通过的话,就可以节约土地用作其他用途。只要纸币能够兑换黄金,一个很小的黄金储备就足够了。

重商主义者认为,可消费的商品很快就会被损坏,而金银则更持久。斯密质疑:如果我们认为用英国的金属器具交换法国的葡萄酒是不利的,那么我们将会使国内罐子和平锅的供给提高到难以置信的程度,但我们只需要有限的器皿供给。硬币的情形也是这样。我们只需要一个特定数额的货币来满足商品流通,过剩的部分是不必要的,将会被出口而不是留在国内闲置。但是,斯密对重商主义者过分重视黄金的反驳忽略了这种贵金属的特殊性质。不像罐子和平锅,黄金作为一种全球范围内普遍被接受的交换媒介,可以花费在任何用途上。

斯密谴责公共债务和支付公债利息的税收的不断增长。由于是我们欠我们自己的债务,因此国内债务几乎没有任何经济意义,这种许多现代经济学家的观点在斯密的时代就已经提出来了。他作了如下回答:

> 有人说,支付公债利息,就像右手支付给左手。所有货币都未流出该国。那不过是把一国某阶级居民的收入的一部分,转移到其他阶级罢了,国家不会因此比以前更穷一点儿。这种辩解,全是基于重商学说的诡辩。[27]

斯密担心,需要课征较重的税收来支付债务利息,可能诱导商人和制造业主将他们的资本投向国外因而损害本国经济。斯密写作的时代还没有出现循环性的商业周期,因此,他不可能预见到将赤字支出作为对付衰退的一种手段的现代实践。在假设充分就业的前提下,斯密认为,如果政府不把这部分资源转移于自己的用途,政府的债务和利息支出所象征的资源本可以被私人更有效率地用于生产。因为军国主义、腐败浪费的政府远离了人们并且偏袒特殊利益,这种资源转移不能很好地服务于社会。

斯密悲观地预测这些增长的债务从长期来看可能会使所有的欧洲大国破产。困扰他的英国债务是 12 900 万英镑,每英镑今天大约价值 1.5 美元。

5.5.7 经济发展

斯密将经济看作一个整体,并且强调经济增长与发展。图 5-1 总结了构成斯密经济增长理论的各个因素。

如图中最上方的两个方框所示,斯密将劳动分工和资本积累看作推动一国财富存量增长的主要因素。在这方面,先来看一下连接这两个方框的箭头 a。斯密发现这样一个事实,劳动分工使机器设备引入成为可能,进而提高人们的生产率。当单个工人自己制造一双完整的鞋的时候,不可能有一台机器来做这项工作,因为太复杂了。但是,当制鞋被分解成一系列简单的操作之后,就能够发明一些工具和机器来替代手工劳动。箭头 a 仅是单方向的,因为斯密没有认识到新技术往往会创造新工具和新设备,而它们本身可以引起劳动分工。斯密将资本的引入主要是看成劳动分工的结果。

劳动专门化的提高和资本存量的扩大通过共同作用提高生产率(箭头 b 和 c),生产率的提高又会提高国民产出(箭头 d)。更高的国民产出能够使社会消费达到更高水

---

[27] Adam Smith, *An Inquiry into the Nature and Causes of the Wealth of Nations* (New York: G. P. Putnam's Sons, 1877), 19 [orig. pub. in 1776].

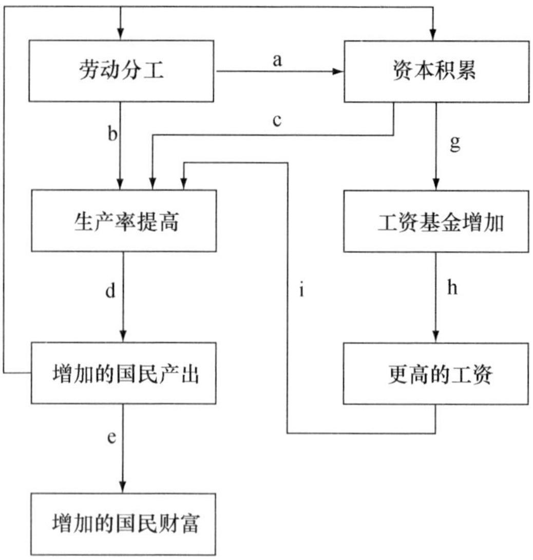

```
            ┌──────────────┐  a   ┌──────────────┐
    ┌───────│   劳动分工    │─────→│   资本积累    │
    │       └──────┬───────┘      └──────┬───────┘
    │          b   │    c ↗              │ g
    │              ↓                     ↓
  f │       ┌──────────────┐      ┌──────────────┐
    │       │  生产率提高   │      │  工资基金增加  │
    │       └──────┬───────┘      └──────┬───────┘
    │          d   │      ↑ i           h │
    │              ↓                      ↓
    │       ┌──────────────┐      ┌──────────────┐
    └──────→│  增加的国民产出 │      │   更高的工资   │
            └──────┬───────┘      └──────────────┘
                e  │
                   ↓
            ┌──────────────┐
            │ 增加的国民财富 │
            └──────────────┘
```

图 5-1　斯密的经济发展理论

斯密认为劳动分工刺激资本积累(箭头 a)并且通过共同作用提高劳动生产率(箭头 b 和 c)。劳动生产率的提高会增加国民产出(箭头 d)，这会拓展市场，并进一步推动劳动分工和资本积累(箭头 f)。作为资本积累的一个结果，工资基金会增加(箭头 g)，工资会上升(箭头 h)。更高的工资会激发更高的劳动生产率(箭头 i)。国民产出的提高会增加消费品，按照斯密的观点，这些消费品构成了国民财富(箭头 e)。

平，而后者，按照斯密的观点，会导致真实国民财富的提高(箭头 e)。

如箭头 f 所示，国民产出的增加会拓展或延伸市场，提供更深层次的劳动专门化的机会。斯密认为，正是由于这个原因而不是重商主义者所指的原因，国际贸易才是重要的。国民产出水平越高，就越允许更高水平的资本积累，因为产出不全都是由消费品构成。注意促进经济增长的各个事件其本身会不断循环往复。

在这个过程中普通人会遭遇什么？图 5-1 最右边的箭头 g 和 h 表明了斯密的答案。正如我们在前面公式(5-1)中所看到的那样，资本积累会扩大工资基金，从基金中支付劳动力的工资。如果工资基金的增长超过了劳动力数量的增长，平均工资就会上升。而且，高工资会提高工人的健康和活力，进一步提高他们的生产率(箭头 i)。后来古典经济学家想当然地认为工人仅获得维持生存的最低工资，因此他们从经济发展中什么也没有得到。这显然不是斯密的观点！

斯密还提到了另一个可能会提高生产率和经济增长的因素，那就是"更加合理的就业分布"。这里斯密区分了增加产品价值的生产性劳动和不增加产品价值的非生产性劳动。生产性就业将劳动存储在具有市场价值的有形商品之中。非生产性劳动是那些投资于提供服务的劳动，它不产生在市场上可得到的有形商品。按照斯密的观点，非生产性劳动者包括国王、士兵、神职人员、律师、医生、作家、演员、滑稽剧演员、音乐家、歌剧演唱者、舞蹈家、等等。生产性劳动者包括"技工、制造业者和商人"。

斯密认为在钢琴独奏会上演奏钢琴的人是非生产性的，而印制门票的人却是生产性的,这对当代经济学家来说似乎很奇怪。在我们的国民收入账户中,我们把比如仆人、军事人员、广告商和医生的报酬也加于国民收入之中,这对斯密来说也一样是奇怪的。他把这些支出看作扣除。但是为了理解斯密的观点,我们应该以他看待资本积累和经济增长的方法来看待问题。对他来说,物质商品可以积累,而且因此是增进财富的一个潜在手段。即使今天生产的消费品,也可以供工人未来消费,从而可以使他们继续工作和生产产品。但是服务仅仅是瞬间的;它们在生产与消费的同时也就消失了,而且不能积累。从这个角度来看,尽管它们确实是有用的,但它们是非生产性的。然而,从"生产性"这个术语的现代意义来看,斯密显然是错误的。这个思想错误在今天仍然很普遍。例如,一些现代观察家对长期中制造业就业相对于服务业就业的下降表示痛惜。他们的忧虑经常暗含着这样的思想,服务业的工人是非生产性的,而制造产品的工人则是生产性的。这两部分工人都是生产性的,他们都帮助生产有价值的东西。服务业在国内产出中所占份额的上升,仅仅是反映了社会对服务的需求比对制造品的需求增长更快而已。

斯密混淆了生产性劳动与非生产性劳动,但这并没有减损他的杰出成就,他为理解导致国民财富增加的因素作出了巨大贡献。斯密写作的年代是投资与生产迅速发展的时期,他为经济增长和人类进步勾画出乐观的前景。经济周期、生产过剩、失业、资本过剩还是将来的事情。利益和谐盛行,自由和竞争的市场迫使每个人在为自己服务的同时也为社会提供服务。斯密对于未来的预期显然比我们下一章的主角托马斯·马尔萨斯要乐观得多。

复习与讨论

1. 解释下列名词,并简要说明其在经济思想史中的重要性:启蒙运动,《道德情操论》,《国富论》,看不见的手,劳动分工,国际贸易中的绝对优势规律,水-钻石悖论,劳动成本价值论,可支配劳动价值论,工资基金学说,工资差别均等化,市场的深化,资本积累。
2. 斯密的思想怎样反映了重农主义观点?在哪些方面斯密扩展并超越了重农主义的理论?
3. 《道德情操论》的基本主题是什么?它与《国富论》的关系怎样?
4. 斯密经济学著作的题目与他对重商主义的批判有什么关系?斯密是如何定义国民财富的?哪些因素相互作用引起国民财富的增长?
5. 解释斯密通过描述一个大头针制造厂想要说明的主要观点。他的描述与他对公共教育的呼吁有什么关系?
6. 在哪些方面斯密可以被恰当地称为自由放任的倡导者?在哪些基本方面这一称号会受到挑战?
7. 按照斯密的观点,社会福利是如何由个人追求自身利益的过程中产生的?请将这一概念与完全竞争产品市场的短期和长期图示模型联系起来(如有必要,请参考经济学原理教科书)。
8. 按照斯密的观点,什么决定原始经济中的交换价值?什么决定现代经济中的交换价值?为什么斯密使用"可支配的劳动"而不仅是简单的"可支配的货币"作为衡量产品价值的尺度?
9. 斯密所说的自然价格是由供给决定、需求决定,还是两者共同决定?请详细说明。

10. 按照斯密的观点,为什么劳动分工会导致资本积累的增加(图5-1中箭头 a)?今天的经济学家还会包括一个从资本积累到劳动分工的反向箭头。请结合现在的例子加以解释。

11. 什么是效率工资?这些工资在斯密的经济发展理论中起到什么作用?按照现代效率工资理论者的观点,效率工资如何导致高摩擦失业率和经济衰退?

12. 讨论如下论断:斯密吸引了许多现代经济学家,恰恰是因为他们与斯密一样,持有的关于人类本性的观念太过狭隘了。

13. 请评价以下观点:在今天的动态经济中,生产过程和相关的工作技能发展很快,斯密关于专业化的思想已经过时了,不适合现代的工厂了。

精选文献

书籍

Blaug, Mark, ed. *Adam Smith*. Brookfield, VT: Edward Elgar, 1991.

Campbell, R. H., and A. S. Skinner. *Adam Smith*. New York: St. Martin's Press, 1982.

Fry, Michael, ed. *Adam Smith's Legacy*. London: Routledge, 1992.

Hollander, Samuel. *The Economics of Adam Smith*. Toronto: University of Toronto Press, 1973.

Rae, John. *Life of Adam Smith*. London: Macmillan, 1895.

Raphael, David D. *Adam Smith*. London: Oxford University Press, 1985.

Smith, Adam. *An Inquiry into the Nature and Causes of the Wealth of Nations*. London: T. Nelson and Sons, 1868 [orig. pub. in 1776].

——. *The Theory of Moral Sentiments*. Edited by D. D. Raphael and A. L. Macfie. Oxford: Clarendon Press, 1976 [orig. pub. in 1759].

期刊论文

Anspach, Ralph. "The Implications of the *Theory of Moral Sentiments* for Adam Smith's Economic Thought." *History of Political Economy* 4 (Spring 1972): 176—206.

Evensky, Jerry. "The Evolution of Adam Smith's Views on Political Economy." *History of Political Economy* 21 (Spring 1989): 123—145.

Gherity, James A. "Adam Smith and the Glasgow Merchants." *History of Political Economy* 24 (September 1992): 357—368.

Levy, David. "Adam Smith's Case for Usury Laws." *History of Political Economy* 19 (Fall 1987): 387—400.

Recktenwald, H. C. "An Adam Smith Renaissance anno 1976? The Bicentenary Output—A Reappraisal of His Scholarship." *Journal of Economic Literature* 16 (March 1978): 56—83.

Stigler, George G. "The Successes and Failures of Professor Smith." *Journal of Political Economy* 84 (December 1976): 1199—1214.

West, E. G. "The Burdens of Monopoly: Classical versus Neo-Classical." *Southern Economic Journal* 44 (April 1978): 829—845.

Willis, Kirk. "The Role in Parliament of the Economic Ideas of Adam Smith, 1776—1800." *History of Political Economy* 11 (Winter 1979): 505—544.

第 6 章 古典学派:托马斯·罗伯特·马尔萨斯

托马斯·罗伯特·马尔萨斯(Thomas Robert Malthus,1766—1834)尽管备受争议,但却是古典经济思想中一位很重要的人物。他专注于这样一些主题:人口增长、GDP的核算方法、价值理论、收益递减、地租理论及总需求。但是,我们将会发现,他的一些结论有别于古典学派的其他成员。

马尔萨斯的父亲是丹尼尔·马尔萨斯(Daniel Malthus)。丹尼尔是一位杰出的乡村绅士,而且是当时著名知识分子让-雅克·卢梭和大卫·休谟等的亲密朋友。小马尔萨斯1788年毕业于剑桥的耶稣学院,并被任命为英格兰教会的牧师。他的《人口论》出版于1798年,1803年扩充再版。这部著作确立了他的不朽的声望,它在28年的时间里修订出版了6次。他另一部最重要的著作是《政治经济学原理》,于1820年出版。

我们对马尔萨斯牧师的讨论将按照以下顺序来进行。首先,我们考察影响他思想形成的历史和知识背景。然后我们研究马尔萨斯的主要经济理论,着重考察他的人口法则和供给过剩理论。最后,我们批判性地评价他对经济学作出的贡献。

6.1 历史与知识背景

6.1.1 历史背景

在马尔萨斯写作期间,英国的两大论战吸引了他的注意力。第一个是贫困的增加以及关于怎么去解决的论战。到1798年,工业革命和城市化进程的一些负面效应开始显现。失业和贫困越来越成为令人瞩目的问题,需要得到补救。英国最新的一系列"济贫法"——1795年的史宾汉姆兰法(the Speenhamland law)——规定不论穷人收入多少都应为他们提供最低收入保障,从而取消了以前的法律限制。这一法令将家庭收入与面包价格联系起来,如果家庭收入降低到规定水平以下,这些家庭就会获得津贴以弥补这一差额。在大多数农村教区和一些制造业地区比较流行的这一制度,很自然地引起了激烈的争论。即使法国大革命的动乱正在蔓延到其他国家的贫困阶层,英国的有产阶级仍然拒绝对贫困负担任何责任并强烈反对重新分配收入的法令。

第二个论战是关于所谓的谷物法的。这些法令规定对进口谷物征收关税,并对从外国进口到英国的谷物有力地设定了最低价格。地主拥护这些关税政策,但是被一些人攻击为,用斯密的话说,是不曾播种却喜欢收割的人。地主们的政治权力受到了日益上升的商人阶层、工业资本家及其追随者们的挑战。1801年的一项调查表明,不断增长的人口正在给英国的食物供给带来压力。早在1790年英国就已经发现进口粮食是必要的。但是拿破仑战争使得进口相对减少,结果造成了极其高昂的国内谷物价格和地租价格。当1813年拿破仑被俘获时,操纵着议会的英国地主非常担心新一轮进口谷物的涌入会压低农产品的价格,并大幅减少地租收入。因此他们要求提高已有的对进口谷物设定的最低价。另一方面,企业团体反对对谷物征收更高的关税并主张全面废除谷物法。

6.1.2 知识背景

马尔萨斯的父亲丹尼尔赞成人与社会是完美的这一乐观信念。这个发展着的信念,部分是建立在戈德温与孔多塞著作的基础之上的。在某种意义上,这些思想家对小马尔萨斯起到了关键性的影响,他开始有目的地挑战他们的理论。因此,适度详细讨论他们的思想是有用的。

威廉·戈德温(William Godwin,1756—1836),诗人雪莱的岳父,是一位牧师、小说家、提倡无政府主义和无神论的政治哲学家,他的观点和法国革命者的观点相似。1793年他出版了有影响力的著作《政治正义论:论政治正义及其对道德和幸福的影响》(*An Enquiry Concerning Political Justice and Its Influence on General Virtue and Happiness*)。这部著作是阐述无政府主义哲学的最早的作品之一。戈德温是一个极端的个人主义者,不仅反对政府所有的强迫行为,而且反对公民集会行为。他完全信赖由最终理性规则引导的个人的自愿亲善和正义感。按照戈德温的观点,通过向更高理性和更大福利迈进,人类是可以完善的。因为一个人的性格取决于社会环境,而不是一成不变的或遗传的,因此完美的社会将创造完美的人类。戈德温认为,进步过程中的主要障碍是私人产权、经济与政治上的不平等及强制性的政府。他相信人口增长不是什么问题。当人口达到极限后,人们将不会再进一步自我繁衍。戈德温后来感到遗憾的是,他的乐观主义居然引起了马尔萨斯这个罪恶的天才对人口过多的悲观和对人类生存条件的绝望。

孔多塞侯爵(Marquis de Condorcet,1743—1794)是出身于贵族家庭的法国杰出数学家,他26岁时被推选进入科学院,39岁时进入法兰西学院。他是一个宗教怀疑论者、政治上的民主主义者、经济上的重农主义者、和平主义者。他的朋友包括杜尔阁、伏尔泰、托马斯·佩恩、托马斯·杰斐逊、本杰明·富兰克林以及亚当·斯密。在他倾注了极大热情的法国大革命爆发之后,他与佩恩一起创办了杂志《共和党人》。

孔多塞赞成男女全体都拥有选举权。他强烈反对1791年法国宪法中的这一条款：投票和选举政府官员要具备财产资格。大革命中激烈的党派冲突令他陷入孤立境地，并且在1793年被下令逮捕。朋友们把他藏匿了九个月。之后为了不使为他提供庇护的女士陷入危险中，他有意离开了避难处。几天后，乔装之后的他在游荡时被当作嫌疑犯逮捕并被监禁。在被捕后的次日早晨，他被发现已经去世，可能是由于自然环境恶劣没有受到保护，也可能是服毒自杀。

在藏匿期间，孔多塞完成了他最重要的著作《人类精神进步史表纲要》(Sketch of the Intellectual Progress of Mankind)。尽管在他曾热烈欢迎的大革命中受到了迫害，但他的主题仍然是基于以下三个基本原理的社会进步的思想：(1) 国家之间的平等；(2) 一国内部人与人的平等；(3) 人性的可完善性。他写道，最终的国家之间的平等将消灭"最具灾难性与罪恶性的"[1]战争。国家间的永久同盟将能够维持和平和每个国家的独立。在消除了财富、遗产及教育方面的差异后，就可以实现人与人之间的平等。孔多塞赞成将财产、社会保障、免费义务教育在大范围内分配，使女人和男人都能够普遍享受这些权利。他认为自然秩序将使经济趋向于平等，而现存的法律和制度却鼓励了不平等。平等将克服那时社会中的罪恶并使社会趋于完善。他认为，只有一种不平等应该得到允许，那就是由于天生才能差异而导致的不平等。这些有益的改革措施将使人口增加，但食物的供给将增加得更快。如果生存问题最后将不再通过这种办法解决，孔多塞赞成控制生育以限制人口。

这些观点就是小马尔萨斯要反对的观点。他认为，困扰社会的罪恶和苦难不应归咎于罪恶的人类制度，而应归咎于人类极强的生育能力。孔多塞梦想的废除战争只会又减少一个消除过剩人口的基本措施。法国思想家的福利计划只会反作用于第二个限制人口的因素——饥饿。戈德温的平等主义、共产主义社会将意味着为大众提供更多的食物，从而导致人口更快增长。戈德温与孔多塞似乎过于支持法国大革命，而马尔萨斯则呼吁保守派对当时的状况进行理智的、有力的捍卫。

6.2　马尔萨斯的人口理论

在《人口论》(An Essay on the Principle of Population)的第一版中，马尔萨斯从"说明每一个国家的下等阶层中可以观察到的贫困与苦难"开始论述。这里他提出的人口规律是：如果人口不受控制，将以几何级数增长；生活资料最多只能按算术级数增长。也就是说，人口将以1, 2, 4, 8, 16, 32……这样的比率增长，而生活资料则最多能以1, 2, 3, 4, 5, 6……这样的比率增长。[2] 他指出，那时的美国（就像当今的印度）人口的迅速增加可以证实他的理论。

---

[1] J. Salwyn Schapiro, *Condorcet and the Rise of Liberalism*, (New York: Octagan Books, 1963), 256.
[2] 这样的几何级数会以极快的速度增加。对此感兴趣的读者可以用袖珍计算器或电脑计算出：从1开始经过40次运算之后将达到近1万亿！

一些观察家认为,1798 年,马尔萨斯是一个鲁莽的年轻人,对自己提出的理论太过热情和太过极端,推测在他较为成熟的作品中,他会放弃数学比率的看法。让我们来看一下 1830 年出版的《人口原理》(*A Summary View of the Principle of Population*),这本书的出版时间比《人口论》的最后一版还要晚些。《人口原理》比《人口论》第一版晚 32 年,在马尔萨斯去世前 4 年出版。在这本书中,马尔萨斯写道:

> 因此,完全可以断言如果对人口的增长不加限制,人口将以几何级数增长,并且每过 25 年就会翻一番。对于英国、法国、意大利或德国这样人口增长速度还不算太快的国家,假设因为它们致力于农业生产而使农产品的产量在每 25 年的时间增长一倍且持续地增长,那么人口的增长率将不受任何现实问题的限制……然而农产品的产量只能以算术级数增长,无论如何,它的增长必然远远不能满足人口以几何级数自然增长的需求。③

马尔萨斯提出了限制人口增长的两种措施:他称之为"预防性控制"与"积极控制"。

6.2.1　对人口增长的预防性控制

对人口增长的预防性控制就是那些降低人口出生率的措施。马尔萨斯赞成的预防性控制也称作道德约束。负担不起养育孩子的人们应该延迟结婚或者不结婚;婚前行为也应该受到严格的道德约束。马尔萨斯把他不赞成的预防性措施称为罪恶,包括卖淫与节育,这些都会降低人口出生率。在马尔萨斯生活的时期,英国改革者弗朗西斯·普雷斯和其他一些改革者推广了工具节育。1817 年,马尔萨斯在《人口论》第 5 版的附录中写道:

> 事实上,我应该严厉谴责任何人工的及非自然的控制人口增长的方式,因为这些方式是不道德的而且倾向于减少对工业的必要刺激。如果每对结婚的夫妇都希望限制他们所要孩子的数量,那么完全有理由担心人类的惰性会极大地增加。并且无论对于个别国家而言还是对于全球而言,永远都不可能达到其自然、合理的人口数量。④

对于人类惰性这一问题的涉及使得一些学者产生了疑问,是否马尔萨斯更感兴趣的是维持大量的、辛勤劳动的、低工资的人口,而不是设立真正的控制人口增长的有效措施。

6.2.2　对人口增长的积极控制

马尔萨斯还意识到控制人口增长的某些积极措施,即那些提高死亡率的措施。这

---

③ Thomas Malthus, "A Summary View of the Principle of Population," in *Introduction to Malthus*, ed. D. V. Glass (London: Watts, 1953), 119. "A Summary View" first appeared as an article written for the 1830 edition of the *Encyclopedia Britannica*.

④ Thomas Malthus, *An Essay on the Principle of Population*, 5th ed. (London: 1817), Appendix.

包括饥荒、穷困、瘟疫和战争。马尔萨斯将这些因素提高到与自然现象或自然规则同等重要的地位,它们都是削减人口所必需的不幸的灾祸。这些积极的控制措施表现了对那些不遵守道德约束的人的惩罚。如果积极控制在某种程度上被克服,那么人们将面临饥饿,因为快速的人口增长将超过增长相对缓慢的食物的最大供给。在《人口论》的第 6 版中,马尔萨斯描绘了人口增长的积极控制措施:

> 有确切的证据可以证明,无论生活资料以多么快的方式增长,人口的增长总是会受它的限制,至少在食物被分割成可以维持生活的最小份额之后。所有在保持正常的人口水平之外出生的儿童必然都将面临死亡,除非成人死亡从而为他们腾出生存空间……从而,为了保持行动的一致性,我们应该促进大自然在制造死亡率方面的作用,而不应该愚蠢徒劳地致力于阻碍其作用。如果我们担心饥荒这种灾难形式频频光顾,我们可以采取积极措施迫使大自然采取其他形式的破坏性措施。我们不应该建议穷人保持清洁卫生,而是应该鼓励相反的习惯。在我们的城镇里,我们应该使街道变得更窄,让房子里住进更多的人,从而招致瘟疫的发生。在农村,我们应该将村子建在死水塘附近,并且特别鼓励定居在沼泽地及其他不卫生的地方。但更重要的是,我们应该谴责对破坏性疾病进行的任何治疗措施,以及谴责那些认为他们通过采取措施消灭各种疾病而为人类作出了贡献的人们,他们虽然是善意的但却犯下了极大的错误。如果这些或者类似的措施使得年死亡率上升了……我们中的每一个人都将有可能在青春期就结婚,并且几乎没有人会处于绝对饥饿的状态。⑤

6.2.3 政策含义:济贫法

按照马尔萨斯的观点,贫穷与苦难是对"下等阶层"没有控制人口生育的自然惩罚。从这一观点中可以得到一项非常重要的政策结论:对穷人一定不能提供政府救济。给他们提供帮助会让更多的儿童生存下来,从而最终将使饥饿问题更加恶化。1803 年马尔萨斯在《人口论》第 2 版中这样写道:

> 一个人出生到世界上,如果他不能从他的父母那里得到他所需要的生活资料,如果社会并不需要他的劳动,那么他就没有权利拥有哪怕是最小份额的食物,事实上他的存在是没有任何意义的。自然界的大餐中也没有空余的位置留给他。她告诉他如果他不能得到她的一些客人的怜悯,他就必须离开,并且她也会迅速执行她自己的指令。如果这些客人站起来为他腾出一点空间,那么其他和他一样的人也会立即要求同样的待遇……宴会的秩序与和谐被打乱了,在此之前的充足也将变成稀缺。⑥

在《人口论》后来的版本中马尔萨斯收回了这种刺耳的言论,但他在第 6 版中却提

---

⑤ Malthus, *An Essay*, 6th ed. ,465—466[orig. pub. in 1826].
⑥ Malthus, *An Essay*, 2nd ed. ,532.

出了一个关于济贫法的特别建议：

  我反复考虑了关于济贫法的问题，因此我希望我不应该对大胆建议逐渐废除济贫法而负责……我们正式以公正与荣誉的名义拒绝穷人获得支持的权利。
  最后，我应该提议一项管理措施，即宣布任何已婚夫妇在这一法令生效之日起一年内出生的孩子，以及从该生效日起两年内出生的非法出生的儿童，都将不应该给予他们教区补助……
  至于非法出生的儿童，在被给予了足够多的关注之后，他们不应该拥有被给予教区补助的权利，而应该完全由私人的慈善机构来提供帮助。如果父母遗弃了他们的孩子，那么父母将受到相应的法律制裁。与其他立即可以填补空位的儿童相比而言，这些非法出生的婴儿对社会基本上没有什么价值。⑦

在1834年严格的济贫法修正案中，马尔萨斯的部分观点得到了采纳。这项法案取消了对济贫院之外的健全的人们的一切救济。一个申请救济的人在获得救济之前，必须先抵押他的全部财产并进入济贫院。他的妻子和孩子或者进入济贫院，或者被送到棉纺厂工作。这两种情况下，这个家庭都会被拆散并受到残酷对待，以便使其不成为公共的负担。济贫院代表着一种耻辱，进入济贫院要承受很重的心理负担。该法案的目的就是使公共资助让人无法忍受，以至于大多数人宁愿默默地挨饿也不愿忍受这样的侮辱。直到20世纪早期，这一体系一直是英国济贫法令政策的基础。在济贫法修正案通过四个月之后，马尔萨斯去世，他可能把这一法案的通过看作对他的思想的支持，即大自然的宴会没有给每一个人都留有足够的空间。

历史借鉴6-1
马尔萨斯、卡莱尔和悲观科学

  长期以来，经济学常常被抨击为"悲观科学"，这种贬损的绰号源自苏格兰19世纪中期的历史学家和散文家托马斯·卡莱尔(Thomas Carlyle)。据称，自从卡莱尔阅读了马尔萨斯毫不乐观的人口理论之后，就将"悲观科学"的名字赋予了经济学。尽管卡莱尔确实把马尔萨斯的预言称作"悲观"的，他却是在对另一个古典经济学家约翰·斯图亚特·穆勒(第8章)的其他不同问题的回应中作了完整表述。

  卡莱尔实际上很少提到马尔萨斯，但是1839年他写道："关于马尔萨斯与《人口论》、'预防性控制'等的论战，很长时间蒙蔽了公众的视听，它们事实上是很悲观的。沉闷、冷漠、消极以及对世界或未来没有希望，就是预防性控制的全部和对预防性控制的否定。"*当发现马尔萨斯的人口问题"悲观"的时候，卡莱尔的论著并没有将马尔萨斯的理论定义为"悲观科学"。

  卡莱尔首次提到悲观科学是关于奴隶解放问题。在1849年12月《弗雷泽杂志》

---

⑦ Malthus, *An Essay*, 6th ed., 485, 486, 487.

(*Fraser's Magazine*)上的《偶论黑人问题》文章中,卡莱尔认为劳动力市场条件将会随着西印度群岛奴隶制度的结束而形成。他捍卫奴隶制度,因为在种植园需要工人,并且在当时的工资和工作环境下黑人不愿意工作。当时的经济学家,最著名的约翰·斯图亚特·穆勒认为天赋自由应扩展至所有人,无关种族,经济绩效的不同是制度的结果,而不是天生差异的结果。穆勒提倡所有的人,只要他们认为合适,就有权利从事买卖,包括有权接受或拒绝工作报酬,反对受强制去工作。为了回应像穆勒这样支持所有人都有权自由在市场上行动的经济学家,卡莱尔写道:"社会科学……揭示需求和供给世界秘密,减少人类统治者的责任让人们自由选择……是枯燥、荒凉,确实非常不幸、令人烦恼的一种科学;我们称之为……悲观科学。"**

古典经济学认为所有的人都拥有同样的基本权利,很显然这点与卡莱尔的信仰不一致,卡莱尔相信有些种族的人是劣等的,是次等民。由于古典经济学削弱了卡莱尔重建奴隶制度的观点,因此卡莱尔反对古典经济学。他把经济学贴上"悲观科学"的标签,并不是因为经济学的消极,而是因为其立场可能威胁到精英阶层的经济地位。具有讽刺意味的是,尽管经济学具有消极的声誉,但这个专业也赢得了支持当今被认为是基本人权的权利的标签。

* Thomas Carlyle, *Chartism*, 2nd ed. (London: Chapman and Hall, 1842, 109) [1st ed. orig. pub. in 1839].

** Thomas Carlyle, "Occasional Discourse on the Negro Question" *Fraser's Magazine* 40, (December 1849); 670—679. Reprinted in *Collected Works of Thomas Carlyle*, Volume 11 (London: Chapman and Hall, 1858):177.

马尔萨斯和大卫·李嘉图是忠诚而亲密的朋友,尽管事实是,除了马尔萨斯的人口分析之外,他们两人在政治经济的每一个观点上都有分歧。⑧ 甚至在人口分析这一主题上,李嘉图也远不及马尔萨斯武断。在《政治经济学及赋税原理》中,李嘉图这样写道:

在适宜的环境下,可以经计算得出人口数量将每过 25 年增长一倍;但是在同样合意的环境下,一个国家的总资本可能在更短的时间内就能增加一倍。如果是这样的话,这整个期间的工资水平将会呈上升趋势,因为对劳动力的需求将比劳动力的供给增长得更快。⑨

在一封信中,李嘉图以一种较轻松的风格写下了以下这段话:

现在我作为一个祖父,对于在马尔萨斯先生的帮助下计算我的子孙的加速增长比率,会感到困惑。我可以肯定的是这一比率既不是算术的也不是几何的。我

---

⑧ 罗伯特·多夫曼(Robert Dorfman)记载了这种关系,参见:"Thomas Malthus and David Ricardo," *Journal of Economic Perspectives* 3 (Summer 1989): 153—164.

⑨ David Ricardo, *The Works and Correspondence of David Ricardo*, ed. Piero Sraffa, 10 vols. (Cambridge: University Press, 1962), 1:98. Copyrighted by and reprinted with the permission of the publisher.

想请教欧文先生[第9章],最好的方案是建立一个我和我后代居住的村庄,条件是要有足够多的家庭数,以免必然出现单身。⑩

马尔萨斯38岁结婚,有3个孩子,但没有孙子女。李嘉图21岁结婚,有8个孩子和25个孙子女。如果以这一速度繁衍下去,李嘉图的后代将遍布整个英国!

6.3 市场供给过剩理论

在《政治经济学原理》第二册中,马尔萨斯提出了他的有效需求可能不足的理论。他假设工人获得生存工资。雇主雇用这些工人是因为工人生产出来的价值要大于工资;也就是说,雇主可以获得利润。因为工人们不能买回全部产品,所以必须由其他人来购买。利润不可能以高工资的形式返还给工人,因为利润消失将导致生产和就业停止。那么谁将购买这些额外的产品呢?资本家会以资本品的形式购买其中的一部分。用于资本品的支出能够刺激生产和就业,这与用于消费品的支出一样。但是,马尔萨斯说,仅仅是从事生产性劳动的工人的消费从来也不能给资本的持续积累和利用提供充分的激励。在最终的分解中,投资仅仅是为了提供消费所需,如果最终产品不能售出,投资就将不再发生。固然,资本家有能力来消费他们的利润,但这样做不符合他们的习惯。他们生活的中心目标是积聚财富,并且他们太忙于在账房的工作以至于不能全部将其用于消费:

> 因此,必须存在一个人数相当可观的阶层,这个阶层的人们既有意愿也有能力消费比他们自己创造出的物质财富更多的产品,否则商人阶层就不可能持续盈利地生产比他们的消费多得多的产品。在这一阶层,地主无疑占据着显著地位;但是如果他们得不到他们所供养的从事个人服务的大量个人的帮助,仅凭他们自身的消费将不足以维持和增加产品的价值,并且不足以使其数量的增加多于抵消其价格的下降所必需的部分。在这种情形下,由于相同的储蓄习惯的影响,资本家也将无法有效地维持。⑪

6.3.1 非生产性消费的必要性

为了避免市场上过量的商品供给造成经济停滞,地主的消费支出是必要的。⑫ 马尔萨斯说,地租是基于农产品价格与成本(工资、利息与利润)之间的差额的剩余。因此,它的消费可以增加有效需求而不增加生产成本。其他的收入形式——工资、利息和

---

⑩ Ricardo, *Works and Correspondence*, 7:177.
⑪ Thomas Malthus, *Principles of Political Economy*, 2nd ed. (1951; reprint, New York: A. M. Kelly, 1986), 400. (2nd ed. orig. pub. in 1836; 1st ed. orig. pub. in 1820.) Reprinted by permission of the publisher.
⑫ 马尔萨斯认为,即使如此,如果消费者的需求逐渐饱和,总供给过剩也可能发生。参见:Salim Rashid, "Malthus' Model of General Gluts," *History of Political Economy* 9 (Fall 1977):55—79.

利润——虽然能够提高购买力,但同时也提高了生产成本。而一个国家为了保持其在世界市场上的竞争地位,必须要把成本维持在较低水平。

6.3.2 政策含义

市场供给过剩理论与非生产性消费的必要性有几个政策含义。根据马尔萨斯的观点,最重要的一点是必须保留谷物法。对进口谷物征收关税可以使地主变得富有,从而促进非生产性消费的增加,而后者是避免经济停滞所必需的。

尽管马尔萨斯赞成地主的非生产性消费,包括雇用大量仆人,但是他却反对由政府出资的过多的非生产性消费。政府官员、士兵、海员以及那些依靠国债利息生活的人们的消费,会不可避免地使税收提高,这可能会阻碍财富的增长。社会应该考虑私人财产的神圣不可侵犯,不允许通过超额税收对财富进行再分配。增加国债也是不适宜的,因为它引致的通货膨胀会损害固定收入者的利益。

在《政治经济学原理》一书中,马尔萨斯暗示战争可以作为消除供给过剩的另一项措施:

> 英国和美国在拿破仑战争中损失最少,或者说它们在战争中发了大财更恰当些,但是它们现在却承受着最多的和平所带来的压力。当然,历史上没有任何一个时期所处的环境像现在这样恶劣,从这一意义上来看,很明显地是和平与贫困联系在了一起。[13]

因为出现了几次严重的经济衰退,马尔萨斯建议政府进行公共事业支出:

> 在像现在这样的时期,当我们致力于帮助工人阶层的时候,非常重要的一点是要知道一个适宜的办法是雇用工人从事不会对市场销售形成冲击的劳动,例如修路及其他公共事业。反对以这种方式大量使用通过税收筹集起来的资金,并不是因为它倾向于减少生产性劳动中使用的资金,因为从某种意义上来说,这恰恰就是我们所需要的;而是因为它可能会过多地隐藏国家对劳动力需求方面的失败,以及阻碍人们逐渐适应不断下降的需求。但是,在相当程度上,这可以通过给定的(较低的)工资得到校正。[14]

在第7章中我们将会发现,李嘉图否认长期失业的可能性,对马尔萨斯的观点作了如下回应:

> 从未来生产的角度看,非生产性劳动者群体就像火把一样必需且有用,他们将消费掉生产者仓库中的产品……在不需要支付给我任何回报的情况下,一个人以何种方式消费我的产品才能使我得到财富呢?如果我产品的消费者回报给我一个

---

[13] Malthus, *Political Economy*, 2nd ed., 422.
[14] Malthus, *Political Economy*, 2nd ed., 429—430.

相等的价值,我想我才更有可能实现我的财富。⑮

6.4 对马尔萨斯贡献的评价

马尔萨斯的理论被富有的地主充分接受了,地主群体长期以来占据着统治地位,但是他们正在很快地丧失其政治权力和社会地位。马尔萨斯的人口理论使得富人免除了对穷人的任何责任;穷人自身应该对他们的处境负责。他反对济贫法,当财产所有权只集中在相对较少的人手中时,如果废除这一法令将有效减少财产权上的税收。他捍卫谷物法和非生产性消费同样也是服务于地主的利益。在《政治经济学原理》中,他有些惊讶地写道:"有点奇怪的是,李嘉图先生,一个收取地租相当可观的人,会大大低估地租的重要性;而我,从来没有收取,也不打算收取任何地租的人,却可能因为高估了它们的重要性而受到指责。"⑯

历史借鉴 6-2
马尔萨斯、森与现代饥荒

2011 年 7 月,饥荒袭击了非洲之角,吉布提、埃塞俄比亚、肯尼亚、索马里和乌干达的几百万人受到了影响,成千上万的人死于饥荒,而且据联合国报道,至少 1 200 万人需要食物援助。在 20 世纪 80 年代和 90 年代早期,从电视和报纸上看到埃塞俄比亚、苏丹、索马里等非洲国家的瘦弱的、快要饿死的儿童的照片时,全世界都震惊了。据估计,在 80 年代中期,非洲约有 100 万人死于饥荒。在 1992 年年底对索马里实施食品援助之前,严重的饥荒导致每天约有 2 000 人死亡。死亡的 5 岁以下的索马里儿童估计有 30 万。

每年大约 3% 的人口增长率造成了非洲部分地区的饥荒。在有些地区,有时候食物的供给的增加简直赶不上人口增长的速度。这种情况在 20 世纪 80 年代的撒哈拉以南非洲尤其真实,当时那里的人均收入下降了 25%。

人口增长也导致了非洲一部分地区生态环境的恶化。曾经是抵御沙漠侵袭的屏障的森林被砍伐,用以扩大粮食种植面积。沙漠的风沙吹走了被毁坏的地表层,降低了土地种植作物和吸收雨水、保持湿度的能力。由于砍伐森林导致严重的木材稀缺,农民愈加不得不使用动物粪便作燃料,而不是用作肥料。所有这些因素都阻碍了农业生产率的提高。

然而,导致非洲饥荒的因素远远比单纯的人口增长复杂得多。干旱与战争对饥荒

---

⑮ David Ricardo, *The Works and Correspondence of David Ricardo*, ed. Piero Sraffa, 10 vols. (Cambridge: University Press, 1962), 2:421—422. Copyrighted by and reprinted with the permission of the publisher.

⑯ Malthus, *Political Economy*, 2nd ed., 216—217n.

负有更大的责任。2011 年和 20 世纪 80 年代,撒哈拉以南国家的降雨量急剧减少,粮食产量比历史上的最低水平还要低。由于缺乏粮食储备的设施,干旱对于非洲来说尤其是一场大灾难。在"多雨"的年份生产的多余的粮食常常被老鼠、害虫吃掉以及腐烂变质,这样在干旱的年份就很难获得粮食。

战争也导致了非洲的饥荒。地区叛乱和长期内战已经摧毁了好几个非洲国家。1992 年索马里饥荒主要是由于激烈的内战破坏了国家的电厂和主要城市所导致的。100 多万索马里人逃到邻国的避难营,而这些国家同样贫困。叛乱者与尼日利亚人领导的军队之间的破坏性战争导致了 1999 年数以千计的塞拉利昂人离开了他们的家园,造成了大范围的饥荒。非洲的武装冲突破坏了基础设施,将必要的资源转化为军用,并阻碍了救济行动。政府通常拒绝向反政府武装控制的地区提供食物援助。此外,军队还常常秘密地、厚颜无耻地挪用捐赠的食品和医疗用品。

因此,马尔萨斯的幽灵仍然萦绕在部分非洲地区。在最近几年里,自然界的反复无常、战争的客观现实与人口增长一起威胁着非洲大量居民的生存。

而阿马蒂亚·森(第 20 章)在承认马尔萨斯的这些引起饥荒的因素的同时,还给出了其他解释,其中包括这样的主张:马尔萨斯自己虽未察觉,但他却是促成饥荒的帮凶。按照森的观点,马尔萨斯的人口理论把所有注意力都放在人均食物产出上,这把问题过分简单化了,而现代的政策制定者和分析家也重复了同样的错误。只要人均食物产出增长或者保持不变,就不会感觉到饥荒的迫切威胁("马尔萨斯乐观主义"),而补救行动就可以在很久以后再实施。马尔萨斯在《人口论》里没有表述而森所指的是"获得问题"*,即人们获得食物和其他商品的过程。食物可以通过直接生产(自己种植粮食的农民)来获得,也可以通过交换将收入转换成食物来间接获得(工资劳动者)。如果一部分人口缺乏足够的收入来购买食物,那么即使有食物供应,饥荒也可能发生。

森把饥荒分成了两种类型:繁荣饥荒和衰退饥荒。在繁荣饥荒(1943 年的孟加拉饥荒)中,有一大部分人口不能从快速但不平衡的经济增长中获益。他们的真实收入降低(由于名义工资下降或者通货膨胀),他们绝对和相对处境的恶化使他们不能成功获得食物。衰退饥荒是由经济下滑导致的,但不一定是食物生产的下降。

根据森的观点,由于过分信赖马尔萨斯的人均食物产出的警示信号,预防饥荒和救济努力常常会失败。由于忽略人们获得食物这一过程,饥荒的发生常常是在那些食物即使不充裕,至少也是足够维持人口补给的地方。**

---

* 根据森的研究,马尔萨斯提到了获得问题,但是在其较少被人读到的一本著作里:*An Investigation of the Cause of the Present High Price of Provisions*(1800)。

** Amartya Sen, "Food, Economics, and Entitlements," *The Political Economy of Hunger*, eds. Jean Dreze, Amartya Sen, and Athar Hussain. (Oxford: Oxford University Press, 1995): 50—68;还可参见:Amartya Sen, *Poverty and Famines*. (Oxford: Oxford University Press, 1981)

马尔萨斯确实高估了地租和地主消费的重要性。他对生产性消费和非生产性消费的划分是不准确的。经济中所有群体的消费都能够创造对商品和服务的需求,从而使

商品和服务得以生产出来,从这个意义上说,这些消费都是生产性的。然而,供给过剩理论也确实意识到了总需求不足会引起潜在的失业问题。从这方面来看,它是对历史证明的资本主义经济的一个偶然问题的重要洞见。这一洞见在 20 世纪 30 年代被凯恩斯接受并作了极大的扩展。

马尔萨斯不仅高估了地租的重要性,也高估了人口相对于生活资料的增长率。他所处时代的大范围的贫困需要一个解释,马尔萨斯提出了一个似乎合理的理论。但后来的证据并没有支持理论的预测。尽管世界人口急剧增长——从 1800 年的约 10 亿到 1960 年的 30 亿,再到 2000 年的 60 亿——但增长速度却远远低于 25 年的几何级数。而且更重要的是,世界的产出增长得更快。结果是世界人均产出与收入都上升了。

马尔萨斯提出了农业上的收益递减理论,其基础是认为在固定数量土地上的改善带来的产量增长的幅度越来越小:"随着可耕土地的增加,直到所有肥沃的土地都被耕种了,年粮食产量的增加就必须依赖对已耕种土地的改良[改善]。从所有土壤的特性来看,这个数量肯定是逐渐递减的,而不是递增"⑰。但是马尔萨斯低估了扩大农业生产的可能性。在今天,作为技术创新与资本积累的结果,农业生产中投入比以前更少的劳动可以生产出比以前更多的产量。自从马尔萨斯时代以来,工业经济中的工资并没有下降到维持基本生存需要的水平,反而有了极大的提高。

至于人口增长问题,马尔萨斯更倾向于断言和说教,而不是分析,而且他也没有意识到道德规范的观念也是不断变化的(例如,有利息的借贷曾经被认为是一种罪恶)。他把节育当成一种罪恶而将其排除在外,结果,他的人口预测没有考虑节育方法的广泛使用这一现实情况。事实上,在那些广泛采取节育措施的社会,国民产出的增长还会降低出生率。如果真实小时工资增加,养育孩子的机会成本会上升,许多人的反应是限制家庭的规模。⑱

然而,在认识到这些批评的同时,我们也必须强调马尔萨斯的人口理论对当今世界仍然具有相当强的适用性。2011 年近 70 亿的世界人口将在 2045 年增长到超过 90 亿。70% 的世界人口生活在发展中国家,在 2000 年至 2010 年间,世界上每出生的 10 个人中就有 9 个将生活在发展中国家。世界上大约 20% 的人口每天的生活费用还不足 1.25 美元,而且近 40% 的人口每天不足 2 美元。2008 年主要粮食价格的急剧上升开始了官方所谓的全球粮食危机。对于世界上许多贫困的居民来说,马尔萨斯关于饥荒、营养不良和疾病的预言都是非常真实的。但是今天我们只是将这些现实看作是需要解决的生产和分配问题,而不是自然规律所导致的必然的、不可避免的结果。

最后,我们必须认识到,在马尔萨斯感兴趣的政治经济问题中,人口理论与市场供给过剩仅仅是其中的两个主题。他对价值理论的表述也特别值得注意。虽然该理论并不完整,但它的分析是建立在供给与需求双方的基础之上,而不是仅仅考虑生产成本。在致李嘉图的一封信中,马尔萨斯写道:

---

⑰ Malthus, *An Essay*, 6th ed., 4.
⑱ 这一趋势的理论基础可以从贝克尔的著作中找到,参见:Gary Becker, *The Economic Approach to Human Behavior* (Chicago: University of Chicago Press, 1976), part 6.

> 当你在商品价格中拒绝考虑供给与需求而仅考虑供给手段时,在我看来,你只看到了你研究主题的一半。除非对商品的需求或者估价超过生产成本,否则就不会存在任何财富。并且考虑大量的商品,难道不是需求实际上决定了成本吗?如果不是人口和需求的状态决定,那么谷物的价格、被耕种的最后一块土地的质量是如何确定的?金属的价格如何确定?[19]

李嘉图反驳说他已经完全认识到需求在决定不可再生商品(用今天的话说,指的是供给完全无弹性的商品)价格中的作用。李嘉图认为,对于可再生商品而言,商品的长期成本将决定其价值。然而,马尔萨斯是在"通往这个理论的路上,直到20世纪末新古典价值理论才完整表述了该理论"[20]。

复习与讨论

1. 解释下列名词,并简要说明其在经济思想史中的重要性:马尔萨斯,《人口论》,史宾汉姆兰法,戈德温,康替龙,对人口增长的预防性控制,对人口增长的积极控制,济贫法,市场供给过剩理论,非生产性消费,谷物法。

2. 对比和比较托马斯·马尔萨斯的人口理论中的工资含义与亚当·斯密(第5章)的工资理论。

3. 简要概括马尔萨斯的人口理论,并将这一理论与他对济贫法的立场联系起来。这一理论与他的土壤"改良"中的收益递减概念有何联系?

4. 经济学是怎样被认为是"悲观科学"的?为什么有些人将其与马尔萨斯的著作错误地联系在一起是可以理解的?

5. 马尔萨斯的人口理论是如何解释饥荒的?在哪些方面它不符合甚至是扭曲了认识,从而加剧了现代饥荒的发生?

6. 按照马尔萨斯的观点,什么是市场供给过剩?它们怎样发生以及为什么会发生?怎样才能避免它们的出现?谷物法对于解决上述问题有什么意义?

7. 解释下面这段话:虽然马尔萨斯的市场供给过剩理论是解释失业问题的首次尝试,但该理论并不是一个经济周期理论。

8. 用现代的供给和需求图示来说明以下问题:马尔萨斯的人口理论暗含了一个维持生存水平的工资。对劳动力需求的增加将被劳动力供给的最终增加完全抵消。请解释。

9. 比较马尔萨斯赞成对进口谷物征收关税的理由与早期的重商主义者赞成关税的理由有何异同。

10. 讨论下面这段话:提高贫困国家生活水平的方法不是靠降低人口增长,而在于促进产出增长。一旦真实产出与工资水平开始上升,人口增长率就将下降。

11. 评论下面这段马克·布劳格(Mark Blaug)对马尔萨斯人口理论的叙述:"如果给我们一个在某一特定时期并不虚假的预测,那么我们永远不能证明这个理论是假的,因为在每一时刻我们都将被告知'等等看'。"

---

[19] Ricardo, *Works and Correspondence*, 8:286.
[20] Everett J. Burtt Jr., *Social Perspectives in the History of Economic Theory* (New York: St. Martin's, 1972), 87.

精选文献

书籍

Blaug, Mark, ed. *Robert Malthus and John Stuart Mill*. Brookfield, VT: Edward Elgar, 1991.

Godwin, William. *An Enquiry Concerning Political Justice and Its Influence on General Virtue and Happiness*. 2 vols. New York: Knopf, 1926 [orig. pub. in 1793].

Hollander, Samuel. *Economics of Thomas Robert Malthus*. Toronto: Toronto University Press, 1997.

Malthus, Thomas R. *An Essay on the Principle of Population*. Washington, DC: Roger Chew Wrightman, 1809 [original edition published in London in 1798].

——. *An Inquiry into the Nature and Progress of Rent*. Edited by Jacob H. Hollander. Baltimore, MD: Johns Hopkins Press, 1903 [orig. pub. in 1815].

——. *Principles of Political Economy*. 2nd ed. New York: Kelley, 1951 [second edition originally published in 1836; first edition published in 1820].

Oser, Jacob. *Must Men Starve? The Malthusian Controversy*. London: Cape, 1956; New York: Abelard-Schuman, 1957.

Schapiro, J. Salwyn. *Condorcet and the Rise of Liberalism*. New York: Harcourt, Brace & World, 1934.

Smith, Kenneth. *The Malthusian Controversy*. London: Routledge and Kegan Paul, 1951.

Winch, Donald. *Malthus*. New York: Oxford University Press, 1987.

期刊论文

Bonar, James, C. R. Fay, and J. M. Keynes. "A Commemoration of Thomas Robert Malthus." *Economic Journal* 45 (June 1935): 221—234.

Dorfman, Robert. "Thomas Malthus and David Ricardo." *Journal of Economic Perspectives* 3 (Summer 1989): 153—164.

Gilbert, G. N. "Economic Growth and the Poor in Malthus' *Essay on Population*." *History of Political Economy* 12 (Spring 1980): 83—96.

Hollander, Samuel. "Malthus's Vision of the Population Problem in the *Essay on Population*." *Journal of History of Economic Thought* 12 (Spring 1990): 1—26.

Levy, David. "Some Normative Aspects of the Malthusian Controversy." *History of Political Economy* 10 (Summer 1978): 271—285.

Minisymposium: Malthus at 200 (papers and comments by Neil de Marchi, A. M. C. Waterman, Samuel Hollander, John Pullen, and Donald Winch). *History of Political Economy* 30 (Summer 1998): 289—364.

Pullen, J. M. "Malthus on Agricultural Protection: An Alternative View." *History of Political Economy* 27 (Fall 1995): 517—530.

Rashid, Salim. "Malthus' Model of General Gluts." *History of Political Economy* 9 (Fall 1977): 366—383.

——. "Malthus' *Principles* and British Economic Thought, 1820—35." *History of Political Economy* 13 (Spring 1981): 55—79.

第7章 古典学派:大卫·李嘉图

虽然斯密是古典学派的奠基人并且确立了该学派的主要基调,但是与马尔萨斯同时代的大卫·李嘉图(David Ricardo,1772—1823)却是进一步发展该学派思想的领袖人物。李嘉图证明了利用抽象推理方法构建经济理论的可能性。他还将经济研究的范围拓展到收入分配领域。在李嘉图周围还聚集了一群热情的学者,他们热心地传播他的思想。这些追随者修正并扩展了他的理论,使之向新古典的方向发展。

在介绍完李嘉图的生平大事之后,我们将讨论他关于英国货币问题的观点。然后我们逐步阐明他的地租理论以及相关的收益递减理论。这两个理论与以下两大问题有关:第一,交换价值理论;第二,收入分配理论。接下来本章介绍李嘉图的比较优势原理、关于失业的可能性的观点,以及对他整体贡献的一个简要评价。

7.1 生平细节

李嘉图出身于一个从荷兰移居到英国的犹太人移民家庭,在17个孩子中排行第三。他被训练从事他父亲所做的股票经纪业务,并在14岁时入行。21岁时他与一位教友派信徒的女子结婚,之后他放弃了犹太教成为一神教派信徒。因为这件事,他的父亲与他断绝了父子关系,尽管后来两人和解了。利用那些了解并信任他的银行家们提供的资金,李嘉图独立进入股票市场。几年之内他积累了比他父亲更多的财富,并于43岁时退出这一行业。但是,在其一生剩余的时间里,他继续关注着他的商业利益。51岁时李嘉图因患耳部传染病去世,留下了一笔巨大的财产,其中2/3是不动产和抵押财产。

李嘉图关于在股票市场上赚钱的原理可能与他很多抽象的经济理论一样有趣。他说,他赚到的所有钱都是凭借观察到人们总是夸大事件的重要性而获得的。如果有一个因素会导致股票价值小幅度上升,他就会购进该股票,因为他肯定股票价值会过度上升。当股票价格下跌时,他会卖出股票,因为他确信警惕和恐慌会产生进一步的价值下跌。

李嘉图还把商业上的成功归因于他对微小利润的满足。如果可以立刻获得微小的利润，他从来不会持有商品或证券太长时间。李嘉图关注每一条新修的公路、每一家新开的银行及新的联合股份企业，当他认为它们的投资前景乐观时，他就会买入它们的股票。他声称新建企业的股票不久之后就会上涨到长期价格水平之上，然后他就会迅速卖出股票再投资于其他地方。他作为一个明智的投机者赢得了极高的声望，其他人也追随他在股票市场的买进行为。他经常被引用的一句话是："在这种情况下，很显然常常是我创造了需求，这个需求恰好使我能够在很短时间内以一个微小的利润将购买的商品脱手。"①

　　李嘉图是一个信念坚定并且原则性很强的人，他倡导的政策常常和自己的个人利益相悖。尽管他是英格兰银行的股东之一，但他却反对该银行过多地盈利。当他自己已经不再投资于英国政府债券时，他仍然维护其他投资者的利益。即使李嘉图成为一个大地主之后，按照他的评论，他所提出的理论会损害地主的利益。他热情支持的议会改革，会剥夺他所买到的代表爱尔兰选民的一个席位，尽管他既没有在爱尔兰生活过，也没有去过。虽然他是英国最富有的人之一，但他提倡对资本征税用以清偿国家债务。他赞成的其他改革措施还包括秘密投票、在法律上赋予人们自由讨论宗教信念的权利、减少要遭受资金处罚的犯罪的数量、废除鞭刑、终止针对罗马天主教的歧视法案。在李嘉图去世之后，才通过了一项法案（在 1829 年），给予天主教徒在议会中占有席位的权利以及担任公职的权利。

　　李嘉图在 14 岁之后就没有接受过正规的教育，很晚的时候才开始转向系统的政治经济学研究。在青年时期，他利用业余时间刻苦钻研了物理学和数学。在 27 岁时，他偶然读到斯密的《国富论》，正是这次有幸的事件使他对经济学产生了极大的兴趣。他的第一篇"公开发表的作品"——写给报社的关于货币问题的一封信——直到 10 年以后出现。然而，就在接下来的 10 年里，他完成了他的主要著作，包括他的《政治经济学及赋税原理》（1817 年）。尽管李嘉图具有敏锐的分析思维，但写作对他来说仍然是艰难痛苦的。李嘉图在写给朋友詹姆斯·穆勒的一封信中说："我要是擅长写作就好了！"穆勒鼓励李嘉图，写道："既然你已经是政治经济学方面最好的思想家了，我坚信你也将是最好的作家。"穆勒阅读和评判李嘉图的著作，当李嘉图感到写作对自己是件不可能的事情的时候，穆勒总是鞭策他继续创作。

　　李嘉图是一位杰出的擅长推理的思想家。他从基础的前提假设开始，用逻辑的方法推导出一般性的结论。李嘉图将他得出的一般性结论称为经济规律，他认为这些规律在经济学方面的作用如同物理学规律在自然科学方面的作用一样正确有效。例如，有控制世界范围内贵金属分配的规律，有支配国际商品交换活动的规律，有调节收入分配的规律，等等。尽管李嘉图因为其个人经历而熟知商业与经济生活的现实情况，但他在推理过程中并没有使用归纳法。也就是说，他并没有收集历史资料或经验数据；他的论证过程也没有从局部到整体，从特殊到一般，从事实到理论。相反，他却阐述了彻底

---

① Freeman Hunt, *Merchants' Magazine and Commercial Review*, vol.2（New York：142 Fulton-Street, 1840），118.

的规律,有时候利用一些事实来论证这些规律是如何运作的。他倾向于利用严格的假设来支撑其论断,这种做法后来被熊彼特(第 23 章)称为"李嘉图恶习"。然而,李嘉图感兴趣的理论问题对于解释他那个时代以及以后的实际问题具有重要的意义。

7.2 货币问题

1797 年,在英国与法国长达 20 年的战争的中期,恐慌和黄金外流耗尽了英格兰银行的储备,很危险。当政府暂停现金支付后,英国发现它自身处于不可兑换的纸币本位制度之下。换句话说,人们持有的纸币不能兑换成黄金。黄金的价格逐渐上升,从最初的造币平价每盎司 3.17 英镑上升到 1813 年的市场价格每盎司 5.10 英镑。同时还伴随着物价的普遍上涨。黄金没有以 3.17 英镑每盎司的价格卖到造币厂,而是被私自在国内或国外市场出售。焦虑的市民很想知道黄金的市场价格为什么上涨以及如何才能停止这种上涨。

因为李嘉图与英格兰银行之间有巨额的金钱交易,所以他开始仔细考虑这一问题并围绕这个主题进行写作。关于所谓的货币问题,他的结论再次肯定了之前曾由洛克、休谟和斯密所提到过的货币数量论。李嘉图认为,银行过量发行纸币,因为它不再受到根据需求用黄金支付的限制。印刷和借出纸币是可以获利的操作,有助于为政府开支融资,但却不利于稳定黄金和商品的价格。这类似于封建社会中剪取铸币的行为,作为一种为贵族们的过度消费提供资金的方式,贵族们从国库的铸币上刮削黄金。通过增加货币供应量,英格兰银行抬高了商品的价格,从而也降低了货币的价值。

根据李嘉图的观点,问题不在于黄金的高价,而在于英镑的低价值。简单地说就是现在需要更多的英镑才能购买 1 盎司黄金。李嘉图提出的补救措施是恢复金本位制。而后,如果黄金的市场价格上升,货币就可以在银行按造币厂价格被兑换成黄金。每一次纸币的过度发行都将因纸币回流到银行而被自动抵消。恢复金本位制还将遏制通货膨胀。

英格兰银行的主管及他们的朋友们认为黄金市场价格上升是由于其稀缺性的增强,是黄金的价值发生了变化,而不是纸币价值变化。如果恢复金本位制,每一个几尼金币都会被从银行取出并销售到国外。

李嘉图回答说,有证据表明是纸币而不是黄金的价值发生了变化。1 盎司黄金可以购买到和以前同样多的商品,而以造币平价代表黄金的纸币只能购买到比以前少的商品,因为物价的上涨是根据纸币来衡量的。至于黄金流出一个国家的问题,除了在保险箱保存的国库储备之外,其他的黄金流出早就发生了。如果银行先减少纸币的流通,那么金本位制就可以安全地恢复。为了降低铸币费用,并节约黄金,不让黄金作为铸币来进入流通,李嘉图建议实行金块本位制。银行应该根据需求买卖金块而不是金币,并且交易的最低额度不得低于 20 盎司。

李嘉图的计划在 1819 年被议会采纳,英格兰银行被要求恢复用 60 盎司的金锭支付。1821年通过了一项法令要求用金币支付。此后,除了在重大的战争和金融危机期间,金本位制实行了一个多世纪。

7.3 收益递减与地租理论

李嘉图的收益递减规律与地租理论是在关于谷物法(第6章)的论战中提出来的。回想一下,农业中收益递减的概念可以追溯到法国政府官员、重农主义者杜尔阁。② 但是到了1815年,李嘉图、马尔萨斯、韦斯特和托伦斯重新阐述了这一原理,并将其应用于地租。李嘉图谦逊地将这一发现归功于马尔萨斯与韦斯特。但正是李嘉图最为清楚完整地表达了这一概念。在应用这一概念发展他的地租理论时,李嘉图成为第一个在经济分析中表述边际原理的经济学家。他的地租理论也因而成为后来边际主义学派兴起的基础。

李嘉图认为:"地租是土地产品的一部分,是因使用了土地原有的和不可摧毁的生产力而支付给地主的那部分。"③他把同土地合二为一的、能提高土地生产力的长期资本投资的收益也包括进地租之中,通过这种方式修正了地租的定义。根据李嘉图的观点,耕种的广延边际和集约边际都会产生地租。

7.3.1 耕种的广延边际地租

在一个新建国家,肥沃的土地很充足的时候,没有人会支付地租。但是:

> 在社会发展过程中,当二等肥沃的土地投入耕种时,一等土地马上就开始有了地租,地租的数额取决于这两份土地在质量上的差别。
>
> 当三等土地投入耕种时,二等土地马上就有了地租,和前面一样,它由两块土地生产力的差异来决定。同时,一等土地的地租将会提高,它必然总是高于二等土地的地租,差额就是当资本和劳动数量一定的时候两块土地产出的差额。每一次人口增加,都会迫使一个国家利用质量更差的土地来增加食物供给,与此同时,所有比这份土地肥沃的土地的地租都将提高。④

边际土地的产品将会产生足够的收益,足以弥补生产的一切花费再加上劳动及资本投资的平均利润。农产品的价值取决于最差的土地上每单位产出需要的劳动。在较好的土地上生产的剩余作为地租归地主所有。

表7-1说明了李嘉图的地租理论,表明耕种的广延边际地租是如何衡量的。表中

---

② 苏格兰经济学家詹姆斯·安德森(James Anderson)在1777年再次叙述了这一思想。
③ David Ricardo, *On the Principles of Political Economy, and Taxation*, 3rd ed. (London: John Murray, Albemarle Street, 1821), 53.
④ David Ricardo, *The Works and Correspondence of David Ricardo*, ed. Piero Sraffa, vol. 1 (Cambridge: University Press, 1962), 185—186. Copyrighted by and reprinted with the permission of the publisher.

将土地分为 5 个等级(从最好等级的 A 到最差等级的 E)。每英亩土地投资 10 美元,土地 A 的收益最高,是每英亩 20 蒲式耳小麦,因为它是最高等级的土地。而最差等级的土地 E 的收益只有每英亩 4 蒲式耳小麦。左边一栏表示小麦的各种价格。如果小麦的价格低于 0.50 美元/蒲式耳,就没有小麦生产出来,因为这时即使在最高等级的土地上进行生产,产量也不足以弥补 10 美元的投入。当小麦的价格是 0.50 美元/蒲式耳时,只能够投资 10 美元/英亩于土地 A,因为 20 蒲式耳的产量提供 10 美元(20×0.50 美元)的收益,这足够弥补劳动与资本的成本并获得平均利润率。但要注意这时的地租是零,收益刚好等于投入的成本。如果小麦的价格升至 0.66 美元/蒲式耳,在土地 A 和土地 B 上都会投资 10 美元/英亩。在 0.66 美元/蒲式耳的价格上,土地 B 会产生 10 美元(15×0.66 美元)的收益,而土地 A 则产生 13.33 美元(20×0.66 美元)的收益。

表 7-1　耕种的广延边际地租衡量　　　　　　　　　　　单位:美元

每蒲式耳小麦的价格	不同等级土地的地租				
	A	B	C	D	E
投入:	10	10	10	10	10
产出:(蒲式耳/英亩)	20	15	10	5	4
0.50	0*				
0.66	3.33	0*			
1.00	10.00	5.00	0*		
2.00	30.00	20.00	10.00	0*	
2.50	40.00	27.50	15.00	2.50	0*

*在投入 10 美元基础上的价格。
© Cengage Learning 2013

那么土地 B 的地租是多少?土地 A 呢?答案在表里相应的栏中列出。土地 B 得到的地租为零(10 美元 - 10 美元),而土地 B 的使用却使土地 A 获得了 3.33 美元(13.33 美元 - 10 美元)的地租。土地 A 可以获得地租是因为 10 美元的投资收益对土地使用者来说可以弥补劳动与资本的成本,并获得平均利润。土地使用者之间的竞争使他们愿意支付每英亩 3.33 美元以获得土地 A 的耕种权,地主则以地租的形式获得了这笔钱。如果小麦的价格上升到 1 美元/蒲式耳,那么土地 C 就成为零地租的边际土地,土地 B 就会产生 5 美元/英亩的地租,土地 A 则产生 10 美元/英亩的地租。如果小麦的价格升至 2 美元/蒲式耳,那么土地 D 也会被投入生产,A、B、C 三块土地的地租将分别上升到 30 美元、20 美元和 10 美元。请读者用上述推导方法来验证这些数据。

7.3.2　耕种的集约边际地租

由于收益递减规律,对土地进行集约耕种时地租就会上升。在技术水平不变的条件下,对一份土地连续追加劳动和资本的数量,那么每增加的一单位投资所带来的产出增加量越来越少。如果不是这样,那么全世界的粮食都可以在一个花盆里种植!最后一单位的劳动与资本投入必须既能补偿其成本,又能提供平均利润。之前那些单位的劳动与资本投资能够产生剩余收益,即地租。

表 7-2 列出了 3 份等级依次递减的土地的假设数据,并分析耕种的集约边际地租。这里和前面一样,从边际产出中获得的收益必须要和生产这些额外产出的劳动和资本的成本相比较。边际递减规律反映在表中的"边际产出"一栏。我们再假设每次投入的增加量是 10 美元。请注意当更多的 10 美元被追加到生产中时,也就是按照每一等级的土地的投入一栏往下,产出以递减的比率增加。这样边际产出或额外产出就下降了。

表 7-2 耕种的集约边际地租衡量　　　　　　　　　　　　　　　单位:美元

每蒲式耳小麦的价格	A 级土地			
	投入	产出	边际产出	地租
0.50	10	20		0
0.66	20	35	15	3.33
1.00	30	45	10	15.00
2.00	40	50	5	60.00
2.50	50	54	4	85.00

	B 级土地				C 级土地			
	投入	产出	边际产出	地租	投入	产出	边际产出	地租
0.66	10	15		0				
1.00	20	25	10	5.00	10	10		0
2.00	30	30	5	30.00	20	15	5	10.00
2.50	40	34	4	45.00	30	19	4	17.50

下一个任务是决定地租。首先我们将注意力集中到最高等级的土地 A 上。当小麦的价格是 0.50 美元/蒲式耳时,将要花费的支出是 10 美元,此时地租为 0(20 单位的产出 × 0.50 美元 = 10 美元的收益,这可以补偿劳动与资本的成本并获得平均利润)。如果每蒲式耳的价格上升到 1 美元,情况会怎样呢?我们还是只看土地 A,现在地租是 15 美元。45 蒲式耳的产出以 1 美元/蒲式耳的价格出售,将产生 45 美元的收益。而劳动和资本的成本(投入栏)只有 30 美元。地主将这 15 美元的差额作为地租收走。类似地,如果小麦的价格上升至 2.5 美元/蒲式耳,土地 A 的地租就会攀升到每英亩 85 美元。可以看到更高的价格会给使用更多的投入提供理由,即使追加的投入所带来的产出要比之前的追加带来的产出少。

很容易把这一分析扩展到其他几个级别的土地上。当小麦的价格是 2.50 美元/蒲式耳时,不仅可以投资 50 美元于土地 A,而且投资 40 美元于土地 B、30 美元于土地 C 都是可以获利的。这三块土地上,劳动与资本的总成本是 120 美元(50 美元 + 40 美元 + 30 美元),而总产量是 107 蒲式耳(54 + 34 + 19),总收益为 267.50 美元(107 × 2.50

美元),产生的总地租为 147.50 美元(267.50 美元 – 120 美元)。⑤ 很明显,不论是由于对进口小麦征收关税还是由于人口增加,小麦价格的每一次上涨都会提高地租。不论是由于降低关税还是技术进步,或是人口减少,小麦价格的每一次下降都会降低地租。还应注意到,地租是超过劳动与资本成本之上的级差收益和盈余。价格决定地租而不是地租决定价格。也就是说,地租高可以由谷物价格高来解释,但价格高不能用地租高来解释。考察李嘉图的交换价值与分配理论时,我们必须牢记这些要点。

7.4 交换价值与相对价格理论

7.4.1 交换价值

李嘉图关心的是相对价值而不是绝对价值;他想要揭示出决定商品相互交换的比例的基础。这将使他能够确定出这些相对价值随时间而变化的原因。

在他的《政治经济学及赋税原理》(1817 年)一书中,李嘉图写道,一种商品要想具有交换价值,必须具有使用价值。效用(满足主观需要的能力)不是衡量交换价值的尺度,尽管它对交换价值来说是必不可少的。拥有效用或者使用价值之后,商品通过以下两种途径获得其交换价值:(1) 商品的稀缺性;(2) 获得商品所需要的劳动数量。不可再生的商品,例如珍贵的艺术品、经典书籍和古钱币等,它们的价值仅仅是由稀缺性决定的。对这些物品来说,供给是固定的,因此需求是决定交换价值的主要因素:"它们的价值和最初生产它们的必要劳动数量已经完全没有关系了,而是由那些渴望拥有它们的人的财富的变化和爱好倾向决定。"⑥但大多数商品是可再生的,李嘉图假设在竞争条件下它们可以被无限制生产出来。李嘉图的劳动价值论所适用的就是这类商品。

回想一下斯密所提出的原始社会的劳动价值论,在原始社会中不使用资本和土地资源(或者说资本与土地资源都极其丰富,可以免费获得)。当分析较发达的经济时,斯密舍弃了这一方法,而是提出了"可支配的劳动"的交换价值理论。与斯密不同,李嘉图的劳动价值论也适用于较为发达的经济。事实上他认为斯密对两种经济类型的划分是人为的。针对斯密的鹿与海狸的例子,李嘉图指出:"如果没有武器,那么既捉不到鹿也捉不到海狸;因此,鹿和海狸的价值不仅仅取决于捕捉它们的必要的时间与劳动的价值,而且也取决于提供猎人的资本、用来捕捉它们的武器所必需的时间与劳动的价值。"⑦

按照李嘉图的观点,一件商品的交换价值取决于生产它所必需的劳动的时间。这

---

⑤ 李嘉图还意识到地租可源于地理位置的差异。如果同等肥沃的土地距离市场的远近不同,那么最远的土地必须能够支付给劳动和资本正常收益。位置较好的土地将因较少的运输费用而获得额外的收益,地主将以地租形式获得这些收益。

⑥ Ricardo, *Principles*, 2.

⑦ Ricardo, *Principles*, 16.

一劳动时间既包括生产该商品本身所需要的时间,也包括在生产过程中使用的原材料和资本品中所使用的劳动时间。李嘉图认为,这种方法的优点就在于,能够用它来确定交换价值随时间而变化的原因。例如,如果一头海狸与两头鹿的交换比率经过若干年后上升为用五头海狸交换两头鹿,那么我们可以确定这种情况发生的原因是捕捉一头海狸所需要的劳动时间减少了,还是捕捉一头鹿需要的劳动时间增多了,或者是两种情况同时发生了。

这一简单的价值理论的问题在于它似乎不能对其他因素作出解释,例如产业之间资本-劳动比率的差异、不同产业中熟练工人与非熟练工人组合的差异、不同的工资、利润率、生产者的地租差异,等等。李嘉图认识到了所有这些潜在的复杂因素,并试图对每一因素进行分析。

不同的资本-劳动比率。回想一下斯密曾提到过,行业间不同的资本-劳动比率意味着如果所有商品都按照以劳动衡量的价值来出售,那么行业之间的资本回报率会有所不同。当然,这种情况不可能发生在竞争经济中,因为资本会从低收益行业流到高收益行业,直到各行业的利润相等为止。下面的例子是从李嘉图的《原理》第三版中改写出来的,李嘉图也注意到了这种复杂情况。

假设一个农场主一年雇用100名工人来种植谷物,一个纺织厂主一年雇用100名工人制造用来纺纱的机器。机器与谷物具有相同的价值。现在假设在第二年,农场主仍然雇用100名工人种植谷物,纺织厂主也雇用100名工人使用机器纺纱。不考虑机器的磨损折旧,我们可以看到第二年中100名工人种植出来的谷物的价值将小于100名工人纺出的纱的价值,因为纺纱使用了资本而种植谷物则没有使用。如果工资率是每年每工人50美元,利润率是10%,那么每年生产出来的小麦的价值与机器的价值每个都是5 500美元[(100×50美元)+(5 000美元×0.10)]。第二年纺出来的纱的价值将是6 050美元[5 500美元+(5 500美元×0.10)],因为机器的投资必须获得10%的利润。否则,这样的资本投资将不会发生。在这里,两个资本家雇用相同数量的工人生产他们的商品,然而他们生产出来的商品价值不同,因为各自使用的固定资产数量不同。

李嘉图是怎样处理这一问题的呢?答案是,他声称这些引起商品价值差异的因素,其作用是微不足道的。如果一件商品在生产过程中投入的资本高于平均资本,那么它就能以高出其劳动时间的价值出售;反之,如果一件商品在生产过程中投入的资本低于平均资本,那么它将以低于其劳动时间的价值出售。决定一件商品的价值更重要的是生产它必需的劳动时间。

劳动质量的差异。李嘉图意识到并非所有的劳动都是相同质量的。很显然高技能工人在一小时内生产的产品要多于低技能工人。生产不同的商品有着各种不同技能等级工人的组合。那么两种商品的相对价值是如何由各自所必需的劳动时间决定的呢?李嘉图的答案是,如果A种劳动的生产能力是B种劳动的两倍,那么我们可以简单地认为A种劳动的1小时相对于B种劳动的2小时。因此,不同行业中不同技能等级劳动的组合将不会影响交换价值。另一种方法,把A种劳动的一个工人替换为B种劳动的两个工人,也将不会改变生产该商品所必需的总的劳动时间。因此相对交换价值仍将保持不变。

工资、利润与地租。交换价值并不取决于工资,而是取决于劳动数量。技能熟练工人获得的工资自然要高于非熟练工人。但这并不是交换价值的结果,李嘉图说,因为事实上熟练劳动比非熟练劳动代表着更多的劳动量。此外,工资和利润是反向变化的(其原因在后面章节将讨论)。某一特定技能等级的劳动获得的工资提高的话,将会使利润等量减少。因此,工资率的变化只会影响利润与工资的比率,而不会影响商品的交换价值。

利润的变化也不是一个难处理的问题。不管利润是提高还是降低,都不会影响商品的相对价值。如果包含五小时劳动的鞋子与同样包含五小时劳动的衣服相交换,工资上升和利润下降,抑或是相反的情况,都不会影响这两者的交换比率。[8] 这里有一个很重要的观点,劳动并不只是因为劳动量是衡量价值的尺度和价值的源泉就必须得到全部商品。在李嘉图的分析中没有剥削的暗示;事实上,他在为私人产权制度辩护。后来马克思修正了李嘉图的劳动价值论,并得出了革命性的结论。

最后,李嘉图指出地租不能计入一件商品的交换价值。回想我们前面讨论过的,在李嘉图的理论体系中,地租的支付不影响商品的价格。相反,商品价格(反映其价值)是地租的决定因素之一。

7.4.2 相对价格

虽然劳动是商品价值的基础,但由于供给和需求的偶然或暂时波动,市场价格常常偏离价值或自然价格。如果市场价格上升到自然价格之上,利润将会增加,从而会有更多的资本投入到该商品的生产中来。如果市场价格下跌,资本就会流出该行业。个人寻求利益最大化的行为将使利润率趋于相等,并使市场价格与其价值相对应。短期价格取决于供给和需求,长期价值取决于生产的真实成本,而两种商品的相对真实成本与整个生产过程所必需的劳动总量成比例。

> 无论需求多么充足,它都不能将商品的价格永久地提高到包含利润的生产成本之上。因此似乎很自然地要寻找生产成本中导致永久价格变化的原因。减少成本最终会使商品价格下跌,增加成本必定会造成价格上升。这跟需求有什么关系呢?[9]

这与后来的边际主义经济学家如杰文斯、门格尔等人提出的价值理论形成了有趣的对比。但在此我们先不越过进度。

---

[8] 李嘉图确实认识到了利润率在产品价格中所占的份额在资本密集型行业要高于劳动密集型行业。但他得出的结论是这些差异的影响在数量上并不重要。

[9] Ricardo, *Works and Correspondence*, 7:250—251.

历史借鉴 7-1
李嘉图等价定理

传统的宏观经济理论认为,通过借债而不是增税的途径增加政府支出,将会导致更大的 GDP 扩张效应。和借债不同,税收增加会减少消费支出,部分抵消政府支出的效应。

一群杰出的现代经济学家对此观点持有异议,他们称借债融资与用增税弥补赤字一样,都只给 GDP 带来有限的效应。* 因为是李嘉图最早提出的举债融资与征税融资具有同等作用的可能性,这一观点就被称为李嘉图等价定理。1820 年李嘉图写道:

> 假设一个国家没有债务,发生了一场战争,这场战争使这个国家每年多花费 2 000 万元。为支付这笔开销可以有两种方法:第一,将税收增加到每年 2 000 万元的水平,从这一情况回到和平时期时这个国家完全没有债务负担;第二,每年都举债,如果利息是 5%,那么每年都将产生 100 万元的利息,这就要求用征税来支付第 1 年的利息,在和平时期或是未来战争时期都不会减免,然后再征收 100 万元支付第 2 年的利息,以后在战争持续的每一年都如此。到第 20 年年底,如果战争持续了这么久的话,这个国家将永久背上 2 000 万元的税收负担……
>
> 从经济学观点来看,这两种方法没有本质区别;一次性支付 2 000 万元与永久性地每年支付 100 万元是完全等价的。**

李嘉图等价定理的现代版本假设政府债务融资新增加的部分与私人部门储蓄的增加量是相等的。根据这一观点,人们得出结论认为,今天的赤字支出需要将来更高的税收以支付增加的利息。出于对高税收的预期,人们将通过减少现期消费来增加现期储蓄。因此,政府借债不会像标准宏观经济学预期的数量那样使总支出和 GDP 增加。依照这种分析,财政政策完全无效,或者被严重削弱了。

李嘉图本人对于人们是否真正认识到举债和税收的等价性提出了疑问。*** 大多数经济学家也对此持怀疑态度。他们指出,今天的人们通过增加现期储蓄这一方式来帮助其子孙、曾子孙们支付未来上升的公债利息,这是令人难以置信的。批评家们还指出在 20 世纪 80 年代的美国,联邦政府的赤字水平超过了历史最高纪录,但是国民的储蓄率却降低了。

* Robert Barro, "Are Government Bonds Net Wealth?" *Journal of Political Economy* 82 (December 1974): 1095—1117.

** David Ricardo, "Funding System," *Works and Correspondence*, 4: 185—186.

*** Gerald O'Driscoll, "The Ricardian Nonequivalence Theorem," *Journal of Political Economy* 85 (February 1977): 207—210.

7.5 收入分配

在 1820 年致马尔萨斯的一封信中,李嘉图写道:

> 你认为政治经济学是一门探讨财富的性质及其源泉的学科,而我认为政治经济学更应该被称作是对决定那些在工业产品形成过程中共同发挥作用的各阶层之间的分配规律的一种研究。没有任何规律能够对其分配作出数量上的规定,而只能勉强对其分配的比例进行大致的规定。⑩

李嘉图所指的是要素份额或者说我们今天所谓的收入的功能性分配。他所关心的是要理解由工资、利润与地租(利息包含在利润之中)构成的国民收入份额的各种决定力量。我们首先考察他对每一种份额的看法,然后通过一个简单的图示来总结他的分析,最后讨论他从这些分析中得出的政策含义。

7.5.1 工资

李嘉图认为,劳动力和其他买卖的商品一样,具有自然价格与市场价格。劳动力的自然价格就是在人们既定的习惯与习俗前提下,使工人能够生存与延续且其数量不变时的价格。劳动力的自然价格取决于劳动者本人及其家庭所需要的生活必需品的价格。如果生活必需品的成本提高,名义工资也将上升,以便工人能够维持真实工资水平不变,并且可以继续购买足够的必需品使劳动力得以延续。如果商品的价格下跌,名义工资将下降。劳动力的市场价格取决于供给与需求,但是和其他商品一样,市场价格围绕自然价格上下波动。

李嘉图认为,由于为不断增长的人口提供食物的难度加大、成本提高,所以从长期来看,劳动的自然价格和名义工资都趋于上升。农业的进步和粮食的进口通过降低生活成本而抵消这种趋势,但是生活成本提高的力量仍占主导地位。因此,名义工资必然伴随着粮食成本的上升而不断上升。

李嘉图认为工人在长期只得到最低工资的观点被称为"工资铁律"。当劳动力的市场价格上升到自然价格之上时,工人可以养活一个健康的大家庭,随着人口的增加,工资会逐渐降低到自然价格甚至其以下水平;当劳动力的市场价格低于自然价格时,穷困就会减少劳动人口并使工资上升。因此,长期的趋势就是工人只得到最低的生存工资。这种悲观的分析可以从两个角度修正。第一,在资本扩张的工业化社会,工资基金(第 5 章)的增长可以快于人口增加,这样工资会无限期地保持在生存工资水平之上。第二,李嘉图显然没有像马尔萨斯那样,把自然工资看作生物学意义上的生存必要的工

---

⑩ Ricardo, *Works and Correspondence*, 8:278.

资,而是认为自然工资取决于人们的习惯与习俗以及人们认为可以接受的最低工资。

7.5.2 利润

我们已经看到,李嘉图认为在一国之内不同行业的企业利润率趋于均等化。企业家通过考虑比较一个行业相对于其他行业的优势与劣势来寻求利润最大化。价格的变动会影响利润率,进一步会引导资本的流动。特别是富裕的阶层会迅速地将资金转向利润最高的行业。总而言之,自由竞争市场和个人行为将使所有行业的利润率均等或具有同等优势,保持平衡。事实上,李嘉图认为边际土地的利润率(地租为零)决定着整个经济中的利润率。如果工业的利润率高于农业中边际土地的利润率,那么资本就将从农业流向工业,更高等级的土地就成为新的边际土地。如果农业的利润高于工业利润,资本就会流向农业,更低等级的土地就将成为边际土地来耕种。

回想一下李嘉图强调利润与工资成反向变动,一方减少另一方才会增加。为什么较高的工资一定是由利润产生的,而不是由高价格传递的呢?答案在交换等式和国际收支平衡表中。如果价格上升,出售既定数量的商品就需要更多的货币。而货币从哪里来呢?金钱不是从国外流入,而是从本国流出,因为国外的价格比国内的价格便宜。随着货币供给的减少,价格将不可能上升。因此,雇主必须自己承担更高的生产成本;工资的上升只会减少利润。相反,如果工资下降,价格也不会下跌。如果价格下跌,金钱会流入本国,价格会再次上升。因此工资的下降将引起利润的上升。

从长期来看,国民收入的利润率和利润份额是怎样的趋势呢?回想一下亚当·斯密的观点,他认为由于企业之间竞争的加剧,利润率会下降,而且他对这一发展趋势表示欢迎。李嘉图认为利润率会下降的原因是为不断扩张的人口提供食物变得越来越困难,而这使他担忧。他认为,利润率的下降会阻碍资本积累和投资,并最终达到稳定状态。当新的投资不再增加,人口因食物生产有限而不再扩张,以及每一份剩余都当做租金来分配的时候,就达到了稳定状态。然而,对李嘉图来说,这种稳定状态仅仅是他的理论的一个理论结果,而不是近期的现实。

7.5.3 地租

如前所述,李嘉图看到了工人和资本家之间的利益冲突。他认为地主与其他社会阶层之间存在着更本质的冲突。随着人口的增加,食物需求增长将引起食物价格的上升。从前面的讨论中可以得知,这将使更贫瘠的土地投入耕种,而且较好的土地将以更集约的方式耕种。因此,地租将会上涨。我们已经知道,名义工资也将上涨到自然工资或生存工资的水平。这样,国民收入中利润率和利润份额将会下降。

7.5.4 现代表述

现代经济学家用图表的形式总结了李嘉图分配理论的基本特点。⑪ 在图 7-1 中，我们用横轴表示劳动力规模，纵轴表示总产出、地租、利润与工资。随着人口和劳动力的增加，农业部门的边际收益递减意味着总产量以递减的速度增加。"总产量减去地租"这一曲线比"总产量"曲线以更快的速度变平，使得这两条曲线之间的垂直距离越来越大。因此，地主得到的总地租随着人口的增加而有所增加。直线 OS 衡量总工资（用纵轴衡量），它的斜率不变反映的是，随着劳动力增加，真实工资率保持不变，维持在生存工资水平。也就是说，虽然总工资确实增加了，但生存工资保持不变。

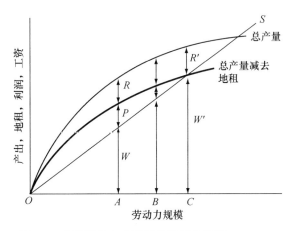

图 7-1　李嘉图收入分配理论的现代表述

按照李嘉图的观点，劳动力规模的扩大与固定数量的土地及农业中的收益递减相互作用，导致总产量以递减的速度增加。劳动力规模从 A 增加到 C 使得总工资从 W 变化到 W'，利润也相应地由 P 减少到 0，地租由 R 增加到 R'。在劳动力规模为 C 时，经济达到稳定状态，在这时不会再有资本积累发生。因为由 S 的斜率衡量的真实工资维持在生存水平，并且利润消失，所以地主是长期增长过程中的唯一受益者。

假设最初的劳动力规模为 A，总工资、总利润、总地租分别以纵轴距离 W、P、R 来表示。相对较高的利润增加了工资基金的规模，使得真实工资产生了一个暂时性的上升（图中没有标示）。这一较高的真实工资水平将使人口增加，并使劳动力规模扩大到 B，此时真实工资又恢复到了生存水平。但是劳动力规模为 B 时，利润所占份额要低于 A 时的份额，而地租的份额则高于 A 时的份额。

这一过程会重复出现，因为虽然在劳动力规模为 B 时利润更少，但仍然是正的。人口与劳动力规模将再一次膨胀。最终经济将达到劳动力规模为 C 时的水平，这时利润消失，将不会有进一步的资本投资。人口和劳动力增长达到极限，经济达到稳定状

---

⑪ William J. Baumol, *Economic Dynamics*, 3d ed. (New York: Macmillan, 1970), chap. 2. 托马斯·M. 汉弗莱（Thomas M. Humphrey）非常漂亮地利用平均产量和边际产量曲线详细证明了这一分析。参见："Algebraic Production Functions and Their Uses before Cobb-Douglas," *Economic Quarterly* 83 (Federal Reserve Bank of Richmond, Winter 1997): 60.

态。特别地,在稳定状态时,劳动力规模为 C,总工资为 W',利润为零,地租为 R'。因为工资维持在生存水平而利润被挤出,所以在长期的扩张过程中,地主是唯一的受益者。地主的数量保持不变,而他们的地租就增加了。甚至当经济达到稳定状态时,高额地租仍将持续。

7.6 政策含义

李嘉图从他对国民收入构成的分析中得出了几个重要结论。首先,他认为对工资不应该实行管制,而且不应该对穷人进行救济:

> 工资应该像所有其他的合同一样由公平、自由竞争的市场来决定,而绝不应该被立法机关的干预所控制。

> 济贫法清晰和直接的倾向与那些显而易见的理论是相反的:立法机关并不能如他的善良本意那样改善穷人的生活条件,而是会恶化穷人与富人的生活条件;他们并没有使穷人变富,而是算计着要使富人变穷。[12]

其次,李嘉图得出了对地租征税只会影响地租的结论(和重农主义者一样)。这样的税收会完全落到地主身上,不可能转嫁给其他任何人。地主不能用提高地租来支付税收,因为边际土地的地租为零而不缴纳税收。对地租征税将不会影响边际土地与较好土地之间的生产力的差异。税收不会提高农产品的价格,也不会阻碍土地的耕种。在美国,这种分析使得亨利·乔治产生了征收单一税的想法,即对土地的所有地租征税。这并不符合李嘉图的公平思想。

最后,不同于马尔萨斯,李嘉图强烈反对谷物法。废除关税和其他限制谷物进口的措施,社会利益将会在损失地主利益的前提下得到增进。为什么呢?答案当然可以从他的分配理论中推导出来。较低的谷物价格将减少地租并增加利润,从而增加资本积累,提高工资基金,并推迟稳定状态的到来。

李嘉图反对谷物法的另一理由是:它减少了来自国际贸易的利得。下面我们将分析这一问题。

7.6.1 比较成本理论

在自由贸易带来效率、利益的基础上,李嘉图提出了一个支持自由贸易的强有力的论据:

> 在完全自由的贸易体系下,每个国家自然会将其资本与劳动力投资于收益最大的部门。这种对个体利益的追求可以很好地与整体的普遍利益联系起来。通过激励勤奋、奖励创造以及最有效地使用与生俱来的独特力量,可以最有效、最经济

---

[12] Ricardo, *Works and Correspondence*, 1:105—106.

地分配劳动力。而通过增加产品总量,可以使总收益分散。通过利益与交往这一共同的纽带,整个文明世界的所有国家都可以联系在一起。正是这种原则决定了酒应该由法国和葡萄牙酿制,谷物应该在美国和波兰种植,工具及其他商品应该由英国制造。[13]

斯密提倡没有阻碍的对外贸易是为了扩大市场、减少剩余,贸易的基础是绝对成本的不同。李嘉图则说明了即使一个国家在生产所有商品上都比另一个国家更有效率,两国之间的贸易仍然能够使两国共同获益。他的这一理论对经济学思想作出了辉煌而永久的贡献。他的比较成本理论现在被称为比较优势规律。

李嘉图在对贸易所得理论的证明中明确假设,资本和劳动力不能在国与国之间流动。他暗含的假设是随着产量增加成本保持不变。否则,专业化就不能达到最大程度。所有的成本都用劳动小时数来衡量,这与劳动价值论的分析方法是一致的。

李嘉图对比较成本规律进行解释的基础是英国与葡萄牙两个国家生产特定数量的布与酒所必需的单位劳动的数量。假设生产 1 单位的布或酒需要一定数量的劳动,也就相当于假设用 1 单位的劳动可以生产一定数量的酒或布。也就是说,如果生产 1 单位的产品需要 2 单位的劳动,那么很显然 1 单位的劳动可以生产 1/2 单位的产品。我们将用后面的这个专业词汇来阐释李嘉图的比较优势规律。

如表 7-3 所示,葡萄牙在生产酒与布两种商品上都比英国具有绝对成本优势。葡萄牙用 1 单位的劳动可以生产 3 单位的酒,而英国只能够生产 1 单位的酒。类似地,葡萄牙 1 单位的劳动可以生产的布的数量(6 单位)也多于英国(5 单位)。葡萄牙在上述情况下与英国开展贸易能够获益吗?李嘉图斩钉截铁地回答"不能"。每个国家都应该生产它具有比较优势的产品,即国内机会成本最低的产品。葡萄牙生产 1 单位酒的机会成本是 2 单位的布(6/3),英国生产 1 单位酒的机会成本是 5 单位的布(5/1)。葡萄牙专门生产酒的成本相对较低。或者,葡萄牙生产 1 单位布的机会成本是 1/2 单位的酒(3/6),英国生产 1 单位布的机会成本是 1/5 单位的酒。因此英国应该专门生产布,因为生产布的机会成本要低于葡萄牙。

表 7-3 比较成本的图示(每单位雇佣劳动的假设产量)

	酒	布
葡萄牙	3	6
英国	1	5
合计	4	11

© Cengage Learning 2013

现在假设葡萄牙将生产布的 1 单位劳动转而用于生产酒。如表 7-4 所示,葡萄牙生产的酒增加了 3 个单位(1×3),布的产量则减少了 6 个单位(1×6)。同时,假设英国将生产酒的 2 单位劳动(1 单位不足以显示贸易利得)转而用于生产布。结果呢?布

---

[13] Ricardo, *Works and Correspondence*, 1:133—134.

的产量增加了 10 单位(2×5),酒的产量减少了 2 单位(2×1)。专业化同时增加了酒与布的产量!李嘉图强调谷物法就是这样降低了效率利得。

表 7-4　专业化分工与贸易利得(每单位雇佣劳动的假设产量)

	酒	布
葡萄牙	+3	-6
英国	-2	+10
利得合计	+1	+4

© Cengage Learning 2013

李嘉图还探讨了英国制造酒的技术改进之后可能对英葡之间贸易均衡产生的影响。他说,假设这项技术改进使得葡萄牙运往英国的酒变得无利可图,但是葡萄牙仍然需要从英国进口布并从中获利。葡萄牙进口商无法再获得英国为进口酒而支付的英镑,因而不得不用金银来购买英镑。这将会迫使英镑的价格上升,并且可能完全中断葡萄牙对布的进口。但是如果英镑升水幅度小于进口布所能获得的利润,那么为了支付购买进口布所需要的英镑,金银将流入英国。葡萄牙货币供给的减少将引起国内价格下跌,而英国货币供给的增加将引起国内价格的上升。这将产生新的对外贸易均衡。在此休谟的价格-铸币流动机制又一次发挥了作用。

在表 7-4 中,李嘉图并没有具体说明利益是如何在英葡两国之间进行分配的。尽管他的理论勾画了国际贸易商品之间交换比例波动的上下限,但是没有试图解释决定这个比例的原因。后来约翰·斯图亚特·穆勒(第 8 章)提出了一个相互需求理论来解决这个问题。

历史借鉴 7-2
李嘉图以来的贸易理论

李嘉图寻求解释为什么国家间会开展贸易以及贸易如何对所有贸易国有利。自李嘉图以来,许多经济学家扩展了李嘉图的比较优势理论,并且为国际贸易提供了补充解释。

例如,瑞典经济学家伊莱·赫克歇尔(Eli Heckscher)和伯蒂尔·俄林(Bertil Ohlin)*以比较优势为基础发展了成本差异根源的另一种解释。按照李嘉图的理论,由于使用的技术不同,劳动生产率差异会导致比较成本提高。赫克歇尔和俄林假设生产率和技术不变,考虑生产要素的相对富裕程度。赫克歇尔-俄林模型(H-O 模型)认为,在劳动力比较富裕的国家(相对于其他生产要素和其他国家),获得劳动力的价格较低,生产劳动密集型商品的成本就相对较低。这样的低成本为该国提供了生产劳动密集型商品的比较优势。类似地,那种资本较为富裕的国家专门生产并出口资本密集型商品,这个原则适用于所有要素。以葡萄牙和英国生产酒和布为例,根据 H-O 模型,葡萄牙在酒的生产上具有比较优势,因为其适合种植酿酒葡萄的土地富裕,而英国在布的生产上具有比较优势，因为英国相对葡萄牙来说劳动力较为富裕。

李嘉图的理论和 H-O 模型都有一个根本问题没有回答：为什么国家间存在彼此交易同一种商品———一种被称为产业间国际贸易的现象？例如，为什么美国既从德国进口汽车，又向德国出口汽车？传统的答案以机会成本升高为基础。当一个国家越来越专业化地生产某种商品时，这个国家将会经历机会成本（预期的最好的替代商品的价值）升高的过程。在某种程度上，机会成本变得非常高，以至于该国的比较优势就消失了。对国外商品的需求缺口都将由该国国内生产的类似商品来满足。

1979 年，保罗·克鲁格曼（Paul Krugman）提出了产业间国际贸易的另一种解释，并因此贡献获得了 2008 年诺贝尔经济学奖。** 他的解释基于以下两点解释：（1）人们喜欢消费的多样性，并且（2）规模经济在很多产品的生产中都能实现。因为人们喜欢多样性，我们经常看到国产商品和来自不同国家的商品在同一货架上。来自法国和澳大利亚的红酒，与来自俄勒冈和加利福尼亚使用同种葡萄酿造的红酒一起竞争。尽管基本投入相同，买者认为在口感和质量上有差异，反映了多重选择的偏好。

在生产方面，大范围生产实现规模经济的能力，允许一个国家的生产者扩展到本地市场之外。因此，本田不是仅仅为日本市场生产汽车，它也从扩大生产中实现了成本优势，满足了全球市场对一系列汽车的需要。

---

* 该模型首次出版是在俄林 1933 年的著作《地区间贸易和国际贸易》（*Interregional and International Trade*, Cambridge, MA: Harvard University Press）。俄林归功于赫克歇尔协助他发展了该理论，赫克歇尔早期的著作以及赫克歇尔指导俄林完成的博士论文，为该理论奠定了基础。俄林获得 1977 年的诺贝尔经济学奖。

** Paul Krugman, "Increasing Returns, Monopolistic Competition, and International Trade," *Journal of International Economics* 9（November 1979）: 469—479. 这是克鲁格曼在此领域具有重大影响的文章，其他人都据此细化拓展了他的理论。

7.7 李嘉图对失业问题的看法

回想一下，马尔萨斯认为资本家的需求饱和了，因此储蓄了大笔资金。如果不被地主的消费抵消掉，那么有效需求就不足以购买全部产出。商品供给过剩的结果将迫使生产者减少产量、解雇工人。李嘉图承认暂时的过剩会发生，但他坚持认为充分的生产与就业才是常态。他借助今天被称为"萨伊定律"（Say's law）的观点来捍卫他的立场。⑭ 这个定律即"供给会创造它自己的需求"。根据这个观点，商品的生产过程创造了足够的工资、利润与地租收入来购买这些商品。进一步地，购买消费品或资本品的意愿与购买能力相匹配。某种商品的过量生产可能是由于缺乏远见所导致的，但这种情

---

⑭ 我们将在第 8 章看到这个定律实际上源于斯密，后来被李嘉图的朋友詹姆斯·穆勒加以发展。J. M. 凯恩斯将其归功于也曾表达过这一思想的 J. B. 萨伊，结果它就变成了萨伊定律。

况会自动得到自我纠正。商品将会亏本出售,资源就会转而投向当前有巨大需求的商品的生产中去。此外,资本家的储蓄导致投资支出增加,投资支出会创造对生产要素的需求,进而给生产要素的提供者带来收入,结果,有效需求将始终保持在足以购买产出的水平上。

在《政治经济学及赋税原理》的第三版中,李嘉图增加了新的一章,题目是"论机械",在这一章中他提出了技术失业的可能性。李嘉图说他曾经错误地支持了机器的引入对三个收入阶层都有利的观点。他曾经认为,由于机器的使用,生产出来的商品变得更便宜了,所以这三个阶层的货币收入不变,而真实收入会增加。甚至工人还会受益,因为与使用机器之前相比仍然需要同样多的劳动,因此名义工资不会下降。即使某一个行业工人的数量过多,资本会转移到其他行业进而增加其他行业的就业数量。唯一的不利之处就是当资本和劳动力从一个行业转移到另一个行业时,会发生暂时的失衡现象。

李嘉图修改之后的观点认为,机器的使用像他过去所相信的那样将对地主和资本家有利,但经常会对劳动力造成损害。如果更多的资本投资于机器设备(固定资本),那么用于支付工人工资的工资基金所对应的流动资本就会减少。换言之,资本是稀缺的,转而投向机器设备的那部分资本代表着分配给工资的资本减少的部分:"劳动阶级持有的观点是,机器的使用会经常损害他们的利益,这不是建立在偏见和错误的基础上,而是符合政治经济学的正确原理。"[15]

李嘉图认为使用机器的长期效应可能比短期效应好一些。即使机器投资增加之后资本家获得的货币利润并没有改变,但是由于生产消费品的成本下降了,资本家还是会积累更多财富。这样资本家就可以进行更多的投资,最终需要再次雇用过剩的劳动力。因此技术失业对于工人来说可能只是一个短期问题,而并不是一个真正的问题。

李嘉图认为,在任何情况下,政府都不应该阻碍机器的使用。在国内不允许资本家使用机器获得最大利润的话,资本家就会把资本投向国外。如果在国内使用机器将导致对劳动力的需求减少,但是如果资本投向国外的话,对劳动力的需求就随之消失了。此外,由于新机器降低了生产商品的成本,这就使得一个国家可以和那些允许采用新的优良的机器的国家进行竞争。

7.8 评价

李嘉图对经济分析作出了很多永久的贡献。其中特别重要的贡献包括:对抽象推理方法的使用,比较优势理论,对边际分析的使用,对农业中边际收益递减规律的表述,通过使收入分配成为经济分析的一部分而拓展了经济分析的视野。

另一方面,他在某些方面的分析是缺乏说服力、不正确的。像马尔萨斯一样,他过

---

[15] Ricardo, *Works and Correspondence*, 1:392.

于强调了收益递减规律在农业中的作用。从历史上来看，技术进步与资本积累使得发达国家单位劳动的产量不断增加。这一现象在图 7-1 中用向上倾斜的"总产量"曲线和"总产量减去地租"曲线来表示。李嘉图还错误地强调，地主阶级作为一个整体从农业生产率提高中并没有获得利益。不能支持经营它的人的生存的土地不会被耕种。地主的改良措施使得较差的土地可以投入生产，从而提高了具有更高生产力的土地的剩余，而剩余可以提供地租。只有当农业改良没有伴随着农产品需求增加时，地租才会下降。

李嘉图的错误还在于他不现实地假设土地只有单一的用途。这使他得出的结论是地租不构成生产的成本。在现实中，对大多数土地来说，它们都具有竞争性的用途，就像劳动力与资本也具有竞争性用途一样。一块土地将被用于它最具有生产效率的用途上，因此它能支配的报酬必须可以补偿机会成本（所放弃的次优用途的产量）。从这个角度来说，地租确实是一种生产成本，而不仅仅是从收益中减去工资和利润后的剩余。

李嘉图关于新机器的增加对就业的影响的观点也容易令人误解。这种新资本的使用既可能增加对劳动力的需求，也可能减少对劳动力的需求；资本与劳动力通常是互补的资源。

最后，研究李嘉图的大多数学者都主张他的价值理论对于需求的作用没有给予足够的重视。从这方面来看，在沿着逻辑推理路径到达最终产生的现代价值理论的过程中，他的劳动价值论走了弯路。但是在 20 世纪 80 年代，有一两位杰出的学者对这一传统观点提出了挑战。他们对李嘉图交换价值分析的重新解释将其完全置于与阿尔弗雷德·马歇尔及其他新古典经济学家相联系的价值理论的传统之中。[16] 尽管结果激发了关于李嘉图在经济思想史中的"恰当地位"的争论，但是所有的学者都一致认为李嘉图是经济分析发展过程中一位极其重要的人物。

复习与讨论

1. 解释下列名词，并简要说明其在经济思想史中的重要性：货币问题，收益递减规律，耕种的广延边际，耕种的集约边际，不可再生商品，可再生商品，收入的功能性分配，稳定状态，比较成本理论，H-O 模型，产业内国际贸易，克鲁格曼。

2. 联系说明李嘉图关于谷物法的立场与以下理论：(a) 分配理论；(b) 比较成本理论。

3. 对比、比较李嘉图与马尔萨斯关于以下每个问题的观点：(a) 谷物法；(b) 生存工资；(c) 市场过剩。

4. 运用下列数据来确定哪个国家应该专门生产鞋，哪个国家应该专门生产小麦。假设国家 A 将 5 单位的劳动转向生产国家 A 具有比较优势的产品，而国家 B 将 1 单位的劳动转向生产国家 B 具有比较优势的产品。小麦的总产量将会增加多少单位？鞋的总产量将会增加多少单位？解释你的结论。

---

[16] 萨缪尔·霍兰德(Samuel Hollander)在他的书中说明了后者，参见：*The Economics of David Ricardo* (Toronto: University of Toronto Press, 1979). 这本书引起了争论，比如，参见：D. O'Brien, "Ricardian Economics and the Economics of David Ricardo," *Oxford Economic Papers* 33 (November 1981): 352—386; S. Hollander, "The Economics of David Ricardo: A Response to Professor O'Brien," *Oxford Economic Papers* 34 (March 1982): 224—246; A. Roncaglia, "Hollander's Economics," *Journal of Post-Keynesian Economics* 4 (Spring 1982): 339—359.

	小麦	鞋
	(每单位劳动投入)	
国家 A	1	1
国家 B	4	8

5. 假设在表 7-2 中标有"每蒲式耳小麦的价格"(A 级土地)的一栏中，价格是原来所标价格的两倍，请推导地租的新数值。这些价格上升对耕种的广延边际地租意味着什么？

6. 李嘉图对一个发达经济的劳动理论与斯密的理论有什么不同？用现代的供给需求图示来解释李嘉图的如下观点：对产品需求的增加不会提高以不变平均成本生产出来的可再生商品的价值（价格）。提示：从学过的课程中回想一下，产品的供给曲线就是边际成本曲线。

7. 讨论下面这句话：斯密观察经济，看到了巨大的和谐一致；李嘉图观察经济，看到了完全不同的东西。

8. 农业的技术进步会对图 7-1 中的"总产量"曲线和"总产量减去地租"曲线产生什么影响？用图表来说明，并说明达到稳定状态时的含义。

9. 用休谟的价格-铸币流动机制来解释为什么李嘉图认为支付给工人的名义工资的增加会减少企业的利润。

10. 根据李嘉图的比较成本理论，技术水平相同的国家有开展国际贸易的基础吗？H-O 模型又是如何回答这个问题的？请解释。

11. 什么是产业间国际贸易？为什么李嘉图的比较成本理论和 H-O 模型不能解释为什么会发生产业间贸易？

精选文献

书籍

Blaug, Mark. *Ricardian Economics*. New Haven, CT：Yale University Press, 1958.

——, ed. *David Ricardo*. Brookfield, VT：Edward Elgar, 1991.

Dobb, Maurice. "Ricardo and Adam Smith" In *Essays on Adam Smith*. Edited by A. S. Skinner and Thomas Wilson. London：Clarendon Press, 1975.

Hollander, Samuel. *The Economics of David Ricardo*. Toronto：University of Toronto Press, 1979.

Peach, Terry. *Interpreting Ricardo*. Cambridge：Cambridge University Press, 1993.

Ricardo, David. *Works and Correspondence*. Edited by Piero Sraffa. 10 vols. Cambridge：The University Press, 1951—1955.

——. *On the Principles of Political Economy, and Taxation*, 3rd ed. London：John Murray, 1821 [orig. pub. in 1817].

期刊论文

Barkai, Haim. "Ricardo's Volte-Face on Machinery," *Journal of Political Economy* 94 (June 1986)：595—613.

Fetter, Frank W. "The Rise and Decline of Ricardian Economics," *History of Political Economy* 1 (Spring 1969): 370—387.

Hollander, Samuel. "The Reception of Ricardian Economics," *Oxford Economic Papers* 29 (July 1977): 221—257.

Peach, Terry. "Samuel Hollander's 'Ricardian Growth Theory': A Critique," *Oxford Economic Papers* 42 (October 1990): 751—764.

Roncaglia, Alessandro. "Hollander's Ricardo," *Journal of Post-Keynesian Economics* 4 (Spring 1982): 339—359.

Stigler, George J. "Ricardo and the 93% Labor Theory of Value," *American Economic Review* 48 (June 1958): 357—367.

——. "Ricardo or Hollander?" *Oxford Economic Papers* 42 (October 1990): 765—768.

第 8 章　古典学派：边沁、萨伊、西尼尔、穆勒

除了斯密、马尔萨斯和李嘉图之外，还有几位重要的思想家对古典经济分析作出了贡献。本章我们将考察其中的四位。在这些人中，大家一致认为最后一位约翰·斯图亚特·穆勒对经济学作出了最重要的贡献。

8.1　杰里米·边沁

杰里米·边沁（Jeremy Bentham，1748—1832）生活的时代与大卫·休谟出版经济论文、亚当·斯密出版《国富论》、大卫·李嘉图和托马斯·马尔萨斯出版他们的著作、约翰·斯图亚特·穆勒出版其早期作品的时代，是同一个时代。边沁不仅是古典学派的热情追随者，而且对古典学派的哲学和经济学都作出了开创性的贡献。边沁自谕道："我是（詹姆斯）穆勒的精神之父，而穆勒是李嘉图的精神之父，因此我是李嘉图的精神之祖。"

边沁是个超常的孩子，4岁起就开始阅读历史和学习拉丁文。他12岁时被牛津大学的女王学院录取，15岁时获得了学位。之后他遵从父亲的意愿开始学习法律。他不久之后放弃了律师职业而过起了学者生活，这有赖于他宽容而令人钦佩的父亲的支持。边沁周围聚集了一大批情投意合的朋友和热情的信徒，他们发扬了他的思想，但他大量、丰富的作品在他去世后大约一个多世纪才得以出版。

遵照边沁的意愿，他的遗体被用作科学解剖。他把所有财产都捐赠给了伦敦大学学院，约定在所有董事会议上展示他的遗体。他的遗骸被衬垫和装扮之后放在玻璃箱子中公开展览。他的遗骸坐在椅子上，手上戴着手套并拿着拐杖。遗体上的头是蜡制的，而真正的头，以南美洲猎取人头的蛮人的方式保存，摆放在他两脚之间的一个盘子上。由于学生们搞恶作剧，并且盗取他的头，因此最终将他的头移到了更安全的地方。

8.1.1　功利主义

边沁思想的核心被称为功利主义或最大程度的幸福原则。它的哲学基础——享乐主义——可以追溯到古希腊时代。① 这一概念的意思是人们追求可以带来快乐的东西,而回避会产生痛苦的东西。所有的个人都追求他们的总幸福最大化。功利主义在享乐主义的基础上添加了道德伦理原则,就是应该引导人们的行为使之促进最大多数人的最大幸福。因此,通过为社会确立一个积极的角色,功利主义避免了享乐主义的极端个人主义色彩。如果一个人仅仅追求自己的幸福,这种行为能否增进整体的幸福?边沁认为这不一定。但是社会有它自己的各种办法来强制个人促进整体的幸福。法律就是确立制裁,惩罚那些在追求自己幸福的过程中损害其他人利益的人们。还存在各种道德和社会制裁,比如流放就是其中一个例子。甚至还有宗教制裁,比如害怕受到来世的惩罚,也有助于调和享乐主义的个人私利与最大多数人的最大幸福的功利主义原则。

利用功利主义为基础,边沁提出了指向改革的一系列哲学和经济学原理。我们可以让边沁自己来说明他的效用理论,正如他在初版于 1780 年的《道德与立法原理导论》(*An Introduction to the Principles of Morals and Legislation*)第一章所说:

> 大自然将人类置于两个拥有无上权力的主人的控制之下,这两个主人就是:痛苦和欢乐。它们指明我们应该做什么,同时也决定了我们将做什么。它们通过置于其王座的两个方面来决定:一方面是对与错的标准,另一方面是原因与结果的关联。它们决定了我们所做、所说与所思的一切;我们想摆脱屈从的一切努力,都只会证明和证实我们对它的屈从。在口头上一个人可以假装诅咒它们的统治,但现实中他将始终服从于它们的统治。效用原理承认这种服从,并且假设它是制度的基础,而这个制度的目的则是通过理性与法律之手来培育幸福的架构……
>
> 所谓效用原理就是按照有利于扩大或减少当事者的幸福,或者换言之,按照有利于促进或阻碍那些幸福,来赞成或反对任何行动的原理。我指的是无论什么样的行动;因此,它不仅包括个人的每个行动,也包括政府的每项措施。
>
> 所谓效用是任何事物所具有的特性,它可以对所考虑的当事人产生利益、好处、欢乐、亲善或幸福……或者……它可以阻止对所考虑的当事人的伤害、痛苦、罪恶或不幸的出现;如果当事人是共同集体,那么它就是这个集体的幸福;如果是一个特定的个人,那么它就是这个个人的幸福。
>
> 共同集体是个假想的整体,它由一些个人组成,个人被认为是它的成员。那么,这个集体的利益是什么?——是组成这个集体的各个成员的利益的总和。
>
> 如果不理解个人的利益,那么谈论集体的利益是徒劳无益的。当一件事情可以增加个人的幸福的总和,或者,当一件事情可以减少他的痛苦的总和,那么就认

---

① 例如,S. 托德·劳里(S. Todd Lowry)指出,定量的主观价值理论在柏拉图的《普罗泰戈拉》(*Protagoras*)中有详细的阐述,参见:Lowry's "The Roots of Hedonism: An Ancient Analysis of Quantity and Time," *History of Political Economy* 13 (Winter 1981): 812—823.

为这件事情将增进个人的利益。

当一个行动所增加的集体的幸福大于所减少的幸福,那么这项行动被认为是符合效用原理的。

同样,当一项政府的措施所增加的集体的幸福大于所减少的幸福,那么这项政府措施被认为是符合效用原理的。②

8.1.2 边际效用递减

在《经济科学的哲学》(*The Philosophy of Economic Science*)一书中,边沁主张财富是幸福的尺度,但随着财富的增加,财富的边际效用是递减的:

> 对于两个拥有的财富数量不相等的人,立法者肯定会认为财富数量最大的人拥有最大的幸福。但是幸福的数量不会按照财富数量的相同比例增长:财富数量的一万倍增长不会带来幸福数量的一万倍增长。甚至一万倍的财富能否从总体上带来两倍的幸福都是值得怀疑的。当一个人的财富数量超过另一个人的并且持续增长时,财富在产生幸福方面的效果将不断递减;换言之,每一极小量的财富(每一极小量是等分的)所产生的幸福的数量是越来越少的,第二个极小量产生的幸福比第一个极小量少,第三个极小量比第二个极小量少,依此类推。③

正如李嘉图在地租理论中提出边际生产力的思想一样,边沁在这里提出了货币的边际效用的思想。

8.1.3 边沁思想的政策含义

在他们那个时代,边沁的思想推动了进步、改革、更广泛的民主和对各种不合意的社会条件的改善。在边沁生活和写作的时代,普通人,也就是"贫穷的劳动者",在社会和政治事务管理中几乎没有发言权和投票权。他们被认为应该屈从、驯良、勤奋。他们的辛苦和奉献增强了国家的实力、统治者的荣耀、工商业者的财富和贵族的懒散安逸。然而现在有一位哲学家认为,无论社会地位怎样,人们是相同的。因此,如果某件事情给穷人增加的幸福大于从贵族那里减少的幸福,那么它就是值得赞扬的;如果政府的介入所增加的集体幸福大于所减少的幸福,那么这种介入就是合理的。

边沁强调立法者应该积极提高整个社会的总体幸福。不是人们服务于国家,而是国家应该服务于人们。一般来说,个人自身,而不是政府,对于什么能够最有效地提高他们的福利能够作出最好的判断。他得出的结论是,大多数现存的政府控制与管制都是有害的,他对政府的口号是"请保持安静"。但他并不认为自由放任是一个可以盲目接受的原理。边沁倡导这样一种哲学,如果存在特殊的原因,政府应该干预。例如,他

---

② Jeremy Bentham, *An Introduction to the Principles of Morals and Legislation* (New York: Hafner, 1948), 1—3 [orig. pub. in 1780].

③ W. Stark, *Jeremy Bentham's Economic Writings*, 3 vols. (New York: Franklin, 1952), 1:113.

认为政府应该垄断纸币的发行权,这样可以免去借款的利息。它也应该经营人寿和年金保险,并且对遗产及垄断征税,等等。当人们的利益不是自然和谐时,政府应该建立一种人为的利益和谐机制,以增进最大多数人的最大幸福。

功利主义的哲学家希望能够使道德伦理成为一门精确的科学。按照他们的观点,只有当幸福与痛苦能够定量计量,并能够在不同个人之间进行比较时,每项法律或法案才可以通过平衡其所产生的总幸福和总痛苦来加以评判。边沁认为货币是衡量幸福与痛苦数量的工具。"那些对这种工具的准确性不满意的人必须找出其他更为准确的工具,否则就告别政治与道德。"④

边沁关于货币的边际效用递减的思想为收入再分配提供了一个论据。如果政府从一个年收入10 000美元的人手里拿走一些收入,给予年收入只有1 000美元的人,那么这个穷人所得到的幸福将大于这个富人所失去的幸福。但是边沁并不建议将这个理论付诸实施。通过列举反对收入再分配的论据,他能够批判他自己理论的结论。他认为,收入均等化,将会使富人惊恐并剥夺他们的安全感,拿走他们对自己劳动成果的享受权,损害工作激励,从而破坏幸福。边沁说,当安全与平等相对立的时候,平等应该让步。

边沁对最大多数人最大幸福的信奉引导他去研究和倡导许多民主改革。他支持普遍的(男性)投票权、平等的选区、年度议会和秘密投票。他反对君主统治和国会上议院,认为只有在民主的情况下,统治者与被统治者的利益才能统一。在当时那个对教育几乎没有任何热情的时代,边沁极力主张建立国民教育体系,甚至也包括贫民子女。他建议应该组建节俭银行以激励穷人进行储蓄。在萧条时期应兴建公共工程为失业工人提供就业。他支持有息贷款、自由贸易、竞争和法律改革。他为一个模拟监狱设计了一份详尽的计划,用来改造罪犯而不是惩罚罪犯。无怪乎,边沁和他的学者圈子(包括詹姆斯·穆勒、约翰·斯图亚特·穆勒、李嘉图)被称为"哲学的激进派"。

历史借鉴 8-1

阿奎那、边沁、费雪论高利贷

尽管有息贷款现在很平常,但它曾经被称为"高利贷"(usury)并被认为是罪恶的。*中世纪的神学家圣·托马斯·阿奎那(1225—1274)根据《圣经》得到这种结论,他引用的是《路加福音》第6章第35节中耶稣的话:"免费借钱,不因此指望任何东西。"阿奎那认为,对于基督徒来说,借给别人钱应该是慈善性的,而不应该是剥削性的。对贷款索要利息是罪恶的,因为它反映了贪婪:对世俗事物的欲望。而且,按照阿奎那的观点,高利贷加剧了收入的不平等。借款的是穷人,而放贷的是富人,因此利息使得收入从穷人那里转移到富人那里。

在中世纪(大约500—1500年)的欧洲,法律严格禁止贷款获得利息成为一件很平常的事。然而,这种完全地禁止逐渐被高利贷法所取代,高利贷法限定了贷款的最高利

---

④ Stark, *Jeremy Bentham's Economic Writings*, 1:117.

息率。这些法律得到广泛的支持,连斯密也赞成当时的英国高利贷法,它将最高利率限定在5%。

相比较而言,杰里米·边沁强烈反对政府对利率施加限制。在他的《为高利贷辩护》(*Defense of Usury*, 1778)一书中,他支持"在货币合同中有制定自己条款的自由"。

> 简言之,关于这个主题我已经习惯于规定如下命题,即:在丰收之年任何头脑健全、行动自由、睁大眼睛的人,如果他认为合适,符合他的利益,都不应该被阻止达成这样的交易,用这样的方式去获得钱;(同时也是一个必然的结果)任何人都不应该被阻拦借钱给他,只要他认为条件合理可以接受的话。
>
> 你可以看到,如果这个命题被接受,它将一举扫清所有障碍,这些障碍是由成文法或不成文法构成的法律以有限的智慧所设定的……以反对人们不断强调的高利贷的罪恶……**

边沁认为,任何立法者都不如个人自身能够更好地判断货币对他的价值。而且,他还指出"反对高利贷的法律可能会带来损害",很多人将无法得到贷款,使放贷的人承受不当的耻辱,并且鼓励借钱的人忘恩负义。

尽管边沁为高利贷辩护,但分析利息的本质这一任务留给了后来的经济学家。其中的一位经济学家就是欧文·费雪(Irving Fisher, 1867—1947),我们将在第16章讨论他的利息理论。费雪讲述的下面这个故事可以帮我们预先了解一下这方面的讨论:

在一次按摩的过程中,按摩师告诉费雪他是一个社会主义者,并且相信"利息是资本主义的基础,是一种抢劫"。按摩结束后,费雪问道:"我应该付给你多少钱?"

按摩师答道:"30美元。"

"很好,"费雪说,"我给你一张100年以后可以支付的票据,没有利息,我相信你不会反对接受这张票据。到期时,你或者可能是你的孙子可以把它兑现。"

按摩师说:"可是我不能等待那么长时间。"

"你说利息是抢劫。如果利息是抢劫,你应该愿意无限期地等待这笔钱。如果你愿意等10年,你想要多少钱?"

"嗯,我得要多于30美元的钱。"

费雪的眼睛一闪,答道:"这就是利息。"***

---

* 今天,高利贷(usury)意味着以极高的利息借钱,而在以前,它仅意味着以任何利息借钱。

** Stark, *Jeremy Bentham's Economic Writings*, 1:129.

*** Irving Fisher, as quoted in Irving Norton Fisher, *My Father Irving Fisher* (New York: Comet, 1956),77.

8.1.4 批评

尽管边沁的经济学和哲学具有一些值得肯定的方面,但还是受到了广泛的批评,无论是在经济学方面还是在哲学与道德伦理方面。

经济学方面的批评。边沁认识到对幸福与痛苦的评价是主观的,在人与人之间存在差异。但是,他促进最大多数人的最大幸福的目标,需要个人之间效用的比较。这种比较有必要对效用以基数的形式进行精确的度量,也就是说,效用必须用可以进行加、减、乘、除运算的单位来衡量,就像从 1 到 10 的基数那样。

边沁选择货币作为他进行基数测算的单位。但一个人如何确定幸福的货币价值? 可以肯定,许多东西是在市场上交易的,因而对其支付的价格反映了主观价值的信息。当一个买者对一件物品支付了 10 美元,我们可以合理地假设这个人预期它可以提供至少价值 10 美元的快乐。但是,就像杜普伊和马歇尔后来所表明的那样,很多按照市场价格的购买过程中,实际上买者宁可支付更高价格也不愿放弃商品。他们获得了经济学家称之为消费者剩余的东西——超过价格的那部分效用。怎么样来衡量这些剩余? 类似地,用什么方式来衡量公共物品(比如国防)的效用的货币价值? 尤其是考虑到得自它们的好处独立于对它们的支付,结论是:人们对于物品的价值具有不同的主观评价,以一种有意义的方式来衡量和比较这些评价是极为困难的,即使是可能的话。

哲学和道德伦理方面的批评。许多功利主义的批评者认为,功利主义作为一种哲学是不完善的。边沁避开了对幸福性质的所有价值判断,声称:"幸福的数量是相同的,图钉和诗歌一样美好。"⑤他开玩笑地描述散文与诗歌的区别:"散文就是除了最后一行外所有的行都写到了页的边缘——诗歌就是其中的一些行不满行。"⑥如果在最近几十年,一个职业橄榄球队的四分卫比莎士比亚的喜剧给人们带来更多的欢乐,边沁就会说那个四分卫对人类作出的贡献更大。然而批评者指出,幸福的性质和长期方面比数量方面更重要。这些人认为,在人们的心中,莎士比亚对人类社会状况的洞察和激励一代又一代人的能力,肯定要比四分卫的触地得分所带来的集体欢乐要重要得多。

按照这种观点,我们关于美好生活的美学和哲学价值判断应该比幸福的狭窄定义要宽泛得多。正如约翰·斯图亚特·穆勒所说:"做一个不满足的人比作一头满足的猪好得多,做一个不满足的苏格拉底比作一个满足的蠢人好得多。"或如乔治·萧伯纳所说:"幸福并不是生活的目的,生活没有目的,生活本身就是目的,并且勇气一直准备着为更艰苦的生活而牺牲幸福。"

功利主义的诋毁者还指向了人类行为的其他解释,他们反驳人们仅仅被追求最大幸福和最小痛苦的欲望所驱使的享乐主义观点。比如,心理学的行为主义者谈到了条件反射。弗洛伊德的精神病学宣称支配人类行为的根本驱动力是深藏于人的个性之中的相反力量之间的冲突。文化人类学的研究者指出,社会以某种方式将其思想体系、行为模式和生活方式强加在了每个人身上。这些观点都对幸福与痛苦是人类行为的引导力量的原则提出了挑战。

最后,几个对立的道德伦理体系也对边沁的功利主义提出了挑战。很多人并不接受每个社会和每个政府都应该促进最大多数人的最大幸福的观点。柏拉图认为快乐在

---

⑤ Jeremy Bentham, *The Rationale of Reward in The Works of Jeremy Bentham*, ed. John Bowring (New York: Russell and Russell, 1962),2:253.

⑥ Jeremy Bentham and John Bowring. *The Works of Jeremy Bentham* (Edinburgh: William Tait, 1834),10:442.

价值上是附属于知识的,并且它应该是有效成就的一个副产品。斯多葛学派哲学家赞成约束身体的感官欲望,因为他们认为感情和欲望会毒害一个人的精神状态。各种各样的宗教都宣称顺应现实世界的不可避免的困难是美好而有价值的人生的关键,禁欲与克己是战胜罪恶冲动的手段,或者履行责任是得救的途径。托马斯·霍布斯(Thomas Hobbes,1588—1679)认为人类有一种从根本上堕落的本性,它驱使人们进行战争、冲突和对他们触手可得的所有东西的自私占有,因此,需要一个强大、独裁的政府来控制他们。约翰·洛克(John Locke,1632—1704)并不认为每一件好的东西从道德上来看也都是好的,他发现在不存在法律约束的地方,在人们中间存在一种社会纽带和责任感将他们联合在一起。现代法西斯主义者将强大的国家看作是至高无上的。所有这些思想体系和信念都宣称他们是为了追求最大多数人的最大幸福。当然,区别是其他的这些体系都是间接地去实现这个目标,在我们这个世界中或者在另一个世界,在现在或者在模糊的、不确定的将来。

8.1.5　边沁对经济学的贡献

边沁关于人类天性的概念——尽管不是他的功利主义——成为李嘉图、约翰·斯图亚特·穆勒和早期边际主义者特别是威廉·斯坦利·杰文斯的经济体系的基础。效用最大化的概念假设每一个人都会对从一系列商品中获得的满足程度作出比较。效用最大化和边际效用递减是边际主义需求理论的核心。人们被假设为是完全理性的、精于计算的。劳动被认为是"痛苦的",因此需要"补偿"。为了获得最大的幸福,人们工作的时间是当人们收入的边际效用与劳动的边际负效用相等时的那个数量。企业家决定产出数量的时候,会通过比较收益与成本来使他们的利润(效用)最大化。

当我们继续学习经济思想史,我们将会发现,现代经济分析并不依靠边沁的狭隘的"幸福计算"(对痛苦-快乐的计算)作为哲学基础。今天,经济理论还把其他动机和其他行为模式考虑在内。并且,大多数现代经济学家都拒绝个人之间的效用比较。然而,很少有经济学家会否认,强调通过比较成本与收益而进行理性选择的大多数现代经济思想,都深深植根于杰里米·边沁所提出的人类行为概念。大多数现代经济学家都将人类或好或坏的行为看作是有目的的活动。快速发展的行为经济学领域已经进一步深化了我们对人类行为的理解,并且有助于企业和政府在那些有目的的行动中设计相应的制度。事实上,经济学的一个最新趋势就是探索和分析在诸如歧视、婚姻、犯罪、吸毒等非寻常领域中的理性。当边沁说:"是我栽下了效用之树。我深深种植了它并使它广泛传播"时,他是正确的。

8.2　让-巴蒂斯特·萨伊

让-巴蒂斯特·萨伊(Jean-Baptiste Say,1767—1832)是一位法国人,他在欧洲大陆广泛传播了亚当·斯密的思想。他主要的作品《政治经济学概论》(*A Treatise on Political*

Economy)出版于1803年。由于拿破仑不喜欢他的极端的自由放任思想,他的职业生涯曾短暂受挫。在拿破仑滑铁卢战败一段时间后,萨伊在从商数年之后成为一名政治经济学教授。

8.2.1 价值理论、垄断成本和企业家精神

萨伊反对古典学派的劳动价值论,而用供给需求来取代,供给需求反过来又受生产成本和效用的制约。因此,从某些方面来说,他的分析比李嘉图更先进。但是,萨伊对供给与需求的讨论并不包括像马歇尔提出的反映价格-数量关系的一系列图表,相反,他对供给与需求这两个术语的使用是相当不严密和不准确的。

萨伊指出垄断者不仅造成了我们今天所谓的"效率损失"(或绝对损失),而且在竞争中利用各种稀缺资源来获得和保护他们的垄断地位,他因此而对现代垄断成本理论作出了重要贡献。

最后,萨伊通过强调将企业家精神作为第四种生产要素,和传统的土地、劳动、资本并列,而对经济思想作出了重要贡献。回想一下,康替龙最先使用了企业家这个术语。

历史借鉴8-2

萨伊与寻租*

李嘉图将地租定义为"因为使用土地原始的、不可毁灭的生产力而支付给地主的那部分来自土地的产出。"** 因为土地的总量是固定的(其供给曲线完全无弹性),对食物需求的增加将提高食物的价格并且增加使用土地的需求。地租因此也会上涨。尽管这些较高的地租会重新配置土地的使用,但它们没有任何激励作用,它们不会带来更多的土地。因此,地租是一种报酬,它并不一定能保证土地对经济的整体供应。

从李嘉图时代开始,经济学家就逐渐扩展了经济租的定义,将其包括超过保持任一项资源现有用途所必需的资金之上的那部分报酬。例如,企业获得经济利润(高于正常利润的部分)就被认为得到了经济租。

詹姆斯·布坎南(James Buchanan)(第20章)、戈登·塔洛克(Gordon Tullock)和其他一些当代经济学家指出,政府往往是经济租的主要分配者。为了再次当选,政治家会提供一些有价值的东西来讨好选民。公共物品和公共服务就是这类物品的一种。其他的包括那些能够使个人或企业得到或保持经济租的法律、规则和各种管制措施。生产者(或消费者、工人)为获得政府的偏袒而相互竞争的行为被称为"寻租"。这种行为可能会给私人带来回报,但对社会来说是非生产性的。

寻租思想的形成相对较晚,但从下面这四段引文中可以清楚地看出来,萨伊已经认识到了这种思想。*** 他在1803年这样写道:

> [寻求和授予国家垄断特权活动的参与者]是那些从事某个特定部门贸易的人,他们迫切希望自己成为政府管制的对象;而公共管理当局从自己的角度出发,

通常将纵容他们从事这种能够提供增加收入的合理机会的事情。†

如果某个个人,或者某个阶级,能够求助当局的帮助来避免竞争作用,它就获得了一种特权,但带来的是以整个社会的利益为代价的损害。这样它必然能够获得利润,并不全是由于它提供的生产性服务,而是包含了一部分为了私利而对消费者征收的实际税收;通常它会与当局共享这部分税收,因此当局会不公正地给予它支持。††

当印花布(从外国进口的)刚开始流行时,所有的商业会议室都充满了备战的气氛;会议和讨论在各地召开,请愿书和代表团从各地蜂拥而至,大量的金钱花在了相互对立上。†††

那么社会的哪个阶层迫切要求用高进口关税来限制进口?是特定商品的生产者申请保护,以避免来自外国的竞争,而不是该商品的消费者……以这种方式得到的无论哪种利润大都来自邻居和同道公民的口袋。如果加在消费者身上的过多的要价能够被准确计算出来的话,我们将会发现消费者的损失会超过垄断者的所得。‡

显然,萨伊认为政府授予的垄断或者政府保护的垄断,其成本由两部分组成:传统的效率损失加上寻租活动的社会机会成本。

* 基于:Patricia J. Euzent and Thomas L. Martin, "Classical Roots in the Emerging Theory of Rent Seeking: The Contribution of Jean-Baptiste Say," *History of Political Economy* (Summer 1984): 255—262.

** David Ricardo and John Ramsay McCulloch, *The Works of David Ricardo* (London: John Murray, 1846): 34.

*** 亚当·斯密也提出了这一思想。参见:E. G. West, "The Burdens of Monopoly: Classical Versus Neoclassical," *Southern Economic Journal* (April 1978): 829—845.

† J.-B. Say, *A Treatise on Political Economy* (Philadelphia: Claxton, Remsen & Haffelfinger, 1880), 176—177[orig. pub. in 1803].

†† Say, *Treatise*, 161—162.

††† Say, *Treatise*, 147.

‡ Say, *Treatise*, 161—162.

8.2.2 萨伊的市场定律

但是,为萨伊赢得主要声誉的是他的不可能发生总体生产过剩的理论。正如前面章节提到的,它后来成了著名的萨伊定律。

在斯密的导师弗朗西斯·哈奇森的著作中,我们可以发现关于这一思想的最早表述。斯密本人也曾暗示过这一定律并特别指出:"某个特定的商人,其仓库中有过剩的产品,他有时可能会因为不能及时卖掉它们而遭受灭顶之灾,[但是]一个国家不可能出现同样的情形。"詹姆斯·穆勒(James Mill)在1808年更简洁地描述了这一思想:"如果一个国家的购买力完全可以用其年产出来衡量……年产出提高得越多,通过这种方式就可以更多地拓展这个国家的市场、购买力和真实购买。"而萨伊也表达了这一思想,凯恩斯后来把该理论归功于他。结果就成了萨伊定律,而不是斯密-穆勒定律⑦。让我们看看萨伊是怎么表述的:

> 如果一个商人说,"我不想要其他产品来交换我的毛织品,我只想要货币,"……他将被告知,……"你说你只想要货币,我说,你想要其他商品而不是货币。事实上,你要货币干什么呢?还不是用来购买你进行贸易所需的各种原材料和储备,或者各种食物?因此,你需要的是产品,而不是货币。"⑧

并且,萨伊还加了一个兴高采烈的注脚:

> 即使得到货币是为了将它储藏或埋藏起来,最终目的还是用它来购买某种东西。如果这个守财奴没有将货币花掉,那么发现这个宝藏的幸运的人将会以那种方式将它花掉:对于货币而言,作为货币除了用来进行购买,没有其他用途。⑨

他进一步表明:

> 值得肯定的是,一种产品一旦被生产出来,它立即就以它的最大价值为其他产品提供了一个市场。当生产者生产出来一种产品,他非常急切地想把它立即卖掉,否则它的价值将会在他的手中消失。如果他卖掉它得到了货币,他会同样急切地想把货币花掉,因为货币的价值也不是长久的。但是花掉货币的唯一方式就是用它来购买某种产品。因此,仅是一种产品的生产就会立即为其他产品打开销路。⑩

尽管受到了来自马尔萨斯、西斯蒙第和马克思的挑战,萨伊定律继续统治着经济学思想,直到1936年凯恩斯强调了它的弱点。不加批判地接受这个市场定律使得对经济周期的研究延迟了数十年。但是,尽管斯密、詹姆斯·穆勒和萨伊错误地假设经济会一直趋于充分就业,这个学说在长期中也有某种程度的合理性。不发达经济的特征是低产出和相应的人们的低收入。随着经济的增长,它同时会带来商品供给的增加和生产要素报酬的增长,这反过来又使对商品的需求增加。类似地,在国际贸易中,一个国家生产得越多,它就可以出口更多,并且因此可以支付更多的进口。在国内和国际贸易中,从长期来看,"供给会创造它自己的需求"。但是,从短期来看,在以市场为基础的经济中,这个原理并不正确。尽管各生产要素所得的报酬足够购买已经生产出来的所有产品,但这并不能保证这些收入的获得者会把报酬花在现有的产出上。

---

⑦ William O. Thweatt, "Early Formulators of Say's Law," *Quarterly Review of Economics and Business* 19 (Winter 1978): 79—96.
⑧ J.-B. Say, *A Treatise on Political Economy* (Philadelphia: Claxton, Remsen & Haffelfinger, 1880), 133 [orig. pub. in 1803].
⑨ Say, *Treatise*, 133.
⑩ Say, *Treatise*, 134—135.

8.3 纳索·威廉·西尼尔

纳索·威廉·西尼尔(Nassau William Senior, 1790—1864)是一个乡村牧师的儿子,是10个孩子中的长子。1825年,西尼尔成为牛津大学的首位政治经济学教授。政府任命他为负责调查重大社会问题的几个皇家委员会的成员。他的经济学思想显著偏离了古典经济学,而转向了1870年之后占主导地位的新古典经济学。

8.3.1 实证经济学

西尼尔希望政治经济学脱离所有的价值判断、政策宣传、增进福利的努力。今天我们将他所建议的这种分析方式称为实证经济学,相对应的是规范经济学,规范经济学主要关注"应该怎样",并用经济学来支持公共政策。按照西尼尔的观点,经济学家应该集中精力分析财富的生产和分配,而不是促进福利提高。西尼尔写道:

> 但是[经济学家的]结论,不管其如何普遍与真实,都不能赋予他对增加只言片语的建议的权力。那种特权属于已经全面考虑了能够促进或妨碍他所代表的人们的总体福利各种因素的学者和政治家,而不属于那些只考虑了一个因素,尽管可能是最重要的因素的理论家。政治经济学家的职责既不是建议,也不是劝阻,而是阐明基本原理。⑪

8.3.2 西尼尔的四个命题

西尼尔提出了经济学的四个原理,他认为这些原理能够得到实证检验,并且从中可以推导出一整套完整的经济学理论。

(1) 每个人都希望用尽可能少的损失来获得额外的财富。[收入或效用最大化原理]

(2) 世界上的人口数量,或者说居住在世界上的人的数量,只受道德上或物质上的不利条件的限制,或者受到对财富缺乏的恐惧的限制,而对于财富的需求是由社会中各个阶层的习性引导的。[人口原理]

(3) 创造财富的劳动和其他工具,如果用其所生产的产品作为进一步生产的手段,那么劳动和其他工具的生产能力可以无限提高。[资本积累原理]

(4) 如果农业技术保持不变,对特定区域的土地追加额外的劳动,通常会产生一个较小比例的收益;换言之,随着劳动投入的增加,尽管总收益会增加,但收益的增加和劳动的增加并不成比例。[收益递减原理]⑫

---

⑪ Nassau William Senior, *An Outline of the Science of Political Economy* (New York: Kelly, 1951), 3[orig. pub. in 1836].
⑫ Senior, *Outline*, 26.

8.3.3 节欲论

按照西尼尔的观点,商品的交换价值取决于需求与供给。需求的基础是这样一个概念:随着获得的商品单位数量越来越多,商品的边际效用是递减的。这是个很重要的洞见,后来被边际主义者进一步拓展。供给取决于生产成本。但是,西尼尔认为成本是主观的——将自然界的产物制成有用的商品所需要牺牲的数量。生产成本是工人们的劳动和资本家的节欲。节欲论(abstinence)是西尼尔为政治经济学词典贡献的一个新词汇,西尼尔这样写道:

> 但是,尽管人类劳动和独立于人类力量之外的自然界的产物是最基本的生产性力量,但它们需要第三种生产性要素的合作以使它们达到充分的效率……对于这第三种要素或生产工具而言,没有其他两种要素是缺乏效率的,我们将它命名为节欲:我们用这个术语来表示一个人的行为,他或者可以放弃对他可以支配的东西的非生产性使用,或者故意选择长远而不是立即产生结果的生产……通过节欲这个词语,我们希望表达一种不同于劳动和自然界产物的力量,它的作用对于资本的存在是非常必要的,它和利润的关系与劳动和工资的关系是一样的。⑬

西尼尔对节欲这个词语的使用,暗含了对资本家推迟(或永远放弃)消费其财富所做的牺牲的一种价值判断。马克思和德国的国家社会主义者费迪南德·拉萨尔(Ferdinand Lassalle)强烈嘲笑了这个概念。后者充满讽刺地描写了罗思柴尔德男爵的节欲和英国工人的挥霍浪费,这些工人们将每周几先令的收入全部花在了消费上。后来阿尔弗雷德·马歇尔将储蓄重新定义为等待,也就是推迟消费。这个词比节欲一词既具有较少的感情色彩,又不会引起太多的争议;它并不暗含富人在积累财富过程中的任何痛苦或牺牲。

社会主义批评家在嘲弄关于储蓄这个令人厌恶的概念时,忽视了至关重要的一点:牺牲不是储蓄的总量,而是边际量——作出决策的那个变化点。一个富翁储蓄 10 000 美元,比之于一个穷人储蓄 100 美元,每一美元带给富人的痛苦要少于带给穷人的痛苦。但是,让我们考虑一下处在不确定性边界上的那部分储蓄——在这一点上个人要作出决定是储蓄还是消费。在那些边际点上——第 10 000 美元和第 100 美元——推迟消费所做的牺牲可能是相等的。它们也可能大到要求得到利息形式的补偿。

从储蓄的定义中可以推导出一个与古典经济学长期相关的有趣的含义。储蓄是能够产生新的投资支出的活动。当放弃消费获得的报酬——利息率(i)——上升时,更多的储蓄(S)就产生了。用数学表示,即 $S=f(i)$。另一方面,投资支出(I)——对资本品的购买——与投资的机会成本即利息率(i)成反向变化,即 $I=g(i)$。这样就可以得到萨伊定律的扩展:因为储蓄是利息率的正函数,投资是利息率的负函数,因此利息率会调整到全部储蓄都实现投资的水平。如果由于某种原因储蓄量上升(消费下降),均衡

---

⑬ Senior, *Outline*, 58—59.

利率将会下降,这反过来又会增加资本品的借入和购买。消费品支出的下降将正好被资本品支出的增加所抵消。因此,从这个古典主义观点来看,总需求不足就不会发生,萨伊定律不会因储蓄行为而失效。

8.3.4 生产性劳动

斯密认为服务的提供者都是非生产性的,西尼尔不同意这一观点。西尼尔认为律师、医生和老师都是生产性的,因为他们促进了财富的增长。士兵必须保护农民,在这种情形下二者都是生产性的。假设雇用1000人来制造栅栏和门闩以防止小偷;相反,如果他们中的100人成为保安工人就可以达到相同的目的,难道这种从"生产性"到"非生产性"工人的转变使财富减少了吗?对西尼尔来说,合理的划分不是生产性和非生产性劳动,而是生产性和非生产性消费。非生产性消费包括对花边、刺绣、珠宝、香烟、杜松子酒和啤酒的消费,它们都会减少商品的数量而不会增加工人的生产能力。

8.3.5 政策立场

西尼尔并没有注意遵守他自己的规定,即经济学家不应该提供只言片语的政策建议。在他长期的公共生活的职业生涯中,他对政策问题表达了很多看法,但从未解释过他的这些建议是否是基于他的经济学理论而提出的。

济贫法。1832年西尼尔被任命为济贫法委员会的成员。由他主要执笔的一份报告导致了1834年的严厉的济贫法修正案,这个修正案试图阻止那些身体有能力工作的人申请社会救济。该法案确立了这样一个原则,接受福利的人的生活条件应该比那些获得最低工资的工人的生活条件要差。这些济贫法案实施了70多年。

行业工会。作为一个有限政府、经济自由(如他认为的那样)、劳动力流动的热情支持者,西尼尔毫不含糊地反对行业工会运动。他的建议有:禁止劳动力对贸易的共谋与限制,严惩组建工会的一切请求,禁止和严惩一切工会纠察,没收工会的基金,用公共资金补偿那些在抵制工会过程中受伤的人。

工厂法。1837年西尼尔出版了一本小册子反对英国的工厂法。当时的工厂法将雇用儿童在工厂工作的时间限制在12小时。尽管他赞成对童工进行管制的原则,但他反对法律限制成年人的劳动时间。在计算更短的工作日的经济效应时,他没有考虑到原材料、供热、供电、折旧等所省的费用。他也忽略了缩短工作日可能提高每小时产出的可能性。他混乱的、错误的推理得出了这样一个结论:所有的利润都来自最后1小时的工作。如果工作日被缩短1小时以上,资本家就不能获得利润,而英国就将在与外国生产者竞争中被摧毁。他主要关心的是抨击日渐高涨的要求10小时工作日的煽动行为。

8.4　约翰·斯图亚特·穆勒

8.4.1　生平与所受到的影响

约翰·斯图亚特·穆勒(John Stuart Mill,1806—1873)是古典学派最后一位重要的经济学家,毫无疑问也是自1823年李嘉图去世以后最伟大的经济学家。穆勒作出了一些重要的原创性贡献,并且将他的先辈们的经济思想作为一个整体加以系统化和普及推广。在穆勒成年时代,古典学派已经开始衰落,他也背离了由斯密和李嘉图创建的古典结构中的一些主要概念。在他去世以前,新古典经济学就已经开始出现在历史的舞台,并最终取代了它的古典经济学祖先。穆勒的巨著《政治经济学原理》(*Principles of Political Economy*)首次出版于1848年,直到1920年在美国再次出版,至少到阿尔弗雷德·马歇尔于1890年出版《经济学原理》之前,这部书一直是该领域最重要的教科书。

在去世后不久出版的《自传》中,穆勒描写了他令人惊奇的成长历程。他的父亲詹姆斯·穆勒曾督促李嘉图进行写作、出版、在国会就职;詹姆斯使边沁的思想普及并帮助建立了所谓的哲学激进派,推动了英国的政治改革。詹姆斯·穆勒还提出了萨伊市场定律的最早的明确表述。作为一个厉行纪律的人,他亲自指导约翰——九个孩子中的长子——的教育。老穆勒坚信人们在出生的时候是相似的,他们内在的、遗传的学习潜力很少或没有重要的差别。任何孩子都可以被塑造成那些被误认为是天才的孩子那样。因此,他培养约翰来传承功利主义经济学和政治学的先驱们的伟大事业。约翰在3岁的时候开始学习希腊语,但是他愧疚地说:"我直到8岁时才开始学习拉丁语。"[14] 那时他开始阅读古希腊哲学家的原著,但并不总能理解。11岁的时候他阅读了父亲的《印度史》一书的校样,并留下了深刻的印象。当他12岁时就已经掌握了代数和初等几何,并且开始学习微积分;那时他已经写了一本关于罗马政府历史方面的书,但没有出版。之后他开始学习逻辑学,在13岁时开始学习政治经济学。在15—18岁期间,他编辑出版了边沁的五卷手稿。19岁的时候他开始发表独创性的学术论文,20岁时他就得了难以避免的神经衰弱。

历史借鉴8-3
穆勒、泰勒和妇女的权利

约翰·斯图亚特·穆勒在24岁时遇到了哈丽雅特·泰勒夫人(Mrs. Harriet Taylor, 1807—1858)。他们之间建立了热情的友谊与联系,他们甚至一起到欧洲大陆和英国的乡村度假。20年后,她丈夫去世,约翰和哈丽雅特结为夫妇。穆勒将他的人道主义、对人类

---

[14] John Stuart Mill, *Autobiography* (New York: Columbia University Press, 1924),4[orig. pub. in 1873].

进步的希望与信念、对自由的热爱、对妇女权利的积极捍卫,都归功于他的妻子。

哈丽雅特和约翰·斯图亚特·穆勒关于妇女经济权利的观点是非常有趣的,特别是考虑到今天对这个主题的强烈兴趣。在初次发表于 1851 年的一篇论文《论妇女的解放》(*Enfranchisement of Women*)中,穆勒夫妇谴责将妇女排除在被认为"不适合女性"的某些领域之外;他们批判这种观点,即认为妇女"适合的领域"不是政治和公共生活,而是私人和家庭生活。他们认为任何人都没有权利决定什么是或什么不是他人"适合的领域"。

> 让每一个职业对所有的人都是开放的,对任何人都没有优惠或阻碍,各种职业都应该属于那些经验证明能最好地胜任它们的男人和女人。没有必要担心女人会将男人从他们更能胜任的职业中排挤出去。每个人都可以证明他或她的能力,而可以证明能力的唯一方式是尝试;整个世界将会从它所有居民的最优秀的能力中获益。但是不论特定性别或阶层的个人具有什么样的天才、天赋、能量或思维能力,预先以一种任意的限制来干预并且宣布哪些能力不应被发挥,或者哪些能力应以许多方式中仅有的几种方式来发挥,而其他的人却被允许以所有的方式来发挥,这不仅是对个人的一种不公正和对社会的不可避免的损害,而且影响也是最大的,不能根据性别或阶层来规定哪些能做,哪些不能做。*

在《妇女的屈从地位》(*The Subjection of Women*)(发表于 1869 年)中,穆勒提出了这样的观点,即给予女性以平等的权利也会让男性受益。他说,想一下伴随着这样一种观念长大对于一个男孩意味着什么:他相信没有自己的优点或努力,即使可能是空虚和无知的,但仅凭作为一个男性这一事实他就比世界上的任何一个女人都要优越。他的感觉类似于一个世袭的国王。丈夫与妻子的关系类似于主人和仆从。"但是仆从的性格可能受到他的从属地位的影响,无论好坏,但是谁曾看到主人受到坏的影响?" **

尽管自从 19 世纪中期以来,在劳动大军中妇女的权利和作用都大大扩展了,但现代研究继续发现在报酬支付中存在性别歧视。*** 而且,女性过多地从事相对低收入的工作,如教育、护理、育婴、职员、秘书工作等领域。这种模式反映了自由选择还是性别主义与歧视?在确实拥有女性经理的公司中,它们是否也有"玻璃天花板"来防止女性到达最高管理职位?政府要求公司采取切实措施来雇用更多女性的做法是否有效和公平?这些当代问题肯定能够引起穆勒夫妇的极大兴趣。

---

* John Stuart Mill, "Enfranchisement of Women," *Dissertations and Discussions*, 2 vols. (London, 1859), 2:423.

** John Stuart Mill and Harriet Taylor Mill, *Essays on Sex Equality*, ed. Alice S. Rossi (Chicago: University of Chicago Press, 1970), 219.

*** 该文献的摘要请参见:Francine D. Blau and Marianne A. Ferber, "Discrimination: Empirical Evidence from the United States," *American Economic Review* 77 (May 1987): 316—320; Glen G. Cain, "The Economics of Discrimination: A Survey," in *Handbook of Labor Economics*, eds. Orley Ashenfelter and Richard Layard (Amsterdam: North Holland Press, 1986), 693—785.

约翰·斯图亚特·穆勒在他的《自传》中写道,他父亲让他阅读许多他并不感兴趣的著作,并要口述这些著作的内容。他只被允许有少量的玩具和儿童书籍,不允许度假或与其他小孩过多联系,以防止工作习惯被打断或养成懒散的习性。"但是我父亲在所有的教导中,不仅要求我做到我所能做的最大限度,而且还要求做许多我根本不可能做到的事情。"⑮无怪乎,约翰·穆勒称他的父亲"他与他孩子之间的精神联系主要缺乏的因素就是温柔"⑯。

尽管在边沁主义的传统中长大,但是穆勒拒绝后者狭隘的、教条的功利主义,这是由于边沁认为人类的行为动机仅仅受到自爱和自我满足的欲望所驱使,而穆勒认为这种观点具有很大的局限性。他质疑边沁忽略了人们出于自身的目的而对完美、荣誉和其他目标的追求。穆勒并没有放弃功利主义思想,而是修正了它们。比如,他不仅关心享乐的数量,也关心享乐的质量。

穆勒的《政治经济学原理》分为五册,分别是《生产》、《分配》、《交换》、《社会进步对生产和分配的影响》和《论政府的影响》。我们将按照这些题目来安排本章其余部分的结构。

8.4.2 生产

在第一册中,穆勒分析了三种生产要素:土地、劳动和资本。财富被定义为拥有交换价值的一切有用的东西;只有物质产品才被包括在其中,因为只有它们才能够积累。生产性劳动只包括那些创造体现在物质产品中的效用的努力。但那些只能够间接生产物质产品的劳动也被认为是生产性的。因此,教育家和政府官员也是生产性的,因为他们的服务创造了物质产品生产所必需的各种条件。非生产性劳动是那些最终不能创造物质财富的劳动。例如,产生直接享乐的劳动不带来可积累的存货的增加或者享乐的持久财富,这样的劳动是非生产性的;挽救一个朋友的生命是非生产性的,除非这个朋友是一个生产大于消费的生产性劳动者;传教士和牧师也是非生产性的,除非他们在宣扬宗教信条之外还传授文明技巧。然而,非生产性劳动可能是有用的。

资本,作为储蓄的结果,是劳动产品存量的积累,并且它的总量限制着工业的规模。资本的每一次增加都能不受限制地增加额外的劳动就业。这种趋势削减了对富人非生产性支出从而给穷人提供就业的需求。穆勒假设资本家通过节欲所储蓄的一切都会被用来投资。如果资本家减少在奢侈品消费上的支出而增加投资支出,工资基金和对劳动力的需求就会上升。如果人口增长了,靠工资收入的人对必需品需求的增加就会抵消资本家对奢侈品需求的减少。如果人口的增长慢于资本的增长比例,工资就会上升,工人们的奢侈品消费就会取代雇主们的奢侈消费。这是一个充分就业的乐观世界。"因此,对财富的限制永远不是缺乏消费者,而是缺乏生产者和生产能力。资本的每一次增加给劳动者带来的要么是额外的就业,要么是额外的报酬;要么使整个国家富裕,

---

⑮ Mill, *Autobiography*, 5.
⑯ Mill, *Autobiography*, 43.

要么使劳动者阶级富裕。"⑰

增加生产的障碍是什么？穆勒认为，缺乏劳动力不是障碍之一，因为人口可以按几何级数增长。人口没有按几何级数增长是因为人类的倾向超过了纯粹的动物本能。人类不会像猪那样繁殖，而是受到谨慎的限制，从而使繁殖数量不能超越维持生存的手段。人口不是受需求本身的限制，而是受到对需求的担心的限制。

资本的增长取决于两个因素：(1) 从事生产的人获得生活必需品之后的剩余产品；(2) 储蓄倾向。从资本中获得的利润越多，资本积累的动机就越强。人与人之间、国家与国家之间的储蓄倾向也是不相同的。

有限的土地范围及其有限的生产能力是生产增长的真正障碍。穆勒意识到在制造业中存在递增的规模报酬，即在一定限度内，企业规模越大，它就越有效率。他认为农业表现出规模报酬递减，规模更大的农场并没有产生同等比例的产出增加。他将短期的收益递减规律仅仅应用于农业上，即如果土地的供给是固定的，增加劳动力并不能同等比例地增加产出。穆勒本人并不关心在工业上如果资本保持不变，是否能够保持相同比例的产出。他对这两个部门区别对待的原因是他假设资本的供给能够容易地增加，而土地的供给则不能。穆勒对短期收益递减规律与长期规模报酬的暗含的区分是一个非常重要的观点，后来新古典经济学家在此基础上构建了企业理论。

8.4.3 分配

在第二册《分配》中，穆勒开篇提出了他著名的、影响深远的论断：

> 财富生产的规律和条件，具有某些自然真理的特征。它们之中没有可选择的或任意的东西……而财富的分配不是这样。它仅是人类的一种制度而已。东西一旦存在，人类，不管是个人还是集体，都可以以喜欢的方式处置它们。⑱

穆勒没有认识到生产和分配是相互关联的，对其中一个的干预会牵扯到对另一个的干预。那些"东西"并不是作为已经生产出来的大量产品存在于那里，而更像通过生产要素报酬提供的激励而生产出来的连续的流量。如果收入分配不利于生产的维持，那么这个流量就会减少或者完全中断。尽管引文中他的这两个命题都很夸张，但它们使得穆勒提出了这样的观点，即政治程序在决定合理的收入分配方面发挥着更大的作用。这可以说这是穆勒的功劳，因为他放弃了李嘉图的无法改变的"分配规律"思想，而在这个规律下人道主义不起任何作用。穆勒对古典学派关于自然规律的普遍性和永久性的信念提出了挑战。这可以为他的以下观点提供合理化解释，即他主张对从远亲那里继承遗产进行限制，支持其他一些能够使财富所有权更加分散化的措施。尽管他基本上赞同以私人企业、利润引导的经济，但他欢迎以"利润分享"和"生产者合作"作为提高工人们财富的手段。

---

⑰ John Stuart Mill, *Principles of Political Economy*, 7th ed. (London: Longmans, Green, 1896), 43 [orig. pub. in 1848].
⑱ Mill, *Principles*, 123.

8.4.4 穆勒论工资基金

穆勒,像他以前的西尼尔、李嘉图、詹姆斯·穆勒和斯密等人,接受工资基金的概念。他认为,工资主要取决于劳动需求和供给。对劳动的需求取决于留出来用于支付工资的那部分资本。劳动的供给取决于寻找工作的人的数量。在竞争规律下,工资不受其他任何东西的影响,而只受资本和人口的相对数量的影响。除非所雇用工人的总工资基金上升或雇佣工人的数量下降,否则工资率就不可能上升。除非用来支付工人工资的基金有所下降或者需要支付工资的工人数量上升,否则工资率也不可能下降。这个理论预先假设了一个单一的劳动需求弹性;不论工资率是多少,支付给劳动力的数额是相同的。

按照穆勒的观点,随后可以推出这样的结论,即政府不能通过固定一个高于均衡水平的最低工资额来提高总的工资报酬。假设工资基金是一个固定的规模,某些工人获得的较高的工资收入将会被失业工人损失的工资收入完全抵消。为了补救这种状况,政府可以通过税收来设立强制储蓄,以此来扩大工资基金的规模,并用这些收益来消除由于最低工资法所导致的失业。穆勒意识到这会产生消除穷人生殖的限制性影响的副作用。"但是没有人有权利带来一个生命,却由其他人来抚养。"[19]

这个工资基金学说为反对工会主义提供了基础,尽管穆勒并没有将其应用于这个目的。工人们不能通过集体行动来提高他们的收入。如果某一个集体提高了工资率,其他地方的工资就必然要下降。穆勒热情地支持自由,主张工人们有权利联合起来提高工资,尽管他认为工会很少能有效地提高工资,而且即使能够有效提高工资,也很少是适当的。

工资基金的概念是错误的,因为没有一个预先确定的资本比例必须用来支付给工人。基金思想的提出是因为一个季节的成果要用于提供工人下一年的生活必需品。但是一旦一个企业成立,工资并不是由所谓的循环资本的预付资金来支付的,而是来源于销售产品收入的现金流。后来的经济学家指出,雇用工人的决策并不是基于过去得到的收入,而是基于工人帮助生产的产品售出时企业的预期收入。

据推测,穆勒曾经在1869年发表于《双周评论》(*Fortnightly Review*)的一篇书评中反驳过工资基金的概念。我们说"据推测"是因为在这一点上有很多争论。一些经济思想史学家声称,穆勒确实批判过这一思想,但事实上他并没有做到他认为已经完成的那样好。[20] 而其他一些人认为,他要批评的并不是工资基金的概念,而是这样一个概

---

[19] Mill, *Principles*, 446.
[20] R. B. Ekelund Jr., "A Short-Run Classical Model of Capital and Wages: Mill's Recantation of the Wages Fund," *Oxford Economic Papers* 28 (March 1976): 22—37.

念,即给定基金的情况下,工会不能提高工资。㉑ 穆勒说,工会能够提高工资的一般水平。他们自身的高工资可能会帮助那些有少量子女、品行端正的工人阶层,由此导致的失业可能会提高那些拥有较大家庭的工人阶层的死亡率。如果是这种情况,人口相对于工资基金的规模会下降,而工资总体水平会上升。无论如何,穆勒得出了如下结论,工资增长的极限是这样一点,在这点上工资如果进一步增长雇主就会财务破产或被迫终止企业。

在我们结束对穆勒著作中关于分配问题的讨论之前,他提出的另外两个观点也值得一提。第一,他认为,利润包括三个组成部分:利息、保险费、监督工资。这些是对节欲、风险、资本使用过程中的各种努力的报酬。考虑到不同的风险、不同职业的吸引力、自然或人为垄断,资本使用在所有领域所得的利润率趋向于均等。

第二,与在他之前的斯密一样,穆勒注意到用于教育和培训的支出部分表现了被后来的工资收益证明是合理的当前的投资。今天,我们将这些支出看作人力资本投资。穆勒这样写道:

> 如果一个工匠在能够挣到任何东西以前必须工作几年才能学会他将要从事的行业,而为了能够更好地操作他还要再花几年才能足够熟练,那么他的前景必须是这样的:他最终能够挣得足够多以支付以前劳动的工资,并且必须补偿支付的延迟和他的教育费用。因此,他的工资必须高于正常的数额,也就是在他期望生活和工作的年数里,他必须得到一个足够重新支付这些数额的年金并且包括一个正常的利润率。㉒

8.4.5 交换

在他的《政治经济学原理》题为"交换"的这一部分中,穆勒充满自信地写道:

> 令人高兴的是,关于价值规律没有任何问题留给现在或将来的学者来澄清;关于这个主题的理论已经非常完备;唯一要克服的困难是这样表述它是为了解决预期在应用中可能发生的主要的问题。㉓

价格是以货币的形式来表示一种物品的价值,一种商品的价值以它能够购买其他商品的总的能力来衡量。价格有可能会上升,而价值不会普遍上升,因为在相对条件下所有商品的价值不可能同时上升。

一件商品的价值不可能高于买主所估计的使用价值。有效需求——欲望加购买能力——因此是价值的一个决定因素。但是不同的价值会有不同数量的需求。如果需求

㉑ E. G. West and R. W. Hafer, "J. S. Mill, Unions and the Wages Fund Recantation: A Reinterpretation," *The Quarterly Journal of Economics* 92 (November 1978):603—619. 这种观点受到了以下挑战,参见:R. B. Ekelund, Jr., and William F. Kordsmeier, "J. S. Mill, Unions and the Wages Fund Recantation: A Reinterpretation—Comment," *Quarterly Journal of Economics* 96 (August 1981):532—541.

㉒ Mill, *Principles*, 236—237.

㉓ Mill, *Principles*, 265.

部分地取决于价值而价值又取决于需求,穆勒问道,这难道不是一对矛盾吗?他通过引入需求表(反映价格与需求数量之间的关系)的概念解决了这个问题,并且通过这样做把价值理论向前推进了一大步。需求数量会随着价值(价格)的变化而变化。市场价值由需求和供给的交点决定,一旦这个价值得以确定,需求的数量就确定了。

穆勒对供给与需求表、供给与需求弹性以及它们对价格的影响有着准确的理解。这些都是非常重要的概念,在此基础上阿尔弗雷德·马歇尔进一步建立了他的详尽的边际主义原理。按照供给弹性,穆勒将产品分为三大类,第一类是"数量绝对有限的东西,比如古代雕塑和古画"[24],我们称这类是完全无弹性的供给,价格变化不会导致供给数量的变化。穆勒认为,需求和供给调节这类商品的价值,其中需求具有极其重要的地位。第二类是那种供给具有完全弹性的商品,穆勒认为大多数可以买卖的产品都属于这一类。在单位产出成本不变的情况下,生产可以无限扩张,这类商品的价值取决于供给,或者生产成本。第三类产品是那些供给具有相对弹性的产品——那些处于两个极端之间的产品。正如穆勒所言:"在既定成本下,只有有限的数量能够被生产出来;如果需要的更多,只能以更高的成本生产。"[25]农产品和矿产品就是这样的例子,它们具有不断上升的生产成本。它们的价值取决于"供给所需要的生产和运输到市场上最昂贵部分必要的费用"[26]。或者,就是我们所说的边际成本。

当然,前面的分析也适用于长期的商品。在短期,按照供给和需求的关系,价格围绕价值上下波动;当需求上升时,价格上升;而当供给增加时,价格下降。

穆勒这样描述他的均衡价格与弹性的概念:

> 让我们假设在某一特定时间段里,需求超过供给,即按照市场价值,人们想要买的数量远远超过可供销售的数量,竞争就发生在买者这一方,价值将会上升,但将会上升多少?按照短缺率(一些人可能会这样假设):如果需求超过供给1/3,价值也会上升1/3。但绝不是这样;因为当价值上升1/3,需求仍可能超过供给;甚至在更高的价值上,需求数量仍可能超过供给数量;买方之间的竞争仍将继续。如果这种物品是生活必需品,人们可能愿意支付任何价格,而不会放弃它们,1/3的短缺可能使价格上升2倍、3倍或4倍。或者相反,在价值上升到与短缺比例持平以前竞争就有可能停止。一个不到1/3的上升就可能使这种商品超出购买者的财富或意愿,使购买者不会购买至最大数量。那么,将会上升到哪一点呢?无论如何,将会达到使供给与需求相等的那一点。[27]

8.4.6 国际价值规律

穆勒赞同李嘉图所倡导的基于比较成本规律的自由国际贸易。但是对于这一规

---

[24] Mill, *Principles*, 548.
[25] Mill, *Principles*, 547.
[26] Mill, *Principles*, 589.
[27] Mill, *Principles*, 277.

律,穆勒增加了一个国际价值规律,这是他对经济分析作出的最重要的原创性贡献之一。在此,商品的需求弹性又一次进入他的理论之中。

回想一下,李嘉图的国际贸易理论是不完善的,它没有揭示贸易所得在贸易国家之间如何分配。穆勒说明,实际的实物贸易条件不仅取决于国内成本,还取决于需求的类型。更具体地,国际交换的条件取决于国外对每种产品的需求的能力和弹性。

尽管穆勒的理论有些错综复杂,但其整体概念还是相当直接的。㉘ 他首先指出,一件进口商品的价值,就是用来支付它的出口商品的价值。一个国家能够卖到国外的商品构成了它用于从其他国家购买物品的收入。因此,可供出口的商品的供给可以被认为是对进口的需求。穆勒将这个思想称为"相互需求"。

穆勒明确地假设在任意既定的技术条件下,可以不改变单位生产成本而改变产出。假设在英国制造 10 码棉布和 15 码亚麻的成本相同,且与在德国制造 20 码亚麻的成本相同。如果没有运输费用,那么两国之间贸易条件的范围就限定在用 10 码棉布交换 15 至 20 码亚麻。

现在假设德国制造亚麻的生产效率提高了 50%,所以用相同的劳动先前制造 20 码亚麻,现在可以制造 30 码。这些利得将会如何在两国之间进行分配呢?如果以前用 10 码棉布交换 17 码的亚麻,现在它们是否能交换 25.5 码的亚麻(同样也是 50% 的变化)?只有当英国亚麻的需求是单一弹性,因此将和以前一样在亚麻上花费相同的收入份额时,上述情况才成立。但是如果英国对亚麻的需求是有弹性的(弹性系数大于 1),在它的价格下降到反映生产成本减少的全部数额之前,英国的购买将一直增加来购买多出来的亚麻产量。交换的比率可能会是 10 码棉布交换 21 码亚麻,德国将会得到亚麻生产效率提高的绝大部分好处。但是,如果英国对亚麻的需求是无弹性的,价格将会相当大幅度地下降来促使英国购买德国以相同的劳动就可以增加的那部分产出。德国将不得不用多于 25.5 码的亚麻来交换 10 码的棉布,这样英国将会得到绝大部分的利益。

8.4.7 经济的动态学

穆勒说,他的《政治经济学原理》的前三册包含的社会经济规律处于均衡时静止的、不变的状态,他称之为"静态学"。在最后的两册书中,他增加了关于运动、不断变化和最终趋势的理论,他称之为"动态学"。在第四册《社会进步对生产和分配的影响》中,穆勒预测了生产和人口的增长、社会对自然的控制的不断增强、个人和产权安全的不断增加以及合作的作用越来越大。随着人口的持续增长,工业发展的进步将会被农业与采矿业的收益递减所抵消。

和斯密及李嘉图一样,穆勒认为利润率会逐渐下降。他同意李嘉图的观点,即利润率的下降是不可避免的,因为不断增长的人口导致生产食物的成本不断提高。

㉘ 埃奇沃思和马歇尔后来用图描述了穆勒的相互需求理论。参见:Robert B. Ekelund Jr. and Robert F. Hébert, *A History of Economic Theory and Method*, 4th ed. (New York: McGraw-Hill, 1997), 178—182.

在一个由地主、资本家和劳动者组成的社会里,社会的经济进步将会使地主阶层渐渐富有,同时,劳动者的生活费用从总体上来说也会不断增长,而利润则会下降。农业进步是后两种效果的一种反作用力;而第一种效果,尽管暂时被阻止也是可能的,但是最终在一种更高程度上会由于那些进步而得到提高;而人口的增长将会把来自农业进步的全部收益都转移给地主这一阶层。㉙

但是,穆勒揭示了为什么一个不断下降的利润率是可以接受的,进而指出一个更有希望的未来,在这方面他比李嘉图更加乐观。

在每时每地都会有一些特别的利润率,它们是最低的利润率以致吸引那个国家和那个时候的人们积累储蓄,并将那些储蓄应用于生产性方面。这个最低利润率随环境的不同而有所变化。它取决于两个因素。其一,积累的实际欲望的强度,那个地方和那个时候的人们对将来的利息与现在所做的对比性估计。这个因素主要影响储蓄倾向。另外一个因素是应用于工业生产的资本的安全程度,它对储蓄意愿的影响不像对将储蓄应用于生产性方面的倾向的影响那样大。㉚

穆勒写道,社会进步将逐渐降低可接受的最低利润率。更多的安全、更少的战争破坏、减少的私人和公共暴力、教育和公正的进步——所有这些都将降低投资的风险,进而降低最低的必要的利润率。另外,人们在为将来的目标而牺牲现在的享受方面将会表现得更加深谋远虑和善于自我控制。尽管利润率较低,但这将提高储蓄量,降低利息率,提高资本积累。

资本的增长不会引起市场上供过于求,因为萨伊定律会使经济维持在充分就业状态运行;但是利润率会下降。然而,这种趋势将会被以下因素所抵消:危机中资本价值的浪费与破坏、生产进步、国外便宜商品的流入、资本流出到殖民地或国外。

穆勒认为,进步的最终结果将会是一种稳定状态。但是他感到疑惑的是,为什么我们必须要有一个较快的进步速度?为什么我们不满足于一个巨大的产出和更加平等的收入分配?

因此,我不能像较老学派的政治经济学家那样以一种自然的反感来看待资本与财富的静止状态。我倾向于相信从整体上来说,我们现在的情况将会有一个非常可观的改进。我承认我对那些认为人类的正常状态就是不断奋斗以取得进步的那些人的生活观念并不感兴趣;对于认为人们相互践踏、压迫、推搡以及踩踏别人的后脚跟是很多工业进步中最适合的方式的这种生活观念,我同样不感兴趣,尽管它们构成了社会生活的现存方式……只有在世界上的落后国家中,提高产出仍然是一个重要目标;在较为发达的国家,经济上所需要的是更好的分配,为此,一个必不可少的手段是对人口实行更加严格的控制。㉛

㉙ Mill, *Principles*, 439.
㉚ Mill, *Principles*, 441.
㉛ Mill, *Principles*, 453.

随着工人阶级不断提高他们的知识、教育和对独立的热爱,他们的良好观念也会相应增强。他们的行为习惯将会导致人口相对于资本与就业的不断减少。利润分享型企业和合作型公司,在竞争的环境中运转,会进一步改善条件。穆勒主张,这要优于完全的社会主义,因为社会主义会通过贬低竞争来促进垄断。

8.4.8　论政府

在最后一册《论政府的影响》中,穆勒为最小政府的概念辩护:

> 在所有的较为发达的社会中,如果政府加以干预,绝大部分事情将会比让对这件事情感兴趣的个人来做,或者留给他们让他们来做要差。这一真理的依据被以大致可接受的准确性表述在流行的格言中,即人们对自己的事务和利益的理解和关心要超过政府做到或被期望做到的。[32]

但是,穆勒又列举了足够多的例外来压抑这个思想。他指出,处于市场经济中的个人不一定能够最好地判断社会应该提供多少教育。童工应该受到管制。市政当局应该经营自然垄断部门,例如天然气和自来水公司,或者它们的利润率应该由政府规定。当个人能够对他们自己的利益作出很好的判断时,政府应该对那些判断施加影响;例如,如果工人们能够从工作日由 10 小时减少到 9 小时中获益,政府就需要采取行动来赢得这个许可。如果人们将要接受慈善帮助,这种帮助来自公共当局要比来自不稳定的私人慈善机构要更加适宜。立法者应该监督和管制殖民计划。[33] 政府还应该做那些能够促进所有人的整体利益而对私人却无利可图的事情,比如开展地理和科学探索。最后,

> 在某一给定年代或国家的特定环境中,可能几乎没有任何东西对于整体利益是真正重要的,这种对整体利益真正重要的事由政府去承担,可能是不合意的甚至是不必要的,但这不是因为私人不能有效地完成,而是因为他们不愿意去做。在某时或某地,除非政府去建立,否则将没有公路、码头、港口、运河、灌溉工程、医院、学校、大学、出版社。[34]

8.4.9　对穆勒的最终评价

约翰·斯图亚特·穆勒在任何知识历史中都必定非常杰出。他的重要性不仅局限于他是古典学派最后一位伟大的经济学家——在李嘉图和马歇尔两代经济学家之间最伟大的正统经济学家。他的第一部重要著作《逻辑体系》(*System of Logic*,1843)使他成为一位重要的逻辑学家。他出版的论文,包括《论自由》(*On Liberty*,1859)、《代议制政府》(*Considerations on Representative Government*,1861)和《妇女的屈从地位》

---

[32] Mill, *Principles*, 571.
[33] 有些讽刺意味的是,穆勒的整个工作期间都受雇于东印度公司,东印度公司在 1600 年到 1858 年控制着英国在印度的贸易和殖民。
[34] Mill, *Principles*, 590.

(1869)，表明他是一位杰出的政治科学家、社会哲学家和民主生活方式的拥护者。在对现状的尖锐批评、对他那个时代激进改革的支持和他对经济学学科作出的具体贡献中，他突出地表现出一种勇敢和诚实的形象。愤世嫉俗者也许会嘲笑他的这一信念，即通过我们知识和道德能力的发展可以获得进步，但不可否认，他对人性的完善有着崇高的设想。在以冷酷的理性和时而悲观的预测而闻名的经济科学中，作为一个主要的理论家，穆勒的热情、人道主义精神和他对穷人与底层人的同情是不同寻常的。

我们将结束对约翰·斯图亚特·穆勒的研究而转向社会主义者，他们的观点更具有不妥协性。

复习与讨论

1. 解释以下名词，并简要说明其在经济思想史中的重要性：边沁，享乐主义，功利主义，萨伊，市场定律，西尼尔，实证经济学，节欲，詹姆斯·穆勒，约翰·斯图亚特·穆勒，需求和供给表，工资基金，国际价值规律，相互需求，穆勒的静止状态。

2. 应用边沁的效用理论(快乐和痛苦的计算)来解释下列各项：(a) 在一家快餐店排成的各队将会一样长；(b) 其他方面都相同，在具有较高的工伤和死亡风险的职业较安全的职业会提供一个更高的年收入；(c) 一些大学生对某一门功课的旷课要比其他课程多；(d) 当两件产品的质量相同时，消费者倾向于选择价格较低的产品。

3. 你是否同意边沁的如下观点：团体的利益是组成这个团体的成员个人利益的简单加总；如果是这样，那么当无论何时某人的净快乐增加时，这个团体的利益也增加了那个数量。

4. 边沁用金钱衡量效用。在什么情况下这是有意义的？在什么情况下用金钱衡量幸福与痛苦就有点力不从心了？许多现代经济学家称人与人之间的效用无法比较，这与其有什么关系？

5. 什么是市场定律？区分下列人中谁支持、谁反对这一概念：斯密、詹姆斯·穆勒、萨伊、马尔萨斯、李嘉图、西尼尔、约翰·斯图亚特·穆勒。

6. 请扩展下面这个论断：柯尔培尔、杜尔阁和萨伊的名字反映了1650年到1825年间法国经济思想模式的变化。

7. 实证经济学与规范经济学有什么不同？这两个概念是完全互斥，还是在某些方面有所重合？

8. 讨论西尼尔的论断："政治经济学家的任务既不是推荐也不是劝阻，而是证明一般原理。"在哪种情况下经济学家应该尝试劝说？

9. 请画一个现代供给与需求图，具体表现以下信息：纵轴表示利息率(i)；横轴表示储蓄(S)和投资(I)；储蓄是利息率的一个正函数，而投资是利息率的一个负函数。用这个图来解释：(a) 为什么储蓄等于投资；(b) 为什么储蓄的增长(曲线向右移动)不会减少经济中的总支出。联系萨伊定律说明。

10. 西尼尔和约翰·斯图亚特·穆勒如何修改了马尔萨斯的人口理论？

11. 穆勒关于分配的观点与其关于生产的观点，有哪些根本差异？穆勒与李嘉图关于分配的观点如何不同？

12. 参考上一章中的表7-3，确定布和酒的贸易条件的范围。根据穆勒的观点，什么将决定这个范围中的实际贸易条件？

13. 比较穆勒和斯密，穆勒和马尔萨斯，穆勒和李嘉图。

14. 有限政府论的支持者经常从古典经济学那里寻求智力支持。在哪些方面古典经济学支持这种观点？在哪些方面他们可能还呼吁更多的政府干预，而不是像有限政府论的支持者希望的那样？

精选文献

书籍

Bentham, Jeremy. *The Collective Works of Jeremy Bentham*. Edited by J. H. Burns. Vols. 1 and 2, *The Correspondence of Jeremy Bentham*. London: University of London, The Athlone Press, 1968.

——. *An Introduction to the Principles of Morals and Legislation*. New York: Hafner, 1948 [orig. pub. in 1780].

Blaug, Mark, ed. *Ramsey McCulloch, Nassau Senior and Robert Torrens*. Brookfield, VT: Edward Elgar, 1992.

——, ed. *Jean-Baptiste Say*. Brookfield, VT: Edward Elgar, 1991.

——, ed. *Robert Malthus and John Stuart Mill*. Brookfield, VT: Edward Elgar, 1991.

Bowley, Marion. *Nassau Senior and Classical Political Economy*. New York: Kelley, 1949.

Hollander, Samuel. *The Economics of John Stuart Mill*. 2 vols. Toronto: University of Toronto Press, 1985.

Mill, John Stuart. *Autobiography*. New York: Columbia University Press, 1924 [orig. pub. in 1873].

——. *Dissertations and Discussions*. 2 vols. London: 1871 [orig. pub. in 1848].

——. *Essays on Some Unsettled Questions of Political Economy*. London: The London School of Economics and Political Science, 1948 [orig. pub. in 1844].

——. *Principles of Political Economy*. 7th ed. London: Longmans, Green, and Co., 1896 [orig. pub. in 1848].

——. *Utilitarianism*. London: 1861.

Say, Jean-Baptiste. *A Treatise on Political Economy*. Translated by C. R. Prinsep. Philadelphia, PA: Claxton, Remsen & Haffelfinger, 1880 [orig. pub. in 1803].

Senior, Nassau W. *Industrial Efficiency and Social Economy*. Edited by S. Leon Levy. 2 vols. New York: Holt, 1928 [written 1847—1852].

——. *An Outline of the Science of Political Economy*. New York: Kelley, 1951 [orig. pub. in 1836].

Stark, W. *Jeremy Bentham's Economic Writings*. 3 vols. New York: Franklin, 1952—1954.

期刊论文

Baumol, W. J. "Say's (at least) Eight Laws, Or What Say and James Mill May Really Have Meant," *Economica* 44 (May 1977): 145—162.

Bradley, Michael E. "John Stuart Mill's Demand Curves," *History of Political Economy* 21 (Spring 1989): 43—56.

de Marchi, Neil. "The Success of Mill's Principles," *History of Political Economy* 6 (Summer 1974): 119—157.

Hollander, Samuel. "The Wage Path in Classical Growth Models: Ricardo, Malthus, and Mill," *Oxford Economic Papers* 36 (June 1984): 200—212.

Thweatt, William O. "Early Formulators of Say's Law," *Quarterly Review of Economics and Business* 19 (Winter 1979): 79—96.

West, E. G., and R. W. Hafer. "J. S. Mill, Unions, and the Wages Fund Recantation: A Reinterpretation," *The Quarterly Journal of Economics* 92 (August 1981): 603—619.

第 9 章 社会主义思潮的兴起

古典政治经济学的信条与政策看法受到了不同学派思想家的批评。我们将在第 9—11 章集中讨论这些学派的思想。本章提供了社会主义概览，并研究几个批评资本主义的早期社会主义者的观点。第 10 章分析马克思关于资本主义社会的"运动规律"。第 11 章我们研究德国历史学派对古典学派思想作出的回应。

9.1 社会主义概览

9.1.1 社会主义产生的历史背景

随着大工厂的出现，工业革命摧毁了传统的农业-乡村-手工业经济的安全。这些工厂周围涌现了拥挤的贫民窟，在那里恶行、犯罪、疾病、饥饿与不幸成为一种生活方式。工业中的意外事故对于那些在事故中致残或死亡的工人家庭没有补偿或补偿不足。以工资为生的人没有政治权利，而且工会是非法的。每一次减少生产与就业的伤病的风行，都会加重工人的悲惨境遇；每一次工业化的新的胜利——尽管最终创造的新工作要多于它破坏的工作——都会将数以万计的手工业工人抛到劳动力市场中去。随着巨额财富的增加，民众的贫困似乎愈益沉重。正如乔治·克雷布(George Crabbe) 1783 年在《乡村》中所描写的：

> 财富在笑，啊，她只对少数人笑！
> 那些从来没有尝过富裕是什么滋味的人，盯着她的储藏。
> 就像挖掘金矿的奴隶们一样。
> 他们周围的财富只能使他们变得愈加贫穷。

不足为奇，在英国工业革命进行了一个多世纪以后，约翰·斯图亚特·穆勒认为"如果说一切机械发明已经减轻了今天所有人们的辛苦劳作，那么迄今为止这是有疑问的。机械的发明使更多的人过着一样的做苦力与受监禁般的生活，而发了财的工厂主或其他人的数量却越来越多。"①

针对这种情况必须进行经济改革。但是大多数资本所有者——常常引用斯密与其他古典主义者的观点——顽固地持有最好的政府是最少干预经济的政府的观念。一些历史学家得出结论,早期较温和的社会主义者劝说工商业者参加人道主义运动的失败,为马克思社会主义思潮的兴起添加了额外的力量。

9.1.2 社会主义的类型

那些提倡社会主义的人们在所追求的社会主义类型方面常常有激烈的分歧。因此在试图概括出共同观点这个更为困难的任务之前,我们有必要详细描述几种社会主义类型。社会主义包括以下几种类型。

空想社会主义。空想社会主义大约出现于 1800 年,关键人物是亨利·克劳德·圣西门、查尔斯·傅立叶和罗伯特·欧文。他们提出这一思想的社会背景是:产业工人还很弱小且没有组织,工人们因工业革命的迅速发展而意志消沉,他们被剥夺了选举权,而且还没有意识到他们自身所具有的潜在力量。空想社会主义者认为竞争的市场经济是不公平的和无理性的。他们提出了完美的社会安排的设想,并且呼吁全世界都来采纳。他们宣扬广泛的团结精神而不是阶级斗争,他们指望资本家与他们合作,甚至是资助他们的计划。这些假想的合作组织模式被详细设计出来,其中有一些还曾经被付诸实施,但往往都失败了。

国家社会主义。包括政府掌握经济中所有部门或特定部门的所有权和经营权,目的是实现整体的社会目标而不是盈利。苏联就是一个例子,这个国家所有的主要部门都实行国有和国营,直到最近才改变。但是,国家社会主义也能够在资本主义体制下出现。在美国这样的例子有联邦社会保障体系、田纳西河流域管理局以及邮政服务。历史上,国家社会主义者认为,如果扩展投票权范围并且工人能够接受教育和组织起来,那么国家就会受到影响而成为支持工人阶级的公正的力量。这样国家就可以接管企业并成为雇主,或者国家能够培育并补贴合作组织(工人与消费者作为主人)。路易·布朗基是国家社会主义主要的早期倡导者。

基督教社会主义。这种社会主义观点由查尔斯·金斯利在英国首先倡导之下,在 1848 年之后的英国和德国获得了发展。它是在英德两国激进运动失败后发展起来的。工人们被给予宗教安慰以缓解痛苦和提供希望。《圣经》规定了政府领导者、雇主与工人们的行为规范;上帝的旨意是相互关爱与协作。富人拥有的财产应该在监督下持有,以利于每一个人。这一运动否定暴力与阶级斗争,提倡卫生改革、教育、工厂立法与合作组织。

无政府主义。皮埃尔-约瑟夫·蒲鲁东(Pierre-Joseph Proudhon,1809—1865)是无政府主义最早的先驱之一。无政府主义认为一切形式的政府都是压迫性的,应该取消。

---

① John Stuart Mill, *Principles of Political Economy: With Some of their Applications to Social Philosophy*, vol. 2 (New York: D. Appleton and Company), 340.

蒲鲁东写道：

> 事实上，经验已经表明无论在何地，无论政府最初为人们做了多少事情，它总是站在与大多数贫穷阶级对立的、最富有与受教育程度最高的阶级这一边。政府逐渐变得狭隘与独断；而且，它的目标不再是维持所有人的自由与平等，而是由于它天然地喜爱特权的倾向而要固执地去破坏自由与平等……毫无疑问，我们可以得到的结论是：改革的方案不能是直接的政府，也不能是简单的政府，而是无政府……对人们的统治永远都是对人们的欺骗。政府永远也只能是一个人命令另一个人，使自由的目标只能是梦想。[②]

无政府主义并不是提倡社会无秩序，而是提倡通过自愿与共同努力组成的自治团体来形成社会秩序。他们认为，如果没有被国家及其机构腐蚀，人类的天性本质上是善良的。私人所有权应该由合作组织的集体资本所有权来取代。按照无政府主义的预想，支配农业、工业甚至是知识与艺术作品的生产者的联盟，能够使团体从事生产活动并与其他团体从事贸易往来。期望消费者的联盟能够协调住房、照明、健康、饮食与卫生。相互理解、合作、完全自由是无政府主义社会的特征。个人的积极性将会受到鼓励，所有建立统一的、集中的政权的企图都将被有效地制止。虽然实现这些目标的方法不同，但无政府主义者和空想社会主义者所设想的理想社会是相似的。

马克思的社会主义。我们将会在第 10 章发现，马克思主义，或者说"科学社会主义"，其基础是劳动价值论和资本家对工资获得者的剥削理论。虽然马克思和恩格斯强烈鄙视资本主义，但他们对资本主义释放出来的生产力和产量的巨大增长给予了赞颂。但是资本主义面临的阶级斗争与矛盾将不可避免地导致它被社会主义所颠覆和取代。资本主义国家压迫工人。在推翻资产阶级国家的过程中，工人阶级将建立自己的无产阶级专政来摧毁资产阶级。在最终实现的社会主义社会里，私人对消费品的所有权是得到允许的，但是资本和土地要由中央政府公共所有。生产与投资率都是计划的，作为经济中主要引导力量的利润动机和自由市场被取消。

共产主义。按照马克思的观点，共产主义是最终取代社会主义的社会阶段。社会主义的口号是"各尽所能，按劳分配"，而共产主义的口号则变成了"各尽所能，按需分配"。这个前提条件是物质产品相对社会需求来说极大丰富，以完成工作量为基础的报酬货币支付的取消，一个人对社会的奉献像对他或她的家庭一样无私与忠诚。当反对阶级消失时，国家就会消亡，对人们的统治将会被对事物的管理所替代，诸如大铁路系统、煤-铁-机器联合体等。

今天所谓的共产主义国家实际上已经建立了国家社会主义，或者处于正在建立国家社会主义的进程中。目前共产主义只存在于几个小的合作共同体中，通常是受共同的宗教信仰所驱使，或者受其他的改革运动及热情驱使。在这里人们共同劳动，并将所得放在一起，从共同的基金中各取所需。

---

② Pierre-Joseph Proudhon, *General Idea of the Revolution of the Nineteenth Century*, trans. John B. Robinson (London: Freedom Press, 1923), 108, 126 [orig. pub. in 1851].

修正主义。在德国,修正主义是由爱德华·伯恩斯坦(Eduard Bernstein,1850—1932)提出的。在英国,由西德尼·韦伯(Sidney Webb,1859—1947)与比阿特丽斯·韦伯(Beatrice Webb,1858—1943)领导的费边社会主义者也是修正主义者,但是与德国左翼运动不同,他们对马克思主义的坚持不大。修正主义发誓革除阶级斗争;否认国家一定是富裕阶层的工具;将希望寄托于教育、竞选、与通过投票获得对政府的控制上。政府的作用是管制垄断,控制工厂的工作条件、接管一些公共设施以及逐渐扩大资本的所有权。因为修正主义者,尤其是费边学派,赞成公共设施归市政所有,所以修正主义有时也被称为"天然气和自来水社会主义"。

工会组织主义。乔治·索雷尔(Georges Sorel,1847—1922)在欧洲拉丁国家的工人集团中提出并发扬了这一社会主义形式。工会组织主义者反对议会主义与军国主义。他们认为如果社会主义参与了政治与议会运动,就会退化为资产阶级信仰。如果在议会中提出,这个运动就将堕落为目的是赢得政治影响的机会主义。工人们需要的是一个大工会,它要做的不是资产阶级那套策略,即寻求社会改革、改善工作环境。这个工会一定不要涉猎罢工、保险基金、工会合同、工会金库或零碎的改革。罢工将必然激起工人们的革命与斗争意识,怠工也必然被经常采用作为阶级斗争的一个武器。最后,这个大工会的整体罢工将推翻资本主义。每个行业都将组成一个由工人管理的自治团体,这些团体联合起来成为一个联盟管理中心。工会组织主义者期望压迫性政府消失。

工会组织主义者不同于无政府主义者,它完全依赖革命联合主义和推翻政府的整体罢工。但是两者都赞成废除私人所有权,消灭政治性政府。世界产业工会(绰号为"摇晃工会")于1905年在美国成立,是工会组织主义团体的一个例子。

行会社会主义。牛津大学的经济学教授G. D. H. 科尔(G. D. H. Cole,1889—1959)是这种类型社会主义的主要倡导者。行会社会主义最初起源于英国的一次渐进主义改革运动,大约在一战时期达到顶峰。行会社会主义者认为国家是代表作为消费者的居民的整体利益的必要机构。真正的行业管理应该委托给雇员(生产者),由雇员们组成行业工会,而不是政府。但是政府应该为整个社会提供全面的经济政策,而不仅仅是为工人。每个工人都是其工作的企业的合伙人,这就是行会社会主义者赞成的"行业民主"的本质。国家不再被划分为相对立的资本与劳动力阵营,而是被划分为生产者和消费者,他们各自都拥有全国性的联合——行会和政府。这样,生产者与消费者就形成了一种平等的合作关系。

9.1.3 社会主义的共同特征

这些不同类型的社会主义有几个共同的特征。第一,他们都批判古典主义者的利益和谐的观念。他们把社会看作由经常存在着利益冲突的不同阶级组成。第二,可由第一点得出,社会主义者全都反对自由放任的概念。除了无政府主义,其余的社会主义者都将政府看作是工人阶级利益的一个潜在的先进代表。第三,这些人都反对萨伊的市场定律,认为资本主义会带来阶段性危机或全面停滞。第四,社会主义者否定作为古典学派思想基础的人性的概念,却相信人具有完美性。资本主义通过强调寻求利润与财富积累产生了自利行为,只有在适当的环境下,人类的高尚美德——如与人分享——才会出现。第五,为了改善大众的生活条件,每种社会主义的意识形态都提倡集体行动和企业的公共所有权。这一所有权可以由中央政府、地方政府或合作企业来承担。

9.1.4 社会主义对谁有利或为谁谋利

一些较为温和的团体(空想社会主义者、基督教社会主义者、行会社会主义者)声称代表每个人的利益,主要强调工人们的需求和利益。他们确实为工人提供服务,主要是通过唤起社会的良知和激发中产阶级的改革者,进而促进改革立法来实现的。从某种程度上来说,他们将工人从组织工会和政党转到促进他们自身的利益,他们也是为雇主和地主服务的。基督教社会主义出现时,社会主义的信条在工人中间已逐渐普及。基督教社会主义的追随者们认为激进运动必须用基督教加以改造,否则基督教就会失去吸引力。

一些更为极端的社会主义团体(无政府主义者、工会组织主义者)赞扬对抗富人的阶级斗争。他们的唯一目标就是提高工人阶级的利益。通过各种工会运动、议会的压力或者叛乱的威胁,他们的鼓动与组织帮助赢得了资本家的让步。

9.1.5 社会主义在当时如何是有效、有用或正确的

在自由放任资本主义发展的早期阶段,工人们就对其产生了合情合理的抱怨。在19世纪早期,空想社会主义表达了人们良知的不安。马克思的社会主义对当时的社会提供了一个复杂的理论剖析,揭示了那个社会的罪恶。如其他社会主义的批评一样,它在当时的时代也有一定的合理性。那些为现状辩护的人没有不偏不倚地面对贫穷与周期性的经济萧条这两大问题,而社会主义者们则对这些尚未解决的问题给予了极大的关注。社会主义促进了工厂立法、卫生改革、合作协会、工人补偿法、工会、年金等,在历史上起到了有益的作用。

9.1.6 社会主义的哪些信条具有长远贡献

许多社会主义的信条都没能经受住时间的考验。例如,在对马克思的评价(第10章)中我们可以发现,他的主要预测——工人阶级愈益贫困——没有发生。沿着社会主义道路而进行的社会重组也没有带来预期的新自由的繁荣、为提供公共产品而不断增加的集体行动、更高的道德与公正标准、更多的个人保障以及随后出现的文化复兴。

社会主义信条目前已经被证实在执行过程中有一些难以克服的问题。一个社会怎样才能创造更为公平的收入分配机制,而不损害引导产量增加(从而收入增加)的激励机制？如果收入报酬是专断的,那么什么能够阻止政府使用这个手段来奖励忠诚的人而惩罚意见不同的人？在一个巨大的工业化经济中,如何计划和协调生产性资源的分配？其中多少应该用于消费品生产,多少应该用于资本品生产？应该生产哪些消费品,各应该生产多少？如果某一种商品的唯一供应者提供的是次品,那还有什么其他选择？

消费者怎样才能把他们的意愿反映到政府的最高计划者那里？最高计划者制定的决策将极大地影响最偏远地区的最底层民众。如果没有经济自由，那么政治自由存在吗？例如，如果政府拥有所有的出版社，那么会有一家自由的出版社存在吗？如果计划的生产目标由数量来规定，那么产品的质量如何得到保证？如果缺乏企业家，那么什么力量将会促进新技术与新产品的探寻研究？

经济理论的有效性和有用性最终不能由它们激发的热情程度来判断，而应以负责的、理性的审慎研究和积累的证据来判断。特别地，无论是理性的研究还是积累的证据，都不利于极权的马克思主义。在20世纪90年代早期，这种形式的社会主义在东欧和苏联戏剧性地瓦解。其他的马克思主义体制受到了很多问题的困扰以致可能会影响它们的继续存在。

这并不是说早期的社会主义者们没有对经济思想的发展带来长远影响。事实上，他们在以下几个重要方面作出了贡献。第一，这些思想家奠定了当代社会主义经济思想的基础，强调生产资料的国家所有权，以及全国范围的计划和调控。许多国家——如印度和瑞典——仍然受着民主社会主义热望的指引。而且，在一些非社会主义环境中，包括日本、意大利和法国，还保留着规模巨大的社会主义的投票集团。从这些方面可以清楚地看到社会主义思想确实存在着长远的影响。

第二，社会主义者提出的某些政策建议现在已经成为资本主义国家的制度。当今的很多社会计划——例如社会保障、工人补偿、失业补偿、最低工资与超时工资法、职业健康与安全法——都是由社会主义者以各种形式倡导的，而遭到了大多数古典经济学支持者的强烈反对。出于各种各样的原因，社会结合了社会主义者的政策建议，从而缓和了资本主义的尖锐矛盾。随着工人阶层逐渐壮大并形成团体，很多资本的所有者意识到少量的给予比大量的拿走要好。此外，令许多社会主义者感到意外的是，经济增长大幅度提高了工人的工资。实质上，工人可以负担将他们直接得到的工资与雇主提供的非工资工作待遇（较少的工作时间、养老金、医疗保险）交换。他们还可以负担通过交税来获得政府提供的社会保障、工作再培训计划等。另外，中产阶级的改革者更多地继承了约翰·斯图亚特·穆勒而不是斯密与萨伊的主张，成功地捍卫了改善不公正的条件的做法，而拒绝了社会主义者消灭私有权的要求。

社会主义者的第三个长远贡献在于他们强调并分析了垄断力量的增长、收入分配问题以及经济周期的现实。这些强调和分析促使在经济学专业范围内对基本假设和已被接受的理论进行重新评价。

牢记这几点之后，我们来研究六位主要的早期社会主义者的著作，他们是圣西门、傅立叶、西斯蒙第、欧文、布朗基和金斯利。这些人，与他们的正统的反对者一样，都提出并试图回答以下三个经济学基本问题：应该生产什么？怎样生产？为谁生产？他们给出的答案与古典学派的答案截然不同！更深入地探究他们的思想是有价值的。

9.2 亨利·克劳德·圣西门

亨利·克劳德·圣西门(Henri Comte de Saint-Simon，1760—1825)出身于一个贫穷的法国贵族家庭。他作为一名殖民地一方的常备军军官参加了美国独立战争，并在约克郡的战役中崭露头角。在法国大革命早期，他放弃了他的军官头衔。在大革命的高潮时期，他在教会与贵族的土地国有化的过程中成为一名大投机商，他用赊欠的方式购买，而后用迅速贬值的纸币来支付。圣西门曾被监禁一段时期，但后来在罗伯斯庇尔倒台后被释放。后来，他放弃了投机家的角色而成为一名哲学家和预言家。他不计后果地、铺张地款待和资助有前途的年轻科学家、艺术家和学者，而这一挥霍很快使他一贫如洗，他还在从前的一个仆人家里住过几年时间。他母亲去世后，他放弃了他的继承权，作为回报他的家庭给了他少量的养老金。在1823年，由于令人绝望的财务状况，他向自己的头部开了七枪，却奇迹般地活了过来，只是一只眼睛失明了。

圣西门，一个空想社会主义者，早在法国工人阶级的政治运动初具规模之前就提出了他的思想观点。因此，他的观点对于工人反抗雇主的斗争没有号召力。由于将懒惰视为罪恶，他对待工作与勤奋非常虔诚。圣西门使富人感到惊慌，因为他将生产而不是财产作为他提议的社会的基础。他还划分了生产者与非生产者的界限。

他写道，一个工业国家的议会应该由三个议院组成——发明、检查和执行。第一个议院，由艺术家和工程师组成，他们设计公共工程。第二个议院，由科学家来管理，他们检查项目、控制教育。第三个议院，由行业的领导者组成，他们执行项目并控制预算。这是由一个受过教育的精英提出的最早的中央计划建议之一。

圣西门反对古典经济学家关于个人利益与整体利益一致的基本假设。他坚持认为需要一个新的道德标准，以限制富人反社会的利己主义，并且阻止穷人无政府主义的暴动起义。在他后来的著作中，关注工人阶级的人道主义是一个最重要的主题。

圣西门对懒惰者的攻击致使他的追随者反对继承法，并极力主张财产集体所有权。在他去世以后，他的信徒组建了一个学派，几乎成为一种宗教信仰。圣西门主义者对于大规模工业的热情激励了大银行、铁路、高速公路、苏伊士运河以及大工业企业的建成。

1819年，圣西门由于表达这些被看成异端邪说的有争议的观点而遭到逮捕和审讯，但他最终还是被宣告无罪了。事实上，圣西门的观点具有革命性的含义。尽管圣西门有这些极端的言论，但他在一个方面却不像社会主义者：他不提倡剥夺私人财产，尽管他的一些门徒提倡这一点。

9.3 查尔斯·傅立叶

查尔斯·傅立叶(Charles Fourier, 1772—1837)是一位偏执的空想社会主义者,在他晚年及过世以后,他才逐渐拥有了一大批忠实的追随者。他绝不是一个革命者,他的呼吁常常是针对富人或者国王的。他出身于一个中产阶级的商人家庭,在法国大革命期间丧失了大部分家产,他在几家织布厂及其他企业当过职员。他一生都是一个可怜的劳动者,不得不利用业余时间在图书馆的阅览室里获得知识。他的著作的题目表达了他不寻常的思想本性:《四种运动和普遍命运的理论》(Theory of the Four Movements and the General Destinies,1808)、《宇宙统一论》(The Theory of Universal Unity,1829)、《新的工业和社会世界》(The New Industrial and Social World,1829)。

傅立叶是一个资本主义的批评者。与圣西门不同,他不喜欢大规模生产、机械化与集中化。他认为,竞争增加销售过程中的浪费,并使商人保留或破坏商品以提高价格的行为有所增多。商业对他而言是有害的、肮脏的,他揭露了资产阶级世界中精神的贫乏。他谴责社会"对导致饥荒与瘟疫的因素给予了高度保护"。他抨击了他在资本主义制度中所看到的一切:"以欺诈的手段进行金融活动、勒索的系统、间接破产、预支税收以及贪婪地掠夺未来财富的诡计。"在"商业精神的进步"这个术语中,他纳入了"商业掠夺与诈骗的因素。证券投机业扩大了它的权力,以致可以蔑视法律、侵占工业的一切成果、分享政府的权力以及在公众基金中到处传播赌博的狂热"[3]。

傅立叶解决社会问题的办法是消除影响 12 种热情相互和谐作用的人为障碍。这 12 种热情包括 5 种感观、4 组热情(友谊、爱情、家庭感、抱负)和 3 种分配的热情(计划、变化与统一)。这可以通过组成被称为法伦斯泰尔(phalansteries)或法朗吉(phalanxes)的合作社的方式来实现。他对秩序、平衡与精确的热爱,促使他描绘了这些合作社的精美蓝图,甚至考虑到了最微不足道的细节。每个合作社可以在 9 平方英里的土地上集合 300 个家庭或 1 800 口人。傅立叶详细描写了每个人都将居住在三层高的宫殿般的房屋里。农业与手工生产占主要地位,生产出来的财富将比混乱的私人工业时期增加 10 倍。一个大谷仓,比之 300 个小谷仓,建造费用更节省,防火也更容易。人们相互尊敬、舒适方便地生活在一起,这会消除偷盗行为并节省预防偷盗所需的费用。集体劳动将改善气候条件,因而只需要较少的衣服。一个共同的厨房与住所相比较独立的住所可以节省的费用也被仔细计算过了。法朗吉要解决的主要问题不是财富的不平等,而是财富的不充足。

在这个空想社会里,谁来做"脏活"?是孩子们!孩子们爱脏,而且他们喜欢成群结伴。他们的这些自然倾向不应被阻止,而应该被引导来做一些有用的社会活动,比如从事一些我们最不喜欢的工作。同时,孩子们应该学习各种手艺,以便将来成年后不至

---

[3] Julia Franklin, trans., *Selections from the Works of Fourier* (London: Swan Sonnenshein, 1901), 93—94.

于过分专业化而只限于从事一种工作。

傅立叶提倡两性之间完全平等。他断言如果将妇女限制在家务劳动中,就会妨碍她们自然才能的适当发展。

提供给法朗吉的每个成员最低生存资料之后,不论他或她对这个社会有无贡献,剩余将按如下方式分配:5/12 给劳动,4/12 给资本,其余 3/12 给才能和技术。因此,有人呼吁资本家按照这样的基础对某个项目进行投资,因为这样能够为他们的投资带来满意的回报。事实上,傅立叶曾向全世界宣告,他每天中午都会在家等候愿意认购法朗吉的资本家。但是在他的余生中,他的等候徒劳无功。尽管他的追随者们在世界各地开始了很多法朗吉的尝试。

在美国南北战争以前,艾伯特·布里斯班(Albert Brisbane)、霍勒斯·格里利(Horace Greeley)和乔治·里普利(George Ripley)等人将这一运动在美国推广。在美国组织的 40 多个傅立叶主义的法朗吉全部都失败了,其中最著名的是位于新泽西红堤附近的北美法朗吉和 1841 年成立的位于波士顿附近的布鲁克农场。布鲁克农场的成员及参观过该农场的人有查尔斯·A.达纳(Charles A. Dana)、纳撒尼尔·霍桑(Nathaniel Hawthorne)、拉尔夫·沃尔多·爱默生(Ralph Waldo Emerson)、阿莫斯·布朗森·奥尔科特、玛格丽特·富勒(Margaret Fuller)、西奥多·帕克(Theodore Parker)、奥利斯蒂斯·布朗森(Orestes Bronson)和威廉·亨利·钱宁(William Henry Channing)。1846 年的一场不幸的火灾结束了这次尝试。

尽管傅立叶被认为很少探索新的未知领域,但他表现出很多原创性,他的观点还是非常有影响力的。合作的生活方式是傅立叶思想的核心,他将它作为改变环境以产生一个全新的、高贵的人的途径。法朗吉将提供从摇篮到坟墓的社会保障。在理想社会的早期阶段,傅立叶提倡"保证主义"——即保证每个人都可以得到最低生存资料、保障与安逸。傅立叶反对过分的专业化,他警告说,虽然常规的组装流水线工作能够极大地提高产量,但它也会扭曲与挫伤工人。傅立叶主义者们的法朗吉虽然最终失败了,但是它影响了当时的工人运动,启发了很多考虑如何消除私人企业的浪费和倡议一个更好的经济制度的思想的产生。合作运动就某种程度来说是纪念傅立叶的一座活的纪念碑。

9.4 西蒙·德·西斯蒙第

西蒙·德·西斯蒙第(Simonde de Sismondi, 1773—1842)是一位法裔瑞士经济学家和历史学家。在 1793—1794 年的革命动乱时期,他和他的家人逃到英国避难。当他们回到瑞士以后,他们变卖了大部分财产,在意大利购买了一个小农场来自己经营。后来西斯蒙第回到日内瓦,在那里他完成了大量的学术著作,其中包括 16 卷的《中世纪意大利共和史》(History of the Italian Republics of the Middle Ages)和 29 卷的《法国民族史》(History of the French)。

尽管西斯蒙第早年曾是亚当·斯密的一个热情的追随者,但他是最早向古典经济学发起直接攻击的学者之一。从现代意义上讲,他绝不是一个社会主义者,但是他帮助社会主义思想铺平了道路。在他沉寂 24 年之久看到英国可怕的社会条件之后,他于 1819 年出版了《政治经济学新原理》(New Principles of Political Economy)。在这本书中他说,不受限制的资本主义企业一定会导致广泛的贫穷与失业,而绝不会产生斯密和萨伊所期望的那种结果。早在现代工业社会兴起的初期,他就提出了对萨伊市场定律的批评,并否定自由竞争的经济将趋于充分就业的观点:"让我们警惕这个假设能够自动达到均衡的危险理论吧。一定的均衡确实可以在长期重新实现,但是要经历非常大的痛苦之后才能实现。"④回想一下,约翰·斯图亚特·穆勒在半个世纪以后仍然声称不可能发生总供给过剩。

西斯蒙第提出了生产过剩和经济危机的可能性,是经济周期理论的早期贡献者之一。他认为,当工资位于维持生存的最低水平时,就会有更多的资金投资于机器设备。银行家,通过扩展信贷,增加了投资的繁荣景象。制成品的产量因此增加了,而消费品的需求是有限的。结果就造成了生产过剩和阶段性的经济危机,后者对于清算大规模工业中的过剩的资本投资是必要的。当然,伴随着这些危机也将出现大范围的失业。此外,由破产带来的财富的愈益集中将使国内市场越来越狭窄。因此,工业越来越迫切需要打开国外市场,这必然会导致国家间的战争。西斯蒙第因而是最早明确阐释如下理论的人之一,即现在我们熟悉的马克思主义认为经济帝国主义是资本主义固有的观点。

只有国家的干预才能保证工人的生活工资和最低社会保障。西斯蒙第并不认为最大可能的总产量必然会给人们带来最大程度的幸福。一个较小的产量,若得到很好的分配可能更为可取。因此,从整体利益来看,国家应当颁布法律来规范分配。小规模的家庭农场,相对于租佃农场,更能促进平等的收入分配。他还鼓励人们在城镇中进行小规模生产,以避免生产过剩。应该牺牲城市化而鼓励农业生产。他赞成遗产税;通过废止专利权阻止新的发明,以便使"发明的热情逐渐降温";强迫雇主为年老、疾病和失业的工人提供保障;促进工人与雇主的合作与团结;利润共享。

西斯蒙第声称,每个人的能力都是不同的,个人利益不一定符合社会利益。他认为,农民想尽量提高他们的总产量,而大地主只关心他们的净收益。他说,假设一块适宜耕种的土地可以生产 1 000 先令的总产量,其中 100 先令作为地租付给地主。如果这块土地作为牧场出租,假设可以得到的地租是 110 先令。这个地主就会辞掉佃户以多获得 10 先令,而国家将损失价值 890(1 000 - 110)先令的产量。当然,现代经济学家会反对这个推理过程。如果土地作为牧场出租可以获得更多的地租收入,那么它对社会福利所作的贡献必将大于用作其他用途所作出的贡献。⑤

西斯蒙第是第一个用无产者来形容工资劳动者的人。这个词的最初含义是指罗马

---

④ Simonde de Sismondi, *New Principles of Political Economy*, vol. 1 (1819), 20—21.
⑤ 这里假设是完全竞争的市场,并且没有外部性。

共和国那些一无所有、不纳税、对国家的唯一贡献只有他们的子孙——无产者——的人。

西斯蒙第为解决某一具体产业的生产过剩开出了一剂较为现代的药方：

> 事实上，政府应该帮助人，而不是帮助工业；它应该保护它的公民，而不是商业。政府绝不应该帮助制造业主，鼓励他们生产直至造成浪费；政府应该更多地贡献资金，采取措施创造就业，以改善公民的困窘状况。政府应该雇用工人进行公共工程建设，这类产品不会给市场增加压力，也不会加剧供给过剩。公共建筑、市政大厅、市场、公路，都是国家的财富，尽管它们不能被买卖……
>
> 但是，通过公共工程来帮助萧条的工业行业中的工人，政府原则上必须遵循如下规则：不与已有企业竞争而给市场带来新的扰动；不使它成为长久的职业，不给新增加的日工劳动力——无产者——提供永久的就业，而是要让他们意识到雇用会持续多长时间、到哪里会结束，以及他们不可能在这个不稳定的情况下结婚……
>
> 我们无论从哪一方面看，同样的教训都随处可见，保护穷人（工人阶级）是立法者和政府应该上的最重要的一课……保护穷人，使他们可以拥有社会收入的一定份额，那是他们的劳动使他们获得的；保护穷人，因为他们需要支持，他们可以有一些闲暇、一些智力发展，以便增进他们的美德；保护穷人，因为对法律、公众和平和稳定而言，最大的危险就是穷人相信他们是受压迫的，以及他们对政府的敌意；保护穷人，因为如果你希望工业繁荣，穷人是最重要的消费者。⑥

与其说西斯蒙第是一个社会主义者，还不如说他是一位社会批评家和古典理论的反对者。他对经济周期问题的浓厚兴趣和他的人道主义观点使他有别于当时的正统经济学家，他启发了社会主义者，但是他没有从根本上攻击私人产权制度，也没有提倡公社的生活方式。

9.5 罗伯特·欧文

罗伯特·欧文（Robert Owen, 1771—1858）是一位最引人注目的、最著名的空想社会主义者。他是威尔士一个五金和马具商的儿子，只上过几年学。他9岁时开始工作，在附近的一家商店做店员，后来他受雇于伦敦的一家干货店。18岁时，他借了100英镑，与一个能够制造新发明的纺织机器的技工合伙开了一家工厂。在他的合伙人离开他以后，欧文利用他手头的机器自己经营工厂。虽然他成功了，但是一个更好的机会来了。在不到20岁时，欧文就成为兰开夏郡一家规模最大、设备最精良的纺织厂的管理者。这家工厂雇用了500名工人。欧文是在英国最早使用美国海岛棉花的纺织商。他

---

⑥ Simonde de Sismondi, *Political Economy and the Philosophy of Government* (London: Chapman, 1847), 220, 221, 223 [orig. pub. 1826—1837].

的雇主想让他当合伙人，但是他自己新开了一家纱线厂。他再次获得了巨大的成功，28岁时他从戴维·戴尔手中买下了位于苏格兰的纽拉纳克制造厂，此后不久他与戴尔的女儿结婚。欧文的纺纱厂成为苏格兰规模最大、装备最精良的纺纱厂。

通过研究欧文的观点，我们可以发现是什么导致他成为一名工厂改革家、社会主义的先驱、合作社的倡导者、工会领袖、空想社会的奠基人和教育领域的理论家。他的核心主题是环境塑造人性好坏。人类不能形成他们自己的性格，他们的性格毫无例外地都是被塑造而成的。因为性格由环境决定，人们不能真正地为他们的行为负责，他们应该被塑造成优良的，而不应该因被塑造成劣质的而受到惩罚。与傅立叶一样，欧文所有的理论、设想与计划，其基础都是相信倘若有更好的工作环境，就会形成更优秀的人。一个人应该尽力为社会服务，从而获得他的最大幸福。这个观点和古典经济学及边沁的思想恰好相反，后两者认为自我利益会为社会服务。

在1813年发表的一篇文章中，欧文写道：

> 任何一种性格，从最好的到最坏的、从最无知的到最开明的，都可以由一个社会甚至是整个世界通过运用适当的手段来决定；这意味着，它在最大程度上受到那些在人类事务上具有影响力的人的支配和控制……
>
> 个人的幸福只有通过促进社会幸福的行为才能获得……这很好被理解并一直被实践着……
>
> 必须设计这些计划来训练儿童从婴儿时期就在每一方面形成良好的习惯（当然也会阻止他们学到那些虚假和欺骗的习惯）。之后他们必须接受合理的教育，他们的劳动必须获得有效的引导。这样的习惯与教育将使他们拥有一个积极的、热情的促进每个人幸福的愿望，并且不受宗派、党派、国家或者环境的例外的影响。除了极少数可能的例外，他们也将保证身体的健康、强壮和活力；因为一个人的幸福只能建立在身体健康、思想平和的基础上。⑦

欧文将纽拉纳克纺纱厂转变成一个模拟公社，它成了一个展示区，来自全世界的杰出的观察者都来参观。在这个过程中，欧文发现居住在寄宿公寓的500名贫民儿童，他们做了7至9年的学徒。他们从6岁就开始工作，工作时间是每周6天、每天12小时，无论寒暑。那里还有一个工厂社区供工人家庭居住，他们生活在贫穷、犯罪、债务、疾病与不幸之中。然而，前工厂主戴维·戴尔却已经比其他大多数雇主都更加人道了。

欧文把他的改革引入纽拉纳克，是为了证明性格可以被重新塑造得更优良。他没有继续使用贫民儿童。年轻人从10岁开始工作是允许的，但鼓励他们直到12岁才开始工作。他为所有年龄的人都提供免费的学校教育。他为学龄前儿童创建了性格形成学院，这是英国第一个幼儿学校或托儿所。他希望儿童可以在那个健康的环境中愉快地成长。他为那些在纽拉纳克工作的工人家庭建造了舒适的住房。食品、燃料、衣服以成本价销售给工人。工作日缩短到10.5小时，工资相对提高了。在淡季和工人生病期

---

⑦ Robert Owen, *A New View of Society and Other Writings* (London: Dent, 1927), 16, 17, 20 [Written 1813—1821].

间,他也支付给雇员报酬,为他们提供养老保险和各种娱乐设施。作为当时的特色的罚款和惩罚被取消了,尽管工人还是会因工作不好被解雇。

欧文的雇员们努力工作,欧文为此获得了丰厚的利润。回想起来,纽拉纳克纺纱厂是效率工资的一个早期实践:故意高于市场的工资是为了提高生产率、减少人员流动。虽然斯密提出了这一基本观点,但是欧文把该思想第一次付诸实践。尽管纽拉纳克纺纱厂是盈利的,但欧文的合伙人还是反对他的铺张浪费。他有两次不得不买下合伙人的股权而寻找新的合作伙伴。他的第三次也是最后一次合伙,建立于1814年,合伙人还包括杰里米·边沁。合伙人同意将股利收入限制在资本投资的5%,并将全部剩余用于提高雇员的福利。由于与某些合伙人存在摩擦,欧文在1829年撤回了投资。

这个伟大的纺织工厂主震惊了全世界,他谴责所有的宗教都只会教导人们为他们自己的恶劣行为负责,而不是正确地将不幸归因于恶劣的环境。他宣扬社会改革而不是道德改革。甚至他自己也只是他无法控制的力量的产物:

> 那些我无法控制的因素,早在我幼年时期就消除了阻碍我精神洞察力的种种束缚。如果我能够发现折磨我同胞的这种盲目性,顺着他们最想寻找的道路追寻他们彷徨的踪迹,同时认识到过早披露他们不幸的生存状态并不能使他们得到救济,这绝不是我的功劳;无论如何看到我周围的这些可怜的人们,目睹他们每时每刻都在经受着的贫困,跌入危险与痛苦的深渊,这不是个人的关切。他们被这些情况包围着,我能袖手旁观吗?
>
> 不能! 从我还未出生就影响我性格形成的各种因素、我出生以后所处的环境等这些我无法予以任何改变的因素,塑造了我的各种才能、习惯与情感。它们给了我一个目标,那就是将我的同胞们从他们所处的悲惨境地中拯救出来,在没有作出各种可能的尝试之前决不满足。它们也赋予了这个目标最难以克服的特征,从而增加了我的热情,在我的内心深处形成了一个不变的决心,或者战胜它们,或者为之奋斗终生。⑧

欧文确实为人们做了很多事情,而不只是鼓励人们利用他们自己的主动性去做这些事。他呼吁他的制造业主同道们也仿效他的范例。他问道:为什么不能够像关心那些无生命的机器那样来关心这些活的工人们? 他说,如果你帮助了工人们,你就能够增加你自身的幸福和理性的喜悦。他呼吁政府制定工厂立法,而且他促成了1819年工厂法的颁布,尽管他指责这项法案远远没有实现他的期望目标。在拿破仑战争之后的经济萧条时期,欧文力劝政府采取他在纽拉纳克纺纱厂建立的"合作公社"模式来雇用穷人。在劝说资本家或政府采取他的范例失败之后,他自己组建了一个合作公社模型来示范。1825年,他在印第安纳州创办了方圆3万平方英里的新和谐公社。他从一个叫拉派茨(Rappites)的宗教派系中买下了这块土地的产权,这个宗派没有太大的远景,因为它的信徒奉行独身主义。欧文认为,他的组织形式会横扫资本主义制度与竞争体制。

---
⑧ Owen, *New View*, 108.

傅立叶允许投资于空想社会的资本家得到利润,而欧文只给他们一个固定利率的利息,并且他相信这些资本家会最终放弃这些利息。三年后这个公社失败了,欧文损失了 25 万美元财产中的 4/5。后来在英国成立的其他合作公社也都失败了。

后来欧文发现他自己领导着一支日益壮大的工人阶级队伍。由于行业工会的可观的扩大,1825 年英国修改了反工会法。工人们还发展了类似先驱欧文"合作公社"的合作组织。在这两种运动中欧文都是领导者。1832 年,他创立了全国公平劳动交易市场,在市场上商品都是以体现劳动时间的劳动券来交换的。他希望通过建立生产者与消费者彼此直接的联系,来消除货币与利润这对孪生的社会罪恶。虽然这次尝试两年后就失败了,但是他的追随者在 1844 年创办了罗奇代尔先锋合作公社。这是英国极为成功的消费者合作社(消费者所有的企业)运动的开端,它受到欧文的激励启发,但它绝不是欧文所希望的将取代资本主义的生产者合作社(工人所有的企业)。

1832 年改革法案使工人丧失了选举权,对该法案的失望导致了工会主义的兴起,后来发展成为宪章运动。欧文于 1833 年投身于工会运动,组织了全国大统一工会,很快就发展了 50 万名成员。继而发生了草率的罢工和充满敌意的停工。工会内部出现意见分歧,欧文反对武装行动、冲突与罢工。1834 年,欧文突然宣布解散工会,在此之前,6 名农场工人因秘密宣誓组织当地的农场工人而被判处流放到澳大利亚 7 年。但是全国大统一工会中很多有选举权的工会以不同的社会团体重新组织,继续存在下来,成为现代英国工会运动的核心力量。

欧文对社会主义、合作社及工会主义都具有深刻的影响。现代意义的社会主义这个词就是由欧文主义者首次使用的,他们在 1827 年的《合作杂志》(*Co-operative Magazine*)中用这个词指代欧文合作思想的追随者。社会主义来源于"社会"这个词,和"个人"相对立,并应用于资本所有权。欧文对资本主义的尖锐批评,以及他试图在大规模工业的基础上创办合作公社的集体行动的梦想,激励了整整一代社会主义者。他终生都致力于社会改革,晚年还转向了唯心主义,他将唯心主义作为促成其理想实现的又一个武器。

9.6　路易·布朗基

路易·布朗基(Louis Blanc,1811—1882)通常被看作国家社会主义的创始人,是一位出身于法国皇家家庭的社会改革家、记者和历史学家。他的祖父是一个富商,在法国大革命期间被处死,在拿破仑垮台以后,他的家庭变得非常贫穷了。1839 年他出版的《工作的组织》(*Organization of Work*)给他带来了名望,并使其成为社会主义运动的领袖人物。在 1848 年革命期间,他当选为临时政府的成员,这个临时政府推翻了君主制度,并第一次承认在公共部门当选的社会主义者的合法性。在布朗基及其追随者关于就业权利问题的压力之下,政府组织了国家工厂给失业者提供就业机会。这个由大多数公共工程中的普通工作组成的就业计划被布朗基的政治敌人故意地管理失当。为了遣散国家工厂,政府给工厂的工人提供了两个选择:当兵或者离开巴黎去别的省份。巴黎的工人们联合起来进行强烈地抗议,但是军队动用了大炮向他们轰炸。在1848年6月底,四天的战争导致双方共16 000人被夺去生命。布朗基不得不逃到英国,但他在1870年又返回法国。他当选为国民议会的成员,在这个位置上他作为一个温和的社会改革家度过了他的余生。

在布朗基看来,普选权能够使国家转变为进步和福利的工具。他坚决地抨击资本主义和竞争,他认为它们会损害工人阶级和资产阶级的利益,然而他却反对阶级斗争的观点。他甚至谴责工会主义,因为他看到在罢工中没有准备的、孤立的行动是毫无意义的。整个社会的团结会促进以下目标的实现:为了实现充分就业的国家经济计划、福利设施的发展、启动国家工厂的政府资本、由政府资助和促进的工人合作社。国家应该成为"穷人的银行家",建立一个给合作社发放贷款的公共所有的银行。资本家也可以加入合作社,按照他们投入的资本获得固定利率的利息,并由政府提供担保。他相信由政府援助的生产者联盟具有更高的竞争效率,将会吸引最好的工人并将资本家赶出各个行业。这样资本主义就会逐渐消亡。

布朗基简洁地表明了他对国家的态度:

> 问:我们怎样才能从目前的状况达到你所期望的状况呢?
> 答:通过政府干预。
> 问:什么是政府或国家?
> 答:政府或国家就是一群正直、优秀的人,他们由人们选举出来,并带领我们走向自由……
> 问:政府或国家这个词是否意味着专政?
> 答:是的,无论在什么情况下,权力总是有别于平民的。⑨

在《工作的组织》一书中,布朗基写道:

> 在自由竞争制度下,工资持续下降的必然趋势将毫无例外地成为一条普遍存在的法则,对于这一点,谁会看不到呢?……人口的稳定增加,要求穷人母亲不再生育,这亵渎了赋予了她们生育能力的上帝。因为如果不要求节育的话,对于所有的生存者来说空间太狭小了。机器被发明出来,就要求将它破坏,并嘲笑诅咒科学。因为如果你不这样做的话,被新机器替代的一千名工厂里的工人,就会涌进另一个工厂,从而迫使同道们的工资降低。系统性地降低工资,结果会淘汰一定数量的劳动力,这是自由竞争导致的不可避免的结果……
>
> 政府应该被视为生产的最高管理者,并因这一职责而被赋予巨大的权力。它的任务就是与竞争进行斗争并最终消除竞争。政府应该提供贷款,用来在国家工业最重要的部门建立"社会工厂"……政府可以把竞争作为一种武器,不是不加考

---

⑨ Louis Blanc, *A Catechism of Socialism* (1849).

虑地用它来消灭政府根据自身利益要避免的私人企业，而是不易觉察地逐渐将它们引入到新制度中。确实，由于社会工厂为它们的成员提供了特权，工人与资本家很快就将挤满开办社会工厂的每一个工业领域……无论地位、等级或财富，每个人都对创造新的社会秩序感兴趣。⑩

9.7 查尔斯·金斯利

查尔斯·金斯利（Charles Kingsley，1819—1875）是一位牧师、诗人、小说家和改革家。他曾经是维多利亚女王的牧师，剑桥大学现代历史学的教授，威斯敏斯特大教堂的教士。在他职业生涯的早期，他和其他的基督教社会主义者试图"将基督教徒社会主义化，将社会主义者基督教化"。在1848年的动荡时期，金斯利来到伦敦，被卷入了宪章运动中。当他在公共集会上宣布"我是一个宪章主义者"时，贵族们震惊和愤怒了，而工人们则欢呼雀跃。

为什么这一激烈的宣言令那些有名望、有权力的人如此震惊？宪章主义者有六个要求：平等的选区，男女都具有普选权，以秘密投票的方式进行选举，议会选举每年召开一次，当选众议院的议员没有财产资格，对议会的议员支付工资。到1829年，除了每年召开议会的要求未达到，其他要求全部都以法律形式确定下来。那么在1848年，是什么事情令人激动呢？

第一，当改革是通过大规模暴乱与运动从统治阶级手中夺取时，改革是危险的；当改革是由上层向下推进时，它们就会安全得多。革命运动不可能在最初的要求上停止，小的胜利只会激励他们进一步前进。第二，大量宪章主义者都是惹人注目的、骚动的、受过军事训练的，并且为随时可能的起义做好了准备。第三，宪章主义者警告，他们要在50万工人的保护下在伯明翰集会选举一个人民的议会。难怪金斯利的宣言震惊了许多人。

1848年，基督教社会主义者发行了一份名为《人民政治》(*Politics for the People*)的周刊。金斯利用"洛特牧师"的署名在上面发表了一系列"致宪章主义者的信"。他的第二封信为穷人热情地辩护：

> 我的朋友，如果我的上一封信对你们中的一部分人来说过于严厉了，那么相信我，这并不是因为我没有为你们着想。我考虑了你们中的大部分人。如果你遵循了一条与我的路线完全不同的"改革者路线"，那么这主要是我们牧师的错误：我们从来没有告诉过你真正的改革者路线、真正的穷人的书籍、真正"反对专制者、懒惰者与骗子的上帝之声"是《圣经》。唉，你也许会嘲笑，但确实如此；是我们的

---

⑩ Louis Blanc, *Organization of Work*, trans. Maria P. Dickoré (Cincinnati, OH: University of Cincinnati Press, 1911), 16, 51—53,59[orig. pub. in 1839].

错,我们的大错,你应该嘲笑——嘲笑那些本应是你的荣耀与力量的讯息。是我们的错。我们曾经这样使用《圣经》,仿佛它只是警察专用的一本手册——像为病重的病人注射鸦片制剂一样——只是用来维持穷人秩序的一本手册。我们已经告诉过你力量是由上帝注定的,唉,有时候却没有告诉你是谁给予了无力与低能! 我们已经告诉过你《圣经》告诫你要耐心,而我们却没有告诉你《圣经》也给了你自由。我们已经告诉过你《圣经》宣扬财产权利与劳动义务,而一旦(天晓得!)确实这么做了,《圣经》会以十倍的热情鼓吹"财产义务"与"劳动权利"。我们已经发现有很多文章指责穷人的恶行,却很少有文章指责富人的恶行。你会说我们没有告诫过你,事实上我想我们已经过多地告诫过你了。因为如果我们给予富人的是 1 的话,我们给予你的是 1 000。我曾经和别人一样坏,但现在已经厌烦这些了。⑪

在第三封信中,金斯利是一个更温和且更典型的基督教社会主义者。他写道:

> 我的朋友,当我说朋友的时候,我是发自内心、真心真意地说的,因为毕竟对你我而言,我相信我们渴望的是同一件事情——看到英国不再有欺骗、懒惰与不公正;只是我认为你正在走的路,如果不是错误的,也不是最短、最安全的,也不是最明智的到达理想终点的路。
>
> 我的朋友,我一定要告诉你,你在《圣经》中会找到你所渴望的,《圣经》承诺给你的将远远多于当今任何人承诺给你的;在《圣经》中,你会发现你想要说的,《圣经》已经为你说了;你会发现很多你想要的事情《圣经》已经为你做了。让我试一下是否某种程度上证明不了我的观点。
>
> 你最渴望什么? 难道其中之一不是没有人可以不劳而获吗?
>
> 《圣经》立刻会说,"不劳动者不得食";因为《圣经》对富人与穷人说的都是一样的,所以这番话对懒惰的富人与懒惰的穷人的意义也是一样的……
>
> 我恳请你、祈求你相信《圣经》,相信我从《圣经》中列举的例子,自己诚心地读一读《圣经》,看看这是否是一部真正的"激进改革者指南"——上帝一直见证着对压迫、残酷与懒惰的互抗。⑫

在其他地方金斯利还写道:"只有在我们每个人改革自身的条件下,上帝才会改革社会,而魔鬼却随时准备帮助我们修补法律和议会,无论是天堂的还是人间的,而从来不发起这样鲁莽的、'个人的'请求。"⑬

金斯利反对大规模集会、武装暴动、工会罢工以及穷人仇富。富人是无知的,不是敌对的。金斯利的信条包括友爱、宗教、合作、卫生改革与教育。几年后,他放弃了代表

---

⑪ Charles Kingsley, quoted in Charles W. Stubbs, *Charles Kingsley and the Christian Social Movement* (Chicago: Stone, 1899), 118—120.
⑫ Charles Kingsley, in *Charles Kingsley and the Christian Social Movement*, 121—123.
⑬ Charles Kingsley, and Frances Eliza Greenfell Kingsley, *Charles Kingsley: His Letters and Memories of His Life*, vol. 1 (London: C. Kegan Paul and Co. 1878), 164.

基督教社会主义的狂热行为,除了继续关注卫生运动。

复习与讨论

1. 解释下列名词,并简要说明其在经济思想史中的重要性:空想社会主义,国家社会主义,基督教社会主义,无政府主义,蒲鲁东,修正主义,工会组织主义,行会社会主义,圣西门,傅立叶,法朗吉,生产者合作社,消费者合作社,西斯蒙第,无产者,欧文,纽拉纳克纺纱厂,布朗基,金斯利,宪章运动。

2. 讨论:早期社会主义者对经济学分析的影响是微不足道的;这些人是否足够重要以至于值得在经济思想史教材中提及是有争议的。

3. 圣西门将他的新哲学归纳如下:"每一件东西都是由工业制造;每一件东西都是为工业而制造。"你认为他这句话是什么意思?

4. 工会组织主义与无政府主义有哪些区别?基督教社会主义和马克思的社会主义有哪些区别?

5. 根据西斯蒙第的观点,为什么经济危机和帝国主义是资本主义固有的?银行家在其中扮演了什么角色?

6. 假设纱线的商品市场和原料市场是完全竞争的,雇用的工人是同质的,具有相同的生产率(没有效率工资)。下面引入一个罗伯特·欧文管理的公司,解释为什么欧文的公司在长期无法生存下去。解释效率工资如何可能改变这一结果。为什么政府有可能成功实现欧文期望的目标,而欧文个人却不可能?

7. 将布朗基关于国家的适当角色的观点与亚当·斯密的观点相比较。蒲鲁东会同意其中哪一种观点?

8. 讨论:古典经济学认为自利行为是人类的天性,社会主义者相信人性的完美,并且人性可超越自我利益。哪一方是正确的?这能给经济的成功运转带来什么样的启示?

精选文献

书籍

Beer, Max A. *A History of British Socialism.* 2nd ed. London: Allen and Unwin, 1940.

Blanc, Louis. *Organization of Work.* Translated by Maria P. Dickoré. Cincinnati, OH: University of Cincinnati Press, 1911 [orig. pub. in 1839].

Blaug, Mark, ed. *Dissenters: Charles Fourier, Henri de Simon, Pierre-Joseph Proudhon, John A. Hobson.* Brookfield, VT: Edward Elgar, 1992.

Cole, G. D. H. *The Case for Industrial Partnership.* London: Macmillan, 1957.

Fourier, Charles. *Selections from the Works of Charles Fourier.* Translated by Julia Franklin. London: Swan Sonnenschein, 1901.

Hardach, Gerd, and Dieter Karras. *A Short History of Socialist Economic Thought.* Translated by James Wickham. New York: St. Martin's, 1978.

Johnson, Oakley C. *Robert Owen in the United States.* New York: Humanities Press, 1970.

Kingsley, Charles. *Works.* Edited by Mrs. Charles Kingsley. Vol. 7, *Letters and Memories.* Philadelphia: Morris, 1899.

Lichtheim, George. *The Origins of Socialism*. New York: Praeger, 1969.

Owen, Robert. *A New View of Society and Other Writings*. London: Dent, 1927 [written in 1813—1821].

Proudhon, Pierre-Joseph. *General Idea of the Revolution in the Nineteenth Century*. Translated by John B. Robinson. London: Freedom Press, 1923 [orig. pub. in 1851].

——. *What Is Property?* Translated by Benjamin R. Tucker. London: Reeves, no date [orig. pub. in 1840].

Raven, Charles E. *Christian Socialism*, 1848—1854. London: Macmillan, 1920.

Riasanovsky, Nicholas V. *The Teachings of Charles Fourier*. Berkeley, CA: University of California Press, 1969.

Saint-Simon, Henri. *Selected Writings*. Edited by F. M. H. Markham. Oxford: Blackwell, 1952.

Sismondi, Simonde de. *Political Economy and Philosophy of Government*. London: Chapman, 1847 [orig. pub. 1826—1837].

期刊论文

Hansen, Niles. "Saint-Simon's Industrial Society in Modem Perspective." *Southwestern Social Science Quarterly* 47 (December 1966): 253—262.

Sowell, Thomas. "Sismondi: A Neglected Pioneer." *History of Political Economy* 4 (Spring 1972): 62—88.

第 10 章 马克思的社会主义

批评古典经济学的社会主义批评家鼓吹激进的改革;他们对资本主义和所谓资本主义的邪恶的反对都是道德上的。"科学社会主义"最重要的理论家卡尔·海因里希·马克思(Karl Heinrich Marx,1818—1883)放弃了这种方法。他试图揭示资本主义内在的矛盾将导致它的最终消亡。马克思相信,在发达资本主义国家内部社会革命是不可避免的,他和他的同胞弗里德里克·恩格斯(Friedrich Engels,1820—1895)倡导全世界的工人联合起来加速这一事件。

我们本章的目的是系统地分析马克思的观点。介绍生平细节及影响马克思的各种学术思想之后,我们将研究马克思的历史理论。然后我们详细考察马克思的资本主义"运动规律"的构成。最后,我们将批判性地评价他的思想。

10.1 生平细节与影响马克思的各种学术思想

10.1.1 生平细节

马克思出身于普鲁士的一个犹太家庭,在他童年时期他的家庭转为奉行新教教义。他曾经在波恩、柏林和耶拿大学学习法律、历史和哲学,23 岁时获得哲学博士学位。两年之后他与一位担任政府高级官员职务的男爵的女儿燕妮·冯·威斯特华伦结了婚。她是马克思沧桑的职业生涯的忠实伴侣。

由于思想激进,马克思无法在大学谋得教职。于是他转向了报纸杂志,后来被驱逐出德国来到巴黎,在巴黎他研究了法国的社会主义和英国的政治经济学。在那里他遇到了到法国短期旅行的恩格斯。恩格斯成了马克思的亲密朋友、合作者和经济赞助人。两人一起写作了发表于 1848 年的《共产党宣言》。

1849 年马克思被迫来到伦敦。除了到欧洲大陆的几次短暂旅行外,其余时间他一直居住在英国,他常年在大英博物馆的阅览室里,钻研"复杂的政治经济学分支"。尽管受到疾病、极度贫困、三个孩子夭折的折磨,马克思还是继续研究、写作与组织工人运动。他为《纽约论坛报》(*New York Tribune*)撰写了大量的文章,依靠稿酬维持生活。他组织和领导了国际工人协会,即"第一国际",并从 1864 年持续到 1867 年。1867 年马克思出版了他的鸿篇巨制《资本论》的第一卷。马克思去世之后,恩格斯编校了他的手稿,出版了第二卷和第三卷。恩格斯去世之后,将剩余的手稿留给了当时最主要的马克思主义者卡尔·考茨基(Karl Kautsky),他出版了马克思的另外三卷作品,题为《剩余价值理论》(*Theories of Surplus Value*)。

10.1.2 影响马克思的各种学术思想

除了恩格斯之外,还有几个人影响了马克思。主要有李嘉图、早期社会主义者、达尔文、黑格尔和费尔巴哈。

李嘉图的影响。马克思研究了斯密和李嘉图的著作,尤其对李嘉图的劳动价值论感兴趣。他认为李嘉图的理论有几个缺陷,于是着手勾画他自己的劳动理论——一个具有革命意义的理论。

社会主义者的作用。马克思对前一章讨论过的几位社会主义者的宣言有着清醒的认识。他赞同他们反对当代资本主义的道义愤怒、他们对古典政治经济学的尖锐批评、他们对未来社会的社会主义憧憬。然而,马克思认为,只有当工人阶级的状况恶化到公开反抗时,社会主义才能到来。他试图解释为什么在资本主义制度中这种恶化是不可避免的。

与达尔文的联系。查尔斯·罗伯特·达尔文(Charles Robert Darwin,1809—1882)受到了马尔萨斯的启发,而达尔文的不朽著作又影响了马克思。达尔文称,当他读到马尔萨斯的人口理论时,他大脑突然意识到在他所观察到的争取生存权利的斗争中,那些适应环境的物种将生存下来,而那些不适应环境的物种则将灭亡。这一"自然选择"的结果就是物种的进化。达尔文在 1859 年出版的著名作品《物种起源》中,正式表达了这个理论。

马克思在 1860 年读了达尔文的著作,在他自己思考的政治经济学中看到了相似的倾向。在给恩格斯的一封信中,马克思写道:"在过去四周的时间里,我读了各种各样的书。其中包括达尔文关于'自然选择'的著作。虽然这本书是以拙劣的英国风格写作的,但这本书却包含了我们观点的自然历史基础。"[①]一个月以后,在给拉萨尔(Lassalle)的一封信中,马克思写道:"达尔文的书是非常重要的,我将它看作历史上阶级斗争的自然科学基础。"[②]对马克思来说,当时经济中的组织关系,就像当时的生物组织一样,是过去的变迁和将要发生的变迁的结果。达尔文强化了马克思的一种观点,即动态的而不是静态的分析,才是达到正确见解的途径。

黑格尔的影响。对马克思的思想影响最为深远的是格奥尔格·黑格尔(Georg He-

---

① Enrique M. Ureña," Marx and Darwin," *History of Political Economy* 9 (Winter 1977):549.
② Ureña," Marx and Darwin," 549.

gel,1770—1831)提出的辩证法。根据这位杰出的德国哲学家的观点,历史知识与进步是在相反观点相互斗争的过程中产生的。一个现存的观点,或论题,受到一种相反的观点,或反论题的挑战。随之发生的两种观点的斗争使它们转变成为一种新观点,或者综合,然后变成一种新的论题。这个过程会周而复始。马克思修正了黑格尔的辩证法思想,并根据辩证法思想形成了他自己的历史唯物主义理论。

费尔巴哈的唯物主义。在通常的用法中,唯物主义(materialism)这个词指一个人或一个社会过分强调对消费品的追求。但我们讨论马克思时,不是应用这个定义。哲学上的"唯物主义"指的是强调"物质","真实存在的事物",或者"现实世界",是与"思想领域"(唯心主义)相对而言的。虽然马克思接受了黑格尔的在历史中的辩证方法,但他用修改了的路德维希·费尔巴哈(Ludwig Feuerbach)的哲学唯物主义替换了黑格尔的唯心主义。

在《基督教的本质》(*Essence of Christianity*)一书中,费尔巴哈区分了理想与现实。人们设计了理想化的人类品质,诸如关爱他人、完善的知识和理解力、影响和改变全人类利益的能力,以及"不现实的"诸神等。于是,个人崇拜这些神,似乎他们是超自然或神圣的,即使实际上这些神都是人类想象中的产物。费尔巴哈认为,历史就是人们通过其感观认知逐渐认识与接受现实的过程。

马克思对宗教在某种程度上也持有类似的观点。在1844年,他写道:"宗教是人们的鸦片。废除让人们感到虚幻的幸福的宗教,是人类获得真正幸福的需要。"③更重要的是,与费尔巴哈一样,马克思强调唯物主义——物质现实的重要性——与黑格尔的唯心主义相反。

10.2 马克思的历史理论

马克思将黑格尔的辩证法与唯物主义结合起来发展了自己的历史理论。在每一个历史时期,占主导地位的生产方式或生产力都会产生一套支持他们的生产关系。但是生产的物质力量(技术、资本类型、劳动的技能水平)是动态的,它们不断发展变化。与之形成对比的是生产的物质关系(规章、人们之间的社会关系、财产关系),它们是静态的,是由上层建筑决定的。上层建筑由艺术、哲学、宗教、文学、音乐、政治思想等构成。上层建筑的所有要素都要维持现状。马克思认为历史是一个静态的生产关系(论题)最终与动态的生产力(反论题)相互斗争的过程。结果如何?斗争改革了旧体制,产生了允许生产力进一步发展的新的生产关系(综合和新论题)。颠覆旧社会的机制是阶级斗争。马克思这样描述了历史唯物主义理论:

> 我已经得到的与曾经得到的一般结论将在我的研究中继续作为一条主线,这

---

③ Karl Marx, F. Engles, V. I. Lenin, R. Luxemburg, and L. Trotksy, *Marxism*, *Socialism & Religion* (Australia: Resistance Books, 2001), 20.

些结论可以简单归纳如下:人们在社会生产过程中结成了一定的关系,这些关系是不可或缺的,也是不以他们的意志为转移的;这些生产关系是与他们的物质生产力的一定发展阶段相适应的。这些生产关系的总和构成了社会的经济结构,在这个现实基础上产生了法律与政治的上层建筑。这一经济结构也是与一定形式的社会意识相适应的。物质生活的生产方式决定了社会、政治与精神生活的一般特征。并不是个人的意识决定了他们的存在,相反,是人们的社会存在决定他们的意识。当社会的物质生产力发展到了一定阶段,它就会与现存的生产关系,或者——只是同一事情的另一种法律表述——与以前曾经起过作用的财产关系产生冲突。随着生产力形式的进一步发展,这些关系逐渐转变成了束缚生产力发展的障碍。于是就产生了社会变革。由于经济基础发生了变化,整个庞大的上层建筑也或多或少迅速地发生了转变。④

马克思认为社会演进要经过六个阶段。最早的阶段,他称之为原始社会,没有对立的阶级,没有剥削,没有阶级斗争。人们共同拥有土地,共同合作,从自然界费力地获取贫乏的生存资料。生产效率非常低下,在满足劳动者本人及其家属的基本生存资料之外,劳动者往往不能生产出剩余。因此,奴隶和剥削是不可能出现的,因为这要求劳动者生产出为了生存消费所必需的之外还有剩余。在欧洲人到达美洲之前,美洲印第安人社会就是一个原始社会的例子。

生产效率逐渐地提高到一定的水平,劳动者生产出多于其基本生存资料的产品。于是奴隶变得有利可图,剥削与阶级斗争也开始出现。这里马克思所指的是古老的奴隶制度,如希伯来、埃及、希腊、罗马等;并不是指出现在美国的奴隶制度,他认为美国是存在于一个资本主义社会中的无政府主义制度。奴隶制度使社会生产力获得了一次更高的发展,但最终它也成为生产力进一步发展的障碍。奴隶不能得到最好的激励,奴隶的反抗动摇和分裂了奴隶社会。最后奴隶制度被推翻且由封建制度取代,这是适应新的生产力的一套新型生产关系。

马克思认为封建制度是特殊的,因为对农奴的剥削非常显而易见。在奴隶制度下,虽然奴隶确实获得了维持生存的资料,但是看上去他们从劳动中一无所获。在资本主义制度下,尽管资本家实际上占有了一部分未付酬的劳动时间,但是看上去工人的全部劳动时间都获得了报酬。在封建制度下,农奴被允许在分配给他们的土地上每周劳动几天,但是其他时间被迫在地主的土地上耕种。这就是十分明显的剥削。农奴有更大的激励比奴隶工做得更好,封建制度也为社会生产力带来了一次更高的发展。但是这一制度最终也限制了生产力的进一步发展,最终被资本主义制度推翻并取代。

虽然马克思强烈地憎恨资本主义制度,但他称赞资本主义解放了生产,极大地提高了生产力。然而,资本主义也存在内部矛盾,将产生阶级斗争并导致最终被推翻。马克思认为,在资本主义制度下,生产技术变得高度集中化,资本的私人所有权制度成为生产力进一步发展的障碍。越来越多的失业人数的增加和"工人阶级的贫困",引起了工

---

④ Karl Marx, *A Contribution to the Critique of Political Economy*, trans. N. I. Stone (Chicago: Kerr, 1913), 11—12.

人起义。国家成为资本家对抗工人的一种工具。但是工人阶级获得了胜利,推翻了资产阶级政权,建立起自己的无产阶级专政。在这种社会主义制度下,消费品的私人所有权是得到允许的,但是资本与土地由中央政府、地方政府或国家设立和管理的合作社公有。随着作为经济引导力量的利润动机和自由市场的消除,生产是计划的,投资率也是计划的。辩证的过程还会继续,直到最终国家消亡,纯粹的共产主义制度确立。

10.3 资本主义社会的"运动规律"

以历史唯物主义理论作为依据,马克思试图"揭露现代社会的经济运动规律"。他没有描绘一幅社会主义的蓝图,这不是他的目标。他想要分析的是在资本主义社会内部不断变革的生产力。换句话说,他想要确定的是,在资本主义内部,生产力产生它的相反论题并不可避免地走向灭亡的过程,就像以前的奴隶制度和封建制度一样。

马克思采用六个相互联系的重要概念构建了他的资本主义理论:劳动价值论、剥削理论、资本积累与利润率下降、资本积累与经济危机、资本集中与财富积聚、阶级斗争。每一个概念都需要详细说明。

10.3.1 劳动价值论

马克思的分析起点是资本主义社会的"商品"。马克思认为,商品就是为获得利润而生产出来的产品,并且具有满足人们需求的能力,不管这种需求是"来自胃还是来自想象"。这种商品可以作为生活资料直接满足人们的需求,也可以作为生产资料间接满足人们的需求。使用价值构成了一切财富的存在形式。马克思并没有试图从数量上衡量使用价值,他也没有考虑随着商品数量增加其效用递减的问题。因此,他说较大的小麦产量,比之较少的小麦产量,代表了更多的效用,进而代表了更大的财富。这是正确的,即使需求缺乏弹性,更多数量的小麦可能产生较少的交换价值。

除了具有使用价值或效用,商品还具有交换价值,通常简称为"价值"。什么决定商品的价值?马克思的重要回答是:在社会正常的生产条件下、在社会平均的劳动熟练程度和劳动强度下,生产该商品所需要的社会必要劳动时间。社会必要劳动时间包括生产该商品的直接劳动、该商品生产过程中使用的机器与原材料所包含的劳动、在生产过程中转移到该商品上的价值。

假设一双鞋子包含的平均劳动时间是 10 小时。这个社会的平均必要劳动时间决定鞋子的价值。如果一个工人不熟练或懒惰而花费了 20 小时生产一双鞋子,鞋子的价值仍然只有 10 小时。假设一个工人或雇主在技术和效率上领先,生产一双鞋子只需要 5 小时劳动,鞋子的价值仍然还是 10 小时,是整个社会的平均劳动成本——即社会必要劳动时间。

商品的价值是由单位简单平均劳动来衡量的。熟练劳动是不熟练劳动的数倍。因此,一个工程师 1 小时的生产性劳动创造的价值可能相当于 5 小时简单劳动创造的价值。市场将各种不同熟练程度的劳动时间均等化，形成不熟练劳动的共同分母。

市场还以隐含的劳动成本为基础决定价格。一种商品，例如黄金，就成为反映所有价值的一般等价物。1件大衣可以与2盎司黄金相交换，因为二者在生产过程中需要相同数量的社会必要劳动时间。如果2盎司黄金被铸成2英镑货币，那么1件大衣就会卖2英镑。供给与需求的暂时波动会使价格偏离真实价值，有时高于价值，有时低于价值。价格的持续振荡使其可以互相抵消和缩小，达到反映商品价值的平均价格。

马克思的劳动价值论与李嘉图的劳动价值论有着重要区别：马克思认为劳动时间决定商品与服务的绝对价值；李嘉图则认为不同商品的相对价值与各自包含的劳动时间成比例。马克思认为他的劳动价值论剔除了一种错觉（这里又一次用到了唯物主义）：土地与资本所有者对商品价值形成作出了贡献。这样，他的理论打开了劳动剥削理论的大门。

10.3.2　剥削理论

在《资本论》第一卷中，马克思假设所有的商品都按照它们的价值出售。那么，资本家怎样才能获得利润呢？按照马克思的观点，答案是通过购买一种能够创造出比它自身价值大得多的商品。这种商品就是劳动力！这里我们必须仔细区分马克思的劳动力与劳动时间的概念。

劳动力与劳动时间。劳动力指一个人劳动和生产商品的能力；劳动时间是工作的实际过程和劳动的持续。劳动力本身是一种在市场上买卖的商品；它是资本家创造利润所需要的。什么决定劳动力的价值？马克思认为，答案是生产劳动力及其家庭所消费的生活必需品需要的社会必要劳动时间。如果这些生活必需品能够每天花费4小时生产出来，那么劳动力商品的价值就是每天4小时的劳动时间。如果劳动生产率提高一倍，生活资料可以每天花费2小时生产，劳动力的价值就会下降50%[（4－2）/4]。这里需要强调非常重要的两点。第一，雇主支付给工人的工资等于工人的劳动力价值；也就是说，他们支付市场工资。但是，第二，这个市场工资仅够用来购买维持与延续劳动力所必需的生活资料。在马克思看来，维持生活资料的工资并不是由于人口的过快增长——他极力反对马尔萨斯的人口原理。然而，马克思认为是资本主义制度造成了大量的"失业后备军"，这种劳动供给过剩决定了在长期内平均工资将会保持在基本生活工资的水平上。

剩余价值。如果劳动生产率极其低下，工人消费的商品的价值等于他们创造的刚好满足生存的产出的价值，那么对工人的剥削——资本家榨取剩余价值——将不可能发生。在这种情况下，一天的劳动力价值就是一天的劳动时间。按照马克思的观点，只有当工人每天能够生产的价值高于维持他们自身及其家庭所必须消费的价值时，对劳动的剥削才会出现。雇主付给工人全部的劳动力市场价值，但日工资只是劳动力所创造的价值的一部分。通过他们的资本所有权，资本家拥有了工人为生存而不得不进行的劳动：支付报酬的工作。因此，资本家能够延长工作日，在某种意义上对工人来说，"我们制定或选择的工作时间长短根本不是为了我们自己"。生存需要迫使工人们选择了工作。但是他们在工作日上耗费的劳动时间，创造了远远高于他们的劳动力价值——即生存成本——的价值。生产资料的所有者获得了剩余价值。

马克思举了一个数字例子来阐释这些思想,我们总结为图10-1。假设典型的工人及其家庭每天必须消费的商品包含的社会必要劳动时间是6小时。工人每个工作日工作12小时(通常情况),一半时间的劳动就可以形成1天的劳动力价值。如果生产3先令中包含的黄金也需要半天的社会必要劳动时间,那么3先令就代表了1天的劳动力价值。如果这就是工资率,那么工人就得到了他们出卖的劳动力这一商品的全部价值。[5]

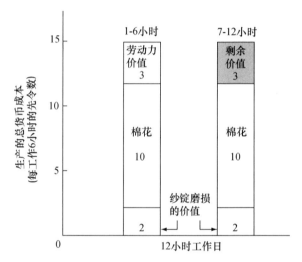

图 10-1 马克思的剥削理论

根据马克思的观点,资本家按照劳动力的市场价值支付给工人工资,在本例中是3先令。但是只需要6小时的劳动时间就可以生产出足够的产出来支付劳动力工资。通过让工人每天工作12小时,资本家得到了3先令的剩余价值(阴影部分)。这个剩余价值来自对劳动的剥削。在这里,剥削率是1(3先令的剩余价值除以支付的3先令工资),或者是100%。

© Cengage Learning 2013

资本家雇用工人,提供必要的机器设备和原材料。假设在6小时的劳动时间中每个工人可以将10磅棉花纺成10磅棉纱。让我们再假设这6小时劳动时间内消耗掉的棉花价值20小时的劳动或10先令。最后,假设在半天的劳动中,纱锭的磨损相当于4小时的劳动或者2先令。[6] 因此,每半天生产出来的棉纱总共价值30小时的劳动时间:6小时的劳动力,20小时的棉花,4小时的纱锭磨损。注意图10-1左边方框表示生

---

[5] 在这个例子中,1小时劳动力的价值也可以用半先令来表示;就是说,劳动力在12小时的工作日中将会生产价值6先令的黄金。

[6] 为了理解这一假设,假设一个工人操作的所有纱锭在10天之后都会毁耗。再假设制造纱锭需要80小时。这80小时属于生产棉纱所需的社会必要劳动时间的一部分。纱锭损耗以后,其价值会再现在棉纱中。在半天的时间里,工人用完纱锭价值的1/20(0.5天/10天),这部分价值转移到棉纱中;这就是4小时的劳动时间(1/20×80小时)。从货币角度看,假设每个使用的纱锭价值40先令。因为它们可以使用10天,因此在每半天时间里就会有2先令转移到棉纱的价值中(4先令每天×0.5)。

产的总货币成本为 15 先令:劳动力 3 先令,棉花 10 先令,纱锭磨损 2 先令。如果利润不能来自贱买贵卖,并且如果所有商品都按照它们的价值出售,那么棉纱必须以 15 先令出售。

我们的资本家愣住了。产品的价值正好等于预付资本(不变资本加上包含劳动的可变资本)的价值……他们会说:"哦！我预付自己货币的意图是要由此生产出更多的货币。"但是,通向地狱的道路是由良好的意图铺成的;他不进行生产,也同样可以有赚钱的意图。他对其他所有事物都构成了威胁。他说人们再也抓不住他的把柄了。以后他要在市场上购买现成的商品,不再自己制造。但是,如果他的所有资本家兄弟都这样做,他又怎能在市场上找到商品呢？而他又不能拿货币当饭吃。他进行劝说。"想想我的节欲吧。我本来可以把 15 先令挥霍掉。但是我没有这样做,我生产性地消费它们,把它们制成了棉纱。"就算这样吧。可是他为此得到的是好的棉纱而不是坏的良心……我们这位朋友刚才还以资本自傲,现在却突然变得和自己的工人一样谦逊了。他说:"难道我自己没有劳动吗？难道我没有从事监视和监督纺纱工人的劳动吗？我的这种劳动不也创造价值吗？"但是,他的监工和经理忍俊不禁。而他得意地笑了笑,又恢复了他原来的面孔。他反复向我们宣讲经济学家的一大套理论,实际上,他说,他不会为此花费一文钱。他把这一类虚伪的遁词和空话都交给政治经济学教授们去讲,他们是为此而被雇用的。他自己是一个讲求实际的人,对于业务范围之外所说的话,虽然他并不总是很好地考虑,但对于业务范围之内所做的事,他始终是知道的。⑦

要解决资本家难题,在本例中答案就是把 6 小时的工作时间延长。可以从图 10-1 中看到,如果工人每天再工作 6 小时,就会多生产出 10 磅的棉纱。这额外的 10 磅棉纱在市场上也是价值 15 先令,但是它们只花费了资本家 12 先令(0 先令劳动 + 10 先令棉花 + 2 先令纱锭磨损的价值)。这样,资本家获得了 3 先令的利润或剩余价值。工业资本家利润的一部分可以以利息的形式转移给银行家,一部分可以以地租的形式转移给地主,也可以以商业利润的形成转移给商业资本家,这些都无关紧要。所有的这些利润收入都是来自生产过程中对劳动的未被察觉的剥削。马克思认为,在资本主义制度下所有的劳动都得到报酬的表象是个幻想。资本家不是抢夺工人的罪人:"揭示这种决定劳动力价值的方法,即由事物本身的性质规定的方法,是一种残酷的方式,这种揭示只能算是一种廉价的同情。"⑧他们向工人支付了市场工资,但是他们不会理解的残酷事实是他们自己的利润来源于对劳动的剥削。

剩余价值率。马克思将投资于机器与原材料的那部分资本称作不变资本 c。这种资本的价值转移到最终的产品中去,价值不会增加。用于购买劳动力、支付工资的那部分资本,是可变资本 v,它能够生产出大于自身价值的价值。劳动力生产出来的被资本家无偿占有的额外价值,是剩余价值 s。剩余价值率 s',或剥削率,由公式(10-1)给出:

---

⑦ Karl Marx, *Capital*, vol. 1 (Chicago: Kerr, 1906), 212—215[orig. pub. in 1867].
⑧ Marx, *Capital*, 1:192.

$$s' = \frac{s}{v} \quad (10\text{-}1)$$

请注意剩余价值率是剩余价值与可变资本的比率。它也可以被认为是未被支付的劳动时间与已被支付的劳动时间的比率。在图 10-1 的例子中，$s' = 1$ 或 100%。因为 $s = 3, v = 3 (3/3 × 100\%)$。或者，用第二种定义，是 6 小时除以 6 小时。如果工作时间延长到 15 小时，剩余价值率就是 150% $(9/6 × 100\%)$。如果工作时间减少到 9 小时，剩余价值率将是 50% $(3/6 × 100\%)$。

工作日的长度多少是合适的呢？马克思写道：

> 资本家要坚持他作为买者的权利，他尽量延长工作日，如果可能，就把一个工作日变成两个工作日。可是另一方面，这个卖出的商品的特殊性质给它的买者规定了一个消费的界限，并且工人也要坚持他作为卖者的权利，他要求把工作日限制在一定的范围内。于是这里出现了二律背反，权利同权利相对抗，而这两种权利都同样是商品交换规律所承认的。在平等的权利之间，力量就起决定作用。所以，在资本主义生产的历史上，工作日界限的决定本身就是斗争的结果，这是全体资本家即资本家阶级和全体工人即工人阶级之间的斗争。⑨

即使不延长工作日，也可以通过提高生产效率从而降低劳动力价值而增加剩余价值。如果工人的必需品能够在更短的时间内生产出来，新价值中就有更大的份额归属于资本家。假设工作日从 12 小时缩短到 10 小时，但劳动时间的划分不是 6 小时为工人自己劳动、6 小时为资本家劳动，而是 4 小时为工人劳动、6 小时为资本家劳动。那么剥削率将会从 100% $(6/6 × 100\%)$ 提高到 150% $(6/4 × 100\%)$。

利润率。马克思所说的利润率(p')指的是剩余价值与投入的总资本的比率，用公式表示如下：

$$p' = \frac{s}{c+v} \quad (10\text{-}2)$$

再用图 10-1 中的数据进行计算，我们可以发现本例中的利润率是 11.1% (3 先令/27 先令 × 100%)。

转化问题。公式(10-2)有助于说明马克思所说的"重大矛盾"或"转化问题"。⑩ 考虑以下命题：

(1) 马克思在《资本论》第一卷中假设所有的商品都按照它们的价值出售。
(2) 公式(10-2)中的劳动力 v 是价值的唯一源泉。
(3) 根据命题(1)可以得知：使用相对较多数量的机器与原材料 c 和相对较少数量劳动力 v 的行业，比那种使用相对较少数量不变资本 c 和较多数量劳动力 v 的行业，将获得较少的剩余价值 s 和较低的资本利润率 p'。这是由于劳动是可被剥削而创造利润

---

⑨ Marx, *Capital*, 3:190.
⑩ 这里我们的目的是勾勒出转化问题的本质。罗纳德·L. 米克在他著作的第 5 章给出了关于此问题的详尽而容易理解的讨论，请参见：Ronald L. Meek, *Smith, Marx, and After: Ten Essay on the History of Economic Thought* (London: Chapman & Hall, 1977).

的唯一的商品。

（4）命题（3）与马克思自己观察到的现象是矛盾的：使用较多资本与较少劳动力的机械化的行业，与使用较少资本与较多劳动力的行业有至少一样高的利润率。像古典学派的经济学家一样，马克思也认为各行业之间的利润率有均等化的趋势。

（5）如果各行业之间的利润率是一致的，而资本-劳动比率却是不同的，那么商品就不会像马克思在第一卷假设的那样按照它们的价值出售。这似乎在马克思的分析中是一个重大矛盾。

马克思在写作《资本论》第一卷之前就意识到了这一问题，并试图在第三卷解决这个问题。他的结论是，在生产成本一定的情况下，资本密集型行业的商品将按照高于它们价值的价格出售，而劳动密集型行业的商品将按照低于它们真实价值的价格出售。因此，按照马克思的观点，劳动价值论仍然成立，只是在作为一个整体的资本主义制度内成立。单个商品以高于或者低于它们价值的价格出售，以便整个经济中利润率实现均等。关于马克思是否成功地解决了这个转化问题存在许多争议。一个有缺陷的劳动理论在他的整个资本主义发展理论中有什么影响也存在着争议。[11]

10.3.3 资本积累与利润率下降

根据马克思的观点，资本家得到的利润率——公式（10-2）中的 p'——在长期中会呈下降趋势。原因是机械化和劳动节约型发明导致了生产效率的提高。它提高了马克思所谓的资本有机构成，表示为公式（10-3）中的 Q。请注意它是不变资本 c 与总资本 $c+v$ 的比率。

$$Q = \frac{c}{c+v} \qquad (10\text{-}3)$$

另外一个利润率公式用公式（10-4）来表示，它可以从公式（10-2）和（10-3）中推导出来[12]：

$$p' = s'(1-Q) \qquad (10\text{-}4)$$

注意这个新公式表明利润率 p' 与剩余价值率 s' 成同方向变化，与资本有机构成 Q 成反方向变化。因此，如果资本家相对较多地投资于机器而较少地投资于劳动力，那么 Q 将上升而 p' 将下降。这对马克思来说是至关重要的一点。想一下资本主义面临着加速其灭亡的内部矛盾。使用较多资本的驱使降低了利润率；劳动力是一切价值包括剩余价值的源泉，随着使用的工人数减少，利润率下降了！但是如果价值与利润仅仅是由劳动创造的，资本家不会有动力使用更多的劳动和较少的资本呢？马克思的答案是

---

[11] 例如，参见：Meek, *Smith*, *Marx*, *and After*, chapters 5—7. 再参见：Paul Samuelson, "Understanding the Marxian Notion of Exploitation：A Summary of the So-Called Transformation Problem between Marxian Values and Competitive Prices," *Journal of Economic Literature* 9（June 1971）：399—431. 琼·罗宾逊（Joan Robinson）、马丁·布朗芬布伦纳（Martin Bronfenbrenner）、威廉·鲍莫尔（William Baumol）、森岛道雄（Michio Moreshima）和保罗·萨缪尔森（Paul Samuelson）在这个杂志的 1973 年 12 月刊和 1974 年 3 月刊上进一步讨论了这一话题。

[12] 保罗·斯威齐证明了这个推导过程，请参见：Paul M. Sweezy, *The Theory of Capitalist Development*（New York：Oxford University Press, 1942），68.

"不会"。他认为资本主义的动态运动将不可避免地导致资本有机构成提高。这主要有两个原因。第一,那些使用质优量多的不变资本的企业,率先提高生产效率,将会通过降低生产成本而暂时获得额外的利润。最终,成本的下降会导致产品价格的下降,那些在某一行业中落后于机械化进程的资本家将不能生存下去。第二,生产效率越高,劳动力价值——需要生产生活必需品的小时数——就越低,每个工作日生产出来的利润总量就越高。

资本对劳动的替代还有另一个效应:产业后备失业大军的规模上升了。机器排挤了工人,用现代术语来说,就是技术性失业。个别资本投资的增加导致了"资本集中的不断增长(伴随着资本家数目的不断增多,尽管程度并不相同)"。

马克思发现还有某些力量抵消了利润率下降的趋势。第一,剥削的强度,公式(10-4)中的 s' 可以通过强迫工人加快工作节奏或者延长工作日而提高。第二,工资可以暂时削减到劳动力价值以下。第三,不变资本可以变得更便宜。不变资本与劳动的比率是一种价值关系,随着机器与原材料变得越来越便宜,资本有机构成提高的速度与利润率下降的速度都变得越来越慢了。第四,相对于工作的劳动人口的增加和技术性失业工人的增加都有利于成立使用较多劳动与较少资本的新工业。这种高利润率的行业也参与了整个经济系统的利润率均等化过程。第五,对外贸易通过降低不变资本与生活必需品的价格而提高了利润率。第六,在殖民地的资本投资可以获得更高的利润率,因为不变资本与可变资本的比率较低,而且对殖民地工人的剥削比对国内工人的剥削程度更高。⑬ 第七,通过提高生产率降低劳动力的价值,剥削率提高了。

请注意在一定程度上抵消利润率下降的这几个因素都提高了剥削率,加剧了无产阶级的"贫困化"。因此,阶级意识加强了,革命的可能性增加了。

10.3.4 资本积累与经济危机

马克思认为,利润率下降只是资本主义无法解决的问题之一,另一个趋势是日益严峻的经济危机。

马克思反对萨伊定律,称它最多只适用于简单商品生产。自给自足的手工业工人,目的在于获得使用价值,他们生产商品是为了交换他期望消费的其他商品。织麻布者卖掉麻布,用得到的货币来购买食物。这个过程可以用 $C \rightarrow M \rightarrow C$ 来表示,其中的两个 C 分别代表麻布与食物。这些商品具有相同的交换价值和不同的使用价值。货币 M 仅仅是交换的媒介。

但即使是简单的商品生产下也有产生危机的可能:

> 有一种最愚蠢不过的教条:商品流通必然造成买和卖的平衡,因为每一次卖同时就是买,反过来也是一样。如果这是指实际完成的卖的次数等于买的次数,那是毫无意义的同义反复……没有人买,也就没有人能卖。但谁也不会因为自己刚刚卖出,就必须马上买入。流通之所以能够打破产品交换的时间、空间和个人的限

---

⑬ 后来列宁强调了这点。当代马克思主义者将帝国主义看作资本主义发展的自然结果。

制,正是因为它把在物物交换中存在的换出自己的劳动产品和换进别人的劳动产品这二者之间的直接的同一性,分裂成卖和买这二者之间的对立……如果买与卖的时间间隔很明显,它们之间的密切联系即同一性就要通过导致危机而显示出来。⑭

在大规模的资本主义生产条件下,交换的过程变成了 $M→C→M$,人们是为了卖而买,而不是为了买而卖。货币变成同劳动力、原材料和机器等一样的商品。商品的出售是为了得到货币。但如果两个 M 是相等的,这个过程就说不通了。所以,对资本主义过程的正确描述应该是 $M→C→M'$,其中 M' 大于 M 的部分就是资本家从生产性工人身上榨取的剩余价值。这就是扩大的投资过程。"积累,再积累!这才是摩西和先知的法则!"

资本与劳动力投资的迅速增加暂时提高了对劳动力的需求,提高了资本家必须支付的工资。但是这部分高工资降低了剩余价值率和利润率,抑制了扩张,使经济向相反的方向发展。由此产生的萧条摧毁了固定资本的货币价值,使得一些较大的资本家可以以便宜的价格兼并小的资本家。而且,一些工厂倒闭,商品价格下跌,信用萎缩,工资下降。剩余价值率和利润率得到恢复,投资再次增加。"在资本主义限度内,当前的生产停滞为下一次的生产扩张做好了准备。"按照马克思的观点,每一次经济周期都比前一次规模更大,加剧了阶级斗争和社会变革的产生。⑮

10.3.5　资本集中与财富积聚

资本积累的动态过程和经济危机重复出现的趋势,使得资本所有权集中,财富积聚到少数人手中。

> 资本所以能够在一个地方大量增长,是因为它在另一个地方被许多人失掉……竞争斗争是通过使商品便宜来进行的。在其他条件不变时,商品的便宜取决于劳动生产率,而劳动生产率又取决于生产规模。因此,较大的资本战胜较小的资本。而且,我们记得,随着资本主义生产方式的发展,在正常条件下经营某种行业所需要的单个资本的最低限量提高了。因此,较小的资本挤到那些现代工业还只是零散地或不完全地占领的生产领域中去。在那里,竞争的激烈程度同互相竞争的资本的数量成正比,同互相竞争的资本的规模成反比。竞争的结果总是许多较小的资本家垮台,他们的资本一部分转入胜利者手中,一部分归于消灭。除此而外,一种崭新的力量——信用体系,随同资本主义的生产而形成起来。
>
> 起初,信用体系作为积累的小小助手不声不响地挤了进来,通过一根根无形的线把那些分散在社会表面上的大大小小的货币资金吸引到单个的或联合的资本家手中;但是很快它就成了竞争斗争中的一个新的可怕的武器;最后,它变成一个实现资本集中的庞大的社会机构。⑯

---

⑭ Marx, *Capital*, 1: 127—128.
⑮ 本段表述的理论仅仅是马克思在他著作的各部分中叙述经济周期的诸多理论之一。
⑯ Marx, *Capital*, 1: 686—687.

10.3.6 阶级斗争

财富积聚到越来越少的资本家手中,与工人的绝对贫困及相对贫困一起,为阶级斗争创造了条件。越来越多的遭受"贫困、压迫、奴役、贬低、剥削"的工人提高了他们团结起来进行反抗的意识。"资本主义私有制的丧钟敲响了。剥夺者要被剥夺了。"资本主义制度的生产关系与生产力产生了冲突,而且前者将"迅速发生变革"。工人将推翻资本家的统治,建立无产阶级专政。生产资料的国家所有取代私人所有,资本扩张的速度达到平衡,对工人的剥削消除了。在某种意义上,工人变成资本的所有者。

10.4 资本主义运动规律:一个总结

图 10-2 总结了马克思的资本主义运动规律。如我们所指出的那样,他的劳动价值论是整个理论的出发点。工人是所有价值的源泉,但是如箭头 a 所示,劳动力并不能

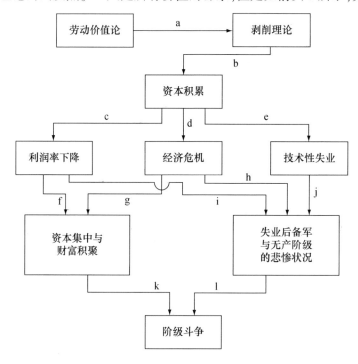

图 10-2 马克思的资本主义"运动规律"

按照马克思的观点,因为劳动是一切价值的源泉,所以剩余价值和利润都来自对工人的剥削(箭头 a)。资本家之间的竞争导致了资本积累(箭头 b),它引起了利润率下降,经济危机和技术性失业(箭头 c、d、e)。这些结果产生了资本集中与财富积聚(箭头 f 和 g),同时加剧了失业和贫困(箭头 h、i、j)。资本家与工人的两极分化最终导致了阶级斗争(箭头 k 和 l)与资本主义的灭亡。

© Cengage Learning 2013

得到所有的价值。而资本家只支付给工人其劳动力的价值。这个价值小于产出的价值，差额部分是资本家以所有权收入的形式占有的剩余价值。如箭头 b 所示，剩余价值是资本积累的源泉。箭头 c、d、e 分别表示资本积累产生了下降的利润率、逐渐恶化的经济危机和技术性失业。所有这三个方面都扩大了失业后备军的规模，直接或间接地加剧了无产阶级的悲惨状况（箭头 h、i、j）。利润率的下降和经济危机的恶化还导致了资本集中和财富积聚（箭头 f 和 g）。如箭头 k 和 l 所示，这个过程的最终结果是阶级斗争。

这个资本主义发展理论显然是站在与亚当·斯密不同的立场上。建议读者将图 10-2 与图 5-1 相比较来证实这一点。

10.5 对马克思经济学的评价

马克思在几个方面对经济思想的发展作出了贡献。但是，他的分析在几个方面也存在着不足。

10.5.1 贡献

一些社会主义者认为马克思是经济思想史上唯一最重要的作者。当然，大部分经济学家并不同意这个观点。但即使是批评马克思的经济学家也同意马克思在以下几个方面对经济学分析作出了贡献。第一，在为经济学创建一个适当的价值理论的努力中，马克思是一个重要的参与者。与劳动价值论相关的这些问题激励了经济学家们去探索理解交换价值的其他途径。

第二，马克思是最早注意到经济周期是资本主义经济一个经常现象的经济学家之一。回想一下，马尔萨斯曾经描述了供给过剩的可能性，但并没有提出经济周期的观点。马克思，如他之前的西斯蒙第一样，提出市场经济中周期性的经济高涨和下降趋势。现在这些波动时不时地困扰着资本主义经济，受到全世界经济学家的强烈关注并被详细研究。

第三，马克思准确预测了大规模企业和垄断力量的增长。随着这种形式的企业的兴起，经济学家不得不为此发展新的经济行为理论、资源分配理论以及收入分配理论；在分析现实世界的市场和公共政策时，经济学家不再假设世界是由原子式竞争企业构成的斯密式世界。

第四，马克思在劳动节约型资本的研究中突出强调了替代效应。确实在某些情况下，新的资本可以替代劳动。他还比他的先辈们更为详尽地讨论了劳动节约型创新的观点。最后，马克思还通过强调动态的而不是静态的分析，对经济学作出了贡献。后来的制度学派、增长学派以及奥地利学派的经济学家都强调动态方法。

10.5.2 分析的不足

马克思对资本主义"运动规律"的分析有几个不足。我们对它们的讨论将围绕图

10-2 所总结的马克思理论的主要思想展开。

劳动价值论的不足。马克思的劳动价值论存在几个问题。现代经济学家驳斥了工人是一切交换价值的来源的观点。土地和资本也是生产性的资源，它们独立于并超出使它们都够生产的劳动的价值之外。因此，土地和劳动力资源的所有者都应该得到足够的回报，以便可以继续使用这些资源来生产某一特定商品。资本的一部分确实是由过去的劳动创造的，但是过去的劳动已经被按照它创造资本过程中的贡献支付了报酬。于是资本就变成了可以独立买卖的资源。这样，资本就可以在生产它时所使用的劳动之外创造价值。

一个技术方面的批评就是先前提到的与马克思的劳动价值论相关的"转化问题"。其他的技术性问题据称也存在。例如，在《资本论》第一卷中，马克思假设在所有行业剩余价值率趋于一致，目的是说明劳动是所有价值的唯一源泉。但正如埃德温·韦斯特指出：

> 但是如果剥削率在所有行业都是相同的，那么工作的小时数也应该是一致的。于是马克思坚持事实就是如此，并引用了当代的证据来支持他的观点。然而，对他的资料（19世纪的工厂监工的报告）的严格考察却并没有证实他的预测。数据显示出与其竞争的、由杰文斯最先提出的新古典假设更为一致，即由于工人对劳动与闲暇的偏好不同，劳动的小时数不同。[17]

马克思的剥削理论中存在的问题。按照马克思的观点，由于有大量失业后备军的存在，支付给工人的工资会趋向于维持基本生活的水平。工人们被迫工作足够长的时间，以便为资本家创造剩余价值。但是并没有这么多失业后备军。人们通常是失业后又摆脱失业，在失业大军中的人通常都是暂时性失业。长时期的大规模失业只是例外现象，而不是资本主义国家的规律。在相对充分就业的条件下，资本家之间必然会相互竞争以吸引高素质的工人，就像工人之间为了得到一份较好的工作而竞争一样。资本家纷纷提高工资，改善工作环境，缩短工作时间，或者同时采取这三种措施。从历史上看，在马克思的著作问世后的几十年时间里，真实工资水平得到了极大的提高，而且在大多数工业化国家，劳动力占国民收入的份额或者得到了提高，或者保持了相对稳定。

马克思对资本积累分析的不足。从图 10-2 中可以得知，马克思相信资本积累导致利润率下降、恶化的经济危机及技术性失业。现代经济学家认为虽然这些结果在理论上来说是可能的，但是在理论上还有其他一些可能的结果存在，而且事实上常常导致后面这些结果。确实，资本深化——资本的增长速度快于劳动力的增长——降低了资本的回报。但是还有其他一些因素在起作用。特别是新技术提高了资本的生产率，抵消了利润率下降的趋势。从历史上看，资本收益率和利润率是随着经济周期波动的，而不是呈下降的趋势。

资本积累和恶化的经济周期又如何呢？同样，迅速扩张的资本确实会导致生产能

---

[17] Edwin G. West, "Marx's Hypotheses on the Length of the Working Day," *Journal of Political Economy* 91（April 1983）: 266.

力过剩,接着带来过量存货、生产缩减、失业增加等后果。正如我们所说的那样,马克思在这方面的贡献是很重要的。但是投资繁荣并不是常态。在许多时期,投资的增长与稳定的经济增长步调是一致的,而不是与即将到来的经济危机一致。

资本积累是否如马克思所说的那样引起了失业呢?如果资本只是劳动在生产过程中的替代品,那么答案也许是肯定的。但即使在这种情况下,较低的生产成本也可能造成一个行业规模的充分扩张,从而使总就业水平保持不变甚至上升。而且,许多类型的资本在生产过程中是劳动的互补品。例如,一家新工厂需要雇用一些新工人,也就是说,导致劳动需求的增加以及可得的岗位数量的增加。要点在于不变资本的积累并不必然引起失业。在《资本论》出版后一个多世纪以来,资本积累一直伴随着总就业量的快速增加,尽管股本增加与就业增长的关系因行业有所不同。

阶级斗争观点中存在的问题。马克思"阶级斗争将不可避免"的预测建立在他的剥削和资本积累理论的基础之上,资本积累造成了下降的利润率、加剧的经济危机及技术失业。历史表明,工人和资本家分化为两个对立的阶级的情形并没有发生。相反,在大多数发达资本主义国家出现了强大的中产阶级。中产阶级的成员包括小商业主、自我雇佣职业者、领取工资的科学家、工程师、教师、销售员、广告商、管理人员,等等。马克思知道下述情况可能会感到惊诧,即在一定程度上要感谢资本积累,工人收入的积累是国民储蓄增长的主要来源。他还会发现许多工资收入者都有使他们步入社会中产或者中上"阶级"的年收入。

马克思认为,国家充当整个资产阶级的执行委员会,将会确保资产阶级对无产阶级压迫的条件。马克思却没有看到国家也会受到影响而改善经济条件。他也没有预见到福利中央集权制、公共事业管制、确立工会组织罢工权利的法律、财政和货币政策,等等。⑱他也没有理解资本家阶级作为一个整体的利益并不一定与其中每个人的利益相一致。例如,单个的资本家可能会抵制对支付养老金规定上限。但是当所有资本家都不得不在同等条件下给予养老金时,负担就不是那么重了,因为只有某一个资本家付出这一成本时,他就必须牺牲竞争的优势。

成功的马克思主义革命并没有发生在马克思预期的发达资本主义国家(如英国、法国、德国)。发生革命的国家(苏联)很遗憾在革命当时缺乏资本积累。历史证据并没有支持马克思的阶级斗争理论。

复习与讨论

1. 解释下列名词,并简要说明其在经济思想史中的重要性:恩格斯,《共产党宣言》(1848),《资本论》(1867),达尔文,黑格尔,费尔巴哈,唯物主义,生产力,生产关系,不变资本,可变资本,社会必要劳动时间,劳动力,剩余价值,剥削率,转化问题,资本有机构成,产业后备军,无产阶级。
2. 联系早期的黑格尔和费尔巴哈的思想,解释马克思的历史理论。

---

⑱ 当然马克思并不是唯一一个没有预见到这些变化的人,但他受到批评是因为他的理论声称资本主义的灭亡是不可避免的进程。

3. 联系马克思对资本主义"运动规律"的分析解释以下各个公式：

（1）价值 $= c + v + s$

（2）$s' = s/v$

（3）$Q = c/(c+v)$

（4）$P' = s'(1-Q)$

4. 马克思的历史理论和他对资本主义分析与达尔文的进化论思想有何联系？

5. 按照马克思所说，如果支付给工人他们劳动力的价值，那么从哪种意义上来说他们受到了剥削？

6. 假设典型的工人和他们的家庭每天必须消费的商品中包含了 3 小时的社会必要劳动时间。再假设资本家雇用工人每天进行 12 小时的劳动。那么剩余价值率是多少？利润率是多少？

7. 马克思所说的转化问题指的是什么？马克思试图怎样解决这一问题？

8. 讨论马克思下列说法的不足：新机器和新生产技术的使用会引起技术性失业后备劳动力人数的增加。

9. 在马克思的整个资本主义发展理论中，经济危机理论扮演了一个什么样的角色？

10. 当一个人非常希望出现某一特定结果时，"希望事实如此"的推理谬误就会产生，这样的推理谬误会使他或她的分析产生偏见。举例说明马克思的一个这样的推理谬误。

11. 讨论：一个经济体，在成功转入马克思的社会主义、共产主义之前，必须先经历资本主义阶段。

精选文献

书籍

Baran, Paul A., and Paul M. Sweezy. *Monopoly Capital*. New York: Monthly Review Press, 1966.

Blaug, Mark, ed. *Karl Marx*. Brookfield, VT: Edward Elgar, 1991.

Foley, Duncan K. *Understanding Capital: Marx's Economic Theory*. Cambridge, MA: Harvard University Press, 1986.

King, J. E., ed. *Marxian Economics*. 3 vols. Brookfield, VT: Edward Elgar, 1990.

Mandell, Ernest. *Marxian Economic Theory*. Translated by Brian Pearce. 2 vols. New York: Monthly Review Press, 1970.

Marx, Karl. *Capital*. Translated by Samuel Moore, Edward Aveling, and Ernest Untermann. 3 vols. Chicago: Kerr, 1906—1909 [orig. pub. 1887—1895].

——. *A Contribution to the Critique of Political Economy*. Translated by N. I. Stone. 2nd ed. Chicago: Charles Kerr, 1913 [written in 1859].

——. *The Economic and Philosophic Manuscripts of 1844*. Translated by Martin Milligan and edited by Dirk J. Struik. New York: International Publishers, 1964.

——. *Theories of Surplus Value*. Translated by G. A. Bonner and Emily Burns. London: Lawrence and Wishart, 1951 [orig. pub. 1905—1910; written in 1862—1863].

Marx, Karl, and Friedrich Engels. *Manifesto of the Communist Party*. New York: International Publishers, 1948 [written in 1848].

Meek, Ronald L. *Smith, Marx, and After: Ten Essays in the Development of Economic Thought*. London:

Chapman & Hall, 1977.

Robinson, Joan. *Essay on Marxian Economics*. New York: St. Martin's Press, 1967.

Sowell, Thomas. *Marxism: Philosophy and Economics*. New York: William Morrow, 1985.

Sweezy, Paul M. *The Theory of Capitalist Development*. New York: Oxford University Press, 1942.

Tucker, Robert C., ed. *The Marx-Engels Reader*. 2nd ed. New York: W. W. Norton, 1978.

期刊论文

Brue, Stanley L., and Craig MacPhee. "From Marx to Markets: Reform of the University Economic Curriculum in Russia," *Journal of Economic Education* 26 (Spring 1995): 182—194.

Dillard, Dudley. "Keynes and Marx: A Centennial Appraisal," *Journal of Post-Keynesian Economics* 6 (Spring 1984): 421—432.

Hutchison, T. W. "Friedrich Engels and Marxian Economic Theory," *Journal of Political Economy* 86 (April 1978): 303—320.

Minisymposium: Locating Marx after the Fall (papers and comments by E. Roy Weintraub, Anthony Brewer, John E. Elliot, Duncan K. Foley, Samuel Hollander, M. C. Howard, J. E. King, Takashi Negishi, Alessandro Roncaglia, Margaret Schabas, Ian Steedman). *History of Political Economy* 27 (Spring 1995): 109—206.

Ureña, E. M. "Marx and Darwin," *History of Political Economy* 9 (Winter 1977): 548—559.

West, Edwin G. "Marx's Hypotheses on the Length of the Working Day," *Journal of Political Economy* 91 (April 1983): 266—281.

Wolfson, Murray. "Three Stages in Marx's Thought," *History of Political Economy* 11 (Spring 1979): 117—146.

第 11 章 德国历史学派

在这一章中我们将要讨论德国历史学派。该学派兴起于 19 世纪 40 年代弗里德里希·李斯特和威廉·罗雪尔著作的发表,至 1917 年古斯塔夫·施莫勒去世时终结。①那时经济学家已经普遍吸收了该学派的部分思想,这个学派就没有继续作为一个独立的学派而存在了。像社会主义者一样,德国历史学派的经济学家总体上也是批判古典经济学的。下面我们将给出这个学派的概览,然后介绍该学派的主要思想家的观点,他们是李斯特、罗雪尔、施莫勒和韦伯。

11.1 德国历史学派概览

11.1.1 历史学派产生的历史背景

拿破仑战争之后的和平协定将德国分裂为 39 个独立的联邦,他们中的大多数实行君主制,并且几乎所有的联邦都是不民主的。获胜的欧洲强国别有用心地操纵德国来为他们自己的背后利益服务。奥地利希望德国维持衰落和分裂的状态;英国希望看到一个强大的普鲁士王国来阻挠法国未来的复兴;俄国则渴望还没有被德国或奥地利占领的波兰领土成为自己版图的一部分。

德国人民在与拿破仑的斗争中激发了爱国主义和民族主义感情。许多德国人要求统一并进行立宪改革,但是国家统一的愿望被阻挠了半个世纪之久。对民主的渴望历经一个多世纪也没有实现,却在最不利的情况下——在第一次世界大战战败的耻辱的条件下暂时实现了。

1815 年,普鲁士、奥地利和俄国组成神圣同盟来镇压可能威胁他们的革命。1830—1832 年间在德国爆发的小规模革命暴动都被镇压了,1848 年发生的大规模剧变

---

① 这一章相当大程度上得益于杰克·迈尔斯(Jack C. Myles)在普林斯顿大学未发表的博士论文:"German Historicism and American Economics," 1956。

也被普鲁士和奥地利军队粉碎了。

普鲁士是当时德国最大、最富有、最军国主义、实力最强的政权,它统治着德国。其他国家也愿意与普鲁士结成强大的联盟。国外与国内的保守派将普鲁士视为反对民主与社会主义的一座堡垒。国内的民族主义者们指望普鲁士建立一个统一的德国。普鲁士统治着德国政府与军队。一系列战争的胜利进一步增强了普鲁士霸权统治下的民族主义。俾斯麦颁布的先进的社会立法表现出君主政体的家长式作风,在德国的劳动者中间唤起了忠诚和爱国热情。俾斯麦自诩道,在德国是君主进行了革命。

由于19世纪德国的一些关键经济制度与英国的经济制度有极大的不同,因此毫不奇怪两个国家产生了不同的经济思想体系。重商主义的管理规则在德国一直持续到1871年德意志帝国的建立,比它们在英国消失的时间要晚很长时间。企业的竞争和自由,这些在古典经济学学者的经济分析中认为是理所当然的事情,在德国却受到了严格的限制。由于大的官僚机构管理和统治着德国经济生活的方方面面,因此公共管理科学得到了极大发展。英国的理论显然不适合德国的情况。在质疑英国古典经济学思想的历史实用性的过程中,历史学派维护了德国的生活方式并使之合理化。

历史学派产生时的德国是分裂的、衰落的,而且基本上是一个农业国。民族主义、爱国主义、军国主义、家长式统治、恪守责任并努力工作、大规模的政府干预这些特点相结合共同改变了当时的形势,促进了工业增长。因为19世纪的德国在工业发展方面远远落后于英国,所以德国经济学家认为有必要通过政府的帮助使德国实现赶超。

11.1.2 历史学派的主要信条

德国历史学派的思想有四个基本原则。

- 经济学的演化方法。历史学派将动态的、演化的观点运用于对社会的研究。它关注的核心是累积的发展和增长。有时候与达尔文在生物学上的进化论有相似之处:社会有机体产生、发展、成长,最后衰败和消亡。社会不断发展变化。因此,适用于某个国家特定时期的经济思想,可能对另一个国家,或者另一个时期来说并不适用。在攻击古典经济学派的观点并不适合德国时,这种相对论的方法尤其有效。
- 强调政府的积极作用。历史学派是民族主义的,而古典学派是个人主义和世界主义的。如果社会有机体是研究的中心,如果它是动态运动的驱动力量,那么社会或者国家,而不是个人,将占据这个舞台的中心地位。在德国,正是国家培育了工业、交通和经济增长。在捍卫统一经济体的过程中,很容易形成强烈的国家民族荣誉感。历史学派突出了国家干预经济事务的必要性,并强调了社会自身的利益与其中的个人利益是相当不同的。
- 归纳/历史方法。历史学派的经济学家强调从历史角度来研究经济的重要性,要将经济看作整体的一部分。因为经济现象和其他社会现象是相互依存的,因此,只有和其他社会科学分支结合起来研究政治经济才是恰当的。历史学派批评古典学派和边际学派的抽象的、演绎的、静态的、不现实的以及不讲究历史的分析方法。历史学派利用原始数据资料和通过研究变化的社会制度,进行了大量的归纳研究。该学派称使用他们的历史分析方法可以研究影响经济现象的所有因素,经济行为的所有方面,而不仅仅是它们的经济学逻辑。有些历史学派的经济学家反对几乎所有形式的理论化。他们否认存在正确的经济规律,只有一个除外:他们相信发展的模式可以在历史中辨知,并且可以被归纳为"发展规律"。

• 提倡保守的改革。历史学派的经济学家认为,政治经济学不能仅仅是分析产生经济活动的动机,而且必须衡量和比较这些行为及其结果的道德价值。它必须确定适当的生产和财富分配的一套标准,以便使公平与道德的需求得到满足。历史学派的经济学家认为,应该委托德国政府为"普通人"改善环境。当国家维护了工厂工人的健康、福利与效率时,它就会增进这些劳动者对国家的忠诚度。他们希望改革还能够使工人阶级摆脱社会主义的意识形态。温和的社会变革倡导者被称为"讲坛社会主义者",指的是他们所坚持的学术立场。

11.1.3　历史学派对谁有利或为谁谋利

首先,德国历史学派的成员使他们自己受益。他们与政府官员建立了亲密、友好的联系,在当时的学术界上升到了主导地位。事实上,德国政府控制着大部分高校,被称作"教授制造者"的施莫勒,通过他在普鲁士教育部的影响,控制了德国学术界的大部分职位的任命权。他的学生和追随者占据了学术职位,而德国那些奥地利边际学派的信徒却被从大学职务中排挤了出去。历史学派还通过为德国帝国政府在民族主义国家中的作用进行辩护,从而使政府也从中获益。

其次,历史学派的经济学家提倡温和的改革,阻挠更激进的社会民主化倾向,从而服务于那些处于主导地位的商业、金融、土地所有者集团。穷人和卑微的人,并没有通过斗争而赢得改善状况的胜利,家长式政权只赋予他们妥协的性格。结果,奴性、民族主义与忠诚,在德国比在任何其他国家都更为盛行。

11.1.4　历史学派在当时是如何有效、有用或正确的

将演化的方法应用于社会与经济思想,为古典学派与边际学派的抽象思维方式提供了一种有效的矫正方法。人们怎么才能解释英国在19世纪坚信自由放任,而在20世纪很大程度上偏离了自由放任?随着经济和社会的演进,为了理解当前的世界,经济学家必须熟悉变化的历史和环境,从这个角度来看历史学派是正确的。为了熟悉变化的历史和环境,就需要运用归纳事实的研究方法。这就需要产生新的理论和思想来理解新的形势,而这些新的理论和思想需要运用经验数据进行周密的检验。

11.1.5　历史学派的哪些信条具有长远贡献

当各个流派的经济学家都认识到历史经验研究对于解释现在、检验旧理论、提出新理论是必不可少的方法的时候,德国历史学派的任务就完成了。今天,作为抽象演绎法的补充,历史归纳法已被人们普遍接受;时代的变迁和方法论的争论已经迫使这二者

经历了不容易但还算平静的融合。例如,当代计量经济分析一般结合了抽象推理和实证检验两种方法。大多数实证检验采用的数据都是历史数据,相反不是直接得自经验的数据。但是,今天的经济学家通常都搜集最近可得的历史数据来检验他们的理论,相反不是对很久以前收集的数据进行仔细观察。如果社会在不断变迁,而且新形势要求新的分析方法,那么过去的经验就只有有限的作用了。约翰·内维尔·凯恩斯(John Neville Keynes,约翰·梅纳德·凯恩斯的父亲)早在1890年就已经指出了这一事实:

> 更重要的是要看到,正是由于工业制度的演进和经济环境的多变特征,历史学派强烈主张,过去的研究对于解决当今的问题只能提供较少的帮助。许多当前问题从19世纪以前的经济史中基本上得不到任何启发。对一组环境进行的一般性概括怎样才能够很好地应用于另外一组环境?这些问题不仅呼唤新颖的解决方法,还有可能产生新的产业阶层。例如,14世纪的哪些阶层可以用来与现代的工厂操作员和资本家雇主相比较?因此,只有制度、习惯与环境的改变以及除历史以外的另外一种研究方法对于我们的经济学研究工作来说才是至关重要的。政治经济学永远也不可能成为一门特定的历史科学。②

该学派的另一个持久贡献是它对自由放任的抨击。这个主题是未来的趋势。历史学派的成员意识到,无限制的自由的企业并不一定会给整个社会带来最优可能的结果。而且他们相信,对于日益尖锐的阶级差别所导致的更恶劣的动乱,改革是一种替代,这一点他们也是正确的。

结语:历史学派经济学家倡导的德国民族主义因过了头而失败,民族主义后来演变为狂热的军国主义。在截至1914年的一个世纪,人们越来越希望世界可以实现和平、国际合作与普遍的和谐。德国历史学派的经济学家提出了民族主义这一刺耳的声音,刺激了国际主义者的亲善感情。他们的观点,或许不是故意的,促成了德国军国主义风气,导致了第一次和第二次世界大战的爆发。从这个方面来说,历史学派经济学家提出的某些思想妨碍了社会进步。

11.2　弗里德里希·李斯特

11.2.1　生平细节

弗里德里希·李斯特(Friedrich List, 1789—1846)是历史学派的先驱,他既不想在学校里做正规的研究,也不想和他的父亲一样做个制革工人。他成了一名政府职员,1816年升任为一个部的副部长。一年以后,他接受了在帝宾根大学教授管理与政治学的教授职位,但他不同的政治观点使其在1819年遭到解职。然后他积极地促进在德国

---

② John Neville Keynes, *The Scope and Method of Political Economy*, 4th ed. (London: Macmillan, 1917), 327[orig. pub. in 1890].

联邦建立一个强大的政治与商业联合会。1819年,李斯特代表他组建的一个商人和制造商的联合会提请联邦议会建立关税联盟。

> 38项关税壁垒削弱了国内贸易,就像绷带阻碍了血液的自由流通。汉堡与奥地利,或柏林与瑞士之间的商业贸易必须穿越10个联邦,必须弄清楚10道关税,必须连续支付10次通行税。如果有人不幸居住在三四个联邦的边境线上,他就不得不终日周旋在充满敌意的收税者与海关官员中间;他是一个没有国家的人。③

1820年,李斯特当选为他所在联邦的议会议员,他倡导其他的管理和金融改革,这些改革在他那个时代被认为是非常激进的。他赞成废除公路通行税、什一税、工业企业的联邦所有权、封地财产税和对生产性土地使用的限制、货物税。他提倡陪审团审判、减少文职机构的官员数量、征收单一直接的收入税来满足政府支出需要。政府将这些观点的表述视为叛国罪,宣判李斯特入狱8个月,之后他又被驱逐出境。1825—1832年间,他居住在美国,在那里他成了一名农场主、记者和企业倡导者,在煤矿开采上得到也失去了一些财富。他的保护主义观点在美国比在德国更受欢迎。

回到德国以后,李斯特成为一名德国铁路网的热情倡导者。后来德国建立的铁路线很大程度上依据的是他于1833年发表在一个小册子上的蓝图。他为创建德国关税联盟的努力也在1834年由于关税同盟(Zollverein)的建立而得以实现。他提出的德国邮政系统和国家专利法计划在他去世20多年之后得以实现。糟糕的健康状况、金钱方面的困难、对德国统一迟迟不能实现的绝望,笼罩着他晚年的生活,1846年他自杀身亡。

11.2.2 经济发展思想

在李斯特著名作品《政治经济学的国民体系》(*National System of Political Economy*)的序言中,他用第三人称来指代自己:

> 在介绍理论之前,作者先从审问历史开始,从中推导出他的基本理论……为了更清楚,在这里我们将大致介绍一下他研究和思考的主要结论:为了一个共同目标而结成的个人联盟是保证实现个人福利的最有效模式。当一个人孤独地与他的同伴相分离,这个人就会变得软弱和贫穷。联合起来的人越多,联盟就越完善,作为结果,个人的精神与物质财富就越丰富。目前已经实现的个人之间的最高形式的联盟是联邦或国家,而能设想到的最高形式的联盟是全人类的联合……
>
> 一个国家可能被战争夺去独立、财富、自由、宪法、法律、自身特色,降低它已经达到的文化和国家福利程度,它有可能完全处于被奴役状态。因此,国与国之间互相都是受害者,自私的政策会持续扰乱和延迟这些国家的经济发展。因此,在当前和永远,作为一个国家不断保存、发展和提高自身实力,必须是这个国家努力的根

---

③ Friedrich List, as quoted in Margaret E. Hirst, *Life of Friedrich List and Selections from His Writings* (London: Smith, Elder, 1909), 139.

本目标……

在国家的经济发展过程中,有必要区分以下几个主要阶段:原始未开化时期、畜牧时期、农业时期、农工业时期,最后,农工商业时期……一个极度重视独立与自由的国家一定会通过热切的努力尽可能快地提升自己,从文明的较低阶段到较高阶段,尽可能迅速地统一和完善它自己的农业、制造业、航海以及商业……要使一个农业国迅速转变为农工商业国家,只有在自由贸易原则下才可能达到,这就要求当时各个不同的参与工业制造的国家有着同等的进步与文明程度;这些国家之间不会为对方的经济发展设置障碍,不会通过战争和不利的商业立法来阻碍它们各自的进步。

但是其中一部分有环境优势的国家,在工业、商业和航海方面与其他国家拉开了距离,它们觉察到这种优势地位是取得与保持政治霸权的最可靠方式,已经采取和坚持的政策适合于赋予它们制造业、工业和商业垄断权,并且阻碍那些欠发达国家或较低文明程度国家的进步……先前获得进步的某些国家、国外商业立法及战争迫使那些劣势国家寻求特殊的实现手段,以使它们从农业国阶段转变到工业国阶段,最可行的办法就是用关税体系来限制它们与那些旨在获得制造业垄断地位的更发达国家的贸易往来……

经验告诉我们,事实上风可以将种子从一个国家传播到另一个国家,所以荒漠也可以变成茂密的森林。但是,荒地的所有者等待几个世纪由风来完成这一种植和转变过程是明智的吗?如果一个人只是迫使大自然来种植他未开垦的土地,在二十年后可能达到他的目标,这是不是很愚蠢呢?

亚当·斯密关于国际贸易的思想不过是重农主义者这方面思想的延续。像重农主义者一样,它不考虑民族性,它几乎完全排除了政治与政府的作用,它假设存在永久的和平与普遍的联盟,它贬低民族制造业的优势以及取得这种优势的方法,它要求绝对的自由贸易。④

李斯特提倡在德国国内实行自由贸易,而同时对进口制成品征收高关税以保护国内的新生工业。这种情况现在通常称为"幼稚工业"关税保护。他反对对农业实施保护,因为农业是古老成熟的产业,而且制造业需要农业来提供廉价的食物和原材料。另外,通过保护而发展起来的大规模工业能够为农业扩大国内市场。李斯特严厉谴责亚当·斯密和古典经济学思想,认为这些思想所宣称的普遍性只适用于英国,而不适用于不发达国家。他着重强调历史的经验教训和国家的重要性。李斯特普及了经济增长阶段性的观点,敦促政府积极帮助那些希望从较低阶段向较高阶段发展的人抵制来自发达国家的竞争。一个国家只有在达到工业成熟之后,才可以转向自由贸易。

---

④ Friedrich List, *National System of Political Economy* trans. G. A. Matile (Philadelphia, PA: Lippincott, 1856), 70—73, 181, 420 [orig. pub. in 1841].

历史借鉴 11-1
李斯特与战略贸易理论

除托马斯·马尔萨斯之外,古典学派经济学家一致认为自由的国际贸易可以使一国从中获益。斯密和李嘉图强调专业化与交换可以降低一个国家获得合意商品的机会成本。

在论述制造业时,弗里德里希·李斯特反驳了支持自由贸易的观点,他在1841年写道:

> 保护性关税最初确实会抬高制成品的价格;但是同样正确的是,经过一段时间之后,这个国家能够建立起自己的完整发达的制造业生产能力,国内生产的制造品价格比从国外进口更便宜。因此,如果保护性关税引起价值的损失的话,它却使生产能力有所增长,这种获益不仅使国家在物质商品的数量上得到无限扩大,而且在战争时可以保持工业的独立性。通过从中获得的工业独立与国内繁荣,这个国家拥有了成功进行对外贸易和拓展其商业领域的工具;它增进了这个国家的文明,完善了这个国家的内部制度,增强了这个国家的外部力量。*

李斯特将他反对自由贸易的理论应用于欠发达国家,例如19世纪40年代的德国,当时德国只拥有幼稚工业。但是最近,在发达工业国家可以听到他这个理论的变种。战略贸易政策的倡导者认为,可以选择性地利用关税或者贸易配额来降低国内高技术企业带来的产品开发风险。对国内市场的这种贸易保护能够使这些企业迅速成长起来。国内销量的猛增和向不受保护的外国市场出口将使这些国内企业获得规模经济(较低的平均成本)。因此,这些受到保护的国内企业最终能够逐出高成本的外国生产商,并占领世界市场。

世界市场的占领可以使受保护的国内企业从国外赢得高额利润。这些高额利润被认为足以弥补先前选择性关税所导致的任何损失。用李斯特的话来说,价值的损失从生产能力的所得中得到了平衡。而且,高技术产业的专业化可能会对国内其他行业产生溢出效应,从而增强国内其他经济领域中的生产能力。

一些观察家认为,在20世纪80和90年代,日本和韩国成功地使用了关税、进口配额及非关税贸易壁垒等战略贸易政策。但是,这类战略贸易政策有一个根本缺陷。由于这些政策的实施而处于不利地位的那些国家,总是会采取它们自己的关税或进口配额措施来实施报复。例如,在20世纪80年代晚期,美国通过一项法案,允许对有不公平贸易行为的国家征收报复性关税。

因此,由于战略贸易政策牺牲了本来通过专业化与贸易可以实现的世界产出,所以这种政策在长期看来可能会导致相反的结果。这些政策的最终后果很可能是全世界范围的高关税、世界贸易的缩减和全球产量的减少。

* Friedrich List, *National System of Political Economy*(New York: Kelley, 1966), 145[orig. pub. in 1841].

李斯特否认斯密的个人与社会利益一致的思想,他认为社会某些成员的当前的个人利益并不一定导致社会整体的最高福利。例如,一个国家可能会因为缺乏制造工业而处于不利地位,但有些人却可能通过将外国制成品倒卖给国内消费者而发大财。一个人可以通过过度节俭而致富,但一个国家这样做的话,就不会有消费,产业也将失去支撑。民族统一,这是过去发展的结果,对于个人来说是必要的,个人的利益应该从属于维持统一的需要。

李斯特认为制造业只有在温带地区才能发展起来,因为只有这种气候才能够培育必要的体力和脑力。热带地区应该维持自由贸易,继续提供热带产品来交换制成品。他将这看作是国际劳动分工与世界贸易的真正基础。他认为如果一个处于热带地区的国家试图成为制造业国家,那么它就犯了致命的错误。大自然不允许它从事这个行业。因此,热带国家将渐渐依赖温带地区的国家。但是制造业国家之间的竞争会压低制成品的价格,还会阻止任何一个国家凭借其优势来利用热带地区的弱小国家。

李斯特认为,军备、战争、战争债务在某些情况下会极大地增强一个国家的生产能力。他指出英国就是这样一个例子。战争极大地扩张了英国的生产能力,使英国每年的价值增值——即产量的增加值——远远超过了它每年为扩大的战争债务而必须支付的利息。另外,军备支出增加引起向战场运送商品的增加,这就破坏了外国的制造业,并确保了英国的工业优势地位。

11.3 威廉·罗雪尔

威廉·罗雪尔(Wilhelm Roscher,1817—1894)是"旧历史学派"的奠基人之一。这个学派试图补充古典理论,而新历史学派却希望用历史研究和政策意见来完全取代古典理论。罗雪尔在哥廷根大学成为政治经济学教授,后来到了莱比锡大学。他的五卷本教科书《经济科学》(*Economic Science*)花了他 40 年(1854—1894)时间才完成,在德国的学校被广泛使用。到 1878 年其第 卷被译成英文版的《政治经济学原理》(*Principles of Political Economy*)时,已经再版了 13 次。虽然罗雪尔反对他在年轻时学习的古典学派的经济思想,但是他自己的思想理论仍然建立在这些思想的基础之上。这是"新历史学派"谴责旧创建者的根据所在。例如,施莫勒认为罗雪尔和他的同事有效地批判了古典经济学理论及其方法;但是在重建经济学时,他们自己却陷入了他们先前所批判的方法之中。

罗雪尔关于国家的作用和历史方法的观点如下:

> 通过国民经济学或政治经济学,我们了解到这门科学是与一个国家的经济发展规律或其经济生活相关的……国民生活同其他所有生活一样是一个整体,它的各种不同现象之间存在着紧密的联系。因此,为了科学地理解国民生活中的一个方面,就必须知道其所有的方面。但特别有必要关注以下七个方面:语言、宗教、艺术、科学、法律、国家和经济……

如果通过一个国家的公共经济体系,我们了解了其经济立法和政府对私人经济的引导或导向,那么公共经济学就其形式来说,会变成政治学的一个分支;而就其本质来说,公共经济学的主题与政治经济学的主题几乎是一致的……很明显的是,在金融学、政府管理学及公共事务管理的其他方面,政治学与政治经济学之间都存在着密切的联系……就像如果不了解人的脑部构造,生理学家就无法理解人体的行动一样,如果我们对国家这个最大的、持续不断地作用于经济的所有其他方面的经济实体不加考虑,我们就无法理解国民经济这个有机整体……

完全深入地运用这种历史分析方法可以消除大量关于重大问题的争议。人们远不会成为魔鬼,就像远不会成为天使。我们很少会碰到仅仅受理想目标指引的人,也很少会碰到只以自我为中心和只关心自己利益的人。因此,可以假设,当前关于非常密切地关注人的、由众多党派甚至是几代人所分享的某些现实利益的任何见解,并不仅仅是建立在无知和对错误的爱的基础之上的。错误常常存在于将某种特定情况下有益的,甚至绝对必要的措施应用于完全不同的情况中。在这里,关于其措施条件的透彻洞察,足以构成两派之间的差异。一旦充分理解和认识了政治经济的自然规律,在任何给定的情况下,所要做的就是对相关事实进行精确、可靠的统计分析,调和关于公共经济政策问题的一切争议,至少,这些争议来自于意见的不同。也许因为科学从来没有实现这一点,结果新问题不断涌现,并需要解决的办法。而且在众多的党派争议中,党派间的相反意图甚至比他们的相反观点起着更为重要的作用。如果是这样的话,尤其在我们自己深深地感到不安的时期,在每个好公民都有义务参加政党的时候,就要求每个忠实的党派人士必须在短暂观点的海洋中寻求一座坚固的科学真理的小岛的保护,就像由最不同的各种学派的物理学家提出的数学物理理论那样被共同地接受的真理。⑤

罗雪尔补充道,通过利用历史方法而获得的知识可以消除自满的感觉,较高形式的文明也将不会再鄙视较低形式的文明。社会逐渐从不成熟形式演进到被看作最完善的成熟形式。然而,成熟社会最终会衰落和消亡。

罗雪尔在他的《政治经济学原理》中包含了一个简化版的英国古典价格理论,这表明了他对经济理论的喜爱。他没有鄙弃抽象的理论,而是要为它寻找历史依据。他声称研究当代的事实和观点是对古典演绎方法的一个必要补充。

11.4　古斯塔夫·施莫勒

古斯塔夫·施莫勒(Gustav Schmoller,1838—1917)是"新历史学派"的重要人物,是哈利、斯特拉斯堡和柏林大学的政治科学教授。他教育了一代又一代学生和政府官

---

⑤ Wilhelm Roscher, *Principles of Political Economy*, trans. John J. Lalor, vol. 1 (New York: Holt, 1878), 87—88, 91—92, 112—113 [orig. pub. in 1854].

员,在学术界和政界有着巨大的影响力。除了教授的工作,施莫勒还是一名活跃的科学院院士,也是普鲁士国会的上院议员。他是"社会政策协会"(Association of Social Policy)的创始人之一和主要领导者。这个组织提倡社会立法,并推广政府应在社会和经济事务方面发挥更为积极作用的理念。

施莫勒认为,收集历史的、描述性的现实材料这个任务,应该先于演绎推理,并且比演绎推理重要得多。他和他的追随者都强烈反对孤立地研究经济现象的小片段和其他条件都不变的假设。他们认为一旦经济过程被孤立地、片面地进行分析,就失去了它的本质。施莫勒希望仅仅在历史专题的基础上发展经济学。事实上,施莫勒对讲究演绎法的经济学家非常敌对,他曾公开声称"抽象"学派的成员不适合在德国大学里任教。

11.4.1 方法论之争

施莫勒与抽象的奥地利边际学派的创始人卡尔·门格尔进行了一场著名的论战,论战的主题是归纳与演绎分析哪个更有成效。这一论战被称为方法论之争,或"方法之战"。1883年,当历史主义方法接近其顶峰时,门格尔出版了一本关于方法论的著作,为理论方法辩护,并评价施莫勒学派的重要性仅仅是次要的。施莫勒在其《新政治经济学年鉴》(Jahrbuch)一书中用否定的观点评论了门格尔的著作,而门格尔则在名为《历史主义的错误》(Errors of Historicism)的一本小册子中予以愤怒回击,他写道:"历史学家就像来自国外的入侵者一样参与到我们的学科领域,他们的目的在于强迫我们接受他们的语言、习俗、术语及分析方法,并且偏狭地与每一个和他们的特殊分析方法不一致的质询进行斗争。"⑥当施莫勒收到门格尔对他《新政治经济学年鉴》进行评论的小册子时,他发表了一个声明称他不能对这个小册子进行评论,因为他立刻把它还给了作者。在归还小册子的同时,施莫勒还给门格尔写了一封侮辱信。

这场论战激起了双方的敌对情绪,导致双方都发表了许多著作。最后,方法论之争好像自动解决了,归纳法和演绎法都很重要,而且通常它们互为补充。需要重申的是,收集信息与建立用来处理积累的信息的分析工具,都是正确的经济科学的工具部分。

施莫勒在1894年发表的《政治经济学及其研究方法》(Political Economy and Its Method)一书中再次强调了历史研究的作用。

> 历史科学提供了经验资料和数据,就知识或现实而言,它们将学者从一个纯粹的乞丐变成了一个富人。正是这种历史经验资料,像所有有益的观察与描述一样,能够用来阐释和证实理论结论,能够用来论证某些真理的有效性的局限性,更为重要的是,能够用来归纳性地获得新的真理。这尤其可以应用到更为复杂的政治经济学领域,在这个领域里,只有依据历史调查才有可能取得进步。例如,在考虑机器对工资的影响以及贵金属的生产对货币价值的影响时,纯粹的抽象演绎法是没有价值的。在考虑经济制度和经济理论的演进以及一般的经济进步问题时,这一

---

⑥ Keynes, *Political Economy*, 324.

点甚至更正确……请教历史是最适当的政治经济学研究方法。最著名的历史学派反对者卡尔·门格尔也承认,最重要的经济制度,如所有权、货币和信用,既有其存在的自然属性,也有其存在的历史方面的原因;因而"那些仅仅知道这些现象存在的某一方面本质的人根本就没有理解它们"。如果历史研究的作用对于货币与信用来说确实如此,那么在考虑家庭经济、劳动分工、社会阶层的形成、商业机构的不同形式、市场和其他贸易机构的现象、行会制度、国内贸易自由和农村生活方式时会表现得更为明显。事实上,被称为经济制度以及已经通过法律形式确定下来的所有的典型方式和特殊安排都倾向于长久地或者持续几百年地支配着经济进程。⑦

11.4.2 社会改革

施莫勒认为,道德价值判断应该受到鼓励。经济体系中的公正可以通过国家和所有社会团体促成的家长式社会改革政策来实现。他认为社会改革的指导原则是更加公平的收入分配。社会科学应该是实现社会政策目标的指导。

经济制度除了是人类的感觉和思想、行为、习俗和法律的产物之外,它还是什么呢?

如果在经济秩序中,我们仅仅认识到盲目力量、自私自利、自然物质及机械过程的统治作用,那么就会是一场持续的斗争、一个混乱的无政府状态……是的,和谐本质上并不存在;自利的冲突互相斗争着,自然物质往往互相破坏,自然力的机械行为直到今天还不断地困扰着我们;在今天争取生存的斗争依旧靠竞争来实现……而斗争与冲突从未停止过,尽管它们在整个历史过程中不会一直保持相同的特征。斗争以消灭、征服的形式结束了,转变成为由公断决定的和平竞赛。依附的形式变得更温和、更有人性。阶级政府也变得更加温和。每一种残忍的力量、每一种对强势力量的不适当维护,都会受到法律的惩罚。由于需求和供给在不同的习俗与法律体系下是相互冲突的,因此它们的结果也有极大的不同……

最糟糕的错觉莫过于那些英国较早的经济学家的观点,他们认为存在大量简单、自然的法律与经济制度,它们一直保持原样并将继续存在下去;所有文明与财富的进步都只是个别的或技术性的;它也仅仅是在同样的法律制度下将要达到或能够达到更多的产量或消费的问题。较早的经济学家们天真而自负地相信个人及个人生活是万能的,结果导致了对经济制度稳定性的信念。那么社会主义可能高估了社会制度的作用。历史学派的经济学家以及关于规律的现代哲学向我们展示了经济进步的新纪元主要是与社会制度的改革联系在一起,从而赋予了社会制度

---

⑦ Contemporary Civilization Staff of Columbia College, *Introduction to Contemporary Civilization in the West: A Source Book*, vol. 2 (New York: Columbia University Press, 1946), 520—521. Copyright © 1946 Columbia University Press.

适当的位置。⑧

施莫勒指责旧历史学派试图运用历史教训时太仓促了。他呼吁进行更深入的历史研究以便为国民经济理论确立一个经验基础。然而,尽管他和他的门徒发表了无数的、大量的历史研究结果,但他们并没有提出一个经济理论,他们的主要贡献在经济历史领域。

11.4.3 保护主义

施莫勒在晚年时期改变了对保护主义的看法。在青年时期,他是自由贸易的狂热支持者。到 1901 年,他赞成在德国实行保护性关税,并奉亚历山大·汉密尔顿和弗里德里希·李斯特为师。他否认保护主义新时代的到来,因为经济学家和政客们一直都没能理解自由贸易的美好主张。他在李斯特的"幼稚产业"观点的基础上证明了关税的合理性,但他走得更远。另外,他认为如果运用得当,关税可以作为一种国际武器给国家带来利益。

11.5 马克斯·韦伯

马克斯·韦伯(Max Weber,1864—1920)在柏林的法律界任职。在出版了几本学术著作之后,他成了一名政治经济学和社会学教授,先后在弗莱堡、海德堡和慕尼黑任教。他认为自己是施莫勒的思想后裔。

11.5.1 新教主义与资本主义的兴起

韦伯发起了一场关于新教主义与资本主义兴起关系的激烈论战,这场论战持续了多年。他反对马克思关于宗教学说只是特定物质条件的意识形态反映的观点。韦伯认为,思想至少是具有影响社会变革的力量的独立实体。对他来说,资本主义似乎是新教改革的结果而不是原因。加尔文教派的根本思想是只有那些"被选定的"人才能够获得拯救,所以他相信加尔文教派特别包含着某些极其有利的因素,使以利润为目的的个人主义的经济活动合理化。谈到新教主义时,韦伯写道:

> 世俗所谓的不休息、持续、系统工作的宗教价值,作为禁欲的最高级手段、同时作为重生和真正信仰的最可靠和最明显的证据,对于我们称为资本主义精神的生活态度的扩张来说,是可能想象到的最有力的手段。当消费的局限与这种贪婪行为的释放结合在一起时,其不可避免的实际结果很显然:通过禁欲强制储蓄来积累资本。加于财富消费的限制,通过尽可能的生产性资本投资,很自然地

---

⑧ Gustav Schmoller, *Idea of Justice in Political Economy* (Philadelphia, PA: American Academy of Political and Social Science, no date), 22,26,27,37.

有助于增加财富。⑨

11.5.2 对韦伯的观点的批评

R. H. 托尼(R. H. Tawney)和其他一些人都反对韦伯的分析。⑩ 当然,宗教影响了人们对社会的见解,但是经济与社会变革也对宗教产生了强有力的影响。批评家们认为,韦伯只强调了前者,对后者却只是一带而过。或许是商业企业的兴起促使中产阶级放弃了天主教,天主教谴责高利贷、怀疑经济动机、对私人财产也持悲观态度。而且,作为最大的封建地主,天主教会寻求各种方法将公平价格、长子继承权、限定继承权以及永久经营权等封建制度永久保留下来。由于新教改革给了当局有力的一击,它松动了人们头脑中持有的传统思想。由于它也对长期以来一直摇摆不定的观点提出了质疑,从而增强了理性的特征。托尼认为,加尔文教派确实将经济活动和财富积累重新变得神圣化,但是经济变化,如地理大发现和商业扩张,是始自16世纪的基督教伦理改革的根本原因。他认为,加尔文教派和资本主义精神都是由经济组织和社会结构的深刻变化导致的。

一些历史事实似乎可以支持托尼的观点。首先,与韦伯的示例相反,路德的新教思想戴着封建的光环。例如,路德反对高利贷,而与之相反,天主教对新兴的商业企业世界来说却是适宜的。在新教改革前的中世纪晚期,在意大利和法国等天主教国家的城市里可以发现早期的资本家。新教改革的威胁明显加速了天主教的适应过程。其次,反对罗马的暴动,尤其是在那些没有商业企业利益的人中间进行的暴动,最为明显有力的一个动机就是期望以此来掠夺富有的教会机构的财富。再次,对封建君主有不满情绪的农民也卷入了新教运动。最后,在许多国家不断兴起的民族主义精神与以罗马为中心的天主教的国际主义存在着冲突。

由于新教主义与资本主义兴起之间存在着复杂的关系,因此理清它们的因果关系是很困难的。是像韦伯说的那样,由新教主义产生了资本主义?还是像韦伯的反对者们认为的那样,由正在兴起的资本主义产生了作为商业活动更适合的信条的新教主义?或者这两种立场都有一定的合理性?或者都不正确?对于新教改革在经济思想发展中的作用的进一步讨论,请参阅本书网站,阅读题为"从《圣经》时代到新教改革时的经济思想"这一章。

11.6 后记

虽然可以认为德国历史学派随着施莫勒的去世而结束,但是历史学派的方法论和观点却超越了那个时代被其他人传播下来,特别是维尔纳·桑巴特(Werner Sombart,

---

⑨ Max Weber, *The Protestant Ethic and the Spirit of Capitalism*, trans. Talcott Parsons (London: Allen and Unwin, 1930), 172 [orig. pub. 1904—1905].

⑩ 参见: R. H. Tawney, *Religion and the Rise of Capitalism* (New York: Harcourt, Brace & World, 1926).

1863—1941)。桑巴特是一名经济史学家,他对韦伯的清教主义对于形成商人的资本主义精神有重大影响的观点提出了质疑。相反,他称:"那些看上去对资本主义精神的形成确实很重要的清教教条部分借鉴了犹太教思想领域中的观点。"[11]桑巴特认为,正是犹太教赋予了资本主义非个人的、理性的、唯物主义的性质。但是清教主义确实帮助训导了工人适应新的生活方式。为了克服工人在适应资本主义的技术和纪律要求方面的巨大困难,必须激励起工人依靠资本主义理想在世界中前进的愿望。为了实现资本主义的繁荣,必须有意地反复灌输获得财富的渴望,而不是人性生来的品质。

桑巴特引用了早些时候拉萨尔在为国家进行辩护时的一段话:

> 费迪南德·拉萨尔……用具有说服力的语言表达了国家的思想,他解释道:"国家是一个道德整体中个人的联合,这个联合为包含在这个联合中的所有个人增加了数百万倍的力量……因而,国家的目的就是使人类获得积极的、进步的发展;换言之,就是将人们的决心,即人类能够达到的文明,变成现实。"[12]

德国历史学派的早期成员所提倡的民族主义在桑巴特的著作中达到了极致。到了 1933 年,桑巴特已经完全变成了一名纳粹哲学的支持者。他认为,德国在希特勒的统治下,是一个全新的动态的体制,能够克服资本主义的衰退。他歌颂种族主义和民族主义,拥护这二者来取代已经被征服了的衰落社会:"对我们来说,目标只有一个——德国。为了德国的伟大、强盛与荣耀,我们将很乐意牺牲每一个'理论'和每一个'原则',不管它们是自由的还是被打上了其他烙印的。"[13]

复习与讨论

1. 解释下列名词,并简要说明其在经济思想史中的重要性:1815 年的神圣联盟,李斯特,幼稚产业理论,罗雪尔,施莫勒,方法论之争,韦伯,新教伦理,R. H. 托尼,桑巴特,讲坛社会主义者。
2. 参考第 4 章古典学派主要信条的列表,指出历史学派的经济学家可能反对其中的哪些原理,请解释。
3. 当代经济学家所做的大部分经验研究中哪些方面是"历史的"?这种类型的研究是否是更极端的历史学派经济学家所坚持的?请解释。
4. 讨论:"一个国家由于保护(关税及进口配额)所失去的仅仅是一种价值,但它赢得的能力却能够持续生产出长期的无法估计数量的价值。价值的损失应该仅仅被看成该国产业教育所支付的价格。"(弗里德里希·李斯特,1841)
5. 比较大卫·休谟(第 4 章)与李斯特的经济发展思想。
6. 新旧历史学派对古典经济学的看法有哪些不同?
7. 列举方法论之争的两种极端立场。经济学家最终是如何解决这个问题的?
8. 按照韦伯的观点,什么是新教伦理?它与资本主义的兴起是怎样联系在一起的?批评性地评

---

[11] Werner Sombart, *The Jews and Modern Capitalism*, (Glencoe, IL: The Free Press, 1951), xx.
[12] Werner Sombart, *A New Social Philosophy*, trans. Karl F. Geiser (Princeton, NJ: Princeton University Press, 1937), 160.
[13] Sombart, *Social Philosophy*, 152.

价韦伯的理论。

9. 列举历史学派主要在德国而不是在其他欧洲地区获得发展的原因。

精选文献

书籍

Blaug, Mark, ed. *Gustave Schmoller and Werner Sombart*. Brookfield, VT: Edward Elgar, 1992.

Hirst, Margaret E. *Life of Friedrich List and Selections from His Writings*. London: Smith, Elder, 1909.

Lessnoff, Michael H. *The Spirit of Capitalism and the Protestant Ethic: An Enquiry into the Weber Thesis*. Aldershot, England: Edward Elgar, 1994.

List, Friedrich. *National System of Political Economy*. Translated by G. A. Matile. Philadelphia: Lippincott, 1856 [orig. pub. in 1841].

Roscher, Wilhelm. *Principles of Political Economy*. Translated by John J. Lalor. 2 vols. New York: Holt, 1878 [orig. pub. in 1854].

Schmoller, Gustav. *Idea of Justice in Political Economy*. No. 113. Philadelphia: American Academy of Political and Social Science, no date.

Tawney, R. H. *Religion and the Rise of Capitalism*. New York: Harcourt, Brace & World, 1926.

Weber, Max. *The Protestant Ethic and the Spirit of Capitalism*. Translated by Talcott Parsons. London: Allen and Unwin, 1930 [orig. pub. 1904—1905].

期刊论文

Bostaph, Sam. "The Methodological Debate between Carl Menger and the German Historicists," *Atlantic Economic Journal* 6 (September 1978): 3—16.

Dorfman, Joseph. "The Role of the German Historical School in American Economic Thought," *American Economic Review* 45 (May 1955): 17—28.

Tribe, Keith. "Friedrich List and the Critique of 'Cosmopolitan Economy'," *Manchester School of Economic and Social Studies* 56 (March 1988): 17—36.

Veblen, Thorstein. "Gustav Schmoller's Economics," *Quarterly Journal of Economics* 16 (November 1901): 69—93.

第 12 章　边际学派：先驱者

边际学派的开端可以追溯到 1871 年,这一年杰文斯和门格尔分别出版了关于边际效用理论的具有重要影响的著作。有几位先驱者在杰文斯和门格尔之前就已经将边际分析应用于经济学。你可以回想起英国经济学家大卫·李嘉图在他的地租理论中运用了边际方法(第 7 章)。随后,经过无数学者各自独立地研究的努力,在几个国家得到发展的这种分析对边际学派作出了贡献。这些先驱者包括法国的安东尼·古诺和朱尔斯·杜普伊特以及德国的约翰·冯·屠能。在这一章中,我们将提供边际学派的概览,并讨论这三位先驱者的思想;然后在第 13 章和第 14 章中,我们将研究那些将边际学派推向显赫地位的个人的著作。这个学派最终演变成了新古典经济学或当代微观经济学的一部分。

12.1　边际学派概览

12.1.1　边际学派产生的历史背景

工业革命开始 100 多年后,一些严重的经济与社会问题仍然没有得到解决。尽管生产率得到了极大的提高,但贫穷依然很普遍。尽管总体生活水平有了提高,但财富和收入的极端不公平分配导致了很多不满。经济波动对许多人产生了负面影响;个人不再能够单纯依靠个人的主动性和能力来克服他们所面临的各种情况。农场主和农业工人也有他们的困难;在更好的机会这种胡萝卜的引诱和农村的贫穷这种大棒的驱使下,许多人漂泊到了城市。在健全的工人补偿法颁布之前,许多工业事故给工人及其家庭带来了严重的灾难。长时间的劳动、危险和不健康的工作环境、在和工人的劳资谈判中雇主的经济优势、垄断企业的兴起和人们在老年时的不安全感等这许许多多的问题都迫使人们超越古典经济思想的狭隘局限去寻求解决方案。

19 世纪欧洲的趋势是发展了解决迫切社会问题的三种方法,这三种方法都鄙视古典经济学的信条。这些方法是发展社会主义;支持行业工会主义;通过政府采取行动来管制经济、消除权力滥用和对收入进行再分配,从而改善现状。边际主义者反对这三种"解决方案"。他们以看似庄严神圣的公平形成理论,并得出结论:尽管古典经济学家的价值理论和分配理论并不精确,但他们的政策见解却是正确的。边际主义者拥护市场配置和分配,反对政府干预,抨击社会主义,并试图阻止劳动工会,认为他们是无效的或有害的。

古典的价值理论和分配理论似乎可以得出这样的结论,即地租是不劳而获的收入,而交换价值的基础是生产过程所包含的劳动时间,这在早期边际学派的主要经济学家看来是错误的。前一个思想被美国经济学家亨利·乔治,后一个思想被卡尔·马克思吸收并扩展。如果古典经济学家能够说出创立者从未持有的观点——即地租是不道德的和劳动创造一切价值——那么经济科学需要作一个彻底的修订。

12.1.2　边际学派的主要信条

下面列举出边际学派的基本观点,并在后面讨论边际学派的先驱者和主要思想家时详细叙述。

- 集中关注边际。该学派将注意力集中在制定决策时变化的那一点上;换句话说,也就是边际。边际主义者将李嘉图在地租理论中提出的边际原理拓展到了所有的经济理论中。
- 理性经济行为。边际主义者假设,在平衡快乐与痛苦、衡量不同物品的边际效用、平衡当前与未来需要的时候,人们的行为是理性的。他们还假设有目的的行为是正常的和典型的,而随机的不正常的行为会相互抵消。边际主义者所运用的方法起源于杰里米·边沁,因为他们假设人们行为的主要动机是寻求效用和避免无效(负效用)。
- 强调微观经济。个人和单个的企业在边际主义分析中占有中心地位。边际主义者主要考虑个人决策、某一类产品的市场条件、特定企业的产出等问题,而不是总量经济或宏观经济。
- 使用抽象、演绎的方法。边际主义者拒绝历史的方法(第 11 章)而赞成由李嘉图和其他古典经济学家所提出的分析、抽象的方法。
- 强调完全竞争。边际主义者通常将他们的分析建立在完全竞争的假设基础之上。① 完全竞争是这样一个世界:小的、个体的、相互独立的企业家,无数买者,无数卖者,同质的产品,统一的价格,没有广告。没有一个人或企业有足够的经济力量来影响市场价格的变化。个人可以根据需求、供给和价格来调整自己的行为,而需求、供给和价格是由成千上万的人们在市场上相互作用而形成的。每个人相对于市场的规模来说,都是一个微小的单位,没有人注意到他是否存在或离开。
- 需求导向的价格理论。对于早期的边际主义者来说,需求是价格决定的主要力量。古典经济学家强调生产成本(供给)是交换价值的主要决定因素。最早的边际主

---

① 这里也有例外。在本章的后面我们会发现,边际学派的先驱者古诺就提出了一个垄断与双寡头垄断理论。

义者则改舷易辙到了另一个极端,他们强调需求的力量而将供给排除在外。在第 15 章我们会发现阿尔弗雷德·马歇尔将供给与需求综合起来,成为所谓的新古典经济学。这种经济学基本上是边际主义的,同时带有对古典学派依然存在的贡献的明智认可。

- 强调主观效用。按照边际主义者的观点,需求取决于主观的、作为一种心理现象的边际效用。生产成本包括工作带来的各种牺牲和厌恶、管理企业和储蓄货币以形成资本基金。
- 均衡方法。边际主义者相信各种经济力量通常会趋于均衡——相反的作用力之间达到平衡。无论何时只要扰动导致偏离均衡位置,新的趋向于均衡的运动就会发生。
- 将土地与资本品合并。边际主义者将土地与资本资源放在一起进行分析,并将利息、地租和利润看作这些财产资源的报酬。这既有它分析的优势,又反击了有些经济学家得出的结论,即地租是不劳而获的收入、是为了保证对土地的利用而做出的一项不必要的支出。边际主义者通常将地主所得的报酬与利息理论放在一起。
- 最小的政府干预。边际主义者继续奉行古典学派所捍卫的立场,即经济中最小的政府干预是最可取的政策。在大多数情况下,要想实现社会福利的最大化,就不要对自然经济规律实施干预。

12.1.3 边际学派对谁有利或为谁谋利

边际主义者试图通过更好地理解市场体系如何有效地配置资源和促进经济自由来增进全人类的利益。在很大程度上,边际主义者实现了这个目标。通过表明在竞争性环境下,工人所得的报酬与他们对产出价值所作的贡献相等,边际主义者有助于反驳马克思提倡的无产阶级革命。但是边际主义——自由主义或政治保守主义的经济学——也对那些仅仅希望保持现状的人有利,即对那些反对变革的人有利。这种理论通过反对工会,把失业归罪于人为的高工资、工资无向下调整的弹性或两者兼而有之,从而对雇主有利(尽管他们中的大多数人并没有真正理解这种理论)。边际主义还捍卫了地主的利益,反对以李嘉图的地租理论为基础的各种攻击。该学派还可以说对富人有利,因为富人通常反对可能带来收入再分配的政府干预。

12.1.4 边际学派在当时是如何有效、有用或正确的

边际主义学派提出了崭新的、强有力的分析工具,特别是几何图表与数学技巧。由于这些思想家,经济学变成了一门更精确的社会科学。需求条件作为决定最终产品和生产要素价格的因素被给予了应有的重视。该学派强调影响个人决策的各种力量;在个人决策是决定经济活动过程的重要因素的世界里,这是正确的。边际主义者清晰地阐明了作为经济分析的基础的各个基本假设,这与很多古典经济学家的做法相反,后者将这些假设隐藏在背景之中。边际主义者发起的关于方法论的论战,导致了那些基于假设的客观的、可证实的原理与那些取决于价值判断和哲学态度的原理相分离。

这个学派的很多成员所支持的局部均衡分析方法对于从复杂的现实世界中进行抽象是非常有用的。这种方法——在一个时期允许一个变量变化而所有其他变量暂时保持不变——使研究者可以在一个时期分步骤剖析复杂的现象。这个庞大复杂的社会存在的问题和其中的无数个变量，因此可以以一种有序而系统的方式进行简化与深入研究。由于边际主义者引进了连续变量，他们最终向更现实的情况靠近。

不忽略经济中的单个经济单位或极小的部门有一定的优点。边际主义的微观经济分析方法可以补充宏观经济分析方法，后者将经济看作一个整体可能会忽略许多问题。我们可以列举以下例子：(1) 尽管一个国家人均真实收入的平均水平上升了，但一些人却可能急剧贫困化；(2) 对于一个大的汽车公司来说，经济周期对其利润率非常重要；而对于一个便利店的老板来说，经济周期还不如沿街一家竞争的商店开业重要；(3) 总量分析告诉我们，某些形式的人力资本投资（例如大学教育）获得的报酬比某些实物资本投资要高；但是一个银行家可能不会贷款给一个人去上大学，除非政府对这笔贷款提供担保。对于学生这种情况，银行家只是在没有担保物的情况下不会提供贷款。显然，边际主义的微观经济方法在经济理论中具有重要地位。

12.1.5 边际学派的哪些信条具有长远贡献

边际主义学派的一些信条后来受到了挑战，有一些甚至被抛弃了。凯恩斯将所谓的合成谬误与边际主义和新古典主义的就业理论联系在一起。一个企业如果降低工资，它就能够通过低价多销而扩大市场。它自己雇员的购买力的下降对它可能不会有影响，因为他们通常只购买很小一部分的产出，几乎可以忽略。然而，如果所有的雇主都削减工资，他们就会发现市场缩小了而不是扩大了。而且，批评家认为，从19世纪70年代以前来看，完全竞争假设是一个合理的抽象，但是在19世纪70年代以后，由于竞争程度的减弱，完全竞争的假设太严格了，以致几乎没有用了。今天，仅仅在有限几个经济部门还能发现完全竞争。制度学派经济学家认为，在决定诸如工作日长度、消费者行为、工资率等方面，历史和制度因素往往主导着理性的个人计算。随着新事件的发生和新经济理论的出现，边际主义者认为最好的政府是干预最少的政府的观点已经过时了。这些思想家的分析最初是静态的、长期有效的、没有经过经验事实证明的。很少有人尝试对这些理论进行归纳证明；事实上，假设提出的方式就排除了验证。由于坚信供给会创造自己的需求，因而充分就业是常态，经济周期往往被忽略。这个学派没能解释经济增长，其理论被证明对于发展缓慢的国家是不适用的。

但是尽管有这样那样的批评，许多边际主义理论仍然保持相对完整，在现代经济学原理和微观经济学教科书中还可以发现这些理论，就是证明。这个学派后来被更加广泛的新古典学派吸收，新古典经济学与凯恩斯主义宏观经济学的一些变种一起，统治着西方国家的经济分析，并与社会主义一起分享着国际领域。在后面的讨论及随后的两章中，我们将会发现这些经济学家和他们的先驱者作出了如此之多的长久贡献，如数理经济学、基本的垄断模型、双寡头垄断理论、边际效用递减理论、理性消费者选择理论、需求定理、适用于制造业企业的边际收益递减规律、规模报酬的概念、工作-闲暇选择的分析、要素报酬的边际生产力理论,等等。在过去的20多年中,这种由边际主义者提出的"选择-推理"的方法在经济学中经历了一次复兴。

12.2 安东尼·奥古斯丁·古诺

安东尼·奥古斯丁·古诺(Antoine Augustin Cournot,1801—1877)是一位法国数学家,他出版了关于数学、哲学和经济学的一系列著作。他是将数学运用于经济分析的最早的经济学家,但是他的开创性工作被忽视了,直到去世之后,杰文斯、马歇尔和费雪继续了他的研究。他是第一位提出完全垄断、双寡头垄断和完全竞争的精确数学模型的经济学家。在分析用来制造青铜的铜和锌的需求时,古诺还提出了我们今天称之为对资源的派生需求的最早完整模型。

古诺被认为是边际学派的先驱者,因为他的大多数分析都集中在总成本和收入函数的变化率上。这些变化率——数学上的导数——转换成今天经济学家所指的边际成本(marginal cost)和边际收入(marginal revenue)。和今天的偏好不同,即分析市场结构的时候从完全竞争开始,然后再引入市场的不完全性,古诺总是先从完全垄断开始分析,然后分析存在竞争者的市场环境。在他对经济分析作出的几项贡献中,特别有两点值得详述:他的完全垄断理论和双寡头理论。

12.2.1 古诺的垄断理论

古诺被认为是提出以下现在众所周知的命题的第一位经济学家:通过把价格定在边际收益等于边际成本的那一点,企业可以实现利润最大化。1838年他这样写道:

> 假设一个人是一个矿泉的经营者,而这个矿泉具备其他矿泉所不具备的对人体有益的特征。他可以毫无疑问地将每升水的价格定在了100法郎上,但他很快会发现,由于需求(需求量)不足,这绝不是他最充分利用他的财产的方式。因此,他会连续降低每升水的价格,直到能使他获得最大可能利润的那一点,即如果用$F(p)$来代表需求(需求量)法则,经过多次尝试,他会选择使产出(总收益)$pF(p)$最大的那一个价值(价格)p。②

这里古诺假设获取矿泉水的总成本因而边际成本等于零。由于这个原因,在总收益(价格乘以数量)最大的那个产出数量上,总利润也最大。运用微积分,古诺指出这个数量是总收益函数的导数(边际收益)等于零的那一点。

图12-1用图示的方法来说明古诺的理论。注意在图(a)中,矿泉水的经营者面临一条向下倾斜的需求曲线D。边际收益曲线MR位于需求曲线的下方,因为较低的价

---

② Augustin Cournot, *Researches into the Mathematical Principles of the Theory of Wealth*, trans. Nathaniel T. Bacon (New York: Macmillan, 1897), 56 [orig. pub. in 1838].

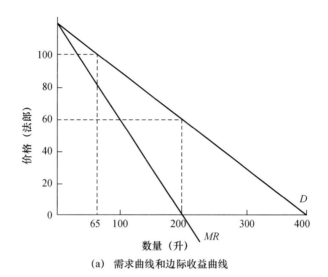

(a) 需求曲线和边际收益曲线

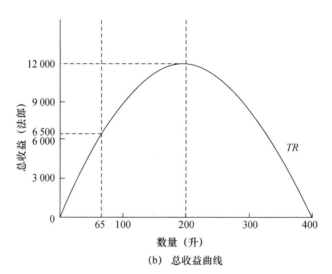

(b) 总收益曲线

图 12-1 古诺的垄断理论图示

在图(a)中,古诺对矿泉水的分析假设成本等于零。垄断的卖者通过选择边际收益为零时的价格-产量组合来使总收益最大化,从而使总利润最大化。在这里,这个价格-产量组合是 60 法郎和 200 升的矿泉水。在图(b)中,在总收益曲线的斜率(边际收益)等于零的那一点实现总收益(总利润)最大化。价格高于 60 法郎时,消费者将会购买少于 200 升的矿泉水;价格低于 60 法郎的话,消费者购买多于 200 升的矿泉水。不论哪一种情况,总收益(总利润)都会少于 12 000 法郎。

格适用于所有升的矿泉水,而不仅适用于额外卖出的那一升。也就是说,每额外售出的一单位的价格都会加到总收益上,但是如果那一额外的单位没有被出售,其他升水卖出的价格就会高一些。这种潜在收益的损失必须从卖出额外一升矿泉水所获得的收益中扣除。因此,我们可以看到,除了在第一单位的产出之外,边际收益都比价格要低,而且,边际收益曲线比需求曲线下降得更快。请再次注意,图(a)中边际收益曲线上的点代表图(b)中总收益曲线 TR 的变化率;边际收益是产出 $P \times Q$ 的导数。

在图 12-1(a)中我们可以看到,矿泉的经营者可以要价每升 100 法郎,就像古诺所观察到的那样。但是,在这个高价上他只能卖出 65 升的矿泉水。从 65 升向下画一条垂直的直线到图(b),我们可以看到经营者的总收益将会是 6 500 法郎。因为成本为零,所以总收益也是 6 500 法郎。但注意在图(a)中,价格为 100 法郎时边际收益是 80 法郎。显然,边际收益(80)超过了边际成本(0)。在达到 200 升以前,所有单位的矿泉水都是这样的。这个垄断者不会每升都要价 100 法郎,而是会不断试错直到价格设定在 60 法郎上。在 60 法郎这个价位上,买者会购买 200 升,如图(b)所示,总收益将会上升到 12 000 法郎。这就是垄断者的最大总收益。因为总成本假设是零,所以 12 000 法郎也是最大利润。在图(a)中我们可以看到,在利润最大化的价格 60 法郎和产出 200 升的点上,边际收益等于零。因为边际成本也等于零,因此边际收益 MR 等于边际成本 MC;即利润最大化条件得到满足。从图(b)中可以看到,任何高于或低于 60 法郎的价格都会减少总收益,并且在零成本的情况下,也会减少总利润。

古诺将他的理论扩展到边际成本大于零的情形。他认为,当垄断者面对正的成本时,最大化利润——总收益减去总成本——也是在 $MR = MC$ 的产量水平上实现。这个法则也适用于存在无数竞争者的情形。

12.2.2 古诺的双寡头垄断理论

古诺的双寡头垄断理论,即分析两个企业进行竞争的市场,是经济学家分析垄断市场结构中卖者的行为和表现的首次正式尝试。

> 为了使抽象的垄断思想容易理解,我们设想了一个矿泉和一个经营者的情形。现在让我们假设有两个经营者和两个矿泉,两个矿泉的质量是完全相同的,而且由于他们的位置相近,他们为同一个市场提供矿泉水并相互竞争。在这种情形下,每个经营者的价格肯定是相同的。如果 p 是价格,$D = F(p)$ 是总销售量,D_1 是矿泉 1 的销售量,D_2 是矿泉 2 的销售量,那么 $D_1 + D_2 = D$。如果开始的时候我们忽略生产成本,两个经营者的收入分别是 pD_1 和 pD_2;并且他们各自独立地寻求收入尽可能最大。
>
> 我们说"各自独立地",是因为这个限制是非常必要的,我们很快就会看到这一点,因为如果他们达成一个协议来实现各自最大可能的收入,结果会完全不同,而就消费者而言,结果将会与一个垄断者的情形没有什么差别。③

在描述他的双寡头垄断理论时,古诺假设由买者决定价格,而两个卖者仅仅根据这些价格来调整产量。每一个垄断者都会估计这种产品的总需求,并且在对手的产出不变的假设下确定自己的产出量和销售量。每个生产者都通过逐步调整产量达到一个稳定的均衡,在均衡点上,两个垄断者最终销售相同数量的产品,价格高于竞争价格而低

---

③ Cournot, *Theory of Wealth*, 79—80.

于垄断价格。

古诺是通过数学方法来说明双寡头垄断模型的,图 12-2 给出了几何图示。横轴代表经营者 1 的销售量(D_1),纵轴代表经营者 2 的销售量(D_2)。曲线 m_1n_1 和 m_2n_2 分别代表经营者 1 和经营者 2 的利润最大化曲线。古诺从他的数学方程中得到了这些曲线。曲线 m_2n_2 表示,在给定经营者 1 的各种产量水平的情况下,使经营者 2 利润最大化的各具体产量水平。曲线 m_2n_2 上的点 a 能够说明问题。它告诉我们,如果经营者 1 销售 x_1 单位的矿泉水,则经营者 2 将会发现销售 y_1 单位的矿泉水可以实现利润最大化。另一方面,曲线 m_1n_1 表示在给定经营者 2 的各种产量水平的情况下,使经营者 1 利润最大化的产量水平。例如,该曲线上的点 b 说明如果经营者 2 提供 y_1 单位的产量进行销售,那么经营者 1 将会选择产量 x_2 以最大化其利润。因为这些曲线上的点都是根据每一个经营者对另一个经营者的产量水平作出反应而确立的,所以它们也被称为反应曲线(reaction curve)。

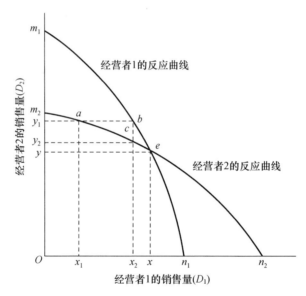

图 12-2　古诺的双寡头垄断模型

古诺的反应函数表明在假设另一个经营者的产量(销售量)保持不变的情况下,每一个经营者所选择的最大化其利润的产出水平。不相等的产量水平,如点 a、点 b 和点 c 所代表的产量水平,都是不能持续的。例如,在点 a,经营者 2 会生产 y_1 的产量,但是经营者 1 会作出反应,将产量从 x_1 扩大到 x_2(点 b);于是,经营者 2 会对经营者 1 的产量 x_2 作进一步反应,将产量从 y_1 减少到 y_2(点 c)。这些反应会使销售水平产生连续的变化直到达到均衡点 e。在那一点上,两个垄断者的产量相等($x = y$),进一步的产量调整不再发生。

© Cengage Learning 2013

说明经营者 2 的反应曲线上的点 a 所确定的产量水平和经营者 1 的反应曲线上的点 b 所确定的产量水平是不可持续的,是一件相当容易的事情。如果经营者 1 销售 x_1 单位,经营者 2 就会销售 y_1 单位。那么经营者 1 将会怎样作出反应?他的反应是销售 x_2 升的矿泉水(点 b),因为当经营者 2 的产量是 y_1 单位时,那一点将使他的利润最大化。一旦经营者 1 提供 x_2 单位,那么经营者 2 的反应就是提供 y_2 单位(曲线 m_2n_2 上的点 c)。这个试错过程会一直持续直到达到均衡点 e。注意在这两条反应曲线的交点上,每个垄断者销售相同数量的产品($x = y$),并且在另一个垄断者产出既定的情况下获得最大利润。古诺说,这一点"是稳定的,即如果任何一个生产者由于受到他的实际利益的误导而暂时离开这一点,他还会通过一系列反应重新被带回这一点,振幅不断缩小"④。

12.2.3 对古诺理论的回顾

古诺的完全垄断模型实际上就是现代经济学原理教科书中的完全垄断模型。显然,经济学家在这个模型中找不出什么错误。这方面唯一值得一提的是古诺没有认识到价格歧视——基于不同的需求弹性对不同的消费者索要不同的价格——的可能性。在市场能够被分割而且买者不能再次售出商品的情况下,价格歧视可以发生。例如,如果前提假设是矿泉的所有者要求消费者必须消费矿泉水,卖者就有可能向每个买者索要他愿意支付而不愿放弃消费的价格。在这种价格模式下,边际收益将等于每个买者的价格,经营者将会得到比图 12-1 所示的更多的收益和利润。我们很快将看到另一位法国人朱尔斯·杜普伊特知晓这一思想。

另一方面,古诺的双寡头模型遭到很多批评,例如做了一些不切实际的假设、忽略了双寡头情形下很多其他可能的解。例如,1897 年弗朗西斯·Y.埃奇沃思在其论文《垄断的纯粹理论》(最初以意大利文出版)一文中指出,两个寡头垄断者不能确定他的对手将如何反应。相互反应的不确定性使得双寡头垄断的解无法确定。我们将在第 14 章中讨论埃奇沃思在这个领域的扩展。对古诺理论的其他扩展请见历史借鉴 12-1。

历史借鉴 12-1
古诺双寡头垄断理论的扩展

古诺之后,几位经济学家改变了古诺的假设,即当企业设定其产量水平时,竞争对手的产量将会保持不变。在销售、成本、产品质量和服务竞争的基础上,这些学者提出了双寡头和寡头垄断者的几种反应模式。他们还将动态因素引入模型中,基于关于企业行为的假设,发现了一系列可能的结果。除弗朗西斯·埃奇沃思(见后面章节)之外,两位著名的理论家约瑟夫·伯特兰(Joseph Bertrand,1822—1900)*和海因里希·冯·斯塔克尔伯格(Heinrich Von Stackelberg,1905—1946)**也拓展了古诺的先驱模型。

伯特兰是法国数学家,他保留了古诺的假设:(1) 商品是同质的,(2) 企业之间相互竞争(而不是合作),(3) 企业同时实行决策。但是伯特兰不同于古诺的是,他假设企业决定价格,而不是产量,因此市场决定实际产量和销售。伯特兰还隐含假设没有产能限制——企业可以生产任何满足需求的数量。伯特兰得出结论是,即使市场上只有两家企业,也足以产生完全竞争性价格。来自对手的竞争将迫使一家企业降低其价格,

---

④ Cournot, *Researches*, 81.

直至达到其边际成本。

斯塔克尔伯格是德国经济学家,他允许双寡头循序决定数量,而不是即时决定。他的领导模型描述了一个企业领导市场的情况,该企业在竞争对手确定产量之前就设定自己的产量。领导企业的产量选择取决于其如何预期追随者的反应。然后,追随者根据领导者的产量选择确定使其利润最大化的产量。现代领导者-追随者的相互作用往往以价格为基础,并且经常出现在有主导企业的行业中。例如,这样的价格领导常见于啤酒、芯片、大型装备、麦片早餐业等。

还有其他形式的双寡头垄断模型,有些模型已经拓宽到包括很多家企业。这类市场模型的共同点是可以被描述为博弈——两家或多家企业一系列相互作用的决策。因此,博弈论源自于古诺的研究。我们将在第 18 章介绍一些对现代博弈论作出重要贡献的经济学家。

---

* Joseph Bertrand, "Théorie des Richesses"(a book review of Théorie Mathématique de la Richesse Sociale, by Leon Warlas[Chapter 18], and Recherchés sur les Principes Mathématiques de la Théorie des Richesses, by Cournot), Journal de Savants (1883):499—508.

** Heinrich von Stackelberg, *Marktform and Gleichgewicht*, [*Market Structure and Equilibrium*](Vienna: Julius Spring, 1934).

12.3 朱尔斯·杜普伊特

工程师阿塞纳-朱尔斯-埃米尔·杜普伊特(Arséne-Jules-Emile Dupuit, 1804—1866)是边际主义学派第二位重要的法国先驱者。杜普伊特出生于意大利皮埃蒙特的福萨诺,在 1804 年这一地区是法兰西帝国的一部分。1814 年,他随父母回到巴黎,并在凡尔赛、路易-列-格兰德、圣-路易上学。杜普伊特后来从著名的国立桥梁与道路学校获得了工程学学位。他研究和设计公路、水上导航、市政水利系统,这为他在工程行业中赢得了广泛的赞誉。由于他的工作,他在 1843 年被授予著名的法国荣誉军团勋章。1850 年,杜普伊特成为巴黎的总工程师,1855 年,他升任法国土木工程兵团的总监察官。

杜普伊特在工程学方面成名的同时,还培养了理论经济学和应用经济学方面的强烈的业余爱好。在 1844—1853 年间,他发表了关于边际效用递减、消费者剩余、价格歧视等方面的重要期刊论文。⑤ 这些概念的核心都是在"边际"上作出决策。尽管古诺也采用这种方法,但没有迹象表明杜普伊特和古诺对彼此的作品很熟悉。

12.3.1 边际效用与需求

杜普伊特指出,一种产品(市政水利系统中的水)对不同的人来说价值是不同的。

---

⑤ 其中最重要的有 "On the Measurement of the Utility of Public Works"(1844), "On Tolls and Transport Charges"(1849), "On Utility and Its Measure"(1853)。

而且,一个人从一特定单位的水中所得到的满意程度或效用取决于那特定单位的水是如何被使用的。一个人最初将水用于价值高的用途上,随着水的储备不断增加,之后用在价值较低的用途上。用于喝的水优先于浇灌花园的水。依次,用于浇灌花园的水优先于用于洗涤的水,等等。最后,它被用于装饰性目的,比如喷泉。

我们知道,主观边际效用和边际效用递减的思想并不是新的;回想一下,边沁在60多年以前就曾讨论过。但是杜普伊特超越了边沁,他将边际效用递减与个人及市场"消费曲线"直接联系起来。他观察到,当一种商品的价格下降时,人们购买更多的产品来满足不太紧迫的、较低的边际效用需求。

杜普伊特构造了一个类似于图12-3的图。杜普伊特说,如果水的价格是10法郎,购买10单位水的消费者必须从这10单位中的每单位水中得到最少价值10法郎的效用。当水的价格下降到5法郎时,消费者会把水的消费提高到18个单位。当水的边际效用下降到5法郎以下时,消费会停止增加。第19个单位的水不能产生足够的边际效用来证明5法郎的价格是合理的。

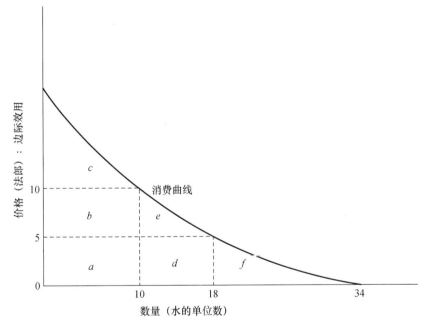

图12-3　杜普伊特的消费曲线(边际效用曲线和需求曲线)

杜普伊特的消费曲线表明,边际效用随消费的增加而下降,并且在产品价格和需求数量之间存在一种反向的关系。如果每单位水的平均成本是5法郎,卖者政府就可以要价5法郎而收支平衡。但是卖者可以通过价格歧视来扩大总效用。特别地,它可以向那些愿意支付10法郎的人要价10法郎,这样就得到50法郎的额外总收益(5法郎×10单位的销售量)。这些增加的收益使它能够对那些不愿意或不能够支付5法郎的人要价低于5法郎。因为购买可能增加到超过18个单位,因此总效用可能上升到一个比$a+b+c+d+e$所示的区域还要大的数额。

简而言之，杜普伊特确立了需求曲线的概念：产品价格与人们想要购买的产品数量之间存在一种反向的或负的关系。在杜普伊特的说明中，需求曲线就是边际效用曲线。连续消费某一特定的产品将产生越来越少的额外满足。这样消费者就不会购买额外单位的产品，除非价格下降。

后来的经济学家如瓦尔拉斯（第18章）批评杜普伊特没有区分边际效用曲线和需求曲线。然而，杜普伊特被认为是第一批用画图表的方式揭示价格和需求数量之间反向关系的经济学家之一。他也是最早强调边际效用是需求的基础的经济学家之一。

12.3.2 消费者剩余

杜普伊特的消费曲线使他得到了一个重要发现，后来马歇尔（第15章）强调了这一发现。如图12-3所示，假设政府当局的要价是10法郎，其含义是消费者愿意为除第10单位的水之外所有单位的水支付高于10法郎的价格；第10单位之前的每单位的边际效用都超过10法郎，只有最后一单位（第10单位）的价格等于边际效用。以每一单位为基础，每一单位的边际效用与其价格之间的差额是相对效用，或剩余效用。所有这些边际效用与其价格之间差额的和就是总的消费者剩余。在图12-3中，价格是10法郎时，消费者剩余是三角形 c 的面积。如果价格是5法郎，消费者剩余就是区域 b、c、e 的面积之和。

12.3.3 垄断价格歧视

杜普伊特设计的很多公路、桥梁和水利系统都是政府垄断的。于是杜普伊特就想知道，即便政府定价，政府应该对这些垄断产品或服务索要什么样的价格？他认为，如果目标是最大化总效用，那么价格应该是零。在图12-3中，边际效用曲线上任意一点下边的区域都是那个产量的总效用，显然当价格为零时总效用达到最大（区域 a、b、c、d、e、f 的面积之和）。

如果价格高于零，就会产生两个结果。其一，有些效用从消费者转到卖者那里。但是，转移的结果并未带来净效用的减少。其二，有些效用消失了；用今天的术语来说，会有一个无谓损失。比如，如果价格是10法郎而不是零，数量将会是10个而不是34个单位。比较价格是10法郎和0法郎的情况，我们可以看到区域 a 和 b 代表从消费者转移到卖者的效用。同时，区域 e、d 和 f 的和勾画了总效用的损失。

杜普伊特认识到一个明显的问题：价格为零不能使供给者补偿提供产品或服务的成本。因此他建议政府卖者应该制定这样一个服务的成本可以得到补偿而且总效用损失最小的价格。为了补偿提供产品或服务的成本，一个方式就是制定单一价格，在这个价格上产生的总收益（$P \times Q$）等于总成本。例如，如果每单位水的成本是5法郎，那么价格也可以定在5法郎。此时消费掉18单位的水，总收益就是90（5×18）法郎，足够来补偿90法郎的成本。在图12-3中，总效用将会下降区域 f 的面积。

但杜普伊特想知道是否还有更好的价格策略以补偿提供成本。他得到的结论是，一个双重或多重价格方案能够使减少的总效用小于区域 f 的面积。边际效用高于5法郎的消费者可能被索要一个高于5法郎单位成本的价格。其结果是，这些买者的一部分消费者剩余将会转变成卖者的额外收益。对这些买者实行的高于成本的价格不会导致总效用的损失,它只是将一部分消费者剩余转移给了卖者。最重要的是,这个额外的收益使卖者对那些边际效用低于5法郎的个人索要较低的价格。在图12-3中,对这些消费者索要的低于5法郎的价格将会使消费增加到超过18个单位。当产出超过18个单位时,相对于零价格的效用损失将会缩减到小于区域 f 的面积。因此,相对于单一的5法郎的价格,这个双重或多重价格方案提高了总效用,而又继续满足总收入与总成本相匹配的要求。

今天,我们用价格歧视(price discrimination)这个术语来描述杜普伊特的双重或多重价格方案。这个思想后来被 A. C. 庇古(第20章)和琼·罗宾逊(第17章)进一步发展并正规化。只有当可能把买者分为可以确认的群体,并且消费者再出售产品是不可能的或者是昂贵到令人望而却步的情况下,才可能产生价格歧视。它将消费者剩余转化为更高的收益,对于盈利性企业而言,就是更高的利润。但是,正如杜普伊特所指出的那样,价格歧视还可以提高总产出和总效用。正是杜普伊特所设想的垄断形式,今天被政府企业、公共事业部门所广泛采用。

历史借鉴 12-2
戈森:效用与迟到的荣誉

另一位边际主义的先驱者,赫尔曼·海因里希·戈森(Herman Heinrich Gossen,1810—1858),他的作品直到他去世之后才得到了真正的赏识。然而他的思想是如此超前以至于很值得提及。

戈森离开了他的德国政府小职员的职位,隐居四年写了一本书,于1854年出版。可能是由于书中使用了高深的数理方法,因此他的《人类关系的规律和与之相应的人类行为的规则》(*Laws of Human Relations and Rules of Human Action Derived Therefrom*)仅售出了很少的几本。他非常失望地召回并销毁了剩余的书籍。

1871年,威廉·S. 杰文斯(第13章)出版了广受赞誉的《政治经济学原理》第一版,之后他发现了戈森的这本书,并惊奇地发现他的边际效用理论几乎被另一个人完全预见到了。在以后的版本中,杰文斯将其完全归功于戈森。这位先驱理论家在去世后得到了声望,他的书在1889年以德文重印。

特别地,戈森提出的两个定律为杰文斯和其他边际主义者的贡献奠定了基础。戈森的第一个定律是收益递减规律:当一种产品消费增多时,它所增加的效用会逐渐减少。这个规律解释了自愿交换是怎样使双方效用都增加的。一个饲养牲畜的农民有比他自己需要消费的多得多的牲畜要屠宰;除了由他们所得到的货币以外,边际效用是很低的或者是负的。同样,一个面包师有很多面包,以至于除了他自己消费之外,每条面包的边际效用是很低的或者是负的。面包和肉进行交换,使得双方都可以得到比他们自己原来的产品提供更高边际效用的产品。

戈森的第二个定律与通过理性消费来获取最大满足的边际效用平衡有关。戈森认为,理性的人应该将他的货币收入理性分配,使得花费在每一种商品上的最后一元钱产生相同的额外(边际)效用。花在一种商品上的每单位货币的边际效用等于边际效用(MU)除以该商品的价格(P)。因此,戈森效用最大化的条件用公式来表示就是:

$$\frac{MU_x}{P_x} = \frac{MU_y}{P_y} = \cdots \qquad (12-1)$$

其中,MU_x 和 MU_y 分别是两件独立产品 X 和 Y 的边际效用,P_x 和 P_y 分别是它们的价格。

下一章我们将更加深入地讨论杰文斯和卡尔·门格尔对这个思想的详细论述。我们将会发现,这个理性消费者行为的规律是需求分析的基础,而需求分析对边际主义的价值理论非常重要。

12.4 约翰·海因里希·冯·屠能

约翰·海因里希·冯·屠能(Johann Heinrich Von Thünen, 1783—1850)是边际主义的第三位先驱者,他出生于德国的奥尔登堡。他在哥廷根大学进行了短暂的学习,后来在梅克伦堡购买了一块地产。他在那里经营农场并写下了他最主要的著作《孤立国》(The Isolated State)。在 1826 年出版的第一卷中,他提出了一种理论,这种理论主要考虑各种形式的农业生产的位置与出售产品的市场之间的关系。在这方面,他是区域理论与农业经济学的奠基人。在 1850 年出版的《孤立国》的第二卷中,他扩展了他的分析,并在这个过程中建立了一个初步的工资和资本的边际生产力理论。冯·屠能是边际主义者的先驱,特别是约翰·贝茨·克拉克(第 14 章)的先驱。

12.4.1 冯·屠能的区域理论

在提出他的区域理论时,冯·屠能首先作了一些假设:

> 设想一个巨大的城市,它位于一个肥沃的平原的中央,平原没有可以通航的河流或运河通过。整个平原的土地都适宜于耕种并且具有同等肥沃程度。远离这个城市的地方,平原逐渐变成了没有耕种的原野,它将这个国家与外面的世界的沟通完全隔绝开来。
>
> 这个平原上没有其他的城市。因此,这个中心城市必须为农村地区提供所有的制造业产品,而作为回报,它将从周围的农村地区获得一切粮食供给。
>
> 为这个国家提供盐和金属的矿山位于中心城市的附近,因为它是唯一的城市,后边我们将它简称为"城市"。⑥

---

⑥ Johann H. von Thünen, *The Isolated State*, trans. Carla M. Wartenberg and ed. Peter Hall, vol. 1 (Oxford: Pergamon Press, 1966), 7—8.

然后,约翰·冯·屠能提出了他的中心问题:

> 我们想要解决的问题是:在这些条件下,会形成什么样的耕种模式?不同地区的耕种制度是怎样受到它与城市的距离的影响的?通篇我们都假设耕种行为是完全理性的。
>
> 从总体上看,很明显靠近城市的地方应该种植那些相对于它们的价值来说沉重或者体积大的产品,因为运输费用太昂贵以至于较远地区不能提供它们。这里我们也能发现非常容易腐烂、必须尽快消费掉的产品。随着与城市距离的不断增加,土地逐渐被用来生产相对于价值来说运费较便宜的产品。
>
> 仅仅由于这个原因,在城市的周围会形成非常不同的同心圆圈或地带,每个圆圈都有其自己特定的大宗产品。
>
> 从一个圆圈到另一个圆圈,大宗产品和与之相应的整个耕种制度都会发生变化;在不同的圆圈内,我们会发现完全不同的耕种制度。⑦

图12-4描述了冯·屠能理论的一个略加修改的版本。在最里面的圆圈(Ⅰ),标着"园艺和蔬菜种植",紧紧围绕着这个城市。这里种植精细的产品如草莓、莴苣、花椰

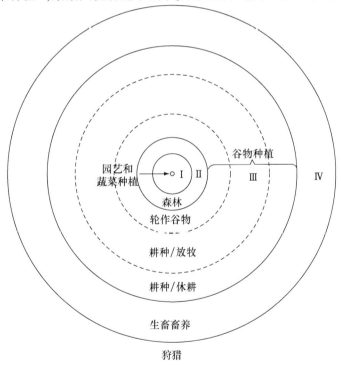

图 12-4　约翰·冯·屠能的农业区域理论

在冯·屠能的"孤立国"中,在中心城市的周围发展起来一系列的同心圆圈,每个圆圈都被用于某一特定类型的农业用途。圆圈离城市越远,生产越不密集,商品越不容易腐烂,商品承受运输成本的能力也越强。

---

⑦ Johann H. von Thünen, *Isolated State*, 1:8.

菜，等等。另外，农民还会圈养奶牛，以便生产鲜奶，因为牛奶的运输"不仅非常困难和昂贵，并且几个小时以后牛奶的味道就会变得不好，特别是在非常热的时候"⑧。

第2圈（Ⅱ）是密集种植树木的地区，以便为城市提供燃料和建筑材料。这些物品需要种植在城市的周围，因为相对于它们的市场价值而言，它们太沉重而且运输费用高昂。在接下来的3个圆圈，农民将种植谷物，它们一起构成了第3区域（Ⅲ），标为"谷物种植"。在这个区域最里面的一圈，地主或者他们的佃户会密集地种植谷物并会不断地轮作，目的是从土地中获得最大产出。冯·屠能说，在第3区域（Ⅲ）的中间一圈，部分土地会用来种植谷物，其他部分用来放牧。在第3区域（Ⅲ）的最外边一圈，部分土地用来种植谷物，其他部分暂时休耕。

图12-4中外边的第4圈（Ⅳ），农民将会养殖牛和猪。尽管这些动物也很重，但是可以推测它们能以相对较低的运输成本被赶到城市中屠宰。最后，位于第4圈以外的所有土地将只能用来狩猎。将任何类型的农产品运到城市中，相对于这些产品的价值来说成本都将太高。

约翰·冯·屠能解释道，随着圆圈中农业生产的密集程度越来越高，收益递减将会引起我们今天所说的边际成本上升。这将会导致更高的市场价格，反过来它将使在远离市场的新地区进行耕种也有利可图。换言之，农业密集程度将会扩大图12-4中的4个主要的圆圈。

12.4.2　约翰·冯·屠能论边际生产力

约翰·冯·屠能对各种类型农业位置的认真思考使他提出了一种劳动力使用的边际生产力理论。他将这个理论建立在这样的原理之上，即不断增加单位劳动将导致农产品的总量增加越来越少。回想一下，李嘉图在地租分析中也曾使用过同样的概念——边际效益递减规律。约翰·冯·屠能进一步扩展了这个规律的适用性。他指出，按照这个规律，农场主一定会注意使他所雇用的劳动力不超过某一点，在那点上增加的最后一个劳动力的成本与增加的农业产出的价值相等。用现代术语来说，冯·屠能的意思是雇主应该增加劳动数量，直到劳动的边际收益产品——来自更大产出的额外收益——等于雇用工人的工资支出。并且，冯·屠能认识到正是最后一名雇佣工人的边际产品决定了所有工人获得的"自然工资"。这是个很复杂的经济学推理，为后来约翰·贝茨·克拉克和阿尔弗雷德·马歇尔的贡献奠定了基础。我们将等待讨论这些经济学家深入研究这个问题。

复习与讨论　▶▶▶

1. 解释下列名词，并简要说明其在经济思想史中的重要性：古诺，总收益与边际收益，双寡头垄断，反应函数，伯特兰，斯塔克尔伯格，杜普伊特，边际效用递减，消费曲线，消费者剩余，价格歧视，

---

⑧ Johann H. von Thünen, *Isolated State*, 1:9.

冯·屠能,边际生产力,戈森。

2. 回顾一下本章所讨论过的边际主义思想的主要信条,并指出哪些适用于古诺的作品。

3. 从以前的经济学知识中回想用总收益或总收入来检验需求弹性。参考图12-1中的两个图,确定在以下的产出范围内需求是有弹性还是无弹性的:(a) 从0到200;(b) 从200到400。解释你的答案。

4. 通过具体参考古诺的垄断模型(图12-1),说明为什么下列结论都是错误的:(a) "完全垄断者会索要能够得到的最高单位价格。"(b) "完全垄断者会生产使其单位利润最大化的产出水平。"(c) "不管其生产成本如何,一个完全垄断者一定可以获得经济利润。"

5. 在图12-2(古诺的双寡头垄断模型)中画一条虚线的水平线,它略在横轴的上方并且向右延伸到反应函数 m_2n_2。经营者2初始产出水平(销售量)是多少?解释原因。经营者1将会如何反应?如果按照这个模型的假设,最终的产出水平会是多少?请解释。

6. 为什么古诺的完全垄断理论比其双寡头垄断理论更好地被人接受?为改进古诺的双寡头垄断理论需要做哪些扩展?

7. 应用杜普伊特的效用分析来解释为什么在其他条件不变的情况下,随着一种产品价格的上升,其需求量会下降?

8. 列举你购买的几种产品,它们给你提供了杜普伊特所说的相对效用。

9. 参考图12-1(a)(古诺的完全垄断模型),确定当价格为60法郎时消费者剩余的区域。解释价格歧视(杜普伊特)怎样将垄断者的总收益提高到12 000法郎以上。解释相对于60法郎的单一垄断价格,多重价格如何增进总效用(就像杜普伊特一样假设需求曲线即边际效用曲线)。

10. 运用冯·屠能的区域理论的基本原理来解释为什么随时需要浇灌的植物通常位于出售它们产品的城市之中或附近,而出版社通常位于远离出售图书的地方。

11. 按照冯·屠能的观点,一个地主怎样决定应该雇用的农场工人的适当数量?

12. 分别举例说明戈森的两个定律。

13. 在本书扉页后的经济思想的时间序列表中,边际主义学派的思想和经济学家与其古典经济学前辈是相反的。这在哪些方面是合理的?边际主义学派的思想在哪些领域与古典学派是一致的?

精选文献

书籍

Black, R. D. C., A. W. Coats, and C. D. W. Goodwin, eds. *The Marginal Revolution, Interpretation and Evaluation*. Durham, NC: Duke University Press, 1973.

Blaug, Mark, ed. *Johann von Thünen, Augustin Cournot and Jules Dupuit*. Brookfield, VT: Edward Elgar, 1992.

Cournot, Augustin. *Researches into the Mathematical Principles of the Theory of Wealth*. Translated by Nathaniel T. Bacon. New York: Macmillan, 1897, 1927 [orig. pub. in 1838].

Dupuit, Jules. "On the Measurement of the Utility of Public Works," in *Readings in Welfare Economics*, eds. Kenneth J. Arrow and Tibor Scitovsky. Homewood, IL: Richard D. Irwin, 1969: 255—283.

Ekelund, Robert B., and Robert F. Hébert. *The Secret Origins of Modern Microeconomics: Dupuit and the Engineers*. Chicago: University of Chicago Press, 1999.

Gossen, Herman H. *The Laws of Human Relations and the Rules of Human Action Derived Therefrom*. Translated by Rudolph C. Blitz. Cambridge, MA: MIT Press, 1983 [orig. pub. in 1854].

Von Thünen, J. H. *The Isolated State*. Translated by Carla Wartenberg and edited by Peter Hall. Vol. 1. Oxford: Pergamon Press, 1966.

——. *The Isolated State*. In *The Frontier Wage*, translated by B. W. Dempsey. Vol. 2. Chicago: Loyola University Press, 1960.

期刊论文

Clark, Colin. "Von Thünen's Isolated State," *Oxford Economic Papers* 19 (November 1967): 370—377.

Ekelund, Robert B., Jr. "Price Discrimination and Product Differentiation in Economic Theory: An Early Analysis," *Quarterly Journal of Economics* 84 (May 1970): 268—278.

Fisher, Irving. "Cournot and Mathematical Economics," *Quarterly Journal of Economics* 12 (January 1898): 119—138, 238—244.

Liegh, Arthur H. "Von Thünen's Theory of Distribution and the Advent of Marginal Analysis," *Journal of Political Economy* 54 (December 1946): 481—502.

Theocharis, Reghinos D. "A Note on the Lag in the Recognition of Cournot's Contribution to Economic Analysis," *Canadian Journal of Economics* 23 (November 1990): 923—933.

第 13 章 边际学派:杰文斯、门格尔、冯·维塞尔和冯·庞巴维克

尽管古诺、杜普伊特、冯·屠能和戈森为边际分析作出了开创性贡献,但边际主义作为一个界限更加清晰的经济思想学派却起源于英国的 W. 斯坦利·杰文斯、奥地利的卡尔·门格尔和瑞士洛桑的莱昂·瓦尔拉斯。这又是一个有趣的事例,新思想同时产生于不同的地方不同的人,但都源于对旧理论的共同的不满。本章我们将研究杰文斯、门格尔和沿着门格尔的思想足迹前进的两个奥地利人。我们将对瓦尔拉斯的讨论推迟到第 18 章,在那一章集中探讨对数理经济学作出贡献的学者。

13.1 威廉·斯坦利·杰文斯

威廉·斯坦利·杰文斯(William Stanley Jevons, 1835—1882)出生于英国的利物浦。他在澳大利亚的一家造币厂当了 5 年的试金师,在那里挣到了足够的钱之后回到英格兰继续学习。当没有申请到伦敦大学学院政治经济学专业的奖学金时,他感到非常失望和痛苦,将失败归因于他的教授对他提出的新思想抱有偏见。杰文斯出版了几本关于逻辑学的著作并成为逻辑学、政治经济学和哲学教授,起初在曼彻斯特大学,后来在伦敦大学学院。他发明了一种逻辑机器,1870 年在英国皇家学会进行展示,这个机器能够在给定一系列前提后自动得出一个结论。杰文斯还是一位著名的科学史学家,并且对指数的发展作出了杰出贡献。杰文斯是一个极其内向的人,并没有对他的同辈或学生产生重要的影响。他 47 岁时在游泳中溺水身亡。

13.1.1 杰文斯论价值理论

杰文斯称李嘉图是"有才能但头脑错误的人",说他"将经济科学的车开往错误的

路线"。杰文斯认为穆勒将车进一步推向了混乱。西尼尔的经济分析更适合杰文斯的口味。

杰文斯在其出版于1871年的《政治经济学原理》(*The Theory of Political Economy*)的第1页这样写道:

> 反复的思考与探究使我产生了这样一个有点新奇的观点,即价值完全取决于效用。流行的观点认为劳动而不是效用是价值的源泉,更有甚者明确地断言劳动是价值的起因。相反,我认为我们必须仔细地去寻求效用变化的自然规律,即效用的变化取决于我们所拥有的数量,才能达到一个令人满意的交换理论,而通常的供给与需求规律则是交换理论的一个必然的结果。这个理论是与事实相一致的;并且当存在劳动是价值起因的任何明显的理由时,我们都可以提供一个对这种理由的解释。劳动经常被认为决定价值,但仅仅是以一种间接的方式,即通过供给的增加或限制来影响商品的效用程度……①

李嘉图认为珍珠之所以有价值是因为人们为了得到它们必须潜入水中,和李嘉图不同,杰文斯认为珍珠之所以有价值是因为买者可以从它们那里得到效用,而人们之所以潜入水中去寻找珍珠是因为它们具有这种价值。与珍珠相关的特定的效用水平取决于人们现在所拥有的珍珠的数量。

因而为了解释杰文斯的价值理论,我们必须从他的边际效用递减规律开始。然后我们的注意力会转向相关的概念,包括理性消费者行为、个人交换与市场交换、最优劳动数量。

边际效用递减理论。杰文斯的边际效用递减理论类似于戈森(历史借鉴12-2)和杜普伊特的早期思想。杰文斯认为,效用不能直接度量,至少不能用现成的工具来度量。这种主观快乐或满足只能通过观察个人的行为和注意个人的偏好来估计。他还反对任何试图比较不同人之间的快乐和痛苦的强度的尝试。② 但是杰文斯认为,单个的个人能够比较某一产品的连续个单位的效用,并且能够比较几种商品的边际效用。对于前者,杰文斯应用画图分析来说明他的"一件产品的效用的最后程度变化规律"。他的表述的一个现代版本表示在图13-1中。

在图(a)中,纵轴表示总效用,横轴表示某一特定产品的数量,比如产品X。当产品X的消费增加时,总效用 *TU* 将上升。但是,注意,随着消费X的增加,总效用以递减的速率上升。每一个连续增加的单位的X所增加的总效用都比前一个单位所增加的总效用要少。

在图(b)中,纵轴度量总效用的变化或者边际效用 *MU*。边际效用,相当于杰文斯所说的"效用的最后程度……随产品的数量而变化,最终随着数量的增加而降低。没有哪种产品是我们持续以相同的力量而要求得到的,而无论我们已经使用或拥有了多

---

① William Stanley Jevons, *The Theory of Political Economy*, 3rd ed. (London: Macmillan, 1888), 1—2 [orig. pub. in 1871].
② 然而,杰文斯在这点上并不一致。在他书的后边,他比较了不同人们之间的效用。更特别地,他把边际效用递减原理扩展到货币上,而且为把收入从富人向穷人再分配能够提高总幸福的论断提供了理论辩护。

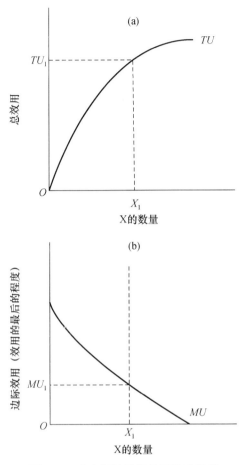

图 13-1　杰文斯的边际效用递减规律

消费者从每一数量的商品 X 中所得到的总效用用图(a)中的 TU 曲线来表示。图(b)表示边际效用(MU),或者是随着每单位产品的增加总效用的变化程度。边际效用,等于杰文斯所说的效用的最后程度,随着消费 X 商品的增加而下降。数量 X_1 的总效用为 TU_1;边际效用为 MU_1。

大的数量"[3]。杰文斯说,如果一个拥有图 13-1 所示的边际效用曲线的人决定购买 X_1 单位的产品,那么总效用是 TU_1,而效用的最后程度(边际效用)是 MU_1。图(b)中的边际效用 TU 是曲线(图(a))上每一点斜率的连线。

我们几乎不需要考虑效用程度,只需考虑消费的最后一单位增加量的效用程度,或者相同的是,即将消费的下一单位增加量的效用程度。因此,我通常用效用的最后程度这一表述方式来表达增加最后一单位所带来的效用程度,或者是对现存数量的一个非常小或者无限小的下一单位可能的增加所带来的效用程度。[4]

---

③　Javons, *Political Economy*, 53.

④　Jevons, *Political Economy*, 51.

杰文斯的边际效用递减规律解决了困扰一些古典经济学家的水与钻石的悖论。亚当·斯密认为效用与交换价值的大小没有关系，因为水比钻石更有用而钻石却比水更有价值。边际效用递减规律表明，尽管水的总效用远远大于钻石的总效用，但是钻石的"效用的最后程度"或边际效用却比水的边际效用大得多。我们宁愿全世界都是水、没有钻石，而不愿意与此相反；但是在我们拥有水的充足储备的情况下，我们宁愿要一颗额外的钻石而不愿意要额外一单位的水。

理性选择：等边际规则。杰文斯运用他的最后效用（边际效用）的概念发展形成了一个理性选择的一般理论。

让我们假设 s 为某种商品的总存量，并且假设它有两种不同的用途。（"大麦既可以用来制造啤酒、烈酒和面包，也可以用来喂牛。"）然后我们用 x_1 和 y_1 来代表用于这两个用途的数量，且 $x_1+y_1=s$ 是一个条件。假设一个人连续消费较小单位的这种商品；现在选择那种当时看起来能够提供最大利益的用途，这是人类本性的必然趋势。因此，当这个人对他已经做出的分配保持满意时，结果是……这种商品的增加在一种用途上所产生的边际效用与在另一种用途上所产生的边际效用完全相同……换言之，我们必须使在两种用途上的效用的最后程度（边际效用）相等。⑤

注意在这个例子中两种商品的价格是相同的，不管用途如何。因此，杰文斯的例子仅是戈森第二定律的一个特例：希望最大化其效用的消费者将会以这样一种方式来分配其货币收入，即花费在所有商品上的最后一美元的边际效用是相等的。用公式来表示：$MU_x/P_x = MU_y/P_y \cdots = MU_n/P_n$。在这里边际效用递减的作用非常重要。如果 X 商品的边际效用与其价格的比率大于其他商品的这个比率，那么理性的消费者将会购买更多的 X 商品而更少购买其他商品。随着获得的 X 商品的增加，其边际效用递减；而随着其他商品如 Y 和 Z 消费的减少，它们的边际效用上升。最终商品的边际效用与各自价格的比率趋于相等，而消费者的总效用达到最大。

交换理论。杰文斯还用他的效用最大化原理来解释得自交换的利益。杰文斯说，假设一个团体（"贸易实体"）只有谷物而另外一个团体只有牛肉，交换如何使双方都得益并且在哪一点交换将停止？等边际规则再次起作用。因为 A 团体只有牛肉，所以牛肉的边际效用与其价格的比率将很低，而谷物的边际效用与其价格的比率将很高。等边际规则明确表明团体 A 通过放弃牛肉获得谷物而得益。团体 B 也面临相同的情形。牺牲谷物所损失的效用将会比获得牛肉所得到的效用少得多。

在哪一点上贸易会停止？杰文斯说，答案是从交换中不可能再获得进一步的效用利得的那一点。更具体地，比如说，当在边际上 1 磅牛肉与 10 磅谷物具有相同的效用，并且在市场上可以交换 10 磅谷物时，贸易将会停止。即如果 1 磅牛排的价格是 1 磅谷物的价格的 10 倍（比如是 10 美元对 1 美元），每个人将会消费这两种产品直到一点，在

---

⑤ Jevons, *Political Economy*, 59—60.

这一点上 1 磅牛排的边际效用是 1 磅谷物的边际效用的 10 倍(例如,100 单位对 10 单位的边际效用)。或者用代数语言来表达,当每一贸易团体两种产品的边际效用的比率与价格的比率相等时(比如,100 单位/10 单位 = 10 美元/1 美元)时,交换将会停止。

杰文斯论劳动。回想一下,杰文斯认为效用是交换价值的决定因素。在其《政治经济学原理》中的某处,他这样来表达他的思想:

> 生产成本决定供给。
> 供给决定效用的最后程度。
> 效用的最后程度决定价值。⑥

因此,为什么不是生产成本决定价值? 杰文斯在反驳劳动价值论中坚持认为,劳动不能成为价值的调节器,因为劳动本身的价值就不相等,它在质量和效率方面有极大的差别。"我认为劳动是完全可变的,因此它的价值必须由产品的价值来决定,而不是产品的价值由劳动的价值来决定。"⑦

劳动本身是一种主观的、心理上的成本,是一种"痛苦的努力"。经济学的问题是"用最少可能的劳动数量来满足我们的需求"。为了达到这个目标,工人们必须对比工作的痛苦和收入的快乐。

杰文斯用图 13-2 的几何方式表达他的最优工作数量理论。直线 OX 代表在小时工资率既定的情况下,一个工人在一个工作日内所能获得的潜在的产品数量。直线 OX 上方的点的高度衡量快乐(效用);下方的点衡量痛苦(负效用)。劳动在工作日开始时要比在后面工人适应时,通常更令人厌烦。这样,在曲线 MDU_w(工作的边际负效用)上的 b 点和 c 点,既没有快乐也没有痛苦,而在这两点之间存在着来自工作的实际快乐——独立于收入的快乐。但是超过 c 点以后,再继续工作,痛苦(边际负效用)就会增加。

产品的边际效用,或者更准确地说,收入的边际效用由 MU_e(收入的边际效用)来表示。它向下倾斜反映了边际效用递减规律。在 m 点,qm 等于 dm,最后一单位的劳动收入带来的快乐恰好等于劳动带来的痛苦($MU_e = MDU_w$)。工人们会选择 m 点所代表的工作数量和收入数量,因为从两条曲线中可以看到,超过 m 点的工作小时数导致的结果是,工作的负效用要远远大于从额外收入中获得的效用。通过仔细观察 OX 直线上 m 点之外的其他各点,你可以证实 m 点就是工人的最优工作数量。应该指出,杰文斯还为他的讨论添加了一些现实因素,他指出:"根据工人的喜好将工作日长度划分等级,有时候是不可能的。"

对杰文斯的思想进行概括是适宜的。他认为边际效用是交换价值的决定因素。交换价值的变化可能由某些因素引起,比如人们对商品的相对偏好的变化。当交换价值发生变化时,用来生产商品的劳动的价值也会发生变化。而劳动价值(工资率)的变化又会引起不同行业中的工人认为的最优工作数量的变化。因此,杰文斯质疑道,怎么能

---

⑥ Jevons, *Political Economy*, 165.
⑦ Jevons, *Political Economy*, 165.

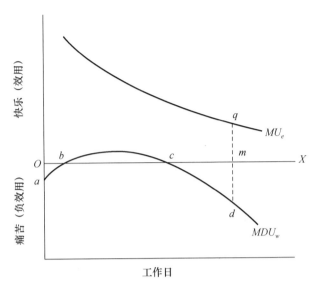

图 13-2　杰文斯的在工作的痛苦和收入的快乐之间的均衡

杰文斯推理认为,工人会比较工作收入的边际效用(MU_e)和劳动的边际负效用(MDU_w)。最优工作数量如 m 所示,在这一点,收入的边际效用 qm 等于工作的边际负效用 dm。

说劳动时间是交换价值的原因,甚至是交换价值的尺度呢？相反,一小时劳动的价值是由产品的效用的最后程度所决定的。

13.1.2　杰文斯关注的其他问题

杰文斯研究的其他几个问题值得讨论。第一,尽管他没有完整地提出一个以边际生产力为基础的一般分配理论,也没有准确解释这样的分配理论所建立的基础——收益递减规律,但是他确实理解了这两种思想的基本原理。连续进行的资本投资,后面的单位要比先前的单位产出更少。假设某个行业中工人的数量是固定的,所使用的资本数量将决定单位资本的产出。杰文斯说,单位资本的产出将决定资本的利息收入。他认为,利息是利润的三个组成部分之一,另外的两部分是监督工资和风险保证金。

第二,杰文斯对保险和赌博理论作出了贡献。具体请见历史借鉴 13-1,他应用他的货币边际效用递减的理论证明在一个公平的游戏中赌博并不划算。

历史借鉴 13-1

杰文斯:赌博是理性的吗

赌博自古以来就对人们具有迷惑力。今天,每年都有数以百万计的赌博者涌向拉斯维加斯、里诺、大西洋城和其他赌博胜地的游乐场所。甚至政府也开始参与赌博,在美国,人们每年要在政府彩票上花费超过 500 多亿美元。

1871年，威廉·S.杰文斯应用他的边际效用递减理论证明，在一个公平的游戏中，赌博是不划算的。公平的游戏是一个净预期价值为零的游戏。例如，在一个赌博中，1美元的赌注赢得10万美元的概率是0.001%。10万美元奖金的预期价值是1美元，这可以通过用奖金的数额乘以赢取的概率而得到。即1美元=0.00001×100 000美元。奖金的预期价值增加的1美元等于赌金的预期价值减少的1美元，使得这个游戏的净预期价值为零。

为了分析的需要，杰文斯假设，人们除了获胜以外不能从赌博中获得快乐，并且货币遵循边际效用递减规律。在这些假设条件下，一个公平游戏的预期效用价值要比下赌注的货币金额低。在我们前面的例子中，第99 999美元、99 998美元(等等)所赢得的边际效用要比第1美元赌注的边际效用要低。尽管这是一个公平的金钱游戏，但并不是一个公平的效用游戏。奖金的预期效用价值要比赌注少一定的数额。

如果在一个公平的游戏中下赌注是不理性的，人们就会玩轮盘赌、二十一点或者老虎机，买彩票，而赌马看起来更加不理性。所有的这些游戏都没有使它公平的足够高的获胜几率，但人们仍然在玩它们。

两个补充解释支持了经济学家认为大多数赌博都是理性行为的观点。第一，不管预期赢得的钱是多少，许多人能够从赌博中获得效用。杰文斯认识到与理论相反，事实上玩赌博本身就提供了效用，就像参加运动会、音乐会或看电影一样。对于这些人来说，参加这种活动的效用提高了可能赢得的货币的正的、但递减的边际效用。这些赌博者的行为确实是理性的，他们期望获得的效用(玩乐加潜在的赢得的钱)超过了他们的赌注的负效用。

在1948年的一篇重要的文章中，米尔顿·弗里德曼(第24章)和L. J.萨维奇(L. J. Savage)对于为什么有些人会赌博提供了第二种解释。*这些经济学家对于杰文斯的假设——所有货币收入区间内的货币边际效用都是递减的——提出了挑战。弗里德曼-萨维奇假设，在较低的货币收入区间货币的边际效用下降，在较高的区间它将上升，而最终它将下降。对于许多人来说，货币收入的边际效用上升区间意味着"获大奖"所得的美元(将大大提高生活水平)比下赌注的美元具有更高的边际效用。当获胜几率很低时，一个较小的赌注就可能提供一个获大奖的机会。因为在一个公平的游戏中，所赢得的美元比下赌注的美元具有更高的边际效用，因此奖金的期望效用价值就超过了赌注的效用成本。因此，处于货币收入的边际效用上升区间的人们就会理性地参加公平的赌博。他们也会参与一些不公平的赌博，例如彩票，如果他们的货币的边际效用上升得足够快，能够补偿这些较差的赌博的话。

* Milton Friedman and L. J. Savage, "The Utility Analysis of Choices Involving Risk," *Journal of Political Economy* 41 (August 1948): 279—304.

第三，经济周期吸引了杰文斯的注意力。他建立了太阳黑子周期影响天气、天气影响农作物产量的理论。当太阳黑子处于最低值时，农作物就会丰收，而由此导致的较低的农产品价格会刺激经济的发展。这种结果往往是国际性的；印度的丰收和廉价的食物将使曼彻斯特的工资收入者有剩余的收入用于购买衣服,从而促进棉布厂的繁荣。当然,这个经济周期的太阳黑子理论并没有经受住后来的实证检验,并且经常作为"后此谬误"发生在其后,所以就因为它这种推理错误的典型例子而被引用。

第四,如前所述,杰文斯对指数的发展作出了巨大的贡献。特别是,他开创了一种构建总体价格指数的方法,这种方法可以提供从一个时期到下一个时期通货膨胀与通货紧缩程度的信息。然后他用他的这种方法构建了一个总体价格指数,同时也构建了个别种类商品的价格指数。

13.1.3 杰文斯论公共政策

杰文斯支持免费的公共博物馆、音乐会、图书馆和教育。他认为童工应该受到法律的限制,工厂的卫生和安全条件应该受到管制。他支持福利或友好性质的行业工会,因为它们的保障功能减少了对公共救济的需要。但工会应该让自然规律来调节工资率。如果他们实现了工资增长,这是以其他工人或总人口的更高价格为代价的。"假设的劳动与资本之间的冲突是一种错觉,真正的冲突是生产者与消费者之间的冲突。"⑧利润分享比工会努力提高工资更可取,工人应该通过储蓄来提高他们的份额。

杰文斯反对管制成年男性的劳动时间。他提倡,为了孩子的利益,拥有学龄前孩子的母亲不要去工厂或作坊工作。但是他谴责各种免费的医院和医疗慈善机构,因为它们"使最贫困的阶层怀有依赖富有的阶层获得普通的生活必需品的满足感,这本来应该由他们自己提供"⑨。他反对政府对控制煤炭浪费的保护措施,因为这种方式的干预"会打破产业自由的原理,自从亚当·斯密时代以来,我们将我们的大多数成功都归之于对这一原理的认可"⑩。

杰文斯支持目的在提高公共卫生设施的谨慎的立法扩张,但对于是否应取消因欠债而受监禁却犹豫不决。政府对铁路的温和管制赢得了他的支持。在他看来,消费税,例如火柴税,是最合意的税收形式,因为它们不会对工业产生不利影响;而且,在真正的贫民等级以上的所有人都应该对国家作出与他们的收入成比例的贡献。杰文斯相信人们从本质上来说都是享乐主义的,因此他赞成边沁的最大幸福原理。他认为,没有任何法律、习俗或产权是如此神圣而必须保留的,如果它们被证明会阻碍最大幸福的实现。但是他质疑,我们怎样才能证明某种改变将会提高幸福的总额?没有结论性的证据,"现在的社会安排拥有它们至少能够存在并且能被容忍的对它们有利的重要假设"⑪。

---

⑧ William Stanley Javons, *The State in Relation to Labour*. (London: Macmillan, 1882), 98.
⑨ William Stanley Javons, *Methods of Social Reform; and Other Papers*. (London: Macmillan, 1883), 189.
⑩ William Stanley Javons, *The Coal Question: an Enquiry Concerning the Progress of the Nation, and the Probable Exhaustion of our Coal-Mines*. (London: Macmillan, 1865), 338.
⑪ Jevons, *The State in Relation to Labour*. 12.

13.2 卡尔·门格尔

卡尔·门格尔(Carl Menger, 1840—1921)出生于加利西亚,是一位律师的儿子,他曾在维也纳大学和布拉格大学学习,在克拉科夫大学获得了博士学位。作为维也纳大学的教授,门格尔出版了他的开创性著作《经济学原理》(*Principles of Economics*)。这本书出版于1871年,与杰文斯出版重要著作是同一年。门格尔的长期目标是出版一本关于经济学的系统著作和一部关于总体社会科学的性质与方法的综合著作。他的兴趣和研究范围不断扩展,在1903年,他辞去了教授职位全身心投入到写作中去。在他漫长一生的最后30多年中,他出版了很少的作品,因为他对于自己的写作不满意。去世之后,他留下了大量不完整的、混乱的手稿。门格尔对经济学直接的和长远的影响都是巨大的。许多后来被统称为奥地利学派的经济学家都支持和不断扩展他的思想。我们将在本章讨论的弗里德里希·冯·维塞尔和欧根·冯·庞巴维克,是这一学派较著名的早期成员。这一学派后来的成员包括一些著名的经济学家,如路德维希·冯·米塞斯、约瑟夫·熊彼特和弗里德里希·冯·哈耶克。门格尔对经济学的最重要的两个贡献是其价值理论与归因理论。

13.2.1 门格尔的价值理论

像杰文斯一样,门格尔将他的价值理论建立在效用概念的基础上。但是,与杰文斯相反,门格尔在推理过程中故意没有使用数学,并且避免将他的理论构建在边沁主义的基础之上。他在表述边际效用递减和边际效用平衡的过程中包含了一个例子,在此将这个例子复制在表13-1中。表中显示了10件商品或10类商品(从Ⅰ到Ⅹ)的各个单位边际效用的假设价值。每一列向下的连续数字代表由于指定商品消费的增加所引起的总满足程度的连续增加。例如,请注意最重要的消费品是食物,假设消费的第1单位的食物提供的效用为10,如第一列所示。如果同一天又消费了第2单位的食物,它的效用将是9。得到10单位的食物,最后一单位所提供的满意程度为1。从第一列中可以看到,第11单位的食物对这个人的总效用没有增加。

需求的紧迫程度较低的香烟,显示在第5列中。消费第1单位带来的满意程度仅仅为6,而且当超过6单位后,更高的消费水平并不能提高效用。如果一个人得到了4单位的食物,这个人的单位效用将从10下降到7。他将会发现第5单位的食物所提供的满意程度(6)与第1单位的香烟所提供的满意程度(也是6)相同。假设这个人想花掉10美元而所有商品每单位都是1美元。这10美元如何分配?利用前面讨论过的等边际规则可以确定答案是4单位的商品Ⅰ,3单位的商品Ⅱ,2单位的商品Ⅲ和1单位的商品Ⅳ。在这个组合上,全部的10美元都将被花掉,而每件商品的边际效用与价格的比率都是7/1美元。

表 13-1　门格尔的边际效用递减的概念

消费的单位	(食物) I	(香烟) II	III	IV	V	VI	VII	VIII	IX	X
第 1 个	10	9	8	7	6	5	4	3	2	1
第 2 个	9	8	7	6	5	4	3	2	1	0
第 3 个	8	7	6	5	4	3	2	1	0	
第 4 个	7	6	5	4	3	2	1	0		
第 5 个	6	5	4	3	2	1	0			
第 6 个	5	4	3	2	1	0				
第 7 个	4	3	2	1	0					
第 8 个	3	2	1	0						
第 9 个	2	1	0							
第 10 个	1	0								
第 11 个	0									

（表头"边际满意度"横跨所有列）

门格尔的图表的一个暗含假设是每单位的每种商品代表相同的货币支出，或相同的努力或牺牲（在我们的例子中都是 1 美元）。如果 1 单位的香烟可以用 0.10 美元或者 5 分钟的劳动得到，而 1 单位的食物需要 1 美元或 50 分钟的劳动，那么第 1 单位的香烟（6/0.1 美元）甚至将会比第 1 单位的食物（10/1 美元）更合意。

门格尔的图表的另一个暗含假设是经济人不仅能够以序数的方式来排列满意程度，而且还能以基数的方式来排列满意程度。序数排列允许一个人这样说，任意一天花在食物上的第 1 美元所带来的满意程度要比花在食物上的第 2 美元或花在表中所体现的任何其他东西上的第 1 美元所带来的满意程度要大。这是一种相对的表述，表明一件商品根据价值进行的排列或多或少高于其他商品。至于基数价值，一个人必须这样说，花在食物上的第 1 美元所带来的效用正好是花在食物上的第 6 美元或者花在香烟上的第 2 美元所带来的效用的 2 倍。当然，这种精确比较的有效性是值得怀疑的。我们将会发现，后来的经济学家在发展他们的理性消费者行为理论的过程中，用序数效用取代了基数效用。

门格尔从他的图表中得出了一个有趣的结论。假设一个人仅能支付得起 7 单位的食物，这个人就只能满足价值范围从 10 单位到 4 单位边际效用的食物需求。价值范围从 3 单位到 1 单位边际效用的食物需求将得不到满足。对这个人而言，7 单位食物的效用有多大？杰文斯将会把第 1 单位到第 7 单位的边际效用相加，得到的答案是 49（10+9+8+7+6+5+4）；而门格尔的答案为 28（4×7），最后一单位的边际效用乘以单位数。为什么？门格尔回答说，所有单位都是相似的，因此每 1 单位都与边际单位具有相同的效用。如果一个人每天只有 1 单位的食物，他几近饿死的状态将会使那 1 单位带来极高的效用。但是如果一个人拥有 7 单位，没有任何 1 单位的食物将会给他带来比边际单位更高的满足程度。

因此，门格尔将交换价值等同于总效用，而不像杰文斯那样将交换价值等同于边际效用。杰文斯会说,在表 13-1 的第一列中,10 单位的食物比 5 单位食物带来更大的总效用,但第 10 单位的边际效用小于第 5 单位的边际效用。类似地,一个较大的小麦产量将会比一个较小的小麦产量提供更多的总效用,即使较大的产量只能卖更少的钱。另一方面,按照门格尔的观点,对于个人来讲,5 单位食物提供的满足程度(6×5=30)大于 10 单位食物提供的满足程度(1×10=10)。因此,门格尔认为一个较小的小麦收获量对于消费者而言可能比一个较大的收获量更令人满意。这就是较小的数量比较大的数量卖更多钱的情形,因为较大产量的边际效用非常低。在这两种表述中,在这个问题上现代经济学家通常接受杰文斯的观点。

门格尔认为,价值的衡量完全是主观的。因此,对一个人来说具有极大价值的一件商品,对另一个人来说可能具有极小的价值,而对第三个人来说可能完全没有价值,这取决于这三个人每个人偏好的差异和可得的收入数量。因此,不仅价值的本质是主观的,而且价值的度量也是主观的。价值与生产成本没有任何关系:

> 一个经济人认为一件产品所具有的价值等同于这种特殊满足的重要性,这种满足又取决于他对这种产品的支配。产品的价值与在生产中是否使用劳动和其他更高阶产品,或使用了多少数量的劳动和其他更高阶产品,没有必然的或直接的联系。一件非经济物品(比如原始森林中的一些原木)对人们来说并不具有价值,即使在生产过程中使用了大量的劳动和其他经济物品。一颗钻石是被偶然发现的还是经过上千天的劳动从钻石矿中得到的,与它的价值完全无关。一般来说,在现实生活中,评价一件产品的价值时,没有人会询问它的历史起源,人们仅仅会考虑这件产品为他提供的服务和如果不支配这件产品时他将不得不放弃的东西。花费了很多劳动的产品往往没有价值,而另外一些产品,花费很少劳动或不花费劳动却具有很高的价值。对于一个经济人来说,花费很多劳动的产品和其他那些花费很少或不花费劳动的产品,往往具有相同的价值。因此,产品生产过程中所使用的劳动或其他生产手段的数量不能成为产品价值的决定因素。[12]

门格尔认为,交换价值的基础是不同个人对同一件产品的不同相对主观评价。他反对斯密的信条,即交换价值是因为交易、贸易、以一物来交换另一物的倾向,贸易本身就是目的,因为它是令人愉快的。相反,门格尔主张,进行贸易是为了提高交易参与方所得到的满足程度。贸易提高贸易双方的总效用。"从总体上看,引导人们交易的原理与引导人们经济活动的是同一个原理;这就是尽量使他们的需要得到最大可能的满足。"[13]

---

[12] Carl Menger, *Principles of Economics*, trans. and ed. James Dingwall and Bert F. Hoselitz(Glencoe, IL: Free Press, 1950), 145—147[orig. pub. in 1871]. Reprinted by permission of the Institute for Humane Studies and the New York University Press.

[13] Menger, *Principles*, 180.

13.2.2 归因理论

门格尔的归因思想起源于生产要素定价。边际主义者强调消费者需求的重要性，特别是它的主观心理方面在决定价格上的重要性。边际效用与总效用的概念指的是消费者需求，因此，它们仅适用于消费品与服务。什么决定应用于生产中的"高阶"产品，比如机器设备、原材料、土地等的价格？在门格尔的归因理论中，他认为这类产品也给消费者提供满足，尽管只是间接地，即帮助生产那些直接满足消费者需求的产品。消费者对一块铁的边际效用是由铁制成的最终产品，比如一个顶针的边际效用所决定的；铁的有用性归因于顶针的有用性。因此，边际效用原理也就被扩展到整个生产与分配领域。比如，地主获得的地租是由那块土地上所种植的产品的效用所决定的。各种生产要素被归于使用价值，使用价值决定它们的交换价值。生产资料的现值等于它们将生产出来的消费品的未来价值（基于边际效用）减去两项扣除："资本服务的价值"（利息）的边际扣除和企业家活动的报酬（利润）的边际扣除。

归因理论是对劳动价值论和实际成本价值理论的一种抨击。门格尔说，坚持认为产品获得了价值是因为在其生产过程中使用了对我们来说有用的要素，这种观点是根本错误的。他认为这种错误的信条不能解释土地服务的价值、劳动服务的价值和资本服务的价值。相反，生产中所使用的产品的价值必须毫无例外地由它们帮助生产的消费品的未来价值所决定。门格尔反对普通劳动的价格是由劳动者及其家属最低生存的费用所决定的观点。劳动服务的价格，和所有其他产品的价格一样，是由它们的价值决定的。而它们的价值是由"如果我们不能支配劳动服务便无法得到满足的需要的重要程度"[14]所决定的。

13.2.3 结论

门格尔对微观经济理论的贡献是巨大的。在他的著作中，除了我们前面已经讨论过的观点，还充满了无数的真知灼见。一个例子就是他对垄断的讨论，他颇具特色地提出了几个重要的概念，后来被其他经济学家充分发展：

> 垄断者在影响经济事件的过程中并不是完全不受限制的。正如我们已经看到的，如果一个垄断者想要卖掉某个特定数量的垄断产品，他就不能随意定价。如果他制定了价格，他就不能同时决定在他所定的价格上能够卖出的数量……但是在经济生活中，确实赋予他特殊地位的是这样一个事实，即在给定的情况下，他可以在决定进行交换的垄断产品的数量和价格之间进行选择。他可以不考虑其他经济个体的利益，仅仅考虑他自己的经济利益，而自己作出这个选择……
>
> 假设垄断产品的价格一直或者经常与垄断者市场提供的产品数量恰好成反向比例上升或下降，或者在垄断者制定的价格与能够卖出的垄断产品的数量之间存

---

[14] Menger, *Principles*, 171.

在一个近似的比例,这是完全错误的。例如,如果一个垄断者将 2 000 单位而不是 1 000 单位的垄断产品带到市场上,一单位产品的价格并不必然会从 6 弗罗林下降到 3 弗罗林。相反,这取决于经济形势,在某种情况下它可能仅降到 5 弗罗林,而在另外一种情况下可能降到只有 2 弗罗林。⑮

这段引文说明门格尔对向下倾斜的市场需求曲线和不同的需求弹性的思想有正确的理解。

我们赞扬门格尔并不是说他的经济分析没有严重的遗漏和不准确性。比如,他没有充分考虑到边际生产成本的上升对确定商品的相对价值的作用。像杰文斯一样,他热心地驳斥劳动价值论以至于他犯了与他所批判的经济学家相类似的错误。但毫无疑问,他极大地推进了经济分析,从而确保了他在经济思想史中的持久声誉。

13.3 弗里德里希·冯·维塞尔

弗里德里希·冯·维塞尔(Friedrich von Wieser, 1851—1926)是所谓的奥地利学派的二人组中的第一位,他出身于维也纳的一个显赫的贵族家庭,这个家庭的子弟通常都进入公共服务部门。他在维也纳大学学习法律,毕业后他阅读了门格尔的经济学著作。其中包含的思想使他着迷,并且激励他到德国的大学去研究经济学。在门格尔的帮助下,他最终取得了德国布拉格大学的经济学教授职位。他后来执教于维也纳大学,还在奥地利政府中担任高官,并曾经担任商务部长。正是他将边际效用这个术语引入到经济学的词典中,尽管在他之前杜普伊特、杰文斯和门格尔都曾提出过这个概念。

13.3.1 交换价值与自然价值

弗里德里希·冯·维塞尔忠实于边际主义的信条,他认为不存在"客观的"交换价值,因为"它植根于个人的主观判断,并由个人构成的群体来决定这个结果"⑯。我们可能会问,是否边际点的价格真实地反映了一件产品的边际效用:一个营养充足的百万富翁为一份牛排晚饭会支付 20 美元,而一个饥饿的乞丐可能为此支付不超过 1 美元。但是这顿晚饭对这两个人中的哪一个具有更大的边际效用?弗里德里希·冯·维塞尔很清楚地意识到了这类问题。

> 但是,为了正确地评价经济生活中的交换价值的服务,我们必须记住它并不包含与自给自足经济中的使用价值完全相同的因素。后者仅仅取决于效用;而前者除此之外还取决于购买力……使用价值测度效用;而交换价值测度效用与购买力的组合。⑰

---

⑮ Menger, *Principles*, 211—213.
⑯ Friedrich von Wieser, *Social Economics*, (London: Routledge, 2003),235[orig. pub. in 1928].
⑰ Friedrich von Wieser, *Natural Value*, trans. Christian A. Malloch (London: Macmillan, 1893),57[orig. pub. in 1889].

因此,冯·维塞尔说,钻石和黄金的价格极高是因为它们是奢侈品,估价与支付是根据最富有阶层的购买力来进行的。粗糙的食物和铁的价格较低是因为它们是普通物品,它们的价格主要取决于穷人的购买力与穷人的估价。

生产不仅仅是按照需求进行的,而且也是根据财富来进行的。生产的产品不是最大效用的东西,而是最高价钱的东西。财富上的差别越大,生产上的矛盾也就越明显。它给浪荡公子和饕餮之徒提供奢侈品,而对贫穷不幸的人的需要却充耳不闻。因此,正是财富的分配决定怎样去生产,并引导最不经济的消费。[18]

然后冯·维塞尔引入了自然价值的概念,自然价值是所获得的全部产品的边际效用之和。

就自然价值而言,产品仅仅按照其边际效用评估;就交换价值而言,它们按照边际效用与购买力的组合来评估。按照自然价值来评估,与按照交换价值来评估相比,奢侈品被大大低估,而必需品却相对被大大高估了。交换价值即使被认为是完美的,如果我们可以这么说的话,它也是自然价值的一种扭曲;它干扰了经济的对称性,放大了小的而缩小了大的。[19]

从自然价值与交换价值的区别中,冯·维塞尔得出了一个更典型的德国式的而不是边际主义的结论:当两种类型的价值严重背离的时候,就为政府有限地干预经济提供了空间。

人们期望从政府那里得到更好的东西。但这一点也不意味着以营利为目的的企业形式应该被完全抛弃。它应该保留,但是,获取最大商业利益的努力,必须以某种形式与服务公众利益的努力结合起来。特别是,当有一种重要的需求比较紧迫而购买力又缺乏时,服务就必须以有限的价格提供——也就是说,按交换价值的估价必须被按自然价值估价所取代。因此,也就出现了"公共企业"。[20]

弗里德里希·冯·维塞尔认为,同一种类型的产品每单位的效用等于最后一单位的边际效用,因为任何一单位都可以被看作边际单位。在需求保持不变而供给增加的情况下,边际效用一定会下降;这就是冯·维塞尔的供给定律。他的需求定律认为,当需求上升而供给保持不变时,边际效用会增加。弗里德里希·冯·维塞尔同意门格尔的这一观点,即一件产品的总价值等于它的边际效用乘以可以得到的单位数量。这就产生了"价值悖论"。每一额外数量的产品都带来了一个递减的效用增加额。当我们没有产品或产品极大丰富的时候,价值,从而效用等于零。在某一点上,边际效用乘以产品的单位数会得到一个递减的总价值。尽管冯·维塞尔并没有这样说明,但当需求无弹性时这种情况就会发生。因此,当需求无弹性时,我们是否发现一个较大的产品供给还不如一个较小的产品供给有用,因为它只能卖更少的钱?为了创造和增加价值,我

---

[18] von Wieser, *Value*, 58.

[19] von Wieser, *Value*, 62.

[20] von Wieser, *Value*, 225.

们是否应该将过剩产品转化为需求,再将需求转化为更大的需求? 冯·维塞尔回答道:"不。"所有经济的至上原则是总效用(自然价值)。当总价值与总效用发生冲突时,效用必然获胜。但是,他自信地认为人类经济几乎完全在这样一个区间中运动,即产品供给的增加会同时提高总价值与总效用;即需求是有弹性的。"就大多数产品而言,我们都远没有拥有过剩产品,因此几乎每一次产品的增加都会带来相应的总价值的增加"[21],并且"价值是计算效用的形式"[22]。自由竞争能防止企业限制产出以大幅度地提高价格。如果垄断企业为了提高价格而限制产出,那么政府就必须接管,"但是这种情况太少了,社会不需要采取社会主义的组织形式"。社会的自由经济秩序只需要"政府的适当干预作为补充"[23]。他继续描写道:

> 简单经济的各种假设所形成的框架要求整体利益占主导地位。在个人力量与社会利益的对立中产生的矛盾因此被排除。但即使在简单经济中也有这类明显的情况,相似的矛盾也很容易发生。这个谜非常容易解开,如果我们事先假设这样一种极端的情况,其中的生产方式使产品存量增长到极大丰富那一点成为可能。例如,让我们假设我们钻了一口自流井或开发了一个储量丰富的山泉,这能够给一个城市提供极为丰富的纯净水。如果严格遵循边际效用原则,这样一个企业永远也不会启动,存量极大的免费产品具有零边际效用。但是这样的考虑会阻止公众对这种企业的派生支出吗? 肯定不会。这个企业肯定能够获得最大可能的利益。公众将认识到这种利益而不管这样的事实,即带来的效用不能进行计算。我们将会看到在这个例子中,按照边际效用进行的计算并不能简化问题,尽管在其他情况中常常可以简化问题。相反它将我们引入了歧途。因此,我们将会求助关于总利益的更加复杂的计算。
>
> 我们在研究所有其他明显矛盾的事例时也恰好是这样。每当以边际效用计算的供给增加时,就会导致一个较低的(总价值)的数字表述,按照边际效用的计算不会简化,生产计划必须在总效用的基础上起草。
>
> 当一个更大的存量仍然会带来一个更大的产量时,边际效用可以作为计算的基础。当产量较小时它并不适用。第一种类型的例子总体来说是太普遍了,而后边的那种则是例外。[24]

也就是说,只有当对每个企业的产出的需求具有弹性时,私人企业才服务于社会。而在竞争条件下,需求往往是有弹性的。

13.3.2 机会成本

冯·维塞尔因为后来被称为机会成本原理(opportunity-cost principle)或选择成本

---

[21] von Wieser, *Value*, 31.
[22] von Wieser, *Value*, 34.
[23] von Wieser, *Value*, 56.
[24] Friedrich von Wieser, *Social Economics*, trans. A. Ford Hinrichs (New York: Adelphi, 1927), 128 [orig. pub. in 1914].

概念（alternative-cost concept）的思想而著名。这个思想将生产成本转变为一种主观心理成本。为市场生产某种产品的企业家放弃了生产和销售其他产品的机会：

> 当一个企业家谈到引致成本时，他想到的是达到特定目的所需的生产资料的数量；但同时也会产生与之相关的思想，即他的努力需要一种牺牲。这种牺牲存在于何处呢？比如，一个生产者从他的供给中将某一特定数量的铁投入到生产某特定产品中，他的成本是什么？这种牺牲在于排除或限制了可能性，如果材料不被用于生产这一特定产品，它可能生产其他产品。我们更早的一个相关定义清楚地说明生产资料的成本是广泛分散和具有多种用途的生产要素。这样它们就保证在很多方面都有盈利性产出。但是实现其中一个方面就必然意味着失去所有其他方面。这就是成本概念所断言的牺牲：用于某一特定产品而从其他用途中退出所必需的生产成本或生产资料成本的数量……企业家会通过比较一种产品的利润与成本，来比较两种效用的数量。㉕

经济学家一致认为机会成本原理在经济生活中具有广泛的适用性。生产更多的汽车可能意味着建造更少的房子。建设一个学校可能意味着放弃一座医院或放弃一定的消费品或资本品。购买一部个人电脑可能意味着牺牲一次家庭旅行。获得更多的休闲时间可能意味着较少的工作收入。当一个企业家考虑他的隐含工资、利息和租金成本时，也会涉及机会成本，因为这些要素也可以通过其他的用途获得收入。因此，这个原理有助于阐明个人、企业和国家所面临的基础的经济问题。然而，这个思想在解释交换价值的任何根本的东西时是根本不清楚的。它表明一种商品的价值就是所放弃的商品的价值，但是什么决定了那些放弃的商品的价值？

历史借鉴 13-2
富兰克林和巴师夏论机会成本

弗里德里希·冯·维塞尔被认为提出了机会成本的概念，但是这个思想更早的表述是在本杰明·富兰克林（Benjamin Franklin，1706—1790）和弗雷德里克·巴师夏（Frédéric Bastiat，1801—1850）的著作中。富兰克林是美国著名的发明家和政治家，他在消耗时间和金钱方面意识到存在机会成本。

> 记住，时间就是金钱。通过劳动一个人一天可以获得 10 先令，他出国或者懒坐了半天，尽管他在离开或者闲散无事中只花费了 6 便士，不应该只计算那个支出；他还另外花费了，或更确切的说是扔掉了另外的 5 先令。
>
> 记住，信用就是金钱。如果一个人让他的钱到期后保留在我的手上，他给了我利息，或者说在那段时间我可以利用这笔钱获得利息。当一个人拥有良好的、大量的信用，并且可以好好利用这个信用时，这总计是相当大的一笔数额。*

㉕ von Wieser, *Economics*, 99—100.

巴师夏是法国经济学家兼记者,因其睿智、动人的写作风格而闻名。他的机会成本概念最突出地出现在一篇命名适当的论文中,《看得到的和看不到的》(*That Which Is Seen and That Which Is Not Seen*),在论文中他提出了发生在私人经济活动和公共经济活动中的很多未观察到的成本(机会成本)的例子。在这些例子中最著名的或许是巴师夏的《打破的窗子的寓言》,他驳斥了这样的论断,即破坏性事件对经济有利,因为它们能够创造商业贸易。

当詹姆斯·古德费洛的管不了的儿子打破一块窗格玻璃时,你亲眼见过他这样一个可靠的市民的愤怒吗?如果你曾经在场,你一定也观察到旁观者,甚至有30个人之多,似乎只有一个人给予不幸的主人相似的安慰——"是恶劣的风突然打击拥有财产的人。每个人都不得不谋生。如果谁也不打破玻璃窗,那些装玻璃的工人怎么办呢?"

今天,在这个非常简单的案例中,这种同情的惯用语包含一个完整的理论,它是一个好思想,使我们感受当场的情形,不幸的是,它恰好与构成我们大多数经济制度的基础完全一致。

假设修复损失将需要花费6法郎。如果你的意思是这个事故给予前述的产业价值6法郎的激励,我表示同意。我不会以任何方式争辩,你的推理是正确的。装玻璃的工人将会来做工作,得到6法郎,为自己感到庆幸,并且在他的心中感谢这个粗心的孩子。这是看得到的。

但是如果通过演绎推理,你得到结论,正如经常发生的那样,打破窗户是一件好事,它有助于货币的循环,它会从总体上产生对产业的激励,我不得不大声呼喊:绝不会!你的理论停留在看得到的那些东西,没有考虑那些看不到的。

由于我们的公民把6法郎花费在一件事情上,他就不能将其花费在其他事物上,这是看不到的。如果他不是要替换窗格玻璃,他本来可以替换别的,比如,他穿破了的鞋子,或者为他的书房再增加一本书。简言之,他本来可以把他的6法郎用于其他用途,或者他现在没有拥有的其他东西。**

巴师夏写了一些类似的文章,关于税收、各种形式的公共支出以及自由贸易。如果需要了解巴师夏和富兰克林的很多其他经济观点,请浏览附加于正文的相关网页。

* Benjamin Franklin, "Advice to a Young Tradesman," in *The Writings of Benjamin Franklin*, ed. Albert Henry Smith (New York: The Macmillan Company, 1907), 370 ["Advice" orig. pub. in 1748].

** Frederic Bastiat, "That Which Is Seen and That Which Is Not Seen," in *Selected Essays on Political Economy*, trans. By Seymour Cain, ed. George Huszar (Princeton: Van Nostrand, 1964), 2—3 [orig. pub. in 1850].

13.4 欧根·冯·庞巴维克

欧根·冯·庞巴维克(Eugen von Böhm-Bawerk, 1851—1914)是奥地利学派早期三

位创始人中的第三位(其他两位是门格尔和冯·维塞尔)。他是维也纳大学的政治经济学教授并且在奥地利政府中担任财政部长。他与冯·维塞尔的妹妹结婚。

在冯·庞巴维克对经济分析所作出的贡献中,有一个很突出:他对时间因素的分析——不是与经济中的系统变化相关联或与经济增长相关联的时间,而是作为经济生活一般过程中的一个重要因素的时间,它影响所有的价值、价格与收入。

13.4.1 利息理论

在欧根·冯·庞巴维克著名的利息贴水理论中,可以清楚地看到他在经济学分析中结合了时间因素。利息的上升来自三个因素,其中前两个是主观的:

- 以现在为导向。产品在当前比在将来具有更高的价值。"我们系统地低估了未来的需求和满足这些需求的产品。"这是一个视角的错误,是冯·庞巴维克引入他的"经济人"中的唯一的非理性因素。人们低估未来的需求是因为他们的想象力是有缺陷的;因为他们的意志力有限,不能抵抗当前的奢侈行为,即使他们意识到未来的需求;而且因为他们知道生命是短暂的,未来充满不确定性,因此他们愿意享受今天的生活而不是为了未来作出牺牲。

- 对财富增长的预期。利息的第二个基础也是主观的,它来源于这样的思想,即我们准备为现在的消费而不是未来的消费借钱并支付利息,是因为我们期望将来会拥有更多的财富。注意利息的这个基础与第一个基础一样,也是关注消费。

3. 迂回生产。利息的第三个基础包括生产。当越来越多的资本品被生产出来并应用于制造最终产品,生产过程被延长了,或者变得更加迂回。例如,为了更成功地捕鱼,人们建造了船,这延长了生产过程,而物质产品——捕到的鱼的数量——要比把所有时间都花在捕鱼上而不花在建造船上还要大得多。直到冯·庞巴维克的时代,生产过程的长度仍然被认为是技术数据而保持不变的。欧根·冯·庞巴维克将它转变为一个变量。

在这三个概念之后紧跟着利息的解释。利息是一种贴水,是对现期消费品价值和价格的贴水。工人和地主得到他们生产性服务的现值。随着时间的流逝,更具生产性的方法成为可能,由此产生的价值增值落入企业家手中。利息从企业家手中流入资本家(金融家)手中,资本家为迂回的或需要使用资本的生产提供资金。因此,工人和地主确实得到了他们的服务所产生的产品的价值,但这个价值是折现的价值。

小结:利息能够由企业家支付,因为随着生产过程越来越迂回,生产过程也就具有更高的生产性和效率。利息必须被支付,因为人们更愿意要当前的消费而不是未来的消费。

13.4.2 其他观点

欧根·冯·庞巴维克赞同奥地利边际学派另外两位领袖的观点,即产品的总效用等于其边际效用乘以单位数量。他还赞同他们的以下观点,即生产资料的价值取决于生产出来的最终产品的价值,而最终产品的价值又取决于其边际效用。最终产品的价值大于为生产它而投入的服务的价值,大于的数额是这一段时期时间流逝所产生的利息。

像通常的边际主义者一样,冯·庞巴维克接受萨伊的分析,认为经济的常态是趋向于充分就业。他反驳了对他这个观点的批判意见,即如果一个社会的全体成员都同时储蓄其收入的1/4,生产将保持不变:

> [我的批评者的]推理错误事实上并不难找到。前提假设之一,断言"即时享受的消费"的减少必然会引起生产的减少,是错误的。事实是,消费的减少通常不会引起生产的减少,但是通过供给与需求规律的作用可能仅仅会引起某些特定部门的减少……但是,通常不会导致一个较小的产品产量,因为所减少的用于即期消费的产品,将会被"中间"产品或者资本品的增长所抵消。㉖

然后欧根·冯·庞巴维克引用了他的批评者的话,资本品的生产是由对消费品的需求所引起的,而且只受到消费品需求的引导;如果对消费品的需求减少了1/4,为什么比以前需要并生产更多的资本品?冯·庞巴维克这样回答道:

> 储蓄的人减少了他对当前消费品的需求,但通常绝对没有减少他对能够提供快乐的产品的需求。这是一个已经被反复讨论过的命题,只是题目略有不同,并且我相信,在我们的经济学中它已经被以前的经济学家和当代文献讨论过并得出结论。我认为,今天的经济学家完全同意,与储蓄联系的"节欲"并不是真正的节欲,即不是最终放弃能够提供快乐的产品,而……仅仅是"等待"。储蓄的人并不愿意将他的储蓄没有回报的转移给他人,而是要求在未来的某个时间返还,并且通常要附带利息,无论给他自己还是他的继承人。通过储蓄没有一点产品需求会完全消失,正如 J. B. 萨伊在 100 多年以前以一种巧妙的方式所表明的那样……对产品的需求、对享乐手段的欲望,在人类面临的任何条件下都是不会满足的。一个人在某一个时间段可能拥有足够多甚至是太多的某种物品,但不会是全部物品或者在所有的时间段上。这个原理特别适用于储蓄。储蓄者的主要动机恰恰是为他们自己的未来或者他们继承人的未来作准备。这仅仅意味着他们确保无风险损失,并且确保对满足他们未来需要的手段的支配,即在将来某一时间对消费品的支配。换句话说,储蓄者削减了对消费品的当前的需求,仅仅是为了成比例地提高对消费品的未来的需求。㉗

欧根·冯·庞巴维克对资本的生产力的强调、对利息的捍卫和他对萨伊市场定律的支持,或许部分是对那个时代马克思主义影响日益增强的一种反应。1896 年,他提出了对马克思的一个著名的批判,以《卡尔·马克思和他的体系的终结》为名译成英文出版。

㉖ Eugen von Böhm-Bawerk, "The Function of Saving," in *Annals of the American Academy of Political and Social Science*, publication no. 304(May 1901) :62.

㉗ von Böhm-Bawerk, "Saving," 62—64.

复习与讨论

1. 解释下列名词，并简要说明其在经济思想史中的重要性：杰文斯，效用的最后程度，等边际规则，经济周期的太阳黑子理论，指数，门格尔，奥地利学派，归因，冯·维塞尔，机会成本原理，冯·庞巴维克，迂回生产。

2. 应用下表所提供的数据来回答问题(a)—(d)。假设消费者可以支出 65 美元。

产品的单位	产品 X （价格 = 5 美元）		产品 Y （价格 = 10 美元）	
	MU_X	MU_X/P_X	MU_Y	MU_Y/P_Y
第 1 单位	50		120	
第 2 单位	45		110	
第 3 单位	40		100	
第 4 单位	35		90	
第 5 单位	30		80	

(a) 假设 X 和 Y 是相互独立的产品，根据所提供的数据确定这个人为了实现效用最大化会分别购买多少 X 与 Y。(提示：填出标有 MU_X/P_X 和 MU_Y/P_Y 两列数据将会有所帮助。)

(b) 按照杰文斯的观点，这个人的总效用将会是多少？按照门格尔的观点呢？请解释二者的差异。

(c) 假设 X 的价格上升到 10 美元。这个消费者会作出何种反应？

(d) 区分序数效用与基数效用。这个表中假设的是哪种效用？

3. 讨论如下这个论断：从某种意义上来，说杰文斯和门格尔解决了斯密的水-钻石悖论，但有人认为他们并没有彻底解决这一问题，因为他们对供给的概念关注不够。

4. 边际学派的哪些主要信条（第 12 章）与杰文斯有直接关系？哪些与门格尔有直接关系？

5. 杰文斯关于赌博的观点是什么？将弗里德曼-萨维奇假设（历史借鉴 13-1）与杰文斯的分析联系起来。弗里德曼和萨维奇同时也运用他们的分析来解释为什么人们会在收入位于或接近于逐渐下降的货币边际效用开始上升的那一点时，选择赌博或购买价格公平的保险来对抗较大的收入损失。解释看似矛盾的行为：赌博的同时购买保险。

6. 解释门格尔的要素归因理论如何与奥地利学派的以下观点是一致的，即效用而不是投入成本是价值的源泉。

7. 按照弗兰克·奈特 1921 年所论述的，小时工资的增长将会降低一个人既定产量（工作数量）下的收入的边际效用。在图 13-2 上表示出这一结果。这将会对最优工作数量产生何种影响？你能想出工资的增长可能会对一个人的最优工作数量产生相反影响的原因吗？（提示：请复习历史借鉴 2-1）

8. 冯·维塞尔所说的"交换价值衡量效用与购买力的组合"的含义是什么？自然价值与交换价值有何区别？社会应该致力于最大化交换价值还是总效用？

9. 通常经济学原理课程第一周所讨论的内容中有哪些是冯·维塞尔的主要贡献？这个思想与经济学本身的定义有何联系？

10. 对于经常听到的论断"战争有利于经济"，巴师夏是如何回应的？

11. 冯·庞巴维克将他的利息理论建立在哪三个基础上？他的理论从哪一方面证明了利息是借出者的一种"挣得的"报酬？

12. 庞巴维克提出了哪些观点来支持萨伊的经济趋于充分就业的结论？

13. 评价以下论点：杰文斯关于工作日的分析是有瑕疵的，因为热爱工作的人最终会停止工作，而厌恶工作的人往往每天工作很长时间。

精选文献

书籍

Blaug, Mark, ed. *Carl Menger*. Brookfield, VT：Edward Elgar, 1992.

——, ed. *Eugen von Böhm-Bawerk and Friedrich von Wieser*. Brookfield, VT：Edward Elgar, 1992.

Caldwell, Bruce J., ed. *Carl Menger and His Legacy in Economics*. Durham, NC：Duke University Press, 1990.

Howey, Richard S. *The Rise of the Marginal Utility School, 1870—1889*. New York：Columbia University Press, 1989.

Jevons, William Stanley. *The Theory of Political Economy*. 3rd ed. London：Macmillan, 1888 [orig. pub. in 1871].

Menger, Carl. *Principles of Economics*. Translated and edited by James Dingwall and Bert F. Hoselitz. Glencoe, IL：Free Press, 1950 [orig. pub. in 1871].

Peart, Sandra J. *The Economics of W. S. Jevons*. London：Routledge, 1996.

Schabas, Margaret. *A World Ruled by Number：William Stanley Jevons and the Rise of Mathematical Economics*. Princeton, NJ：Princeton University Press, 1990.

Stigler, George J. *Production and Distribution Theories*. New York：Macmillan, 1941.

von Böhm-Bawerk, Eugen. *The Positive Theory of Capital*. Translated by William Smart. London：Macmillan, 1891 [orig. pub. in 1888].

von Wieser, Friedrich. *Natural Value*. Translated by Christian A. Malloch. London：Macmillan, 1893 [orig. pub. in 1889].

期刊论文

Alter, Max. "Carl Menger and *Homo Oeconomicus*：Some Thoughts on Austrian Theory and Methodology," *Journal of Economic Issues* 16 (March 1982)：149—160.

Bostaph, Samuel, and Yeung-Nan Shieh. "Jevons's Demand Curve," *History of Political Economy* 19 (Spring 1987)：107—126.

History of Political Economy 4 (Fall 1972). This entire issue is devoted to articles on the "marginal revolution" in economics.

Jaffé, William. "Menger, Jevons, and Walras Dehomogenized," *Economic Inquiry* 14 (December 1976)：511—524.

Jolink, Albert, and Jan Van Daal. "Gossen's Laws," *History of Political Economy* 30 (Spring 1998)：43—50.

Stigler, George. "The Development of Utility Theory. I," *Journal of Political Economy* 58 (August 1950)：307—327.

Symposium on Jevons and Menger (paper by Sandra J. Peart and comments by Robert Hébert, F. V. Comim, and Philippe Fontaine). *American Journal of Economics and Sociology* 57 (July 1998): 307—344.

White, Michael V. "Why Are There No Supply and Demand Curves in Jevons?" *History of Political Economy* 21 (Fall 1989): 425—456.

第 14 章 边际学派:埃奇沃思和克拉克

几位第二代边际主义者提出了一些思想,扩展和推进了前面两章讨论过的微观经济理论。这一章中我们将注意力转向其中两个人:弗朗西斯·埃奇沃思和约翰·贝茨·克拉克。

14.1 弗朗西斯·Y.埃奇沃思

弗朗西斯·Y.埃奇沃思(Francis Y. Edgeworth, 1845—1926)出生于爱尔兰,后来进入都柏林的三一学院,并且曾经在牛津大学学习。后来他成为牛津大学的政治经济学图克教授,在他的职业生涯中他一直停留在这个职位上。他是英国皇家经济学会的创建者之一,担任《经济学杂志》(the Economic Journal)的编辑长达35年,担任了一个任期的统计学会主席,并且是英国科学院的成员。他对经济学的贡献体现在写于1881年的《数学心理学》(Mathematical Psychics)和1925年收集成册题为《政治经济学论文集》(Papers Relating to Political Economy)的大量论文中。

埃奇沃思接受了边沁的每个人都是一部"快乐机器"的概念。他说,消费者从他们的有限收入中寻求能够获得的最大化效用,工人们从他们的劳动中寻求最大净收益,企业家通过最小化某一特定产量的成本的方式组合资源,最大化他们的利润。按照埃奇沃思的观点,分析这种经济行为的最有效工具就是微积分。为了支持数学方法,埃奇沃思比较了数理经济学的精确与华丽的文字方法的曲折蜿蜒。

因此,总的来说,埃奇沃思对现代经济学的贡献之一是将数学方法的使用在经济学学科中普及化。这种方法的批评者——例如奥地利学派和制度学派——反驳道,"曲折的道路"产生关于经济现象或经济问题的新知识,显然要优于只能导致对已有知识进行无止境修正的"精确的道路"。但是除却这个方法论的争辩不论,在现代经济学中,数学在阐述和检验理论方面的重要性是毋庸置疑的,埃奇沃思和古诺是这一领域的早期开拓者。

在埃奇沃思对经济思想内容所作出的各种贡献中,有三个特别突出。首先,他最早提出了无差异曲线的思想,随着我们对经济思想史研究的不断深入,其重要性日益明显。第二,他是最早说明不确定性的经济学家之一,今天我们通常将不确定性与双寡头垄断者的定价行为联系在一起。最后,他阐明了平均产量和边际产量的差异,这对现代短期生产函数的发展及其广泛应用有很大帮助。

14.1.1 无差异曲线与交换

在他的《数学心理学》中,埃奇沃思提出了"无差异曲线"的概念,他说,无差异曲线表示能够给一个人带来同等效用水平的两种商品的各种组合。但是不同于我们后边章节要讨论的现代表述,埃奇沃思所画的无差异曲线基本上就像图 14-1 所示。他用这个图来分析仅有两个产品所有者之间的一个独立的交易,在这个例子中是鲁滨逊·克鲁索和他的得力仆人星期五。星期五拥有 X_2 的劳动,而克鲁索拥有 X_1 的货币。当然,星期五希望得到克鲁索的部分货币,而克鲁索希望利用星期五的部分劳动。

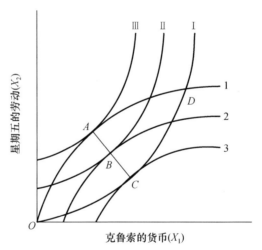

图 14-1 埃奇沃思的契约曲线

埃奇沃思将克鲁索的无差异曲线集(Ⅰ、Ⅱ、Ⅲ)置于星期五的无差异曲线集(1、2、3)之上,并且标出了切点。契约曲线 ABC 描述了这些切点的轨迹,两人之间最终的交换条件将位于契约曲线上的某处。不在契约曲线上的任意一点(比如点 D),其中的一个交易者可以移动到更高的一条无差异曲线,而不会将另一个交易者推向较低的无差异曲线。

为了理解无差异曲线这种有点不寻常的表述方式,首先来分别研究每一组无差异曲线会有所帮助。图中的无差异曲线 1、2、3 是表示星期五的同等效用水平的曲线,非常像一幅表示相等海拔的等高线地图。比如,与曲线 1 上的点相对应的劳动与货币的一切组合对星期五都会产生相同的效用水平。然而,曲线 2 对星期五所产生的总效用水平要比曲线 1 大,而曲线 3 要比曲线 2 大。通过画一条穿过这些曲线的水平箭头,并注意它与每一连续曲线的交点,我们可以证明,这些交点分别表示为了得到一定数量的星期五的劳动需要越来越多的克鲁索的货币。如果我们用地图的术语来考虑,我们可以说星期五更愿意处于偏向东方的无差异曲线上。尽管这个图只画出了星期五的三条无差异曲线,但是可以在这个无差异平面上画出其他此类曲线。

曲线 Ⅰ、Ⅱ 和 Ⅲ 代表克鲁索的无差异曲线集。如果我们画一条穿过这些曲线的垂直箭头,我们会发现那些更偏向北方的曲线能够给克鲁索带来更高的总效用水平。顺着这个方向的每一条连续曲线都表示一定数量的克鲁索的货币可以得到更多数量的星期五的劳动。

通过把克鲁索的无差异曲线集叠加在星期五的无差异曲线集上,埃奇沃思得到了一条契约曲线(contract curve),它是两条无差异曲线的切点的轨迹。[①] 他得出的结论是,用克鲁索的货币来表示的星期五的劳动的价格是不确定的,它取决于讨价还价,但它将位于直线 ABC 上的某一点。[②] 为什么会这样?埃奇沃思的答案是,在直线 ABC 之外的所有的点,星期五或者克鲁索都可以增加效用,而不会减少另一方所获得的效用。通过观察位于克鲁索的无差异曲线 Ⅰ 和星期五的无差异曲线 1 上的点 D,我们可以看到这种情况。克鲁索可以达到无差异曲线 Ⅲ 上的点 A,而不是在无差异曲线 Ⅰ 上,而星期五仍然处于无差异曲线 1 上。或者从星期五的角度来看,星期五可以移动到无差异曲线 3 的点 C 获得更大的效用,而不会减少克鲁索的效用——克鲁索仍然保持在无差异曲线 Ⅰ 上。因此两个交易者的自身利益将会把他们推到契约曲线上。当然,星期五喜欢点 C,因为它使他处于无差异曲线 3 上,但是克鲁索更喜欢 A 点,因为 A 点比 B 点或 C 点能够给他带来更多的效用(无差异曲线 Ⅲ 而不是无差异曲线 Ⅱ 或 Ⅰ)。重复一下:这个例子中两个交易者的最终契约是不确定的;契约曲线上任意一点都可能是均衡点,最终的结果将通过讨价还价产生。

在完全竞争的条件下也会出现同样的不确定性吗?埃奇沃思正确地指出不会出现这样的情况;在完全竞争条件下,所有的交易参与者都必须接受由市场决定的产品价格与劳动价格。但是在双边垄断情形中——交易的两边都只有一个卖者的情形——价格是不确定的。

我们将在第 20 章讨论的意大利经济学家维尔弗雷多·帕累托(1848—1923)以现代的形式重构了埃奇沃思的无差异曲线。[③] 他还试图在不求助于埃奇沃思的关于效用的可度量性这一隐含假设的情况下得出无差异曲线。帕累托假设两个双边垄断者都可以从交易的两种产品中获得效用,比如说,这两种产品是小麦与亚麻,它们的数量表示在两条坐标轴上。大体上他构建了两个独立的图,每幅表示一个交易者,其中两种商品的无差异曲线都是凸向原点的。然后他将一幅图叠加在了另一幅图上形成一个方盒(现在一个原点在东北方向)。这个图通常可以在中级微观经济学教材中找到,并且非常适当地被称作埃奇沃思方盒。它只是比图 14-1 中的埃奇沃思的表述更复杂了一些。

[①] 埃奇沃思仅画出了每个人的一条无差异曲线,但他指出存在一系列这样的曲线。
[②] 杰文斯错误地认为存在一个确定的解。
[③] 如果你对无差异曲线的现代表述不太熟悉的话,在此提前看一下图 18-3 可能会有帮助。

像埃奇沃思的表达方式一样,埃奇沃思方盒描述了从交换中所得到的效用和两种商品的仅有的两个交易者之间的契约曲线。

无差异曲线分析构成了复杂的消费者选择理论和产品需求理论的基础,我们将在第18章中介绍约翰·希克斯时探讨这一点。因此,埃奇沃思在这方面看似较小的一个贡献随着经济思想史的展开会表现出越来越大的重要性。

14.1.2 双寡头垄断

埃奇沃思的不确定性思想还表现在他的双寡头垄断理论中。我们可以从以前的讨论中回想一下古诺的理论,在一定的限制性假设条件下,在销售矿泉水的过程中,双寡头垄断者会各自索要相同的价格并且各自获得总销售量的一半。在古诺的理论中,双方的最大利润或反应曲线会产生一个确定的均衡价格(见图12-2)。埃奇沃思从两个方面改变了古诺的假设。首先,他假设每一个矿泉水的卖者满足消费者需求的能力都是有限的。换言之,如果价格为零,需求数量大于任何一个卖者单独所能生产的数量。其次,埃奇沃思假设在短期中两个卖者可以对矿泉水索要不同的价格。

图14-2表现了埃奇沃思理论的主要内容。④ 矿泉水的单位价格由两个卖者共同的纵轴来度量。垄断者1的产出在横轴上由原点O向右来衡量,而垄断者2的产出由原点向左来衡量。曲线D_1和D_2是垄断者1和垄断者2分别面临的需求曲线。这些曲线的基本假设是,在长期这两个企业将会平分市场份额。边际收益曲线表示为MR_1和MR_2,它们的位置根据古诺完全垄断模型(图12-1)中设定的价格与边际收益之间的关系所决定。只有当每个企业都将它自己看作垄断者时,这些曲线才是相关的。我们将发现,一旦降价行为开始,这些企业就会成为竞争者,它们将边际收益看作与产品价格相等。与古诺模型一样,图14-2假设边际成本为零,即它们与横轴相一致。

埃奇沃思指出,每一个卖者都企图改变自己的价格(产量)而假设另一方的价格(产量)保持现有水平不变,来寻求利润最大化。

假设在初始时垄断者1作为完全垄断者进入市场,从而将其价格设定为P_x。从边际收益曲线MR_1和横轴的交点我们可以看到,在这个价格与产出(Q_1)的组合上利润最大化的条件得到满足;边际收益等于边际成本($0=0$)。现在假设垄断者2进入市场。它会作何反应?它将采取与垄断者1相同的价格并且得到相同的销售量Q_2。但是它看到垄断者1定价为P_x并且假设它会保持这一价格,垄断者2就有动机索要一个略低于P_x的价格,从而可以从垄断者1那里夺走部分生意。用专业术语来表达,即垄断者2看到它额外一单位产出的边际收益不是MR_2而是等于它的要价。这个价格显然高于这些单位产出的零边际成本。但是,一旦这个较低的价格(图中没有标出)被确定下来,垄断者1相信垄断者2将会保持这个价格,它发现通过把价格降低到垄断者2设定的价格之下能够增加它的利润。为了获得额外的销售量和利润优势,降价行为会继续

---

④ 这个讨论是基于:Francis Y. Edgeworth, *Papers Relating to Political Economy*, vol.1 (London: Macmillan, 1925), 111—142.

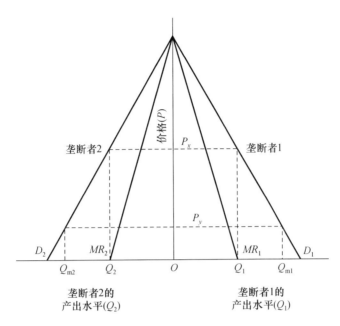

图 14-2 埃奇沃思的双寡头垄断模型

在埃奇沃思的双寡头垄断理论中,产品的价格是不确定的。它可以位于价格 P_x——如果他们是独立的垄断者他们会索要的价格——与价格 P_y 之间的任一点上,P_y 是能够使他们生产最大产出水平(假设是 Q_{m1} 和 Q_{m2})的价格。并且,价格有可能在这两个价格之间来回不停地运动。

下去直到两个垄断者都在他们最大的产出水平(Q_{m1} 和 Q_{m2})上进行生产。因此他们没有动机进一步降低他们的价格。请注意,在这些产出水平上,价格为 P_y 并且每个企业仍然能够获得利润。对于每一个卖者来说,价格都超过了边际成本,并且每个卖者的总收益($P \times Q$)都超过了它的总成本(0)。

价格会因此而停留在 P_y 上吗? 根据埃奇沃思的观点,不会! 通过再次关注垄断者 1 的行为,这个有点奇怪的结论能够得到更好的理解。垄断者 1 会假设垄断者 2 将保持 P_y 和 Q_{m2} 的价格-产出组合。垄断者 1 因此看到了一种提高其利润的方式:将产出减少到 Q_{m1} 以下,并且对垄断者 2 不能提供产品的顾客索要相应的高价。即垄断者 1 按照它自己的利益,在剩余的那部分市场份额中以一个完全垄断者的方式行动。单位产出价格的上升抵消因销售量减少造成的收益损失还有余。但是,垄断者 2 将会注意到垄断者 1 的高价并且效仿它,很乐意放弃一部分销售量以获取更大的总利润。这个价格将继续下去直至价格 P_x,在那一点上其中一方将会重新开始一场价格战。

结论是什么? 按照埃奇沃思的观点,在两个垄断者没有采取共谋的情况下,均衡价格与均衡产出不存在。在图 14-2 中,P_x 与 P_y 之间的任意价格都是可能的,并且价格会上下振荡。

和古诺一样,埃奇沃思的双寡头垄断理论后来也遭到了猛烈的抨击。例如,张伯伦指出:"为了使价格下降,(双寡头垄断者的)个人市场完全合并成一个,每个垄断者都可以通过价格微降从对方那里吸引大量的顾客。但是为了使价格再度上升,他们的市场又会被完全分开(允许每个垄断者都独立拥有一部分买者)。"⑤另一些人批评埃奇沃思的不现实的假设,即双寡头垄断者无法从对手过去的反应中学到经验,因此不能预测对手将来的反应。最后,从长期来看,固定产能水平的假设也是不现实的。但是,埃奇沃思的贡献具有重要的意义。它确立了在相互影响情况下定价的潜在不确定性,并且激励人们对这一重要问题进行深入思考。⑥

14.1.3　边际产量与平均产量

埃奇沃思提出的最后一个重要思想是他对边际产量与平均产量的区分。李嘉图在他的地租理论中暗含了生产函数的概念——各种投入的数量与它们相应的产出之间的关系。你可以回想一下,李嘉图假设土地的数量是固定的,随着资本和劳动投入的增加,可以观察到收益在递减。冯·屠能(第 12 章)在谈到与农业相关的劳动的边际生产力时,显然也构思了一个生产函数。但是这个概念的清晰表述一直等到瓦尔拉斯和埃奇沃思才完成。在这两个人中,正是埃奇沃思清楚地区分了以可变投入比例为特征的生产函数的平均产量与边际产量。

为了说明他的观点,埃奇沃思假设土地是固定资源而劳动与工具是可变资源。然后他构建了一个表格,前两列将各种劳动/工具的投入水平和相应的总的农作物的产量水平(总产出或总产量)联系起来。⑦ 在第三列中他推导出边际产量——由于额外增加的每单位劳动/工具投入而引起的总产量的变化。在第四列中,他用总产量除以劳动/工具投入得出了平均产量。表中的数值表明了总产量、边际产量与平均产量之间的关系。

现代的教科书用几何图示来说明埃奇沃思的这种区分。图 14-3 表示一个短期经营的竞争性企业的总产量、边际产量与平均产量之间的关系。这里暗含的假设是生产过程只需要两种投入:可变资源劳动(L)与固定资源资本(K)。图(a)表示一个短期生产函数,图(b)表示与图(a)中的总产量曲线相对应的劳动的边际产量与平均产量。

边际产量(MP)是由劳动投入变化引起的总产量的变化。通过使用微积分或者简单地画一条直线,如 mm',与 TP 曲线相切于一点,然后确定该直线的斜率,可以得到边际产量。例如,注意在点 Y 与 TP 相切的 mm' 的斜率为零,这就是边际产量的数值,在下面的图中用 MP 上的点 y 来表示。用同样的方法可以得到 MP 上的其他点。那么平均产量曲线是如何得到的呢?可以通过几何图示方法得到,即从原点出发到总产量曲

---

⑤ Edward H. Chamberlin, *The Theory of Monopolistic Competition*, 7th ed. (Cambridge, MA: Harvard University Press, 1958), 40—41.

⑥ 1929 年,霍华德·霍特林(Howard Hotelling)提出了一个双寡头垄断理论,对埃奇沃思的以下观点提出了挑战:价格和产出水平的不稳定是双寡头垄断的特征。我们在他的著作中可以看到更多:"Stability in Competition," *Economic Journal* 39 (1929): 41—57.

⑦ 该表可参见:Edgeworth, *Political Economy*, 1:68.

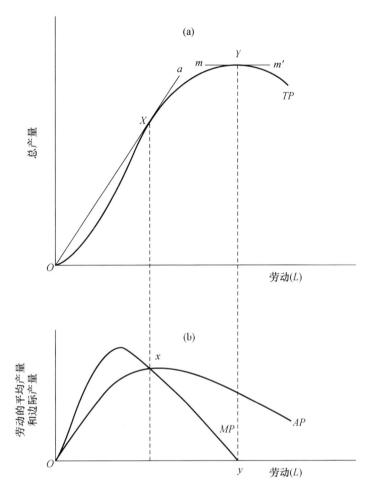

图 14-3 总产量、边际产量与平均产量之间的关系

如图(a)所示,当劳动增加到固定数量的资本上时,总产量最初以递增的速度上升,然后以递减的速度上升,最后下降。因此图(b)中的劳动的边际产量与平均产量先是上升一段时间然后开始下降。当边际产量大于平均产量时,平均产量上升;当边际产量小于平均产量时,平均产量下降。

© Cengage Learning 2013

线任一点画一条直线,然后得到所画直线的斜率,就是平均产量曲线。图中 Oa 就是这样一条直线。它的斜率(TP/L)就是在总产量曲线上表示劳动投入和总产量的点 X 的平均产量(AP 曲线上的点 x)。

因此,图 14-3 帮助我们形象地理解埃奇沃思对总产量、边际产量与平均产量的区分。请注意,当总产量以递增的速度上升时,边际产量也在上升并且大于平均产量。因为 $MP > AP$,所以平均产量也上升。当一个大于平均数的数字被加到总数上,平均数肯定会上升。但是一旦总产量以递减的速度上升,边际产量开始下降,即边际收益递减出现了。最终,边际产量下降到平均产量以下,从而引起平均产量下降。⑧

这些关系在现代微观经济理论中是非常重要的。例如,它们能够解释典型企业的短期成本曲线的形状,是资源需求的边际生产力理论的基础,并且也为收入分配的边际生产力理论奠定了基础。我们将在历史借鉴14-1中讨论这些主题中的第一个,其他两个主题将在研究约翰·贝茨·克拉克时加以讨论。

历史借鉴14-1
雅各布·瓦伊纳的成本曲线

一旦经济学家确立了如图14-3所示的生产关系,他们就开始探索TP、MP和AP曲线对于企业成本曲线的含义。在1931年的一篇重要的论文中,雅各布·瓦伊纳(Jacob Viner,1892—1970)描述了我们现在十分熟悉的短期成本曲线和长期成本曲线。*

在竞争性劳动市场上,企业可以按照市场工资率雇用到它们想要的或多或少的工人。因此在短期内,当每一个新增的工人带来的边际产量上升时,每一增加的单位产出的边际成本会下降。这是正确的,因为边际成本就是每一额外的工人的工资报酬除以他的边际产量。边际产量越大,而工资报酬不变,就会产生一个较低的产出边际成本。因此,图14-4(a)中的边际成本曲线(MC)的下降部分与图14-3中的边际产量曲线(MP)的上升部分直接对应。

但是随着收益开始递减,边际产量下降。每一个额外的工人生产的产品的增加量越来越少,但是继续获得相同的工资报酬。这样产出的边际成本就会上升,并且只要每一额外(得到相同工资的)工人的边际产量仍然下降,产出的边际成本就会继续上升。因此,图14-4(a)中的边际成本曲线(MC)的上升部分直接对应于图14-3中的边际产量曲线(MP)的下降部分。边际成本上升是因为收益递减规律的作用。

瓦伊纳区分了边际成本(MC)与平均成本(AC)。平均成本可以由总成本除以产出数量而得到。与边际成本曲线(MC)一样,平均成本曲线(AC)也是U形的,因为它受到先是收益递增、然后收益递减的影响。瓦伊纳的图形正确地表示出边际成本曲线与平均成本曲线相交于平均成本曲线的最低点。当边际成本小于平均成本时,平均成本下降,从而平均成本曲线向下倾斜;当边际成本大于平均成本时,平均成本上升,从而平均成本曲线向上倾斜;只有在平均成本曲线的最低点,边际成本等于平均成本。

瓦伊纳注意到,在长期中企业可以改变工厂的规模,使资本变成一种可变投入。企业的长期平均成本曲线反映企业及时对其工厂规模作出全部适当调整后在任意能够生产的产出上的最低平均成本。如图14-4(b)所示,长期平均成本曲线AC_{LR}是短期平均成本曲线的"包络线",意思是它包含无数短期平均成本曲线的切点。长期平均成本曲

---

⑧ 图14-3中标为TP的曲线被称为短期生产函数。后来的经济学家扩展了其他的生产函数,其中所有的投入都是可变的。一篇非常重要的文章请见:Charles Cobb and Paul Douglas,"A Theory of Production," *American Economic Review* 18, no.1 (March 1928):139—165. 作者提出了现在被称为柯布-道格拉斯生产函数的基本原理,该函数是应用在高级宏观和微观经济学领域的重要工具。

线 AC_{LR} 的 U 形反映了规模经济与规模不经济。

瓦伊纳曾犯了一个著名的错误,他的长期平均成本曲线穿过了每条短期平均成本曲线的最低点而不是将短期平均成本曲线的切点连接起来。在他的论文集中重版那篇论文时,瓦伊纳写道:

> 如果这个错误没有被发现,未来的老师和学生们将可以分享许多前辈的快乐,这些前辈指出,如果我早知道什么是"包络",我将将不会使我的优秀的初稿画一条在技术上不可能并且在经济配置上不合适的穿过所有的短期平均成本曲线最低点的(长期)平均成本曲线……**

具体讽刺意味的是,这一画图错误只是使瓦伊纳的文章受到了更多关注,并且使人们更加意识到他的杰出贡献。

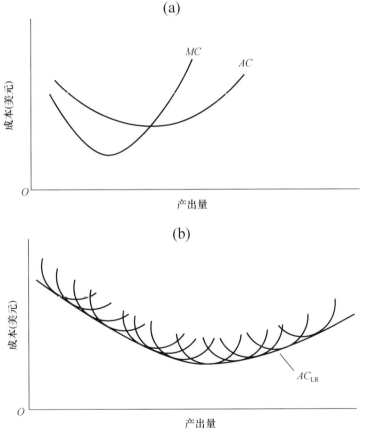

图 14-4　瓦伊纳的短期成本曲线和长期成本曲线

* 瓦伊纳是芝加哥大学的教授。他 1931 年的文章"Cost Curves and Supply Curves"被重版于他的文集中:*The Long View and the Short* (Glencoe, IL: The Free Press, 1958):50—78.

** Viner, 79.

14.2 约翰·贝茨·克拉克

约翰·贝茨·克拉克(John Bates Clark,1847—1938)赢得了国际声望并且代表了美国对边际主义经济学的巨大贡献。他出生于罗德岛,曾经在阿默斯特和德国学习,并先后在卡尔顿、史密斯、阿默斯特、约翰·霍普斯金和哥伦比亚大学任教。索尔斯坦·凡勃仑(第19章)是克拉克在卡尔顿学院的学生,他后来的声望对于克拉克来说是一种巨大的荣耀。虽然凡勃仑的大部分声望是建立在对克拉克所提出的经济理论的批评之上,但克拉克并没有受到干扰。1947年,美国经济学会发起设立了约翰·贝茨·克拉克奖章,每隔一年颁发给有前途的青年经济学家。

在1880年左右,克拉克似乎就已经相当独立地想出了边际效用的概念及其对交换价值的影响;很明显他并没有读过杰文斯的著作。[9] 更重要的是,他不仅发明了边际生产力这个术语,而且还提供了到他那个时代为止关于分配的边际生产力理论的最清晰、最优秀的分析。我们将会发现他的理论建立在收益递减规律的基础上,克拉克将这一规律应用到所有的生产要素上。

14.2.1 分配的边际生产力理论

在其最重要的著作《财富的分配》(the Distribution of Wealth)的前言第一段里,克拉克这样总结他对分配的分析以及得到的结论:

> 这部著作的目的是要表明社会的收入分配是受自然规律所控制的,并且如果这个规律的运转没有摩擦,那么这个规律将给予每种生产要素它所创造的财富的数量。但是工资可能受到个人之间自由进行的讨价还价的调节,由于这些交易而得到的工资率趋向于并且在这里要求与劳动者本身所创造的那部分工业产品相等;并且利息也可能受到与此相类似的自由的讨价还价的调节,它会自然地趋向于与独立地来源于资本的那部分产品相等。在经济体制中财产权利起源的那一点上——即当劳动与资本逐渐形成后来国家视为它们自己的那部分数额的财产时——社会过程是忠实于财产权所赖以存在的原理的。只要不受到阻碍,它会分配给每个人他专门生产的那部分产品。[10]

克拉克的分配理论建立在边际收益递减规律的基础上,他在1888年美国经济学会的第三届年会会议论文中第一次提出了边际收益递减规律。我们从过去的讨论中知道,这个规律最初只是应用于农业(甚至埃奇沃思的图表也应用了一个农业的例子)。

---

[9] 萨缪尔森对此评论道:"在一个新理论广泛发表之后十年甚至更久才自学学会了它,等于是在向陪审团请求一个对疏忽的判决而不是对光辉的奖赏。"引自詹姆斯·托宾(James Tobin):"Neoclassical Theory in American: J. B. Clark and Fisher," *American Economic Review* 75, no. 6 (December 1985):30.

[10] John Bates Clark, *The Distribution of Wealth: A Theory of Wages, Interest and Profits* (New York, Macmillan 1899), v.

克拉克将这一思想推广于所有生产要素。潜在的假设是所有其他的东西特别是技术保持不变,而一种要素变化。因此,如果资本、土地和企业家才能都保持不变,而只是增加若干单位的劳动,劳动的边际产量和平均产量最终将下降,即使总产量仍将继续增长。与此相类似,如果其他要素保持不变而资本不断增加,资本的边际产量和平均产量最终将下降。认识到收益递减并不是由于劳动或资本投入数量的增加导致它们质量下降而引起的,是很重要的;所有这些单位的要素都是同质的并且因此可以相互转换。相反,边际收益递减出现是因为最后相对于可变要素而言,固定要素被过度使用。换言之,在某一点上,可变要素相对于固定要素而言变得如此丰富以至于额外单位的可变要素不能对产出作出太多贡献。例如,当劳动是可变要素时,工人可能在生产线上使用机器时不得不等待。当资本是可变资源时,机器和工具可能处于闲置状态,因为需要使用它们的工人可能没有时间。

克拉克将收益递减规律进行如下描述:

> 最后的工具比之前的工具给人们的效率带来较少的提高。如果由固定数量的劳动力来使用不断增加的资本,那么资本将服从生产力递减规律……当劳动与一个固定数额的资本相联系使用时,劳动的边际生产力递减就是一个普遍现象……这个一般规律的作用……就成为分配理论的基础。⑪

克拉克在完全竞争条件下的分配的边际生产力理论用图 14-5 来表示。在图(a)中,假设资本不变,BC 曲线代表劳动的边际生产力。这仅仅是边际产量曲线向下倾斜的部分,即我们在前面的图 14-3 中的 MP 曲线。第一个工人 A 将生产 AB 的产出或总产量。但是由于收益递减的作用,后来的工人所增加的产出或总产量要比以前的工人所增加的少。如果雇用了 AD 数量的工人,最后一个工人生产的产出为 DC,这也确定了全部工人的工资率(每一个工人都可以被看作边际上的工人)。于是我们可以看到,曲线 BC 是一条劳动需求曲线,它表示在每一不同的工资率水平上将会被雇用的工人的数量。例如,如果工资率高于 AE(或 DC),那么雇主将会雇用少于 AD 数量的工人,一些工人所贡献的产出将不足以达到较高的工资水平。类似地,如果工资低于 DC,就会雇用超过 AD 数量的工人。即使增加的工人的边际产量在下降,它也会高于这个新的、较低的工资水平。当可变要素——在这个例子中是劳动——的边际生产力等于要素的成本或收入时,均衡工资出现。

克拉克指出,在图 14-5(a)中,总工资用 $AECD$ 的面积($AE \times AD$)来表示。由于总产出是曲线下方的总面积 $ABCD$,因此剩余部分 EBC 就是资本产生的利息。这是固定要素的合法收益。

在图 14-5(b)中,克拉克将劳动力数量保持固定——图(a)中的 AD 数量——而生产中使用的资本数量是变化的。曲线 $B'C'$ 代表资本的边际生产力,因此也是对资本的需求曲线。在均衡点上,每单位的资本得到其边际产出作为回报,即 $D'C'$。总利息是

---

⑪ Clark, *Distribution of Wealth*, 48—50.

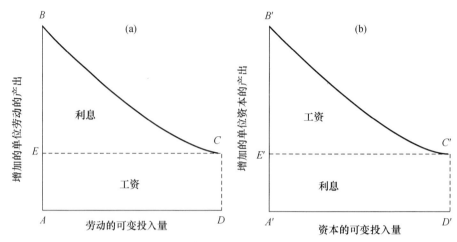

图 14-5　克拉克的边际生产力理论

在图(a)中,克拉克假设资本是固定的,BC 代表劳动的边际产量。如果雇用了 AD 数量的工人,每个工人的工资将为 AE 或 DC,总工资收入将为 $AECD$,剩余产量 EBC 将作为资本产生的利息。在图(b)中,劳动是固定的而资本是可变的。利息率将取决于使用了多少资本。如果使用 $A'D'$ 数量的资本,那么利息率将为 $A'E'$。总利息将为 $A'E'C'D'$,总工资将为 $E'B'C'$。两种要素都获得了等于它们边际贡献的报酬。

$A'E'C'D'$,$E'B'C'$ 是归于劳动的剩余。如果资本的数量增加,其他保持不变,资本的边际生产力和利息率都将下降。如果资本的数量减少,资本的边际生产力和利息率都将上升。

克拉克将土地与资本看作一种生产要素,因此将支付给土地的地租与利息合并在一起。他承认他的分配理论是对李嘉图的地租理论的一般化:

> 我们应该将土地的地租当作一种资本品的收益来进行研究——仅仅是当作利息的一部分。我们现在可以看到,工资与利息尽管是由最后的生产力的规律来决定的,但它们也可以被精确地度量,就像我们对土地地租所进行的度量一样。也就是说,用来描述土地所获得的收益的李嘉图法则,可以被用来描述整个社会资本资金所获得的收益:所有的利息可能会采取一种级差收益的形式,或剩余的形式。再者,李嘉图法则也可以用来描述整个社会劳动力的收益;工资就其整体而言,也是一种级差收益。因此,一方面所有劳动的收入,另一方面资本的收入,都应该与土地的地租是完全类似的,这是最引人注意的经济事实之一。如果我们用地租来表示级差产品的话,它们是两类通用的地租;土地收益是其中一种的构成部分。

那么利润呢? 克拉克说:"利润在这种静态条件下不存在。"在一个完全竞争的经济中,经济利润——超过资本和企业家才能正常收益的部分——在生产过程的两端都趋于消失。"通过在出售产品时互相竞价,雇主们使价格降低;而在雇佣劳动与资本时

---

⑫　Clark, *Distribution of Wealth*, 191.

互相竞价,他们使工资与利息上升。"⑬在一个不存在利润的经济中,产品按照生产成本来出售。经营者得到他提供的劳动的工资和他提供的资本的利息。

克拉克说,当经济趋于均衡时,有可能暂时存在利润。那时利润是一种剩余。在图14-5中,如果工资与利息没有耗尽总产出,剩余收入就是归企业家所有的纯利润。在图14-5(b)中,$A'E'C'D'$是直接决定的利息,而$E'B'C'$是留在企业家手中的剩余,用于支付工人的工资。在图14-5(a)中,企业家必须支付给工人$AECD$部分。如果它少于图(b)中的$E'B'C'$,那么企业家就有剩余或者经济利润。但是,如果发生这种情况,一些企业就会进入这个行业,从而使市场价格下降,这将会消除经济利润。用克拉克的话说,竞争将会"通过使这两部分相等而排除这种利润"⑭。

因为克拉克的边际生产力理论主要关注对生产要素的需求,所以它很少涉及要素供给。阿尔弗雷德·马歇尔既强调了生产投入的需求,也强调了生产投入的供给,因此表明了要素市场的均衡如何决定每种生产要素的价格。除非一种要素的供给数量被假设为固定的,否则一种要素的边际生产力并不能单独决定其报酬率。拿劳动来做例子,如果劳动供给相对于劳动需求来说很大,那么劳动的工资和劳动的边际生产力将会很低;如果供给是有限的,工资和边际生产力将会很高。因此,很显然,尽管克拉克的工资理论远远比以前的那些理论要高明,但它仍需要由阿尔弗雷德·马歇尔作出相当程度的改进。

克拉克认识到他的收入分配理论是静态的,最适合于做一种纯粹的分析工具。他设计这种理论用来说明,如果劳动与资本的供给保持不变、生产方式的改进停止、消费者的需求永不会改变,价格、工资和利息将趋向于什么样的水平。他说,我们分别研究这样的静态规律是为了理解在动态社会中的情形。世界是动态的这样一个事实并不会使静态理论的结论失效,因为静态规律依然是一些真实规律,在经济中每次动态变化之后都会再次证实它们自己。克拉克并没有提出任何全面的动态(历史的)理论。他几乎只信赖我们今天所谓的比较静态方法,因为他会对不同的静态均衡点进行比较。

克拉克说,在真实世界中,一个合法的垄断企业可能会给企业家带来永久的经济利润。尽管有自然的经济力量拉动,但是劳动与资本受到阻碍而不能进入这个有利的行业。但是,这种状况并不是一种真正的静态。就像一个平静的水体一样,静态是拥有完全的流动性但并不流动;生产要素具有完全的流动性但并不运动。垄断代表了一种障碍,它阻碍静态经济规律发生作用。

资本是生产性的,因此存在利息。"支付利息只不过是在购买资本的产品,就像支付工资是在购买劳动的产品一样。"⑮利息提供了节欲的动机。积累生产性财富的动机是对持久收入的渴望。节欲导致产生新的资本品,但是并不需要额外的节欲来维持现有的资本存量。克拉克说,积累是经济动态的一部分。在现实世界中,资本比劳动供给增加更快,因此真实工资上升而真实利息率下降。

---

⑬ Clark, *Distribution of Wealth*, 179.
⑭ Clark, *Distribution of Wealth*, 203.
⑮ Clark, *Distribution of Wealth*, 135.

只要人们能够准确地判断资本品的生产力,资本品就将按照其生产力的顺序被使用。最粗糙的短斧将极大地提高人们获取木柴的能力,但是后来发明的更好的工具只能使生产力提高一个较小的百分比:

> 随着积累的进行,常常会出现造价昂贵的机器,其中包含更多的资本;而使用这些机器生产出来的产品是它们成本中的一个更小的部分。铁路线路的延伸是资本找到投资方式的一种。其花费可能与最初建设公路本身的相应部分一样多;但是它并没有像建设那些老旧的、弯曲的公路一样,解放与其成本成比例的劳动力……在每个地方,资本的各种形式都表现出获利能力的差异;资本所有者会首先选择最具生产性的形式,而后选择非生产性的形式。这个事实是由于当前较低的利息率造成的。我们现在正在利用的是那些排在序列后面的、具有较低规模生产力的投资机会。⑯

然而,克拉克仍然对经济动态的结果感到乐观。他认为五种趋势有助于推进工业进步:(1) 人口增长,(2) 资本积累,(3) 工业进步的技术过程,(4) 组织资本与劳动的方式变得更有效率,(5) 人类需求的逐步多样化与精细化。克拉克说,人口增长没有资本增长快,因此工业进步的大部分利益将被以工资谋生的阶层得到。

在1896年,克拉克似乎对商业垄断的兴起并不关心。⑰ 他认为,他们的高价格吸引了新的竞争者,而且他们的巨额利润被用于再投资,因此促进了经济进步。托拉斯从公众那里攫取的金融费用以算术级数增长。但是,经济进步通过积累与再投资以几何级数增长,这常常使工业的成果成倍增加。当巨大的托拉斯侵入到另一个领域时,它们被迫提高效率,大公司自然就比小公司更有效率。

但是,在1907年,在研究他所谓的经济动态的一部著作《经济理论的实质》(*Essential of Economic Theory*)中,克拉克开始对托拉斯问题感到沮丧。托拉斯是经济动态的产物。托拉斯之间那些激烈的、代价高昂的竞争致使他们采取了最后的步骤,即组织化,从而结束了竞争。产品变得愈加稀缺和昂贵:

> 倘若一个社会是不可救药的私人垄断制度,那么任何描述都不会夸大这个社会贮藏着的罪恶。在这个无所不包的名称下,我们将那些最重要的、不仅存在并且肯定损害自然经济规律发挥作用的要素归为一类。垄断阻碍生产进步并且在分配中注入了抢掠的因素。它扭曲了那些趋向于保证个人得到他们生产的全部产品的力量。它使价格与工资异常并且扭曲了工业机制的形式……价格与成本标准不相符,利息与资本的边际产量不相符。由于在某些点上投入了过多的劳动与资本而在其他点上几乎没有投入,因此工业关系体系失去平衡。利润不是对进步的一种暂时的报酬——给予人类动态冲动的激励的报酬——而是在某种程度上宠坏了那

---

⑯ Clark, *Distribution of Wealth*, 185—186.
⑰ John Bates Clark, "The Theory of Economic Progress," *Economic Studies*, American Economic Association, vol. 1 (April 1896), 11—15.

些给经济进步带来不利影响的人们。[18]

克拉克赞成政府对垄断进行管制以保护竞争。实际上,他主张为了达到自由放任这一信条的目标,我们应该凌驾于自由放任之上——将资源配置在它们最有价值的用途上,使生产要素与它们所贡献的价值相一致。

14.2.2 克拉克分配理论的伦理含义

1879年,亨利·乔治(Henry George, 1839—1897)出版了他的《进步与贫困》(*Progress and Poverty*)一书。在书中,他主张所有的经济租都是不劳而获的收入,它随着社会进步而不断增长,并且它使其他的所有阶层都更加贫困。按照乔治的观点,解决的办法是,通过一种土地单一税将所有的这类租金都以税收形式拿走。通过这种方式,税收对资本的"反向激励"效应将被消除。尽管乔治反对社会主义,许多经济学家认为他的税收建议结果将会使土地的国有化,且没有补偿,土地将被租给出价最高的竞标者。[19]克拉克非常清楚他的边际生产力理论直接证明了乔治的观点。同时,下面这段论述证明,对于马克思的理论即资本主义是以劳动剥削为基础的制度,克拉克非常警觉:

> "剥削劳动"的指控笼罩着整个社会。据说:"工人们经常被夺走他们生产的产品。这是在法律形式的范围内并且通过竞争的自然作用完成的。"如果这种指控被证实,那么每一个头脑清醒的人都应该成为一个社会主义者;他对转换工业制度的热情可以衡量和表达他的正义感。但是,如果我们要检验这种指控,我们必须进入生产领域。我们必须将整个社会的工业产品分解成它的组成要素,以看清竞争的自然结果是否给予每个生产者他所创造的那个数额的财富。[20]

克拉克从他的边际生产力理论中得出的一般结论是,社会收入分成工资、利息与利润从原理上来说是公平的。社会并不能随意破坏"分配的固定法则"。如果所有的人都得到他们创造的所有产品,那么在工业中将力量结合在一起的不同阶层的人们就不会互相怀有怨恨。私人产权从伦理上是合理的,因为它建立在合乎道德的收入分配的基础上。

关于经济公平的这一观点并非没有受到挑战。批评者指出,在充满垄断与买方垄断势力的现实世界中,要素报酬并不等于边际生产力。他们还指出,大量的财产都是继承的,而不是通过某人自己的生产性努力获得的。因此,即使资本是根据其贡献获得报酬,这并不一定意味着归于个人的分配就是符合伦理的。坦率地说,继承从某种程度上使"按其贡献进行分配"这一概念变得毫无意义。最后,批评者指出克拉克的公平观点包含了循环论证。这个理论要求假设最初的收入分配是符合伦理的,以符合后来的公平分配的事实。更具体地说,生产出来的产品——以及因此所需要的生产要素的种类

---

[18] John Bates Clark, *Essentials of Economic Theory* (New York: Macmillan, 1907), 375, 377.
[19] 在本书的网站上,你可以在本章补充资料部分读到更多亨利·乔治的思想。
[20] Clark, *Distribution of Wealth*, 7.

与数量,取决于消费者支出的方式。适当的收入分配将会决定支出的方式形成,因此影响接下来的收入分配的方式。但是我们如何能够肯定最初的分配是符合伦理的呢?在这里,哲学思考及复杂性就变得很重要。我们可能记起在一个产权辩论中两个人的对话,他们都声称他们拥有对一块土地的所有权。第一个人说:"这块土地是我的!"但是第二个人反击道:"不,它不是你的,这块土地几个世纪以来一直属于我的家族。我的曾祖父打败了印第安人得到了这块土地。"第一个人回答道:"好的,我将打败你而得到这块土地!"

大多数当代经济学家得出的结论是,边际生产力理论有助于解释在资本主义社会中收入是如何分配的,但是作为对我们观察到的分配的一种伦理解释,它还是远远不够的。

历史借鉴 14-2
克拉克、边际生产力与首席执行官的薪水

许多美国大公司的首席执行官(CEO)可以挣得数百万美元的薪水。例如,在 2011 年收入最高的十位 CEO 中,最低者也得到了 3 600 万美元的年薪(包括工资、红利与股票期权)。这些天价薪水符合约翰·贝茨·克拉克的边际生产力理论吗?即它们是否反映了 CEO 对公司产出从而对公司收入所作的贡献?

在这个问题上,经济学家及政府官员们有着许多争论。那些相信 CEO 的薪水从总体上说可以从边际生产力方面予以证实的经济学家提出了如下两条论据:第一,他们指出,大公司的 CEO 所作出的决策,无论是好是坏,都会影响整个组织的生产力——从他们直接的下属到最底层的员工每个人都会受到影响。好的决策会通过整个组织提高生产力;坏的决策则相反。只有那些表现出不可思议的能力,持续作出好的商业决策的经理人员才能获得大公司里的最高职位。因为他们的供给是有限的,而且他们的边际生产力巨大,所以顶尖的 CEO 们可以得到巨额的薪水。

第二,有些经济学家指出,CEO 的报酬可能类似于职业高尔夫球手和职业网球手赢得锦标赛后获得的奖金。这些高额奖金的目的是提高那些渴望获胜的人的生产力。在公司中,经理们之间竞争中的获胜者将获得的最高奖项是至少最终得到 CEO 的职位。因此,CEO 的高额薪水可能并不仅仅来自 CEO 的直接的边际生产力。相反,它的存在可能是因为高额薪水可以创造一种激励,提高公司中数百名"赶超崇拜者"的人的生产力。无论如何,请注意 CEO 的高额薪水仍然是以高生产力为基础的。

批评现在的 CEO 薪水的人也承认 CEO 应该得到高于普通工人或代表性经理的薪水,但是他们嘲笑那种认为现在的 CEO 的过高的薪水从经济上是合理的观点。他们指出,在其他工业化国家,包括日本和德国,CEO 的报酬远远低于美国。而且,他们还指出,在美国主要公司中 CEO 的薪水与平均薪水的比率远比他们的外国对手的这个比率高,外国对手中的很多公司在与美国公司的竞争中表现得相当成功。

那么,为什么在美国会出现数百万美元的薪水呢?批评者说,答案在于公司所有权和经营权的分离。公司归股东拥有,但是由很大程度上独立于公司所有者的董事会和

职业经理人所管理。因为许多董事会的成员是其他公司的现任 CEO 或过去的 CEO,因此他们倾向于夸大 CEO 的重要性,结果支付给自己公司的 CEO 过高的薪水。实际上,公司董事会将企业的一部分利润转化为 CEO 的过高的薪水——而利润应该归公司股东所有。不满的股东常常会简单地卖掉某一特定公司的股份,而不是尝试去改造董事会或者改变公司 CEO 的报酬规模。此外,一些公司中 CEO 的过高的报酬会引起其他公司中的过高的报酬,因为其他的公司也希望吸引与留住 CEO 人才。

简而言之,批评者认为在 CEO 的数百万美元的报酬与公司生产力和收入之间几乎没有联系。从我们的讨论中可以很明显地发现,这个问题仍然没有解决。

14.2.3 "加总"问题与规模报酬

克拉克的边际生产力理论引发了一个理论争论,从中产生了规模报酬这个重要的经济思想。克拉克的分析意味着支付给每种生产要素其边际产量将会耗尽全部产出。根据图 14-5(a)和(b)来说,两个图中的工资区域将会相等,两个资本区域也会相等。用另一种方式来表述就是,在每个图中工资与利息区域之和将正好等于总产出区域。

菲利普·H. 威克斯第德(Philip H. Wicksteed,1844—1927)对这个命题进行了更加深入的研究。通过数学运算他得出结论,只有在完全竞争和规模报酬不变的情况下,以边际生产力为基础的报酬的和才能"加总"为总产出。当生产过程中使用的所有资源都同比例增加,结果总产量也以相同的比例增加,此时就出现了规模报酬不变。更具体地说,假设资本和劳动都增加了 100%(企业规模扩大一倍),如果总产出或总产量也增加了 100%,那么这个企业就是规模报酬不变。

几位著名的经济学家,其中包括埃奇沃思、帕累托和瓦尔拉斯从不同的依据出发对威克斯第德的论点提出了挑战。关于这个深奥的"加总"问题争论的细节几乎没有什么现代意义,但是这个争论确实产生了一个有益的结果:对规模报酬规律有了更加清楚的理解。当规模报酬不变时,生产一种产品的长期平均成本也将不变。结果之所以如此是因为总产出与总成本以相同比率增长。当所有的投入以一个比例同时增长,而总产出以一个更大的比例增长时,我们说这时出现了规模报酬递增。规模报酬递增导致平均生产成本更低,因为总成本比总产出增加了一个较小的量。最后,当投入以相同比例增长而引起总产出以一个更小比例增长时,就发生了规模报酬递减。因此,如果其他情况不变,平均生产成本将上升。

瑞典经济学家克努特·威克塞尔(第 16 章)在 20 世纪早期就撰文指出,一个典型的企业在增加其投入的早期阶段可能会经历规模报酬递增,然后是规模报酬不变,最后是规模报酬递减。如果转化成平均成本的概念,这就意味着现在我们熟悉的 U 形长期平均成本曲线,前面在历史借鉴 14-1 中说明过。随着一个典型企业扩大其工厂规模,它首先会经历平均成本下降,然后最终平均成本上升。今天,我们将前者称为规模经济,后者称为规模不经济。

复习与讨论

1. 解释下列名词,并简要说明其在经济思想史中的重要性:埃奇沃思,无差异曲线,契约曲线,边际产量与平均产量,约翰·贝茨·克拉克,工资与利息的边际生产力理论,威克斯第德,规模报酬不变,规模报酬递增,规模报酬递减,亨利·乔治。

2. 讨论下列论断:就经济学而言,数学的简洁要远远优于"辞藻华丽而又曲折蜿蜒的文字表达的途径。"

3. 参考图14-1,回答下列问题:(a) 埃奇沃思的无差异曲线从哪个方面暗示了边际收益递减? (b) 解释为什么两个交易者的个人利益会将他们推向位于契约曲线 ABC 上的点?

4. 比较古诺与埃奇沃思的双寡头垄断理论。埃奇沃思的双边交换理论(图14-1)与他的双寡头垄断理论有哪些共同之处?

5. 参考图14-3,解释为什么在增加投入的某些范围内,即使边际产量在下降而平均产量仍然在上升?

6. 瓦伊纳的短期边际成本曲线和平均成本曲线与埃奇沃思的边际产量曲线和平均产量曲线有何联系?

7. 在图14-5(a)和(b)中,从哪方面而言,克拉克的边际生产力曲线是劳动需求和资本需求曲线?请解释。为什么一个人必须对资本和劳动的供给有所了解才能形成一个关于工资与利息的全面的理论?

8. 在图14-5(a)和(b)中,如果一个企业要得到经济利润必须满足哪些条件(指出图中的特定区域)?为什么在克拉克看来,这种利润在长期内将会消失?

9. 如果你被要求写一篇关于约翰·贝茨·克拉克和他的边际生产力理论的先驱者的论文,你将包括哪些人?解释为什么。

10. 比较克拉克的收入分配的边际生产力理论和马克思的分配理论。

精选文献

书籍

Blaug, Mark, ed. *Alfred Marshall and Francis Edgeworth*. Brookfield, VT: Edward Elgar, 1992.

Clark, John Bates. *The Distribution of Wealth: A Theory of Wages, Interest and Profits*. New York: Macmillan, 1899.

——. *Essentials of Economic Theory*. New York: Macmillan, 1907.

Edgeworth, Francis Y. *Mathematical Psychics*. London: Routledge & Kegan Paul, 1881.

——. *Papers Relating to Political Economy*. Vol. 1. London: Macmillan, 1925.

Stigler, George J. *Production and Distribution Theories*. New York: Macmillan, 1941.

期刊论文

Brue, Stanley L. "Retrospectives: The Law of Diminishing Returns," *Journal of Economic Perspectives* 7 (Summer 1993): 185—192.

Collier, C. F. "Henry George's System of Political Economy," *History of Political Economy* 11 (Spring

1979): 64—93.

Henry, John F. "John Bates Clark and the Marginal Product: An Historical Inquiry into the Origins of Value-Free Economic Theory," *History of Political Economy* 15 (Fall 1983): 375—389.

Humphrey, Thomas M. "The Early History of the Box Diagram," *Economic Quarterly* 82 (Federal Reserve Bank of Richmond, Winter 1996): 37—75.

Nichol, Archibald J. "Edgeworth's Theory of Duopoly Price," *Economic Journal* 45 (March 1935): 51—66.

Tobin, James. "Neoclassical Theory in America: J. B. Clark and Fisher," *American Economic Review* 75, no. 6 (December 1985): 28—39.

第 15 章 新古典学派：阿尔弗雷德·马歇尔

我们在前面三章中所讨论的边际学派的微观经济学思想已经逐渐转变成了我们现在所谓的新古典经济学。因为"neo"的意思是"新的"，所以新古典主义（neoclassicism）就意味着一种新形式的古典主义。新古典学派的经济学家在很大程度上是"边际主义者"，他们强调在边际上的决策制定和价格决定。然而，先前的边际主义者和后来的新古典经济学家至少在三个方面存在着差异。第一，新古典学派在决定商品、服务与资源的市场价格时，强调需求与供给两个方面的作用，而先前的边际学派则只强调需求的单方面的作用。第二，几位新古典学派的经济学家——例如威克塞尔和费雪——比先前的边际主义者对货币在经济中的作用抱有更大的兴趣。第三，新古典学派的经济学家将边际分析扩展到了除完全竞争市场、完全垄断市场及双寡头垄断之外的其他市场结构。

这些差异中的第一个在阿尔弗雷德·马歇尔（Alfred Marshall，1842—1924）的著作中体现得很明显。马歇尔是新古典学派最重要的代表人物，也是本章的主题。另外两个差异将在第 16 和第 17 章中介绍。

15.1 马歇尔的生平与学术方法

马歇尔是英格兰银行一名出纳员的儿子。他的父亲是一位相当专制的绅士，写了一本名为《男人的权利与女人的义务》（*Man's Rights and Woman's Duties*）的小册子。他让阿尔弗雷德过度地学习，让其承诺永不下棋，因为那会浪费时间，还试图让儿子远离数学，因为数学与父亲为儿子所选择的牧师职业毫无关系。但是，小马歇尔拒绝了去牛津教堂深造的一笔奖学金，拒绝成为牧师，拒绝学习"已经消失的语言"。相反，他去了剑桥，在那里学习数学、物理学，后来学习经济学。他得到了一位有钱的叔父的支持，他的父亲太穷了,当他放弃了牛津的奖学金之后无力支付他的学费。①

马歇尔怀疑自己的健康,而且对自己的写作要求过于苛刻。他将写作的大量文稿扔进了垃圾桶。而事实上,1890年出版的《经济学原理》(*Principles of Economics*)中的大部分主要观点早在10年前或更早一些时候就已经形成了。在这部著作后来的版本中,他又在他的体系里增加了许多条件、例外和犹豫不决,这就削弱了许多人乐于信赖的原理的清晰性和确定性。马歇尔批评杰文斯还没有准备好就急于发表观点。马歇尔的《工业与贸易》(*Industry and Trade*, 1919)中的一部分内容校对了15年才得以出版。因为他总是延缓出版他的著作,所以他的思想到问世之时似乎显得很普通。但他却是他那个时代最有影响力的经济理论家,毫无疑问也是他那一代最伟大的经济理论家。早在1888年,据说他曾教过的学生占了英国经济学教授职位的半数。

马歇尔在经济学中普及了现代图表方法——初学者的致命伤——用来帮助阐明某些基本原理。虽然他是一位数学专家,可以在脚注和附录中自如地使用数学,但他还是怀疑数学在经济分析中的总体价值。1906年他写道:

> 近年来我对经济学的研究使我日益感到,一个能够处理经济假说的好的数学定理根本不可能成为好的经济学,并且我不断得出一些准则:(1) 将数学用作一种简略的表达方式,而不是一种探索的引擎,(2) 在完成之前遵循它们,(3) 将数学转化成英语语言,(4) 然后用现实生活中重要的例子来说明,(5) 消除数学,(6) 如果你在(4)上不能成功,就消除(3),最后一项是我经常做的。②

马歇尔是一位伟大的综合者,他寻求把古典经济学的精华与边际主义的思想结合起来,由此创建了"新古典"经济学。他的很多脚注和附录提供了他意识到的思想的线索,这些线索后来被其他经济学家加以详细阐述。

马歇尔将他研究的主题定义如下:"政治经济学或经济学是对日常商业生活中的人类的研究;它研究的是与获得并使用物质必需品联系最密切的那部分私人与社会的行为。"③

他说,经济学家像其他科学家一样,要收集、整理和分析事实,并从中得出推论。他们要寻找经济现象之间的相互联系及因果关系。如果不存在什么障碍,每一个原因都会导致一个确定的结果。经济学不是事实本身,而是一种诱发人们去发现事实的动力。

我们要寻求发现经济规律。任何规律都是一个一般性的命题,或者关于趋势的表述,或多或少是确定无疑的。社会规律是关于社会趋势的表述。经济规律,或者关于经济趋势的表述,是那些与人类行为相关的社会规律,并且产生这些人类行为的主要动机的力量可以用货币价格来衡量。经济学不如自然科学那么精确,但是它正在向着更加

---

① 根据罗纳德·科斯的观点:"马歇尔的父亲完全相信他自己的狭隘见识的正确性,一点儿也不考虑别人的感情和愿望,并且认为通过'极其严格的纪律'控制他可以支配的人的行为是正确的。按照马歇尔的说法,他是'一个糟糕的教育者'。"Ronald H. Coase, "Alfred Marshall's Mother and Father," *History of Political Economy* 16 (Winter 1984): 519—527.
② Alfred Marshall, *Memorials of Alfred Marshall*, ed. A. C. Pigou (London: Macmillan, 1925), 427.
③ Alfred Marshall, *Principles of Economics*, 8th ed. (London: Macmillan, 1920), 1 [orig. pub. in 1890].

精确迈进。

马歇尔的方法和定义的含义是非常有趣的。经济规律不是那些必定会产生有帮助的后果的自然规律。允许经济规律在没有任何限制的条件下自行发挥作用,即使可能是值得做的却也是不必要的。如果允许供给、需求与价格自行发挥作用,那么它们之间的关系可能会产生某些确定的结果,但是如果社会希望,它就可以来影响这个结果。仅举一个例子,社会可以通过降低价格(建立公立大学,准许建立私人学院)来增加接受高等教育的人口数量。马歇尔的思想为谨慎的改革留有余地,也就是说他略微偏离了自由放任政策。

马歇尔几乎没有提到过经济周期,部分原因在于他的微观经济学方法。他与其他研究个人行为与典型的小企业行为的经济学家很容易忽略波动。这些问题留待后来的宏观经济学来解决。

15.2 效用与需求

15.2.1 边际效用

根据马歇尔的观点,需求建立在边际效用递减规律的基础之上。"随着一个人已经拥有的某种事物数量的每一次增加,这种事物的边际效用对这个人来说是递减的。"④关于这一点马歇尔引入了两个重要的限制条件。第一,他指出他考虑的是时间的某一瞬间,这一瞬间是很短的时间间隔,不需要考虑特定个人的特征与口味的变化。随着时间的流逝,一个人的口味可能发生变化,比如,一个人听到的好音乐越多,这个人对音乐的体验可能变得越强烈。这并不是边际效用递减规律的一个例外,因为这种口味的长时期变化是被排除在分析之外的;在一个极短的瞬间,这样的动态变化是察觉不到的。

马歇尔关于边际效用递减规律的第二个限制条件是关于不可分的消费品。"一种商品的很少数量可能不足以满足某种特定的需要;当消费者得到足够的数量能够使他达到满意的目的时,将会增加更大比例的快乐。"⑤马歇尔引用了在房间里贴墙纸的例子。如果墙面总共需要贴12张墙纸,那么得到全部12张墙纸产生的快乐,要比只得到10张墙纸不能完成这项工作的快乐大得多。或者用现代说法,一辆汽车得到第四个轮胎产生的满足程度比前三个轮胎的总和还要大得多。

马歇尔体系中的效用方法是研究快乐与痛苦、欲望与渴望以及行为动机的。我们怎样才能衡量这种无形的效用?马歇尔大胆地说:"用货币。"早期的边际主义者认为,一个人的偏好强度决定了这个人为了得到某种产品而愿意支付的货币数量,或者为实现某种目标而愿意牺牲的劳动数量。但是,为了用支付的货币数量来衡量偏好,马歇尔

---

④ Marshall, *Economics*, 3rd ed. (London: Macmillan, 1895), 169 [orig. pub. in 1980].
⑤ Marshall, *Economics*, 3rd ed., 169.

翻转了这种关系。早期的边际主义者会说,如果一双鞋子对于你来说是一顶帽子的用处的两倍,你就会愿意为鞋子支付两倍帽子的价格——例如,为鞋子支付 40 美元,为帽子支付 20 美元。马歇尔会说,因为你愿意为鞋子支付两倍于帽子的价格,所以可以得出结论:鞋子给你带来了两倍帽子的效用。经济生活中对偏好或动机的精确的货币度量使得经济学成为最精确的社会科学。经济学的这种测量方法虽然是粗略的、不完美的,但却是用来测量人们在市场上表现出来的心理动机的最好工具。

我们不能直接比较两个人从吃汉堡包中所获得的满足的数量。我们也不能比较一个人在两个不同时间吃汉堡包所得到的满足程度。但是如果我们发现一个人犹豫不决,究竟是把一笔钱花在汉堡包、软饮料还是糖块上面,或者是花在坐公交车而不是步行上面,我们可以说这个人预期从中得到同等程度的快乐。马歇尔说,货币衡量了边际点——作出决策这一点的效用:

> 于是,如果我们希望能够比较物质满足感,我们不能直接进行比较,而只能间接地通过他们的行为动机来进行比较。如果获得两种快乐中的任一种的渴望都使得人们在两个类似的环境下只做了 1 个小时的额外工作,或者使得人们在两种相同的生活水平下、使用两种相同的方法都支付了 1 先令,那么我们可以认为这两种快乐对于我们的目的来说是一样的。因为在类似的条件下,人们为获得它们而行动的强烈动机是一样的。⑥

两个同等收入水平的人并不一定从收入中获得相同的利益。从他们每个人手中拿走 1 英镑或者 1 美元,他们所放弃的满足程度可能完全不同。但是如果涉及很多人,个人之间的个性倾向于相互抵消。那么我们可以认为,同等收入的人们为了获得一个利益或者避免一个损害而支付的货币数量就是对边际利益或边际损害的度量。

增加一单位货币,就像额外增加一单位商品,对穷人而言会比富人产生更大的边际效用,因为穷人最初只拥有少量的货币。那么,如果财富和收入具有如此广泛的边际效用的差异,我们怎样才能归纳进步、幸福和税收效应呢? 这里,答案仍然在于众多的数量。如果我们将社会的各个收入阶层看作一个整体,货币就可以成为衡量效用的一种可接受的准则。进而:

> 到目前为止,经济学涉及的大量事情对所有不同的社会阶层的影响比例基本上是相同的。所以,如果由两件事情引起的幸福程度用货币度量是相等的,那么将这两件事情的幸福量看作相等的就是合理的,也是合乎习惯的。并且由于货币投入会以相同的比例趋向于更高的生活用途,因此对于无偏见地从西方世界的任意两个部分中抽取的任意两大组人群,他们物质资源的同等的增加将会带来同等的生活富足程度的增加以及人类的真正进步看起来就是可能的。⑦

马歇尔说,让我们用货币来衡量偏好或动机的强度。让我们来确定一个特定的群

---

⑥ Marshall, *Economics*, 8th ed., 15—16.
⑦ Marshall, *Economics*, 8th ed., 20.

体愿意为他想得到的东西的效用支付多少货币。或者,我们可以通过衡量一个群体为了他不喜欢的事物遭受的某种努力或节制而必须提供的货币数量,来决定这件事物的负效用。

15.2.2　理性消费者选择

迄今我们已经确定了马歇尔对于效用与边际效用递减思想的贡献。他的需求分析还使用了理性消费者选择思想。马歇尔说,在一个货币经济中,每项支出都会使得价值1先令(或者1美元)的商品的边际效用与这1先令(或者1美元)用在其他用途上所产生的边际效用相等。"通过不断地观察是否他在某项事物的支出过多了,以至于如果他减少一小部分该项支出而转移到其他事物上,他就可以从中获利"[8],每个人都会达到这种结果,因此,如果一个消费者需要决定是买新衣服还是把这笔钱用在度假上,他就要衡量这两种不同类型支出的边际效用。回想一下,戈森(他的第二定律)、杰文斯和门格尔在更早时候都描述过这种理性选择过程。但是,与这些理论家不同,马歇尔将这个等边际规则与现代需求法则成功地直接联系在一起。

历史借鉴 15-1
行为经济学:我们是理性的吗

主流经济理论假设,个人是拥有完全信息的理性的效用最大化者,而且至少平均来看,他们在追求自身经济利益的过程中精确地按此进行。有关经济行为的这种观点可以追溯到古典经济学,亚当·斯密所指的屠夫、面包师和酿酒师,以及后来边沁关于寻求幸福、避免痛苦的计算,都是如此。边际主义者戈森、杰文斯和门格尔根据花费在各种商品上的最后一美元的边际效用相等,使理性选择理论形成体系。马歇尔通过将等边际原理与需求法则结合在一起进一步发展了这一理论。尽管这些理论贡献对于经济理论非常重要,但是理性经济行为的根本前提假设是合理的吗?

近来正在兴起的行为经济学对以下思想提出了挑战:即声称个人能够准确处理信息并在行为过程中会消除任何错误。丹尼尔·卡尼曼(Daniel Kahneman,1934—)和阿莫斯·特沃斯基(Amos Tversky,1937—1996)认为,当人们面临复杂的决策和不确定的结果时,会运用"拇指法则"作出决定,而不是花费更大的成本来搜集更多信息。当人们没有能力来准确地估计概率时,拇指法则往往有偏差,反过来又会导致不恰当地估计成本和收益,从而导致不理性的决策。

卡尼曼和特沃斯基进行了一系列的实验,导致了期望理论的出现,这个理论称人们将会选择一个有保证的收益而不是一个可能的收益,即使这个可能的收益带有更高的预期价值。相反,人们会选择一个不确定的损失而不是确定的损失,即使这个不确定的

---

[8] Marshall, *Economics*, 3rd ed., 194.

损失预期价值更大。假设,一个人被给予 500 美元,或者一次掷硬币可以赢得 1 500 美元的机会。掷硬币获胜的机会是 50%,可能收益的预期价值就是 750 美元(0.5 × 1 500 美元),高于有保证的 500 美元。再假设这个人可以选择确定的 500 美元损失,或者掷一次硬币有 50% 的机会什么也不会失去、50% 的概率损失 1 500 美元。再一次,可能的结果的预期价值(750 美元的损失)大于确定的结果(500 美元的损失)。尽管在两种情形下是相同的美元数量,但卡尼曼和特沃斯基的实验揭示,人们在面对收益时倾向于选择有保证的结果,而面对损失时倾向于不确定的结果。

期望理论与经济学家的理性经济行为的原则有冲突吗?并不一定,但它确实对以下思想提出了挑战,即理性行为就是在两个可能中选择预期净价值(结果的概率 × 结果的价值)最高的那个,这是衡量理性经济行为的常用准则。

现实世界有很多真正不理性或者看似不理性的行为的例子,这种非理性行为是由处理概率的困难所引起的,或者是由于决策者的精神或感情的过失引起的。卡尼曼和特沃斯基认为,非理性的决策不是我们希望的可以通过平均抵消的简单随机事件。在他们看来,全面的经济学有必要认识和关注"非理性"。

如果理性行为的假设是不合理的,那么建立在这种假设基础上的模型是否也不合理呢?1953 年,米尔顿·弗里德曼(Milton Friedman,1912—2006)设法解决对不合理假设的批评。他解释说,

> 我们一直在讨论的抽象的方法论问题,不仅对于经济理论"不现实"的"悖论"的长期批评,而且对于一直试图重新表述理论以回应这种指责的各种努力,都具有直接的意义。经济学是一门"乏味的"科学,因为它假设人类是自私的而且是搜寻钱财的,是"快乐与痛苦的精明的计算者,像充满幸福欲望的同质的小球一样在刺激的推动力下摇摆,使他在那个区域中移动,同时保持他的完整";它取决于过去的心理学,而又必须根据心理学的每一次新发展来重新确定;它假设人们或者至少商人们,处于"持续'警惕的'状态,无论何时只要他们敏感的直觉……觉察到需求和供给条件发生变化,就随时准备改变价格和(或)定价法则";它假设市场是完美的,竞争是完全的,而且商品、劳动和资本都是同质的。
>
> 正如我们所看到的,这类批评很大程度上偏离了关键点,除非有补充性证据,建立在不同于被批评理论的角度的假设基础上,对大多数现象能作出更好的预期。然而大多数这类的批评并不是这种补充性的;它们几乎完全建立在对"假设"和"真实世界"区别的直接探索基础上。*

期望理论表明,即使平均来说,人们有时候也会违背主流经济理论的理性行为假设。弗里德曼坚持认为,只要人们看似按照最大化他们的效用来行动,而且建立在这个假设上的模型会产生关于他们行为的合理预期,那么这就无关紧要。如果在理性假设的基础上建立的模型能够最精确地预测经济结果,那么弗里德曼就会维护它们持续的使用。

---

* Milton Friedman, *Essays in Positive Economics* (University of Chicago Press, 1953), 30—31.

15.2.3 需求法则

马歇尔的需求法则直接由他的边际效用递减与消费者的理性选择思想推导而来。假设一个消费者的支出是均衡的,即花费在每一种商品上的最后一美元产生相同的边际效用,也就是说,假设 $MU_x/P_x = MU_y/P_y \cdots = MU_n/P_n$。如果商品 X 的价格下降而其他商品的价格保持不变,这个消费者会作出怎样的反应?马歇尔推导出理性的消费者将会购买更多的 X 商品。为什么这样?答案在于,随着商品 X 价格的下降,MU_x/P_x 的比率将大于其他商品的 MU/P 的比率。为了恢复支出的平衡,消费者会用较多的 X 替代较少的 Y、Z 等。当这种替代发生时,X 的边际效用将会下降,而其他商品的边际效用将会上升。在某一点上,现在较低的 X 的边际效用与较低的 X 价格之比等于 MU_y/P_y 和 MU_z/P_z,从而恢复了均衡。因此,用马歇尔的话说:"需求量将随价格的下降而增加,随价格的上升而减少。"⑨ 这就是我们现在熟悉的向下方倾斜的需求法则。

马歇尔用需求表和需求曲线来说明需求法则。通过假设时间足够短从而其他条件保持不变,他画出了他的需求曲线。我们也已经发现他将口味或偏好保持不变。其他保持不变的变量还有个人的财富、货币的购买力以及替代商品的价格。今天这些"不变的其他因素"构成了需求的决定因素。在长期中,这些决定因素会发生变化,当它们变化时,整个需求曲线会向左或向右移动。因此,马歇尔将需求量的变动(沿横轴度量)和需求的变动(整条曲线的移动)作了明确的概念区分。

在形成需求理论的过程中,马歇尔通过假设货币购买力不变而有选择地忽略了其中矛盾性的一面。当一种商品比如 X 的价格下降时,将会产生两种效应来增加购买量。马歇尔集中分析替代效应(substitution offect,或相对价格效应)。但是当 X 的价格下降时,收入效应(income effect)也会发生,即消费者的购买力提高了。实际收入增加的一部分可能花费在 X 上,从而增加了 X 的需求量。直到在后来的经济思想史中才对这两种效应进行了明确区分。

15.2.4 消费者剩余

与奥地利学派不同,马歇尔认为一种商品的总效用是连续增加的每一单位的边际效用之和。因此,一个人为购买一种商品而支付的价格绝不会超过,并且很少能够等于他为得到希望的商品而不是失去它而愿意支付的价格。通常只有在边际这一点上的价格才等于一个人的支付意愿。所以,一个人从一种商品的连续购买中获得的总满足程度要超过为支付这些商品而必须做出的牺牲。回想一下,杜普伊特在 1844 年第一次提出了这个超过支出的多余效用,但却是马歇尔命名了"消费者剩余"的概念并进行了系统性的研究。

马歇尔运用表 15-1 所示的价格与需求量数据来说明消费者剩余。从表中可以看

---

⑨ Marshall, *Economics*, 3rd ed., 175.

到,如果每磅茶叶的价格是 20 先令,这个人将每年购买 1 磅茶叶。价格是 14 先令时他将购买 2 磅,价格是 10 先令时他将购买 3 磅,如此等等。马歇尔说,假设市场价格实际上是 2 先令。这个消费者将每年购买 7 磅茶叶,每磅支付 2 先令,共支付 14 先令。但是请注意,第一磅茶叶提供价值 20 先令的效用,第二磅茶叶提供价值 14 先令的效用,如此等等。这个人从购买 7 磅茶叶中获得的总效用就是 59 先令(20 + 14 + 10 + 6 + 4 + 3 + 2)。由于他的支出只有 14 先令,因此他得到了 45(59 − 14)先令的消费者剩余。从另一个略微不同的角度看,第一磅茶叶的消费者剩余是 18(20 − 2)先令,第二磅茶叶的消费者剩余是 12(14 − 2)先令,等等,累计总和也是 45 先令。先看一下图 15-1 可以发现,消费者剩余是位于需求曲线以下、市场价格以上的那部分区域的面积。在多产的社会环境中,随着商品被更有效率地生产出来,商品价格下降,消费者剩余会有显著增加。当一个人在需求曲线的较低点(因为商品变得更便宜他会购买更多该商品)达到均衡,他的消费者剩余会增加。再看一下奥地利学派详细讨论过的"价值悖论",马歇尔会说一个较大的小麦产量比较小的产量更为有用。在这一方面,马歇尔会赞同杰文斯而反对门格尔的观点。

马歇尔有意识地选择茶叶作为例子是为了避免前面提到的一个问题。因为一个人花费在茶叶上的支出相对于他的总支出来说很小,所以茶叶价格的下降会使消费者的真实收入或购买力保持不变。但并不是在所有条件下对所有商品都是如此。例如,在一个现代的例子中假设一个人居住的地区冬季很寒冷,她主要靠天然气取暖。另外,假设表 15-1 中的数据代表天然气而不是茶叶的需求表。最后,假设每单位天然气的价格暴跌,比如说从 20 先令跌至 2 先令。因为这个消费者将她的大部分预算支出在天然气上,所以天然气价格的下跌将提高她的真实收入(货币收入的购买力)。但是随着她真实收入的增加,货币的边际效用和其他商品一样也下降了。因此,用来衡量消费者剩余的货币单位并不都具有相同的效用价值。具体来说,这个消费者用 20 先令购买 1 单位天然气与用 2 先令购买 7 单位天然气的货币的边际效用是不同的。从而我们在这个例子中不能得出这个消费者的效用剩余等于全部的 45 先令的结论。马歇尔意识到了这个问题,选择了茶叶的例子而将上述作用最小化,明确假设收入的边际效用不变。然而,这一假设与马歇尔在《原理》中的其他表述——货币的边际效用对于收入高的人比对于收入低的人来说要小——相矛盾。

表 15-1 马歇尔的消费者剩余思想

每磅的价格(先令)	购买量(磅)
20	1
14	2
10	3
6	4
4	5
3	6
2	7

在价格 = 2 先令时:总效用 = 59 先令,总支出 = 14 先令,消费者剩余 = 45 先令。

在处理与个人相对的市场需求表和需求曲线时,与衡量消费者剩余有关的第二个问题就变得突出了。市场需求曲线一般是几千条甚至几百万条个人需求曲线的加总。衡量总的消费者剩余需要将所有人的效用单位加总在一起。大多数经济学家都一致认为,由于个人偏好和收入水平的多样性,不可能进行这样的比较和加总。然而,马歇尔的消费者剩余思想被证明是一种分析以下几类经济现象的有价值的工具:例如,由于税收、垄断和关税所导致的"绝对损失"或效率损失。

15.2.5 需求弹性

在处理需求弹性方面,马歇尔远远超越了他的前辈,他用文字、图表和数学方式分析了需求弹性。马歇尔认为,关于一个人对某种商品的欲望的唯一通用定律就是,其他条件不变,随着这种商品供给数量的每一次增加,他对这种商品的欲望是递减的。从而,一种商品的价格越低,消费者将购买越多。这就是需求曲线向右下方倾斜的原因。需求弹性告诉我们,随着数量的增加,欲望(边际效用)降低的速度是慢还是快。它把价格下降的百分比和需求量增加的百分比联系起来,当然,它是以商品的边际效用递减规律为基础的。需求弹性系数(E_d)等于需求量变动百分率除以价格变动百分率。当需求量的变动百分率大于价格的变动百分率时,需求就是富有弹性的;当需求量的变动百分率小于价格的变动百分率时,需求就是缺乏弹性的;当两个变动百分率相等时,需求就是单一弹性的。用绝对值来表示就是,如果 $E_d > 1$,需求富有弹性;如果 $E_d < 1$,需求缺乏弹性;如果 $E_d = 1$,需求是单一弹性。

马歇尔还讨论了我们今天所说的需求弹性的决定因素。当一种商品的价格相对于买者的收入水平很高时,市场需求弹性就很大。马歇尔认为降低价格将会使更多的买者支付得起这种商品。另一方面,当一种商品的价格相对于买者的收入水平很低时,相似的价格变动百分率将不能导致购买量的较大增加。市场上已经存在了大量的买者。马歇尔还注意到,某些特定商品越是能够替代其他商品,它的弹性就越大。用一个现代的例子来说,鸡肉价格下跌可能会导致购买量增加的百分比大于鸡肉价格下跌的百分比,因为消费者能够很容易地用鸡肉来替代那些价格保持不变的商品,例如牛肉、猪肉等。

需求弹性原理对于理解很多问题和政策都是非常有用的。例如,政府对那些需求缺乏弹性的商品(香烟、酒类)而不是需求富有弹性的商品(鸡肉)征税,因为这样税收收入会更大。需求弹性较低的商品(抗生素)的垄断价格通常要高于需求弹性较高的商品(塑料飞盘)的垄断价格。如果农产品(小麦)的需求缺乏弹性,那么对农产品实行限产就会增加农民的收入;而如果需求富有弹性(草莓),限产就会减少农民的收入。

15.3 供给

马歇尔认为供给是由生产成本决定的。马歇尔设想的供给不是一个点或者单一的数量,而是一条曲线,如本章后面将要看到的图 15-1 所示。供给必然是伴随着一系列不同价格而产生的一系列数量。

为了说明的目的,马歇尔将时间分为三个时期:(1)现期,(2)短期,(3)长期。

15.3.1 现期

市场价格指的是现期价格,面对需求变化,供给数量没有时间进行调整。相应的市场时期,可能只有一天那么短,被定义为对于需求的一次突然增加,供给数量不能相应增加的时期。面对需求下降,供给数量也不能相应地立即减少,因为削减产量和减少存货都需要一定的时间。如果在一个城市里出现了争购鞋子的状况,这就在向分销商和生产商返回增加产量和发货的信息。但是,也许直到一天或两天之后,鞋子才能到达零售商店。

如果一件商品很容易腐烂,并且我们假设销售商力争利润最大化或损失最小化,那么市场供给曲线是完全无弹性的——是一条垂直的直线。企业宁愿只卖很少数量的鲜鱼,而不是让它坏掉。如果商品不容易腐烂,销售商就有一个保留价格,低于这个价格他们不会卖出。然而,一些卖主也会以低于成本价的价格卖出,也许是他们有还账的压力。因此,市场供给曲线向右上方倾斜,直到它包括市场总供给量为止。然后就变为一条垂直的直线,因为根据定义,无论市场价格多高,在这个市场时期里供给量也肯定不可能进一步增加了。

15.3.2 短期

马歇尔为了分析短期这个时期,将成本分为两种类型,他称之为辅助成本和主要成本。辅助成本就是现在所说的固定成本,主要成本也就是可变成本。固定成本,或经常费用,如高层管理人员的薪水和设备的折旧,是不变的;它们在短期内不会发生变化。事实上,短期被定义为这样的时期,期间可变投入可以增加或减少,但固定设备成本不会发生变化。

可变成本——马歇尔的主要成本——包括购买劳动力和原材料的成本,它们在短期内随着产出水平的变化而相应调整。在短期里,所有的可变成本都必须得到补偿,但是有些固定成本不必。例如,一条铁路在短期内持续运营,即使它的部分固定投资从来没有通过收益获得补偿。只要它有固定设备和火车,就一定能够持续补偿固定成本。如果这些成本超过运营的损失,这条铁路会一直经营。在短期,企业的供给曲线建立在可变成本的基础上。

短期供给曲线向右上方倾斜——产品价格越高,供给数量就越多。现代经济学将短期供给曲线看作一条边际成本曲线;回想一下历史借鉴14-1,由于可变投入收益递减,这类成本不断上升。因此,更高的市场价格可以使企业从扩张产量中获益。马歇尔的解释是较少的满足感。他认为虽然生产成本是根据货币来衡量的,但是这些货币成本的背后还有两个心理牺牲——对工作的厌恶以及由于储蓄而推迟消费的牺牲。对于后者,马歇尔用的术语是"等待"而不是西尼尔的"节欲"。

工人们发现每天额外小时的劳动带来的厌恶是不断上升的(回想一下杰文斯对这点的讨论)。因此,在其他条件不变的情况下,工作日越长,为使工人工作最后一小时所需的每小时补偿就越大。而且尽管前几小时的牺牲并没有最后一小时的牺牲那么大,但是工人们为所有工作小时所得到的工资率是相同的。⑩ 当然,在生产率等其他条件不变的情况下,工资率越高,生产的边际成本也越高。企业发现只有在它们的产品价格上升时,延长工作日或者雇用不太熟练的工人来增加产量是有利的。用现代语言来说,较高的产品价格意味着边际收益,在完全竞争市场上等于价格,超过了原来产量的边际成本,这会诱使企业增加产量,直到边际收益与边际成本再次相等。

15.3.3　长期

在长期中,所有的成本都是可变的,如果企业想继续经营,所有的成本都必须得到补偿。如果产品价格的上升使总收益大于总成本,就会有资本流入该行业,一般是通过建立新企业,市场供给将增加。整条供给曲线将向右移动。如果价格跌到平均成本以下,资本就会撤出,可能会通过企业退出的方式。结果,市场供给将会下降(供给曲线将向左移动)。

15.4　均衡价格与均衡数量

什么决定市场价格?古典经济学家认为是"生产成本",即客观的劳动时间成本和节欲的牺牲。先前的边际主义者则认为是"需求"。马歇尔这位伟大的综合者认为"需求和供给一起"。在供给背后存在着货币成本和主观成本。在需求背后存在着效用与边际效用递减:

> 我们可能合理地争论是一把剪刀的刀面还是刀背剪开了一张纸的问题,价值是由效用还是由生产成本决定的问题也是一样。确实在剪刀的一面保持不动时,随着剪刀的另一面的移动,纸被剪开了,由此我们可能很快得出草率的结论,即剪纸是由另一面来起作用的。但是这种说法在严格意义上来说是不准确的,它仅仅是事情发生原因的一个流行的借口,而不是一个严格的科学理由。⑪

---

⑩ 马歇尔指出,每个工人都从除了最后一小时以外的所有劳动时间中获得了工人剩余,或者经济租金。
⑪ Marshall, *Economics*, 8th ed. 348.

马歇尔用一个表和一个图说明了竞争市场的均衡价格与均衡数量的思想。他使用的表复制为表 15-2，图 15-1 则用图示表达了他的供给与需求分析。

表 15-2 马歇尔的均衡的决定

竞争市场的价格与数量		
价格 （先令）	持有者愿意出售的数量 （单位）	购买者愿意购买的数量 （单位）
37	1 000	600
36	700	700
35	600	900

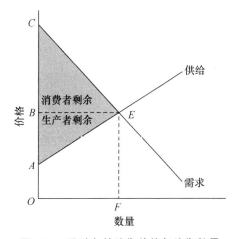

图 15-1 马歇尔的均衡价格与均衡数量

马歇尔认为买卖双方的"讨价还价"会产生一个均衡价格（图中 B 点），这一价格会使需求量与供给量相等（都是 F）。买方得到的全部消费者剩余是 BCE，卖方得到的全部生产者剩余是 ABE。

15.4.1 数量表达

给定一个谷物市场，如表 15-2 所示，每个农民或者其他卖者在任何价格上愿意出售的产品数量，由他自己对货币的当前需求和对未来价格的估计所决定。假设买方与卖方的讨价还价能力是相等的，市场上"讨价还价"的结果是产品的价格接近 36 先令。因此这个价格可以被称为真实的均衡价格，因为如果该价格自始至终保持不变，它就会使需求量与供给量恰好相等（700）。请注意，如果价格是 37 先令，小麦就会出现 400（1 000 − 600）单位的剩余，这会促使小麦价格下跌。另一方面，如果价格是 35 先令，供应者愿意出售的小麦数量比需求者想买的数量少 300（600 − 900）单位。显然这一短缺会促使价格上升。

15.4.2 几何图示

图 15-1 用几何方法表示了马歇尔的均衡价格与均衡数量。马歇尔将数量表示在横轴上是因为他将数量看作一个自变量。今天，经济学家将数量看作是一个因变量 $[Q = f(P)]$，但是他们继续用纵轴表示价格，用横轴表示数量。事实上，他们遵循了马歇尔的传统而不是数学习惯。

图 15-1 不仅表示了均衡价格 B 和均衡数量 F，而且表明了前面讨论过的马歇尔的消费者剩余思想。如果我们不考虑个人之间的效用比较和收入的边际效用递减问题，我们就可以说 BCE 的面积衡量了消费者剩余。需求曲线表明有些消费者宁愿支付高于市场价格 B 的价格，而不愿放弃这种商品。价格由购买最后一单位产品所得到的边际效用来决定。因为所有单位的产品都定价为 B，消费者总共得到的效用剩余等于 BCE。

马歇尔还表达了生产者剩余的思想，在图中用 ABE 来表示。有些卖者愿意以低于市场的价格出售产品，而不是继续持有商品。由于这些生产者得到的是市场价格 B，因此他们以和消费者类似的方式获得剩余。马歇尔指出，生产者剩余既包括工人的(得到工人剩余)，也包括累积财富的所有者的(得到储蓄者剩余)。回想一下，一天中最后一小时工作时间的厌恶程度决定了所有工作小时的工资率水平；因此，前面那些小时中工人得到的报酬大于他们为了工作而愿意接受的最低工资水平。类似地，马歇尔认为，推迟消费是一种牺牲，利息率必须足够高以产生储蓄的边际供给。因为所有的储蓄都获得相同的利息率，有些储蓄者获得的利息必然大于他们愿意牺牲的效用数量。这就是储蓄者剩余。

马歇尔在讨论市场价格的过程中精湛地处理了时间因素，这是他对经济思想作出的许多重大贡献之一。他认为，作为一个一般规律，时间期限越短，需求对价值的影响越大。原因是消除生产成本的影响比消除需求变化的影响所需要的时间更长。偶然的事件影响市场价值，但是在长时期这些不规则的事件会相互平衡抵消。因此在长期，生产成本是价格与价值的最重要的决定因素。在稳定状态下，剔除货币因素的干扰，生产成本将决定价格与价值。但是在一个变化的世界中，为了适应那些不完全的、渐进的变化，需求与供给都是重要的。

在短期，需求的增加会提高价格，这是因为，为了增加产量，需要使用非熟练工人，或者延长工作日。但是在长期来看，可以建立更多的工厂，可以将更多的工人吸引到该行业中并接受培训。供给能够增加，而价格不会上升，甚至可能下降，如果存在大规模生产的规模经济的话。后一种可能性将在后边的"成本递增与成本递减行业"中加以讨论。

马歇尔将长期正常价格定义为恰好使供给与需求数量达到平衡的价格，并且该价格等于长期平均生产成本。正常价格随着每一次生产效率的变化而变化。市场价格将围绕正常价格上下波动，但是只有在偶然的情况下才正好相等。由于知识、人口与资本的逐渐增加，以及一代又一代人之间需求与供给条件的变化，正常价格发生了渐进的、长期的变动。

15.5 收入分配

在一个竞争经济中,收入分配由生产要素的定价来决定。马歇尔认为,企业家肯定会不断比较他们所使用的每一种生产要素的相对效率。他们还一定会考虑用一种要素替代另一种要素的可能性。用畜力代替人力,用蒸汽动力代替畜力。在两种可以替代的生产要素无差异的边际点上,它们的价格必然与增加的总产量的货币价值相称。当一个企业家自担风险通过实验找到能够在生产过程中耗费最低成本的要素投入组合,经济自由的最显著优势就表现出来了。企业家一定会估计任何一种生产要素的额外一单位将会使总产值增加多少。他们对每一种要素的使用会一直达到一个边际点,在这一点上要素的净产出不再高于他们为要素支付的报酬。马歇尔这一分析的基础是"不成比例地使用任一生产要素"导致的收益递减。

15.5.1 工资

马歇尔认为工资并不是由劳动的边际生产力独自决定的。边际生产力确实是劳动需求的基础,劳动需求是一种取决于消费者对最终产品的需求的派生需求。但是工资,和其他的生产要素收益一样,也由需求与供给共同决定。其他条件保持不变,如果劳动供给增加,劳动的边际生产力就会下降(劳动供给曲线将与劳动需求曲线交于劳动需求曲线的更低点),从而均衡工资率将下降。如果劳动供给减少,劳动的边际生产力就会上升(劳动供给曲线将与劳动需求曲线交于劳动需求曲线的更高点),工资率就会上升。因此,边际生产力本身并不决定工资,因为工人数量的变化会产生不同可能的边际生产力。但是对于一个既定的劳动供给水平而言,工资衡量边际生产力并且等于边际生产力的说法是正确的。对每一个雇主而言,工资率都固定在市场工资水平上;即企业是工资水平的接受者,因此它只能通过变动雇员数量来达到最优的雇佣水平。在工资率(边际要素成本)等于企业出售边际产品的额外收益(边际收益产品)时,达到最优雇佣的水平。

马歇尔不仅正确地指出了对劳动的需求是一种派生需求,而且讨论了劳动需求的工资弹性的决定因素。后来,庇古把它们归结为马歇尔的四大派生需求法则。用现代术语来说,这些法则是:

其他条件不变,其他要素对劳动的可替代性越大,劳动需求的弹性越大。例如,在某些情况下,可以用机器人替代劳动力。因此,工资率的上升会造成雇佣数量不成比例的下降。

其他条件不变,产品需求的价格弹性越大,劳动需求的弹性越大。例如,假设产品的需求是富有弹性的(餐馆的饭菜),并且工资率上升了。这将会增加生产成本并提高产品价格。较高的产品价格将导致购买量的显著下降,从而雇用的工人(厨师、收银员、服务员)的数量必然会同等程度地下降。

其他条件不变,劳动占总生产成本的比重越大,劳动需求的弹性越大。[12] 例如,当劳动成本占总成本的比重是100%时,工资率上升20%将会使总成本增加20%。但是当劳动成本只占总成本的10%时,工资率同样上升20%只会造成总成本增加2%。在第一种情况下,可以预期成本相对较高的增加最终会引起产品价格的大幅度提升,产量与销量的大规模下滑,以及因此带来就业的大幅度减少。

其他条件不变,其他投入的供给弹性越大,劳动需求的弹性越大。为了说明这一点,让我们假设某一行业的工资率上升,并且引起了用资本替代劳动的尝试。这种对资本需求的增加是否会提高资本的价格从而延迟替代的过程呢?如果资本的供给是极度缺乏弹性的,答案便是"会";如果资本的供给是极其富有弹性的,答案便是"不会"。当资本供给富有弹性时,劳动需求的工资弹性将比资本供给缺乏弹性时更大。

15.5.2 利息

马歇尔考虑的另一个分配部分是利息。利率的上升减少了机器的使用,因为企业家避免使用所有那些年净剩余低于利率的机器。较低的利率会增加资本投资。对借贷资本的需求是所有贸易中所有个人需求的加总。就最终产品来说,其价格越高,资本需求越少;其价格越低,资本需求越多。这一关系建立的基础是随着要素数量的增加其边际生产力递减,正如对消费品的需求建立的基础是随着消费数量的持续增加边际效用递减。

随着获得的资本数量的增加,资本的边际生产力递减构成了对资本的需求,其价格用利率来表示。储蓄的供给量取决于利率,而利率又取决于储蓄的供给。储蓄的供给指的是在各种不同利率水平下的整个一系列供给量,正如需求是在不同的价格水平下的一系列需求量一样。储蓄,与其他商品的供给一样,其价格(利率)位于需求曲线与供给曲线的交点。因此,价格(利率)决定商品供给(储蓄)的数量。

储蓄的主要动机是人们推迟当前的消费以期望将来获得更大回报的意愿:

> 在讨论资本的利息时,我们认为合理的人类本性是将利息看作对等待享受物质资源这一牺牲的回报,因为没有回报很少有人会储蓄;正如我们把工资看作是劳动的回报,因为没有回报很少有人会努力工作。

为了将来而牺牲当前的快乐被经济学家称为节欲。但这个术语被误解了:最大的财富积累者都是十分富有的人,他们中的有些人生活奢侈,当节欲这个术语的含义已经变成了节俭时,他们肯定不可能节欲。经济学家们所说的节欲的含义是,一个人有能力消费但他为了将来增加他拥有的资源而放弃了消费,他的这种特定消费的节欲增加了财富的积累。但是由于这个术语很容易让人误解,为了方便起

---

[12] 在20世纪30年代,约翰·R.希克斯对马歇尔的第三条定律提出了挑战,他表明,由于纯技术上的原因,它并非在所有情况下都成立。更准确地说,马歇尔的定律假设产品的需求弹性大于资本与劳动之间的替代弹性。John R. Hicks, *The Theory of Wages*, 2nd ed. (New York: St. Martin's Press, 1966), 241—247.

见我们可以不使用这个术语,而是说财富的积累通常是延迟享乐,或等待享乐的结果。⑬

马歇尔意识到储蓄的其他动机也可能是重要的。他提到了家庭关爱、习惯的力量、吝啬、收入的多少以及为了未来的谨慎。因此即使利息是零或者负数,有些储蓄还是会存在。如果一个人想积累一笔年金用来养老,他可能在高利率时比在低利率时储蓄更少,因为在高利率时一笔较少的储蓄将来会得到同样数量的金钱。但这些只是例外情况。一般来说,利率降低将会促使人们进行更多的现期消费,而利率上升将会促使人们进行更少的现期消费。因此,利息会趋向于一个均衡水平,在这个利率水平上,市场上对资本的总需求等于即将出现的资本总供给。

15.5.3 利润、地租与准地租

根据马歇尔的观点,正常利润包括利息、管理报酬和企业组织的供给价格。利息已经讨论过了。管理报酬是对一种特殊的劳动形式的支付。正常利润的剩余部分,企业组织的供给价格,是企业家精神的回报。

马歇尔将李嘉图的地租理论吸收到他的体系之中:

> 地租的量本身由土地的肥沃程度、产品的价格以及边际土地的位置决定:它是投入土地的资本与劳动所能获得的总收益超过那些在恶劣的边际条件下耕种所获得的收益的部分……在一般的需求与供给条件的作用下,总产量的价格将趋向于处于有利可图边际的资本与劳动的生产成本;这个生产成本不能决定价格,但它却影响着决定价格的一些因素。⑭

马歇尔说,对个体生产者而言,土地只是资本的一种特殊形式。土地和建筑物之间没有太大的差别,当它们的所有者试图从中获得额外的产出时,它们都是收益递减的。但是对整个社会来说,土地的供给是固定不变的。如果一个人拥有土地,那么其他人就拥有的少一点。相反,如果一个人想要对改良土地或者土地上的建筑物进行投资,他一点都不会减少其他人进行类似改良投资的机会。

马歇尔写道,在短期,土地和制成资本品是类似的,因为它们的供给都是固定的。因此,旧有资本投资的回报类似于地租,马歇尔称其为"准地租"。利息是"自由"或"流动"的资本或者新增资本的报酬;准地租是短期内先前投资的报酬。即使土地的一部分经济租金被税收征走了,但是在假设土地所有者希望最大化收益而不是凭一时之气将土地闲置的前提之下,土地所有者仍然会继续出租土地。与之类似,对固定资本的部分报酬征税在短期内并不影响生产,因为失去部分正常利润总比失去所有利润只剩残余价值要好得多。这种分析中假设资本是特殊的并且没有其他用途。当然在长期,准地租会消失,因为如果投资要不断更新、企业要持续经营下去,固定资本投资获得正常

---

⑬ Marshall, *Economics*, 8th ed., 232—233.
⑭ Marshall, *Economics*, 8th ed., 427—428.

回报是基本的要求。

换一种说法就是在短期只有可变成本才会影响价格。价格反过来又决定了固定投资的收益。但是在长期,可变成本与固定投资的正常利润都必须得到补偿,并且它们都会影响价格:

> 虽然很难将其综合起来,但综合上述全部说法:每一种生产要素,土地、机器、熟练劳动等,只要能够盈利都倾向于被应用到生产中。如果雇主和其他企业家认为通过使用更多一点的某种要素能够获得更好的结果,他们将会这样做。他们估计在某一种方案或另一种方案中多支出的费用可能带来的净产品(即他们的总产出的货币价值减去所发生的费用后的净增长);如果通过将支出从一个方向转移到另一个方向能够获得收益,他们将会这样做。
>
> 因此,每一种生产要素的使用由相对于供给的需求的一般条件所决定;这就是,一方面,由每个生产要素能够被投入使用的全部用途的紧迫性,和需要生产要素的那些人的支付能力共同决定;另一方面,由生产要素可得的存量大小决定。根据替代原理,由于总是存在着一种要素从其服务价值较低的用途向服务价值较高的用途转移的趋势,因此一种要素在每一种使用中的价值将保持均等。[15]

15.6 成本递增与成本递减行业

马歇尔的一个主要分析工具是"代表性企业"的概念,对他而言,代表性企业指的是典型的19世纪独资企业。在他的分析中,这个抽象概念至少服务于以下三个主要目的:第一,在谈到生产一种产品的正常成本时,他指的一个代表性生产者的支出,这个代表性生产者在所在的行业里既不是效率最高的,也不是效率最低的;第二,这个分析工具表明,即使有些企业在成长而有些企业在衰落,但是这个行业可以达到长期均衡,因为企业之间可以相互平衡抵消;第三,即使代表性企业没有提高其内部效率,随着行业的扩张,它也可能经历生产成本的降低。

历史借鉴15-2
为什么企业会存在

马歇尔对"代表性企业"的集中关注开创了一个微观经济分析遵循了数十年的惯例。在马歇尔之后,经济学家们建立了在完全竞争市场、垄断竞争市场、寡头垄断市场和完全垄断市场条件下运转的代表性企业的精确模型。企业的作用如此重要,然而令人感到奇怪的是马歇尔和早期的新古典经济学家并没有提出这样的疑问,即代表性企

---

[15] Marshall, *Economics*, 8th ed., 521—523.

业,或者现实世界中的企业为什么会存在？如果市场运行是有效率的,那么为什么会产生各级企业组织来计划和调节大部分的经济活动？相反,如果从企业内部的计划和调节中获得的好处大于市场的调节,那么为什么不存在一个单一企业来生产一个国家的所有产出呢？是什么限制了企业的最终规模？

出生于伦敦的罗纳德·科斯(Ronald H. Coase,1910—2013)在他第一篇作品中明确地处理了这些问题。他 1937 年发表的论文《企业的性质》最终确立了以交易成本、产权和契约为基础的一个全新的经济学研究领域。* 鉴于这篇作品以及随后关于外部性的一篇具有重大影响的论文,科斯被授予 1991 年的诺贝尔经济学奖。在接受这一奖项时,科斯说道：

> [1937 年我最初写这篇文章时]我只有 21 岁。我从来没有想过这些思想会在 60 年后成为获得诺贝尔奖的主要理由。在我 80 多岁时为我 20 几岁时的作品领奖真是一段奇特的经历。**

科斯认为,企业之所以存在是因为在市场上个人之间的买卖行为包含交易成本。这些成本包括确定买者和卖者、确定或协商价格、订立契约、监督契约各方的执行情况以及履行遵守契约等费用。如果交易成本比较低或比较适中,市场调节而不是企业调节,就是完成生产和分配的最有效的途径。农民可以直接从材料供应者手中购买他们所需的各种投入要素,也可以在市场上将他们生产的产品直接卖给企业或者个人。并不一定需要一个有层级的企业将生产成本和交易成本之和最小化。

但如果情况是市场交换中的交易成本非常高(比如制造、销售一辆汽车),建立一个集中的组织,在组织内部通过指令来计划和协调生产决策将是一个经济的办法。企业可以筹措资本、雇用管理者和工人、获取原材料。通过企业将比通过个人的市场交易或合同能够更好地计划和协调成千上万的汽车设计师与制造工人的行动。

然而,随着企业组织的扩大和变得更加复杂,协调生产与分配的企业内部成本也会增加。企业家精神的激励作用日益削弱,官僚作风开始出现,法律、会计与其他支持性服务都需要内部化。企业规模和范围的进一步扩张将会使获得与协调投入要素的交易成本提高,在某一点上将超过市场交易的交易成本。

根据科斯的观点,竞争将指引企业寻找它们的最优规模。只有企业执行协调功能的成本低于市场执行协调功能的成本时,企业("小的计划社会")才能够继续存在。如果企业规模过大,它们的成本将会高于比它们规模更小的竞争者,并将最终导致失败。***

---

* Ronald H. Coase, "The Nature of the Firm", *Economica* 4 (November 1937): 386—405. 科斯在 1951 年从英国移居到美国,并于 1964 年进入芝加哥大学。

** Ronald H. Coase, "The Institutional Structure of Production," *American Economic Review* 82 (September 1992): 713—719.

*** 在这个研究领域作出贡献的其他著名经济学家还包括阿门·阿尔钦,哈罗德·德姆塞茨和奥利弗·E. 威廉姆森。参见：Armen Alchian and Harold Demsetz, "Production, Information Costs, and Economic Organization," *American Economic Review* 62 (December 1972): 777—795; Oliver E. Williamson,"Hierarchical Control and Optimum Firm Size," *Journal of Political Economy* 75 (April 1976): 123—138.鉴于在该领域的著作,威廉姆森分享了2009年的诺贝尔经济学奖。

15.6.1 商业企业的生命周期

马歇尔采用动态的观点来看待商业企业的成长与衰落:

> 从森林里的小树不断地努力钻出老树的树荫,我们可以得到一个教训。许多小树在途中死掉了,只有少数活了下来。这些少数的小树每年变得越来越粗壮,随着它们高度的每一次增加,它们获得更多份额的阳光和空气。最后轮到它们遮蔽了其他邻居而高耸着,并且看上去它们似乎会一直成长,随着成长一直变得更加粗壮。但是它们做不到这一点。一棵树会比另一棵树的生命力更长久、树干更粗壮,但是它们迟早都会衰老。尽管较高的树比其他对手可以获得更好的阳光与空气,但是它们会逐渐丧失活力,一个接一个为那些还不太粗壮的树腾出位置,虽然这些树不太粗壮,但是它们却拥有年轻的活力。
>
> 在大型股份公司获得极大发展之前,企业成长的一般规律与树的成长类似。大型股份公司的发展经常停滞,但不会轻易倒闭。虽然这不是一般规律,但在很多产业与行业中仍然成立。自然迫使私营企业缩短它充满活力的那部分生命阶段。因此,一段时间之后,企业的领导权如果没有落入那些对企业未来的繁荣不太感兴趣的人手中,就是落入那些缺乏活力与创造力的人们手中。如果它转变为一个股份公司,它就可以保持劳动分工、专业化技术和机械方面的优势,它甚至可以通过进一步增加其资本来扩大这种优势;在适合的条件下,它可以在生产上取得一个持久的优势地位。但是它很可能会失去很多弹性和进步的力量,在与年轻的、规模小的对手竞争的过程中,不再独享优势。
>
> 因此,我们在思考财富与人口增长对生产经济施加影响后所产生的各种广泛后果时,我们得到的结论的一般特征并不太受以下事实所影响,这些事实是,许多经济直接依赖于从事生产的私人企业的规模,以及几乎在每一种行业中都会不断地出现大企业的成长与衰落,在每一刻都会有一些公司处于上升阶段而另一些公司处于下降阶段。在一般的繁荣时期,某个方面的衰退肯定会因另一方面的更大进步而得到平衡。⑯

15.6.2 内部经济与外部经济

马歇尔认为,内部经济是由单个企业规模的扩大引起的效率或成本节约。随着企业规模的扩大,企业可以享受到更多的专业化和大规模生产的好处,采用更多、更好的机器来降低生产成本。随着一个企业规模的扩大,购买与销售也变得更加经济。规模

---

⑯ Marshall, *Economics*, 8th ed., 315—317.

较大的企业可以以较容易的条款获得贷款,而且还能够更有效地使用高级管理才能。

另一方面,外部经济则来自企业外部,它们取决于行业的一般发展。随着行业的发展,材料供应商在企业附近建厂来为不断扩张的行业服务;因为运输成本降低了,而且是由不断扩大的企业大规模生产出来的,所以这样的供应变得比较便宜。另外,为了满足不断发展的行业的特殊需要,还有可能出现运输服务的提供者,从而降低了将产品运送到顾客手中的运输成本。

马歇尔认为,一个行业产量的增长通常会扩大该行业中典型企业的规模,从而扩大它的内部经济;它常常还会扩大该企业可以获得的外部经济。因此,马歇尔认为,如果产出扩张,根据劳动和牺牲来衡量的生产成本就会下降。

外部经济对一个行业中的所有企业都是适用的。但是,如果内部经济随着企业规模的扩大而扩大了,那么怎样保持竞争呢?如果一个企业因为规模变大而更有效率,那么是否意味着在这个行业中最终将只有一个企业呢(自然垄断)?马歇尔的代表性企业的概念提供了答案。企业家的衰老与死亡将导致企业的衰落与倒闭。马歇尔认为,典型的个人企业将不能持续足够长的时间以实现生产规模一直扩张所带来的全部利益。新企业家们将会在商业的竞技场上奋力前行,重新开始提高企业规模与效率的过程。

15.6.3 规模报酬递增与规模报酬递减

如果一个行业中使用的所有的生产要素都扩张了,那么每单位产出的成本会上升还是下降?马歇尔认为,行业一般会产生规模报酬递增;随着劳动和资本的扩张,组织与效率得到改进。只有那些极其依赖自然的行业,如农业,才会产生规模报酬递减。当规模报酬递增与规模报酬递减规律的作用达到平衡时,我们就得到了规模报酬不变规律:通过劳动与延迟的牺牲的等比例增加得到产量的扩张。例如,随着毛毯产量的增加,增加的毛线成本恰好被生产毛毯效率的提高所抵消,我们可以使成本保持不变。马歇尔认为,在大多数制造业中,原材料成本只占全部成本中很小的一部分,规模报酬递增几乎是没有问题的。

马歇尔从他的分析中得出了一个乐观的结论。尽管人口的快速增长导致了不利的局面,但最终的结果可能是好的。可以预期人们的集体效率将比人口数量以更高的比例增加。

如果一个行业符合规模报酬不变规律,那么对该行业产品的需求的增加在长期中不会影响产品的价格。如果一个行业是规模报酬递减的,那么需求的增加会提高产品的价格;更多的产品将被生产出来,但这时的产量不如规模报酬不变时那么多。如果一个行业符合规模报酬递增规律,那么需求的增加最终会导致价格下跌,这时的产量将大于它是规模报酬不变行业时的产量。

15.6.4 税收与补贴的福利效应

马歇尔对于成本不变、成本递增与成本递减行业的分析使他得到了如下新颖的政策结论:(1) 在成本不变行业,税收或补贴都会减少消费者的净效用;(2) 在成本递增行业,税收会增加消费者的净效用;(3) 在成本递减行业,补贴会增加消费者的净效用。

图 15-2 说明了马歇尔的有关最简单情况即成本不变行业的思想。图中水平的供给曲线 S 表明这是一个成本不变行业。另一种说法是,需求的变动(曲线的移动)不会改变当前的均衡价格 A。现在假设对每一单位产品征收 AB 数量的税收,因此包含税收的单位成本就上升到 B(A + AB)。这一税收将产生多少税收收入?而更高的价格将使消费者剩余减少多少?马歇尔回答道,政府得到的税收收入等于 ABEF(每单位的税收 AB 乘以新的均衡数量 AF)。消费者剩余由最初的 ACI 减少到 BCE。因此消费者剩余的损失是 ABEI。因为消费者剩余的损失超过了税收收入 ABEF(这项支出大概会产生相同数量的公共品消费的效用),消费者的净效用下降了。马歇尔指出,对一个成本不变行业的生产者进行补贴会产生同样的结果;补贴的数量超过消费者剩余的增加。通过假设图 15-2 中最初的供给曲线是 S′,政府给生产者提供每单位 BA 数量的补贴,你可以证实这一点。

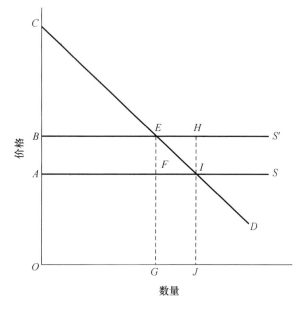

图 15-2　成本不变行业每单位税收的福利效应

根据马歇尔的观点,成本不变行业每单位税收将减少消费者的净效用。IH 的税收将会使供给曲线从 S 上移到 S′,产品的价格将从 A 提高到 B。政府得到的税收收入用 ABEF 来表示,但消费者损失的消费者剩余数量更大,为 ABEI,相当于 ACI 减去 BCE 后的面积。

© Cengage Learning 2013

马歇尔还将同样的分析应用到了成本递增与成本递减的行业。在成本递增行业,他的分析表明税收会提高税收收入到超过它减少的消费者剩余。通过限制成本递增行业中企业的产量,不包含税收的单位成本实际将下降。获得的收入应该被用来补贴成本递减的行业。随着成本递减行业产量的上升,不包含补贴的单位成本将下降。消费者剩余的增加将超过补贴。

这一论断的含义是,竞争性的价格和自由放任并不必然导致社会的最大满足程度。马歇尔非常清醒地认识到这一点。他认为,如果生产者比消费者穷得多,那么限制供给、提高价格将会提高总满足水平;相反,如果消费者比生产者穷得多,扩大产量、以一定损失出售商品(由政府补贴来弥补)能够提高总效用。再者,如果一个人以这样的方式来花费收入,即增加了对穷人提供的服务的需求,并因此增加了穷人的收入,这样比将同样数量的金钱增加到富人的收入中,能够增加更多的总效用。如果一个人将收入花费在成本递增行业生产的产品上,那么这些产品对于他的邻居而言就变得更为昂贵,从而减少了他们的真实收入:

> 可以看到,这些结论自身并不会给政府干预提供一个合理的依据。但是它们表明:为了发现社会将个人的经济行为转变为最大程度地增进社会福利总量这一运转机制的局限,还有很多事情要做,这些事情要通过对需求与供给的统计数据进行认真的搜集以及对其结果进行科学的解释来完成。⑰

当马歇尔在1924年去世时,约翰·梅纳德·凯恩斯称他为"100年来世界上最伟大的经济学家"。尽管这一说法可能存在争议,但是几乎没有人不承认马歇尔是他那个时代最有影响的经济理论家。他的《经济学原理》将后来成千上万的经济学家引入了经济分析的殿堂。事实上,这本书在第一版出版40年后才达到最大的发行量,这证明这本书具有长远的影响。几乎所有的当代经济学家都将马歇尔与亚当·斯密、大卫·李嘉图和约翰·斯图亚特·穆勒一起看作古典学派与新古典学派最伟大的四个代表人物。

复习与讨论

1. 解释下列名词,并简要说明其在经济思想史中的重要性:新古典思想,需求法则,消费者剩余,弹性系数,辅助成本,主要成本,均衡价格,派生需求法则,准地租,成本不变,成本递增与成本递减行业,内部经济与外部经济。

2. 新古典的标准假设理性经济行为是合理的吗?卡尼曼和特沃斯基(历史借鉴15-1)是怎样回答这个问题的?你是否认同弗里德曼的观点:一个模型的根本假设并不重要。请解释。

3. 什么是马歇尔的需求法则?它与以下各点是如何联系在一起的:(a)等边际规则,(b)边际效用递减规律,(c)消费者剩余。

4. 请思考你认为马歇尔会对如下问题作出何种反应:是因为人们潜入水中寻找珍珠,珍珠才具有价值,还是因为珍珠具有价值所以人们才潜入水中寻找珍珠?

5. 比较马歇尔以下几组术语的区别:(a)辅助成本与主要成本;(b)现期、短期与长期;(c)成本递增行业与成本递减行业;(d)内部经济与外部经济。

6. 解释这一论断:在短期,一个盈利性的企业在决定生产多少时只关注它的主要成本(可变成

---

⑰ Marshall, *Economics*, 8th ed., 475.

本),辅助成本(固定成本)与这个决定无关。

7. 比较和对比约翰·贝茨·克拉克(第14章)与马歇尔的工资理论的异同。

8. 用你自己的故事或例子来解释马歇尔关于派生需求的工资弹性的决定因素。给定这些决定因素,为什么我们会认为劳动需求的工资弹性在长期中比在短期中更大?

9. 利用图15-2所使用的分析方法,用图示解释说明马歇尔的如下结论:对成本递减行业的补贴将使消费者剩余增加的部分超过补贴的数量。

10. 讨论下面引自菲利普·C.纽曼的一段话:"马歇尔对于新古典经济学的贡献在于他将古典的成本概念重新引入了经济学。"

精选文献

书籍

Blaug, Mark, ed. *Alfred Marshall and Francis Edgeworth*. Brookfield, VT: Edward Elgar, 1992.

Maloney, John. *Marshall, Orthodoxy and the Professionalisation of Economics*. London: Cambridge University Press, 1985.

Marshall, Alfred. *Industry and Trade*. 4th ed. New York: Kelley, 1970 [orig. pub. in 1919].

———. *Principles of Economics*. 8th ed. London: Macmillan, 1920 [orig. pub. in 1890].

Pigou, A. C., ed. *Memorials of Alfred Marshall*. New York: Kelley, 1956 [orig. pub. in 1925].

Reisman, David A. *The Economics of Alfred Marshall*. New York: St. Martin's Press, 1986.

Tullberg, Rita M., ed. *Alfred Marshall in Retrospect*. Brookfield, VT: Edward Elgar, 1990.

期刊论文

Aldrich, John. "The Course of Marshall's Theorizing about Demand," *History of Political Economy* 28 (Summer 1996): 171—217.

Dooley, Peter C. "Consumer's Surplus: Marshall and His Critics," *Canadian Journal of Economics* 16 (February 1983): 26—38.

The Eastern Economic Journal 8 (January/March 1981). The entire issue is devoted to papers on Marshall.

Frish, Ragnar. "Alfred Marshall's Theory of Value," *Quarterly Journal of Economics* 64 (November 1950): 494—524.

Humphrey, Thomas M. "Marshallian Cross Diagrams and Their Uses before Alfred Marshall: The Origins of Supply and Demand Geometry," *Economic Review* (Federal Reserve Bank of Richmond) 78 (March/April 1992): 3—23.

Keynes, John M. "Alfred Marshall, 1842—1924," *Economic Journal* 34 (September 1924): 311—372.

Whitaker, John K. "Alfred Marshall: The Years 1877 to 1885," *History of Political Economy* 4 (Spring 1972): 1—61.

———. "Some Neglected Aspects of Alfred Marshall's Economic and Social Thought," *History of Political Economy* 9 (Summer 1977): 161—197.

第16章 新古典学派：货币经济学

尽管有些现代经济学家被称为"货币主义者"，也有一些经济学流派比其他流派更强调货币现象，但是并不存在一个独立的货币经济学派。因此，我们在经济思想的时间序列表中可以看到从新古典学派发出一个箭头指向货币经济学，从货币经济学又返回到了新古典学派。

古典学派、马克思主义学派和早期的边际主义者都将货币仅仅看作一层面纱，为了研究现实世界我们必须揭开这层面纱；他们认为货币和价格都从属于更加基础的经济要素。而其他一些经济学家，如维克塞尔与凯恩斯，将货币分析与他们对基本经济过程的研究结合在一起。随着若干年来银行业、信用和经济波动的增长，以及中央银行和政府的货币政策的重要性不断增强，货币在经济理论中的重要性注定要不断增加。

马歇尔对货币分析给予了一定的关注。特别是，他提出了被称为"剑桥方程"的一个交易方程的版本。这个版本是 $M = kPT$，其中 M 是货币存量，k 是人们希望以现金余额形式持有的部分收入，P 是总的价格水平，T 是交易量或者真实收入。马歇尔的 k 就是货币流通速度 V 的倒数，在更加熟悉的交易方程中，有 $MV = PT$。费雪，本章讨论的主题人物之一，提出了后一个版本的方程。所以，尽管由维克塞尔、费雪和霍特里提出的理论在某些方面与宏观经济学的联系比与微观经济学的联系更加密切，但这些经济学家都处于整体的马歇尔的新古典传统之内。

从总体上来说，维克塞尔、费雪和霍特里对经济学作出了两方面的贡献。第一，他们探索了一个曾经被忽略，但重要性在不断增长，因此需要重点强调的领域。第二，他们帮助将货币分析整合到总体经济理论中去。但是有很重要的一点也应该注意，他们可能夸大了货币的作用；我们很容易让钟摆过远地摆向相反的方向而对过去的错误过度补偿。

正如我们所表明的那样，新古典学派的货币经济学家显著地不同于同一学派的非货币主义者,因为货币主义理论家进行总量分析,如总需求、货币总供给、总储蓄和总投资。新古典传统内部的分裂随而产生。非货币主义分支主要关注单个人或单个企业的实际牺牲、收入、消费、储蓄和投资。货币主义分支关注整个经济的这几类总量,强调实际因素的同时也强调货币因素。将货币主义和非货币主义经济学综合到一起的任务留给了后来的经济学家,尽管维克塞尔被认为是这些后来的经济学家的重要先驱者。

16.1 约翰·古斯塔夫·克努特·维克塞尔

约翰·古斯塔夫·克努特·维克塞尔(John Gustav Knut Wicksell,1851—1926)出身于瑞典斯德哥尔摩的一个中产阶级家庭。在乌普萨拉大学读本科时,他先后学习了数学、语言、文学和哲学,后来他在那里继续攻读数学与物理学的更高学位。他当选过这个大学的学生会主席,并且在学生群体的各种哲学、政治与文学的辩论及活动中非常活跃。作为一个受欢迎的演说家和小册子作者,他探讨了一系列社会问题,比如人口问题、节育、移民、酗酒及其成因、卖淫、婚姻的未来、普遍选举权、直接累进收入所得税的必要性等。他既是学者又是社会改革家——在他那个时代,这两种工作往往被认为是不相容的。

维克塞尔对社会问题和改革的兴趣引导他研究经济学。从1885年到1890年,他曾在英国、法国、德国和奥地利的大学学习。在学习经济理论的过程中,他最难忘的经历是1888年在柏林的一家书店发现了冯·庞巴维克论资本理论的著作,当时这本书刚刚出版不久。这本书对维克塞尔的经济思想具有深远的影响。

1896年,维克塞尔获得了一笔不大的政府资助,在柏林开始了对货币问题的研究。此外,他的小额的、不规律的收入主要依靠报纸杂志投稿和关于社会问题的颇受欢迎的演讲,还有偶尔当私人教师和高中教师的收入。1896年,他获得了第一个很小的学术职位,1901年在他50岁的时候得到了教授职位。1909年维克塞尔由于对教会信条的讽刺性评论而短暂入狱。

维克塞尔对经济学作出了几个主要贡献。比如,你可能回想起第14章,代表性企业在规模扩张时,首先经历报酬递增,然后是报酬不变,最后是报酬递减,维克塞尔是最早说明这个思想的经济学家之一。在本章后面我们将会看到,他预料到了后来在20世纪30年代由张伯伦和罗宾逊提出的垄断竞争理论。但为维克塞尔赢得主要声誉的是他对货币经济学的贡献。这些贡献包括:(1) 对达到均衡价格水平或产生不断累积的通货膨胀或通货紧缩趋势中利率的作用进行了分析;(2) 认识到政府和中央银行在阻碍和促进价格稳定中的潜在作用;(3) 用储蓄-投资方法分析宏观经济均衡的早期表述。最后一个贡献使维克塞尔成为斯德哥尔摩经济学派之父。① 另外,他的著作成为凯恩斯主义经济学的来源之一;凯恩斯本人也称赞维克塞尔是他自己思想的一位重要

---

① 这个学派的其他成员包括埃里克·林达尔、冈纳·缪尔达尔和伯蒂尔·俄林。

先驱者。维克塞尔的总体目标是将货币理论、经济周期理论、公共财政和价格理论综合到一个体系之中。尽管他没有完全成功,但是他将这个领域的经济思想向前推进了一步。

16.1.1 价格水平变化

对于维克塞尔来说,货币理论开启了一个主要问题:为什么价格会总体上升或下降?为了回答这个问题,他转向分析利率。在这里,他区分了正常或自然利率与银行利率。

他认为,正常利率或自然利率,取决于尚未投资的实际资本的需求和供给。资本供给从那些推迟消费他们的部分收入并因此积累财富的人那里流出。资本需求取决于从资本使用或其边际生产力中可以实现的利润。供给与需求的相互作用决定自然利率:

> 对借贷资本的需求和储蓄的供给恰好相当,并且或多或少与新创造的资本的预期产出相一致,那么这时的利率就是正常利率或自然利率。它本质上是可变的。如果资本使用的前景变得更加有希望,需求将会上升并且[需求数量]将会第一次超过供给[供给数量],于是利率就会上升并且进一步刺激储蓄,同时企业对资本的需求会收缩,直到在略高的利率上达到一个新的均衡。与此同时,在产品与服务市场上,按照事实本身必须达到均衡——广泛地说,而如果不受到其他因素的干扰的话,从而工资与价格保持不变。于是货币收入的总额往往将会超过实际生产的消费品的货币价值,但是收入的超出部分——每年被储蓄并投资于生产的部分——将不会产生对当前产品的任何需求,而只会产生对将来生产所用的劳动和土地的需求。②

正常利率或自然利率仅适用于个人之间的信用。但是,银行使事情变得复杂,因为与私人不同,在银行贷出资金时,不受自有资金的限制,甚至不受储蓄者放在银行、任银行处置的存款的限制。因为银行创造信用,即使在利率非常低的情况下它们仍然能够扩大贷款规模。另一方面,它们不必将储蓄者存放的、任由银行处置的资金全部贷出。因此,银行利率可能低于或者高于正常利率或自然利率。当这两种情形中的任意一种发生时,价格水平最终将会发生变化。让我们来考察每一种情形。

- 银行利率<自然利率。如果银行贷出货币的利率大大低于我们前面引文中所定义的正常利率或自然利率,储蓄就会不被鼓励,并且对消费性商品或服务的需求就会上升。同时,企业家将会寻求更多的资本投资,因为随着借入资金的成本降低能够实现更多的净利润。随着投资的增加,工人、地主、原材料所有者等人的收入都会增加。因此,消费品的价格开始上升。但是,假设我们开始的就是充分就业的点,和这种消费品与投资品需求上升相并列的,是随着储蓄的减少,产品供给保持不变甚至是减少。价格

---

② Knut Wicksell, *Lectures on Political Economy*, trans. E. Classen, 2 vols. (London: Routledge & Kegan Paul, 1935), 2: 193 [orig. pub. in 1906]. Reprinted by permission of the publisher.

上升的预期将引起价格上升得更多。均衡被打破,一个累积向上的价格运动开始了。根本原因是银行利率或市场利率低于正常利率或自然利率,而正常利率或自然利率将会使实际储蓄与实际投资在不变价格上达到平衡。只要银行利率低于自然利率,价格就会无限上升。

- 银行利率 > 自然利率。相反,如果银行利率高于正常利率或自然利率,价格将会下降。为什么呢?因为储蓄将增加,而投资支出会减少。投资支出的减少会降低国民收入,国民收入的降低将引起消费品价格的下跌。随着资本品和消费品价格的下跌,总体价格水平将会明显下降,即通货紧缩将要发生了。预期价格会进一步下降,买者将会进一步减少他们的当期支出,由此加剧了通货紧缩。

16.1.2 公共政策含义

维克塞尔对利率的分析和他对改革的偏爱致使他看重政府和中央银行对促进经济稳定的作用。在他 1898 年出版的著作《利息与价格》(*Interest and Prices*)中,他成为提倡用控制贴现率和利息率来稳定总体价格水平的首位经济学家。

他认为,周期性波动的主要原因是这样一个事实,当需求增长,特别是人口扩张时,技术与商业的进步并没有保持同样的前进速度。随着需求的增长,人们希望通过增加投资来充分利用当前的形势;但是通过新发现、发明或其他进步来提高产出的数量需要一定的时间。将大量的流动资本转化成固定资本的突进会制造繁荣。但是,如果技术进步已经在实施中而又没有新的技术进步能够带来超过边际风险的利润,那么就会发生萧条。

维克塞尔没有深入探究经济周期的实际原因,而是将注意力集中在货币原因上,这些我们前面已经讨论过了。为了消除货币的影响,他提倡由银行来确定一个既不会提高也不会降低商品价格的利率,即一个正好等于正常利率或自然利率的银行利率。请记住,后面这个利率是这样一个比率,即货币不存在的条件下,所有的借贷都表现为资本品的形式时,由供给和需求决定的利率。但是,自然利率本身不是固定不变的。它随着经济中各种实际原因的波动而上下波动,比如生产效率、固定资本和流动资本的供给、劳动与土地的供给,等等。因此,除非银行家采取某些行动,否则市场利率与自然利率恰好一致是不太可能的。他写道:

> 这并不意味着银行在设定自己的利率之前就应该实际确定自然利率。当然,这是不实际的,而且也是非常不必要的。因为现行的商品价格水平可以可靠地检验这两种利率是一致还是偏离。这个过程相当简单:只要价格保持不变,银行的利率也应该保持不变;如果价格上升,利率就应该提高;如果价格下降,利率就应该降低;此后利率保持在一个新的水平上,直到价格进一步的变动要求利率在某一方向或另一方向上发生进一步的变动。

> 这些变动进行得越迅速,总体价格水平发生较大波动的可能性越小;利率变动的幅度越小且越不频繁。如果价格保持相当稳定,利率只需与自然利率不可避免

的上升或下降保持同步即可。

我认为,价格不稳定的主要原因就是银行没有能力或者没做到遵循这一规则……

关于利率的进一步下降可能对银行不利这一反对观点,其说法本身可能是完全正确的。利率下降所缩减的银行利润空间大于其可能提高的业务范围。我愿意非常谦逊地提醒这样一个事实,即银行的主要责任不是去赢得大量的货币,而是为公众提供交换的媒介——以适当的尺度提供这种媒介,目的是实现价格的稳定。无论在何种情况下,它们的社会责任都远远比私人责任重要,如果它们在遵循私人企业规则的同时最终无法实现它们的社会责任——对此我非常怀疑——那么它们就为政府提供了值得活动的理由。③

维克塞尔担心生产和黄金储备的增加会引起通货膨胀,因而导致利率下降和价格上升。因此,应该中止自由铸造金币,世界应该逐步过渡到一种国际纸币本位制。这种本位制通常被认为是解决日益严重的黄金稀缺的一种手段,但它也可能用来校正黄金过剩:

无论在什么情况下,根据严密的调查,这样的前景并不一定引起惊慌失措。相反,如果它一旦形成就可能成为现行的制度,这听起来像个神话,它无意识、无目的地将一箱箱的黄金发往各地,又将挖出的宝藏再次埋入地下。无论如何从理论上说,引入这样一个安排没有什么困难。既不需要一个中央当局也不需要国际纸币。每一个国家都有自己的纸币(和小的辅币)制度。这些纸币必须在每个中央银行按票面价值兑换,但只允许在一国内部流通。于是每一个信用制度的基本职责就是管制利率,使之既与其他国家的相区别,又与其他国家的相一致,以便维持国际收支平衡并使世界总体价格水平保持稳定。简而言之,管制价格将成为银行利率的主要目的,银行利率将不再服从于黄金的生产与消费的变化无常,或者硬币流通需求的变化无常。它将完全自由流动,只受到银行谨慎目标的调控。④

16.1.3 强制储蓄

在讨论总储蓄和总投资时,维克塞尔分析了强制储蓄理论。这并不是一个新思想。边沁在其写于 1804 年而出版于 1843 年的《政治经济学手册》(*Manual of Political Economy*)中提出过这一原理,他称之为"强制节俭"。在分析政府在增加资本中的作用时,边沁将税收和纸币称为强制节俭。他曾说过,创造纸币是一种间接税,因为它相当于对那些固定收入的人征收入税。在约翰·斯图亚特·穆勒《论政治经济学的若干未定问题》(*Essays on Some Unsettled Questions of Political Economy*)中,有一篇写于 1829 年或

---

③ Knut Wicksell, *Interest and Prices*, tran. R. F. Kahn(London: Macmillan, 1936), 189—190[orig. pub. in 1898]. Reprinted by permission of the publisher.

④ Wicksell, *Interest and Prices*, 193—194.

1830 年的论文《论利润和利息》,穆勒指出,如果银行家使纸币贬值,在一定程度上将起到强制积累的作用。更高的产品价格以税收的形式拿走了消费者一部分实际收入。莱昂·瓦尔拉斯在 1879 年清楚地阐述了强制储蓄理论,这可能启发了维克塞尔,并且通过维克塞尔启发了后来关注这一主题的所有德国学者。

维克塞尔假设了一个案例,一个新建企业通过银行贷款——纯粹的信用创造——来融资,没有相应的实际资本的积累。假设开始时是充分就业,与如果不是通过信用创造融资相比,需要更多的土地和劳动来制造资本品,而生产消费品可以获得的信用就变得更少了。然而,对消费品的需求将会增加而不是减少,因为随着企业家扩张投资,他们将会抬高土地与劳动的价格。随着因而发生的价格上升,企业家将获得少于最初根据商定的贷款规模所预期的资本品数量。同时因为价格的上升消费将会受到限制。事实上,这种强加的限制将构成资本投资扩张条件下必须达到的实际资本积累。"对于投资增长时期所必需的实际储蓄事实上是恰好在适当的时刻强加给整个消费者的。"⑤

16.1.4　维克塞尔论不完全竞争

维克塞尔认识到了在零售市场上完全竞争模型的不足,因此他在几十年前就预见到了后来由爱德华·张伯伦和琼·罗宾逊(第 17 章)所提出的垄断竞争理论和不完全竞争理论。值得注意的是,从维克塞尔对这个问题进行论述到它得到进一步系统发展,32 年时间过去了,但完全竞争思想是大多数边际主义者思想的核心,它的修正需要经济中垄断趋势的压倒性证据。

1901 年维克塞尔写道,零售商通常拥有固定的消费者群体,这使他们有一个固定的价格而不是波动的价格。而零售价格确实会对批发价格的变动作出反应,只是滞后一段时间并且以一种修改过的形式:

> 实际上,每个零售商在他邻近的圈子中都拥有一种我们所称的实际销售垄断,即使我们很快会看到它仅仅是基于买者的无知和缺乏组织。当然,他不能像一个真正的垄断者那样随意提高价格——只有在远离交易中心的地方才能发生较大的地区性价格上升——但是如果他保持与竞争者相同的价格和数量,他几乎可以一直依靠他的邻居作为顾客。结果并不罕见,过多的零售商表面上看给消费者带来便利,但实际上会对消费者造成损害。例如,如果有两个同样类型的商店坐落在同一条街道的两端,很自然它们各自的市场将会在街道的中间相遇。现在,如果在街道的中间新开了一家同样类型的商店,那么其他两家商店迟早会失去部分顾客,这部分顾客将会成为新商店的顾客,因为住在街道中间附近的人们相信,如果他们能够以相同的价格得到相同的产品,那么在最近的商店购买就可以节省时间、减少麻烦。但是,在这一点上他们是错误的,因为原来的商店现在失去了部分顾客,而又不能相应程度地减少日常开支,它们会被迫逐渐提高价格(因为它们不能再在平

---

⑤ Wicksell, *Interest and Prices*, 155.

均成本曲线的最低点处经营)——同样的情况也适用于新的竞争者,因为它们被迫从一开始就只有一个较小的营业额……除非其中一个竞争者(比如一个大型商场)使其他所有的竞争者都相形见绌,那么正确的解决办法很明显就是在买者之间形成某种形式的组织。但是只要这种组织不存在——在生活地点并不相同并且没有更多密切联系的个人之间建立这种组织是极其困难的——竞争有时会提高价格,而不是像人们期望的那样总是降低价格,这种异常现象一定会保持下去。⑥

关于完全垄断,维克塞尔沿袭了古诺和其他一些经济学家的观点,他指出,销售量会被人为地限制在能够产生最大利润的那一点上。价格的每一次上升都会减少商品的需求量。"但是,只要需求(需求数量)的减少小于由于每单位商品的价格提高带来的利润增加的比例,总的净利润……将会增加。"⑦相反,如果销售量的减少大于每单位利润增加的比例,进一步提高价格就是不利的。维克塞尔说,需要注意的重要的一点是,在决定使利润最大化的垄断价格时,固定成本或日常开支没有影响,只有可变成本(边际成本)将会被考虑到。

16.2 欧文·费雪

欧文·费雪(Irving Fisher,1867—1947)是耶鲁大学一位由数学家转行成的经济学家,他是一个具有多项事业的人。除了大量的经济学著作外,他还出版了几本非常成功的数学教科书。由于年轻时患过结核病,他转向了节食和健康时尚,并终生培养这些兴趣,还写了几本关于如何保持健康和长寿的畅销书。他提倡优生学并参加反对饮酒和反对吸烟的改革运动。在第一次世界大战爆发很久以前,他就建议成立一个国家联盟来维护和平。他发明了很多机械小器具,其中之一是可以被安装在旋转架子上的看得见的卡片索引系统,最后费雪从这个唯一获得商业成功的发明中得到了大约 100 万美元。他和他妻子所拥有的财富在股票市场上增值到了约 900 万美元,但在 1929 年的市场崩溃中损失殆尽。

16.2.1 费雪的利息理论

在出版于 1906 年的《利率》(*The Rate of Interest*)一书中,费雪开始提出了他的关于利率如何决定的精深理论。他在 1930 年出版了该理论的修订和扩展的版本,名为《利息理论》(*The Theory of Interest*)。费雪认识到是两个相互作用的因素决定利率:不耐心程度和投资机会率。

不耐心程度(impatience rate)是放弃未来消费(收入)以获得现在消费(收入)的社会意愿程度。社会既重视将来消费也重视现在消费,尽管希望两者都多一些,但是由于

---

⑥ Wicksell, *Political Economy*, 87—88.
⑦ Wicksell, *Political Economy*, 90.

受到任意时点上稀缺性的约束,如果想要得到现在消费就将被迫放弃未来消费。为了现在消费而愿意放弃未来消费的数量取决于不耐心程度。越是拥有耐心,愿意储蓄和投资的部分也就越多,因此得到的未来消费也越多。越是缺乏耐心,为了获得未来的产品它所愿意放弃的现在消费(储蓄)的部分就越少。当然,如果相对于未来消费社会现在消费越多,在边际上现在消费的相对价值越低。也就是说,相对于未来消费社会进行的现在消费较多时,现在消费的增加量具有的相对价值就很小。⑧

费雪认为利率决定中的第二个因素是投资机会率。不同于包含主观评价的不耐心程度,投资机会率是由一些实际因素决定的,比如资源的数量和质量及技术情况。在一种极端的情况下,将这些资源仅投入供现在消费的产品的生产是可行的。在另一种极端的情况下,社会把所有的资源都用来生产资本品,这样现在的消费就是零而未来的消费将非常巨大。但是,当社会从前一个极端(全部用于现在消费)走向后一个极端(没有现在消费)时,它会经历边际收益递减。即当人们削减现在的消费以增加投资因而获得更多未来消费时,投资的收益率——投资机会率——将下降。这完全是我们前面所讨论过的与资本存量增加联系在一起的边际收益递减原理。⑨

用费雪的话来说:"我们用于投资和推迟满足程度的部分越多,投资机会率就变得越低,但是不耐心程度将会越高;我们支出和加速满足程度的部分越多,不耐心程度就变得越低,而投资机会率将会越高。"⑩换言之,随着社会的储蓄与投资,会发生两种事情。其一,它从所放弃的每一额外单位的现在消费中所得到的未来消费将会越来越少。资本收益的递减导致投资回报率不断下降。其二,随着现在消费的减少和将来消费的增加,边际上的现在消费的相对价值将上升。换句话说,社会对现在消费的评价比以前相对要高,因为它所拥有的现在消费比以前更少。

另一方面,一个社会储蓄和投资越少,现在消费的相对价值(费雪的不耐心程度)就越低,而投资的边际回报率就越高。

当投资回报率与社会为了未来消费而愿意放弃现在消费的利率相等时,均衡利率就会出现。于是我们可以看到,利率既取决于社会放弃现在消费以获取更多未来消费的技术能力,也取决于社会用现在消费换取未来消费的意愿。这一利率通常是正的,恰恰反映人们为了现在消费而不是未来消费愿意支付的额外费用。有些个人将决定在这个利率上贷出货币(推迟消费)最符合他们的利益,而另一些人则决定借入货币(现在消费而不是以后消费)。在均衡利率上,人们希望借入的数额与人们希望贷出的数额将正好相等。而且,储蓄将正好等于投资。

费雪指出,这个实际利率与观察到的货币利率或名义利率可能相等,也可能不等。

---

⑧ 在今天的术语中,我们将不耐心程度称为未来产品对现在产品的边际替代率。费雪指的是凸向原点的"意愿"曲线或无差异曲线的斜率。
⑨ 在今天的术语中,费雪是在描述一种凹向原点的生产可能性曲线。事实上,费雪用几何方法,采用生产可能性曲线和无差异曲线表达了他的理论。
⑩ Irving Fisher, *The Theory of Interest as Determined by Impatience to Spend Income and Opportunity to Invest It* (New York: Macmillan, 1930), 427.

后者取决于预期的通货膨胀率。例如,如果预期的通货膨胀率是5%,而实际利率是3%,那么名义利率将是8%左右。贷出者将要求8%的利率,以保证借入者归还本金的全部购买力,加上实际利率。通货膨胀对名义利率的影响现在被称为费雪效应。货币存量的快速增加最初可以减低利率,但是,根据费雪的观点,它还将引起价格的上升。这些更高价格带来的结果,贷出者将会提高名义利率,提高的数量等于在他们整个贷款期预期的通货膨胀率。从这方面来看,较高的名义利率可能是由较高的预期通货膨胀率引起的,而不是相对应的实际因素比如时间偏好和投资的实际回报率。

16.2.2 货币数量论

费雪重新表述并补充了以交易方程为基础的旧货币数量论。费雪发现了决定货币购买力或者其导数——价格水平的五个因素:(1) 流通中的货币数量;(2) 货币流通速度;(3) 可以开具支票的银行存款的数量;(4) 可以开具支票的银行存款的流通速度;(5) 交易数量。费雪认为,货币经济学是处理购买力这五个调节因素的经济学分支,它是一门精确的科学,要求准确的公式表达、证明与统计检验。

费雪的交易方程表示为公式(16-1):

$$MV + M'V' = PT \tag{16-1}$$

其中,M是货币数量,V是货币流通速度,M'是活期存款数量,V'是活期存款的流通速度,P是平均价格水平,T是交易中或者已卖出的产品与服务的数量,每单位在每次被卖出或再卖出时都会被计算在内。

费雪的交易方程不同于剑桥方程的是,它强调货币存量的周转速度V,而对人们愿意以现金余额形式持有的部分收入k不予重视。剑桥方程中的k就是$1/V$。

按照费雪的观点,价格与货币数量(M和M')和流通速度(V和V')同方向变动,而与交易数量(T)反方向变动。费雪说,在这三个关系中,第一个是最重要的,因为它构成了货币数量论。

费雪假设活期存款数量M'与流通中的货币数量M倾向于保持一种相对固定的关系,即存款通常是货币的一个相对固定、确定的倍数。这其中有两个原因。第一,银行储备与银行存款保持不变的、确定的比率。第二,个人、企业与公司在它们的现金与存款余额之间保持相当稳定的比率。如果M与M'之间的比率暂时被打破,那么某些因素会自动发生作用来恢复它。个人会储蓄多余的现金,或者他们将过多的存款兑换成现金。价格上升或下降的过渡时期也会打破M与M'之间的关系,但仅仅是暂时的。只要这种正常的关系在长期中能够保持,银行存款的存在会放大流通中的货币数量对价格水平的影响,但不会扭曲这种影响。

为了提出货币数量与价格水平之间的因果关系,费雪假设流通速度和交易数量都是常量。他认识到这两者都会随着经济周期而波动,但它们往往趋向于恢复到均衡水平上。交易数量趋于稳定的趋势也由充分就业的均衡决定,因为如果存在相当大量的失业,M的增长可能只会提高T而不会提高P的数量。交易数量在长期中也会随着人口变化、生产率变动等而有所增长。然而在短期,在充分就业的经济中,流通中的货币数量通常决定价格水平。他写道：

> 我们回到这样一个结论上来，即货币或存款的流通速度独立于货币或存款的数量。至今没有理由或者没有明显的理由能够说明，为什么货币或存款数量很大时的流通速度不同于数量很小时的流通速度。
>
> 增加流通中货币数量的唯一效应是提高价格，似乎有一种方式可以使我们摆脱这个结论。可以断言——事实上已经这样断言——货币数量的增加会导致交易量的增加。现在接下来我们证明（除了在过渡时期）交易量与货币的流通速度一样是独立于货币数量的。货币的通胀并不会增加农场或工厂的产出，也不能提高货运火车或轮船的运输速度。企业的产出取决于自然资源和技术条件而不取决于货币数量。生产、运输和销售的一整套机器设备是一种自然能力与技术问题，它们都不取决于货币数量……因此我们得出结论，货币数量的变化不会显著影响以获取货币为目的的产品的数量。
>
> 因此由于货币数量翻番：（1）通常会使可以开具支票的存款以相同比率翻番；并且（2）不会明显地影响货币和存款的流通速度以及交易数量，因此，它必定非常准确地导致价格水平的翻番。
>
> 因此我们可以重申，在何种意义上货币数量论是正确的。货币数量增加的正常效应之一就是整体价格水平的恰好成比例的增加，从这个意义上来说，货币数量论是正确的。⑪

M 的增加或减少引起 P 变化的"传导机制"是什么？按照费雪的观点，人们希望持有与他们的支出数额相联系的一个特定数量的现金余额（你可能回想起马歇尔所谓的 k）。经济中现金数量的增加会打破这个最优比率，从而引起个人通过增加支出来重新调整他们的现金-支出比率。这些新增支出会引起产品价格以与经济中现金增加的相同的比例提高。费雪说，因此在货币的增加与价格提高之间就有了一个直接的联系。回想一下维克塞尔所强调的非直接联系：货币创造会引起银行利率的变化，银行利率的变化会引起储蓄与投资的变化，而储蓄与投资的变化最终将引起价格水平的变化。⑫

16.2.3 货币政策

货币数量论提供了一种稳定总体价格水平从而稳定经济的方法：严格控制流通中的货币数量。这可以通过不可赎回的纸币来实现，但是费雪在 20 世纪 30 年代的大萧条以前对这种解决办法持怀疑态度。不能够兑换黄金的纸币会引起公众的不信任，货币当局很容易过度发行，会引起投机并且会使债务人联合起来要求通货膨胀。他所提议的计划建议纸币可以根据需求进行兑换，不是兑换任意所需要重量的硬币或黄金，而是兑换代表不变购买力的数量的黄金。美元的购买力因此保持恒定。1 美元所包含的

---

⑪ Irving Fisher, *The Purchasing Power of Money* (New York: Macmillan, 1911), 154—157.
⑫ 这并不意味着维克塞尔没有认识到这种所谓的实际余额效应。参见：Wicksell's *Interest and Prices*, 39—40.

黄金越多,1 美元所能购买的东西就越多,价格就越低,反之亦然。

按照费雪的计划,我们应该首先放弃金币而只使用金币流通券——能够兑换成黄金的纸币。政府可以变动 1 美元偿付或者得到的黄金数量,即它可以变动黄金的价格以保持总体价格水平的稳定。如果价格指数上升 1 个百分点,意味着购买力指数太低,因此 1 美元包含的黄金重量应该提高 1 个百分点。如果价格指数比票面价格下降了 1 个百分点,1 美元所包含的黄金重量应该下降 1 个百分点。如果这种重量的变动不能完全校正非合意的价格变动,就要求相同方向的进一步变动。

按照货币数量论,如果大量的黄金从国内或者国外加入到流通当中,过多的金币流通券将会引起价格的上升。黄金价格的降低将会减少金币流通券的供给,这是由于两个方面的原因:第一,政府的黄金储备将会受到阻碍;第二,人们将会把他们的纸币兑换成黄金。因此流通中的货币将会减少,迫使价格下降。另一种情况,如果黄金是出口的,随着流通中货币的减少,价格将会下降。提高黄金的价格将会使黄金外流逆转,因此恢复以前的价格水平:

> 这个计划将会彻底地终止折磨我们这个世界几个世纪的可怕罪恶,即推翻货币契约与货币思想的罪恶。现在尽管所有的契约名义上是被执行的,但是实际上它们受到阻碍,就像在运送煤炭与谷物的过程中使用错误的重量与尺度一样。[13]

像大多数货币主义者一样,费雪也相信是价格变动引起经济波动而不是经济波动引起价格变动;因此,通过控制货币数量来稳定价格就可以消除经济周期。在发表于 1925 年的一篇论文中,他得出这样的结论:"价格水平的变化几乎完全可以解释 1915—1923 年这段时间的交易波动。"在此之前他写道:

> 如果让我选择一个物理现象来进行类比,它将不是钟摆的来回摆动而是树林或树枝的摇摆。在树林中,如果我们拉住一个小树枝并且让它迅速弹回,我们将导致一个前后的摇摆运动。这是一个实际周期,但是如果没有进一步的干扰,这种摇摆很快将会停止而小树枝也将再次恢复静止状态。
>
> 反对经济的周期规律性理论的另一个理由是它忽视了"摩擦"。小树枝一旦偏离原来的位置,然后让它恢复自由,它很快就会停止摇摆。一个摇椅也是如此,任其自由它很快就会停止摇摆;失去动力的一个钟摆也会如此。摩擦会使它们停止下来。为了使它们继续运转,必须施加某种外力。因此,在经济中我们必须假设经过非常少的几次振幅不断缩小的摇摆之后,任何最初干扰的影响将会很快消失。如果仅仅取决于其自身的反应,那么作为结果发生的经济周期将会一起很快停止。如果想要使它得以维持,必须施加某种外力。但是,除非外力也是周期性的,而且除非所说的外力的节奏与经济周期本身恰好是同步的,否则这些外力不会使经济周期永不停止甚至反而会扰乱经济周期,就像风吹在树上一样。我们想象不出任何与钟摆的"摆轮"相类似的东西,它可以非常好地测算出使钟摆保持自然摆动所

---

[13] Irving Fisher, *Stabilizing the Dollar* (New York: Macmillan, 1920), 108.

需要的外力。

因此我决不相信"所谓"的经济周期。我毫不怀疑,经过一个方向或者其他方向的干扰之后经济会像树一样摆回其正常位置(可能会超过一点点)。⑭

1929年的大崩溃之后,费雪将通货紧缩和经济萧条的最主要原因归结为债务的增长。过多的债务导致了企业破产,伴随着市场上产品的倾销。产品价格的下降导致了债务清算的进一步的压力。费雪开始相信活期存款的波动是经济波动的最主要原因。换句话说,他不再相信在货币与活期存款之间存在着稳定的关系。他含蓄地接受了对他以前的稳定计划的批评——作为一种支付手段的活期存款与其背后的黄金储备相比数额是如此巨大,以至于黄金价格的微小变动对平均价格水平几乎没有影响。

费雪的解决办法是要求活期存款要有百分之百的储备,从而使创造与破坏货币的过程与银行的业务相分离。首先,政府的货币委员会应该用钱购买流动性的银行资产(达到银行活期存款的100%),或者以银行资产作为抵押借钱给银行。此后,所有活期账簿中的货币必须有100%的货币储备来支持。换言之,活期存款从字面上来说就是存款,包括为存款者所托管的现金。银行只能贷出自有的货币或储蓄账户中的货币。这将会消除银行挤兑、银行破产、大部分的政府债务以及大部分的银行收益。如果银行创造信用的能力被破坏,银行将不得不对存款征收服务费来补偿收益的损失。费雪政策的最大的好处是将消除巨大的货币通货膨胀和通货紧缩,从而缓和经济的繁荣与萧条。

为了稳定美元的购买力,当价格指数低于官方的票面价值时,货币委员会应该买入证券,当价格指数高于官方的票面价值时,它应该卖出证券。现在大家所熟悉的美国联邦储备委员会的公开市场操作机制是费雪以前所倡议的黄金价格变动的一个替代品。当他开始倡议"100%货币计划"时,美国已经不再实行金本位制,并且他也不赞成回到金本位制。

很明显费雪并不认为经济周期是经济所固有的。他认为经济周期的起因几乎完全是货币方面的,并认为根治经济周期应该通过稳定价格来实现。直到后来的1936年,费雪写道:

作为对所谓的经济周期的解释,当如下这些事实确实都很严重时,我质疑其充分性:生产过剩、消费不足、生产能力过剩、价格混乱、工农业价格的不当比例、过度信任、过度投资、过度储蓄、过度消费。

我大胆提出这样的观点,它需要将来的证据加以修正,即在过去的确实非常巨大的繁荣与萧条中,以上所说的每个因素与以下两个主导因素相比都只起一种从属的作用,这两个主导因素是:(1)以过多的债务(特别是以银行贷款的形式)开始;(2)通货紧缩(或者美元的贬值)紧随其后,即当任何其他因素变得非常显著时,它们通常仅是这两个因素的结果或征兆。

---

⑭ R. G. Hawtrey, *The Art of Central Banking* (London: Longmans, Green, 1932), 167—168. Reprinted by permission of the publisher.

尽管准备随时改变我的观点,但是我现在确信这两种经济弊病,它们可以被称为"债务弊病"和"美元弊病",在巨大的繁荣与萧条中是比其他所有因素加在一起更重要的原因。⑮

费雪在数理经济学、统计学和指数方面都作出了突出贡献。在发展计量经济学(第18章)这个全新领域的过程中,他也是一个开拓者。计量经济学使统计方法成为经济分析的一个部分而不仅仅是经济分析的附属物。他的贡献使他获得了巨大的荣耀,他当选为美国经济学会、美国统计学会和计量经济学会的会长。

16.3 拉尔夫·乔治·霍特里

拉尔夫·乔治·霍特里(Ralph George Hawtrey, 1879—1975)是一位英国财政部官员,他挤出时间写作了很多关于货币经济学的著作。他主要关注的是经济波动,他将其主要归因于信用的不稳定性。他承认,经济波动可能存在其他原因,但这些原因是不重要的,而且可以由货币机制来控制。

16.3.1 经济周期的货币理论

霍特里体系中的主要角色不是生产者而是批发商或交易商,关键因素是利率。如果银行实行信用限制,那么对农业、采矿业和制造业生产的直接影响可能很小。生产者的利润取决于产出,他们不能在不削减产量的情况下将生产性资本减少到一定水平之下。如果生产者依赖暂时的借贷,那么所要支付的利息,即使在高利率的情况下,在他们的成本中也是一个很小的项目。

比较而言,批发商对利率非常敏感。他们借入货币以保有存货,而且因为他们的加成非常小,所以利息支付是他们成本中的一个重要组成部分。较高的利息支出将会增加保有产品的成本,他们将不得不减少存货。较低的利率可以使之更容易地保有大量的产品存货。商人通过增加或减少订单获得生产主动权。他们的借贷行为不仅受到银行愿意贷款给他们的条款的影响,同时也受市场上需求水平以及价格变动的前景的影响。如果他们预期价格将要上涨,他们将愿意增加存货来获取额外利润。在这样做的过程中,他们还必须考虑必须借入的货币要支付的利息,因为额外的利息支出是确定的,而价格的上涨是不确定的。

为什么会发生经济波动?这是由于通过商人发挥作用的信贷机制的内在不稳定性,引起经济积累性地偏离其不稳定均衡:

> 如果银行增加它们贷出的货币,将会发生货币释放以及消费者收入和支出(用于消费品和投资品)的扩大。消费者支出的增加意味着从总体上提高商品需

---

⑮ Irving Fisher, *100% Money*, 2nd ed. (New York: Adelphi, 1936), 120—121.

求,交易商会发现他们制成品的存量不断减少。这将会导致向生产者进一步下订单;生产性活动、消费者收入和支出、需求将进一步增加;存货进一步被消耗。增加生产性活动意味着增加需求,而增加需求又意味着增加生产活动。一个恶性循环、积累性的生产活动扩张开始了。

生产性活动不能无限制地增长。由于累积性过程使一个又一个行业达到生产能力的极限,生产者开始报出越来越高的价格。这个恶性循环并没有被打破,但是生产活动的累积增长却为价格的累积性上升开辟了道路。通货膨胀的恶性循环就此开始。

一旦需求扩张就此明确开始,它将会凭借自身的动力前进,将不再需要银行对借款者给予进一步的鼓励。

类似的原理也适用于需求的收缩。假设银行采取措施来减少它们贷出的货币,这将导致现金削减和消费者收入与支出(用于消费品和投资品)的压缩。需求下降,交易商制成品的存量不断积累,生产者的订单被削减。生产活动的减少意味着需求的减少,而需求的减少又意味着生产活动的减少。

萧条的恶性循环与生产活动的恶性循环是相对应的,除了它不会面临像生产能力对生产活动的增加所施加的那样明确的限制。但是生产活动的减少必定伴随着批发价格的下降,因为每个生产者为了保持工厂的运转,都将作出让步,每个人都尽力在有限的需求中获得尽可能大的份额。这样我们就会看到通货紧缩的恶性循环。[16]

16.3.2 相机抉择的货币政策

中央银行可以调节信用从而提高稳定性。有时候它只需要减轻扩张或紧缩的趋势,有时候它必须逆转这种趋势。因为现存的趋势拥有一定的动量,所以要逆转它需要巨大的力量。最大的危险是行动有可能太晚了,因而成功越发不能确定。例如,如果通货膨胀的恶性循环已经开始,借入的压力可能大到只有断然拒绝贷出才可能抵消它。因此中央银行作为最后的贷款者将废止它作为贷方的功能。类似地,萧条可能在交易商中引起悲观情绪以至于他们将不能被激励去借款。

霍特里推荐了几项措施,以控制信用的不稳定性及其引发的经济活动的不稳定性:中央银行公开市场操作、变更再贴现率、变更商业银行的存款准备金条件。如果国民收入要保持稳定,那么信用和货币都必须允许变动。提高利率和限制银行准备金可以抑制通货膨胀,因为这些政策可以不断被加强直到它们发生作用为止。但是反过来不一定正确。货币贬值和增加银行准备金不一定能够刺激经济复苏。当产品需求很小时,批发商将会通过把购买量降低到他们的销售量水平之下来减少存货。但是,如果销售量下降得比他们预期的还要快,库存商品实际上可能增加。在这种情况下,即使利率非

---

[16] R. G. Hawtrey, *Capital and Employment*, 2nd ed. (London: Longmans, Green, 1952), 79.

常低,批发商也不会借款来增加他们手里的商品。结果将是霍特里所谓的完全的信用僵局,并伴随着经济停滞与大萧条,就像20世纪30年代那样。"僵局是很少发生的情形,但不幸的是,在20世纪30年代它困扰了整个世界,并引发了很多问题,带有破坏性地威胁到文明的基础。"⑰

霍特里认为,避免这种僵局的方法就是在先前的繁荣阶段采取适当的行动。必须及早采取行动来制止过度的货币扩张。当银行利率被提升到足够高时,繁荣就会发生逆转。这种逆转发生之后,银行利率必须迅速下降以避免发生累积性的、恶性的通货紧缩:

> 当我们假设较高的银行利率已确实发生作用时,这就意味着它成功地克服了扩张的恶性循环并且开始了通货紧缩的恶性循环。为了打破后者,最基本的是必须使交易商具有一种足够集中的倾向以增加购买。当他们的购买量仍然与较高银行利率的限制性倾向相适应时,突然过渡到较低银行利率会起到这种作用。当这种过渡被延误并且被延长到一个较长的时间段上,它的效力在任何时间都将是不充分的,通货紧缩的恶性循环将会一直积聚力量直到无法遏制。⑱

历史借鉴16-1
货币政策与大衰退

拉尔夫·G.霍特里力推的货币政策工具——公开市场操作、贴现率和法定准备金——已经被美联储使用了几十年。为了应对严重的金融危机和大衰退,美联储在2007年和2008年临时扩大了这个"工具箱"。由于短期利率已经接近于零,美联储引入了几个新项目,试图打破类似霍特里20世纪30年代描述的那种信用僵局。

金融危机使很多大银行达不到法定准备金要求,或者只有极少的超额准备金,以至于无法通过借贷刺激经济扩张。美联储的大部分新项目,都试图通过由美联储充当"最后的借款者"来增加银行准备金。其中之一,定期拍卖工具,是美联储新创造的贷款机制,它采取密封拍卖的方式确定利率,为银行提供固定数量的美联储新借款。美联储还开发了很多其他工具,如银行同业拆借,作为最终借款人支持贷出方。各种机制都能向大公司和金融机构提供借贷准备金和美国国债。除了稳定大银行,美联储的目标还包括为购房者、学生、消费者和小企业提供日常信贷。*

金融危机很大程度上可归因于金融机构的大量坏账。借款者偿还借款的不明前景使金融机构面临困境,没有充足的超额准备金支持未来的借贷。美联储以"量化宽松"来回应,用新创造的货币来购买金融机构的大量借款(包括可收回的和坏账),是公开市场操作的一种扩展形式。联邦储备银行持有的按揭债券、银行债务和美国国库券急剧增加。

---

⑰ R. G. Hawtrey, *Capital and Employment*, 2nd ed. (London: Longmans, Green, 1952), 79..
⑱ Hawtrey, *Capital and Employment*, 113.

尽管美联储做出了这些努力,由于银行信心动摇,加上经济持续疲软,银行即使在非常低的利率下也不愿意发放贷款。同样的理由,企业和消费者也对借款犹豫不决。因此,尽管美联储的行动大幅度提高了系统中的超额储备金,并使利率降低到0—0.25%,预期的经济刺激仍然没有起作用。货币政策的这一问题,即"流动性陷阱",由约翰·梅纳德·凯恩斯首次提出(第21章)。流动性陷阱的解决方案之一是扩张性财政政策,即2009年《美国复兴与再投资法案》确定的7 870亿美元。

随着金融危机最坏时期的明显结束,衰退于2009年6月正式停止,美联储在2010年结束了大多数新的信贷工具。然而,经济仍然表现贫血,促使美联储将短期利率维持在较低水平,并将关注点转到长期利率上来。美联储实行了第二轮量化宽松政策(即QE2),这次聚焦于购买长期的政府债券,于2011年结束。但是随着经济持续低迷,第三轮量化宽松政策(QE3)正在酝酿之中。当2011年夏天股票价格狂跌时,美联储决定在接下来至少两年之中采用新的保证措施来保持短期低水平利率,以平复投资者的紧张情绪。

过去政策手段造成的借贷者增多产生了一个新的问题——"道德风险"。这一概念首次在保险中应用,当损失的费用可补偿时,被保险人就会降低避免负面结果出现的努力,这样反而会增加风险行为,此时道德风险就产生了。** 例如,如果司机修车的费用可得到保险补偿,就可能激励司机粗心大意地开车。在给那些失败的银行贷款的例子中,美联储愿意快速响应来帮助那些处于困境的金融机构,这将提高银行参与高风险借贷的可能性,从而逐渐累积成了金融危机。

* 对当前美联储货币政策工具的名单及说明,请参见联邦储备委员会网站(www.federalreserve.gov)。点击"Monetary Policy",就能看到当前正在用的政策和已经过期的政策。
** 肯尼思·阿罗(第23章)是最早应用这一概念的经济学家之一,参见:Kenneth J. Arrow, "Uncertainty and the Welfare Economics of Medical Care," *American Economic Review* 53 (December 1963):941—973.

霍特里关于商人是经济生活中的重要角色的观点可能比任何其他地方都更适合于英国,因为英国是当时世界贸易的领袖。它在世界贸易中地位不断下降使这个观点在今天看来有些站不住脚。霍特里对通过公开市场操作的方式实行相机抉择的货币政策的效力的不加批评的信任,使他在20世纪20年代的美国非常受欢迎,因为当时流行的观点是美国联邦储备委员会能够利用这个工具来稳定经济。它对货币政策工具的明确说明确实是对经济学的一个长久贡献。霍特里早期对存货重要性的强调也在近几十年受到经济学家的逐渐认可。一些经济学家将未售出产品存量的波动看作理解二战后经济扩张与衰退的关键因素之一。

附记:接下来的几章将介绍后来的经济学家对于维克塞尔、费雪和霍特里所作贡献的修正、扩展和再定位。我们这个时代的一些主要的经济学争论都深深植根于这三位经济学家所耕耘的土壤里。这些争论中的两个例子是,关于宏观经济不稳定原因的争论,相机抉择的货币政策与货币规则的相对有效性的争论。

复习与讨论

1. 解释下列名词,并简要说明其经济思想史中的重要性:维克塞尔,正常利率或自然利率,银行利率,强制储蓄,费雪,不耐心程度,投资机会率,货币数量论,实际余额效应,费雪效应,霍特里,公开市场操作,信用僵局,量化宽松政策,流动性陷阱,道德风险。

2. 假设自然利率正好等于银行利率,按照维克塞尔的观点,会发生通货膨胀或者通货紧缩吗?联系投资与储蓄来解释你的答案。

3. 讨论下述论断:维克塞尔认为货币政策的核心应该是利率;费雪相信应该是货币存量。

4. 假设社会越来越缺乏忍耐,社会成员希望今天消费更多的产品而不是等到未来去消费它们。按照费雪的观点,这将会对均衡利率产生何种影响?

5. 解释实际利率与名义利率之间的区别。我们将这种区别归功于哪位经济学家?

6. 假设一个实行部分银行准备金制度的国家,在没有警告和任何其他行动的情况下决定实行100%准备金要求,你认为价格水平会发生怎样的变化?解释一下你的推理过程。费雪的100%准备金要求希望如何消除这一问题?

7. 按照霍特里的观点,中央银行如何能够减少经济中的货币存量?利用你从以前的经济学课程中学到的知识来解释霍特里的三个货币政策工具。

8. 在维克塞尔、费雪和霍特里的经济理论中存在哪些共性?又有哪些明显的区别?

9. 根据2011年以来发生在产出、通货膨胀和货币政策等方面的变化更新历史借鉴16-1。美联储刺激经济的努力看起来是成功的吗?

10. 关于2007—2008年金融危机、大衰退,以及美联储应对措施,维克塞尔、费雪和霍特里可能会怎样评价?

精选文献

书籍

Blaug, Mark, ed. *Irving Fisher, Arthur Hadley, Ragnar Frisch, Friedrich Hayek, Allyn Young, and Ugo Mazzola*. Brookfield, VT: Edward Elgar, 1992.

——, ed. *Knut Wicksell*. Brookfield, VT: Edward Elgar, 1992.

Conrad, J. W. *An Introduction to the Theory of Interest*. Chapter 4. Berkeley, CA: University of California Press, 1959.

Deutsher, Patrick. *R. G. Hawtrey and the Development of Macroeconomics*. Ann Arbor, MI: University of Michigan Press, 1990.

Fisher, Irving. *The Works of Irving Fisher*. Edited by William J. Barber. 14 vols. London: Pickering and Chatto, 1998.

——. *The Money Illusion*. New York: Adelphi, 1928.

——. *The Nature of Capital and Income*. New York: Macmillan, 1906.

——. *100% Money*, 2nd ed. New York: Adelphi, 1936.

——. *The Purchasing Power of Money*. New York: Macmillan, 1911.

——. *Stabilizing the Dollar*. New York: Macmillan, 1920.

Gorlund, Torsten. *The Life of Knut Wicksell*. Translated by Nancy Adler. Stockholm: Almqvist and Wiksell, 1958.

Hawtrey, Ralph George. *The Art of Central Banking*. London: Longmans, Green, 1932.

——. *Capital and Employment*, 2nd ed. London: Longmans, Green, 1952.

——. *Currency and Credit*. London: Longmans, Green, 1919.

Uhr, Carl G. *Economic Doctrines of Knut Wicksell*. Berkeley, CA: University of California Press, 1960.

Wicksell, Knut. *Interest and Prices*. Translated by R. F. Kahn. London: Macmillan, 1936 [orig. pub. in 1898].

——. *Lectures on Political Economy*. Translated by E. Classen. 2 vols. London: Routledge, 1934—1935 [orig. pub. in 1901 and 1906].

期刊论文

Boianovsky, Mauro. "Wicksell on Deflation in the Early 1920s," *History of Political Economy* 30 (Summer 1998): 219—276.

Crockett, John H., Jr. "Irving Fisher on the Financial Economics of Uncertainty," *History of Political Economy* 12 (Spring 1980): 65—82.

Dimand, Robert W. "The Fall and Rise of Irving Fisher's Macroeconomics," *Journal of the History of Economic Thought* 20 (June 1998): 191—202.

Scandinavian Journal of Economics 80, no. 2 (1978). Contains several articles on the economic contributions of Knut Wicksell.

Tobin, James. "Neoclassical Theory in America: J. B. Clark and Fisher," *American Economic Review* 75, no. 6 (December 1985): 28—38.

Trescott, Paul B. "Discovery of the Money-Income Relationship in the United States, 1921—1944," *History of Political Economy* 14 (Spring 1982): 65—88.

第17章 新古典学派：不完全竞争经济学

不完全竞争理论包含在边际主义或新古典学派的范围和传统之内。尽管这些理论直到20世纪30年代早期才充分发展起来，但它们有着很深的根源。例如，回想一下，古诺早在1838年就提出了完全垄断和双寡头垄断模型，埃奇沃思和维克塞尔分析了竞争者所面临的需求曲线不是完全有弹性的情形。对不完全竞争关注的逐渐增加是因为，在完全竞争模型和完全垄断模型之间存在着经济理论的空白，并且完全竞争理论变得越来越站不住脚。完全竞争几乎完全适用于农业，但即使在农业中，完全竞争理论与以前更早时期相比也变得越来越不适应于现代的情况。如果只有几个买者能够在地方市场上购买农产品，比如烟草、肉类、谷物和牛奶，完全竞争理论就不再起支配作用。另外，尽管对价格形成的传统分析有助于分辨出在农业中不断增加的政府干预的间接经济影响，但是这种干预降低了完全竞争模型的普遍适用性。

按照许多经济学家的观点，新古典的完全竞争理论对于现代工业生产和贸易的直接适用性比对农业的直接适用性还要低。这种理论预先假设大量的买者和卖者都交易完全同质的产品，所以没有个人能够在市场中有可觉察的影响。因此买者对于光顾哪一个卖者完全无差异。在这样的世界中，可以按照市场价格卖掉任意数量的产品，并且不需要任何广告、商标或推销。因此，批评者说这显然是一个相当抽象和简化的世界！今天大多数经济学家都一致同意完全竞争模型为竞争的本质和结果提供了重要的洞见，但是它并没有准确地描述大多数国内和国际市场。

本章讨论的不完全竞争理论的方法论反映了新古典学派的所有特征。其方法论以一种抽象、演绎和主观的方式处理边际主义和微观经济方法，并且不完全竞争经济学假设一个趋于均衡的理性的、静止的、瞬间不变的世界。这些理论很少被用来解释作为一个动态过程的波动、增长和变动。

通过说明垄断如何将价格提高到竞争性均衡水平之上以便在长期获得经济利润，关注不完全竞争情形的这些理论很有影响力，使经济学家更加情愿接受更严厉的政府反托拉斯政策和政府管制垄断性公用事业的利润。因此,这些理论为几乎已经实施了半个多世纪的各种政府目标提供了理论依据。坚持认为政府的有力行动能够鼓励竞争的希望将可能会使大企业趋势逆转,这可以追溯到19世纪70年代的美国,而英国甚至更早。一些经济学家仍然希望可以实现的、期望中的完全竞争的福祉,代表了一种对垄断的反应和徒劳的尝试。在充满国际竞争的年代,我们无法回到接近完全竞争的经济中去,而且即使我们能够这样,它也不可能是一种高度稳定、增长的和有效率的经济。事实上,作为一种目标的完全竞争已经在很大程度上被"有效竞争"所取代,有效竞争代表了完全竞争与寡头垄断的折中。

从这些对新古典理论的补充中我们可以知道,在垄断竞争条件下,即使缺乏实现垄断利润的能力,与完全竞争条件相比,也有可能价格更高而产量更低。并且,在垄断竞争和买方垄断的条件下,生产要素并没有得到与它们的边际贡献价值相等的报酬。因此,这些新理论对于以下广泛传播的思想是一个打击,即私人企业制度必然会导致生产资源的最优配置,并且必然使所有生产要素都获得适当的回报。

值得注意的是,这些新思想是由美国的爱德华·张伯伦、英国的琼·罗宾逊和德国的海因里希·冯·斯塔克尔伯格几乎在同时完全独立提出的。冯·斯塔克尔伯格的分析使他放弃了对经济秩序的一切希望,除非由政府来提供一种经济秩序。如果经济秩序分裂为一种没有整合力量的垄断者之间的无谓斗争,那么就必须呼吁政府的力量来加强这种秩序。所以毫不奇怪冯·斯塔克尔伯格会全身心地支持法西斯主义。我们将会看到张伯伦和罗宾逊得出了不太激进的结论。

在本章的剩余部分我们集中关注张伯伦和罗宾逊,他们共同的贡献便是探讨了处于完全竞争与完全垄断之间的几种情形。但是在说明他们的理论之前,简要讨论一下皮耶罗·斯拉法的早期的微观经济思想将会有所助益。

17.1 皮耶罗·斯拉法

皮耶罗·斯拉法(Piero Sraffa,1898—1983)是移居英国的意大利人,曾就读于马歇尔门下,在剑桥大学任教过,并且是李嘉图著作与通信集的定稿编辑。当法国在1940年被德国的闪电战击败时,他作为敌对盟国的侨民被英国拘留。凯恩斯强烈谴责那些虐待著名流亡学者的"傻瓜"并写道:"如果在我们这个国家仍然有纳粹同情者未被抓起来的话,我们应该看一下战争办公室和我们的情报部门而不是俘虏收容所。"①

我们在第22章将会发现,斯拉法的《用商品生产商品》(*Production of Commodities by Means of Commodities*,1960)确立了他作为后凯恩斯经济学派的一位主要成员的地位。就这一点来说他是新古典主义的批评者。然而,他早期的作品包含在新古典主义的方法论传统之中,而且对于即将到来的对完全竞争理论的批判具有开创性的影响。

---

① Roy Harrod. *The Life of Maynard Keynes* (Harmondsworth: Penguin, 1972), 587.

在1926年12月的《经济学杂志》(*Economic Journal*)上，斯拉法发表了一篇重要论文。在文章中他指出，随着一个企业生产规模的扩大，单位生产成本将会明显下降。单位成本的下降可能是由于企业增加其产出而带来的内部经济，也可能是由于日常管理费用被它所生产的更大数量的产品分担而引起。单位成本的下降与完全竞争是不相容的（在极端的情况中这可能导致自然垄断）。如果随着规模的扩大企业变得更有效率，那么就会有更少的企业和更少的竞争。因此有必要放弃完全竞争路径而转向垄断。

斯拉法定义了一个明确的理论，但是要记住的很重要一点是，完全竞争和自然垄断都是极端的情形。在只有几个企业的行业中，竞争性力量仍然可能盛行。但是，斯拉法正确地指出，有两个条件可以打破市场的纯粹性：(1) 单一的生产者通过改变其可供销售的商品的数量能够影响市场价格；(2) 每个生产者都在单个生产成本不断下降的条件下进行生产。

这两个条件都比完全竞争具有更多的垄断特征。一个完全竞争者是"价格接受者"，并且面临一条水平的需求曲线。因为以市场价格他可以卖出他希望卖出的全部商品，所以只要市场价格高于它的不断上升的边际成本，它就会扩大产出。由于每个企业都在相对较小的规模上达到了最低平均成本，因此有数百家企业同时存在。但是一个拥有垄断力量的企业必须降低它所有单位产出的价格以增加它的销售量。因此，它就有一种减少产出的激励来保持其较高的价格、收入与利润。而且，由于一些企业会经历不断下降而不是上升的平均成本，因此，它们会扩大它们的生产规模，使之超出与完全竞争相适应的较小的生产规模。

传统理论认为企业产出的扩张会受到成本上升的限制。斯拉法认为产出的扩张会由于垄断定价而受到限制。

> 日常经验表明，大批企业包括生产消费制成品的大部分企业，都是在一种单个成本不断下降的条件下运转的。如果生产者可以依靠它出售其产品的市场，并且这个市场在现行价格下能够接受任意数量的产品，而它自己除了生产产品以外没有任何困难，那么几乎每一个此类产品的生产者都可以将它的企业扩展到非常巨大的程度。在正常的经济活动期间，并不容易找到这样一个企业，即它能够系统地将自己的产量限制在当前价格能卖出的数量之下，而与此同时它受到竞争的阻碍不能超过当前价格。那些认为他们自己是受竞争性条件限制的企业家将会认为这样的论断是荒谬的：即认为他们生产的限制是企业内部的生产条件，这种条件不允许在不增加成本的情况下的更大的产量。当他们希望逐步提高产量时，他们要争取超越的主要障碍并不在于生产成本——事实上在这个角度通常对它们是有利的——而是在不降低价格或不必增加营销费用的前提下卖出更多数量的产品。为了卖出更多数量的自己的产品而必须降低价格只是通常的向下倾斜的需求曲线的一个方面，还有一种不同的情况是，不考虑商品整体，为扩展市场任何必要的营销支出不过是昂贵的努力（以广告、商业推销员、给予消费者便利等形式存在），也就

是说,是人为地提高需求曲线。②

从总体上来看,每个企业在整个市场自己受到保护的那一部分市场中,都会享有特殊的优势。如果它提高价格不会损失所有的生意,如果它降价也不会夺走其对手的所有生意。因此即使在看似竞争性的市场中企业也享有某些垄断因素,它所面对的需求曲线向右下方倾斜:

> 这导致我们对其重要性的正确衡量,归因于阻碍竞争自由发挥作用的主要障碍,即使自由竞争似乎占据主导地位,同时稳定均衡是可能性的,甚至当每个单个企业的生产供给曲线是下降的,也就是说,商品买者缺乏差异,正如不同生产者之间缺乏差异是一样的。任一团体的买者对于一个特定企业表现出偏好的原因有非常多的类型,可能包括长期的习惯、个人的了解、对产品质量的信任、对这种产品的接近、对特定要求的了解和获得信用的机会,还包括具有悠久传统的商标、标识或名称的信誉,产品型号的特殊性质或者产品的设计——它并不构成一种用来满足人们特定需要的独特的产品——其主要目的是与其他企业的产品区别开来。偏好的这些原因或者很多其他可能的原因有一个共同点,就是它们都是由构成公司客户的购买者群体愿意花钱从一个企业而不是另一个企业购买商品的意愿表达出来(这种意愿通常受需求支配)。
>
> 如果生产一种产品的每个企业都处于这样一种状况,这种产品的总的市场就会被进一步细分为一系列不同的市场。任何一个企业想要通过侵入竞争者的市场而将自己的产品扩展出自己的市场之外,它必定会需要巨大的营销费用以便超越包围着它的各种障碍;但是另一方面,在它自己的市场和它自己的障碍的保护下,它拥有一种享有垄断的地位,借此它可以获得各种好处——如果不是在市场范围方面,就是在产品种类方面——与普通垄断者享有的特权是相同的。③

斯拉法说,在一个稳定的行业中,一个企业可以降低价格从而提高销售量和利润,结果损害了竞争企业。但是,如果一个企业提高价格,也可以在不损害竞争的情况下增加利润;事实上,竞争企业还可以从价格上涨中获益,因为它们因此可以自愿提高自己的价格。所以,对于企业家来说,增加利润的第二种方式比第一种方式更能令人接受,因为如果它们没有引起竞争者报复的话,第二种方式的利润被认为是更加稳定的。

斯拉法这篇被广泛阅读与讨论的文章激发了关于当时经济理论缺陷的大量思考和著述。

---

② Piero Sraffa, "The Laws of Returns under Competitive Conditions," *Economic Journal* 36 (December 1926):543. Reprinted by permission of the publisher.
③ Piero Sraffa, "Laws of Returns", 544—545.

17.2 爱德华·黑斯廷斯·张伯伦

爱德华·黑斯廷斯·张伯伦(Edward Hastings Chamberlin, 1899—1967)出生于华盛顿州的拉康纳,在爱荷华大学获得学士学位,在哈佛大学获得博士学位,后来成为哈佛大学的教授。1933 年,他出版了《垄断竞争理论》(*The Theory of Monopolistic Competition*)。[④] 这部重要的著作将以前相互分离的垄断理论和竞争理论结合在一起,并且试图解释既不是完全竞争也不是完全垄断的一系列市场情形。张伯伦认为,大多数市场价格实际上是由垄断因素和竞争因素共同决定的。

17.2.1 垄断竞争理论

垄断竞争理论的一个关键概念是产品差异。在一大类产品中,特定的产品"能够被区分开来,如果存在任何重要的根据可以将一个卖者的产品(服务)与其他卖者的相区别"[⑤]。这意味着每个企业的需求曲线都是向下倾斜的,因此它的边际收益曲线必然位于其需求曲线或平均收益曲线的下方。张伯伦是 20 世纪 20 年代后期、30 年代早期最早应用古诺垄断模型中所暗含的边际收益思想的众多理论家之一。[⑥] 从以前的讨论中我们可以得知,边际收益是由销售额外一单位的产出所引起的总收益的增加。在完全竞争条件下,每一个企业都能够以现行市场价格卖出它所有的产出,边际收益等于价格,边际收益曲线和需求曲线是完全相同的水平直线。因此,如果一个农民能够以 5 美元/蒲式耳的价格卖掉他的全部小麦,那么卖出的每一额外蒲式耳的小麦都能使总收益增加 5 美元。

在完全竞争不占主导的市场中情形就会完全不同。需求曲线向下倾斜,边际收益曲线也向下倾斜并更加陡峭。例如,如果一个企业家每天能够以 20 美元的价格卖出一双鞋子,以 18 美元的价格卖出两双鞋子,以 16 美元的价格卖出三双鞋子,除了第一种情形外,在每种情形中边际收益都低于价格。第一双鞋子的边际收益是 20 美元,而第二双鞋子的边际收益仅为 16 美元。这可以用两种方法计算:(1) 总收益从 $20(20 \times 1)$ 美元变成 $36(18 \times 2)$ 美元,增加了 16 美元;(2) 额外一双鞋子卖了 18 美元,但是为了售出第二双鞋子,第一双鞋子的价格必须下降 2 美元$(16 = 18 - 2)$。类似地,卖出第三双鞋子的边际收益为 12 美元。[⑦]

一个典型企业所面对的成本曲线是由雅各布·瓦伊纳(回顾历史借鉴 14-1)提出的那些成本曲线。边际成本是由于生产额外一单位产出导致总成本增加的部分。一个

---

④ 本书较早的版本是他 1927 年提交给哈佛大学的博士论文。
⑤ Edward H. Chamberlin, *The Theory of Monopolistic Competition* (Cambridge, MA: Harvard University Press, 1933), 56.
⑥ 但是,对企业理论中边际收益的重要性的强调要归功于琼·罗宾逊而不是张伯伦。
⑦ 如果你对这一点仍然感到困惑,可以回顾一下图 12-1 的解释。

典型企业的短期边际成本曲线是 U 形的。这个一般的形状是由收益递增和收益递减规律引起的，即我们所熟悉的 U 形的成本曲线是由前面图 14-3 所示的短期生产函数推导出来的。

回想一下，当边际成本小于平均成本时，平均成本必定下降；当边际成本大于平均成本时，平均成本必定上升。因此，边际成本曲线与平均成本曲线相交于后者的最低点。

每个企业利润最大化的产出由边际成本曲线与边际收益曲线的交点决定。只要生产额外一单位产品总收益的增加大于总成本的增加，增加生产就会增加利润。另一方面，如果边际成本一直上升并且超过边际收益，那么减少产出是合算的。正如古诺所指出的，只有在边际成本等于边际收益那一点的产出，才能实现利润最大化。这个单一规则既适用于完全竞争与完全垄断，也适用于介于两者之间的一系列情形。

按照张伯伦的观点，只有当一个企业拥有明显的垄断时，同时在短期与长期中它的价格才会高于平均成本。如果许多企业在垄断竞争条件下运营，在长期，自由进入这个行业将会消除垄断利润。随着越来越多的企业出售那些尽管不完美但很接近的替代品，在每个价格上每个生产者都只能卖出比以前更少的产品。当每个销售者的总收益恰好等于总成本时（或平均收益等于平均成本时），就会产生长期均衡。由于正常利润被认为是一种成本，因此企业只获得正常利润。这样一种利润既不会吸引更多的企业进入这个行业，也不会引起企业退出这个行业。

这些思想用几何图示方式表现在图 17-1 中，它基于张伯伦自己的表述。企业的平均成本曲线 AC，包括平均利润率——或正常利润——是在长期中保持企业经营所必需的。因此，产品可以按平均成本来出售并且在会计意义上仍然有利润。边际成本 MC 是从总成本中推导出来的。

为了理解张伯伦的思想，我们首先考察需求曲线 D 和相应的边际收益曲线 MR。因为企业可以通过降低价格来提高销量，所以需求曲线向下倾斜；如果企业提高价格，销量将会下降。如果价格变得非常高，即使那些忠诚于某一特定卖者或者产品品牌的顾客也会接受略有差异的产品。边际收益曲线 MR 和边际成本曲线交点决定的产出水平是 B，从需求曲线 D 可以看到，在这个利润最大化的产出水平上，企业可以将价格定为 M。这个价格同时也是 B 单位产出的平均收益，我们看到它超过平均成本的部分是 NS。因为 NS 是每单位产出的利润，因此总利润就是面积 LMNS（NS × LS）。

如果一个企业拥有长期垄断能力——例如，如果进入这个行业会受到阻碍——这种情形将表现为图 17-1 所描述的成本与需求的长期均衡。额外的利润就是垄断利润，它是早期对经济学思想作出贡献的很多经济学家一致认为的那种类型的利润。但是，如果其他企业能够自由进入这个行业，它们也会这样做以便分享超出正常利润的那部分利润。随着企业的进入，我们的企业所面对的需求曲线将会下降，最终下降到 D′。看一下这个新的边际收益曲线 MR′，它显示这个企业现在在 MR′ = MC 时，将会生产产出水平 A，将价格定为 R。在这个价格与产量上，平均收益等于平均成本，因此经济利润消失了。

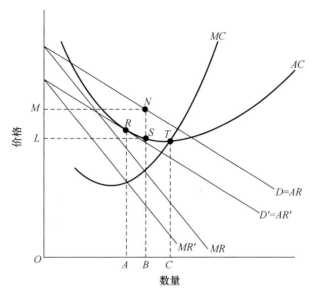

图 17-1 张伯伦的垄断竞争理论

给定需求曲线 D 和边际收益曲线 MR,垄断竞争企业将会生产 B 数量的产出,在该点,$MR = MC$ 并且获得经济利润 $LMNS$。这个经济利润会吸引新的进入者加入到这个行业,导致企业的需求曲线和边际收益曲线向下移动到 D' 和 MR'。在长期均衡时,企业通过生产数量 A 的产品实现利润最大化,仅获得正常利润($P = AC$),产量低于竞争时的产量(A 点而不是 C 点),而定价(R)高于边际成本和最低平均成本。结果导致产能过剩和资源配置无效率。

对于一个在完全竞争市场中进行生产的企业,需求曲线与边际收益曲线是水平的并且重合。在长期,企业将会生产 C 单位的产出,而每单位产品的价格将是 T。因此,张伯伦的重要结论是:

> 与完全竞争条件相比,在垄断竞争条件下价格不可避免地更高而生产规模不可避免地更小……
>
> 这样一种要素集合的结果通常就是过剩的生产能力(图 17-1 中的水平距离 AC),对此没有自动纠正的机制。当然,在完全竞争条件下,由于生产者的计算错误,或者由于需求或成本条件的突然变动,这样的过剩产能也可能出现。但是垄断竞争的特点可能是长时期存在而不受惩罚,价格会一直包含成本,并且事实上由于价格竞争失去作用,它会变成永久的和正常的。过剩的生产能力永远都不会消失,结果将是高价格和浪费。这个理论为经济体制中的这种浪费提供了一个解释——往往被称为"竞争的浪费"。事实上,在完全竞争条件下它们永远都不会发生,并且正是由于这个原因,完全竞争理论对它们只是并且必须保持沉默,如果要引入它们,只是当作"限制条件"而不是这个理论的一部分。它们是垄断的浪费——垄断竞争中垄断要素的浪费。[⑧]

---

⑧ Chamberlin, *Monopolistic Competition*, 88, 109.

概括:张伯伦的模型表明垄断竞争企业提供差异化的产品,索要超过边际成本的价格,并且在它们的平均成本高于最低点的产出水平上经营。结果,社会的稀缺资源并没有被配置到它们最有价值的用途上,存在配置无效率(allocative inefficiency)。这些企业生产的额外单位产品的社会价值高于正在生产的产品的价值。并且,如果这些额外单位的产品被生产出来,产品的平均成本将会下降。

17.2.2 限制条件

很多追随张伯伦的经济学家重申,完全竞争会导致比垄断竞争更大的产量、更有效的生产和更低的销售价格。但是这个结论需要两个限制条件。

第一,张伯伦的结论建立在一个不现实的假设基础上,即成本曲线在每种情形下都是相同的。如果我们想要在钢铁行业实现完全竞争,我们就可能有成千上万个小企业来生产钢铁。每一个"钢铁厂"可能比铁匠铺稍微大一点点,而钢铁的价格可能会比目前有几个生产者拥有垄断能力的情形要高得多。我们所能说的是,在完全竞争条件下,每个生产者在长期都倾向于在其平均成本曲线的最低点进行生产。并且假设所有的企业都能实现规模经济。

如果我们离开完全竞争情形,由于需求曲线向下倾斜,总产量会下降而价格会上升。但是毫无疑问一个现代钢铁厂比一个铁匠铺更有效率。在这个案例中假设每个企业都可以实现规模经济是不现实的。钢铁行业中一个完全竞争的小企业的成本曲线将远远位于现代企业的成本曲线之上。因此完全竞争并不一定提供最大数量的产出和最低的价格。

第二,现代经济学家指出,一个所有产品都标准化的完全竞争的世界将是一个真正乏味的世界。垄断竞争造成每一大类产品的很多变化,因此能够使消费者更好地满足其多样化的需求。例如,消费者可以选择同一大类中的多种产品,而不是一种标准化的汉堡包,并且正如购买模式所表明的,不同的人可能喜欢某一种类型的产品而不是其他的产品。因此,垄断竞争确实提供了和产品多样化相关的积极的好处。

历史借鉴 17-1
委托人、代理人与 X-无效率

在《国富论》中亚当·斯密指出,股份公司(有限公司)的董事,是别人钱财而不是自己钱财的管理者,不能期望他们以与私人所有制企业中的业主同样的警惕来监管所有者的钱财。因而斯密声称,在这类公司的管理中,疏忽和浪费性支出一定永远盛行。

今天,经济学家将这种利益的分歧称为委托-代理问题。委托人是公司的所有者,他们是公司的股东。这些所有者雇用代理人——执行官、经理和工人——代表委托人的利益来执行利润最大化行为。但是,代理人倾向于最大化他们自身的效用,而不一定最大化那些不知名的股东的利润。他们可以通过公司支出增加而不是降低他们雇主的成本的方式来实现这个目标。比如,他们可以建造精致的办公楼,为经理主管人员购买直升机,雇用不必要的下属,支付过高的工资,从事并不盈利的并购,等等。*

在一篇常常被引用的 1966 年的文章中,哈维·莱本斯坦(Harvey Leibenstein,1922—1993)将过多成本导致的结果称为 X-无效率,以区别于资源配置无效率(由于价格超过边际成本所引起的资源配置不当)。** 莱本斯坦说,当一个企业生产任何产出的真实成本都高于最低可能成本时,X-无效率就发生了。用图 17-1(或历史借鉴 14-1 中的图 14-4(b))来说,当 MC 曲线和 AC 曲线位于图中所示曲线的上面时,就出现了 X-无效率。

经济学家怀疑在竞争性企业中是否有 X-无效率存在的空间。在完全竞争条件下,在长期,企业的进入使产品价格等于 AC 的最低点。那些成本曲线位于竞争者成本曲线之上的企业将会发现它的最低平均成本超过了市场价格,结果将导致损失和最终破产。类似地,如果一个垄断竞争者成本曲线位于可达到的最低成本曲线之上,那么在长期它也将遭受损失。

但是,X-无效率更有可能发生在垄断和寡头垄断的情形下,在这些情形下进入壁垒将会保护无效的管理者免于成本最小化的竞争压力。事实上,X-无效率大约为一个典型垄断者的成本的 10%,为一个高度集中行业平均水平寡头垄断者的 5%。***

大多数经济学家对 X-无效率的忧虑比几十年前有所减少。以为 X-无效率可能下降的原因之一是企业通过将报酬和利润联系在一起,部分地解决了委托-代理问题。股票期权计划和利润分享计划使执行官、经理人与工人的经济利益与委托人(股东)的经济利益联系起来。降低成本可以增加利润,从而既有利于委托人也有利于代理人。

同时,高度发达的"公司控制权市场"的出现无疑也会减少 X-无效率。那些不能实现成本最小化的企业比它们有效率时往往拥有较低的股票市场价值。这使得其他公司以高于其股票市值的价格从股东手中购买 X-无效率公司的股份。这种"股权收购"会导致股东卖出股份,使得买者从现任执行官手中夺取公司的控制权。然后新的代理人通过任用那些比现任执行官和经理更适合的人,降低成本和最大化股东的价值,尽力获得正的回报。通过这种方式,接管和接管威胁降低了 X-无效率。

---

* 这是一个道德风险的例子,即规则和激励鼓励合同一方(代理人)以对另一方(委托人)昂贵的代价行事。道德风险和委托代理之间的联系最早由史蒂芬·A. 罗斯明确论述,参见:Stephen A. Ross,"The Economic Theory of Agency:The Principal's Problem," *American Economic Review* 63, no. 2 (May 1973):134—139.

** Harvey J. Leibenstein, "Allocative Efficiency vs. 'X-Efficiency'," *American Economic Review* 56 (June 1966):392—415.

*** William G. Shepherd, *The Economics of Industrial Organization*, 4th ed. (Englewood Cliffs, NJ: Prentice-Hall, 1997),107.

17.3 琼·罗宾逊

琼·罗宾逊(Joan Robinson,1903—1983)长期担任剑桥大学的经济学教授,是阿尔弗雷德·马歇尔的学生。她的著作《不完全竞争经济学》(*The Economics of Imperfect Competition*)是在张伯伦的著作出版几个月之后出版的,包含了大体相同的范围。在1933年这部著作问世后的几十年间,罗宾逊扩展了她的学术活动,在凯恩斯和后凯恩斯主义经济学、经济发展和国际贸易等领域都作出了重要贡献。在第22章讨论后凯恩斯主义经济学时我们还会再次提到她。除了其他的贡献以外,罗宾逊还对马克思主义经济学提出了重要的批评,尽管她是一个善意的批评者。在晚年,罗宾逊以一个传统经济学的批判者而著称,她的全部作品很难完全归入某一特定的思想学派。在讨论她早期对新古典经济学的贡献时,我们必须牢记这一事实。

17.3.1 买方垄断

对于垄断竞争这一概念,罗宾逊增加了买方垄断的思想,买方垄断是这样一种情形,在市场上存在单一买者或者像一个买者一样行动的一群买者。她分析了在产品市场和资源市场上买方垄断购买能力的结果。

产品市场的买方垄断。当一种产品有大量买者的时候,他们的总需求曲线向右下方倾斜,因为它是以边际效用为基础的。一个人得到的一种产品数量越多,产品的边际效用越低,他愿意为额外增加的一单位支付的数额越少。

如果只有单一买者或者如果所有买者达成一个协议共同行动,我们可以假设市场需求曲线保持不变。我们还可以假设供给曲线也保持不变,因为它表示在每一价格上所有的卖者共同提供的产品数量。供给价格以生产每一数量产品的成本为基础,这种成本在买方垄断的情形下不会发生改变。

罗宾逊归纳了两个思想:(1)在完全竞争条件下,在任一时间买者将会连续购买产品,直到价格等于边际效用的那一点为止;(2)在买方垄断条件下,买者将会以这种方式调整购买行为,即对他而言的边际成本(有别于生产的边际成本)等于边际效用。这些重要的观点用表17-1来说明。

表17-1 产品市场的买方垄断(假设的数据)　　　　　　　　(单位:美元)

(1)单位	(2)价格	(3)总成本	(4)边际成本	(5)边际效用
1	1	1	1	7
2	2	4	3	6
3	3	9	5	5
4	4	16	7	4
5	5	25	9	3
6	6	36	11	2

© Cengage Learning 2013

首先考虑买者之间完全竞争的情形。假设某一产品X的市场价格为4美元。不论一个单一买者购买多少数量,都不会影响价格。我们假设第5列中的边际效用数据是仅购买这种产品的一个特定消费者的数据。在任一时间,拥有第一个单位的这种产品给消费者带来 7 美元的边际效用。第二个单位为他提供 6 美元的边际效用,第三个单位是 5 美元,第四个单位是 4 美元,依此类推。当市场价格为 4 美元时,消费者将会购买 4 个单位的该产品。即他将会购买这种产品的数量直到价格(第 2 列的 4 美元)等于边际效用(第 5 列的 4 美元)的那一点为止。⑨

现在假设同样的这个消费者是市场上 X 产品的唯一买者。获得从第一到第四个单位的产品为他提供了 7 美元、6 美元、5 美元、4 美元的边际效用(第 5 列)。假设只有在增加成本的情况下(向上倾斜的市场供给曲线),企业才能增加这种产品的产量,我们的消费者希望购买的数量越多,产品的价格就越高。因为这个买方垄断者是唯一买者,如果他想购买更多的单位数,他必须支付一个更高的价格;较大的产出是以更高的单位生产成本为代价的。我们从表 17-1 的第 1 列和第 2 列可以看到,他能够用 1 美元购买 1 单位的 X,但是购买 2 单位时就要每单位花费 2 美元,总共花费 4 美元。如第 4 列所示,对他来说,第二个单位的边际成本是 3 美元(4 美元 – 1 美元),而不仅仅是第二个单位的实际价格 2 美元。但是,这个 3 美元的边际成本小于第二个单位的边际效用(6 美元),因此这个人将会选择购买它。从表中我们可以观察到这个消费者将会决定购买 3 个单位的这种产品,因为在这个数量上他的边际成本(5 美元)正好等于他的边际效用(5 美元)。

结论:在一个向上倾斜的产品供给曲线的正常条件下,买方垄断者将要购买的数量(3)少于竞争性买者购买的数量(4),并且将会支付低于竞争性的价格(3 美元而不是 4 美元)。买方垄断者可以通过调整购买数量来控制产品价格,这与一个垄断卖者可以通过调整产出水平来控制同一价格非常相似。

罗宾逊指出,在供给曲线具有完全弹性时——即生产的边际成本与平均成本相等——供给价格将会保持不变,在买方垄断情况下购买的数量与完全竞争情况相同。如果一个行业是在供给价格不断下降的情形下运转的,买方垄断者的边际成本将会低于产品的价格;他将会购买多于完全竞争时的产品。

资源市场的买方垄断。罗宾逊还以劳动力市场为例分析了资源市场的买方垄断。图 17-2 关于劳动力市场买方垄断的现代几何图示,直接来自罗宾逊自己的表述。为了使这个解释便于处理,我们先忽略图中标为 *VMP* 的曲线。遵循马歇尔的方法,罗宾逊指出一个雇主的短期劳动需求曲线就是它的边际收益产品曲线 *MRP*。这在买方垄断和竞争性的劳动力市场上都是正确的。边际收益产品是雇主多雇用一个工人所带来的总收益的增加量;这是增加的工人帮助生产的更多产品卖掉之后,企业所得到的额外收益。当在产品的销售中存在完全竞争时,边际收益产品随着雇佣工人的增多而不断下降,这仅仅是因为收益递减规律的作用。每一个新增工人对额外产出的贡献比之前增加的工人的贡献要少,因此对边际收益的贡献也比之前增加的工人的贡献要少。

---

⑨ 注意在这个例子中我们的消费者获得了 6 美元的马歇尔消费者剩余。

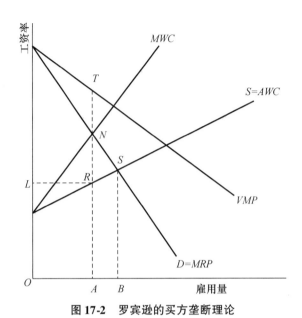

图 17-2　罗宾逊的买方垄断理论

买方垄断的雇主面对一条边际工资成本曲线 MWC，它位于市场供给曲线 S 的上方。为了实现利润最大化，它会限制雇佣数量（A 点而不是 B 点）以便支付低于竞争时的工资（R 点而不是 S 点）。按照罗宾逊的观点，买方垄断剥削为 NR，它是边际收益产品 MRP 与买方垄断工资之间的差额。当在产品市场上存在垄断或垄断竞争时，边际产品的价值 VMP 将会超过 MRP，垄断剥削将为 TN。

一个买方垄断者面临的劳动供给曲线向右上方倾斜。由于买方垄断者是某一特定种类劳动力的唯一雇佣者，因此它面对的是市场劳动供给曲线。这条曲线同时也表示平均工资成本 AWC，因为它表示为了吸引特定数量的工人所必须支付给每个工人的工资率。在买方垄断条件下，边际工资成本——与多雇用一个工人相联系的额外成本——高于平均工资成本或者工资率。买方垄断者为了从其他可供选择的行业、家庭活动或闲暇中吸引额外的工人，必须提高工资率，并且必须给全部工人支付这个更高的工资率。因此，多雇用一个工人的额外成本就高于支付给那个工人的工资率。它还包括支付给那些本来可以用较低工资率吸引过来的工人的额外工资。

图 17-2 所表示的买方垄断者将会雇用多少工人？罗宾逊认为答案是 A，因为在这个数量时，雇用的最后一个工人带来的边际收益产品正好等于边际工资成本（点 N）。如果 MRP 大于 MWC，企业雇用更多的工人就是有利的；如果 MRP 小于 MWC，雇主可以通过减少雇佣来增加利润。

图 17-2 所示的买方垄断者将支付一个为 L 的工资率。从供给曲线可以看到，在这个工资率时，它能够吸引的利润最大化的雇员数量为 A。

这个模型使罗宾逊得出了几个有趣的结论。第一，一个劳动力市场的买方垄断者雇用的工人数量（A）少于雇主之间相互竞争时所雇用的工人数量（B）。买方垄断者减少雇佣是为了避免引起必须支付给全部工人的工资上升。第二，在买方垄断条件下，工人受到剥削。罗宾逊引用了作为生产要素的劳动力受到剥削的定义：以低于其边际收益产品的工资被雇用（R 而不是 N）。如果劳动力市场是完全竞争的，这样每个雇主都能够以市场工资雇用所需的全部劳动力，对每个雇主来说，劳动力的边际工资成本等于工资率。雇主在自我利益的驱使下，将会雇用工人直到边际收益产品等于工人工资率的那一点。这种定义的劳动力剥削通常不会发生在一个竞争性的劳动力市场上。

17.3.2 垄断竞争条件下的剥削

罗宾逊引用了由她剑桥大学的同事 A. C. 庇古（第 20 章）提供的另一个剥削的定义。当工人的工资低于劳动的边际产品价值（VMP）时就会产生剥削。罗宾逊接受了这个定义，她认为剥削可能会超过图 17-2 中的 NR。在出售由劳动力制造的产品时，如果存在垄断或不完全竞争，那么企业的边际收益曲线就会位于 VMP 曲线以下，如图中所示。在出售产品时如果是完全竞争，企业就能够以市场价格卖掉它全部产品；因此，边际收益产品就等于边际产品价值，后者由边际产品乘以产品价格来计算。但是，当这个企业拥有垄断力量并因此而面对一条向下倾斜的产品需求曲线时，如果它想要增加销售量，就必须降低其产品的价格（回想一下垄断模型）。因为这个较低的价格适用于这个企业的全部产出，所以它的边际收益将小于价格。换言之，垄断者销售额外一单位的产出并不会把产品价格的全部数量都增加到垄断者的边际收益中去。结果，一个企业雇用额外一个工人并卖出更多产品所得到的边际收益将会小于额外产出（边际产品）乘以这些单位的价格。企业将不得不以较低的价格销售全部产品，即使本来能够以较高的价格销售产品，如果不雇用额外工人的话。边际收益产品将是边际产品乘以边际收益，不是乘以价格。在这个定义中，图 17-2 中的 TR 衡量对劳动力的总剥削程度；NR 衡量由于买方垄断所导致的剥削；TN 表示在产品销售过程中由垄断或垄断竞争导致的剥削。

17.3.3 消除剥削的措施

罗宾逊说，为了消除买方垄断条件下的劳动剥削，行业工会或者行业组织机构应该设置这一行业的最低工资。这样这个行业的劳动供给在强制工资率条件下就会变成完全有弹性的，劳动的边际工资成本就会与平均工资成本相等。参见图 17-2，如果工资率 S 是强制的，买方垄断者在增加雇佣工人时就不再抬高劳动价格。新的供给曲线将会是一条从纵轴出发经过点 S 的水平直线，雇佣工人的数量将从 A 增加到 B。工资将会等于边际收益产品，由买方垄断导致的剥削将会消失。

为了消除垄断条件下的剥削，必须以这样一种方式控制销售价格，使它等于边际成本和平均成本。为了消除垄断竞争——罗宾逊认为是最常见的市场类型——条件下的剥削，市场必须变成完全竞争的：

> 当市场变成完全竞争时，企业将会扩张并处于新的均衡位置，当利润再次是正常利润时，企业达到最优规模，成本将会更低而产品价格将会下降。

因此消除市场的缺陷必定会降低产品的价格。它也有可能改变以前这个行业所雇用的大量工人的边际自然生产力,因为这些工人现在被组织在一个最优企业中而不是次优企业中。在以前的位置上,他们所得到的少于当时的边际物质产品的价值,而在新的位置上,他们将得到他们边际物质产品的价值,但这并不意味着他们在新的位置上比在以前的位置上更好,因为边际物质产品的价值可能会减少,边际物质产品减少,而且产品的价格必然下降。⑩

经济学家已经确认在一些现实世界中的劳动力市场上存在买方垄断力量。例如,研究表明在一些孤立的劳动力市场上存在买方垄断,例如一些公共学校的教师、专业运动员(在自由行动以前)、护士、报业雇员,等等。但是,在大多数劳动力市场上,工人们都有愿意为之工作的可选择的雇主,特别是当这些工人在职业上和地理位置上可以流动时。另外,在一些劳动力市场上已经出现了强大的工会,来抵抗潜在的买方垄断力量。

历史借鉴 17-2
罗宾逊、买方垄断和公共政策

琼·罗宾逊的买方垄断理论的主要政策含义是,政府能够通过提高买方垄断市场上的资源价格来增进资源配置效率。在 20 世纪 30 年代中期,美国政府实施了三项重要的法律,这些法律的设计在部分程度上是为了实现这个目标。

1935 年,国会通过了《国家劳动关系法案》,又称《瓦格纳法案》。这部里程碑式的法律保证了劳动力的一对权利:(1) 不受企业干涉的自我组织的权利;(2) 与雇主讨价还价的权利。同时,它还列举并宣布由公司对工会和它们的成员实施的不公平的劳动措施为非法。

在《瓦格纳法案》的保护下工会会员人数和谈判力量迅速增长。结果,买方垄断和寡头垄断的雇主越来越多地面临与强大工会的谈判。这些谈判最终导致了较高的工会工资,与剥削性的买方垄断工资完全不同。事实上,工会力量的增强使修改《瓦格纳法案》来限制劳动者的谈判力量成为必需(1947 年《塔夫特-哈特利法案》和 1959 年的《兰德姆-格里芬法案》)。今天,劳动专家一致认为工会主义成功地阻止了在诸如汽车制造、钢铁、海上贸易和国内运输等寡头垄断行业中的潜在的买方垄断力量。

罗宾逊的买方垄断理论的第二个政策体现就是 1936 年《罗宾逊-帕特曼法案》(以阿肯色州立法委员约瑟夫·泰勒·罗宾逊的名字命名)的通过。这个法案修正了 1914 年《克莱顿法案》的第二部分,该部分以前曾宣布减少竞争的价格歧视为非法。1936 年的修正案为这个法律增加了具体的细节。例如,大量的折扣受到限制,只有当较低的成本证明它们合理时才得到允许。同时,这个法案还宣布以下情形为非法,即免费广告、促销折扣、由企业提供给个人购买者而不是竞争者的虚假回扣费用。这样,小企业可以

---

⑩ Joan Robinson, *The Economics of Imperfect Competition* (London: Macmillan, 1933), 284—285.

受到保护,免于受到大竞争者的成本优势的不公平竞争,因为大竞争者能够利用它们的买方垄断力量从供应商那里获取价格让步。

许多经济学家对《罗宾逊-帕特曼法案》进行了严厉的批评,称这个法案"保护竞争者,而不是保护竞争"。即这个法案减少了健康的价格竞争,阻碍了有效的市场结构的形成,导致更高的产品价格和资源配置无效率。支持者反驳说,通过阻止大企业将较小的竞争者不公平地排挤出去和获得买方垄断力量,这个法案提高了竞争水平。

1938 年的《公平劳动标准法案》是与罗宾逊的买方垄断模型直接相关的第三项法律。这个法案设定了一个法定最低 0.25 美元每小时的工资,它试图抵制低工资劳动力市场上的买方垄断剥削。它的目标是为全职工人建立一个"生存工资"。

多年以来,国会将最低工资由 0.25 美元提高到了 7.25 美元并且拓宽了它的覆盖范围。尽管最低工资受到普通大众的欢迎,但是很多经济学家对它提出了批评。批评者观察到,在发达工业化社会中的低工资劳动力市场并不是那些以买方垄断为特征的市场,在这些市场中的工人通常有许多就业选择。这些经济学家认为,最低工资非但没有减少买方垄断力量,反而是在某些劳动力市场上将工资提高到了竞争性水平之上。结果造成了更高的失业率,特别是在年轻人当中。最低工资的捍卫者反驳道,较低的、可能是买方垄断的工资在许多低工资劳动力市场上仍然是潜在的现实。他们指出,在许多发展中国家的美国公司支付给工人的小时工资为 0.75 美元到 1.00 美元。

总之,琼·罗宾逊的买方垄断模型帮助发起或支持了美国的三项主要立法:《瓦格纳法案》、《罗宾逊-帕特曼法案》和《公平劳动标准法案》。在这些法案中,后两者在某种程度上仍有争议。

17.3.4 批评

张伯伦对罗宾逊关于剥削的分析提出了一种批评。他在他著作的第一版中并没有包括分配理论,但在接下来的版本中将分配理论包括了进去。他对罗宾逊的剥削理论的反驳是,所有的要素,而不仅仅是劳动,在垄断竞争条件下所得到的报酬都低于它们的边际产品的价值。庇古-罗宾逊对剥削的定义仅适用于在产品的销售过程中存在完全竞争的情形,因为在其他市场条件下所有的要素都得到它们的边际产品的价值是不可能的(回想一下"加总"问题)。根据庇古-罗宾逊的观点,所有的要素都受到剥削,而雇主只有破产才能避免受到"剥削"的指责。

在罗宾逊的著作问世 20 多年以后,她本人也对她帮助开创的那类经济推理提出了批评:

> 《不完全竞争经济学》是一部学术著作。它被用来分析 20 年前的教科书上所宣称的口号:"价格趋向于等于边际成本"和"工资等于劳动的边际产品";并且它也论述一些教科书问题,比如,当需求与成本既定,比较在垄断和竞争的条件下一种商品的价格与产出。处理这些问题的那些充分的假设(或者我希望它们是充分

的)绝不是分析在现实中出现的价格、生产和分配问题的一个合适的基础。⑪

罗宾逊认为,构建一系列必要的方程以确定利润最大化价格和产量,在理论上是可能的,但在现实应用中有很多障碍。她坚持认为相关数据不可得,并且计算局限使及时采取正确的措施非常困难。即使这些问题能解决,市场数据的快速变化将很快使决定的价格和产量过时。罗宾逊还认为,企业的广告将会面临知晓和影响需求的环境的挑战,在这种环境中动态条件使单个企业的需求曲线变成"仅仅是一个污点",而不是可以用来为基本决定作参考的稳定的点。罗宾逊通过自我批评得出以下结论:

> 《不完全竞争经济学》的较大缺陷是它与它所属的经济理论这一学科所共有的缺陷——没有涉及时间因素。只有在一种比喻意义上,价格、产出率、工资率或者其他不动的指标才能在价格-数量图所描述的平面上运动。任何运动都必须通过时间发生。不仅任何的调整都需要一定的时间来完成,并且(正如一直所承认的)事件可能在发生的同时改变了这个位置,因此我们所说的系统趋向的均衡在达到之前,均衡本身已经发生了变动。关键是运动的过程对运动的目标具有影响,因此没有独立于某一特定时期经济运行的路线而存在的所谓的长期均衡点。⑫

阿尔弗雷德·马歇尔已经预料到了他这位杰出学生的最后的异议,尽管他认为这种趋势仅仅是某一种单一产品市场上趋于均衡价格的较大运动的一个微小干扰。

正如前面所指出的,罗宾逊在晚年偏离了她早期的微观经济理论,转而探索其他一些经济领域,努力发展一种对经济世界更动态、更现实的分析。⑬

复习与讨论

1. 解释下列名词,并简要说明其在经济思想史中的重要性:斯拉法,张伯伦,产品差异,垄断竞争,罗宾逊,买方垄断,买方垄断剥削,边际收益产品,边际产品价值。

2. 在不完全竞争理论出现的过程中,斯拉法起到了什么作用?

3. 画一张图来表示斯拉法的在整个产出范围内经历平均成本下降的企业。关于边际成本曲线的位置平均成本曲线意味着什么?在图中画出边际成本曲线,同时画出需求曲线和边际收益曲线。指出企业的利润最大化价格与产量。请解释为什么如果政府强制这个企业索要一个等于边际成本的价格(在需求曲线与边际成本曲线的相交处),这个自然垄断企业将会破产。

4. 现在的经济学原理教科书通常都列出了完全竞争与完全垄断的以下特点:完全竞争(大量的竞争者、标准化的产品、"价格接受者"、自由进入),完全垄断(单一卖者、没有相近的替代品、"价格制定者"、进入行业受到阻碍)。请列出类似的垄断竞争的特点。其中哪些特点与垄断更为相似?哪些特点与竞争市场更为相似?

---

⑪ Joan Robinson, "Imperfect Competition Revisited," *Economic Journal* 63 (September 1953): 579, 585, 590. Reprinted by permission of the publisher.

⑫ Robinson, "Imperfect Competition Revisited," 590.

⑬ 如要查阅这些其他贡献,请参见:Harvey Gram and Vivian Walsh, "Joan Robinson's Economics in Retrospect," *Journal of Economic Literature* 21 (June 1983): 518—550.

5. 指出下列关于垄断竞争的命题哪个是正确的、哪个是错误的。对于错误的那些请说明原因，可以参考图 17-1 或图 17-2。

(a) 张伯伦对垄断竞争的关注主要集中在短期；在长期，垄断竞争者只得到正常利润，因此产出量和平均成本将与完全竞争条件下的情况相同。

(b) 垄断竞争者倾向于生产相似但有差异的产品。

(c) 张伯伦的理论认为，不管新进入一个产业的企业数量是多少，现存企业的最忠实的顾客仍然愿意支付的购买产品的金额和之前一样多。

(d) 罗宾逊认为只要企业雇佣工人的市场保持竞争性，在垄断竞争条件下就不会存在对劳动的剥削。

6. 在下面的表中，左边代表罗宾逊描述的买方垄断者的生产数据，右边代表劳动供给数据。假设这个企业在完全竞争产品市场上以 2 美元每单位的价格出售其产品（$MRP = VMP$）。

单位 = 美元

劳动力单位数	总产品	劳动力单位数	工资率
0	0	0	—
1	13	1	2
2	25	2	4
3	34	3	6
4	41	4	18
5	46	5	10
6	48	6	12

(a) 确定这个企业每单位劳动的总收益产品和边际收益产品（MRP）。

(b) 确定这个企业每单位劳动的总工资成本和边际工资成本（MWC）。

(c) 这个企业将会选择雇用多少单位的劳动力，并且它支付的工资率将为多少？

(d) 如果政府希望设置一个社会的有效的最低工资，它将选择的工资水平是多少？

7. 解释为什么在罗宾逊的买方垄断模型（图 17-2）中的 MWC 曲线位于 AWC 曲线的上方？从哪个方面来说这一事实对买方垄断者是有利的？

8. 利用图 17-2 来说明在一个买方垄断劳动力市场上法定最低工资或工会谈判工资可能既提高工资率也提高就业。

9. 从哪些方面来说张伯伦和罗宾逊明显属于边际主义或新古典主义传统？从哪些方面来说他们处在这个传统的主流之外？

10. 什么是委托-代理问题？它与 X-无效率有何联系？为什么 X-无效率更可能发生在寡头垄断和完全垄断市场而不是完全竞争或垄断竞争市场？你认为在经济中 X-无效率是一个日益严重的问题吗？请解释你的理由。

精选文献

书籍

Blaug, Mark, ed. *Edward Chamberlin*. Brookfield, VT: Edward Elgar, 1993.

Breit, William, and Roger L. Ransom. *The Academic Scribblers*. Rev. ed. Chap. 6. Chicago, IL: Dryden

Press, 1982.

Chamberlin, Edward H. *The Theory of Monopolistic Competition*. Cambridge, MA: Harvard University Press, 1933.

Feiwel, George R., ed. *Joan Robinson and Modern Economic Theory*. 2 vols. New York: New York University Press, 1989.

Rima, Ingrid, ed. *The Joan Robinson Legacy*. Armonk, NY: M. E. Sharpe, 1991.

Robinson, Joan. *The Economics of Imperfect Competition*. London: Macmillan, 1933.

Shackleton, J. R., and Gareth Locksley, eds. *Twelve Contemporary Economists*. Chaps. 11 and 13. New York: Wiley, Halsted, 1981.

Turner, Marjorie S. *Joan Robinson and the Americans*. Armonk, NY: M. E. Sharpe, 1989.

期刊论文

American Economic Review 54 (May 1964). Several articles in this volume assess the historical impact of the theory of monopolistic competition.

Ekelund, Robert B., Jr., and Robert F. Hébert. "E. H. Chamberlin and Contemporary Industrial Organization Theory," *Journal of Economic Studies* 17, no. 2 (1990): 20—31.

Reinwald, Thomas P. "The Genesis of Chamberlin's Monopolistic Competition Theory," *History of Political Economy* 9 (Winter 1977): 522—534.

Robinson, Joan. "Imperfect Competition Revisited," *Economic Journal* 63 (September 1953): 579—593.

Sraffa, Piero. "The Laws of Returns under Competitive Conditions," *Economic Journal* 36 (December 1926): 535—550.

第 18 章 数理经济学

数理经济学(mathematical economics)这一术语指的是那些通过数学符号和数学方法阐述的经济学原理或经济学分析。在我们曾经讨论过的经济学家中,特别是古诺、杜普伊特、杰文斯、埃奇沃思和费雪,都是用数学的形式来阐述经济学理论。事实上,用数学符号和图示来补充文字解释是一个常见的做法。因此数理经济学并不构成一个经济思想的独立学派,而是一种不同的方法。有几个学派的经济学家使用数学语言以清晰、一致的方式来表达一种理论的定义、假设与结论。正如保罗·萨缪尔森所说:"到1935年,经济学已经进入了数学时代。让一个骆驼穿过针眼比让一个非数学天才进入有创造性的理论家的万神殿容易。"[1]当然,并不是所有的经济学知识都能够用数学符号来表述,也不是所有的经济学家都喜欢数学方法。[2]

本章将按照如下顺序展开。首先,我们区分各种类型的数理经济学。接着,我们将详细考察瓦尔拉斯、里昂惕夫、冯·诺依曼、摩根斯坦和希克斯的经济思想——他们都是将经济学这门学科大大向前推进了一步的数理经济学家。最后,我们将简要讨论线性规划,它是微观经济学生产理论的一个应用。对数理经济学的一些其他贡献,比如,萨缪尔森作出的贡献,我们将在以后的章节中进行讨论。

18.1 数理经济学的类型

数学通常以两种方式被应用于经济学中:(1)推导和表述经济理论;(2)从数量上来检验经济学假设和理论。在第一种方式上所使用的主要工具包括代数、微积分、差分方程与微分方程、线性代数和拓扑学,而第二种方式使用的主要工具则是如多元回归分析的数学技巧。计量经济学是现代经济学最主要的工具,它把这两种类型的数理经济

---

[1] Paul Samuelson, "Alvin Hansen as a Creative Economic Theorist," *Quarterly Journal of Economics* 90 (February 1976): 25.
[2] 一个著名的批评称"经济学中的数学被赋予的声望使它变得精确,但是,唉,也使它变得僵化。" Robert L. Heilbroner, "Modern Economics as a Chapter in the History of Economic Thought," *History of Political Economy* 11 (Summer 1979): 198.

学结合起来。但是,在转到这个主题之前,研究一些这两种用途上的简单例子将会有所帮助。

18.1.1 数学推理

为了尽可能简单地说明经济学理论是如何用数学方式表达的,我们用代数方程式来表达供给与需求关系。

需求关系可以用函数形式表达为:

$$Q_x = F(P_x, T, C, I, P_n, E) \tag{18-1}$$

其中:

Q_x 是产品 X 的数量,

P_x 是 X 的价格,

T 是消费者的偏好,

C 是潜在消费者的数量,

I 是消费者的总收入及其分配,

P_n 是相关商品的价格(替代品与互补品),

E 是消费者的预期。

因此,产品 X 的需求曲线的方程为:

$$Q_x = f(P_x)$$

或者如马歇尔所表达的:

$$P_x = g(Q_x) \tag{18-2}$$

其中,其他变量保持不变(需求的决定因素)。一条线性需求曲线可以表达为:

$$P_x = a - bQ_x \tag{18-3}$$

其中,a 为产品 X 的需求数量为零单位时的价格,b 是当价格下降 Q_x 时上升的比例(a 是需求曲线在纵轴的截距,b 是它的斜率)。

另一方面,供给关系用公式(18-4)来表示:

$$Q_x = F(P_x, N, P_r, P_s, E, T_n) \tag{18-4}$$

其中:

Q_x 是产品 X 的数量,

P_x 是 X 的价格,

N 是提供 X 的企业数量,

P_r 是用于生产 X 的资源的价格,

P_s 是企业能够生产的替代品的价格,

E 是生产者的预期,

T_n 是可得的生产技术范围。

如果我们假设除了 P_x 和 Q_x 之外所有的参数都保持不变,那么供给关系就变成:

$$Q_x = f(P_x) \quad \text{或者} \quad P_x = g(Q_x) \tag{18-5}$$

一条线性供给曲线可以表达为：

$$P_x = c + dQ_x \tag{18-6}$$

其中，c 是当产品 X 的供给数量为零单位时的价格，d 是当 P_x 上升时 Q_x 上升的比例（c 是供给曲线在纵轴的截距，d 是它的斜率）。

为了说明我们接着将如何得出均衡价格和均衡数量，假设我们已知需求方程和供给方程如下：

$$P_x = 8 - 0.6Q_x（需求） \tag{18-7}$$
$$P_x = 2 + 0.4Q_x（供给） \tag{18-8}$$

因为我们有两个方程和两个未知量，所以我们能够解出 P_x 和 Q_x。更具体地说，我们知道在均衡点上只有一个价格，而且因为需求方程中的 P_x 将会等于供给方程中的 P_x，

$$8 - 0.6Q_x = 2 + 0.4Q_x \tag{18-9}$$

为了解出 Q_x，我们首先在这个方程的两边都减去 2，这样可以消去方程右边的 2。将会得到：

$$6 - 0.6Q_x = 0.4Q_x \tag{18-10}$$

接下来我们在方程两边都加上 $0.6Q_x$ 以消去左边的这个 $0.6Q_x$。可以得到：

$$6 = 0.4Q_x + 0.6Q_x \quad \text{或者} \quad 6 = 1Q_x \tag{18-11}$$

因此，均衡数量是 6(6/1)。你一定很想确定均衡价格 P_x，将均衡数量（6）代回到需求方程（18-7）或供给方程（18-8）并解出 P_x，我们可以确定均衡价格。它解出来是 4.40 美元。

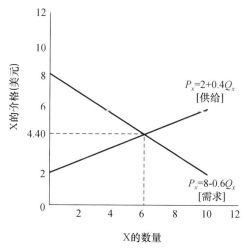

图 18-1　供给方程与需求方程

将需求方程（18-7）和供给方程（18-8）绘制在图中就可以得到我们熟悉的需求曲线和供给曲线。需求曲线的截距为 8，斜率为 -0.6。供给曲线的截距是 2，斜率为 0.4。均衡价格和均衡数量分别为 4.40 美元和 6 单位。

© Cengage Learning 2013

需求方程和供给方程的几何图形绘制在图 18-1 中。注意需求曲线的截距是 8,斜率是 -0.6。另一方面,供给曲线的截距是 2,斜率 0.4。均衡价格和均衡数量是 4.40 美元和 6 个单位。

经济学家经常使用图示来阐明他们的数学理论。这些图示几乎是所有本科经济学教科书的显著特征。这些图示中的每一条直线都代表了一个数学方程式。

18.1.2 统计检验

回想一下数理经济学的第二大类型是关于统计检验。为了说明这一点,我们考虑一个常用的技术:回归分析。假设我们希望检验这样一个理论,拥有较大市场份额(S)的企业与面临大量竞争从而拥有较小市场份额的企业相比,倾向于拥有更大的垄断力量进而获得较高的股东权益收益率(r)。这些收益率 r 是用一个企业的税后利润除以股东的股票价值得到的,而股东的股票价值又由以下部分构成:(1) 股东发行股份时企业所得到的货币;(2) 企业若干年用于再投资的留存收益。

当然,我们知道,除了市场份额之外的其他参数,比如广告强度(A)和进入壁垒的级别(E),也非常可能影响一个企业的收益率。因此研究者选择一个特殊的代数形式来总结这种关系。这种形式以我们前面所讨论过的推理类型为基础。一种这样的形式如下:

$$r = \alpha_0 + \alpha_1 S + \alpha_2 A + \alpha_3 E + e \qquad (18\text{-}12)$$

这些 α 是方程的参数;它们表示方程右边的变量的某一特定变化如何影响收益率。e 是随机误差项,随机误差项是必要的,因为并不是影响 r 的所有因素都可以观察到。

首先,让我们忽略方程中除了收益率和市场份额之外的所有变量。③ 这样可以得到:

$$r = \alpha_0 + \alpha_1 S + e \qquad (18\text{-}13)$$

因此下一步就是确定企业样本,从中我们可以得到收益率和市场份额的数据。假设将这些数据绘制在图中,可以得到如图 18-2 所示的散点图。然后利用回归分析"拟合"一条通过这些散点的直线。这种技术就是找出一条直线,使得这些点到直线上的点的垂直距离平方和最小。注意图中的回归直线从几何意义上表现了方程(18-13),α_0 是它的截距,α_1 是直线的斜率。这条直线表示对于我们假设的数据,每增加 20% 的额外市场份额,就会使利润率提高 5 个百分点。④

我们怎样才能确信一个给定的估计参数是正确的?研究者利用几种统计检验来确定给定参数的置信度。在这里解释它们并不是我们的目的,而只是指出它们包括估计的标准误差(估计参数偏离真实值的数量,或者这些散点的离散程度)和 t 统计量

---

③ 忽略这些变量将会使 α_0 和 α_1 的估计有偏,但我们这么做是出于解释的需要。
④ 这些数据总体上符合美国关于此问题所做的几项实证研究的结论。如果有兴趣,可以参考:William G. Shepherd, *The Economics of Industrial Organization*, 4th ed. (Englewood Cliffs, NJ: Prentice-Hall, 1997), 99—104.

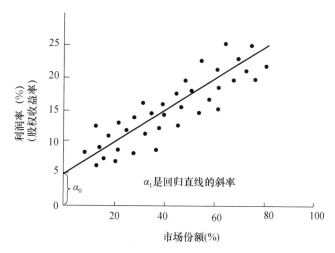

图 18-2 回归直线

回归是拟合一条通过一组数据点的最佳直线的技术。在这个假设的例子中,用股权收益率来衡量的盈利能力与市场份额正相关。回归分析和其他一些统计技术可以帮助经济学家证实经济理论的有效性。

© Cengage Learning 2013

(估计值与标准差的比率)。相反,整条回归直线的置信度是由判定系数来衡量的,它通常更多地被称为 R^2,指的是方程左边变量(收益率)的变化能够被方程右边变量(市场份额)的变化所解释的部分。R^2 的值在 0 到 1 之间,通常 R^2 越大,方程拟合得越好。

在绘制图 18-2 中的回归直线时,我们忽略了另外两个参数:广告强度(A)和进入壁垒的级别(E)。增加这些参数会限制我们从几何意义上描述一条回归直线的能力,但是其中包含的数学原理允许我们处理任意数量的变量,只要变量的数目小于观察值即可。当然,计算机极大地帮助了参数估计中的实际运算。在我们的例子中,研究表明,较大的广告强度和更高的进入壁垒确实与盈利能力相关,但是并不具有市场份额那么大的影响力。

那么我们能否得出这样的结论,垄断力量随着市场份额的增加而增加并且因此导致高于正常利润的利润?尽管很多学者接受了这种解释,但也有些经济学家表示强烈反对。这些批判者认为,较大的市场份额导致了规模报酬递增,这能够降低单位生产成本和营销成本。是这些较低的成本,而不是从较大的市场份额中所得到的更大的垄断力量,产生了可以观察到的更高的利润。这个争论突出了从数量上检验经济理论的局限性:对经济理论进行简单检验仍然会得出模棱两可的结论。它也揭示了为什么即使经过了大量的实证检验,善意的经济学家们还是会经常意见相左。但是不管实证研究有多大的局限性,很显然,这种类型的应用数学在帮助将那些有效的经济原理与数十年来提出的成百个无效理论区别开来作出了重大贡献。

18.1.3　计量经济学

正如我们前面所提到的,计量经济学将我们刚刚讨论过的这两种数理经济学结合起来。通常,计量经济学家以数学的形式提出一个理论,然后收集与这个理论相关的数据并进行统计检验。然后这个理论就可以被用来预测变量的变化所引起的影响。计量经济学方法的根源可以追溯到几百年以前。威廉·配第爵士的追随者查尔斯·戴维南特将"政治算术"定义为"对与政府有关的事情利用数字进行推理的一门艺术"。法国重农主义者魁奈做了一些真正的经济计量工作。

挪威经济学家和统计学家拉格纳·弗里希(Ragnar Frisch)是1969年第一届诺贝尔经济学奖的获得者之一,他在1926年提出了计量经济学(econometrics)这一术语。他仿效生物统计学(biometrics)这一术语提出了计量经济学这个词汇,生物统计学出现于19世纪晚期,特指应用统计方法的生物研究领域。计量经济学作为一种研究经济生活的独立的方法,在第一次世界大战后得到了非常迅速的发展。出版《计量经济学》(*Econometrica*)期刊的世界计量经济学会在1930年成立。今天,计量经济学是经济学这门学科所使用的标准方法论工具。⑤

计量经济学的发展是为了适应微观经济学中不断提高的专业技巧和预测宏观经济变化的需要。研究者开始利用新的计量经济方法和越来越容易得到的大量数据集来检验他们抽象的数学模型。计量经济分析作为进行市场研究的一种方法对于企业越来越重要,这些市场研究包括估计需求曲线和需求弹性。大公司的出现和其他一些因素使得对宏观经济波动的研究对于私人企业和社会整体来说都越来越有用。例如,如果一家大企业能够适当准确地预测经济波动,它就可以在某种程度上避免经济波动的负面影响。而且,大企业也能够雇用做预测所需的专业人员。另外,社会作为一个整体,通过政府和私人非营利性研究组织,也对预测经济趋势感兴趣,以便能够控制、减轻和抵消经济趋势波动。经济中日益增加的政府干预激励了计量经济研究,各国政府成为全世界收集统计数据的主要机构。

计量经济分析在预测未来和指导政策分析中都是有用的。预测包括对可能出现的事件和结果的估计,政策分析则在对政府项目和政策的效应分析中非常重要。随着政府在卫生保健、教育、城市问题和一系列其他领域的干预日益增多,要尽可能准确地确定这些计划对于个人和机构产生哪些影响的需求也在增加。计量经济方法为确定这种效应提供了一种分析框架。几乎所有的管制机构都利用计量经济分析来评估私人行为和它们自己政策的经济影响。

据证明,政策分析比预测这门危险的艺术要准确得多。但是,除了仅是预测GDP、投资等之外,预测还有其他的优点。预测模型的真正优点是它迫使经济学家和计划制订者考虑经济系统中错综复杂的相互依赖关系,从而帮助决策者预测各种行动方案的

---

⑤ 你可以浏览当期的一本主要经济学期刊,比如《美国经济评论》(*American Economic Review*)或《政治经济学杂志》(*Journal of Political Economy*)来证实这一事实。

各类正面和负面效应。

随着用来解决大型运算过程的技术越来越精深,计量经济模型本身的规模和复杂性也不断增加。荷兰人是综合宏观模型的发明者。1939年,简·丁伯根(Jan Tinbergen)教授开始为荷兰经济设计一个模型以供政府的计划制订者使用。由于这项工作,他在1969年与弗里希分享了诺贝尔经济学奖。在美国,诺贝尔奖获得者、宾夕法尼亚大学的劳伦斯·克莱因(Lawrence Klein)被认为是这一领域的领袖人物。今天,一些主要的大学、私人预测企业、非营利性研究组织和政府机构都拥有一些大的模型(包含200个或以上的方程),它们通过这些模型来分析美国经济中的各种变化。

历史借鉴 18-1
计量经济学的进展

计量经济学模型证明不了任何东西。如果它们被适当地明确规定、满足一定的假设,并且数据有效,这些模型能够增强我们对于某种经济关系的信心,并且通常会产生良好的预测结果。如果理想的条件不存在,"弊病"就产生了,它会威胁到结果的有效性。自拉格纳·弗里希和简·丁伯根分享了第一次诺贝尔经济学奖以来,计量经济学家在发现研究新类型问题的技巧的同时,也发现了计量经济学的新的弊病和处理方法。在2000年和2003年,四位经济学家获得了诺贝尔奖的桂冠,每一位都是因为对计量经济学的发展作出了贡献。詹姆斯·赫克曼(James Heckman,1944—)和丹尼尔·麦克法登(Daniel McFadden,1937—)由于对微观计量经济学的贡献分享了2000年的诺贝尔奖;罗伯特·恩格尔(Robert Engle,1942—)和克莱夫·格兰杰(Clive Granger,1934—)由于推进了时间序列分析的研究方法共同获得了2003年的诺贝尔奖。

计量经济模型的选择取决于变量是连续的(如用货币方式衡量的变量)还是离散的(变量之间有中断,如在两辆汽车之间进行选择或者如何确定哪个等级)。麦克法登的工作主要集中于离散选择(在两个不同的可选单位之间进行选择),他提出了一个名为条件logit分析的方法,来处理离散选择情形下的问题。logit模型可以用来估计共有一组给定特征值(收入、年龄等)的一群人作出相同选择或者产生相同结果的概率。两个类似的模型,probit模型和tobit模型,曾经在2000年和2004年的夏季奥林匹克运动会上被用于预测奖牌数量。经济学家安德鲁·伯纳德(Andrew Bernard)和梅根·布斯(Meghan Busse)使用36个国家的人口和GDP作为解释变量,准确预测出了一个国家的奖牌数量,是9个国家不超过1枚奖牌,23个国家不超过3枚奖牌。*

当分析数据的时候,样本必须是从人口中随机抽取的,以产生无偏的结果。不是随机抽取的样本称为选择性样本,赫克曼正是由于在这个领域的工作获得了诺贝尔奖。有偏选择(选择性样本的另一称呼)通常作为数据收集过程的结果而产生。调查是常见的数据收集方法,即使是随机分发,也有可能只被人口中某一特定类型的群体回答。即使那些回应调查的人是真实可信的,只有部分人选择参与的这一事实也会产生一个自我选择问题,它是有偏选择的一种具体形式。

那些经常使用经济数据的人无法控制有偏选择问题,因为他们既不能控制收集过程,也不能控制收集信息的来源本身。幸运的是,赫克曼提出了解决这一问题的一种途径,被恰当地称为赫克曼修正。赫克曼本人工作的大部分都是应用于研究劳动力市场问题(选择性样本就是被雇用人口的子集),但是他的贡献已经被其他人应用于研究更广阔范围的问题。

经济学家往往对探究变量如何与时间相关很感兴趣,研究这些关系常常使用时间序列分析。恩格尔和格兰杰由于改进了时间序列分析的适用方法而获得诺贝尔奖。

一个计量经济模型需要有一个误差项,反映不包含在模型中、不能衡量的那些因素的效应[见方程(18-12)]。基本的计量经济方法假设这些误差是随机分配的,以便使一定时间内这些误差的平均数等于零(它们对因变量没有长期影响,也被预期保持一定的长期值)。遗憾的是,很多误差的作用并不符合这个假设,在一个时间序列模型中系统误差能够导致变量发生改变,以致模型无法正确预测。恩格尔确定了时间变化不稳定性问题,变量在某些时期比其他时期表现出更大的波动。格兰杰的工作核心是这类模型,即其中误差项不是随机的,而事实上是和过去的误差相关的。

假设图18-2代表一个公司在一段时期内市场份额和利润率之间的关系。简单回归将揭示二者是正相关关系(回归直线的斜率 $\alpha_1 > 0$)。但是,假设由于某种独立的原因,企业的市场份额和利润率都上升了。回归直线和 α_1 表明市场份额的增加提高了利润率,但反之也正确。由于某种原因它们会各自都增加,然而从一个时期到下一个时期它们将向相反的方向运动。这种看似有道理的结论是从理论角度推导出来的吗?如果一个公司在某一月份通过削减价格有攻势地追求更大的市场份额,那么那个月它会遭到较低的利润率。经过一段时间公司的成长可能会提高市场份额和利润率,但是为了提高一个变量的调整政策也可能降低另一个变量。这个问题就是一个共线性的例子。确定共线性问题被归功于格兰杰,而恩格尔和格兰杰(及后来的许多追随者)合作发展了检测和修正这一问题的技巧。

由于计量经济学家改进了工具箱,研究者回到旧的数据集有时就会发现起初的结论是错误的。修正这些最新发现的缺陷能够有效地重写历史。计量经济学的这些进展也折射出其他领域经济思想的演进;一代人确认了前辈的错误,常常留给我们更好的理解。

* Andrew Bernard and Meghan Busse, "Who Wins the Olympic Games: Economic Resources and Medal Totals," *Review of Economics and Statistics* 86 (February 2004): 413—418.

18.2 莱昂·瓦尔拉斯

莱昂·瓦尔拉斯(Léon Walras,1834—1910)出生于法国的埃夫勒。他早期的生活基本上是不成功的。他在巴黎综合理工学院的入学考试中两次都没能通过,写了一本小说没有引起注意,建立了一家银行也失败了。但是他的父亲是一名经济学家,年轻的瓦尔拉斯读过古诺的《财富理论的数学原理研究》。经济学的主题和方法引起了他的兴趣,他转向了经济学。1870 年,他被任命为瑞士洛桑大学的政治经济学教授。在那里他创建了洛桑经济学派,这个学派强调在经济分析中数学的应用。他的思想被这个学派的另一个著名成员维尔弗雷多·帕累托继承,你可能还记得帕累托帮助开创了无差异曲线的应用。

瓦尔拉斯被认为是边际学派的三位创始人之一,其他两位是杰文斯和门格尔。在他出版于 1874 年的《纯粹经济学要义》(*Elements of Pure Economics*)中,瓦尔拉斯独立提出了边际主义的基本原理。他也被认为唤起了经济学家对古诺在这一领域早期作品的注意。

瓦尔拉斯提出并倡导一般均衡分析,它主要考虑经济中的许多变量之间的相互关系。这与杰文斯、门格尔和马歇尔所使用的局部均衡分析正好相反。就像一块石头掉入池塘中会引起不断扩大的涟漪一样,经济中的任何变化都会引起进一步的变化,而这些变化又会以递减的力量向外扩散。正如这些涟漪有时会到达岸边并最终反弹回来影响碰撞的初始点一样,在经济中的单独市场上也会发生这种最初变化的反馈效应。这种反馈的过程会在整个体系中一直持续,直到在所有的市场上同时实现均衡。

油价的上涨提供了一个很好的说明。按照局部均衡分析方法,如果我们假设其他保持不变,在较高的价格时被购买的油的数量会减少,而且这就是事情的结果。但是让我们考虑一下使用一般均衡分析会进一步产生的一些后果。对替代品比如说煤的需求将会上升,这会引起它的均衡数量与均衡价格的提高。油价的上涨将会引起汽油价格的上涨。因为从某种意义上来说,阅读小说是对开车环游城市的一个替代,所以对书的需求有可能增加。另一方面,对诸如汽车和洗车这类互补品的需求会随着汽油价格的上升而减少。如果对油和汽油的需求相对缺乏弹性,消费者将收入花费在汽油产品上的比例相对于其他产品来说将会上升。这就意味着与油和汽油无关的大量商品的需求在某种程度上将会下降。当然,使用卡车运输的商品的运输成本将会上升,将会引起这类商品价格上升。由于消费品市场产生了所有这些变化,对生产要素的派生需求将发生转变,导致资源的再分配。在某些产业(比如汽车)中所需要的劳动力将有所减少;其他一些产业(比如家庭绝缘材料)中所需要的劳动力将会有所增加。资本也会由于在不同产业中不同的投资收益率而发生转移。比如,生产者将会建立更多的石油钻井和海上平台,而会建设较少的新加油站。在某一点上,由最初的扰动所带来的这些变化将会终止,一个一般均衡将会实现。

瓦尔拉斯的一般均衡理论提供了由经济整体中的基本价格与产出相互关系构成的一个框架,其中既包括产品也包括生产要素。其目的是用数学方法来证明所有的价格和生产数量能够调整到相互协调的水平。它的方法是静态的,因为它假设某些特定的基本决定因素保持不变,比如消费者偏好、生产函数、竞争的形式以及要素供给项清单。

瓦尔拉斯表明市场经济中的价格可以用数学方法确定,并且他认识到了所有价格之间的相互关联性。对一个解的存在性的严格证明需要用到拓扑学和集合理论,这些理论来自后来的几位经济学家的作品,最著名的有约翰·冯·诺依曼、肯尼思·阿罗以及杰拉尔德·德布勒(Gerald Debreu)。

一种商品需求量的函数取决于价格。就像瓦尔拉斯所说,价格是自变量而需求量是因变量。这个方程与马歇尔的不同,马歇尔认为价格是需求量的函数[见方程(18-2)]。然而,对任意一种产品的需求量包含作为变量的其他所有产品的价格。一个消费者在不知道所有其他产品价格的情况下不会决定购买一种产品的数量。如果总共有 n 种产品,对其中任意一种产品的需求总量是由所有产品的价格决定的。每种产品的需求总量可以用 $D_1, D_2, \cdots D_n$ 来表示,价格可以用 $p_1, p_2, \cdots p_n$ 来表示。因此,对于每一种产品都可以建立一个方程来表示作为所有价格的函数的需求量:

$$
\begin{aligned}
D_1 &= F_1(p_1, p_2, \cdots p_n) \\
D_2 &= F_2(p_1, p_2, \cdots p_n) \\
&\vdots \\
D_n &= F_n(p_1, p_2, \cdots p_n)
\end{aligned}
\tag{18-14}
$$

在均衡状态下,任意一种产品的需求量等于供给量。因此,$D_1 = S_1, D_2 = S_2, \cdots D_n = S_n$。如果用供给替换前面三个方程中的需求,我们有:

$$
\begin{aligned}
S_1 &= F_1(p_1, p_2, \cdots p_n) \\
S_2 &= F_2(p_1, p_2, \cdots p_n) \\
&\vdots \\
S_n &= F_n(p_1, p_2, \cdots p_n)
\end{aligned}
\tag{18-15}
$$

我们假设供给数量是给定的且保持不变。有 n 种产品就有 n 个未知的价格。因为每一种产品我们都有一个方程,所以有 n 个联立方程,在与经济理论一致的特定条件下,这足以确定满足系统的唯一一组价格。只要所有的价格已知,任意一种产品的需求总量就能够被计算出来。因为在计算出来的价格下需求量可以得到满足,可获得产品的分配问题就解决了。

因为一般均衡概念包含许多方程式并因此包含许多未知量,因此这样一个系统的解就变得非常复杂。在前面所采用的例子中,我们对经济的了解不充分,因此无法预测,比如如果油的价格上升10%,将会导致煤、汽车、石油钻井设备、小说、洗车等的产出的变化幅度。由于变量太多、太容易变动并且非常不确定,因此即使用现代计算机也很难准确地计算出这些变量。而且,这种分析通常假设规模报酬不变、不存在外部性、工资和价格具有完全弹性、所有市场都是完全竞争,等等。因此,瓦尔拉斯的一般均衡概念基本上是一个理论工具,它有助于我们理解经济体系的蓝图而不是在操作上有用的统计工具。

然而,认识到经济现象之间的相互依存关系是很重要的,因为认识不到这一点我们可能会误入迷途。例如,一个人因为其所在的产业遭到廉价进口产品的损害而失业,他就会很合理地得到进口会减少国内就业的结论;这是局部均衡分析的一个例子——只看到单一产业内的国内产出和就业。但是,如果我们研究进口的各种影响并且发现它们可以增加国内港口的就业,进口商品较低的价格留给消费者更多的收入以花费在其他国内生产的产品上,并且由于进口更多我们的出口也增加了,那么我们的结论可能会是:进口并不会引起国内产出和就业的总体下降。

18.3 瓦西里·里昂惕夫

瓦西里·里昂惕夫(Wassily Leontief,1906—1999),俄裔美籍经济学家,1928年在柏林大学获得博士学位。他1931年移居美国并成为哈佛大学的一名教员。他对经济学的主要贡献是他的投入-产出分析,它令人回想起第3章曾讨论过的魁奈的《经济表》。这一贡献使里昂惕夫获得了1973年的诺贝尔经济学奖。他最初尝试以一种简化的、适合于实证研究的形式来表达一般均衡理论的本质。因此,投入-产出分析是一般均衡分析的一种具体形式。例如,这种具体形式简化了生产过程的表述,以便使它们呈线性形式,因此可以使这些过程更直接地转换为实证研究。

18.3.1 投入-产出表

在1936年8月的《经济学和统计学评论》(Review of Economics and Statistics)上里昂惕夫发表了他的第一个投入-产出表。他的投入-产出表将1919年的美国经济描绘为一个包括46个部门的体系。他对产业间分析的兴趣随着第二次世界大战而不断扩展。与战争相关产业的扩张产生了某些瓶颈,这使进一步的增长变得更加困难。例如,飞机产出的增加要求配置更多的钢铁、铝、发动机、特定的机械工具和其他资本品。投入-产出分析试图预测这些需求并为这些基础产业的扩张制订计划。

投入-产出表描述在一个给定的国家或地区的经济中产品与服务在不同部门之间的流动,并试图衡量经济中某一特定产业与其他产业之间的关系。例如,根据里昂惕夫的一个投入-产出表,为了额外生产价值100万美元的新汽车,这个产业将必须购买23.5万美元的钢和铁、7.9万美元的有色金属、5.8万美元的化学产品、3.9万美元的纺织品、3.2万美元的纸和相关产品、1万美元的金融和保险服务、0.6万美元的电话和电报服务,等等。⑥

里昂惕夫做出了一个投入-产出方格图,后来由美国劳工统计局加以扩展。通过表明原料的来源、数量和最终目的,这个图总结了有关经济的统计信息。它揭示了经济中的每一个部门与其他每一部门之间的关系。投入-产出表中的每一行表示一个经济部门出售给其他每一部门的产出;每一列表示一个部门从其他每一部门购买

---

⑥ Wassily Leontief, *Input-Output Economics* (New York: Oxford University Press, 1966), 71—73.

的投入。

18.3.2 用途及难点

现在的国家投入-产出表把经济划分为 400 多个产业，形成了一个由 400 多行和 400 多列组成的投入-产出矩阵。大公司的兴起和经济中政府的重要角色的发展提高了投入-产出表的有用性，这至少基于两个主要原因。首先，政府已经变成了产品和服务的巨大购买者。因此，政府和它的供应商都必须预测政府购买方式发生变化造成的影响。其次，大公司在预测销售量的增长时，必须计划投入供给的扩张。一个纵向一体化的公司可以计划其自身对某些投入的供给。其他公司可以向它们的供应商说明它们预计要购买的投入的增加幅度。在两种情形下，投入-产出分析都是有用的。

投入-产出分析更加适合于欠发达国家，在那里经济计划更为普遍。在一个寻求经济增长的欠发达国家中，大产业的建设将会要求辅助设施的扩张，这些设施可能比在发达国家中更加稀缺。假设在一个贫穷的国家要建立一个肉类罐头厂。这个企业将需要电力、供水、交通设施、工人住房、餐厅、医疗服务、金属罐的生产等的扩张。这些需求以及它们提出的进一步需求可以用投入-产出分析方法来预测。

与主要依赖于私人企业的国家相比，社会主义经济将投入-产出分析的应用非常自然地推进到了更深的程度。总的经济计划要求制订计划的主体配置原材料并且预测未来的需求。如果想要避免严重的瓶颈，那么计划者必须保证各产业协调扩张。因为消费者的偏好从属于总体计划，所以消费者一时的兴致和愿望并不会干扰经济活动的主要目标；换言之，在一个完全社会主义化的经济中，消费者对汽车需求的突然增加并不会使钢铁从其他行业，比如机械工具产业中转移出来。因此，在一个私人企业经济中使用投入-产出分析来制订计划所面临的困难，在一个完全计划经济中并不会以相同的程度发生。社会主义经济从总体上对数理经济学表示出了积极的兴趣，特别是对里昂惕夫的方格图。事实上，苏联曾宣称投入-产出分析是苏联的一个发明。

投入-产出分析并不是不存在问题。这种分析建立在几个简化假设的基础上。一个例子是，生产系数被假设为固定不变，即生产一单位产出所必需的每一种要素数量是固定的。第二个例子是，生产函数被假设为线性的，随着一个产业的扩张或收缩不会发生效率提高或降低；假设规模报酬不变。这些假设都是相当不现实的。产出的增长通常并不需要投入按比例增长，主要因为各种要素是不可分割的。例如，铁路货运的吨—公里数增加 5%，而机车和货车的供给可能并没有增加 5%。另一方面，固定生产系数的假设排除了要素替代的可能性。然而在现实世界中，我们可以看到这种替代的很多例子。例如，塑料相对价格的降低导致了在制瓶产业中用塑料替代玻璃。

技术变迁很快就会使方格图过时,而修改一个涉及400个产业的投入-产出表的160 000个条目是非常艰巨的任务。随着时间的流逝,用给定某一年的投入-产出表来预测未来年份所需的投入变得越来越不准确。但是从过去观察到的趋势中进行推测,进而预测稳定的技术进步,能够使我们实现更大的准确性。例如,这个方法将允许我们预测产生1千瓦小时的电能所需的煤炭数量将不断减少。

18.4 约翰·冯·诺依曼和奥斯卡·摩根斯坦

约翰·冯·诺依曼(John von Neumann,1903—1957)出生于匈牙利,执教于柏林大学和汉堡大学。1930年他来到美国,在普林斯顿大学获得了职位。在那里他写作了物理学方面的重要著作《量子力学的数学基础》(*Mathematical Foundations of Quantum Mechanics*)一书,并且遇到了奥斯卡·摩根斯坦(Oskar Morgenstern,1902—1977)。摩根斯坦是一位经济学家,1925年首次从维也纳来到美国。⑦ 他们共同写作了《博弈论与经济行为》(*Theory of Games and Economic Behavior*,1944)一书,这本书包含了对经济理论的几个重要贡献,其中之一就是博弈论。⑧

博弈论适用于与战略游戏相类似的情形,比如国际象棋和纸牌游戏。在早些时候经济学家已经指出双寡头就像国际象棋手,他们在自己行动以前要认真考虑对手可能采取的行动。在这种情形下存在利益冲突,每一方都采用自己的机智来战胜另一方。例如,如果一个企业正在考虑削减其产品的价格,那么相似产品的其他生产者会或不会也削减价格会有很大的不同。有些商业决策是公开作出的,比如公开张贴的价格变化、广告活动的变化和新产品的制造。这些行动都类似于国际象棋,所有的行动都很容易被双方观察到。另一些决策是保密的,如私下的价格折扣、进行新的研究计划和计划侵占新市场。这些行动类似于纸牌游戏,一方并不知道另一方持有什么牌,直到出牌时才知道。如果一个企业在其对手的企业安置一个间谍(比如一个看门人)来探查秘密,这就像在玩一副做了标记的纸牌。如果企业间达成垄断协议,那么它们必须还要制定策略来战胜公众和政府的"惩治托拉斯者"。

博弈论的一个含义是经济关系是基于经济"竞争",即一个人的所得是另一人的所失。但是博弈论也可以用来说明在很多情况下最优策略是与对手合作,只要他与你合作(历史借鉴4-1)。

---

⑦ 约翰·冯·诺依曼是原子弹的三位共同发明者之一。
⑧ 另一个需特别注意的贡献是N-M效用指数。这两位作者说明了个人的货币边际效用曲线可以通过使这个人服从一系列包含风险(赌博)的假设决策推导出来。这有时也被称为现代基数效用分析。参见:William J. Baumol, *Economic Theory and Operations Analysis*, 2nd ed., chap.22 (Englewood Cliffs, NJ: Prentice-Hall, 1965),或者鲍莫尔著作的后来版本。

博弈论的基本逻辑可以从一个高度简化的例子中看出来。我们可以将各种战略博弈区分为完全机会博弈与战略不确定性博弈。掷骰子是一种完全机会博弈,除非骰子的一边被加重,游戏者是赢还是输,以及输赢多少,仅取决于他自己的选择和运气。在战略不确定性博弈中,比如纸牌游戏,另一个要素加入进来:另一方将会做什么?

假设只有两个主要的生产者——A 和 B——生产略有差异的产品,每一个卖者都要考虑三个不同的商业策略以提高其市场份额:(1) 增加广告;(2) 提供产品的改良形式;(3) 降低价格。假设这些企业都相信它们的长期盈利能力与它们的市场份额正相关。我们将 A 的三个策略标为 A_1, A_2, A_3,将 B 的三个策略标为 B_1, B_2, B_3。为了简化起见,我们假设只能采用纯粹策略;即,每一个企业只能选择一个单一策略,而不是所有这三种策略的某种组合。

博弈论是基于这样的假设,两个企业的每一种战略组合的结果都可以表示在如表 18-1 所示的支付矩阵中。假设每一方都知道这些结果但不知道另一方会采取什么策略。表中所有的数值都是企业 A 在市场份额方面的所得或损失。这是一个零和博弈,意味着 A 在市场份额方面的所得正好等于 B 的损失,而 A 的损失正好等于 B 的所得。因此表中的负值代表 A 的损失和 B 的所得。这个表告诉我们,比如,如果企业 A 采取策略 A_1——增加广告,而企业 B 采取相同的策略 B_1,那么结果就是 A 将获得 6 个百分点的市场份额。也许是企业 A 目前的广告水平很低,因而相对于 B 增加广告的效应而言,A 额外的广告将会对销售量产生一个不成比例的影响。或者让我们看另一个例子。假设 A 采用策略 A_2——产品改进,而 B 采取策略 B_3——降低价格。我们看到结果将会是 A 损失 10 个百分点的市场份额,而 B 增加 10 个百分点的市场份额。

表 18-1 博弈论:支付矩阵

		A 的策略			
		A_1	A_2	A_3	行最大值
B 的策略	B_1	+6	−8	+5	+6
	B_2	+10	−4	+3	+10
	B_3	−3	−10	+2	+2
列最小值		−3	−10	+2	

© Cengage Learning 2013

这些参与者将会作出怎样的选择?让我们假设双方都是厌恶风险的,因此都希望回避可能出现的最差的结果。对于 A 而言,这些最差结果水平列于矩阵的各列之下(列最小值)。注意如果 A 选择策略 A_1,而 B 选择策略 B_3,A 会损失 3 个百分点的市场份额,这个损失是选择策略 A_1 可能出现的最差结果(如果 B 选择 B_1 或 B_2,A 将有所得 +6 或 +10)。类似地,A 选择策略 A_2 和 A_3 出现的最差结果将分别是损失 10 个百分点和赢得 2 个百分点。在矩阵的最右边垂直列出的数字是 B 的每种策略的最差结果(行最大值)。例如,如果它选择策略 B_1,将损失 6 个百分点的市场份额(A 可能选择策略 A_1,增加 6 个百分点的市场份额);如果 B 选择策略 B_2,最差的结果将是损失 10 个百分点的市场份额;如果它选择 B_3,它将会损失 2 个百分点的市场份额。

从这些数字中我们可以看到 A 将选择策略 A_3,而 B 将选择策略 B_3。结果是 A 获得 2 个百分点的市场份额。这个结果被称为最大化最小(maximin)解或最小化最大(minimax)解。A 是最大化来自各种策略的最小所得。B 是最小化它的最大损失。任何一方都不会有动力去改变策略,只要它们保持风险厌恶,并且支付矩阵中的值是正确而已知的。这在表中的任何其他组合都是不成立的。例如,假设 A 采取策略 A_1,它希望 B 采取策略 B_2。但是企业 B 对策略 A_1 的反应是策略 B_3。现在企业 A 的对抗策略将会是 A_3,此时最大化均衡得以实现。[9]

在寡头垄断市场营销行为中我们可以发现博弈论的一个有趣而实际的应用。在投放新产品或新品牌之前,很多公司都会认真地进行市场试验。在某些产业中,市场试验更像是一种纸牌游戏而不是一项科学实验。当参与者 A 在某一特定市场上投放销售新产品时,在全国范围内销售一种类似产品的参与者 B,可能通过在 A 试验的地区大幅增加广告预算来提高它的利益。这样 A 就面临一个难题:如果 A 在全国范围内投放销售新产品,B 打算大幅增加它在全国范围内的广告预算吗?或者 B 仅仅是虚张声势试图使 A 低估其新产品在全国范围内的潜在销售量?

历史借鉴 18-2

约翰·纳什:发现、绝望与诺贝尔奖

在 20 世纪 50 年代早期,几位经济学家发展了冯·诺依曼和摩根斯坦在博弈论方面的开创性工作。这些经济学家中最杰出的是约翰·纳什(1927—),一个天才数理经济学家。

纳什的故事非同寻常,甚至带有悲剧色彩。在 22 岁的时候,他发表了两篇关于博弈论的有着高深数学形式的论文,这两篇论文构成了我们今天所谓的纳什均衡。9 年以后他在麻省理工学院充满前途的学术生涯突然终结了。纳什被强制送往波士顿一家地区医院并被诊断为妄想型精神分裂症。在接下来的 30 多年中,他在新泽西的普林斯顿在相对默默无闻的情况下与疾病斗争。后来,在 1994 年他得到了令人吃惊的消息:由于他年轻时在博弈论方面的工作,他获得了诺贝尔经济学奖。

《时代》杂志这样报道:

---

[9] 一个纯粹策略的最大化最小均衡点往往不一定存在。但是在一个混合策略中它往往会存在。混合策略允许参与者使用比如 20% 的 A_1 和 80% 的 A_3。

当上周约翰·纳什的照片出现在新闻媒体上时,在新泽西的普林斯顿及周围地区一个共同的反应就是震惊:"噢,天哪,就是他!"纳什与加州大学的约翰·海萨尼(John Harsanyi)和波恩大学的莱因哈德·泽尔腾(Reinhard Selten)分享了诺贝尔经济学奖,在大学城纳什是一个大家很熟悉的行为古怪的人——一个安静、孤僻的人,经常乘坐普林斯顿与普林斯顿交汇点之间的短途小火车来打发时间,阅读其他乘客丢弃的报纸。有些人知道他是不时出现在普林斯顿教室黑板上的那些极其复杂的数学公式的作者——这些公式是一个卓越但受到疾病困扰的大脑的产物,是他独自一人完成的思想成果。*

西尔维娅·纳萨尔(Sylvia Nassar)撰写了一本传记记述纳什的个人奋斗历程,名为《美丽心灵:约翰·福布斯·纳什传,1994 年诺贝尔经济学奖获得者》(*A Beautiful mind*:*A Biography of John Forbes Nash*,*Winner of the Nobel Prize in Economics*,*1994*,New York:Simon and Schuster,1998)。环球电影工作室改编纳萨尔的书,将纳什的故事搬上荧幕拍成电影《美丽心灵》,这部电影获得了 2001 年的四项奥斯卡奖,包括最佳影片奖。

纳什集中关注在一个博弈中能够产生这样一种结果的策略(纳什均衡),即在这种策略下,任何一方都不能通过改变当前的策略来提高预期收益。** 即当独立行动的每一方都用尽了所有有利的行动时就会出现纳什均衡。

在有些博弈中一方或者双方都有一个占优策略。占优策略是这样一种策略,考虑所有的选择,不管另一方选择什么策略都能够产生最优结果的策略。很显然当参与者能够使用占优策略时他们将会采用占优策略,而这种策略将会产生纳什均衡。

但是在很多博弈中,任何一方都没有占优策略,因此每一方的最优策略取决于另一方采取的策略。每一方都会根据另一方的策略来调整自己的策略,直到任何一方都不能通过进一步调整以提高自己的收益为止。例如,在表 18-2 中,A 和 B 都没有占优策略。但是当 A 采用策略 A_3,B 采用策略 B_3 时,双方都有"坚持"当前策略的激励。纳什均衡为 +2,表示在表中底部最右边的单元中。

表 18-2 中的博弈是一个非合作博弈:每一方都在不与另一方合作的情况下决定自己的策略。这种博弈不同于合作博弈,在合作博弈中双方共谋来调整他们的策略以达到比没有合作时更好的结果。例如,两个寡头垄断者可能达成协议制定同样的高价,这样他们每个人都能够获得垄断利润。分开来看,这些策略都不是纳什均衡,因为双方都有机会通过给另一方的顾客提供秘密的价格折扣而进一步提高利润。这就是我们所熟悉的囚徒困境(历史借鉴 4-1),在囚徒困境中双方都会坦白,因为他们都认为另一方会坦白。

但是,通过对相互的价格折扣进行报复的可信威胁达成固定价格协议的双方可能将他们的共同高价策略转变为纳什均衡。例如,如果对方企业被查出低于共谋价格销售的话,每个企业都能以长久的、更大幅度的减价来威胁对方。因为双方都不希望发生价格战,所以这些相互威胁是可信的。如果是这样的话,不稳定的高价结果就会变成纳什均衡,因为任何一个企业都不敢在一致同意的高价策略上进行欺骗。

今天,一些最聪明的经济学家正在应用数学博弈论来研究寡头垄断、拍卖、集体竞价、国际贸易、货币政策,等等。所有这些人都要感谢约翰·纳什的卓越但受到疾病困扰的头脑。***

* *Time*, October 24, 1994.
** 这一思想可以追溯到古诺。在他的双寡头垄断理论中,均衡产出的结果事实上就是一个纳什均衡。
*** 纳什的重要文章被重印于他的著作:*Essays on Game Theory* (Brookfield, VT: Edward Elgar, 1997)。

18.5 约翰·R.希克斯

约翰·R.希克斯(John R. Hicks, 1904—1989)是牛津大学教授,由于对纯经济理论作出的贡献而分享了1972年的诺贝尔经济学奖。在那一年,保罗·萨缪尔森(第22章)将希克斯和共同获诺奖的肯尼思·阿罗(第20章)称为"'经济学家的经济学家',既不为大众出版社也不为政府办公室写作"⑩。萨缪尔森认为希克斯的贡献尽管是高度抽象和技术性的,但却是当代大多数经济学家的工具箱中的必备之物,而且在政策形成中发挥着重要的作用。

希克斯对经济学作出了许多有益的贡献。例如,他重新评估并阐明了马歇尔关于投入的派生需求定理,即他详细说明了劳动和资本需求弹性的决定因素(第15章,注12)。1937年,他写作了一篇名为《凯恩斯先生与古典主义》的文章,在这篇文章中他帮助设计了我们今天所谓的宏观经济学中的 *IS-LM* 模型(第22章)。其他值得注意的贡献包括他对马歇尔消费者剩余的概念进行了改良、对瓦尔拉斯的一般均衡模型进行了改进,以及关于经济增长与经济发展的理论。

但是,在本节我们主要关注的是希克斯对需求理论和最小生产成本的重新表述。⑪

---

⑩ Paul Samuelson, "Pioneers of Economic Thought; Past Winner Says Their Theory Will Shape Legislation," *The New York Times*, (October 26,1972): 71.
⑪ 对以无差异曲线为基础的需求理论作出贡献的还有希克斯的合作者 R. D. G. 艾伦(R. D. G. Allen)和俄罗斯经济学家欧根·斯勒茨基(Eugen Slutsky)。

18.5.1 需求理论

为了理解希克斯的需求理论,我们必须考察几个相互关联的思想。

无差异曲线。你也许能回想起由埃奇沃思和帕累托最先提出了无差异曲线。这个思想的目的是避免从数量上度量效用。按照杰文斯与门格尔的标准的边际主义理论,各种数量的物品都可以被赋予基数价值或效用,然后就能够直接比较。例如,在某一特定时期,一个特定的消费者消费的第一单位的冰淇淋可能产生 10 单位的效用,第二单位的冰淇淋产生 5 单位的效用,等等;第一单位的汉堡包可能产生 20 单位的效用,第二单位的汉堡包产生 15 单位的效用,等等。这就意味着对这个人来说,第一单位的冰淇淋正好具有两倍于第二单位的冰淇淋的效用价值,而仅具有一半于第一单位的汉堡包的效用。这种对效用程度的精确度量看起来是不现实的,因此,它作为整个需求理论的一个薄弱链条受到了严厉的批评。

希克斯的无差异曲线方法避免了边际效用可以进行基数度量这一假设。所需的一切只是消费者能够对偏好进行序数排列。用我们的例子来说明,这样的排序意味着一个人只需要说:"我喜欢第一单位的汉堡包胜过第一单位的冰淇淋,或者,我认为组合 A(45 单位的冰淇淋和 45 单位的汉堡包)与组合 B(72 单位的冰淇淋与 27 单位的汉堡包)无差异。"因此,不需要对效用进行度量,从理论上消费者就能够决定产生相同的总满足程度的各种汉堡包与冰淇淋的组合。所有的这种组合就构成了一条无差异曲线或等效用曲线,如图 18-3(a)中标为 I_1 的曲线。正如我们前面所指出的,一条无差异曲线类似于等高线地图上连接相同海拔高度的所有点的线。每一条无差异曲线连接的是对这个消费者来说具有同等总满足程度的所有点。

无差异曲线通常是凸向原点的,因为在正常情况下各种产品都是其他产品的部分替代品。图中无差异曲线的上端表示这个人愿意放弃较大数量的冰淇淋来获得一个较小数量的汉堡包,并且仍感觉到相同的良好境况。原因是前者相对较为丰富而后者相对稀缺。在曲线的下端,随着汉堡包相对于冰淇淋变得逐渐稀缺起来,这个消费者将会放弃较少单位的汉堡包来获得额外一单位的冰淇淋。

无差异曲线的斜率表示汉堡包(x)对冰淇淋(y)的边际替代率,我们将它记为 MRS_{xy}。无差异曲线斜率的绝对值是 dy/dx。注意当沿着无差异曲线向下移动时,其斜率的绝对值将会下降,即无差异曲线是凸向原点的。

在图 18-3(a)中,越偏向东北方的无差异曲线代表越高水平的总效用。通过画一条想象的从原点出发的 45°直线可以证实这一点,注意这条直线与每一条连续的无差异曲线的交点表示冰淇淋与汉堡包都有更多的数量。消费者愿意达到尽可能高的无差异曲线。

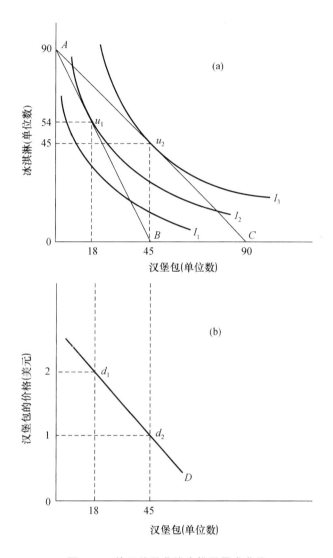

图 18-3 从无差异曲线中推导需求曲线

当冰淇淋和汉堡包的单位价格分别是 1 美元和 2 美元时,这个消费者将会购买 54 单位冰淇淋和 18 单位汉堡包(点 u_1)以最大化其效用。但是当汉堡的价格下降为每磅 1 美元时,消费者可以通过增加对汉堡包的购买而达到更高的无差异曲线 I_3。在图(b)中,通过连接价格下降前后汉堡包的需求数量的点,可以确定汉堡包的需求曲线。

© Cengage Learning 2013

预算线。消费者能够达到的最高的无差异曲线取决于她的收入和冰淇淋与汉堡包的单位价格。图 18-3(a)表示了两条预算线或所能达到的组合的直线。让我们先不考虑直线 AC。假设一个人的收入是 90 美元,只有两种商品冰淇淋与汉堡包,它们的价格分别是每单位 1 美元和 2 美元。从预算线 AB 中我们可以看出这个人能够得到 90 单位的冰淇淋(90 美元/1 美元),45 单位的汉堡包(90 美元/2 美元),或者由直线上的点比

如 u_1 所代表的两者的组合。这条预算线斜率的绝对值是价格的比率 p_x/p_y，在这个例子中是 2(2 美元/1 美元)。

效用最大化。给定预算线 AB，在某一特定时期这个消费者选择购买 54 单位的冰淇淋和 18 单位的汉堡包(点 u_1)。AB 与 I_2 相切点上的这个组合使消费者能够"达到"最高可能的无差异曲线，或者换言之达到最高的总效用水平。在切点上，这个消费者愿意放弃冰淇淋来获得汉堡包的比率(MRS_{xy})等于市场要求她放弃冰淇淋来获得汉堡包的比率(p_x/p_y)。为了检验你对这个模型的理解，你应该解释：(1) 为什么曲线 I_2 东北方向的两种产品的组合是无法达到的；(2) 为什么预算线上除了 u_1 之外其他点所代表的两种产品的组合不如点 u_1 所代表的两种产品的组合更合意。

相对价格的变化。现在假设汉堡的单位价格从 2 美元下降到 1 美元。新的预算线变为 AC，因为现在消费者最多可以购买 90 单位的汉堡(90 美元/1 美元)，而不是在原来价格时所能购买的 45 单位(90 美元/2 美元)。新的预算线斜率的绝对值是 1(1 美元/1 美元)。汉堡包价格的下降意味着这个消费者现在能够达到更高的无差异曲线 I_3。在新的切点 u_2 上，消费者购买 45 单位的冰淇淋和 45 单位的汉堡包。

描绘出汉堡包的需求曲线是一件相对容易的事情。在起初单位价格是 2 美元时，这个消费者将会购买 18 单位；当价格下降到 1 美元时，她购买 45 单位。注意在图 18-3 的上下两个图中横轴都是度量汉堡包的数量，而在下图中纵轴衡量汉堡包的价格。在下图的纵轴上标出汉堡包的两个价格，并且从上图中的 u_1 和 u_2 点向下做垂直于图(b)横轴的直线。这使我们在下图中画出点 d_1 和 d_2。连接这两个点我们就得到了这个消费者对汉堡包的需求曲线的一部分，记为 D。重申一下关键的一点：推导需求曲线并不需要对效用进行基数度量。

收入效应与替代效应。希克斯指出伴随价格变化而发生的数量的变化是两种效应的结果。第一，存在一种替代效应，或者相对价格效应。即当汉堡包的价格下降时，我们的消费者将支出从冰淇淋上转到现在价格相对较低的汉堡包上，汉堡包数量的上升是因为替代。正规地定义替代效应是指使效用保持不变，需求量总变化中仅仅属于由价格变化而引起的那一部分变化。第二，存在收入效应，即价格变化导致实际收入的变化，仅仅由此引起的需求量的变化部分。当汉堡包的价格下降时，在我们的例子中消费者的实际收入提高了。她现在从她不变的 90 美元货币收入中获得了比以前更大的购买力，并且用增加的这部分实际收入来购买更多的汉堡包。

尽管我们在此并没有这样做，但希克斯指出了如何将需求量总变化分解为两个部分：由替代效应引起的部分和由收入效应引起的部分。⑫ 除了其他情况，区分收入效应与替代效应，在比较正常商品、劣等商品和吉芬商品时是很有用的。在早些时候罗伯特·吉芬(Robert Giffen)就采用数据指出，低收入的消费者对于某些产品具有向上倾斜的需求曲线。这引起了对需求定律的质疑并成为著名的"吉芬悖论"。希克斯的无差异曲线分析工具帮助解决了这个悖论。对于正常商品而言，替代效应与收入效应作用的方向是相同的——当价格下降(上升)时需求量上升(下降)。但对于某些被称为劣等商品的特殊商品而言，单独来看，当产品价格下降(上升)时购买量会减少(增加)。吉芬商品是这样一种商品，它特殊的收入效应如此巨大以至于超过了正常的替代效应，引起这种产品的购买量与价格呈同方向变化。例如，在一个贫穷的国家，面包价格的下降使低收入的消费者利用他们增加的实际收入来购买更少的面包，面包可能是他们以前所能支付的全部商品，而去购买更多的其他商品，比如肉类和家禽。

18.5.2 生产理论

希克斯使一个受条件限制的函数最大化的技巧也适用于生产理论。例如，他提出了在生产过程中一种资源对另一种资源的替代弹性的思想。正规定义是，替代弹性是两种资源的比率对于它们相对边际生产力变化的反应程度的度量，或者在完全竞争情形下，对成本变化的反应程度的度量。后来微观经济学家提炼出了我们今天所谓的等成本-等产量分析。熟悉这种分析的读者不难发现，在消费者的预算约束线或相对价格线与等成本线或等支出线存在相似性。后者表示在给定两种资源价格的情况下，用一个特定的费用所能购买到的两种投入的各种组合。另一方面，等产量线表示能够生产一个特定数量的物质产出的两种投入的各种组合。生产任意特定产出的资源的最小成本组合位于等成本曲线与等产量曲线的切点处。这个理论构架产生了一项技巧，使经济学家能够解决生产、市场营销、交通和存货管理中的各种问题。现在我们将转到数理经济学的这个应用上来。

18.6 线性规划

线性规划是在第二次世界大战期间和其后发展起来的，最早的应用之一是用于制订美国空军的行动计划。企业将线性规划应用于配置稀缺资源，以实现预先决定目标

---

⑫ 还有两种方式可以用图来区分这两种效应。根据图18-3，一种方法是画一条假设的预算线，与AC平行且与最初的无差异曲线I_2相切。你也许希望在图中画出这样一条直线。这条直线使消费者的效用保持不变，因此可以分离出价格下降的替代效应。它就是u_1与假设的预算和I_2的切点之间的水平距离。剩下的u_1与u_2之间的水平距离是价格变化的收入效应。

的所得最大化。它可以被用来确定如下事情:动物的最低成本饮食、国家足球联赛日程表、将产品运往市场的最便宜的方式、最具盈利能力的产品组合、要素投入的最佳组合,等等。进而可以实现成本最小化和利润最大化。数学和几何技巧都要用到。线性规划帮助企业解决一些边际分析所不能有效处理的实际问题。

我们这里用一个简单的例子来说明线性规划。* 假设某工厂生产甲、乙两种产品,生产这两种产品需要用到原材料 A 和 B。该厂可以利用的原料 A 有 16 kg,原料 B 有 12 kg。生产一单位甲产品需要消耗 2 kg 原料 A 和 4 kg 原料 B,生产一单位乙产品需要消耗 3 kg 原料 A 和 1 kg 原料 B。经过测算,一单位的甲产品可以获得 6 元的利润,一单位的乙产品可以获得 7 元的利润。该厂应如何安排生产才能获得最大的利润呢?

设生产甲、乙两种产品各 x_1 和 x_2 单位,该厂此时可以获利 $z = 6x_1 + 7x_2$(元)。但生产所耗费的原料不能超过该厂的拥有量。于是,生产必须在如下约束下进行:

$$2x_1 + 3x_2 \leq 16 \quad (原料 A 的限制)$$
$$4x_1 + x_2 \leq 12 \quad (原料 B 的限制)$$

此外,因为 x_1, x_2 是甲、乙产品的计划生产量,所以有 $x_1 \geq 0, x_2 \geq 0$。我们可以将上面的分析表示为以下数学模型:

$$\max z = 6x_1 + 7x_2$$
$$\text{s.t.} \begin{cases} 2x_1 + 3x_2 \leq 16 \\ 4x_1 + x_2 \leq 12 \\ x_1, x_2 \geq 0 \end{cases}$$

如果用图解法来分析,如图 18-4 所示,需首先在直角坐标系中画出两条约束函数直线,然后判断约束域。由于有变量非负的要求,所以我们只需要第一象限。第一个约束条件是 $2x_1 + 3x_2 \leq 16$,故满足该条件的点位于三角形区域 OCD。类似地,满足第二个约束条件的点位于三角形区域 OAB。从而满足所有约束条件的点位于区域 OAED。令目标函数 $6x_1 + 7x_2$ 分别取值 15 和 28(当然也可以是其他值)并画出这两条直线,即图 18.4 中左下方的两条虚线。可以看出该直线向右上方移动时函数值是增加的。但是,该直线移动到 E 点时不能再移动了,因为 E 点还属于可行域,继续向上移动时,目标函数值虽然增加,但直线上所有点都不在约束域里面了。这就是说,E 点是约束域里使得目标函数值最大的点,故该点即为所求的最优点。显然这是两条约束直线的交点,解线性方程组即可得到: $x_1^* = 2, x_2^* = 4$,而最优目标函数值为 $z^* = 40$。因此,工厂可以生产 2 单位甲产品,4 单位乙产品,从而得到最大利润 40 元。

---

* 本案例来源于:李工农,运筹学基础及其 MATLAB 应用(第 2 版),北京:清华大学出版社,2024。本案例仅用于中文翻译版,与英文原版略有不同,希望能帮助读者初步了解线性规划方法在经济学中的应用,特此感谢译者邱晓燕老师的指导和帮助。——编者注

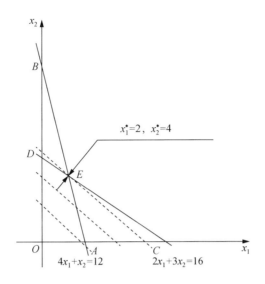

图 18-4 线性规则

我们可以看到,线性规划是对埃奇沃思、帕累托、希克斯和其他经济学家所提出的消费者行为的无差异曲线方法在生产方面的继承与发展。新的计算机技术的发展所导致的计算成本的下降使线性规划变得越来越重要。

复习与讨论 》》》

1. 解释下列名词,并简要说明其在经济思想史中的重要性:计量经济学,瓦尔拉斯,一般均衡分析,里昂惕夫,投入-产出表,冯·诺依曼和摩根斯坦,博弈论,零和博弈,最大化最小均衡,纳什均衡,希克斯,边际替代率,预算约束,替代效应,收入效应,吉芬商品,替代弹性,线性规划。

2. 假设供给的决定因素之一发生了变化,由方程(18-8)给出的供给方程变为 $P_x = 4 + 0.8Q_x$。如果需求保持不变[方程(18-7)],那么新的均衡数量和均衡价格是多少? 运用希克斯的替代效应与收入效应的概念来解释均衡数量的变化。这种商品是吉芬商品吗? 请解释。

3. 正如近期的诺贝尔奖所反映的,对于经济学这门学科来说,数学在总体上,特别是计量经济学,已经变得十分重要。设想一下阿尔弗雷德·马歇尔(第15章)对于这种发展会作何反应?

4. 比较一般均衡分析和局部均衡分析。它们各自的主要优点是什么?

5. 投入-产出表中的行表示什么? 列表示什么? 假设在一个指令性经济中,经济计划者已经决定在 5 年时间内将汽车的产出提高 40% 是可取的。投入-产出分析将如何帮助他们实现这一目标?

6. 假设如下这个博弈论矩阵中的报偿被工会认为是与雇主谈判的小时工资所得。工会可供选择的策略是 U_1、U_2 和 U_3;雇主的策略是 E_1、E_2 和 E_3。双方都厌恶风险。双方的最优策略各是什么?请解释。

(单位：欧元)

		雇主的策略		
		E_1	E_2	E_3
工会的策略	U_1	40	20	34
	U_2	50	28	16
	U_3	80	24	20

7. 比较由希克斯提出的"两种产品、两种价格"的效用最大化模型和与戈森、杰文斯、门格尔所提出的等边际规则相联系的模型。

8. 解释如下论断：线性规划之于经济生产理论，就像投入-产出分析之于一般均衡理论。

9. 思考为什么数学对于经济学学科的影响比对其他社会科学如社会学和政治学的影响要大得多？

10. 在二战期间，同盟国轰炸的目标是德国的滚动轴承工厂，目的是毁掉德国的战时经济（滚动轴承是包括汽车在内的许多机器的基础零件）。请用投入-产出分析解释这个战略背后的合理性。后来的分析显示，尽管轰炸战略极大程度地破坏了德国的滚动轴承生产，但是对德国战争机器的影响比预期的要小。请再用投入-产出分析推断为什么轰炸滚动轴承工厂不如最初预期的成功。

精选文献

书籍

Chiang, Alpha. *Fundamental Methods of Mathematical Economics*. 3rd ed. New York：McGraw-Hill, 1984.

Dore, Mohammed, Sukhamoy Chakravarty, and Richard Goodwin, eds. *John von Neumann and Modern Economics*. New York：Oxford University Press, 1989.

Dorfman, Robert, Paul A. Samuelson, and Robert M. Solow. *Linear Programming and Economic Analysis*. New York：McGraw-Hill, 1958.

Hamouda, O. F. *John R. Hicks：The Economist's Economist*. Cambridge：Basil Blackwell, 1993.

Hicks, J. R. *The Theory of Wages*. 2nd ed. London：Macmillan, 1963 [1st ed. published in 1932].

——. *Value and Capital*. 2nd ed. Oxford：Oxford University Press, 1946 [1st ed. published in 1939].

Leontief, Wassily. *Input-Output Economics*. 2nd ed. New York：Oxford University Press, 1986.

Morgan, Mary. *The History of Econometric Ideas*. New York：Cambridge University Press, 1990.

Shackleton, J. R., and Gareth Locksley, eds. *Twelve Contemporary Economists*. Chaps. 7 and 9. New York：Wiley, Halsted, 1981.

von Neumann, John, and Oskar Morgenstern. *Theory of Games and Economic Behavior*. 3rd ed. Princeton, NJ：Princeton University Press, 1953 [orig. pub. in 1944].

Walras, Léon. *Elements of Pure Economics*. Translated by William Jaffé Homewood IL：Richard D. Irwin, 1954 [orig. pub. in 1874 and 1877].

Wood, John C. *Léon Walras：Critical Assessments*. 3 vols. London：Routledge, 1993.

期刊论文

Christ, Carl F. "Early Progress in Estimating Quantitative Economic Relationships in America," *American Economic Review* 75, no. 6 (December 1985): 39—52.

Dorfman, Robert. "Mathematical or 'Linear' Programming: A Nonmathematical Exposition," *American Economic Review* 43 (December 1953): 797—825.

Jaffé, William. "Léon Walras's Role in the 'Marginal Revolution' of the 1870's," *History of Political Economy* 4 (Fall 1972): 379—405.

Leonard, Robert J. "From Parlor Games to Social Science: von Neumann, Morgenstern, and the Creation of Game Theory 1928—1944," *Journal of Economic Literature* 33 (June 1995): 730—761.

Mirowski, Philip. "The When, the How, and the Why of Mathematical Expression in the History of Economic Analysis," *Journal of Economic Perspectives* 5 (Spring 1991): 145—157.

Schotter, Andrew, and Gerhard Schwödiauer. "Economics and the Theory of Games: A Survey," *Journal of Economic Literature* 18 (June 1980): 479—527.

Walker, D. A. "Léon Walras in the Light of His Correspondence and Related Papers," *Journal of Political Economy* 78 (July/August 1970): 685—701.

第 19 章 制度学派

制度学派是美国对经济思想的一个贡献,它大约产生于 1900 年,并一直发展到现在。1900 年时,它的开创者索尔斯坦·凡勃仑已经出版了第一本著作以及许多论文和书评。

在本章,我们主要讨论传统的制度主义,而非历史借鉴 19-2 中所说的新制度主义。在对传统制度学派进行概要介绍之后,我们将具体介绍几位经济学家:对正统经济思想进行了详细的批判性分析并提供了制度经济学理论方法的凡勃仑、以自己的统计研究激发了经验研究的韦斯利·C. 米切尔、普及了若干制度经济学主题的约翰·K. 加尔布雷思。①

19.1 制度学派概览

19.1.1 制度学派产生的历史背景

在美国国内战争和第一次世界大战期间,美国的资本主义发展取得了显著的成绩。快速的经济增长使美国成为世界上最大、最强有力的工业体系。然而,很多工薪阶层生活条件的改善程度却远远低于期望值,也低于国民收入普遍上升应该带来的改善程度:劳动时间很长,住房经常不足,疾病、失业和养老保障微乎其微,高等教育对多数工人家庭的孩子来说可望而不可即,工作保障实际上并不存在,健康和安全管理匮乏。经常的情况是:雇主们组织起"公司镇"(company town)以控制工人乃至其个人生活,大规模的移民使工资率难以提高,税收是累退的,高利贷盛行,周期性的衰退对于失业者来说是

---

① 美国另外两位制度经济学学者是:约翰·R. 康芒斯(John R. Commons,1862—1945),他论证了国家有必要对整个政府立法进行改革;克拉伦斯·E. 艾尔斯(Clarence E. Ayres,1892—1972),得克萨斯大学的一位教授,强调了技术和技术变迁在决定经济和社会发展方向中的关键作用。还有一位杰出的美国制度主义者是道格拉斯·诺斯(Douglas North),他代表"新制度主义",是历史借鉴 19-2 的主题。

毁灭性的灾难。

垄断大约起源于19世纪70年代,到世纪之交时垄断的趋势大大加快了。这期间,在学校、新闻出版界、宗教界和政府中都是保守的观点占据了主导地位。宣称关心工人利益而实行了自由放任政策的州政府和联邦政府会毫不犹豫地动用警察和军队镇压卷入工业纠纷的工人,但是在为工商界提供关税保护和为铁路提供补贴时他们又表现得非常慷慨。

19世纪后期美国的政治经济状况使许多经济学家开始质疑新古典经济学的假设和结论。最小的政府干预会产生最大的社会福利的教条开始逐渐站不住脚。对垄断、贫穷、萧条和浪费的关注很多。社会控制和社会改革的运动正在积蓄力量,正是在这样的背景下,制度经济学产生了。

当时,得到普遍认可的两种变革社会的主要方式是:(1)沿着社会主义方向重新组织社会;(2)实行社会改良,即通过政府的经济干预改善社会状况。第二种方式的目标是通过提高民众的生活条件来挽救资本主义。凡勃仑批判了社会改良运动,而赞成对社会进行根本性的重建。然而,他创立的制度学派却恰恰反映了改良的方法。例如,20世纪30年代罗斯福新政带来的变化就受到了制度主义的深刻影响。

德国历史学派(第11章)对美国制度主义的影响是很明显的。创建于1885年的美国经济学会的多数领导者对德国历史学派及其研究方法都很熟悉、很赞赏。凡勃仑的不少出色的老师都曾在德国学习。在卡尔顿学院教过并且鼓励过凡勃仑的约翰·贝茨·克拉克就是其中的一个。尽管克拉克的边际理论与德国历史主义没有任何共同点,但是他却形成了与德国改良主义思想相通的基督教改革理念。乔治·S.莫里斯(George S. Morris)在约翰斯·霍普金斯大学的演讲给凡勃仑留下了深刻的印象。莫里斯是约翰·杜威(John Dewey)的老师,是在德国的大学里受过训练的黑格尔学派的哲学家。约翰斯·霍普金斯大学的理查德·T.埃利(Richard T. Ely)教过凡勃仑和另外一位制度主义者约翰·R.康芒斯,并且与他们一起工作过。埃利曾在德国一些顶级的历史学派经济学家的指导下学习过,他坚信归纳法比演绎法优越。不过,尽管德国历史学派和美国制度主义之间在研究方法上有某些相似之处,但是后者的观点并非国家主义的,而是更加自由、更加民主的。

19.1.2 制度学派的主要信条

以下描述了制度学派的七个主要理念:

• 整体的、宽广的视角。必须将经济作为一个整体来考察,而不能将其作为与整体分离的较小部分或者独立实体考察。如果每个组成部分都被认为似乎是与更大的实体毫不相关,那么复杂的有机体就不可能被充分了解。经济活动不仅仅是受追求货币所得最大化这种欲望分别地、机械地支配的个人活动的总和。经济活动中也存在着大于各部分之和的集体行动。例如,一个工会会形成自己的特色、理念和运作方法,而这些并不能从对其个体的研究中直接推导出来。

在制度主义者看来,甚至连经济活动这个概念都太狭窄了。他们认为,经济学是与政治学、社会学、法学、社会习俗、意识形态、传统以及与人类信仰和经验有关的其他领域交织在一起的。制度经济学涉及社会运作过程、社会关系和社会的所有其他方面。

- 关注制度。这个学派重视制度在经济生活中的作用。制度并非仅仅是为达成某一目标而建立的组织或机构,如学校、监狱、工会或者联邦储备银行,它还是集体行为的组织模式,并作为文化的一个基本组成部分被广泛建立与普遍接受。制度包括习俗、社会习惯、法律、思维方式和生活方式。奴隶制和对奴隶制的信仰也都是制度,其他的例子还包括对自由放任、工会主义或政府社会保障体系的信仰,新年夜到外面大声喧闹也是一种制度,同样,苏联的共产主义意识形态和美国的反共产主义意识形态也都是制度。制度主义者认为,经济生活是受经济制度而非经济规律制约的。与边际理论强调的个人主义相比,社会行为及影响它的思维模式与经济分析的关系更密切。制度主义者对于信用、垄断、所有权缺位、劳资关系、社会保障和收入分配制度的分析与改革尤其感兴趣。他们主张制订经济计划,并减缓经济周期波动的幅度。

- 达尔文主义的、演化的方法。因为社会和各种社会制度都是在不断变化的,所以演化的方法应该被用于经济分析中。制度主义者并不赞同在不考虑时间和地点的差异、不考虑不断发生的各种变化的情况下,寻求永恒的经济真理的静态观点。制度主义者不关注"是什么",而是关注"我们是如何到达这里的,我们将走向何方?"他们认为经济制度的演化和功能应该成为经济学的中心议题。这种方法不仅要求经济学家具备经济学知识,而且还要求具备历史、文化人类学、政治学、社会学、哲学和心理学知识。

- 反对正常均衡的观点。制度主义者不强调均衡的观点,而是更强调循环因果关系原理和对实现经济与社会目标可能有益或有害的累积性变迁。经济生活的失调并不是对正常均衡的偏离,相反,它们恰恰是经济生活的正常状态。第二次世界大战前,最明显的失调是经济萧条,于是,经济发展成为关注的中心。20世纪70年代后期,滞胀即通货膨胀与失业的同时发生成为主要问题。而在20世纪80年代中期,则出现了贸易赤字和联邦预算赤字的问题。制度主义者确信,政府的集体控制对于持续纠正和克服经济生活的缺陷和失调是必要的。

- 利益冲突。制度主义者认为人们之间存在严重的利益分歧,而不认可他们同代和前代的大多数经济学家从其理论中推导出来的利益和谐的结论。制度主义者认为,人们是合作性的、集体性的动物。为了成员们的共同私利,他们将自己组织成各种团体,这样共同的私利也就成了整个团体的共同利益。但是在各个团体之间仍存在着利益冲突,比如大企业和小企业之间、产品的消费者和生产者之间、农民和城市居民之间、雇主和工人之间、进口者和国内生产者之间、产品的生产者与货币资金的贷出者之间。此时,一个有代表性的、公正的政府必须为了共同利益和经济体制的有效运转对冲突的利益进行协调和控制。

- 自由民主改革。制度主义者支持旨在使财富和收入的分配更加公平的改革。他们不认为市场价格能充分反映个人福利和社会福利,不认为不加管制的市场能够导致资源的有效配置和收入的公平分配。制度主义者总是谴责自由放任政策,而主张政府应该在经济和社会事务中发挥更大的作用。

- 反对快乐-痛苦心理学。制度主义者批判了经济分析的边沁主义基础。相反，他们寻求一种更好的心理学基础，并且其中的一些人将弗洛伊德和行为主义的观点整合到了他们的思想之中。

19.1.3 制度学派对谁有利或为谁谋利

在一个大企业和银行资本主义日益增长的时代，制度学派体现了中产阶级的改革要求。它代表了农业集团、小企业和劳动者群体的要求与利益。制度主义的思想对政府工作人员、改革者、人道主义者、消费者组织的领导人和工会成员来说很有吸引力，他们希望制度主义思想能够改变私人企业的自利导向。许多非经济学的学者都非常赞赏制度主义者的跨学科关注和他们对社会变革的号召。

19.1.4 制度学派在当时是如何有效、有用或正确的

制度主义者对经济思想中僵化的正统学说的发展提出了挑战。他们对正统理论的许多批评是有效的，并且修正了其许多观点，使之更能站得住脚。制度主义者强调将经济看作一个整体，看作演进过程的一部分，并在制度的背景下，为经济分析增添了一些现实因素。

制度主义者唤起了经济学家对经济周期和垄断的尽管迟到但却深刻而长久的关注。他们推动了一项改革运动，有效地磨平了资本主义粗糙的边缘。在一个知识日益破碎和分隔的世界中，他们呼吁各项社会科学的更加密切的融合。他们中的一些成员对归纳研究的强调缩小了经济理论和实践之间的差距，以至于收集和分析统计数据在政府圈子中、在私人非营利性研究组织中、在企业和劳动组织中以及经济学家中都变得非常流行。美国国家经济研究局，由韦斯利·C.米切尔等人在1920年建立，并且由米切尔本人领导了许多年，是应用这种方法的一个典范。

19.1.5 制度学派的哪些信条具有长远贡献

随着凯恩斯主义宏观经济学的出现及被广泛接受，制度主义者倡导的更加宽广的视角也被主流经济学认可。事实上，就他们的总体的方法、稳定经济的方法和他们对政治自由的关注而言，凯恩斯主义和后凯恩斯主义都趋向于吸收和取代制度主义。

制度主义者推动的改革运动至今仍然保持着生命力。采取温和的步骤以实现有限目标的国家经济计划，例如环境保护、充分就业和国际竞争都是与制度主义的思想相一致的。对工会主义进行法律保护、建立社会保障和最低工资与最长工作时间立法都是制度主义者挑战正统经济思想的产物。

随着对经济发展问题关注范围的扩展，研究制度环境对经济关系的影响成为经济学领域新的关注重点。经济发展问题的本质涉及多种文化因素并且是动态、不断演进的。在其他领域也可以看到制度主义者的长远影响，比如，劳动关系、法律和经济关系、

产业组织等。具有讽刺意味的是,在过去的 30 年中,新古典经济学的创新竟包括了新制度分析。例如,正统经济学分析了产权、资历、退休政策、家庭等多种制度。但是,与旧的制度主义者不同,这些新的理论家们致力于确定这些制度的经济合理性——它们之所以会出现的经济逻辑以及它们当时的存在如何提高或降低了经济效率。

传统的制度经济学在当今的美国仍然存在。演化经济学学会(the Association for Evolutionary Economics)的成员主要由那些倾向于制度经济学的方法或政策观点或两者兼而有之的经济学家组成。这个组织定期聚会,还出版了《经济问题杂志》(*Journal of Economic Issues*)。然而,制度主义对主流经济学的整体渗透并不显著。在这方面,R. A. 戈登(R. A. Gordon)四十多年前作出的评价仍然是很正确的:

> 很明显……所谓的正统经济学在今天比在大萧条前更加制度化……但是,就重要程度而言,经济理论的核心仍然是关于"非制度性的",如同在凡勃仑的时代一样。萨缪尔森的《经济分析基础》或希克斯的《价值与资本》比马歇尔的《经济学原理》更少涉及制度分析。除了一些例外,具有理论倾向的经济学家通常不会欣然从事对制度安排或制度发展的研究(他们将其留给了历史学家和社会学家)。尽管微观经济理论在企业理论和市场行为方面有一些新发展,但仍然主要关注凡勃仑严厉批评过的那类"均衡"。[②]

下面我们转而讨论一下索尔斯坦·凡勃仑,这位开创性的、高深莫测的,被认为是制度学派开创者的天才。

19.2　索尔斯坦·邦德·凡勃仑

索尔斯坦·邦德·凡勃仑(Thorstein Bunde Veblen,1857—1929)是挪威移民的儿子,出生于威斯康星的一个边陲农场,并在明尼苏达的农村长大。他在明尼苏达的卡尔顿学院完成了本科教育,师从约翰·贝茨·克拉克。他在约翰斯·霍普金斯大学和耶鲁大学完成了研究生教育,他在霍普金斯大学没有获得奖学金,在耶鲁大学最终获得了哲学博士学位。然而,他没有得到任何学术职位,主要因为他持有不可知论的观点,而当时神学学位被认为是讲授哲学的一个重要先决条件。

凡勃仑获得了在康奈尔大学和芝加哥大学从事博士后研究的奖学金,成为芝加哥大学《政治经济学杂志》(*Journal of Political Economy*)的编辑。尽管凡勃仑共出版了 11 本专著,并在世界范围内享有持久的声誉,但他却从来没有得到过全职教授的教职。

由于婚姻问题、对多数学生漠不关心、男女关系问题和教学技巧不高等原因,凡勃仑不得不不断地从一个学校转到另一个学校。继芝加哥大学之后,他先后在斯坦福大

[②] 引自:Joseph Dorfman et al., *Institutional Economics: Veblen, Commons, and Mitchell Reconsidered* (Berkeley, CA: University of California Press, 1963), 136—137.

学、密苏里大学和社会研究新学院(New School for Social Research)工作。1918年,他还曾经在华盛顿特区短暂地为食品管理局工作过,并担任了《日晷》(The Dial)的编辑。在晚年,他以前的一位学生在经济上给予了他资助。他去世于1929年,刚好是他曾经预言过的股票市场崩溃和大萧条开始前的几个月。

凡勃仑是一个尖刻的、好怀疑的、悲观的、孤独的人。他的著作尽管有些冗长和晦涩,但是充满了机智、智慧和对中产阶级品德的讽刺式攻击。例如,在《企业论》(The Theory of Business Enterprise)一书的一个脚注中,他以灵巧聪敏的机智这样定义"势利"(snobbery):

> 这里使用的"势利"没有任何不敬,作为一个方便的词汇,它指的是那些惯有社会地位低于期望值或者不似期望值那样真实的人追求体面过程中的努力因素。③

19.2.1 有闲阶级

凡勃仑的第一部也是流传最广的著作是出版于1899年的《有闲阶级论》(The Theory of the Leisure Class)。有闲阶级的特点是炫耀性消费、避免有用的劳动和保守主义。

炫耀性消费。 凡勃仑认为有闲阶级忙于掠夺性地攫取对他们作用不大的产品。有钱人这样做并不仅仅是为了满足他们的物质需要,甚至也不是为了满足精神、感官和知识的需要。相反,他们希望以一种能够显示他们财富的方式消费,因为在我们的金钱文化中,显示财富也就意味着权势、声望、荣誉和成功。为了获得声誉,消费必须是浪费性的。较穷的人为了生存必须工作,但是就连他们的消费方式中也包含了浪费的、炫耀性消费的因素。他们对生活的看法是由占支配地位的有闲阶级强加给他们的。

按照凡勃仑的观点,女人在展示男人拥有的财富和重要性方面特别有用。女人们穿着不便于从事有用劳动的昂贵衣服和鞋子,以展示她们是由富有的男人供养的。被长长的指甲、笨重的发型和纤细的皮肤所拖累的女性,不断地展现出她们是被有闲阶级的男人所"拥有"的有闲阶级的女人。

凡勃仑说,一个绅士的帽子或漆皮皮鞋的光泽并不比一个有同样光泽的破旧袖管有更多的内在美;那些难以栽种并因此而昂贵的花并不必然比那些野生的或不太需要照料的花更美丽;对修建草坪、牧场和公园来说,牛比鹿更有用,但是鹿却更受欢迎,因为它们更昂贵,更没用,更不能用于普遍盈利。④

许多现代证据表明,一个人是可以以一种凡勃仑所说的炫耀性消费的方式来自娱的。数以千计的内陆人仰慕地关注每年一度的游艇展示,这在美国的许多海滨是很常

---

③ Thorstein Veblen, *The Theory of Business Enterprise* (New York: Scribner's, 1904), 388.
④ 这段文字曾经启发 H. L. 门肯(H. L. Mencken)写道:"思考着重大问题的这位和蔼的教授是否曾在乡村中漫步过?在他漫步的过程中,是否曾穿过一片养牛的牧场?在他穿过牧场的过程中,是否曾从后面悄悄靠近过牛?在从后面靠近牛的过程中,是否曾不小心地迈开步并……"

见的。在美国北部,仲冬时节有一身晒成褐色的皮肤,表明此人刚在昂贵的沙漠或海滨旅游胜地度过空闲的时光(在那里,据推测,为了游泳和潜水,他必须拥有价值9 000美元的黄金"牡蛎壳"手表)。帮助那些不是有闲阶级但是希望成为其中一员的人将皮肤晒成褐色的工作室出现了。保时捷和奔驰已经如此普遍了,以至于有闲阶级的成员不得不将汽车升级到劳斯莱斯和宾利。

历史借鉴19-1
凡勃仑物品和向上倾斜的需求曲线

虽然凡勃仑是一位著名的新古典经济学的批判者,但是他提出的这一理论——一些消费者购买奢侈性物品的主要目的是满足他们的炫耀性消费——已经被整合进新古典分析中了。比如,一些人购买昂贵的汽车,主要目的就是显示他们的财富。拥有这些昂贵的汽车很明显地会赋予其相应的地位,这是独立于汽车内在效用的一种效用来源。

哈维·莱本斯坦(Harvey Leibenstein,1922—1993)在他1950年的一篇经典论文中指出:"从出于炫耀性消费的目的而拥有的一单位商品中所获得的效用不仅取决于那一单位商品的内在品质,还取决于为其支付的价格。"*也就是说,"凡勃仑物品"不仅产生内在效用,而且还产生炫耀性消费效用,而后者直接与价格有关。

图19-1表示了莱宾斯坦分析的要点。假设产品价格可以变化,并假设每条消费曲线上的炫耀性消费效用都是不变的,从而可以得出向下倾斜的需求曲线D_1、D_2、D_3。例如,曲线D_2表明,如果与其相联系的炫耀性消费效用不变,那么,当价格下降时,消费者会购买更多的产品。曲线D_3代表比D_2更大的炫耀性消费效用,但是与曲线D_2相同,它也是通过假设价格变化时,这种效用水平不变而得到的。

但是,价格变化时,凡勃仑物品的炫耀性消费效用并不是固定不变的;它随着价格的下降而减少,随着价格的上升而增加。例如,昂贵汽车的价格若削减了一半,那么其效用可能也会下降。在图19-1中,价格从P_3下降到P_2,减少了炫耀性消费的效用,并使需求曲线从原来的D_3左移到D_2;价格从P_2下降到P_1,进一步减少了炫耀性消费的效用,并使需求曲线从原来的D_2左移到D_1。

在莱宾斯坦的分析中,产品价格的下降既产生了一个标准的价格效应,也产生了一个凡勃仑效应。单独来看,从P_2下降到P_1的标准价格效应(炫耀性消费效用保持不变)是由需求曲线D_2上从B到E的下降运动和需求量从Q_2变到Q_3来表示的。凡勃仑效应是由需求曲线从D_2左移到D_1和需求量从E减少到A(或者从Q_3减少到Q_1)来表示的。在这个例子中,从E到A的凡勃仑效应超过了从B到E的标准价格效应;价格的下降导致了需求量从B到A的一个净下降。另外的例子可能导致完全相反的结果,因此,即使对凡勃仑物品来说,价格的下降也可能导致需求量的增加。

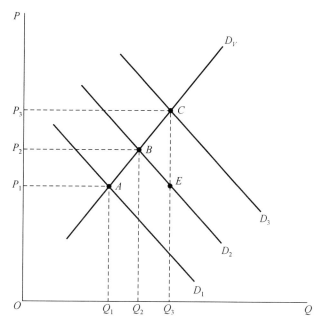

图 19-1 炫耀性物品价格的变化与需求量的变化

注意在图 19-1 中,价格从 P_3 降到 P_2 再到 P_1,会导致需求数量从 Q_3 减少到 Q_2 再到 Q_1。于是,在这个例子中,ABC 描述了一条斜率为正的实际需求曲线 D_v。价格降低会导致消费者减少对凡勃仑物品的购买。可以推测,消费者会转而购买那些价格和炫耀性消费效用都没有下降的奢侈品。另一种情形是,价格的上升使商品的炫耀性消费效用增加了很多,以至于消费者将会购买更多这种商品。

凡勃仑商品向上倾斜的需求曲线的现实性有多大?对某些物品来说,这种类型的个人需求曲线可能会存在,但是关于凡勃仑商品的斜率为正的市场需求曲线并没有得到证实。尽管价格下降时,消费者可能会减少某些奢侈品的购买,但是许多其他消费者也会进入这个市场来购买这种商品。对于这些新购买者来说,这些商品的内在效用价值超过了其较低的价格。于是,最终仍然得到一个标准的净结果:需求量随着价格下降而上升。在现实世界中,凡勃仑效应并没有否定向下倾斜的市场需求规律。

然而,凡勃仑对炫耀性消费的讨论和莱宾斯坦对奢侈品偏好的效用分析仍然是非常重要的。和另一个与此不相关的吉芬物品(第 18 章)的概念类似,凡勃仑商品的概念解释了为什么某些人对某些特定物品会拥有向上倾斜的需求曲线。

* Harvey Leibenstein, "Bandwagon, Snob, and Veblen Effects in the Theory of Consumer Demand," *Quarterly Journal of Economics* 62(May 1950),203.

避免有用劳动的倾向。有闲阶级必然会避免从事有用的、生产性的工作。为了保持声誉,他们必然只会沉湎于浪费性或无用的事务之中。

这些职业包括政府、战争、运动和宗教仪式。在那些被过度地给予了复杂的、理论性的细节的人看来，可能这些工作也仍然附带地、间接地是"生产性的"。但是，要注意的是，当下这个问题的决定性方面是有闲阶级从事这些职业的普遍的、表面的动机肯定不是通过生产性努力来增加财富。与任何其他文化阶段一样，当前政府和战争至少都是为了其从业者的金钱利益而进行的，只不过是通过值得尊重的掠夺和转换的方式获得的利益而已。这些职业从本质上讲，是掠夺性的，而非生产性的。⑤

凡勃仑说，过去存在于野蛮人中的暴力和欺骗在今天仍然存在。我们可以在现代战争、商业、运动和比赛中看到它们：

> 策略和狡猾是始终存在于现代比赛中的元素，就像一直存在于军事追击中一样。在这些职业中，策略逐渐发展成权术和诈骗。诈骗、虚假和恫吓在任何体育竞赛和一般比赛中都居于非常稳固的地位。裁判这一职业的习惯性使用以及对许可范围内的欺骗和策略的界限及相关细节的精细技术性规范充分证明了这样一个事实，即以欺骗行为和手段而胜过对手在比赛中并不是偶然的。就这种情形的本质而言，对运动的适应会导致欺骗方面的才智发展得更充分；社会中普遍存在着使人们乐于从事运动的掠夺性性格，这意味着不正当手段和对别人利益漠不关心的盛行。⑥

保守主义。凡勃仑断言，社会结构的演进是一个制度的自然选择过程。进步可以归因于最适宜的思想的保存和个人对变化环境的被动适应。制度必须随着环境的变化而不断变化，这些制度的发展代表了社会的发展。遗憾的是，由于变化过程中的文化滞后，在当前的信念（形式上的制度）和当前的需要（动态的技术的制度）之间存在着冲突：

> 今天的情形通过对人们对事物的习惯性思维施加影响，并改变或强化从历史上沿承下来的观点、态度，经由一个选择性、强制性的过程，塑造了明天的制度。引导人们生活的制度或者说思维习惯，就是以这样一种方式从传统中得来的……制度是过去变迁过程的产物，是适应于过去的环境的，绝不会与现在的需要完全一致……同时，除非环境发生变化，否则人们现在的思维习惯会趋于无限期地保持下去。因此，这样传承下来的这些制度、思维习惯、观点、思想态度和倾向，或者那些没有传承下来的东西，本身就是保守的因素，这是社会惯性、心理惯性和保守主义的因素……社会演进的过程从本质上说是处于环境压力下的个人的思想适应于新环境的过程，但这一环境与形成于并适应于以往与之完全不同环境下的思维习惯不再能相容。⑦

---

⑤ Thorstein Veblen, *The Theory of the Leisure Class* (New York: Random House, Modern Library Edition, 1943), 40 [orig. pub. in 1899].
⑥ Veblen, *Leisure Class*, 273—274.
⑦ Veblen, *Leisure Class*, 190—192.

处于环境力量之外的社会的一部分或一个阶级在调整其观点以适应已经变化了的总体形势的速度将会更加缓慢,并因此将阻碍社会变迁的进程。有闲阶级恰好隔离于可能导致制度变迁或制度重新调整的经济力量。这个阶级特有的态度正如一条格言所说:"不管它是什么,它都是正确的。"但是,适用于人类制度的自然选择过程却是:"不管它是什么,它都是错误的。"即从演进的观点来看,现有的制度在某种程度上都是错误的,因为它们的变化速度不足以与时俱进。

19.2.2　对新古典经济学的批判

凡勃仑的有闲阶级理论构成了对新古典经济学的一种批判,因为新古典经济学假设消费者是至上的。通过"货币投票"消费者决定了所生产的商品的构成,并进而决定了使福利最大化的社会资源的配置。但是,如果相当大一部分的消费主要是为了在邻居们面前炫耀而进行的,而邻居们也努力通过购买相似的商品进行回击,以保持他们的相对地位,那么政府就能通过限制每个人的"浪费性消费"而提高整个社会的福利。正如布雷特(Breit)和兰塞姆(Ransom)所指出的:"因此,凡勃仑通过使经济人变为社会人而颠覆了新古典消费理论'自由放任'的政策含义。"⑧

凡勃仑同时也对新古典思想进行了直接批判。例如,他认为约翰·贝茨·克拉克的体系是静态的,因而是无用的,其"动态学"从本质上来说只是错乱的静态条件。凡勃仑认为克拉克的体系建立在进化视角以前的常态和自然规律的观点上——一种阻碍对渐进的变化清醒认识的观点。居于主导地位的享乐主义经济学流派认为:

> 一群使用耙和神奇咒语捕捉贝壳类生物的阿留申群岛的原住民在破旧的船只和波浪中四处奔波……他们处于地租、工资和利息的享乐主义平衡中,并且那就是全部的存在。实际上,对这种经济理论来说,那也就是对于任何经济情形都存在的全部。一种情形与另一种情形下享乐的程度不同,但是除了享乐程度的高低不同外,从经济理论的角度看,所有的情形在本质上都是相同的。⑨

享乐主义预先假设了会按照对快乐和痛苦的预期迅速、顺利地行动的理性和明智的人。他们都是聪明并且有远见的:

> 享乐主义关于人的定义是:人是对快乐与痛苦的迅速计算者,他像一个处于刺激的冲动之下的、对幸福充满渴望的均质的球体一样来回振荡,刺激的冲动使他在这个区域内来回移动,但是保持完好无损。他既不是先行者,也不是继任者。他是一个独立的、确定的人类基准点(human datum),并且处于稳定的均衡中,除非撞击力的冲击使他向一个方向或另一个方向发生位移。由于在自然空间中自我强加的力量,他会按照自己的精神之轴对称地旋转,直到力量的平行四边形征服了他,于是他就沿着合力的方向运动。当这种冲击力被耗尽的时候,他就会静止下来,像

---

⑧ William Breit and Roger L. Ransom, *The Academic Scribblers*, rev. ed(Chicago, IL: Dryden, 1982), 39.
⑨ Thorstein Veblen, *The Place of Science in Modern Civilization and Other Essays*(New York: Heubsch, 1919), 193.

以前一样是一个充满渴望的独立的球体。从精神上说,享乐主义者并不是一个最佳的运动者,也不是生活过程的场所,除非他屈从于外在的与他不同的环境强加给他的一系列变化。⑩

其实,凡勃仑也对支持现有的财富和收入分配方案的新古典主义进行了批判。他认为,标准的理论并不是任何真正的理论,而只是使私人产权和财产收入合理化的传说或神话。企业经济学的提出是用来维护商业社会利益的,它提出的、寻求答案的问题与全体人民并不相关。凡勃仑所关注的是社会经济学而不是关于价格、利润和所有权的企业经济学。

最后,我们注意到凡勃仑对主导当时一般的经济理论的完全竞争的概念进行了批判。他认识到大多数企业家对他们所索要的价格具有一定的垄断控制力,并且他们使用广告来加强他们的市场地位。凡勃仑发表于1904年的这种分析预示了1933年垄断竞争理论(第17章)的兴起。⑪

19.2.3 手艺本能

凡勃仑认为工作并不总是令人厌倦的,否则将会危及人类的生存。人类在生存竞争中,相对于其他物种的优势在于其对于环境的控制力。真正关键的不是人类本性中对努力的偏好,而是其对成就的偏好。当不是被过度劳动困扰时,人们对工作并不反感,相反对手艺本能却有一种偏好,这导致了人类物质上的舒适和物种上的成功。人们本能地希望工作,并希望将其做好。他们反对浪费。与同样重要的亲情本能类似,手艺本能激励本代人为后代努力改善生活。基本上,我们会尽量避免贪婪和懒散,会教育和培养我们的孩子,会改进技术,会保存我们的资源——所有这些都是源于我们的手艺本能和我们供养后代的希望。这种本能与通常的对有用劳动的厌恶相矛盾,但它是主导力量,尤其是在大量的工匠、农民和技术专家中更是如此。

小规模的手工生产和贸易逐渐让位于大规模的资本主义企业。先前市场是狭窄的,企业是以一种谋生的观念来经营的。现代工业体系的主要特征是机器生产和为获取利润而投资。市场的扩展和投资的扩大为精细的操作创造了新机会。随着工业巨头不断扩大他们的领地,他们与社会上其他人的利益分歧也越来越大。他们对产品的生产不感兴趣,他们主要对实现利润最大化感兴趣。

> 企业家在经济中的任务是"挣钱",而不是生产商品。生产商品是与挣钱相伴随的一个机械运动的过程;挣钱则是一个货币运作的过程,是通过讨价还价和销售来进行的,而不是通过机械设备和能量转换进行的……商业中的最高成就是以最简洁的方式不用付出任何东西而获得某些东西。⑫

---

⑩ Veblen, *Place of Science*, 73—74.
⑪ 凡勃仑对这一问题的观点的更清楚论述可参见他的 *Business Enterprise*, 53—55。
⑫ Thorstein Veblen, *The Vested Interests and the Common Man*(New York: Viking, 1946), 91—94[orig. pub. in 1919].

尽管生产商品和获取利润这两个目标可能会重合,因为生产商品仅仅是获取利润的一个手段,但是当这两个目标冲突的时候,前者就要让位于后者。如果需要,大企业家之间的联合、控股公司和其他类型的垄断企业可能会组织起来限制产量、提高价格。当挣钱的目标优先于商品生产时,手艺本能就会受到阻碍,因为生产会受到销售情况的影响。处于实际控制地位的所有权缺位者会限制产量的增加,进而防止价格的下降。他们会把工人和资本投入经济中竞争性更强的部门,从而恶化那里的情况。他们可以从可能会阻碍产出增加的这种经济体的失调中获取利润。如果经济不稳定,他们获利的机会就会增加。精明的企业家可以通过在经济周期的上升阶段"买空",在周期的下降阶段"卖空"而挣钱。大企业会阻碍进步,因为相对于产品服务社会需求的价值而言,他们对其市场价值更感兴趣。那些对价格问题而不是生产问题更感兴趣的人包括企业家和他们的助手——销售人员、会计、广告商等。

19.2.4 信用和经济周期

按照凡勃仑的观点,信用在现代经济中发挥着重要作用。只要企业的利润率高于利率,那么借钱就能够增加利润。在竞争的条件下,一个企业家所从事的可以盈利的项目对于所有竞争者来说可能都会成为必然的选择。那些使用了信用的人和没有使用信用的人相比,相当于是在以较低的价格出售商品。因此,告贷是非常广泛和普遍的。一个企业的竞争性盈利能力是建立在初始资本和以初始资本为担保的借贷资金的基础上的。在扩大企业规模的过程中,使用信贷资金会使企业拥有相对于其他竞争者的优势,但是信用的扩张对利润或工业总产出并没有加总效应。事实上,总的工业净利润减少了必须给工业过程外的债权人支付的利息的数量。

为什么信用的扩张对总利润或工业总产出没有影响?把借入资金也看作财产是不正确的吗?难道借入资金这种财产不会通过将其代表的物质形态的财富直接或间接地应用到工业过程中而转化为生产性用途吗?凡勃仑的回答是否定的。虽然贷款的支付可以以贷款人占有的财产的形式实现,但是财产可能有不同的存在形态。房地产即使不能被用于工业用途,也照样可以成为贷款的抵押;而那些以公司股票和工厂担保的贷款则会使那些已经处于工业生产过程的物质产品加倍。

当然,凡勃仑忽视了这样一个事实,即银行信用能够使企业从那些失业、未充分就业和自我雇佣(比如工匠和农民)的人中动员出一部分劳动力。将劳动力吸引到大的工业企业中会增加总产出。同样,信用会使对原材料和资本设备的动员以及其供给的扩张成为可能。它扩展了市场,并因此刺激了更大的生产。凡勃仑对信用的批评只有在生产要素和最终产品的供给是完全固定的且无法进一步扩展的情况下才是有效的。

凡勃仑对信用的看法直接导致了他的经济周期理论的产生。信用的扩张使相互竞争的企业家能够抬高他们在工业中使用的物质资本品的价格。随着其货币价值的增加,这些资本品就成为未来信用进一步扩张的担保品。以股票或不动产为抵押的贷款的扩张具有累积的特点。垄断企业的信用扩张更为严重,因为垄断企业预期增加的利润和新合并公司的商誉都会被资本化于新发行债券的价格中。

不断累积的信用的扩张是建立在一个并不牢固的基础上的。在抵押品的货币价值和按照预期收益计算的财产的资本化价值之间迟早会出现偏差。换言之,收益的增长无法与资本(资本加上贷款)名义价值的增长保持同步。当这种偏差变得日益明显的时候,企业就将进入清算阶段。除了清算外,工业危机还伴随着信用的废除、较高的贴现率、不断下降的价格、强行拍卖、总资本的缩减和产出的下降。债权人接管企业财产后,会进一步巩固所有权,将控制权集中到更少的人手中。

在经济繁荣期,工人们会通过更加充分的就业而非较高的工资率获益。随着总体价格水平的上涨,生活费用的增加降低了实际工资率。慢慢地,随着产品价格的不断上涨,工人的工资也不断上升,而这会使繁荣逐渐走向终结,因为利润空间收缩,资本价值下降。

凡勃仑认为,只要没有外部环境的暂时介入中止了经济活动的上述趋势,资本化与获利能力之间的这种偏差将是长期性的。因此,在机器工业充分发展的体系下,长期萧条是正常的,不管这种萧条是否显著。但是,价格的投机性增长、贵金属的新发现和信用扩张会暂时克服萧条现象。垄断企业能通过限制产出、提高价格等谨慎的营销措施恢复盈利。如果成功的话,垄断将会抵消由工业进步带来的产品与服务价格下降导致的利润减少。

对产品浪费性和非生产性消费的增加以及垄断都可以缓解利润下降和长期萧条趋势。但是,要使私人的浪费性支出达到足以抵消现代工业的剩余生产力的规模几乎是不可能的:

> 私人的自主性消费不可能消耗掉一定经济形势下的所有不必需的产品和服务。私人浪费是巨大的,但是导致储蓄和精明投资的经济原理在现代人的习惯中根深蒂固,以致无法使储蓄率有效地逐步降低。就这一点而言,文明政府能以一种有效浪费的方式做更多事情,事实上,它也正在这么做。军备、公共建筑、气派的外交机构等诸如此类的东西,就当前所讨论的问题而言,几乎都是浪费性的……但是,不管这种公共物品的浪费最近变得如何惊人,总体来说很明显它还是不足以消灭机器工业的过剩生产力,特别是因为储蓄积累到相对少数人手中,生产力便受到了现代经济组织所提供的巨大便利的支持。[13]

19.2.5 解决方案:技师代表会

根据凡勃仑的观点,在生产产品的工业和制造利润的商业之间会存在冲突:在生产产品和挣钱之间;在手艺本能和金钱利益之间;在整个社会和所有权缺位者、工业巨头之间;在对稳定的需求和信用的扩张之间;在希望以较低价格得到更多产品的购买者和希望以较高价格提供较少产品的垄断者之间;在社会的变革需要和人们思维模式、行为模式的保守主义之间;在可实现的对人们基本需求的满足与不可实现的对炫耀性消费

---

[13] Veblen, *Business Enterprise*, 255—257.

的渴望之间,因为只要每个人都想在浪费性消费方面超过别人,那么炫耀性消费的需求就永远得不到满足。

现代大规模企业产生的这些难题有什么解决方案呢?凡勃仑对社会主义既持批评态度,又非常友好,但他本人绝对不是一个社会主义者。他对马克思的劳动价值论进行了批判,他认为马克思的劳动价值论至好也就是一种同义反复,至差是一种无法证明的、搞笑的、故弄玄虚的东西。他不同意社会主义者持有的富人将会越来越富而穷人将会越来越穷的观点,他认为现行的体制从绝对量来看并没有使工人们越来越贫穷,但是从可比较的经济重要性来看,它确实使工人相对越来越贫穷。现代社会强化了竞争与嫉妒,这将导致社会的动荡,使之走向社会主义。随着私有产权的废除,人们可能会发现,与相互竞争时比,人性更加高尚了,对社会有用的活动也更多了。

凡勃仑认为,工程师——社会的技师——可能会最终领导社会革命并为了公共利益经营工业。他们反对所有制、金融、怠工、信用和非劳动所得,因为这些因素都会影响技术效率与进步。工程师是整个社会的最佳代表,因为资本所有者和劳动者间通过讨价还价已经成为松散结合的既得利益者,他们会以对社会有害的方式追求自身的利益,并在他们之间最终达成类似商业谈判结果的让步与妥协。劳资双方之间进行一种需要机会与技巧的博弈,而工业体系成为双方博弈的牺牲品。但是整个社会的物质福利,特别是工人们的物质福利,取决于工业体系在没有干扰情况下的平稳运行。工程师们恰恰可以确保这一点的实现,因为与劳资双方不同,他们不受自我利益的驱动。因为技师与工人们相比更加同质和统一,因此他们是天然的领导者,是生产线的管理者,是具有实在的工作热情和最发达手艺本能的人。凡勃仑断言,技师代表会能解决国家的问题,只是实现的机会渺茫。当前,技师是温顺和无害的,通常被供养得很好,并且对既得利益者给予他们的"满满的饭碗"非常满意。

凡勃仑并没有寄希望于改革——在资本主义制度下各种条件的改良;事实上,他希望看到资本主义被完全取代。工程师将会进行社会变革的观点对凡勃仑而言可能只是个转瞬即逝的想法。在晚年,他非常赞赏苏联进行的高度重视中央计划的实验。但是,基本上说,他仍然是一个悲观主义者,对于人类的本性和人类未来的前景持悲观态度。

19.3 韦斯利·克莱尔·米切尔

韦斯利·克莱尔·米切尔(Wesley Clair Mitchell, 1874—1948)是凡勃仑最优秀的学生。凡勃仑是一个伟大的反传统主义者,他对捍卫现状的正统理论中他认为荒谬的部分进行了无情的批判;他为制度主义奠定了哲学和理论基础。米切尔是一位伟大的研究者,他最突出的工作主要是关于经济周期的分析,他为制度主义增添了经验研究的倾向。他非常温和、小心谨慎,没有像凡勃仑那样无情地从根本上摧毁新古典主义,但他确实也对新古典主义不现实的抽象和方法论进行了批评。他认为凡勃仑对人类本性有更加充分的认识,对文化发展有更加宽广的理解,他的进步已经远远超出了同时代的经济学家,但是凡勃仑过于依赖那些没有被经验证明的推测。米切尔认为,他的统计研究将为凡勃仑的开创性工作提供一个更加坚实的基础。

米切尔出生于伊利诺伊州的拉什维尔,1899 年在芝加哥大学得到了博士学位。他就职于华盛顿特区的人口普查办公室,后来又在芝加哥大学、加利福尼亚大学、哥伦比亚大学和社会研究新学院从事教学与研究工作。

19.3.1 经验研究的重要性

米切尔说,经济学是一门研究人类行为的科学。他认为,经济学的未来在于向研究更多、推理更少的方向发展。"经济学在定量分析方面将会结出丰硕的成果。如果今天的经济学家越来越多地依靠最为准确的观察统计记录的话,那么他们将来将拥有推进他们前辈工作的最佳机遇。"[14]

由米切尔在 1920 年创建并领导了 25 年的美国国家经济研究局可能是反映其方法的最光辉的典范。在米切尔的指导下,它进行了国民收入数量和分配的最早的一项全面研究。多年来,它出版了大量的统计分析。今天,其研究人员名单就像是美国在经济研究方面的"名人录"。具有讽刺意味的是,绝大多数这些研究人员都是非常正统的经济学家。

19.3.2 米切尔对经济周期的研究

米切尔最大的贡献在于他对经济波动的研究。重要的是,我们要认识到他有关经济波动的著作最初出版的时间比大萧条和凯恩斯的《通论》早了二十多年。米切尔称他的经济周期理论是一个"指导性的假设",因为它是试验性的并且会根据补充证据进行修改。在他那里,经济周期理论逐渐成为一种对经验的经过检验的解释而不是一种逻辑的练习。米切尔越是深入地去寻求各种事实来解释经济波动,其理论越是逐渐地扩展成为一种关于我们的经济体系如何运转的理论。与以前的经济学家只是寻求经济周期的唯一决定性原因不同,他探索了共同产生经济体系的周期性运动的各种条件。如果他的思想现在看来极其平常,那是因为它们已经被非常广泛地接受了。

米切尔对经济周期的经验研究产生了四个重要的结论。每个结论都值得详细说明,具体内容如下:

- 经济波动出现于货币经济中。米切尔并不倾向于将危机和萧条看作是资本主义的一种弊病,而是倾向于将它们看作是主要通过获取货币和支出货币来进行经济活动的社会所出现的一个问题。当然,这是资本主义的一个特点;但是,资本主义还有其

---

[14] Wesley C. Mitchell, *Types of Economic Theory from Mercantilism to Institutionalism*, ed. Joseph Dorfman, 2 vols. (New York: Augustus M. Kelly, 1967), 2, 749, 761.

他特点,比如,生产手段是如何被占有的。他指出:"只有当在一个国家中货币的使用已经达到了一种发达的阶段,其经济兴衰才会呈现出经济周期的特点。"⑮

● 经济周期广泛分布于整个经济中。企业的相互依存程度很高,它们被各种工业、商业和金融联系捆绑在一起,所以没有一个企业会独自走向繁荣或衰退而不影响其他企业。信用的增长增加了金融方面的相互依存性。伴随着全部相互关联的各种关系,共同商业组织的扩展将许多名义上独立的企业组织成为利益共同体。这种联系就是经济运转节奏的加速或放慢得以从经济中的一个部分扩展到其他部分的通道。

● 经济波动取决于利润的前景。米切尔认为,利润的前景是经济波动的线索。一个企业只有当它在长期中可以获取利润时才能通过制造产品来为社会服务。服务以获取利润为目的,是货币经济的一个必然结果,而不是源于企业家唯利是图的动机。一个忽视利润、具有公德心的企业家会破产,只有政府和慈善组织才能够不以利润为目的提供服务。

预期利润比已有的利润或损失更加重要,因为企业会更注重向前看而不是向后看。未来利润的前景在决定企业扩张的方向方面具有决定性作用。在预期利润最具吸引力的经济周期的那一个阶段上,投资达到最高点。因此,在企业经济中对经济波动的描述必须主要涉及经济活动的货币方面。

● 经济波动是由经济本身系统地产生的。经济周期并不是均衡的一个较小的或意外的中断,相反它是经济运转本身的一个内在部分,这种演化与动态的方法贯穿于米切尔的著作中。随着经济周期的每一个阶段演变为下一个阶段,经济本身逐渐经历了累积性变化。因此,米切尔相信,每一代经济学家可能都不得不改写他们年轻时学到的经济周期理论。按照米切尔的观点,经济周期起源于经济中的各种力量,并且经济周期的每一个阶段都会产生其下一个阶段。

> 比如,经济活动最初的复苏会逐步发展为全面的繁荣,繁荣会逐渐孕育危机,危机会汇聚成萧条,萧条可能会暂时变得更加严重,但是最终会引起经济活动全新的复苏,而这将是另一个周期的开端。因此,经济周期理论必须是对这种累积性变化的一种描述性分析,通过这种累积性变化,一系列的经济条件本身会转化为另一系列的经济条件。⑯

米切尔选择将萧条之后经济活动开始加速的这一阶段作为研究经济周期的出发点。经济活动的复苏一旦开始,便会通过相互关联的企业迅速扩展到整个经济或大部分经济中。工资的增长和较高的利润既会刺激消费需求也会刺激投资需求。零售商和批发商会再次补充在萧条时期被消耗光了的存货。乐观主义开始产生并迅速蔓延,从而使证实并强化了乐观主义的生产状况也开始产生并蔓延。在复苏的后期,价格开始上升。未来价格上升的预期会刺激产品订单的增加。随着经济条件的改善,信用开始膨胀。同时利润也会增加,因为工资和管理费用的增长滞后于价格的上升,对资本品的新投资也会增加。

---

⑮ Wesley C. Mitchell, *Business Cycles, the Problem and its Setting* (New York: National Bureau of Economic Research, 1930), 75.
⑯ Wesley C. Mitchell, *Business Cycles and Their Causes* (Berkeley: University of California Press, 1941), ix [orig. pub. in 1913].

这就是经济复苏的不断累积的向上的运动。但是它为什么会以危机终结呢？为什么繁荣会孕育着萧条？

在繁荣时期，经济体系中不断累积的各种压力之一便是经营企业的成本会缓慢但确定地增长。随着新资本的投入，当产品成本不断增加时，企业管理费用也开始上升。建立新工厂的新企业在创立过程中会导致较高的成本，而租金和利息一类的黏性成本也会上升。在繁荣时期，缺乏效率的工厂和机器、缺乏能力的管理人员和缺乏效率的工人也会被雇用，从而抬高原材料、劳动力等的价格。随着向市场供给的产品的增加，处于边际上的企业便难以通过提高销售价格以抵消不断上升的成本。劳动力成本也会上升，这不仅因为雇用了缺乏能力的工人，同时还因为工资随着物价的不断上升也开始上升。在繁荣时期，对产品需求的上升会增加对加班劳动的需求，加班劳动与普通劳动相比更加昂贵而生产效率却相对较差。与困难时期相比，繁荣时期的工人不太害怕失去工作，因此劳动的纪律性和生产率会下降。随着企业中人员变得疏忽大意、过于乐观和过度繁忙，生产中的浪费也会增加。

生产成本的不断上升会侵蚀利润，特别是在繁荣阶段的后期制成品的价格不能轻易被提高时更是如此。在经济繁荣的前期，生产能力的扩张增加了产品和服务的供给，这进一步增加了提高销售价格的难度。买者最终会拒绝价格的不断上升，因为他们不能或不愿为产品连续不断地、越来越多地支付货币。由于公共管制、合同和习惯等因素，某些价格无法与成本保持同步上升。几个重要行业的实际利润，甚至是预期利润的下降都足以引起全部行业的财务困难。

繁荣持续的时间越长，这些压力就越大，并且会不可避免地走向危机与萧条。当债权人开始担心时，信用的膨胀就会终结。在危机的临界点上，债务人会被要求减少或全部偿还其债务。巨额清算由此开始，由于企业力图避免破产，于是产品被抛售到市场上，产品价格开始下降。价格下降的预期进一步减少了对产品的需求，从而使这种预期成为现实。由于某些成本在下降方面具有黏性，就像它们在价格向上运动时具有黏性一样，因此产品价格的下降会进一步压缩利润空间。于是，悲观情绪蔓延，投资支出下降，存货减少，失业增加，消费者收入和支出下降，整个经济陷入萧条时期。

如果给予充分的时间，萧条本身就会产生导致繁荣的力量。企业家会将浪费和成本减少到极点。最终，工资、利息、租金和其他黏性成本下降到与产品价格一致的点上。劳动力成本也开始下降，因为加班现象减少了，无效率的工人被解雇了，在岗的工人由于害怕失业而被迫更努力地工作。随着萧条的持续，资本品逐渐被消耗并且变得过时。由于新的资本品的价格已经下降，竞争力量会导致企业主在萧条时期利率较低的情况下增加对新的、更加有效率的和成本更低的机器的投资。如果可能，消费者也必须最终更换已经陈旧了的耐用和半耐用消费品。人口持续增加，从而增加了对各种消费品的需求。在萧条时期被减少到最低点的存货随着企业的扩张必然被重新补充。乐观主义开始蔓延，整个经济再次处于一个不断累积的上升阶段。

19.3.3　社会计划

米切尔在 1935 年指出,频繁发生的经济危机和萧条是经济体系自动运转功能具有缺陷的证据。我们保持经济平衡的困难由于以下原因而不断增加:市场的扩展、相互联系的增加、经济状况不好时人们可以购买的半耐用消费品的日益增加、农民向城市的转移、农民越来越多地依赖于市场而不是像以前那样自给自足。商业计划不能对抗那些使经济周期更加严重的各种因素的增长。

那么,我们的任务就是推进谨慎的社会计划或国家计划来克服经济波动最严重的特征,与此同时,还要保持经济自由并增加安全性。米切尔依靠国家计划来改善人们生存状况的思想部分地基于他的实用主义心理学。他捍卫社会计划,否认它是不符合美国利益的。他说,我们国家的历史就是一个计划的历史,有时成功,有时不太成功。美国宪法体现了管理一个国家的计划。汉密尔顿曾有一个经济复苏计划,而且在 1917—1918 年我们计划了经济动员以赢得战争。社会计划的最大困难在于对我们希望达到的社会目标的全体一致。事实上,目标的不一致为在一个民主团体中的计划设置了最基本的障碍,因为社会目标的一致只有在极少的情况下才能达到。

计划的第二个困难来自社会过程的相互依赖性。逐一列举的每一条计划经常会带来没有计划的和并不需要的结果,正如禁酒令的制定所表明的,它鼓励了酒类的走私和出现了富有的、违反法律的辛迪加。明智的社会计划必须考虑到社会行动的直接效果,也要考虑到社会行动的间接效果。但是某些结果无法通过个人行动来达到,因此,米切尔认为,国家计划是不可避免的。问题是国家计划会是支离破碎的、不可靠的还是系统的、技术上非常彻底的。

19.4　约翰·肯尼思·加尔布雷思

约翰·肯尼思·加尔布雷思(John Kenneth Galbraith,1908—2006)出生于加拿大,先后在多伦多大学和加利福尼亚大学学习。他曾担任过美国农场局联合会首席经济学家、第二次世界大战期间美国政府的高级官员、《财富》杂志编委会的委员、肯尼迪政府的驻印度大使、哈佛大学的经济学教授、美国民主行动的主席,此外,他还是一位小说家和远东艺术方面的专家。

从总体上来看,加尔布雷思的主要著作既包括了对新古典经济学思想的批判,也包括了对现代资本主义的分析,几乎所有制度学派的特点在他的著作中都有所反映。

19.4.1　传统思维

加尔布雷思是一位新古典主义"传统思维"的批判者,新古典的"传统思维"是我们所熟悉并广泛接受,但不再恰当的一系列观点。他的演化的方法探究了不断变化的条件,并且详细研究了改变我们的思想以适应新形势的必要性。加尔布雷思指出:"思想从本质上来说是保守的。它们不会屈服于其他思想的进攻,而是屈服于它们无法应对的、巨大环境的冲击。"[17]他的这一说法与凡勃仑的观点类似。接着,他指出他的批判是对传统思维的批判,而不是对最初阐发这些思想的人的批判:

> 读者很快将会发现我很看不起某些经济学的中心思想。但是,我认为最初提出这些思想的人很了不起。经济学的缺陷并不是最初就是错误的而是因为对那些过时的东西未加修正。传统的东西之所以会过时是因为原本有用的已经逐渐变得神圣不可侵犯。[18]

这些过时的新古典主义思想如何能够幸存下来? 加尔布雷思这样回答道:

> 新古典体系中的许多东西应归功于传统——作为对曾经存在的社会的一种描述,它并非令人难以置信……
>
> 另外,它是可用的学说。学生们来了,必须教给他们一些东西,而新古典模型恰好存在。新古典模型还有另外一种优势——它参与了无数的理论改进。伴随着复杂性的增加,它给人一种精确性和准确性日益提高的印象;伴随着困惑的解决,它给人一种已被理解的印象。[19]

在加尔布雷思关于现代资本主义的整体理论中,我们能够发现有几个特别的理论对正统经济学提出了挑战。其中特别重要的两个理论是他的"依赖效应"的概念和他的企业行为理论。

19.4.2 依赖效应

按照加尔布雷思的观点,现代资本主义为大公司所主导,其主要特点是充满了人为制造的需求,这些需求是公司计划和巨额广告的产物:

> 随着一个社会的日益丰裕,需求越来越多地被满足需求的过程创造出来……因此,需求变得依赖于产出。用专业术语来说,我们不能再假设任意较高的产出水平肯定比一个较低的产出水平的福利更大,二者也有可能是相同的。较高的产出水平仅有一个较高的需求创造水平,这使一个较高的需求满足水平成为必要。有许多场合我们可以看到需求取决于满足欲望的过程,将其称为依赖效应是恰当的。[20]

在现代工业体系中,消费者并不是至高无上的,相反生产与销售产品和服务的巨型企业才是至高无上的。加尔布雷思的"修正的顺序"认为,生产者决定应该生产什么并

---

[17] John Kenneth Galbraith, *The Affluent Society* (Boston, MA: Houghton Mifflin, 1958), 17.
[18] Galbraith, *Affluent Society*, 4.
[19] John Kenneth Galbraith, *Economics and the Public Purpose* (Boston, MA: Houghton Mifflin, 1973), 27.
[20] Galbraith, *Affluent Society*, 158.

因此塑造了消费者的偏好,从而使消费者会购买这些产品。正统经济学认为主动权掌握在消费者手中,消费者为了满足个人需求或需求会在市场上购买产品和服务。新古典经济学的消费者选择理论将需求看作是给定的。加尔布雷思认为,当我们说消费者最大化他们的效用时,我们首先避开了消费者最初如何形成了这些需求这一重要的问题。并且,如果需求必须通过广告进行创造,这些需求的紧急程度如何?进一步而言,新古典经济学的消费者需求理论主要强调消费者的至高无上,它暗含着市场决定最优的产出结构和资源配置。加尔布雷思认为,这个观点毫无意义:"如果生产创造需求的话,一个人就无法辩护说生产是用来满足需求的。"[21]

加尔布雷思的消费者需求理论有一个重要的政策含义:公共产品将存在资源配置不足问题,加尔布雷思将其称为"社会不平衡"。通过广告创造的人为需求和竞争的倾向会使资源投向私人产品,并将资源从具有更大内在价值的公共产品中转移走。新汽车被认为比新公路更加重要,人们更加需要家庭中使用的真空清洁器而不是街道清洁器,酒、连环画书和漱口液比学校、法庭和市立游泳馆表现出的总体重要性更大。加尔布雷思认为,校正这种不平衡的一种方法是对消费品和服务课征销售税,利用这种收益来增加公共部门的产品和服务的可得性。

19.4.3 加尔布雷思的企业理论

新古典经济学的企业理论认为,通过假设企业试图最大化其利润可以最好地理解公司的行为和表现。加尔布雷思认为,这一点在市场部门中可能是正确的,市场部门的小企业所有者会积极管理他们的企业,但是它不能描述远为重要的计划部门——生产社会一半以上产出的大约2 000家最大企业的情形。在计划部门中,所有权和控制权是分离的。大型企业的所有者是数百万普通股的持有者,他们对于公司的运营并没有实际的控制权。相反,控制权由技术专家团体掌握,技术专家团体是由行政人员、经理、工程师、科学家、产品计划者、市场研究者、市场营销人员等专业精英组成的。对某一特定公司的表现不满的不高兴的股票持有者并不具有解雇管理层的选择权。实际上,他们能够采取的办法就是卖掉这个公司的股票而去购买其他公司的股票。加尔布雷思认为,假设技术专家团体具有最大化数百万不知名股票所有者收益的动机是天真的。技术专家团体追求更加复杂的目标,加尔布雷思将其归类为保护性目标和积极性目标。

企业最主要的保护性目标就是生存,而这又转化为获取足够利润的需要,以使大多数股票持有者相对满意并能够提供足够的留存收益用于投资和增长。使这种低于最大化水平的利润能够得到保证的一种方式就是使产品价格免于竞争。这样做既可以采取直接固定价格的形式,也可以采取行业内部非正式价格协议的形式。这并非新古典经济学模型所暗含的固定价格以限制产出和最大化联合利润的目标。相反,这个目标就是保证竞争企业获得一个满意的利润水平,从而使它们能够满足其保护性目标并且追求其积极性目标。

---

[21] Galbraith, *Affluent Society*, 124.

企业主要的积极性目标是增长。产出、销量和收入的增长能够为技术专家团体的成员提供更大的就业安全性和财务回报。在正统的企业理论中,寡头垄断者通过限制产量以提高产品价格、增加利润:"最为新古典经济学模型接受的观点是垄断价格比社会理想价格高而产出比社会理想产出低,公众成为受害者。正是由于这种剥削,寡头垄断是邪恶的。"[22]在加尔布雷思的理论中,寡头垄断者将价格固定在较低的水平上——能够获得最低利润并且总产出和销量有扩张的余地。如果目标是增长,那么巨额的广告支出、赢取市场份额的各种活动、竞争性和非竞争性企业之间的非盈利性并购等,就都是完全有意义的。按照加尔布雷思的观点:"新古典经济学模型描述了一种并不存在的弊病(高的寡头垄断价格和受到限制的产出),因为它假设了一个并不被追求的目标(利润最大化)。"[23]

加尔布雷思的企业理论有几个有趣的政策含义。比如,传统的反托拉斯的努力应该被摒弃:"迄今为止还没有发生任何限制技术专家团体的发展和成长能力的事情。"[24]大企业的不断成长是因为技术上势在必行。它们的规模主要归因于规模经济、巨额的研发预算及吸收新技术的能力。加尔布雷思说,试图通过公共政策来限制这些力量在过去是徒劳的,在将来仍是徒劳的:

> 因此,来自新古典经济学模型的(反托拉斯)方案是无害的,它对于技术专家团体的权力、自主性及其对于增长的积极兴趣没有任何威胁。并且这种方案被认为是广泛性的——由于竞争被认为是校正所有产业弊病的方案——它将所有的弊病引入了一个本质上无害的渠道。对于有效管制行动或公共所有制及社会主义来说,当实施反托拉斯法的要求出现后,本来可能引起危险不安的那些扰动变得安全了。……从技术专家团体的角度来说,最优的方案应该能免于所有的攻击,但是次优方案——一个非常好的方案——是能够将所有的攻击转入安全无效渠道的一个思想体系。[25]

那么,社会应该仅仅追求自由放任政策、依靠这些经济力量来产生社会福利吗?加尔布雷思非常坚决地回答说:"不。"在《经济学与公共目标》(*Economics and the Public Purpose*)一书的前言中,他指出:"在本书中没有一个结论比这个结论更加清晰:如果任由它们自由发挥作用,那么经济力量可能除了对于强势者外,不会产生最优结果。"

尽管对消费者的剥削并不是现代资本主义的一个问题,但是,计划体系对权力的使用确实产生了其他一些严重问题。公众必然通过政府从技术专家团体的手中夺取对经济中计划部门的控制权,以确保它为公共目标服务。这种控制权应该采取几种形式。比如,一个永久的公共价格和工资机构应该控制经济中最大的那些公司的价格,并且确保主要的集体谈判协议中的工资收益没有超过全国生产率的增长;应该成立一个公共计划当局,以

---

[22] Galbraith, *Economics*, 119.
[23] Galbraith, *Economics*, 120.
[24] Galbraith, *Economics*, 121.
[25] Galbraith, *Economics*, 121.

联合主要的公司和工会来计划和协调经济活动,这个计划当局同时还必须与其他工业化国家协调经济计划。除了这些改革外,加尔布雷思还要求政府通过对行政人员工资的公共控制、累进税收、提高最低工资及负的所得税计划对收入进行再分配。应该鼓励市场部门的企业进行合并,这样它们才能更加有效地与计划部门的企业进行竞争。与他之前的凡勃仑和米切尔一样,加尔布雷思也认识到了在现代经济中大大扩展政府功能的必要性。

19.4.4 对加尔布雷思观点的批评

加尔布雷思对传统经济学的攻击招致了许多反驳。一个例子是,从极端的角度来说,他好像否认消费者拥有能够明确自己的利益并据此行动的自由意志。正统经济学家不接受消费者以外的某一并不明确的主体可能会最好地决定什么才能代表消费者的真实利益这一观点。还有一个例子,批评者指出,一个没能最大化其长期利润的公司会面临成为接管目标的危险。目标公司普通股的价格反映了公司预期的未来收益的折现流,对于非利润最大化的企业来说,这个价格将比其可能的价格低。通过给股票持有者的股份提供一个高于当前市场价格的价格,意欲收购的公司能够获得对目标公司的控制权以及更换管理层、增加利润的权力,并且他们最初持有的股份能够获得资本收益。

总而言之,加尔布雷思对正统经济学的攻击,如同他之前凡勃仑的攻击一样,可以说迫使新古典经济学家暂时停止了前进的步伐,使他们承认并且接受了其反对意见。加尔布雷思招致了很多对他的反驳,他不能被轻易忽略这一事实正是他的智慧、机智和文笔力量的明证。然而,正统经济学几乎没有经历什么磨难,其被叛者更是少之又少;坦率地说,正统经济学仍在继续前行。对于制度主义来说,如果想要重新成为经济思想中的一个力量,它必须赢得未来一代经济学家的思想。实现这一目标的最好希望就是发展一个统一的、能够很容易被理解和被教授、经得起仔细的智力上和统计上的推敲的理论体系。制度主义的批评者认为,到现在为止,它还没有实现这一目标。

历史借鉴19-2

道格拉斯·诺斯和新制度主义

凡勃仑、米切尔和加尔布雷思等传统制度主义者通常对新古典经济学持批评态度并且支持政府干预。相反,新制度主义趋向于理论化、市场导向和反干预主义。

新制度主义思想有几个可以确认的分支,每个分支都强调制度在理解经济(或者政治)行为和结果方面的重要性。第一个分支是哈罗德·德姆塞茨(Harold Demsetz,1930—)关于产权在促进经济效率作用方面的著作;第二个分支是理查德·波斯纳(Richard Posner,1939—)关于法和经济学之间关系的分析;第三个分支是罗纳德·科斯(Ronald Coase,1910—2013)和奥利弗·E.威廉姆森(Oliver E. Williamson,1932—)对于交易成本在解释企业组织和行为方面的关注;第四个分支是詹姆斯·布坎南(James Buchanan,1919—2013)和戈登·塔洛克(Gordon Tullock,1922—)关于公共选择理论的著作,其中包括对寻租、利益集团、投票规则和宪法经济学的分析。*

但是,新制度主义规模最大的分支是与道格拉斯·诺斯(Douglass North, 1920—)联系在一起的。道格拉斯·诺斯是一位美国的经济史学家,荣获1993年的诺贝尔经济学奖。诺斯对新古典经济学进行了批评,因为新古典经济学没有认识到制度约束在经济决策中的重要性,不能解释世界范围内不同经济制度的长久性。但是,与传统的制度主义者如凡勃仑等不同,诺斯接受了新古典主义者的"选择理论"方法,这种方法强调理性经济决策。

> 选择理论方法是必要的,因为一系列逻辑上连贯、潜在可检验的假设必须建立在人类行为理论的基础上。微观经济理论的优势在于它是建立在对个人行为假设基础上的……制度是人类的一种创造。它们不断演进并且不断地被人类改造,因此,我们的理论必须从个人开始。与此同时,制度强加在个人选择上的各种约束是普遍存在的。**

制度的产生是由于它们能够最小化人类相互作用的成本。它们可以是正式制度(比如,宪法和法律),也可以是非正式制度(比如,非书面的行为规则)。它们可能是特意创造出来的(比如,美国的货币体系),也可能仅仅是随着时间演进而来的(比如,给小费的传统)。制度是统治经济和政治行为的正式和非正式规则,而制度的参与者则是利用某一特定制度框架提供的各种机会的个人和组织。

制度所采取的形式主要归因于个人或代表他们的集团的讨价还价能力。但是制度一旦确立,个人选择的行为和结果就会强化它们的持续存在。例如,通过年金计划实施的工人股票所有制会加强对资本主义制度的支持。个人选择行为强化的结果会使国家制度产生"路径依赖":最初选定的(或强加的)制度会决定长期的路径。因为"参与者"有时能成功地使"规则"朝有利于他们的方向改变,所以制度会逐渐地演变。只有当某一特定制度路径在达到期望目标方面很明显的是条死胡同时,或当期望目标本身发生了变化时,社会才会以激进的方式改变其制度。

因此,制度约束在不同的时间和不同的国家都不同。制度为各种类型的经济和政治活动提供了激励机制。从根本上来说,富有国家之所以富有是因为它们的制度约束界定了政治和经济活动的一系列回报,而这些回报鼓励教育与技能学习、资本扩张、新技术,并因此鼓励了经济增长。贫穷国家之所以贫穷是因为它们的制度界定了不鼓励财富创造的政治和经济活动的一系列回报:产权界定不清并且实施不利、最聪明的人进入政府或者移民、社会和宗教习惯限制了从事工作并且分散了物质利益、更强调财富的再分配而不是财富的创造。

天才的诺斯把新古典经济分析和制度分析结合起来,并由此解释了制度如何影响经济决策以及经济决策如何逐渐地改变着制度。

---

* Malcolm Rutherford, *Institutions in Economics: The Old and the New Institutionalism* (New York: Cambridge University Press, 1994), 2—3. 我们在历史借鉴15-1中已经讨论过科斯,并将在第20章中讨论布坎南和塔洛克。

** Douglass C. North, *Institutions, Institutional Change and Economic Performance*(New York: Cambridge University Press, 1990),5.

复习与讨论

1. 解释下列名词,并简要说明其在经济思想史中的重要性:制度主义、演化经济学学会、凡勃仑、《有闲阶级论》、炫耀性消费、手艺本能、技师代表会、米切尔、美国国家经济研究局、加尔布雷思、依赖效应、市场部门与计划部门、技术专家团体、企业的保护性目标与积极性目标。

2. 比较第 11 章讨论的德国历史学派与本章讨论的制度学派的特点。制度学派是与"旧"历史学派更加接近,还是与"新"历史学派更加接近?

3. 正如古典学派是与艾萨克·牛顿联系在一起的,制度学派是与谁相联系的?请解释。

4. 应用凡勃仑炫耀性消费的思想解释为什么某一特定产品价格的显著下降可能会导致需求数量的减少。这与所谓的吉芬物品(第 18 章)有何区别?

5. 凡勃仑是如何区分"挣钱"与"产品生产"之间的差别的?应用古诺的垄断模型(第 12 章)解释为什么通过制造更少的产品可能获得更多的利润?

6. 比较米切尔与欧文·费雪(第 16 章)对于经济波动的原因和本质的观点有何不同。

7. 2007—2009 年衰退的原因和结果符合米切尔关于经济周期波动的四个主要结论吗?怎样符合的?

8. 判断以下观点的对错,如果错误,请解释原因:"加尔布雷思认为计划部门的企业过于庞大,之所以如此是因为它们对于垄断力量的不断追逐。为了防止对消费者的垄断剥削,这些企业应该被分成规模较小的相互竞争的企业。"

9. 凡勃仑和加尔布雷思都被认为是反传统主义者(iconoclast)。从字典中找出这个词汇并说明其含义,解释为什么这个词汇用在他们身上是合适的。

10. 假设在历史借鉴 19-1 的图表中,价格从 P_2 上升至 P_3。请画出相应的线段,并在图中标示出标准价格效应和凡勃仑效应。请解释在这个例子中哪个效应起主导作用。

精选文献

书籍

Blaug, Mark, ed. *Thorstein Veblen*. Brookfield, VT: Edward Elgar, 1992.

——. ed. *Wesley Mitchell, John Commons, Clarence Ayres*. Brookfield, VT: Edward Elgar, 1992.

Breit, William, and Roger L. Ransom. *The Academic Scribblers*, 3rd. ed. Chap. 11. Princeton, NJ: Princeton University Press, 1998.

Dorfman, Joseph, et al. *Institutional Economics: Veblen, Commons and Mitchell Reconsidered*. Berkeley: University of California Press, 1963.

Galbraith, John Kenneth. *The Affluent Society*. Boston: Houghton Mifflin, 1958.

——. *Economics and the Public Purpose*. Boston: Houghton Mifflin, 1973.

——. *The New Industrial State*. Boston: Houghton Mifflin, 1967.

Gambs, John S. *John Kenneth Galbraith*. New York: Twayne, 1975.

Mitchell, Wesley C. *The Backward Art of Spending Money and Other Essays.* New York: Kelley, 1950 [orig. pub. 1912—1936].

——. *Business Cycles and Their Causes.* Berkeley: University of California Press, 1941 [orig. pub. in 1913].

——. *Types of Economic Theory from Mercantilism to Institutionalism.* Edited by Joseph Dorfman. 2 vols. New York: Augustus M. Kelley, 1967 and 1969.

Samuels, Warren J., ed. *Institutional Economics.* 3 vols. Brookfield, VT: Edward Elgar, 1989.

Sharpe, Myron E. *John Kenneth Galbraith and the Lower Economics*, rev. ed. New York: International Arts and Sciences Press, 1974.

Veblen, Thorstein. *The Instinct of Workmanship.* New York: Huebsch, 1918 [orig. pub. in 1899].

——. *The Place of Science in Modern Civilization and Other Essays.* New York: Huebsch, 1919.

——. *The Theory of Business Enterprise.* New York: Scribner's, 1904.

——. *The Theory of the Leisure Class.* New York: Random House, Modern Library Edition, 1934 [orig. pub. in 1899].

期刊论文

Gordon, Scott. "The Close of the Galbraithian System," *Journal of Political Economy* 76 (July—August 1968), 635—644. [Also, see Galbraith's "Professor Gordon on 'The Close of the Galbraithian System'," *Journal of Political Economy* 77 (July—August 1969): 494—503.]

Hayek, F. A. "The Non Sequitur of the Dependence Effect," *Southern Economic Journal* 30 (April 1964), 346—348.

Journal of Post-Keynesian Economics 7 (Fall 1984). [Contains several articles on Galbraith.]

Leibenstein, Harvey. "Bandwagon, Snob, and Veblen Effects in the Theory of Consumer Demand," *Quarterly Journal of Economics* 62 (May 1950), 183—207.

Rutherford, Malcolm. "Wesley Mitchell: Institutions and Quantitative Methods," *Eastern Economic Journal* 13 (January/March 1987), 63—73.

Walker, Donald A. "Thorstein Veblen's Economic System," *Economic Inquiry* 15 (April 1977), 213—236.

第 20 章　福利经济学

　　福利经济学是经济学的一个分支,主要研究社会福利最大化的有关问题。它并不是一个清晰的、统一的思想体系。经济学本身经常被定义为一门研究社会如何选择使用其有限资源以达到最大满意程度的学科,所以,几乎经济学的每个方面都包含了福利经济学的方面。但是,有几位对经济学作出过重要贡献的经济学家比其他人更关注以下两个方面或其中之一:(1) 定义并且分析如何达到福利最大化;(2) 确定妨碍福利最大化实现的因素并且对去除这些因素的方式提出建议,我们将这些经济学家称为福利经济学家。

　　本章将研究以下理论家的各种贡献:帕累托、庇古、冯·米塞斯、兰格、阿罗和布坎南。正如整个经济思想的时间序列表中相关的虚线所示,这些人中有一部分是新古典学派的支持者而另外一些则是反对者。

　　我们将会发现福利经济学家强调一些不同的主题,比如,达到最大化福利的原则、外部成本与外部收益问题、收入不平等、在社会主义制度下达到最大化福利的潜力、与多数人投票相关的各种难题以及公共部门中的决策。

20.1　维尔弗雷多·帕累托

　　福利经济学可以追溯到斯密和边沁的古典经济学思想。几位后来的经济学家也谈及福利问题,其中包括马歇尔,他考察了在成本递增行业和成本递减行业中税收与财政补贴对福利的影响。但是,经济思想史学家将维尔弗雷多·帕累托(Vilfredo Pareto,1848—1923)看作是"新"福利经济学的开拓者,而新福利经济学植根于瓦尔拉斯的一般均衡原理。帕累托出生于巴黎,父母是意大利人,他在意大利的都灵大学学习,后来接受了瑞士洛桑大学的经济学教授职位。在那里他延续并扩展了由他的直接前任瓦尔拉斯建立起来的数学传统。帕累托在出版于 1906 年的《政治经济学手册》(*Manual of Political Economy*)中提出了他的主要思想。

前面我们已经提到帕累托在改进埃奇沃思无差异曲线概念中的重要作用。埃奇沃思假设存在可以度量的效用并且从中推出了无差异曲线。帕累托希望通过构建表示不同满意程度的无差异图来避免在个人之间进行效用的度量与比较这一棘手的问题。因此，帕累托的无差异曲线和他对最优化条件的关注就成了我们在第18章所讨论的现代无差异曲线分析的直接前身。

20.1.1　帕累托最优

与即将讨论的这个题目特别相关的是，帕累托改进了瓦尔拉斯的一般均衡分析并提出了我们今天称之为帕累托最优的条件，或者说最大化福利的条件。后来，其他的经济学家建立了更加严格的数学证明，即完全竞争的产品市场与要素市场能实现帕累托最优。

帕累托认为，当不存在能够使某人的处境变得更好同时不使其他人的处境变得更坏的任何变化时，就实现了福利最大，在这种状态下，社会不能以帮助某人而又不伤害其他人的方式来重新安排资源配置或产品与服务的分配。因此，帕累托最优意味着：(1) 产品在消费者之间的最优分配；(2) 资源的最优技术配置；(3) 最优的产出数量。我们可以通过假设存在一个包括两个消费者（史密斯与格林）、两种产品（汉堡包与马铃薯）和两种资源（劳动力与资本）的简单经济来证明这些条件。在这个简单经济中的帕累托最优条件也是存在于拥有无数消费者、产品和资源的现实经济中的条件。

产品的最优分配。产品最优分配——即能够最大化消费者福利的分配——发生于当史密斯和格林每人都在两种产品之间拥有完全相同的边际替代率时。用公式表示即为：

$$MRS_{hp}S = MRS_{hp}G \tag{20-1}$$

其中，$MRS_{hp}S$ 和 $MRS_{hp}G$ 分别是史密斯与格林的汉堡包对马铃薯的边际替代率。回想一下第18章对无差异曲线的讨论，我们可知，边际替代率是消费者为了获得额外一单位的另一种产品所愿意放弃的一种产品的最大数量，它是无差异曲线上某一特定点的斜率的绝对值。假设对于史密斯和格林而言，两种产品的边际替代率不同，或者具体而言，史密斯的边际替代率为5，格林的边际替代率为2。这意味着史密斯愿意放弃5单位马铃薯以换取1单位汉堡包（或愿意放弃1/5单位汉堡包以换取1单位马铃薯），而格林仅愿意放弃2单位马铃薯以换取1单位汉堡包（或愿意放弃1/2单位汉堡包以换取1单位马铃薯）。因此，在边际上，相对格林而言，史密斯认为汉堡包的价值较高而认为马铃薯的价值较低。因此，存在帕累托改进的可能。史密斯可以与格林交换一些马铃薯——格林认为马铃薯的价值较高——作为回报史密斯可以得到一些汉堡包，而史密斯认为汉堡包的价值较高。因为交换使双方的处境都变得更好而没有使任何一方变坏，因此这个两人经济的总福利就会上升。

随着史密斯得到的汉堡包越来越多、格林得到的马铃薯越来越多，史密斯的边际替代率将会下降而格林的边际替代率将会上升。当边际替代率相等时，交换就会停止，此时不再可能存在一个交换能使至少交换一方的处境变好而不使另一方处境变坏。因此,当消费者的边际替代率相等时,产品在消费者之间的帕累托最优分配就会出现。[①]

资源的最优技术配置。在两种产品、两种资源的例子中,在生产汉堡包和马铃薯的过程中,当劳动(l)和资本(k)的边际技术替代率相等时,就会出现生产性资源的最优配置。劳动对资本的边际技术替代率($MRTS_{lk}$)是在产出水平不变的条件下,一单位劳动所能替代的资本的最大单位数。[②] 帕累托最优的第二个条件用公式表示如下:

$$MRTS_{lk}H = MRTS_{lk}P \quad (20\text{-}2)$$

其中,$MRTS_{lk}H$ 和 $MRTS_{lk}P$ 是在生产汉堡包和马铃薯的过程中劳动对资本的边际技术替代率。

如果在这两种用途上边际技术替代率不同,那么帕累托改进就是可能的。比如,假设生产汉堡包的边际技术替代率是2,而生产马铃薯的边际技术替代率是3。这意味着为了保持汉堡包的特定产出水平,我们只需要用2单位资本来替代1单位劳动,而为了保持马铃薯产出水平不变,我们需要用3单位资本替代1单位劳动。因此,在边际上,相对于马铃薯而言,资本在生产汉堡包方面更有效率;或者从相反的角度看,在边际上,相对于汉堡而言,劳动在生产马铃薯时具有更大的生产力。在汉堡包生产中使用更多资本可以释放出一些劳动力以生产马铃薯,从而,在相同投入水平下,能达到一个更高的总产出水平。资源增加的地方所增加的产出将会高于资源减少的地方所减少的产出。因为没有谁的处境变得更坏却有人处境变得更好,所以这是一个帕累托改进。

对要素投入的重新安排将会在某一点上停止,因为收益递减规律将会使增加的资源的边际产出下降、减少的资源的边际产出上升。一旦生产这两种产品的边际技术替代率相等,就不存在能够帮助某人而又不伤害其他人的进一步的资源配置。

最优的产出数量。如果生产与分配符合帕累托最优条件,那么当汉堡包对马铃薯的边际替代率——两个消费者中每一个都愿意放弃马铃薯以换取汉堡包的比率——等于马铃薯对汉堡包的边际转换率(MRT)时,就会达到最优产出水平。这是将马铃薯转换为汉堡包从技术上说可能的比率,用公式来表示为:

$$MRS_{hp} = MRT_{hp} \quad (20\text{-}3)$$

比如,假设边际替代率与边际转换率分别为4与3,这意味着两个消费者为了得到汉堡包而愿意放弃的马铃薯的比率(放弃4单位而得到1单位)大于为了得到1单位汉堡包从技术上必须放弃的马铃薯的比率(放弃3单位而得到1单位)。结果是,通过增加汉堡包的产出、减少马铃薯的产出将使每个消费者的福利都有所增加。在边际上,消费者的所得将大于社会的机会成本。只有当一种产品对另一种产品的边际替代率等于边际转换率时,才不存在增加一个人或更多人的福利而不减少其他人福利的机会。

---

① 帕累托通过我们今天所谓的埃奇沃思方盒图证明了这一点,你可以在任何一本介绍中级微观经济理论的标准教科书中发现与此相关的更多知识。
② 如果你曾经学过中级微观经济学课程,你或许能回想起边际技术替代率就是两种资源的边际产品的比率,也就是等产量曲线在某一特定点上斜率的绝对值。

20.1.2　评价

帕累托的福利理论是对经济学的一个重要贡献。在帮助经济学家更好地理解经济效率的条件和经济效率的福利意义方面,帕累托做了很多工作。但是,帕累托标准的核心"是否一个变化使某些人的处境变得更好而没有使任何人的处境变坏"并不总是适合于评价公共政策。

在对帕累托标准的批评中,有四个看起来特别恰当。第一,一些经济学家认为它没有强调分配公平,或者说是社会中公平的收入分配这个重要问题。相反,它仅仅确立了任意现存分配的效率条件。

第二,与之密切相关的是,许多公共政策提高了国家的产出和总体福利,它作为政策的副产品同时也对收入进行了再分配。比如,尽管自由贸易政策通常会提高一个国家的总产出和福利,但它同时也可能伤害由于进口增加而失去工作的某些特定的个人。严格的帕累托标准将会阻碍这样的政策实施。与此相类似,在大多数情形下,熟练工人移民会提高移入国的总产出。但是,劳动供给的增加会使熟练劳动力市场上本国工人的工资下降。移民应该被允许吗?在这两个例子中,对社会而言都存在一个净收益,理论上受益者能充分补偿损失者,从而将这种情形转变为一种与帕累托标准一致的情形。但是,即使没有作出这些补偿性支付,政府是否就应该对诸如自由贸易和开放移民这些政策进行立法呢?[③]

第三,帕累托标准是建立在效率的静态观点之上的。短期偏离帕累托最优会令人信服地提高长期或动态效率。比如,一些现代经济学家认为反托拉斯法律的一些条款过于关注静态效率,从而可能会妨碍一些能提高国家长期产出和福利的私人行动,如联合开发新技术等。

第四,帕累托标准故意排除在外的道德判断在政策的形成过程中通常是合法的、主导性的因素。也许是帕累托最优的一些私人交易——如卖淫、贩卖儿童、购买毒品——可能同时会与社会的道德价值相冲突,这些道德价值在公共政策的辩论中通常会使经济效率相形见绌。

20.2　阿瑟·塞西尔·庇古

阿瑟·塞西尔·庇古(Arthur Cecil Pigou,1877—1959)在1908年接替了马歇尔在剑桥大学的政治经济学系主任职位,并且一直保持这一职位到1943年退休为止。在他

[③] 后来福利经济学家提出了评价某项政策建议是否是一项改进建议的竞争性标准,与之相关的三篇经典文献是:Nicolas Kaldor, "Welfare Propositions in Economics and Interpersonal Comparisons of Utility," *Economic Journal* 49(1939), 549—552; Tibor Scitovsky, "A Note on Welfare Propositions in Economics," *Review of Economic Studies* 9(November 1941), 77—88; Abram Bergson, "A Reformulation of Certain Aspects of Welfare Economics," *Quarterly Journal of Economics* 52(February 1938), 310—334.

的前任马歇尔去世后,他是最著名的新古典经济学家。和马歇尔一样,他表达了对穷人的强烈的人道主义关怀,并且希望经济学能够引导社会进步。以其谨慎的方式,庇古对于政府在改进社会某些不合宜方面所发挥的作用这一点上比马歇尔走得更远。

在其写作于 1920 年的《福利经济学》(*The Economics of Welfare*)一书中,庇古希望为政府实施提高福利的各种措施提供理论基础。作为一名经济学家,他非常关注经济福利,并定义经济福利为"能够与货币这个测量尺度发生直接或间接关系的那部分社会福利"④。帕累托将他的理论置于经济的一般均衡之下,而庇古与帕累托不同,他继续了斯密、边沁和马歇尔的主要依赖于局部均衡分析的"旧福利"传统。他对福利经济学的贡献包括对收入再分配、私人成本与社会成本间差别的考察等。我们将要考察的另外两个主题是他对价格歧视和我们今天称之为"庇古效应"的讨论。

20.2.1 收入再分配

以杰文斯和马歇尔的货币的边际效用随着货币量的增加而不断下降的原理为基础,庇古断言在特定条件下较大的收入公平能够提高经济福利。庇古认为对那些在相同环境下长大的背景相同的人,可以对个人之间的满意程度进行合理的比较。从这个层面上说,与那些过分注意避免价值判断并且宣称对不同人之间的满意程度进行比较是不可能的、所谓的"完全科学性"的经济学家相比,庇古更是改革者。他写道:

> 由于它能够以较不强烈的需要为代价来满足更加强烈的需要,因此从一个相对富有的人向一个性情相同的、相对贫穷的人所进行的收入转移,肯定会增加满意程度的总和。因此,从古老的"效用递减规律"可确定地得出这样的命题:任何能够提高穷人手中实际收入的绝对份额的行动,只要从任何角度看都不会引起国民收入规模的缩减,通常就会提高经济福利。⑤

20.2.2 私人成本与社会成本、私人收益与社会收益之间的差别

庇古与正统经济理论最主要的偏离在于他对社会边际成本与私人边际成本、社会边际收益与私人边际收益之间差别的关注。关注这种差别的思想并不源于庇古,亨利·西奇威克(Henry Sidgwick,1838—1900)在 1883 年的作品中就以一种不太简明的方式讨论了这个主题。⑥ 一件产品或服务的私人边际成本是生产者生产额外一单位的产品或服务所产生的花费;社会边际成本则是生产那额外一单位产品给社会带来的花费或损害。与此相类似,一件产品的私人边际收益是用它提供给买者的额外的满意程度来度量的,社会边际收益是社会从生产额外一单位的产品中得到的额外的满意程度。

---

④ A. C. Pigou, *The Economics of Welfare*, 4th ed. (London: Macmillan, 1932), 11 [orig. pub. in 1920].
⑤ Pigou, *The Economics of Welfare*, 89.
⑥ 玛格丽特·G. 奥唐奈对庇古和西奇威克的思想之间的关系在其著作中作了很好的说明:"Pigou: An Extension of Sidgwickian Thought," *History of Political Economy* II(Winter 1979), 588—605.

这些区分是非常重要的,都因为生产和消费行为可能会强加给生产者和消费者之外的人以成本或收益。这些外部成本和外部收益,或称外部性,会溢出到其他当事人身上,因此有时被称为"溢出效应"。比如,庇古说,铁路机车的火花可能会对周围的树木或农作物造成损害,而其所有者并没有因为损害而受到补偿。因此,对于铁路来说,社会成本(内部成本+外部成本)大于私人成本(内部成本):净私人边际产品超过了社会净产品。与此相类似,一个企业家在一个居民区建造一座工厂,破坏了别人财产的大部分价值。增加酒精饮料的销售对于酿酒厂来说是有利可图的,但当因此而需要更多的警察和监狱时就产生了外部成本。

庇古说,同时存在一些相反的情形,在这些情形下,私人行动的一些利益会溢出成为社会利益,但是产生这种利益的人并没有得到补偿。这样,社会边际净产品超过了私人边际净产品。比如,某行业中一个企业的扩张可能会在整个行业中产生外部经济,这将会减少其他企业的生产成本;私人投资于种植树木会使周围的财产所有者获益;防止工厂的烟囱排放烟雾对整个社会的好处远远大于它对工厂所有者的好处;尽管专利法的目标是使私人边际净产品与社会边际净产品更加接近,但科学研究对社会通常比对研究者和发明者具有更大的价值。

庇古从他的分析中得出了一个重要的福利含义:并不是所有的竞争性市场都能产生使社会总福利最大化的产出水平。图 20-1 证明了这一事实,它代表了庇古的思想。

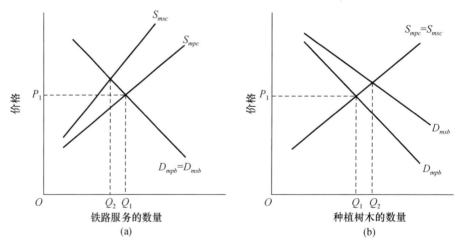

图 20-1 庇古对外部性的分析

图(a):外部成本(铁路的火花)的存在意味着社会边际成本大于私人边际成本。由市场决定的产出数量(Q_1)太大以致无法最大化社会福利;大于 Q_2 的产出的社会边际成本大于其社会边际收益。图(b):外部收益(对周围林地的自然播种)的存在导致社会边际收益大于私人边际收益。因此,均衡产出(Q_1)小于最大化社会福利所需要的产出数量;小于 Q_2 的所有单位的产出,其社会边际收益都大于社会边际成本。

图 20-1(a)表示存在负的溢出效应或外部性的一种情形。需求曲线 $D_{mpb} = D_{msb}$ 既反映了铁路服务对消费者的边际收益(内部收益),也反映了对社会的边际收益(不存在外部收益)。供给曲线 S_{mpc} 表示提供这种服务的私人或内部边际成本。

在这个市场上如果不存在负的外部性,即对于铁路和它们的使用者来说,如果全部成本都是内部的,铁路服务的均衡价格将会是 P_1,均衡数量将会是 Q_1。这个服务水平将会最大化铁路及其使用者的福利,并且因为没有人受到影响,它同时也会最大化社会福利。

继续使用庇古的例子,假设铁路将外部成本转移给了第三方。因此,在图 20-1(a)中我们可以看到 S_{msc} 供给曲线位于反映私人边际成本的曲线 (S_{mpc}) 之上。在每一个服务水平上,铁路不仅产生了诸如劳动与燃料等私人成本,同时还将外部成本转移给了林地与耕地的所有者。任何服务或产出水平的边际社会成本都被包括在 S_{msc} 之中,它包括边际内部成本加上边际外部成本。对私人成本与私人收益作出反应的竞争性市场将会产生价格 P_1,在这一价格下,服务的供给与需求数量将为 Q_1。但是,从福利的角度来看,这并不是最优数量,最优数量为 Q_2,在 Q_2 时社会边际成本等于社会边际收益。在 Q_1 上,由 S_{msc} 表示的社会边际成本高于由 D_{msb} 表示的社会边际收益。这对于大于 Q_2 的所有铁路服务来说都是正确的,即生产每一单位的服务对社会的成本大于其增加的收益。结论:负的外部性导致发生负的外部性的那些市场产生对资源的过度配置(产出太多)。

在其他市场上,社会边际收益大于私人边际收益,其福利结果如图 20-1(b)所示。我们再次使用庇古的一个例子,假设 D_{mpb} 代表一个土地所有者从植树中所得到的私人边际收益,而 D_{msb} 代表社会边际收益。假设通过自然播种而产生的新的植树对周围的财产所有者有利,私人植树的实际数量将是 Q_1,因为从 D_{mpb} 和 S_{mpc} 中我们可以看出在这个产出水平上私人边际收益等于私人边际成本。但是,竞争性市场再次没有产生最大化福利。如果考虑到外部收益,那么最优植树水平应为 Q_2,在这一点上社会边际收益等于社会边际成本。由市场决定的产出水平 Q_1 太小,因此配置在这种用途上的资源太少。

根据庇古的观点,政府的福利任务就是使(1)私人和社会的边际成本与(2)私人与社会的边际收益相等。政府可通过运用税收、财政补贴或者立法等手段来实现这一目标。比如,在铁路的例子中,政府的选择可以是:立法禁止使用释放火花的机车,规定铁路对其造成的损失负责,对铁路或它们的使用者征税——这样将使服务的价格上升并且减少其服务水平,对同意不在太靠近铁轨的地方耕种的林地和农地的所有者给予一定数额的补偿。政府也可以对植树的人进行补贴,以降低他们植树的花费,进而增加其植树的数量。因此,西奇威克和庇古对社会成本与收益的分析对被广泛接受的观点——无论何时何地我们都可以依靠竞争性市场来最大化社会的经济福利(产生帕累托最优)——提出了挑战。庇古认为,在经济中政府应该发挥的作用比自由放任的倡导者设想的更大。

历史借鉴 20-1
庇古与科斯论外部性

1959 年,还在弗吉尼亚大学的罗纳德·科斯(历史借鉴 15-1)发表了一篇关于美国联邦通讯委员会的晦涩的论文,对庇古的外部性分析提出了挑战。发表在《法和经济学杂志》(Journal of Law and Economics)的这篇论文引起了其编辑阿伦·迪雷克托(Aaron Director)和其他著名的芝加哥学派经济学家的兴趣,他们邀请科斯去芝加哥,这样他可以更加详细地解说他的观点。这些经济学家包括马丁·贝利(Martin Bailey)、米尔顿·弗里德曼(Milton Friedman)、阿诺德·哈伯格(Arnold Harberger)、格雷格·刘易斯(Gregg Lewis)和乔治·斯蒂格勒,他们在一天晚上在迪雷克托的家中与科斯会面。尽管这篇论文引起了他们的兴趣,但是他们仍然坚持认为庇古是正确的而科斯是错误的。但是,经过科斯的说明和大家的讨论,他们都改变了想法。当这些经济学家离开迪雷克托家时,许多人都相信他们见证了经济理论上的一个重大进步。*一年之后,科斯发表了《社会成本问题》一文,正是这篇论文使他获得了1991年的诺贝尔经济学奖。

在这篇论文中,科斯阐明了外部性是相互的:

> [庇古的]方法倾向于使必须作出的选择的本质模糊不清。问题通常被认为是A对B造成了损害,从而必须决定:我们应该如何来限制A?但这是错误的。我们正在处理的是一个具有相互性的问题,即为了避免对B的损害可能又会造成对A的损害,所以必须决定的真正的问题是:应该允许A对B的损害还是允许B对A的损害?问题在于要避免较严重的损害。**

科斯接下来证明了后来被斯蒂格勒命名为"科斯定理"的理论。他解释道,当双方中的任意一方拥有受到另一方行动负面影响的产权时,双方就会有通过协商达成一个可接受的结果的激励。科斯用一头牛从一个牧场溜到邻居的土地上并且破坏了农作物的例子来说明上述观点。

如果产权被授予农民(将责任加诸养牛者),那么对于养牛者来说,将会存在这样一种激励:给农民提供一定的支付,将一部分邻近的土地从农业生产中划分出来。这个农民为什么会有激励与牧场主进行相应的谈判呢?因为从农民的角度看,从牧场主那儿得到的先前的支付相当于种植农作物的一种成本。因此,这个农民想知道他是否能够从牧场主那儿得到一个大于邻近土地的农业产出损失的支付。

如果产权被授予牧场主(牛可以在任何地方漫步),那么这个农民就会有这样一种激励:向这个养牛者提供一定的支付来减少其牛群的规模。现在这个牧场主就有一种新的机会成本,即如果他扩大了其饲养的牛群的规模,他将损失来自这个农民的潜在的支付。在产权的任何一种配置中,协商解决都是可能的并且不需要政府干预。

科斯定理的结论是,在交易成本可以忽略的情况下,产权的清晰配置可以消除对庇古税和财政补贴的需求。当然,问题是许多现实世界的外部性比如空气和水污染会影响许多人,从而使协商变得非常困难。比如,全球变暖问题涉及不同国家的数千家企业和数百万人。在这些情形中,讨价还价的成本是非常大的而政府干预可能被证明是最优的。***

---

* Steven N. S. Cheung, "Ronald Coase," in *The New Palgrave: A Dictionary of Economics*, 4 vols. (London: Macmillan Press, 1987), 1, 455—457.

** Ronald H. Coase,"The Problem of Social Cost,"*Journal of Law and Economics* 3（October 1960），1—44.

*** 科斯对经济学的总体贡献的评价可以参见：Steven G. Medema,ed.,*The Legacy of Ronald Coase in Economic Analysis*,2 vols.（Brookfield,VT：Edward Elgar,1995）.

20.2.3 其他贡献

庇古所提出的其他几个理论也具有长久性。他对于经济中不断增加储蓄的意愿的强调——后来在凯恩斯时代不再流行——得到了20世纪80年代和90年代许多经济学家和政府政策制定者的赞同。庇古认为人们更喜欢现在的满意程度而不是相同数量的未来的满意程度，因为人类的远见能力是有缺陷的，因此在我们看来将来的快乐是规模递减的。这种偏见引起了影响深远的经济失调，因为人们以某种程度上的非理性偏好为基础在现在、不远的将来和遥远的将来之间分配他们的资源。结果是，用于遥远将来的努力因那些用于不远将来的努力而被牺牲，而为了提高现在的消费那些不远将来的努力又被放弃。新资本的创造受到阻碍，人们被鼓励用光现存的资本已经到了这样一种程度，即为了较小的现在的利益可以牺牲较大的将来的利益。因为将来的满意程度被低估，所以自然资源被非常迅速和浪费性地消费掉了。

庇古认为，由于政府干预强化了人们将资源的绝大部分用于现在、极少部分用于将来的趋势，因此经济福利是递减的。因此，如果政府希望最大化经济福利，就应该避免对储蓄课征任何税，包括财产税、遗产税和累进所得税。对消费课征较重的税是更加可取的，因为这样会鼓励储蓄，但这些税同时也会不相称地伤害到低收入人群。

庇古的通过增加国民储蓄来促进经济增长的愿望是以经济会自动地趋向于充分就业的正统观点为基础的。从这一点出发，他最先提出了这样的观点，即伴随着经济低迷的总价格水平的下降，人们资产的实际价值将会上升。因此，人们将决定减少储蓄以增加消费，从而会增加经济中的需求并将经济重新推向充分就业。经济学家已经将这个观点整合到了几个现代经济学模型中。比如，宏观经济学教科书的作者通常使用"庇古效应"或实际余额效应来解释为什么总需求曲线向右下方倾斜（价格水平-实际产出模型）。

值得注意的庇古的最后一个贡献是他对价格歧视的讨论，正是他将价格歧视分为三类：一级价格歧视、二级价格歧视和三级价格歧视。当垄断者向每个消费者索要他恰好愿意支付且不会放下这种产品而走开的价格时，就会发生一级价格歧视。因此，垄断者将以收入的形式拿走所有的消费者剩余。二级价格歧视是一级价格歧视的一种更加粗糙的形式，卖者对最初一部分产品中的每一单位索要一个价格，然后对接下来的一部分产品索要较低的价格。在20世纪70年代和80年代费率改革以前，电器通常使用这种类型的数量折扣。三级价格歧视涉及将消费者分为不同的阶层并且以每个团体的需求弹性为基础索要不同的价格。一个可能的例子就是向学生和教授收取的商业报纸和杂志的价格比普通大众要低。

因此，庇古对价格歧视的分析拓展了由古诺和其他经济学家提出的垄断定价理论。我们在前边已经讨论过的琼·罗宾逊进一步在边际收入与成本的方面使庇古的分析定型。

20.3 路德维希·冯·米塞斯

福利经济学的几个思想是在关于社会主义制度下帕累托意义或更广泛意义上的经济福利能否被最大化的长期争论中出现的，在这个争论中一个重要的早期人物就是路德维希·冯·米塞斯(Ludwig von Mises，1881—1973)。

20.3.1 生平

路德维希·冯·米塞斯是经济思想中奥地利学派的重要成员。他在维也纳大学获得了他的博士学位，在那里他与熊彼特（第23章）一起在冯·维塞尔和冯·庞巴维克的指导下学习。1912年他的《货币与信贷理论》(Theory of Money and Credit)一书的出版为他赢得了维也纳大学"特聘教授"(professor extraordinary)这样一个不领薪水的职位。1940年他移民美国，并最终成为纽约大学的一位访问教授。他的充满感情的风格并不为支持经济学学科的非意识形态的、科学方法的许多经济学家所喜欢，但是他的同事们称他为美国经济学会的"杰出成员"。

20.3.2 社会主义国家的经济核算

路德维希·冯·米塞斯在他1920年的论文《社会主义国家的经济核算》中引发了对社会主义制度福利的争论。后来在《社会主义》(Socialism，第一版，1922)和《人类行为的经济学分析》(Human Action: A Treatise on Economics，1949)中他进一步扩展了反对社会主义、支持自由放任的观点。米塞斯认为，希望最大化消费者福利的社会主义计划者必须进行与资本主义制度下将资源引导于最高价值的相同的经济核算。如果没有资源的私人所有制、自由市场和企业家，进行这些核算是不可能的。米塞斯指出，与某些社会主义者的期望相反，在社会主义制度下，只要消费品是私人所有的，那么存在消费品市场与价格将是不可避免的。而资本品的问题在于，在市场经济中资本品的相对价格反映相对的稀缺性和生产价值。资本的价格会随着消费者偏好、新技术、企业家预期以及诸如此类的变化而迅速发生变化。但是在社会主义制度下，所有的资本都为国家所有，不存在这种价格机制。因此，计划者不能准确地评估资本的相对稀缺性和生产价值。"哪里没有自由市场，哪里就没有价格机制；没有价格机制，也就没有经济核算。"⑦

---

⑦ Ludwig von Mises, "Economic Calculation in the Socialist Commonwealth," in *Collective Economic Planning*, ed. F. Hayek (London: Routledge and Sons, 1935), 111.

米塞斯认为，变化是一个经济体系所必须应对的最主要的现实："在现实世界中不存在静止状态，因为经济活动发生的条件是永远变化的并且超出人类的控制能力。"⑧因此，经济核算问题是一个动态经济问题，而不是一个静态经济问题。除了使成本最小化和决定对产品的合理配置外，经济效率还涉及"解散、扩展、转变和限制现有的企业并且设立新企业"的问题。⑨

经济中会不断产生新的信息，尽管这种信息是不完美的并且受变化着的解释的影响。按照米塞斯的观点，企业家精神是实现动态经济福利的一个最主要的方面。企业家试图预测未来，那些拥有更强的预测能力的企业家将能获得巨大的利润，而他们过去的成功使他们为了进一步的预测行动可以支配更多的资源。市场"倾向于将对经济事务的管理委托给那些成功地满足了消费者最紧迫需求的企业家"⑩。这些企业家的行动创造了价格，更加现实的静态核算——比如，成本最小化——正是以这些价格为基础而构建的。

利润和损失具有两个在社会主义制度下无法被复制的重要功能：(1) 选择出那些能够最好地满足需求的企业家；(2) 为企业家提供激励以避免草率的、鲁莽的、非理性的乐观决策。企业家之间的竞争可以保证他们的行动所带来的利益能够为消费者、工人和那些拥有生产要素的人所广泛分享。

米塞斯认为，社会主义无法复制资本配置的功能和在动态经济中有效引导资源所必需的企业家精神。对于那些认为一个社会主义计划委员会能够被指示采取类似于在竞争性市场体系下才会发生的行动的人，米塞斯作出了如下的回答：

> 所有此类建议中暗含的最主要的错误是他们站在一个低级职员的角度来看待经济问题，而他们的知识视野从未超过他们从属性任务的范围。他们将工业生产、资本配置在各个部门以及生产总量中的结构看做是刚性的，并没有将改变这个结构使之适应各种条件变化的必要性考虑在内……
>
> 资本主义制度不是一个经理的制度，它是一个企业家的制度……没有人曾经建议社会主义国家可以邀请组织者和投机者继续他们的投机行为，然后将他们的利润转移到其共同金库中……人们不能进行投机和投资。投机者和投资者会暴露他们自己的财富、自己的命运，这个事实促使他们对消费者负责。⑪

---

⑧ Ludwig von Mises, *Socialism*, new edition with epilogue, trans. By J. Kahane (New Haven: Yale University Press, 1981), 196 [orig. pub. in 1951].

⑨ 冯·米塞斯的这个阐释和讨论遵循了彼得·默雷尔(Peter Murrell)在以下著作中的观点："Did the Theory of Market Socialism Answer the Challenge of Ludwig von Mises? A Reinterpretation of the Socialist Controversy," *History of Political Economy* 15(Spring 1983), 92—105.

⑩ Ludwig von Mises, *Human Action: A Treatise on Economics* (Auburn, AL: Ludwig von Mises Institute, 1998), 701 [orig. pub. in 1949].

⑪ Ludwig von Mises, *Human Action*, 703—705.

20.4 奥斯卡·兰格

第二位对关于社会主义的争论作出重要贡献的人物——福利经济学更广阔历史中的一个重要角色——是奥斯卡·兰格(Oscar Lange,1904—1965)。他出生于波兰,曾在克拉科夫大学学习和任教。他得到了一份洛克菲勒奖学金,这使得他能够访问几所美国的大学,而且他在1936年成为密歇根大学的讲师,1943年成为芝加哥大学的教授。1945年他返回了波兰,并且立即被任命为波兰驻联合国大使,他在这一职位上工作了四年。从1955年起,他担任华沙大学的教授,直到1965年去世。

20.4.1 社会主义的经济理论

在发表于1937年的一篇题为《论社会主义经济理论》的论文中,兰格提出了一个"市场社会主义"的模型。兰格认为,在一系列固定规则的管理下,这种形式的社会主义可以实现经济效率和最大化社会福利。市场社会主义具有以下特点:(1) 消费品的私人所有制和对于可得到产品的自由消费选择;(2) 自由选择职业;(3) 生产手段的国家所有制。存在产品、服务和劳动的市场和市场价格,但是不存在资本和中间产品(比如,用来制造最终产品的零部件)的市场和市场价格。然而,兰格认为价格可以采取一种非市场价格的形式,它可以是一个影子价格或两种物品之间交换条件的指数。中央计划委员会通过试错过程可以制定资本品的价格,并通过调整这些价格来消除短缺和剩余。这个委员会除了给所有的工人支付一份市场工资外,还支付一份由资本品和自然资源的总产出所决定的一定份额的社会红利。通过这种对社会红利份额的控制,中央计划委员会能够缩小作为资本主义经济特征的巨大的收入差距。

中央计划委员会指示国有企业的经理们按照所有的价格都是固定的方式行动并且遵循两个规则。第一个规则是将企业中各种资源结合起来,使任意产出水平的平均生产成本处于最低点。经理们通过保证资源间的边际技术替代率是相等的来达到这一点(回想一下前边对帕累托最优的讨论)。第二个规则是:

> 产出规模是通过阐明产出必须是固定的因而边际成本必须等于产品价格来决定的……[这个规则]起到了竞争机制通过允许一个企业自由进入或退出一个产业所起到的作用,即它决定这个产业的产出。[12]

兰格认为,只要会计工作是在假设价格固定的情况下进行的,即好像它们独立于所采取的决策,那么坚持这些规则将意味着,从一个均衡的观点来看,错误设定的价格将会造成相关商品的短缺或过剩。因此,通过试错,计划者能够将价格调整到均衡水平

---

[12] Oscar Lange, "On the Economic Theory of Socialism," in *On the Economic Theory of Socialism*, ed. Benjamin Lippincott(New York: McGraw-Hill, 1964), 76—77[orig. pub. in 1938].

上。兰格认为,这个试错的过程与资本主义制度下发生的试错非常相似,但是在社会主义制度下它可以更好地发挥作用,因为中央计划者能够得到比资本主义个人更大范围的关于短缺与过剩的信息。⑬

20.4.2　对兰格理论的反击

几十年来经济思想史学家的传统观点认为奥斯卡·兰格"给予了反社会主义的批评家致命一击"⑭。就兰格确实证明了在社会主义制度下帕累托所设想的那种类型的静态经济效率在理论上是可能的这一点来说,这种说法是准确的。但是现在看来宣称他已经取得了对社会主义的争论的胜利具有某种讽刺意味。由诺贝尔经济学奖获得者弗里德里希·冯·哈耶克(1899—1992)和现代"新奥地利学派"所领导的反击在学术圈中日益被接受。他们的观点已经因主要的中央计划社会主义国家的解体和信息经济学的发展而得到支持,这些反击主要分为两种类型。

第一,在一个大的经济体中,通过计划来达到经济效率从理论上来说是可行的,但是在实践中要实现这一点却完全是另一回事。兰格所提倡的多样化的中央计划——让计划委员会在解决瓦尔拉斯方程中充当喊价者——需要大量的信息。正如萨缪尔森和诺德豪斯所指出的:"我们并没有获得解决这样一个巨大的一般均衡所需要的最小部分的信息。"⑮

第二,兰格的方法没有考虑到需要给予经济参与者有效配置资源和寻求增加产出机会的足够激励。奥地利学派所设想的那种类型的动态效率需要企业家的作用,通过企业家的作用信息会被不断地、迅速地发现和应用。在竞争经济中,利润动机为企业家(他们可能是单个的个人也可能是企业中个人的团体)提供了这种激励。这些批评者认为,社会主义经济缺乏这种激励,并且这种激励无法被整合进社会主义制度。

20.5　肯尼思·阿罗

经济思想史上有相当数量的思想家。我们已经看到他们其中一些是道德理论家,一些是政治和社会活动家,还有一些是现存理论的发展者和改进者。但是,还有一些人漫步在经济理论和社会哲学之间的领域中,肯尼思·阿罗(Kenneth Arrow,1921—)便是这样一位理论家。阿罗在纽约城市学院完成了他的本科学习,在哥伦比亚大学完成了研究生学业。拿到学位后,他接受了斯坦福大学的一个职位,在那里他使该校的经济系获得了世界范围的声誉。

---

⑬ 其他对社会经济理论作出重要贡献的有:恩里克·巴龙(Enrico Barone)、弗雷德·M.泰勒(Fred M. Taylor)、H. D. 狄肯森(H. D. Dickenson)、阿巴·勒纳(Abba Lerner,第 22 章)和莫里斯·多布(Maurice Dobb)。
⑭ Philip C. Newman, *The Development of Economic Thought* (Englewood Cliffs, NJ: Prentice-Hall, 1952), 181.
⑮ Paul Samuelson and William Nordhaus, *Economics*, 12th ed. (New York: McGraw-Hill, 1985), 685.

阿罗不仅在符号逻辑、数学和统计学方面表现出了少有的天分,同时他还对能够应用这些天分的新领域具有一种洞察力。他的学位论文《社会选择与个人价值》(*Social Choice and Individual Values*)成为福利经济学的经典文献,在这部著名的作品中他评估了各种社会福利标准并且提出了以前许多观点中存在的矛盾。

在斯坦福大学工作期间,阿罗继续进行对福利经济学信条的探究。他发表于期刊的许多论文提出了如下问题:我们如何知道一个政策选择的结果是否使社会的处境更好了?具有个人偏好的社会成员的集体选择的逻辑是什么?完美的民主是可能的吗?如果不存在保持完美民主的可能方式,必须进行哪些调整?是否存在决定构成一个公平收入分配的若干规则?

我们特别感兴趣的是阿罗的不可能定理,或称"投票悖论"。为了通过民主投票来确定个人偏好和社会选择之间的关系,阿罗首先确定了如果要准确反映投票者的个人偏好,社会选择所必须满足的四个最低条件:(1) 社会选择必须是可传递的,即它们必须是一致的,如果对 A 的偏好强于对 B 的偏好,对 B 的偏好强于对 C 的偏好,那么对 C 的偏好就不能强于对 A 的偏好;(2) 集体决策不能是由社会内部或外部的任何人以独裁方式作出的;(3) 社会选择不能向与个人选择相反的方向改变(换言之,社会以其他方式作出的选择绝对不能仅仅因为某人更加喜欢它而被抛弃);(4) 对于两种可供选择方案的社会偏好必须仅取决于对这两种可供选择方案的偏好而不能取决于人们对其他选择的意见。

接下来,阿罗仔细考察了多数人的投票方案,以确定民主决策是否能够在不违反上述任意一个条件的情况下在所有可供选择的方案中作出选择。经过认真的研究,他得到了一个令人吃惊的结论:并不存在同时既能尊重投票人的个人偏好,又能保证最大化福利并且与投票顺序无关的多数人投票方案。

阿罗举了这样一个例子,假设一个由三个投票人(1,2,3)组成的社会,这个社会有三个可供选择的政策,并要从中选择一个:裁减军备(A)、发动冷战(B)和进行热战(C)。按照福利理论,社会将会根据它的偏好排出这三种可供选择方案的顺序,并且可能的话,选出排在最前边的那个方案。这意味着投票人会表示他们对 A 的偏好强于对 B 的偏好,等等。那么,使用多数人规则就可以确定集体偏好的结果,即我们可以在 A 与 B 之间进行一次投票,然后在获胜者与 C 之间再进行一次投票。

表 20-1 列举了这三种政策(A,B,C)和三个投票人(1,2,3)的个人偏好。它告诉我们,投票人 1 对政策 A 的偏好强于对政策 B 的偏好,对政策 B 的偏好强于对政策 C 的偏好(暗含着对政策 A 的偏好强于对政策 C 的偏好)。投票人 2 的第一选择是政策 B,第二选择是政策 C,第三选择是政策 A。这意味着他对政策 B 的偏好强于对政策 C 的偏好,对政策 C 的偏好强于对政策 A 的偏好(暗含着对政策 B 的偏好强于对政策 A 的偏好)。投票人 3 对政策 C 的偏好强于对政策 A 的偏好,对政策 A 的偏好强于对政策 B 的偏好,因此,对政策 C 的偏好强于对政策 B 的偏好。

表 20-1　阿罗的投票悖论

政策选择	投票人 1	投票人 2	投票人 3
A	第一选择	第三选择	第二选择
B	第二选择	第一选择	第三选择
C	第三选择	第二选择	第一选择

我们接下来的任务就是确定由多数人投票决定的几个假设的成对选择的结果。让我们进行三次这种投票：A 对 B，B 对 C，A 对 C。在 A 与 B 之间的比赛中 A 将获胜，因为投票人 1 和投票人 3 对 A 的偏好都强于 B；投票结果是 2∶1，有利于 A。我们在表 20-2 中表示出了这个结果。如果在政策 B 与 C 中进行投票，那么 B 将成为获胜者，因为投票人 1 和投票人 2 将会选择政策 B。那么我们可以得知这个社会的大多数人对 A 的偏好强于 C。我们的结论是正确的吗？为了保险起见，让我们在 A 与 C 之间进行一次投票。我们发现投票人的大多数（投票人 2 和 3）对 C 的偏好强于对 A 的偏好！我们已经违反了一致性要求或传递性要求：对 A 的偏好强于 B，对 B 的偏好强于 C，但是对 C 的偏好却强于 A。因此，这种多数人投票方案无法合理地对投票人的偏好进行排序。

表 20-2　投票结果

选举	获胜者
A 对 B	A
B 对 C	B
A 对 C	C

阿罗的分析表明我们需要以一种能够避免更加明显的缺陷的方式来设计我们的决策程序。完美的民主是不可能的，我们必须接受次优或第三优的选择。在一个拥有巨大的公共部门的经济中实现经济福利绝不是一件容易的事情。阿罗的主要贡献在于他对作为政治和经济思想体系基础的那些假设提出了挑战。自从 18 世纪以来，哲学家和政治理论家就一直在思索如何完善人类的制度，肯尼思·阿罗是他们的继承者。

20.6　詹姆斯·M. 布坎南

詹姆斯·M. 布坎南（James M. Buchanan, 1919—2013）是一位非传统的经济学家，他与肯尼思·阿罗一样极大地扩展了福利经济学的边界。要特别指出的是，布坎南是公共选择理论（政治经济学）和它的分支学科宪法经济学（规则的经济学）的创始人和主要贡献人之一。

布坎南在田纳西州贫困的农村中长大。大萧条中断了他在范德堡大学学习法律的梦想。于是，他进入了附近的中田纳西州立大学，这样他上学期间可以住在家里。大学四年里，他不分昼夜地挤牛奶以资助他完成学业。布坎南卑微的、农村的背景可能很好地解释了他众所周知的对于自命不凡和精英优越感的鄙视。

1945年，布坎南在芝加哥大学开始了他研究生阶段的经济学学习。在那里他受到了弗兰克·奈特(Frank Knight，1885—1972)的新古典主义的巨大影响，用布坎南自己的话来说，他被转变为"一个市场秩序的热情的倡导者"[16]。在芝加哥大学图书馆中浏览的时候，他发现了克努特·维克塞尔1896年关于税收的一篇晦涩的论文。在这篇论文中维克塞尔确立了这样的原理：只有公共选择的完全一致性，才能确保经由公共部门的行动来实现公正与效率。比如，维克塞尔认为，如果政府支出"能够提供创造的效用大于成本的前景，那么寻找到一种分配成本的方式，使各方都认为支出是有利的并且一致地赞同它，从理论上来说总是可能的，并且在实践中也大致如此"[17]。布坎南认为，是维克塞尔的思想激励他将标准的经济学假设和原理应用到对政治行为和政治过程的分析中去。

布坎南在芝加哥大学完成了他的研究生学业之后，其学术追求很快将他带到了弗吉尼亚大学，在那里他与戈登·塔洛克于1962年共同写作了开创性的著作《同意的计算：立宪民主的逻辑基础》(*The Calculus of Consent: Logical Foundations of Constitutional Democracy*)一书。正如布坎南所说：

> 回想起来，对于我来说非常有趣的是在那本书的架构中没有任何一点"发现"的感觉，没有兴奋的时刻……塔洛克和我认为我们将相对简单的经济分析应用到了具有或多或少可预测结果的可供选择的政治决策规则的选择上。我们认识到，没人曾试图准确地进行我们现在正在进行的工作，但是这项工作从本质上来说是一件"把显而易见的东西"写出来的工作而并非开启一个全新的研究领域。
>
> 我们是错误的。公共选择凭借其自身的资格成为一个分支学科开始于20世纪60年代早期，它部分地起源于我们作品的介绍，部分地起源于我们后来导致公共选择学会诞生的有组织的、开创性的努力，部分地起源于其他作品。一旦政治决策规则和决策过程的整个复杂体系面向经济分析打开后，其应用范围就结束了。[18]

在20世纪60年代后期，布坎南离开了弗吉尼亚大学去了弗吉尼亚理工学院，在那里他帮助组织了公共选择研究中心，创办了《公共选择》(*Public Choice*)杂志。1983年，布坎南和研究中心一起迁移到了他现在所在的乔治·梅森大学。由于布坎南的开创性著作及其随后对公共选择理论所作出的贡献，他被授予了1986年的诺贝尔经济学奖。

20.6.1 公共选择视角

布坎南认为，只有个人才知道什么能够给他们带来满足或者什么引起他们的不满，没有哪个外部的人或团体能替他们决定这一点。不同的个人拥有不同的品味、能力、期

---

[16] James M. Buchanan, "Better than Ploughing," in *Recollections of Eminent Economists*, ed. J. A. Kregel, 2 vols. (New York: New York University Press, 1989), 2, 282.

[17] Knut Wicksell, "A New Principle of Just Taxation," trans. by James M. Buchanan, in *Classics in the Theory of Public Finance*, eds. Richard A. Musgrave and A. T. Peacock (London: Macmillan, 1958), 89—90.

[18] Buchanan, in Kregel, *Recollections*, 286—287.

望、知识和视角,但他们有一个共同点:他们能以一种有目的的方式追求他们的个人利益,这种对自利的追求通过交换过程导致自发秩序的形成。个人寻求那些能够提高他们福利的交易,在约束条件下最大化他们的效用。

这个视角反映了古典经济学家和新古典经济学家关于经济人和市场交换的观点。但是,布坎南提出了一个以前的经济学家没有深入探究的基本问题:如果个人在市场中寻求他们的个人利益,那么为什么我们会期望他们在政府中或通过政府追求社会利益?对于布坎南来说,人类的本性就是人类的本性;人们在约束条件下最大化他们的效用,不管是在市场中、政府服务中还是在政治舞台上。

简而言之,布坎南将自利行为的简单假设和交换过程的思想拓展到了"处于政治或公共选择角色或地位的人们的行为,他们或者是作为投票过程的参与者,或者是作为代理人代表国家"[19]。

公共选择理论在主流经济学中扎根得非常缓慢,但是今天在几乎所有的公共财政和经济学原理的教科书中我们都可以找到它。正如以下几个例子所表明的,公共选择理论能对很多问题提供强有力的洞见。其一,公共选择帮助我们理解某些共产主义国家的解体,共产主义的领导者和社会主义的管理者提高了他们自己的利益,而不是理想化的社会的福利。其二,公共选择帮助我们理解在许多工业化国家中日益增加的公共债务。正如布坎南所说,被选举出来的政治家将会寻找任何理由来创造预算赤字。他们通过对于纳税人来说最小的短期成本来提供公共产品和服务以保持能够获得选举。赤字掩盖了公共产品的真实成本,因此使政治家在选民眼中看起来比实际上更好。其三,议会的代表会互投赞成票,即交换选票,因为这个过程能够给予他们获得个人所无法实现的结果的能力。其四,企业和劳动者团体会从事寻租行为(历史借鉴8-2)。他们试图说服政府限制竞争,创造能够增加私人利润的特殊规则。最后,公共选择的观点解释了为什么官僚主义是政府所特有的并且倾向于引起更大的官僚主义。官僚们通过在他们手下拥有更多的职员来获得地位和薪水的增加,代理人也会不可避免地发现有越来越多的"问题",要求更大的预算和更多的人员来解决。

20.6.2 对传统福利经济学的批判

布坎南对传统福利经济学试图对私人部门在现实世界中的结果和理论上的社会效用标准(比如帕累托最优)进行对比持批判态度。在一些福利计划中,政府官员被看作是能够确定社会福利函数——个人效用偏好的加总——的人。政府是"好的",它确定并且修正私人部门产生的"坏的产品",因此提高了社会福利。

布坎南对这个推理过程的反对包括两个方面。其一,因为只有个人才能知道效用,所以没有人能够确定一个集体的或社会的福利函数。即使个人也不知道他们的效用偏好,直到由现实世界的选择呈现出来,且今天的选择会影响明天的效用函数和选择。所以,认为效用偏好或目标由社会确定是不合适的。福利经济学不应该致力于测量和评

---

[19] James M. Buchanan, *Essays on the Political Economy* (Honolulu: University of Hawaii Press, 1989), 20.

价效用结果,而应该致力于理解和改进政治和制度规则。

其二,即使社会福利函数是已知的,公共部门也不是一个实现社会福利函数的可信赖的机构。公共部门是由按照他们自己的最优利益行动的人们所组成的,将这些个人利益与模糊的社会理想结合起来是非常困难的。简而言之,就像存在"市场失灵"一样,也存在"政府失灵"。

> 仅仅因为市场是不完善的,并不必然假设政治过程会做得更好。相反,正如公共选择理论所提醒我们的,存在怀疑政治过程能实现帕累托最优能力的很好的理由。规范的相关比较是在两个并不完美的制度之间进行的。[20]

20.6.3　宪法经济学

尽管布坎南是一个个人主义的支持者并对政府持怀疑态度,但他并不是一个无政府主义者(第9章)。如果没有政府来确立和实施各种规则,比如产权和契约,那么对个人利益的追求将会退化到霍布斯的战争状态,在这种状态下个人的生活是"孤独的、贫困的、野蛮的和短暂的"。但是布坎南指出,尽管那些追求个人利益的人认为国家需要约束个人行为,但他们同时也认为需要用制度性规则来约束国家。合乎理想的是,这些最终规则应该通过维克塞尔的一致同意得出来。这种一致同意也许是可能的,因为在制定制度的时候,没有人能够确切地知道这些制度性规则将来会如何直接影响他们。

> 看起来,为了使受自己的利益引导的个人去支持那些对所有的个人和所有的团体都普遍有利的制度性条款所必需的不确定性,在所讨论的任何制度阶段都可能是存在的。[21]

一致同意在确定最终的制度性规则方面也许是可能的、合宜的,但是对效率的考虑可能意味着制定的规则也许低于一致同意原则,比如采取多数投票规则。但是,多数规则并不是神圣不可侵犯的。通过一项措施的最优规则可能是大于或小于50%的某一百分点。低于100%会增加反对这项法律的人的成本,这种成本随着通过规则所必需的百分点的下降而上升。另一方面,获得一致同意本身是非常昂贵的,因为随着通过规则所需要的总投票比例的上升,讨价还价和决策成本迅速上升。最优投票规则是能够最小化以下两项之和的规则:(1) 反对这一提议的那些人的成本;(2) 与获得更多人的同意相联系的社会的讨价还价和决策成本。

布坎南的公共选择视角和关于宪法经济学的著作使他得出了这样的结论,即政府的规模已经太大,政府需要新的制度性约束来保护最初对制度的一致同意。就这方面而言,他支持平衡预算修正案,这个法案要求联邦政府每年都要平衡它的税收收入和支出,并要求联邦储备委员会制定每年都以一个固定的百分比增加货币供给的货币规则。他同时还强烈支持对各州的宪法进行税收限制的修正。

---

[20] H. Geoffrey Brennan and James M. Buchanan, *The Reason of Rules* (London: Cambridge University Press, 1985), 116.

[21] James M. Buchanan and Gordon Tullock, *The Calculus of Consent* (Ann Arbor: University of Michigan Press, 1962), 78.

这些政策观点为布坎南赢得了有争议的声誉,因为绝大多数的现代经济学家并不同意这些观点。布坎南和拥有类似思想的联系紧密的一些经济学家看来非常欢迎和喜欢这种争论。他们是其观点的坚定倡导者,也是多产的研究者和写作者。公共选择理论已经堂然地进入了主流经济学行列,布坎南和他的支持者是否会对经济学产生进一步的影响还需拭目以待。

20.7 阿马蒂亚·森

阿马蒂亚·森(Amartya Sen,1933—)出生于印度森蒂尼盖登的大学校园,好像他是注定要从事学术研究的。他父亲是达卡大学的化学教授,祖父在泰戈尔创建的维斯瓦·巴拉蒂大学(Vista-Bharati)教授梵文和印度文化。在考虑了研究梵文、数学和物理学之后,森最终选择了他所说的"经济学的非同一般的魅力"[22]。

森的大部分成就是他在三个大洲的多所大学取得的。他从加尔各答大学和剑桥的三一学院获得了学士学位,从剑桥大学获得了博士学位,其博士论文的指导老师是琼·罗宾逊,这一论文使他赢得了三一学院的优秀研究生奖学金,他用这笔奖金支持了四年的哲学学习。森的教职变化很多,从加尔各答大学的总统学院到三一学院到哈佛大学,他还曾在以下高校讲学:印度德里大学、伦敦经济学院、牛津大学、加州大学伯克利分校、康奈尔大学、麻省理工学院、斯坦福大学。

尽管森大部分时间花费在学术圈里,但是他早年曾目睹过贫穷和饥荒以及人们因生存竞争而产生的暴力。通过早年的观察和后来的研究,他得出结论:饥荒等问题之所以会产生,主要不是因为缺少食物,而是由于收入不平等、制度不民主和社会政策无效等导致的对食物获取渠道的不充分。源于对上述问题的兴趣,森与联合国开发署(UNDP)合作以改进对贫穷和不平等的测量评估。

森的主要著作包括《集体选择与社会福利》(*Collective Choice and Social Welfare*,1970)、《论经济不公平》(*On Economic Inequality*,1973)。由于他在福利经济学中的贡献,他被授予 1998 年的诺贝尔经济学奖;由于他的理论贡献和人道主义行动,《商业周刊》(*Business Week*)称他为"经济学中的特蕾莎修女"。[23]

森的妻子埃玛·罗思柴尔德(Emma Rothschild)是一名杰出的经济史学家,曾在麻省理工学院和剑桥大学教书。1991 年以来,她担任剑桥大学历史和经济中心的主任,并担任了很多研究职位和政策委员会中的职位。罗思柴尔德写了大量的著作和论文,其中包括 2001 年的著作《经济的情操:亚当·斯密、孔多塞和启蒙运动》(*Economic Sentiments*:*Adam Smith*,*Condorcet and the Enlightenment*)。

---

[22] Amartya Sen, "Amartya Sen—Autobiography." The Nobel Foundation, 1998. http://nobelprize.org/economics/laureates/1998/sen-autobio.html(accessed February 4, 2005).

[23] *Business Week*, October 26, 1998, 44.

20.7.1　社会选择

如我们所见,肯尼思·阿罗认为多数投票原则不能在最大化社会福利的同时尊重个人独立于投票顺序的偏好。在接受他这位同事大部分工作的基础上,森试图反驳不可能定理,改进集体选择理论。

森认为不可能定理能通过把阿罗(和其他人)假设漏掉的两个因素考虑进来而得到解决。阿罗的集体选择模型建立在简单序列顺序的基础上(我喜欢 A 甚于 B,B 甚于 C),根本没有考虑偏好强度(我对 A 的喜欢远甚于 B,对 B 的喜欢只比 C 多一点)。经济学家将这种简单序列顺序称为序数标准——对事物按偏好顺序排列却不对其价值分配相应的数值。基数标准(A 对我有 20 个效用,B 有 10 个效用)会使得对偏好强度的测量更容易,但是这种方法一般不被采用,因为效用的大小很难获得,也很难被解释(20 个效用对我而言可能很多,但对你而言可能相当于没有)。

为什么偏好强度在集体选择中这么重要?在简单多数投票方案中,偏好强度没有用,除非投票者对政策 A 的偏好稍微大于 B 时会使得投票的成本大于从对 A 的投票中获得的收益。在偏好能被更充分地包括在内的政策选择框架中——例如,在一个由投票者分配定量投票权重的投票系统中——投票悖论就不太可能出现,这些强偏好要比在多数投票原则中拥有更大的"投票权重"。

阿罗(和许多其他人)施加的另一个限制条件是模型中不存在人际比较,其原因是这样的比较充其量是难以作出的,通常也是最无用的。如果两个人决定从某项政策建议中获得 20 单位效用,但这可能意味着第一个人对这项政策的支持较大而第二个人对此不太感兴趣。问题在于缺少一个普遍为大家理解和接受的效用标准。

然而,在森看来,人际比较很重要,而且并非困难到令人望而却步的地步。他写道:

> 人际效用的比较普遍被认为是武断的,许多人认为这种比较是没有意义的,因为与选择行为没有什么关系。将这种比较赋予一定意义的方法是将其看作是 A 在状态 x 或 B 在状态 y 下的选择。例如,我们可能问:"你愿意是 A 先生——x 状态下的一位失业劳动者,还是 B 先生——y 状态下的一位高收入的工程师?"既然对这一问题的回答的确牵涉人际效用比较,我也就敢冒险持有这样的观点:人际效用比较问题并非是完全超越我们的智能而不能进行系统思考的。[24]

森还建议说,人们在形成偏好时也可能进行人际比较,因为他们不仅会考虑政策对自己的影响,还会考虑政策对周围人的影响。

一个人所生活的社会、所属的阶级及其与地区经济结构和社会结构的关系都与一个人的选择有关,这不仅因为它们影响到他的个人利益,而且因为它们会影响到他的价值体系,包括他对其他社会成员"应当"关心的看法。这个孤立的追寻自身利益而不考虑其他人利益的经济人可以代表遍布大部分传统经济学的一个假设,但是它在理解社

---

[24] Amartya Sen, *Collective Choice and Social Welfare* (San Francisco: Holden-Kay, Inc., 1970), 4.

会选择问题上不是特别有用的一个模型。㉕

森的工作反映了对社会选择中平等和公平问题的高度关注——结果不仅仅是使总福利最大,而且要使收入分配公平。森借鉴了约翰·罗尔斯(John Rawls)的哲学观点,提出了一个被他称为"最大化最小公正"(maximin justice)㉖的能够产生平等决策的方法。根据这一方法,个人在源于未知起点的多个可能的社会状态中进行选择,换句话说,"最大化最小公正"要求一个人在假设他们还未出生的情况下,选择社会的收入分配方法。森选择"最大化最小"这个词是因为在不同的社会状态间选择时,人们可能会选择使其"最小的福利最大化"的安排。或者说,因为存在着成为社会中境况最差的人的风险,所以相对其他可选的状态,个人将会选择境况最差的人的福利仍然能得到改善的社会。

20.7.2 不平等

森认为传统的社会选择理论以功利主义和帕累托最优的概念为核心,经常把很有意义的对政策公平效应的分析排除在外。边沁的功利主义,即社会应该为最大多数的人谋求最大的福利,有助于社会总效用最大化,但是根本没有考虑公平问题。而且,森用图 20-2 的例子说明了功利主义理论的应用可能会怎样导致不太公平的结果。

图 20-2 反映了一个两人社会的情况。横轴代表社会的总收入,其中 A 的收入从左向右量度而 B 的收入从右向左量度,社会的总收入等于 A、B 收入之和。纵轴代表收入的边际效用,A_1A_2 线上的任何一点都代表 A 在这一点上多获得一美元收入的边际效用,A 的总收入为直到其收入水平为止的所有边际效用的总和,在图形上表示就是 A_1A_2 线下方的面积。这样,如果 A 收到收入 AC,那么他的总效用就可以用面积 AA_1EC 表示;如果他的收入增加到 AD,那么虽然他的边际效用下降了,但总效用却增加到 AA_1GD。

在这个例子中,森假设 A 和 B 有完全相同的效用函数,这样 A_1A_2 和 B_1B_2 就互为镜像。这暗含着对收入中任何给定的部分,两者的边际效用都相等,由前面的等边际规则可知,在两者收入相同时($AC=BC$),总福利(效用)最大。接着,假设 B 真正的效用函数为 B_3B_4,这样在任何给定的收入水平上,B 的效用都是 A 的效用的一半。(在森的这个例子中,B 可能代表某个体能和智能都有障碍的人,以致在任何给定的收入水平上他都不能获得和 A 一样大的效用。)最初的收入分配是平等的($AC=BC$),社会总效用为 AA_1EC 加上 CFB_3B。如果我们重新分配收入,使 A、B 的收入分别为 AD 和 BD,社会总效用将增加 EFG 这个三角形的面积。在森看来,这意味着将收入从本来已经很不幸(由于残疾)的人那里取走,分配给福利水平更高的人,这违背了社会公正或公平。

在森看来,帕累托最优也是一个不能令人满意的分配标准。帕累托最优的条件只是说没有人能在不使他人境况恶化的情况下使自己的境况得到改善,却根本没有讨论

㉕ Sen, *Collective Choice*, 6.
㉖ Sen, *Collective Choice*, 135.

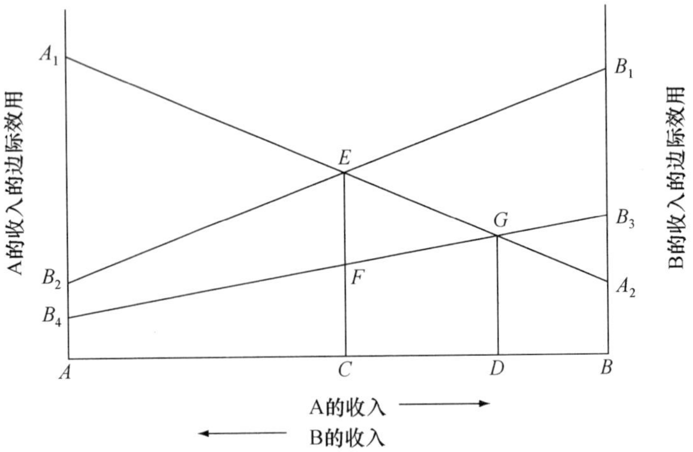

图 20-2　森对收入分配的边际主义方法的批评

　　如果两个人 A 和 B 有相同的效用函数,分别是 A_1A_2 和 B_1B_2,那么相同的收入分配 $AC = BC$,将会使总福利达到最大,为 $AA_1EC + BB_1EC$。从 B 向 A(或者相反)的收入再分配会降低福利,A 收到的最后一单位货币的边际效用要小于 B 减少的收入的边际效用。现在假设 B 处于一种从收到的每一单位货币中得到的享受(边际效用)都更少的状态,如图中效用函数 B_3B_4 所示。在收入平均分配时,总效用为 $AA_1EC + BB_3FC$,B 的福利比 A 低。平等主义方法会通过把 A 的部分收入转移给 B,来重新分配收入使 A、B 的效用相等。功利主义方法则相反,它是将 B 的部分收入转移给 A(以致 A 得到了 AD 的收入而 B 得到了 BD 的收入)以使总福利增加 EFG。尽管人们对功利主义方法的评价较高,但它却是不平等的。

　　社会分配的问题。帕累托最优可能有多种状态,每种状态都能反映出极为不同的收入不公平水平,对此森用下面的例子作了说明:

> 设想我们正在分一个蛋糕。假设每个人都偏好更大的而不是更小的蛋糕,那么任何可能的分配都将是帕累托最优的,因为任何使某人境况改善的变化都将使其他人境况恶化。问题的关键是分配,帕累托最优对此没有任何说服力。现代福利经济学对帕累托最优的孤注一掷,并没有使这个迷人的研究分支特别适合探索不公平问题。㉗

　　森认为传统福利经济学不能胜任对分配问题的分析,森写道:

> 结论是,看似我们不能从福利经济学的主要流派——不论是旧的还是新的流派中得到分析不平等问题的很多帮助。帕累托最优的有关文献……都避免对分配的判断。由于只关注个人的偏好顺序(没有个人间偏好水平和偏好强度的比较),"社会福利函数"的标准方法不能提供有关分配问题的分析框架……最后,"旧"福利经济学的主要信念——功利主义过于执着于福利总和而无法关注分配问题,事实上,可能产生严重违背平等主义的结果。因此,它不能带领我们在度量和评估不

㉗ Sen, *On Economic Inequality* (New York: W. W. Norton, 1973), 7.

平等程度之路上行进得太远。就评估不平等问题而言,福利经济学的康庄大道看上去依然有点前途黯淡。[28]

森对现存理论的不满意促使他提出了自己的洞见。分配问题通常关注极度的不平等,经常暗示着更大的平等能使社会进步。将这个前提加到其逻辑结论上就意味着总体的公平,但是正如森指出的,平等只在它能反映公平分配的程度上才是重要的。在森看来,可以采取两种形式中的一种。

> 从本质上说,有两个对立的"正确的"收入分配概念,它们分别以需求和应得为基础。很容易从如下这类争论中找出对它们的对比:"由于 A 的需求较大,因此应该得到比 B 多的收入",又如"A 应该得到比 B 多的收入,因为他做了更多的工作,理应获得更高的报酬"。因此,不平等不能仅仅被看作是收入分布离散度的指标,还应该被看作是衡量实际的收入分配与(i)和需求原则一致的分配,或(ii)和应得原则一致的分配之间差距的指标。[29]

森在研究如何最大化社会福利的时候,主要关注上述争论中的需求原则。需求在福利经济学的文献中一般被作为一个不可解决的问题忽略掉了,因为这涉及不同人之间效用函数的比较,而这一点即使不是不可能明确说明的也绝对是很难明确说明的。森举了两个例子来说明更加公平的分配,这两个例子都承认并且包含了个人效用函数的不可比较性。

建立在阿巴·勒纳(Abba Lerner,1903—1982)研究基础上的"或然均等主义"(probabilistic egalitarianism)认为,正是由于不确定性的存在,收入应该被均等化。假设(1)有一笔固定的收入要分配,(2)社会和个人都遵从边际效用递减规律,(3)每个人拥有一个给定效用函数的概率是相等的。森证明了在均等分配的情况下,预期的总效用最大,这不意味着绝对的均等分配必然会使总福利最大。事实上,该理论认为个人拥有不同的福利函数,也就是说某些不均等分配可能会产生更大的福利。然而,由于我们不知道那些福利函数的具体形式和分布状况,因此我们最多只能说,平均而言,在总产出和总收入平均分配时,福利最大。[30]

最大化最小均等主义(maximin egalitarianism)与最大化最小主义类似,认为社会应该选择能够最大化境况最差的那个人的收益的分配体系。在完全忽略人们需求的情况下,森证明了收入均等分配时社会福利最大。[31]

虽然森赞成更为平均的、以需求原则为基础的分配方法,但是他也认识到从公平和效率角度看,均等化收入是有问题的。他提出了四个以应得原则为基础的方法。

- 激励。以应得原则为基础的分配体系创造了更大的工作激励。人们被需求驱动,在一定程度上分配体系就能够以分配的事实为基础,否则它必须以产生的总收入最

---

[28] Sen, *On Economic Inequality*, 23.
[29] Sen, *On Economic Inequality*, 77.
[30] Sen, *On Economic Inequality*, 83—85.
[31] Sen, *On Economic Inequality*, 85—87.

大等理由被支持。

- 功绩。工作成就越大的人，获得的也应该越多。森发现这一分析途径尤其麻烦，因为那些成就较大的人往往是因为遗传、文化倾向或仅仅因为走运而拥有某种优势。他尤其指出有些人不是因为自身的错误，而是由于年龄、体虚或遗传等原因而导致收入较少。正如森指出的："以需求原则为基础的分配体系在解决我们称为人性的复杂问题上似乎更有用。"[32]
- 马克思主义的剥削。正如我们在第 10 章看到的，马克思的剥削理论认为劳动者不能得到其劳动对产出贡献的全部价值。然而，森指出："马克思认为作为资产阶级的一项权利的占有劳动成果的权利会在条件成熟时被需求原则取代。"[33]
- 新古典主义的边际生产力理论。在森看来，克拉克的收入分配的边际生产力理论与其他理论相比是一个较不规范的理论，而且就其本身的水平而言，几乎没有提供任何有价值的东西。标准主要是帕累托最优，而帕累托最优对最优分配基本没有提供任何观点。[34]

森发现对于合适的分配方案的上述论证没有一个能像对以需求原则为基础的分配方案的论证那样有说服力。

就其将理论建立在新古典经济学的基础上而言，森是一位主流经济学家。然而，他致力于将规范因素（应该是什么）整合进来的努力把他与其他主流经济学区分开来了。他获得的诺贝尔奖肯定了他对纯粹的实证分析（是什么）的偏离。

复习与讨论 ▶▶▶▶ ▷

1. 解释下列名词，并简要说明其在经济思想史中的重要性：福利经济学，帕累托，帕累托最优，边际替代率，边际技术替代率，边际转换率，庇古，外部性，一级价格歧视，二级价格歧视，三级价格歧视，庇古效应，冯·米塞斯，兰格，阿罗，不可能定理，布坎南，一致同意原则，公共选择理论，寻租行为，森，偏好强度，人际比较，罗尔斯，最大化最小正义，或然均等主义。

2. 解释如下这个论断：帕累托的福利分析沿承的是瓦尔拉斯传统，而庇古的福利分析沿承的是马歇尔传统。

3. 回想以前的经济学课程中生产可能性曲线的概念。画一条两种产品的、凹向原点的生产可能性曲线。联系你所画出的曲线解释边际转换率的概念（本章所讨论过的）。生产可能性曲线的凹形有什么含义？

4. 解释为什么生产中负的外部性会导致从社会的角度来看某种产品的生产过多，而正的外部性会导致某种产品的生产过少。按照庇古的观点，对这种资源的过度配置和配置不足应如何进行校正？

5. 阐述科斯定理（历史借鉴 20-1）。为什么零交易费用假设对于科斯定理来说是至关重要的？

6. 通过直接参考图 12-1（a）中的古诺垄断模型，解释一个垄断者如何能够通过使用庇古所定义的一级价格歧视将它的利润增加到 12 000 法郎以上。（提示：现在图中的边际收入曲线与需求曲线

---

[32] Sen, *On Economic Inequality*, 104—105.
[33] Sen, *On Economic Inequality*, 105.
[34] Sen, *On Economic Inequality*, 105.

一致。)对比在古诺模型中所售出的矿泉水的数量和在一级价格歧视假设下所售出的矿泉水的数量。

7. 对比冯·米塞斯和兰格关于在市场社会主义下实现最大化福利的可能性的观点。

8. 辩论:阿罗的不可能定理是一个有趣的智力练习,但是它几乎没有实际意义。它戏剧性地表现出经济学退化为无足轻重的科学的程度。

9. 将布坎南的公共选择理论与下列概念联系起来:(a) 对农民的补贴;(b) 政府预算赤字;(c) 政府官僚主义的增长;(d) 国有企业许多管理者对私有化的抵制。

10. 总结布坎南对传统福利经济学的批评。假设你被要求反驳布坎南的批评,你将使用什么样的推理方法?

11. 请思考为什么宪法修正案的通过需要用绝对多数投票规则(60%以上的支持率),而在宪法框架下制定法律只用简单多数投票规则(多于50%的支持率)。

12. 根据森的观点,阿罗的不可能定理可以怎样解决?

13. 对布坎南的这一观点:"有很好的理由怀疑政治过程有实现帕累托最优的能力。"森对此可能怎样回应?

14. 假设一个三人经济体每年能创造100 000美元的价值,在这个团体中有两种分配方案:第一种是给其中的两个人每人分30 000美元,第三个人分40 000美元;第二种方案是给一个人分80 000美元,另两个人每人分10 000美元。对于"哪种分配方案是最合适的"这一问题,边沁(第8章)、马克思(第10章)、帕累托和森分别会作出怎样的回答?

15. 从福利经济学中举例,说明实证经济分析(是什么),并举例说明规范经济分析(应该是什么)。现在回顾这些例子并说明,在应用于具体问题时,哪里既有实证又有规范分析?你怎么样看待实证经济学与规范经济学之间的关系?当经济学家分析政策问题时,他们容易遇到陷阱,是否能够指出这一点?

精选文献 >>>

书籍

Arrow, Kenneth J. *Social Choice and Individual Values.* New Haven, CT: Yale University Press, 1951.

Blaug, Mark, ed. *Arthur Pigou.* Brookfield, VT: Edward Elgar, 1992.

——, ed. *Vilfredo Pareto.* Brookfield, VT: Edward Elgar, 1992.

Buchanan, James M. *Economics: Between Predictive Science and Moral Philosophy.* College Station: Texas A&M University Press, 1987.

——. *Liberty, Market, and State: Political Economy in the 1980s.* New York: New York University Press, 1986.

——. *The Limits of Liberty: Between Anarchy and the Leviathan.* Chicago: University of Chicago Press, 1975.

Buchanan, James M., and Gordon Tullock. *The Calculus of Consent: Logical Foundations of Constitutional Democracy.* Ann Arbor: University of Michigan Press, 1962.

Butler, Eamon, ed. *Ludwig von Mises: Fountainhead of the Modern Microeconomic Revolution.* Brookfield, VT: Gower, 1988.

Lange, Oscar, and Fred M. Taylor. *On the Economic Theory of Socialism.* Edited by Benjamin E. Lippincott. New York: McGraw-Hill, 1964 [orig. pub. in 1938].

Moss, Laurence S., ed. *The Economics of Ludwig von Mises: Toward a Critical Reappraisal*. Kansas City: Sheed and Ward, 1976.

Pareto, Vilfredo. *Manual of Political Economy*. Translated by Ann S. Schwier and edited by Ann S. Schwier and Alfred Page. New York: A. M. Kelley, 1971 [orig. pub. in 1906].

Pigou, A. C. *The Economics of Welfare*, 4th ed. London: Macmillan, 1932 [orig. pub. in 1920].

von Mises, Ludwig. *Human Action: A Treatise on Economics*. Chicago: Henry Regnery, 1966 [orig. pub. in 1949].

期刊论文

Murrell, Peter. "Did the Theory of Market Socialism Answer the Challenge of Ludwig von Mises? A Reinterpretation of the Socialist Controversy," *History of Political Economy* 15 (Spring 1983), 92—105.

O'Donnell, Margaret G. "Pigou: An Extension of Sidgwickian Thought," *History of Political Economy* 11 (Winter 1979), 588—605.

Sandmo, Agnar. "Buchanan on Political Economy: A Review Article," *Journal of Economic Literature* 28 (March 1990), 50—65.

Sen, Amartya. "Social Choice and Justice: Collected Papers of Kenneth J. Arrow—A Review Article," *Journal of Economic Literature* 23 (December 1985), 1764—1776.

Tarascio, Vincent. "Pareto: A View of the Present Through the Past," *Journal of Political Economy* 84 (February 1976), 109—122. von Hayek, Friedrich. "The Competitive 'Solution'," *Economica* 7 (May 1940), 125—149.

第21章 凯恩斯学派
——约翰·梅纳德·凯恩斯

凯恩斯学派的思想体系是最重要的经济思想流派之一。这个学派开始于1936年凯恩斯的《就业、利息与货币通论》(*The General Theory of Employment, Interest, and Money*)的出版,至今仍然在正统经济学中占据重要地位。凯恩斯学派发端于新古典学派,凯恩斯本人就沿袭了马歇尔的传统。尽管凯恩斯尖锐地批评了新古典经济学的某些方面,并将其与李嘉图学说一起归在"古典经济学"的标题之下,但是他仍然使用了新古典经济学的许多假设与方法。他的体系建立在主观心理学方法上,并且充满了边际主义的概念,包括静态均衡经济学。凯恩斯并没有对新古典经济学的价值和分配理论提出批判。

在本章中我们将提供一个凯恩斯学派的概览并将讨论凯恩斯的主要思想。接下来在第22章中我们将研究几位后来发展了凯恩斯经济学的贡献者的思想。

21.1 凯恩斯学派概览

21.1.1 凯恩斯学派产生的历史背景

西方世界经历的最严重的经济危机——20世纪30年代的大萧条,推动了凯恩斯思想的产生,然而他的思想根源可以追溯到1929年以前。许多经济学家包括米切尔及其在美国国家经济研究局的同事的著作都处于总量经济学或宏观经济学的框架内,而不属于新古典经济学派的微观经济学范畴。凯恩斯也采用了这种宏观经济方法。第一次世界大战及大战期间实施的经济调控要求对经济有一种全面的视角。大规模工业生产和贸易的增长使得经济对于统计测量和控制更加敏感,使归纳和总量的方法比过去更加切实可行。事实上，随着公众日益急迫地要求政府积极地处理失业问题，这种方法的必要性与日俱增。

凯恩斯的思想同时也起源于对经济停滞或经济增长率不断下降的广泛忧虑。第一次世界大战之后，西方世界成熟的私人企业经济与第一次世界大战之前相比缺乏活力。人口增长率在不断下降；世界的绝大部分都已被殖民化，似乎已经没有更多的地理扩展的空间；随着收入和储蓄的增长，生产看起来大大地超过了消费；并且没有像蒸汽机、铁路、电力和汽车这样的新发明来刺激新的、大量的资本投资。与此同时，充满活力的价格竞争的削弱降低了新的、更好的机器设备对旧机器设备的替代，当日益增长的过去投资的累积折旧资金没有被足够快地花费出去的时候，经济增长就会受到拖累。关于经济长期停滞的这些观察在 1929 年之后变得特别重要，它们部分地基于马克思、约翰·A. 霍布森（John A. Hobson，1858—1940）、凡勃仑和其他经济学家的著作，部分地基于实际观察和历史研究。

大萧条在 20 世纪 30 年代早期开始之后，美国的许多经济学家提倡后来被称为凯恩斯主义的政策。有趣的是，我们可以注意到这些政策是在凯恩斯的《通论》出版之前提出的。经济学界和非经济学界的许多重要人物都敦促联邦政府实施公共工程项目、赤字预算，要求联邦储备委员会放松信贷。许多经济学家清醒地认识到增加政府开支对总支出和总收入将会产生乘数效应。一些经济学家从理论上将其概括为：随着国民收入的增加，消费支出没有总收入增加得快，而储蓄增加得相对更快。工资既被认为是一种产品需求的来源，也被认为是一种生产成本，而削减工资经常会受到反对，因为对于失业而言，它不能提供实际的补救，这就是宏观经济思想。在美国，人们独立于凯恩斯而得出了这些思想并且对其进行了广泛的讨论，但却是凯恩斯提出了将这些思想整合到一起的分析框架，并且引发了经济学中的"凯恩斯革命"。

21.1.2　凯恩斯学派的主要信条

凯恩斯经济学的主要特征和原理列举如下，在本章和第 22 章中我们将对其进行更加详细的讨论。

- 强调宏观经济学。凯恩斯及其追随者主要关注消费、储蓄、收入、产出和就业总量的决定因素。比如，与经济中总支出与就业总量之间的关系相比，他们对单个企业如何决定其利润最大时的雇佣量表现出了较少的兴趣。

- 需求导向。凯恩斯学派的经济学家强调有效需求（现在被称为总支出）的重要性，认为有效需求是国民收入、产出和就业的直接决定因素。这些经济学家认为，总支出由消费、投资、政府和净出口支出的总和构成。企业共同生产了它们期望卖出的实际产出水平，但是有时总支出不足以购买所生产的全部产出。随着未售出产品的增加，企业会解雇工人并减少产出。即有效需求决定经济的实际产出，在某些情形下实际产出会小于充分就业时的产出水平（潜在产出）。

- 经济中的不稳定性。按照凯恩斯主义者的观点，经济经常发生循环的繁荣与萧条，因为计划的投资支出水平是不确定的。投资计划的改变导致国民收入和产出发生变化,并且变化的数量大于投资最初的改变。投资和储蓄的均衡水平——经过所有的调整之后产生的——是通过国民收入的变化而达到的,而不是利率的变化。

投资支出是由利率和资本的边际效率(或者说是新投资高于成本的预期回报率)共同决定的。利率取决于人们的流动性偏好和货币的数量,资本的边际效率取决于人们对未来利润的预期和资本的供给价格。新投资的预期利润率是不稳定的,并因此而成为经济波动的最重要的原因之一。

- 工资和价格刚性。凯恩斯主义者指出,工资在向下调整方面具有刚性,这主要是由于工会合同、最低工资法和隐性合同(雇主与工人之间达成的非正式协议,即在暂时低迷的时期工资不应该被削减)等制度因素导致的。在产品和服务的总需求处于萧条的时期,企业相应地通过减少产量和解雇工人来应对销量下降,而不是通过坚持降低工资。价格在向下调整方面也具有黏性,有效需求下降最初会导致产出和就业的减少,而不会引起价格水平的下降,只有在非常严重的经济萧条的情况下才会发生通货紧缩。
- 积极的财政与货币政策。凯恩斯主义的经济学家倡议政府应该通过实施适当的财政与货币政策来积极地干预经济,以促进充分就业、价格稳定和经济增长。为了应对衰退或萧条,政府应该增加其支出或者减少税收,而后者会增加私人的消费支出。政府还应该增加货币供给以降低利率,以期能够推动投资支出的增加。为了应对过度的总支出引起的通货膨胀,政府应该减少它自己的支出,增加税收以减少私人的消费支出,或者减少货币供给以提高利率,这将抑制过度的投资支出。

21.1.3 凯恩斯学派对谁有利或为谁谋利

凯恩斯经济学的巨大成功部分地由于它致力于解决当时十分紧迫的问题——萧条和失业,同时,它也几乎为每个人都提供了某些东西,并且将当时正在做的某些必需的事情合理化了。社会会从充分或更加充分的就业中获益,由此而受到损失的那些个人和团体(比如,失业补偿项目的管理者)无疑是可以忽略的。尽管劳动者有时反对凯恩斯主义的某些建议,但是他们强烈支持凯恩斯更大的目标。总需求的增加会导致劳动力市场的紧张,并且会允许工会商谈更好的工资和劳动条件,这时他们有更少的对失业的担忧。商业利益集团会从政府合同和使经济摆脱萧条或衰退的政府刺激中获益。20世纪30年代银行家拥有全面的过剩储备时,他们在政府债券中发现了一个巨大的、有利可图的投资领域,而且政府调控使银行体系具有流动性、安全性和稳定性。改革者和知识分子分享了在政府服务部门中急剧增加的就业机会,并且他们能够以参与圣战般的热情去追求源于凯恩斯思想的温和的、安全的、明智的改革。

农民长期以来就支持宽松的货币政策和较低的利率,他们也变得严重依赖政府对农业的支出项目。事实上,他们的代言人在乘数理论被并入凯恩斯理论之前很久就提出了一个原始的乘数理论。在捍卫政府干预以增加农民收入的过程中,他们宣称农民拿到的每1美元能够通过农民收入的再支出导致国民收入增加7美元。

在20世纪60年代和70年代,消费者从总体上来看都非常赞成减税,他们支持主张减税的政治家并投票给他们。不会伴随政府支出总体减少的这种减税在凯恩斯主义原理的基础上被合理化,即为了刺激需求和经济增长它们是必需的。20世纪80年代,减税的原理呈现出"供给方"导向,但是它与凯恩斯主义的原理是一致的。

21.1.4　凯恩斯学派在当时是如何有效、有用或正确的

凯恩斯使经济理论与政策制定相协调。世界大战、世界范围内的经济萧条和现代生活的日趋复杂逐渐削弱了自由放任主义的影响。对于经济波动必须采取某些行动的要求变得日益迫切,而凯恩斯既提供了对经济波动的一种解释,也提供了缓和经济波动的一种方案。经济学家和经济分析在决定政府政策方向中的作用因此得以大大提高。

凯恩斯主义的观点——为了达到充分就业,除了降低名义工资外,尚有其他可供选择的手段——是特别及时的。降低名义工资这一源自新古典思想的政策药方,在解决大范围失业问题的实践方案中,只得到了极少的支持。更为重要的是,按照凯恩斯的观点,名义工资的严重总体下降会导致非常糟糕的经济政策。他认为,单独一个企业可以通过减少工资来增加销量和雇佣工人的数量,因为对其产品的需求将保持不变。但是,整个经济无法通过减少名义工资来轻易地增加销量(假设这个经济与国际贸易相隔离),因为工资既是产品需求的一个来源,也是一种生产成本。如果工资开始下降,那么人们可能会预测它们将会进一步下降,这可能会导致企业推迟投资支出,致使经济萧条更加严重。

如果工资的下降导致价格的下降,那将会使情况更为恶化,因为实际债务负担将会增加,并将财富从企业家的手中转移到食利者手中。另外,利润空间将会变得更小,并因此会中止新的投资。因为减少工资会伤害具有较高边际消费倾向的工资收入者却会帮助具有较低边际消费倾向的雇主,因此总体的消费倾向会下降,这将会使形势进一步恶化。作为一个非常实际的人,凯恩斯也反对减少工资,因为这将会引发劳资纠纷。凯恩斯相当成功地转变了人们的观念,使人们相信工资政策应该从应对萧条的各种政策中分离出来。凯恩斯说,存在创造充分就业的更好的方式。

即使对于那些并不接受凯恩斯政策结论的人来说,凯恩斯主义的方法也非常有用。它确立了用来观察经济的一套新的分析工具,鼓励了国民收入账户的进一步发展,激发了对于现实世界经验研究的大量的、成果丰硕的努力,加速了计量经济学的发展,并且创造了一种新自由主义,改革者们可以寄希望于这种新自由主义来帮助那些从不受约束的资本主义中获益最少的人。

21.1.5　凯恩斯学派的哪些信条具有长远贡献

凯恩斯及其追随者所提出的许多观点已经成为现代宏观经济学中的正统部分。事实上,现代经济学可以说是新古典的微观经济学和凯恩斯所激发的宏观经济学的一种组合。消费函数、边际消费倾向、储蓄函数、边际储蓄倾向、资本的边际效率、货币的交易需求、预防性需求和投机性需求、乘数、事后与事前的储蓄与投资、财政政策与货币政策、*IS-LM*分析等凯恩斯主义的概念,现在已经是经济学教科书中的基本内容。一些凯

恩斯主义的早期观点，如经济能够被"很好地调整"到一个无通货膨胀、充分就业的位置上的观点等，在很大程度上已不再被认可，但是凯恩斯主义作为一种分析方法和一个思想体系仍然统治着宏观经济学。

这并不是说凯恩斯及其追随者的所有观点都被证明是正确的，对凯恩斯思想的一些总体批判将在本章的最后部分进行讨论。由现代货币主义者和"新兴古典主义者"所提出的对凯恩斯主义理论的批评将在第24章中进行讨论。

21.2 约翰·梅纳德·凯恩斯

21.2.1 生平细节

约翰·梅纳德·凯恩斯（John Maynard Keynes，1883—1946）是一对才智杰出的夫妇的儿子，他们都比凯恩斯去世得晚。他的父亲约翰·内维尔·凯恩斯（John Neville Keynes）是一位著名的逻辑学家和政治经济学家；母亲是一名地方执法官、高级市政官和剑桥的市长，对于公共事务和社会工作都很感兴趣。马歇尔和庇古都是凯恩斯在剑桥大学的老师，他们都认为他是天才。凯恩斯在28岁的时候成为《经济学杂志》（*Economic Journal*）的编辑；同时，他还管理着该杂志的出版方——英国皇家经济学会的投资，并取得了非同一般的成功。在凯恩斯的财务指导下，剑桥大学的国王学院同样获得了超乎寻常的利润。他自己很可观的50万英镑的财富主要是通过外汇和外国商品交易积累起来的。事实上，他是一个投机者。对于投机者，他是这样描述的：

> 当投机者像在企业的洪流中漂浮着的泡沫时，他未必会造成祸害。但是，当企业成为投机漩涡中的泡沫时，形势就很严峻了。当一国资本的积累变为赌场中的副产品时，工作多半是没有干好的。就把华尔街看作一个社会功能是使新投资可以根据未来收益流入最大利润渠道的机构而论，它所取得的成功不能被认为是自由放任资本主义的典范——这并不值得奇怪，如果我下面所说的是正确的话：华尔街最好的头脑在事实上被引导到一个与其社会功能不同的目标上。①

凯恩斯在实务界和学术界中都是一个非常重要的人物。他是一家人寿保险公司的董事会主席，还担任其他几家公司的董事，并且是英格兰银行管理机构的成员。除了是一名金融家之外，他还是一名高级政府官员、许多学术理论著作的作者、新闻工作者、艺术鉴赏家和支持者以及剑桥大学的教师。他是"布鲁姆斯伯里团体"（Bloomsbury Group）的重要成员，这个团体是以范奈莎·贝尔（Vanessa Bell）和弗吉尼亚·伍尔芙（Virginia Woolf）姐妹所居住的伦敦的一个区的名字命名的。这个由杰出艺术家、作家、

---

① John Maynard Keynes, *The General Theory of Employment, Interest and Money* (New York: Harcourt, Brace and World, 1936), 159. Reprinted by permission of Harcourt Brace and Company.

批评家、知识分子和演说家组成的圈子,从 1907 年开始一直持续到 1930 年,其成员还包括了伦纳德·伍尔芙(Leonard Woolf)、克莱夫·贝尔(Clive Bell)、利顿·斯特雷奇(Lytton Strachey)、E. M. 福斯特(E. M. Forster)和其他一些名人。凯恩斯是第一次世界大战后巴黎和会上英国财政部的首席代表,拥有代表财政部长发言的权力。他在巴黎的谈判经历及其对强加给德国的和平方案的强烈反对促使他在 1919 年辞去了官员职位,并且写作了挑起争端的《和平的经济后果》(*The Economic Consequences of the Peace*)一书。1940 年他再次进入财政部,以帮助英国渡过战时的财政困难。在组织国际货币基金组织和国际复兴开发银行的过程中以及在取得美国对英国的战后贷款的过程中,他都是英国的首席谈判代表。1942 年他成为一名男爵,对于批评他接受这一头衔的那些朋友,他开玩笑地反击道:"为了得到仆人,我不得不接受它。"

1926 年凯恩斯出版了一本名为《自由放任的终结》(*The End of Laissez-Faire*)的薄书,在这本书中他指出当时的许多不幸是风险、不确定性和无知的结果。大企业通常是一种彩票,其中某些人能够利用无知和不确定获利,但结果是财富的巨大不平等、失业、对理性经济预期的失望以及对效率与生产的损害:

> 然而,治疗方案却存在于个人的操作之外,弊病的恶化甚至可能是符合个人利益的。我认为,治疗这些弊病部分应该借助于一个中央机构对通货和信贷进行深思熟虑的调控,部分应该借助于大规模地收集和传播与经济形势相关的数据……这些措施将会通过某个合适的行动机构使社会对私人企业的许多内在的复杂问题运用其指导性的聪明才智加以解决,而且它将保持私人的主动性不受妨碍……
>
> 资本主义的信徒通常是过度保守的,并且拒绝其在技术方面的改革,因为他们害怕这些改革可能会被证明是偏离资本主义的最初的步骤,但实际上这些改革可能会加强、维护资本主义……就我而言,我认为资本主义如果加以明智地管理,在实现经济目标方面可以比看得见的其他任何制度都更加富有效率,但是就其本身而言,它在许多方面是极度令人反感的。我们的问题是设计一个社会组织,它应该是尽可能地富有效率而又不会触犯我们对满意的生活方式的理解。②

在其人生最后的二十多年里,凯恩斯没有背离上述这些观点。

21.2.2 凯恩斯的思想体系

凯恩斯在《通论》中所提出的思想体系包括几个相互关联的元素,它们中的第一个就是消费函数。

消费函数。凯恩斯指出了消费与收入之间关系的一个"基本心理规律":

> 从我们关于人类本性的知识和具体的经验中进行推理,我们可以非常自信地依凭的基本心理规律是:作为一种规则,就平均而言,随着收入的增加,人们倾向于

---

② John Maynard Keynes, *The End of Laissez-Faire*(London: Hogarth, 1926), 47—58.

增加消费,但是消费的增加不像收入增加得那么快。③

正式的表达为:

(1) 在消费(C)和国民收入(Y)之间存在一种正的函数关系,即:

$$C = f(Y) \tag{21-1}$$

(2) 消费变化对收入变化的比率——边际消费倾向(MPC)——是正的并且小于1。

$$MPC = \Delta C / \Delta Y \tag{21-2}$$

这意味着储蓄(S)也随着收入的增加而增加,也是收入的正函数。

$$S = f(Y) \tag{21-3}$$

与 MPC 相同,边际储蓄倾向(MPS)大于0且小于1。

$$MPS = \Delta S / \Delta Y \tag{21-4}$$

在图 21-1 中,我们画出了一个短期消费函数,它表示在一个假设的经济中,在不同的收入水平上消费者在产品和服务上将会支出的数额,曲线的斜率($\Delta C/\Delta Y$)就是边际消费倾向。

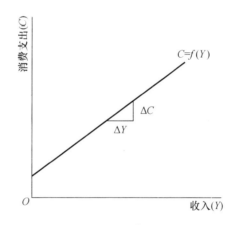

图 21-1 消费函数

随着国民收入的增加,消费也会增加,但是没有收入增加得快。消费函数 $C = f(Y)$ 的斜率($\Delta C/\Delta Y$)度量边际消费倾向的大小。

© Cengage Learning 2013

投资。凯恩斯将经济投资定义为对资本品的购买。另外,当销量下降、存货增加时,会产生非意愿投资。注意经济投资和金融投资之间的区别,金融投资包括购买股票、债券和其他金融工具。金融投资并不是凯恩斯意义上的投资,因为它并不直接代表对资本品的购买。对凯恩斯而言,金融工具仅是可供人们选择的替代储蓄的贮藏器。

企业进行投资是希望新资本能增加利润。当一个企业购买某一资本设备时,它是"购买了一系列预期收益的权利,[企业]希望在资产的使用寿命内通过出售其产出并

---

③ Keynes, *General Theory*, 96.

扣除获得这些产出的运营费用来获取这种收益"④。预期收入流的大小取决于：(1) 这件资本品的生产力；(2) 企业能够售出的由此增加的产出的价格；(3) 由于使用这件资本品所增加的工资和材料费用。

凯恩斯说，在投资决策中所要考虑的第二个因素是资产的供给价格或重置成本。资本品的供给价格也就是正好足够使资本品的生产者能够生产额外一单位资本品的价格。凯恩斯对资本边际效率的定义是，使一系列预期收益的现值正好等于资本品供给价格的折现率。用数学公式表示为：

$$K_s = \frac{R_1}{(1+r)} + \frac{R_2}{(1+r)^2} + \cdots + \frac{R_n}{(1+r)^n} \qquad (21\text{-}5)$$

其中，K_s 是资本品的供给价格，R 是某一特定年份的预期收益，r 是资本边际效率。例如，如果一件资本品现在的成本是 5 500 美元，并且预期能够连续 6 年每年产生 1 000 美元的收益，6 年后该资产的残值为零，那么资本边际效率将是 2.5%。换言之，连续 6 年每年 1 000 美元的收益按照 2.5% 的利率折成现值将会是 5 500 美元。另一种说法是，以 2.5% 的回报率投资 5 500 美元，将连续 6 年每年产生 1 000 美元的收益。资本边际效率是其边际生产力与资本品原始成本的百分比，它是在资本投资的寿命内进行计算的，由于其不确定性和处于未来的状态而要进行贴现。也就是说，它是一项新投资的预期利润率，没有扣除折旧或显性的和隐性的利息成本。

投资将会持续下去直到资本边际效率等于利率为止，而利率是用于投资的借入资金的成本。例如，如果资本边际效率为 2.5%，那么利率为 3% 时投资就不会发生，但是利率为 2% 时投资就会发生。

资本边际效率是高度可变的，随着人们对预期投资的未来利润预期的变化而变化。凯恩斯认为，增加对任意给定类型的资本的投资都会减少那种资本的边际效率，这里原因有二：其一，随着不断增加的资本之间的相互竞争，预期利润将会下降。在公式 (21-5) 中，这意味着 R 的价值下降而其他保持不变，这必然会导致资本边际效率 r 的下降。其二，"对用于生产那种类型的资本品的设备的压力将导致其供给价格上升"⑤。注意在公式 (21-5) 中 K_s 增加而其他保持不变，也会降低 r 的值。因此，出现了这样一个原理，即对资本的某一特定类型的投资的数量与其边际效率是负相关的。

凯恩斯关于资本边际效率的思想可以用来构建一条投资需求曲线，如图 21-2 中标为 $I = f(i)$ 的曲线所示。这条曲线表示在一个经济中所有的相关投资项目都已按它们的资本边际效率不断下降的顺序排列起来的情况下，利率 (i) 和投资数量 (I) 之间的负相关关系。如果市场利率是 i_1，那么投资数量是 I_1。对于直到 I_1 的所有投资，资本边际效率大于借入成本，而对于超过 I_1 的所有投资，借入成本大于资本边际效率。

---

④ Keynes, *General Theory*, 135.
⑤ Keynes, *General Theory*, 136.

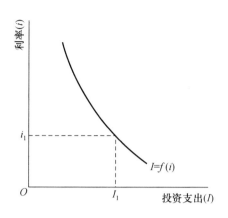

图 21-2　投资需求曲线

一个经济的投资需求曲线 $I = f(i)$ 是通过按投资的资本边际效率不断下降的顺序来排列所有的潜在投资项目而构建的。投资需求曲线是向下倾斜的,反映了利率 i(每一美元投资的金融"价格")和投资需求数量 I 之间的负相关关系。

© Cengage Learning 2013

凯恩斯不同意古典和新古典经济学家的观点,即利率能够在企业进行新的投资所需要的储蓄数量和储蓄供给之间自动地产生一种平衡。凯恩斯认为,利率既不是节欲的回报(西尼尔),也不是等待的报酬(马歇尔)。如果一个人以现金的形式保存其储蓄,他将不能获得任何利息。储蓄更主要取决于收入水平(回想我们前边对储蓄函数的讨论)。利率是对流动性牺牲的一种回报,而流动性是资产能够直接转化为产品和服务而不会损失其购买价格的便利。利率取决于流动性偏好和货币数量,货币被定义为通货加上活期存款。市场利率是使个人以现金形式持有财富的愿望与体系中可以得到的现金的数量相平衡的价格。

流动性偏好。除了在利率起到一个有效激励的情况下,流动性偏好取决于人们持有货币并不愿意放弃它的三个动机。第一个是交易动机,即需要用货币支付当前的购买行为以满足消费和企业的需要。第二是预防性动机,即需要在手头保留一些现金以应付没有预见到的紧急事件。最后,存在着投机性动机,即因等待利率上升、股票和债券价格的下降或总体价格水平的下降而持有现金的需要。流动性使人们在出现金融和经济投资机会的时候能够迅速地把握住。

持有货币的这些动机转化为一条货币需求曲线,如图 21-3 中的 L 所示。货币需求曲线向下倾斜,表示在较低的利率水平上人们愿意持有更多的现金。当利率相对于某一正常利率水平较低时,人们预期它将会上升。当利率上升时,债券价格会下降,而那些持有债券的人将会遭受损失。因此,当利率较低时,人们会持有较大数量的现金和较少数量的债券。出于相反的原因,当利率较高时,人们会持有较多数量的债券和较少数量的现金。

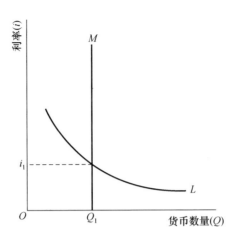

图 21-3　流动性偏好、货币供给和利率

货币需求曲线(L)向下倾斜,因为较低的利率会减少"保持流动性"的成本,即以现金形式持有财富的成本。货币供给曲线(M)是垂直的,代表了中央银行提供的特定数量的货币。均衡利率(i_1)是由流动性偏好曲线(货币需求曲线)和货币供给曲线的交点所决定的。

© Cengage Learning 2013

货币的供给数量取决于中央银行的政策。它可以通过公开市场操作、法定准备金率和再贴现率的改变来增加或减少货币的供给。货币的供给数量被假设为不受利率的影响,因此,图21-3中的货币供给曲线M是垂直的或完全无弹性的。

从图中,我们可以看出均衡利率水平为i_1。货币数量的增加——M向右移动——将会降低利率,除非公众的流动性偏好的增加超过了货币数量的增加。在这里出现的重要一点是:如古典和新古典经济学家所假设的那样,较低的利率不会减少储蓄。相反,它会刺激投资支出(图21-2)。如果经济在低于充分就业的水平上运转,那么国民收入将会增加而储蓄也会增加。

简而言之,经济中的投资水平取决于以下两者的相互作用:(1)资本边际效率,它确定了投资需求曲线;(2)市场利率,它取决于货币需求(流动性偏好)和货币供给。

均衡收入与就业。 凯恩斯假设国民收入和就业水平之间是高度相关的。当然,这不一定就是正确的。比如,对节省劳动的资本的大量投资可能会使实际国内产出和国民收入的增长比就业的增长快得多。但是,凯恩斯主要关注的是短期,他以嘲讽的口气为这一点辩护:"从长期来看,我们都死了。"在短期中,我们可以忽略技术变化,于是我们可以认为收入水平决定就业水平,而这两个变量可以交替使用。

如果我们忽略政府和国际贸易,那么收入和就业的直接决定因素就是消费和投资支出,这两个支出部分构成了经济中的总支出。当消费和投资支出加总的水平等于当前的收入水平时,就会出现均衡国民收入。用公式来表示,即:

$$Y = C + I \tag{21-6}$$

因为储蓄是收入和消费之间的差额,于是:

$$S = Y - C \tag{21-7}$$

解这两个方程式就提供了均衡收入的一个可供选择的条件：
$$S = I \tag{21-8}$$

图 21-4 是简单的凯恩斯模型在标准教科书中的表达，这是由保罗·萨缪尔森正式提出的，并被他称为凯恩斯交叉模型。因此，它最好被理解为"凯恩斯主义经济学"而不是特定的"凯恩斯的经济学"。⑥

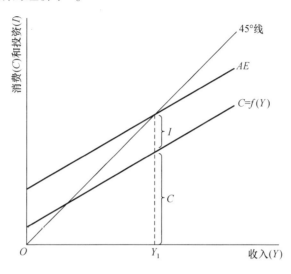

图 21-4 均衡收入

在最简单的凯恩斯模型中总支出(AE)由消费(C)和投资(I)构成。当 AE 曲线与 45°线相交时出现均衡收入，因为在那一点上计划支出($C+I$)等于收入水平(Y_1)。同时，在均衡点上计划投资 I 等于储蓄(45°线和消费函数之间的垂直距离)。

© Cengage Learning 2013

总支出曲线 AE 表示在每一收入水平上现有的消费和投资支出的加总量。AE 和消费函数 $C = f(Y)$ 之间的垂直距离是投资水平(图 21-2 中的 I_1)。消费函数和横轴之间的垂直距离是消费水平。均衡收入是 Y_1，因为在这一点上总支出曲线与 45°线相交，表示 $C+I$ 等于现在的收入水平 Y_1(在 Y_1 点上，45°线的高度等于水平距离 OY_1)。

我们还可以证明，在 Y_1 点上，储蓄等于意愿的投资。从方程式(21-7)中我们可以回想起储蓄水平是通过在收入水平中减去消费水平而得到的。因此，在图 21-4 中，在任意收入水平上的储蓄水平也就是 45°线和消费函数之间的垂直距离。只有在 Y_1 点上，这个垂直距离——储蓄(S)——等于计划的投资水平(I)。

萧条是如何发生的？凯恩斯问道。他的答案通过刚才的简单模型可以很容易地得到。假设图 21-4 中的收入水平 Y_1 是充分就业的收入水平。进一步假设由于某种原因企业家对未来的经济前景感到悲观，这会导致对一项新投资的预期收益的一个向下的修正，这转化为资本边际效率的下降和投资需求曲线(图 21-2)的向左移动。

---

⑥ 阿克塞尔·莱荣霍夫德(Axel Leijonhufvud)在他的著作 *On Keynesian Economics and the Economics of Keynes*(New York: Oxford University Press, 1968)中对"凯恩斯主义经济学"和"凯恩斯的经济学"作了区分。

如图 21-5 所示，投资支出的下降会使总支出从 AE_1 减少为 AE_2。企业会对销量的减少和存货的增加作出反应，减少他们雇用工人的数量和产量。因此，国民收入会从 Y_1 减少为 Y_2。我们注意到均衡收入比投资本身下降得多，原因就是投资支出初始变化的乘数效应。凯恩斯从他剑桥大学的同事 R. F. 卡恩（R. F. Kahn）那里借用了乘数理论，并将它直接融入自己的模型中。乘数度量支出的变化对收入的最终效应，也就是收入的变化除以投资的变化。

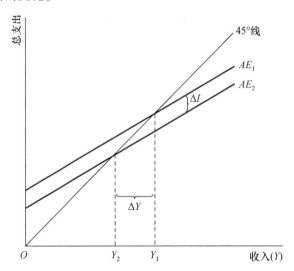

图 21-5　均衡收入的变化

总支出从 AE_1 下降到 AE_2——在这个例子中是由于投资支出的下降引起的——导致收入从 Y_1 下降为 Y_2 和失业的增加（图中没有表示出来）。简单的凯恩斯乘数是收入变化（ΔY）与投资支出最初的变化（ΔI）的比率。凯恩斯认为，政府能够通过启用扩张性的财政政策来应对收入的下降，扩张性的财政政策将使总支出曲线从 AE_2 移回到 AE_1。

© Cengage Learning 2013

乘数的大小取决于总支出曲线的斜率。让我们假设边际消费倾向——在这个特定的例子中，是 AE_1 和 AE_2 的斜率——为 0.6。即当人们收入增长 1 美元时，将花掉 60 美分而储蓄 40 美分（$MPS = 0.4$）。换句话说，当收入下降 1 美元时，他们的消费和储蓄将分别减少 60 美分和 40 美分。

假设在我们的例子中，投资支出减少了 100 亿美元，这将使收入立即下降 100 亿美元，因为资本品出售者的收入将会下降一个相等的数额。由于收入下降了 100 亿美元，出售者将减少 60 亿美元的消费（0.6×100 亿美元），减少 40 亿美元的储蓄（0.4×100 亿美元）。消费支出下降了 60 亿美元将导致收入进一步下降 60 亿美元，这反过来又将使其他人的消费支出另外减少 36 亿美元（0.6×60 亿美元），储蓄另外减少 24 亿美元（0.4×60 亿美元），这个过程将会持续下去。一旦收入总的下降达到 250 亿美元，均衡就会恢复。收入下降了 250 亿美元将使储蓄减少的数额正好等于投资支出最初减少的 100 亿美元（0.4×250 亿美元）。在这个例子中乘数为 2.5，如公式（21-9）中的 k 所示，它是边际储蓄倾向的倒数。⑦

$$K = 1/MPS \tag{21-9}$$

促进充分就业与稳定的政策。凯恩斯建议政府发挥更大的作用以使经济在充分就业的国民收入水平上实现稳定。为了应对诸如与图 21-5 中的收入 Y_2 相联系的高失业,凯恩斯提出了增加总支出的各种方式。例如,在萧条时政府应该通过强制降低利率来刺激私人投资,而这要通过中央银行的政策来实现。但是对于利率将降低到多低存在一些限制。往回看一下图 21-3 我们将会发现,在某一较低的利率水平上流动性偏好(货币需求)曲线将变成完全水平的。由中央银行投入到经济中的任何新的货币都将被人们作为闲置资金持有,而不会被用来购买债券,利率将不再下降。由于这种流动性陷阱,在严重萧条时期货币政策可能不是降低利率和增加投资支出的一种有效方式。

克服萧条的第二种也是更加有效的方式是政府采取扩张性的财政政策。政府支出与私人投资一样,也是总支出的一种来源。凯恩斯宣称,这种支出能够被增加,它可以增加总支出,并使国民收入成倍增加。表现在图 21-5 中,即为总支出从 AE_1 变动到 AE_2 时增加的部分。如果在充分就业的收入水平上,私人投资不足以吸收私人储蓄,那么政府应该借入多余的储蓄并将其用在社会投资项目上。

凯恩斯认为,最重要的问题是随着社会变得越来越富有,储蓄将越来越多,保持充分就业也就变得越来越困难。在保持充足的私人投资方面私人企业也许会遇到困难。因此,政府也许需要使用预算赤字并且使投资"社会化",这意味着国家将决定实现充分就业所必需的私人投资与公共投资的总额。经济生活作为一个整体没有必要社会化,因为现行的体制对于正在使用的生产要素并没有造成严重的配置不当。政府应该决定就业的总量,而不是就业的构成。

历史借鉴 21-1
凯恩斯与斯德哥尔摩学派

斯德哥尔摩学派以维克塞尔关于积累过程的分析为基础,以一种与凯恩斯相似的方式研究总体的经济过程。多年来,英国的经济学家并不清楚经济学在瑞典的发展,即使瑞典经济学家与凯恩斯主义者发展得同步或在某些重要的方面领先于凯恩斯主义者。诺贝尔奖获得者、经济学家冈纳·缪尔达尔(Gunnar Myrdal,1898—1987)嘲笑凯恩斯的"不必要的创新"。1913 年,由于世界范围的经济萧条,瑞典政府要求其著名经济学家分析应对失业的各种政策。为了完成这一任务,经济学家必须解决某些理论问题。当储蓄规模较小时,产出和投资如何在这样一个萧条的状态进行扩张?当投资进行扩张而储蓄者不准备进行更多储蓄时,在何种意义上投资会超过储蓄?投资最终来

---

⑦ 在美国经济中,由收入的增长导致的边际储蓄倾向被认为是固定不变的,并且大约为 0.1,这意味着乘数将为 10(1/0.1)。但是,在第 22 章中我们将发现在现实世界的经济中除了储蓄以外,还有其他"漏出",因此,对于美国而言,估计的乘数大约在 2.2 到 2.7。

自储蓄,储蓄从何而来?

缪尔达尔教授在1933年发表了一个分析,今天看来它好像强化了凯恩斯的均衡收入和均衡收入变化的概念。缪尔达尔在可预见的(他也称为"事前的")收入、储蓄、投资与可回顾的(他也称为"事后的")的收入、储蓄、投资之间进行了区分。因此,事前投资是基于事前或计划收入而对将来一段时间的计划投资,事前储蓄也是基于预期的未来收入和消费而作出的计划。事后储蓄、投资和收入是在过去某一阶段已经实现了的,因此可以在统计记录中查阅。

为了解释经济波动,事前分析是必需的。一个人必须考察对于未来的预期和计划。尽管未来预期和计划在某种程度上是基于现在或过去的经历或条件的,但是这两者之间并不存在机械的直线联系。

因为计划储蓄和计划投资通常是由拥有不同动机的不同人预期的,因此除非偶然的情况,否则这两个变量是不可能一致的。它们之间的差异代表了经济中的不均衡,这种不均衡会促使一个朝着新的均衡的变化。其结果是收入将移向一个新的水平,在这个新的水平上事后储蓄与投资是相等的。因此,如果计划储蓄超过了计划投资,收入会下降到计划储蓄和投资相等时为止。如果计划投资超过了计划储蓄,也许通过银行信用的扩张,收入将会上升到计划储蓄和投资相等时为止。事前储蓄与投资的相等将会产生一种均衡,这种均衡通常表现为事后储蓄和投资既没有收益也没有损失。

假设由于乐观的预期,在一个存在一些失业的经济中投资者决定增加他们的投资,而储蓄者并没有决定储蓄得更多,那么总销量将会上升,更多的产品将会被生产出来,总收入将会增加,人们将会储蓄更多的货币。在这个阶段的末期,实现的收入将会超过预期收入,实现的储蓄将会超过计划储蓄。

凯恩斯在他的《货币论》(*Treatise on Money*, 1930)中写道,储蓄与投资之间的不相等将会导致收入和就业水平发生变化,这里他指的是事前的储蓄和投资;在《通论》(1936)中他又写道,储蓄与投资总是相等的,这里他指的是事后的储蓄和投资。在任何收入水平上,事后储蓄等于事后投资,因为存货的变化起到了一个平衡项目的作用,它使投资(对资本品的购买加上存货的变化)与现有的实际储蓄相等。但是,在凯恩斯对收入的预期和变化的讨论中,他很明显地将事前的考虑加入到了他的理论中。

21.2.3 对凯恩斯理论的批评

凯恩斯的短期静态思想导致他夸大了长期经济停滞的趋势。与他之前的许多经济学家相同,他认为随着最具盈利性的项目已经先被开发,吸引力较差的项目留待后来开发,致使新投资的盈利性将会下降:

> 古埃及具有双重的幸运,而其神话般的财富不容置疑地来源于此,因为它进行了两种活动,即建造金字塔和寻找贵金属,由于这两种活动的成果不能以消费的方式满足人们的需要,因此它们不会由于数量充裕而降低价值。中世纪则建造了教

堂和唱挽歌。两座金字塔、对于死者的两次弥撒,带来的好处要两倍于一座金字塔和一次弥撒。然而,在伦敦和约克之间建造两条铁路则并非如此。⑧

凯恩斯低估了技术变化的可能性及其可能激发的新的资本投资。

凯恩斯在空间和时间方面都是极度褊狭的。他好像认为在古埃及和中世纪如果不是因为建造金字塔和教堂,失业可能会成为一个问题。他对于重商主义的分析也强烈地暗含着1636年的问题与1936年的相同的观点:"在整个人类历史中存在一种长期趋势,即储蓄的倾向强于对投资的激励。"⑨他认为在整个历史中,投资激励不足是经济问题的关键。

由于过于乐于接受浪费性的政府开支,凯恩斯也因此受到批评。可以确定的一点是,他倾向于国家资助那些有用的项目而不是那些无用的项目。但是,他承认商业社会可能会谴责那些有用的公共工程——如果它们与私人企业形成了竞争的话。在这样一种情形下,浪费性支出要比有用的项目更加可取,并且比根本什么都不做好得多:

> 如果我们的政治家们由于受到古典经济学的教育太深而想不出更好的办法,那么,造金字塔、发生地震甚至战争可能都会起到增加财富的作用……
>
> 如果财政部把用过的瓶子塞满钞票,并把塞满钞票的瓶子埋在废弃矿井的适度深度中,然后,用城市垃圾把矿井填平,并听任私有企业根据自由放任的原则把钞票再挖出来(当然,要通过投标来取得在填平的钞票区开挖的权利),那么,失业问题便不会存在,而且在由此造成的反响的推动下,社会的实际收入和资本财富很可能要比实际多出很多。确实,建造房屋或类似的东西会是更加有意义的办法,但如果这样做会遇到政治上和实际操作上的困难,那么,上面说的方法总比什么都不做要好。⑩

凯恩斯对于私人浪费性开支和公共浪费一样持赞同态度。他支持伯纳德·曼德维尔的《蜜蜂的寓言:私人的恶德、公众的利益》(*The Fable of the Bees*; *or, Private Vices, Publick Benefits*,1705),这本书讲述了一个繁荣社会为了储蓄的利益忽然放弃了奢侈性居住和娱乐的可怕的悲惨遭遇。杜克大学的卡尔文·B.胡佛(Calvin B. Hoover)教授描述了在华盛顿的一家酒店中凯恩斯在这一问题上的古怪行为:

> 1934年在华盛顿凯恩斯下榻的酒店房间中,当我准备与他共进晚餐时,他善意地讽刺了我从搁架上挑选毛巾而避免将其弄乱的优雅举止。他用胳膊扫了一下,将两三条毛巾扫到地板上,并开玩笑地说道:"我确信与你非常谨慎地避免浪费相比,我对于美国经济更加有用,因为弄乱这些毛巾可以刺激就业。"⑪

当然,在经济思想史中,凯恩斯并不是唯一的为说服听众和读者而夸大其思想的

---

⑧ Keynes, *General Theory*, 131.
⑨ Keynes, *General Theory*, 347.
⑩ Keynes, *General Theory*, 128—129.
⑪ Calvin B. Hoover, "Keynes and the Economics System," *Journal of Political Economy* 56(October 1948), 397.

人。而且他确实说服了他的听众和读者！他的思想体系在所有的工业化国家中都逐渐成为正统的宏观经济思想。

复习与讨论

1. 解释下列名词，并简要说明其在经济思想史中的重要性：约翰·内维尔·凯恩斯，约翰·梅纳德·凯恩斯，《就业、利息与货币通论》，消费函数，边际消费倾向，边际储蓄倾向，资本边际效率，流动性偏好，均衡收入和就业，缪尔达尔，事前与事后的储蓄和投资，财政政策，货币政策。

2. 对比本章所讨论的凯恩斯学派的主要信条与第12章所讨论的边际学派的主要信条。

3. 解释凯恩斯的"基本心理规律"对其均衡收入和就业理论的重要性。

4. 使用下表中的信息回答以下问题，假设在这个假设的经济中最初并不存在政府支出和税收。

（单位：美元）

收入(Y)	消费(C)	储蓄(S)	投资(I)
0	20	−20	40
100	100	0	40
200	180	20	40
300	260	40	40
400	340	60	40

（a）在这个经济中边际消费倾向为多少？边际储蓄倾向为多少？

（b）均衡收入水平为多少？请应用公式(21-6)和公式(21-8)给予解释。

（c）假设投资支出下降20美元。新的均衡收入和新的消费水平将为多少？乘数的大小为多少？为什么假设失业率的上升与国民收入的下降相联系是合理的？

（d）按照凯恩斯的观点，政府能够采取什么行动来恢复你在问题(b)中决定的均衡收入水平？

5. 应用凯恩斯的资本边际效率的概念来解释为什么即使在市场利率保持不变的情况下，投资支出的下降也是可能的。

6. 假设下表反映的是一个经济中的投资需求表。

预期回报率(%)	回报率等于或大于此回报率时的累计投资数量(10亿美元)
12	10
10	20
8	30
6	40
4	50
2	60

（a）按照凯恩斯的观点解释，第一栏所表示的各种不同的预期回报率是如何决定的？

（b）如果这个经济中的利率是8%，现有投资支出将为多少？请解释。

7. 假设一个经济中人们出于交易目的而希望持有的货币的数量等于国民收入的1/4。下表表示人们出于预防性目的和投机性目的而希望持有的货币总量。

利率(%)	货币需求数量(美元)
12	80
10	100
8	120
6	140
4	160
2	180

(a) 如果国民收入是 400 美元, 利率为 10%, 人们希望持有的货币总量为多少?
(b) 如果国民收入是 800 美元, 货币供给为 340 美元, 均衡利率为多少?

8. 讨论下面两段文字, 你同意其中的哪一段?

在到达某一特定的点时, 把经济理论对社会的影响和语法学家对语言的影响进行比较是可能的。语言不是在语法学家同意的情况下形成的, 而且就算有了语法学家语言还是会被误用; 但是他们的工作有助于我们了解语言形成和衰落的规律……(古诺, 1838)

经济学家和政治哲学家的思想, 不论其正确与否, 其力量之大往往出乎一般的理解。实际上, 统治世界的不过就是这些思想。许多实干家自以为不受任何理论的影响, 却往往恰好沦为某个已故经济学家思想的奴隶。听信不确定观点的当权的疯子, 其狂热思想往往来源于若干年前学术上某位不入流的作者。(凯恩斯, 1936)

精选文献

书籍

Blaug, Mark, ed. *John Maynard Keynes*. 2 vols. Brookfield, VT: Edward Elgar, 1992.

Dillard, Dudley. *The Economics of John Maynard Keynes*. New York: Prentice-Hall, 1948.

Hansen, Alvin H. *A Guide to Keynes*. New York: McGraw-Hill, 1953.

Harcourt, G. C., ed. *Keynes and His Contemporaries*. New York: St. Martin's Press, 1985.

Harrod, R. F. *The Life of John Maynard Keynes*. New York: Harcourt, Brace and World, 1951.

Hazlitt, Henry, ed. *The Critics of Keynesian Economics*. Princeton, NJ: D. Van Nostrand, 1960.

Keynes, John Maynard. *The End of Laissez-Faire*. London: Hogarth, 1926.

——. *The General Theory of Employment, Interest and Money*. New York: Harcourt, Brace and World, 1936.

——. *A Treatise on Money*. 2 vols. London: Macmillan, 1930.

Leijonhufvud, Axel. *On Keynesian Economics and the Economics of Keynes*. New York: Oxford University Press, 1968.

Shaw, G. K., ed. *Schools of Thought in Economics: The Keynesian Heritage*. Brookfield, VT: Edward Elgar, 1988.

Skidelsky, Robert. *John Maynard Keynes: Hopes Betrayed, 1883—1920*. New York: Viking, 1986.

——. *John Maynard Keynes: The Economist as Savior, 1920—1937*. New York: Viking, 1993.

期刊论文

Hansen, Bent. "Unemployment, Keynes, and the Stockholm School," *History of Political Economy* 13 (Summer 1981), 256—277.

Jensen, Hans E. "J. M. Keynes as a Marshallian," *Journal of Economic Issues* 17 (March 1983), 67—94.

Keynes, John Maynard. "The General Theory of Employment," *Quarterly Journal of Economics* 51 (February 1937), 209—223.

Lerner, Abba. "From *A Treatise on Money* to *The General Theory*," *Journal of Economic Literature* 12 (March 1974), 38—43.

Salant, Walter S. "*Keynes and the Modern World*: A Review Article," *Journal of Economic Literature* 23 (September 1985), 1176—1185.

Tobin, James. "How Dead Is Keynes?" *Economic Inquiry* 15 (October 1977), 459—468.

第 22 章　凯恩斯学派：凯恩斯之后的发展

几位重要的经济学家将他们理解的凯恩斯的经济学方法直接推进了宏观经济学的主流。其中突出的有阿尔文·汉森和保罗·萨缪尔森。① 本章的前两节介绍汉森和萨缪尔森的思想。第三节讨论"后凯恩斯主义经济学家"的思想，他们认为现代新古典综合派（凯恩斯的宏观经济学与新古典主义的微观经济学之间的综合）不仅有严重的缺陷，而且不符合凯恩斯本人的思想。最后，我们讨论现代"新凯恩斯主义"经济学家的思想。

22.1　阿尔文·H.汉森

阿尔文·H.汉森（Alvin H. Hansen，1887—1975）出生于南达科他州的维堡，在那里他在一所只有一间教室的学校里度过了他早期接受教育的岁月。他在苏福尔斯上高中，后来进入杨克顿学院，1910 年毕业。1918 年他从威斯康星大学获得博士学位，之后到布朗大学和明尼苏达大学任教。在明尼苏达大学他出版了《经济周期理论》（*Business Cycle Theory*，1927），这本书为他赢得了声誉，使他成为全国重要的宏观经济学家之一。

1937 年，凯恩斯出版《通论》后的一年，汉森到哈佛大学任教。在此之前他曾经指出了凯恩斯的《货币论》中的一个数学错误，他对于《通论》的最初反应不太热情。但是随着对凯恩斯的思想体系进行了更深入的研究，汉森很快改变了他的观点。几年中，他和他在哈佛大学的学生将凯恩斯的著作及政策含义作为他们财政政策研讨班的中心话题。参加研讨班的几个人后来对经济学和公共政策作出了重要贡献。研讨班的一位参加者理查德·马斯格雷夫（Richard Musgrave）指出：

---

① 大量的其他经济学家也帮助发展了现代凯恩斯主义经济学，但由于篇幅所限我们无法讨论他们的思想。这些人中有四位因他们的努力而获得诺贝尔奖。他们是詹姆斯·托宾、劳伦斯·克莱因、佛朗哥·莫迪利亚尼（Franco Modigliani）和罗伯特·索洛。对早期的凯恩斯主义作出重要贡献的美国经济学家还包括詹姆斯·杜森伯里、阿瑟·奥肯和沃尔特·赫勒。

这个研讨班对美国宏观经济学和公共政策未来的发展产生了深远的影响。对经济科学的新洞察力和经济萧条的困境相结合给予这次冒险一种独特的重要性。新的工具已经到来了,而且如果运用得当,它们将为失业这一主要问题提供一个解决方案。②

除了马斯格雷夫,汉森的学生还包括一些杰出的经济学家,如埃弗西·多马、约翰·邓洛普、沃尔特·萨伦特、保罗·萨缪尔森、保罗·斯威齐、詹姆斯·托宾和亨利·沃利克。

1941年汉森出版了《财政政策与经济周期》(Fiscal Policy and Business Cycles)一书,这本书支持凯恩斯对于20世纪30年代宏观经济问题的分析并且赞成政府为了稳定经济而采取的积极而持续的政策。汉森以一直戴着绿色遮阳帽而被注意到,他经常在国会委员会面前证明他的政策观点和凯恩斯的原理。由于他强烈倡导政府干预以促进充分就业,人们称之为"美国的凯恩斯"。但是正如保罗·萨缪尔森指出的:

汉森不仅仅是美国的凯恩斯,凭他本身的能力他是一个重要的创新者……当今天学校里的每一个人都在使用非常熟悉的……收入决定的 $C+I+G$ 这一公式时,他不过是在使用如下版本的一个打折扣的版本,即由汉森于20世纪30年代后期创造的,并由他圈子中的我们这些人为了教育上的应用而将其公式化并加以包装。③

汉森的影响是国际性的。他的著作中共有10本被译成一种或一种以上的语言,总计29个译本。④ 其中之一《凯恩斯学说指南》(A Guide to Keynes)为成千上万的研究生所熟悉,他们用这本书来帮助理解凯恩斯的《通论》中比较深奥的章节。

22.1.1 希克斯-汉森综合

《通论》出版一年之后,约翰·R.希克斯(第18章)发表了一篇重要的期刊论文《凯恩斯先生与古典主义:一个建议解释》(Mr. Keynes and the Classics: A Suggested Interpretation)。希克斯指出,凯恩斯的利率理论——进而他的均衡收入理论——是不确定的。上一章的图21-3告诉我们,凯恩斯把利率看作由流动性偏好(货币需求)和货币供给决定的。一旦市场利率确定了,投资水平就已知了(图21-2)。投资和消费支出一起决定了总支出,并从而决定了国民收入水平和国内产出。但是希克斯正确地指出,凯恩斯的流动性偏好本身取决于国民收入水平。在更高的收入水平上,人们希望持有更多的货币来购买可得的更多数量的商品和服务;他们有更大的货币交易需求。因此收入水平取决于利率(通过投资),但是利率取决于收入水平(通过流动性偏好)!

希克斯提出了一个解决这种不确定性的方法,在这样做的过程中他发展了一个综

---

② Richard A. Musgrave, "Caring for the Real Problems," *Quarterly Journal of Economics* 90 (February 1976), 5. 对汉森的财政政策研讨班的进一步介绍,参见: Walter S. Salant, "Alvin Hansen and the Fiscal Policy Seminar," *Quarterly Journal of Economics* 90 (February 1976), 14—23.
③ Paul A. Samuelson, "Alvin Hansen as a Creative Economic Theorist," *Quarterly Journal of Economics* 90 (February 1976), 25, 31.
④ William Breit and Roger L. Ransom, *The Academic Scribblers*, rev. ed. (Chicago: Dryden, 1982), 84.

合凯恩斯和新古典观点的统一经济模型。汉森在他的《货币理论与财政政策》(*Monetary Theory and Fiscal Policy*,1949)和《凯恩斯学说指南》的第七章中详细阐述了希克斯的论文。今天我们将希克斯-汉森综合称为 *IS-LM* 模型。*IS* 代表在乘数调整之后投资(I)与储蓄(S)之间相等;*LM* 代表货币需求(L)和货币供给(M)之间相等。在 *IS-LM* 模型中所有的数值都是实际变量而不是名义变量。

IS 曲线。*IS* 曲线代表使计划投资与计划储蓄相等的所有的利率与收入水平的组合。另一种定义,这一曲线代表产品市场(不同于货币市场)的潜在的均衡点。*IS* 曲线的推导如图 22-1 所示。为了说明推导过程,我们将从图(a)开始,并沿着顺时针方向到图(b)、(c)、(d)。图(a)表示一个假设经济中的投资需求曲线,表明利率(i)和投资支出数量(I)之间的反向关系。回想一下这条曲线的位置取决于资本边际效率。假设利率是 i_1,然后从曲线上的点 A_1 可以看到投资水平将是 I_1。在位于投资需求曲线正上方的图(b)中,45°线使我们既能水平地也能垂直地度量投资支出。从图(a)中的点 A_1 向上作一条直线到图(b)45°线上的点 B_1,我们能够将投资 I_1 从图(a)中的横轴转换到图(b)中的纵轴上。

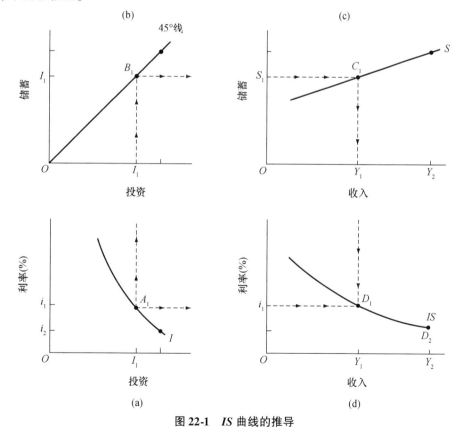

图 22-1 *IS* 曲线的推导

图(d)中的 *IS* 曲线表示储蓄等于投资的所有的利率与收入的组合。它是从图(a)中的投资需求函数、图(b)中的45°线和图(c)中的储蓄函数推导出来的。

© Cengage Learning 2013

图(c)表示凯恩斯的储蓄函数。当收入(Y)增加时,储蓄水平(S)会按一定比例增加。这个比例是储蓄函数的斜率,也就是凯恩斯的边际储蓄倾向。一个潜在的均衡收入水平将会发生在储蓄函数点 C_1 上,因为在这一点上投资 I_1 与储蓄 S_1 的数量相等。从储蓄函数的点 C_1 向下作一条垂直于图(c)横轴的直线,我们将会发现收入为 Y_1。将这条直线进一步向下延伸到图(d)中,我们得到点 D_1。在利率为 i_1 的情况下,在产品市场上与均衡一致的收入水平为 Y_1。通过在图(a)中选择其他的利率水平并顺着刚才所列出的程序,我们可以确定投资等于储蓄的其他的利率和收入的组合。例如,当利率为 i_2 时,投资和收入都将大于在 I_1 时的投资和收入。因此我们的步骤可以在图(d)中确定点 D_2。连接所有诸如点 D_1 和点 D_2 这样的点我们将会得到 IS 曲线。在这个例子中不存在单独的、确定的收入水平。收入取决于利率,可以用 IS 曲线来代表任意水平上的收入。

LM 曲线。图 22-2 的 LM 曲线表示货币市场上的潜在均衡点;它表示货币供给与货币需求相等时的利率和收入水平的所有组合。推导 LM 曲线与推导 IS 曲线的一般技术相似。我们从图 22-2(a)开始,它将利率(i)和人们出于投机性目的所希望持有的货币的数量(L_s)联系起来。正是货币总需求中的这个因素造成凯恩斯的流动性偏好曲线有向下倾斜的斜率。在较低的利率水平上,人们出于投机性目的将持有较大数量的现金余额和较少的债券,因为利率上升的预期将会造成债券价格下降。这样的上升将会给持有债券的人带来资本损失。另一方面,在较高的利率水平上,人们将会减少他们持有的现金余额,因为持有现金的机会成本很高。在图 22-2(a)中我们选择一个特定的利率比如 i_1,我们可以观察到人们出于投机性目的希望持有 L_{s1}。

图 22-2(b)表示总的货币供给。这条直线向外平行移动表示货币供给的增加。在均衡点上,货币供给的数量(M)必须等于货币需求的数量(L)。货币需求由投机性目的的货币需求(L_s)——在这个例子中是 L_{s1},和人们需要用来购买产品和服务的货币的数量(L_t)构成。通过从 A_1 向上延伸一条直线到 B_1,我们可以观察到人们出于交易目的而需要的货币的数量为 L_{t1}(M 减去 L_{s1})。这些交易余额将会支持国民收入 Y_1,如图 22-2(c)中的点 C_1 所示。接下来,我们从 C_1 向下垂直作一条直线并且从 A_1 向右水平延伸一条直线,在图 22-2(d)中得到点 D_1。这一点——对于 LM 曲线上所有的点也都成立——代表在货币市场上供给与需求之间的潜在均衡。如果利率为 i_1,实现货币市场均衡所需要的国民收入水平为 Y_1。其他的点比如 D_2 也可以通过类似的步骤推导出来。这些点的轨迹构成了 LM 曲线。

IS-LM 均衡。图 22-3 将 IS 曲线和 LM 曲线结合在一起。均衡利率和均衡收入水平是 i_0 和 Y_0。这是产品市场和货币市场同时实现均衡时的唯一的利率和收入水平,这是 $S=I$ 且 $L=M$ 的唯一水平。

汉森和其他经济学家证明,很容易将政府支出和税收加入到 IS-LM 模型中,并且用它来分析可供选择的财政政策和货币政策的利率效应和收入效应。将政府支出增加到投资支出水平上,将税收增加到储蓄水平上。这个模型产生了几个有趣的结论,在此我们只列出两个结论。

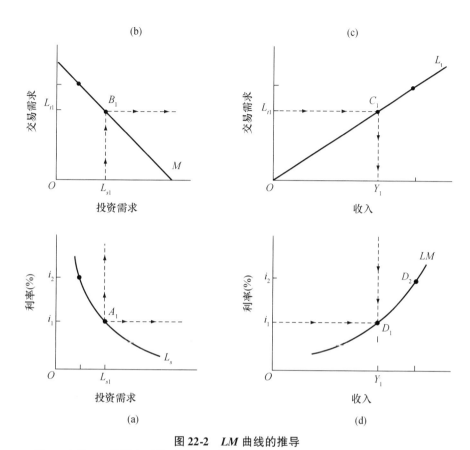

图 22-2　LM 曲线的推导

图(d)中的 LM 曲线表示货币需求与货币供给相等时利率与收入的所有组合。它是从图(a)的货币的投机需求、图(b)中的货币供给和图(c)中的货币交易需求推导出来的。

© Cengage Learning 2013

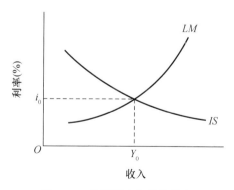

图 22-3　均衡利率与均衡收入

均衡利率和均衡收入水平是由 IS 曲线与 LM 曲线的交点所决定的。这是产品市场和货币市场同时实现均衡的唯一的利率与收入组合。

© Cengage Learning 2013

- 财政政策使 IS 曲线发生移动。这种情况是由于支出的变化会使每一利率水平下的收入水平发生改变。例如，政府支出的增加将会使 IS 曲线向右移动，导致利率和收入水平的上升。⑤ 但是，乘数的大小将会小于在简单的凯恩斯情形下的乘数，因为收入的提高将会增加交易所需的货币数量。这将转化为货币需求的增加和一个较高的利率，将会对不增加政府支出时也会发生的一部分投资产生挤出。财政政策的有效性取决于 LM 曲线的弹性。如果它是高度有弹性的，那么 IS 曲线的向右移动将会增加收入而不会导致利率较大幅度地提高。

- 货币政策使 LM 曲线发生移动。例如，货币供给的增加，在图 22-2(b) 中由 M 曲线的平行向外移动来表示，将使图 22-3 中的 LM 曲线向右移动。货币供给的增加在提高收入方面的有效性取决于：(1) 利率下降的程度；(2) 投资需求的弹性。如果投资需求是非常缺乏弹性的，IS 曲线也倾向于缺乏弹性，那么利率的下降对投资和收入几乎没有影响。

历史借鉴 22-1

蒙代尔-弗莱明对 IS-LM 模型的贡献

图 22-3 所描述的 IS-LM 模型假设的是一个封闭经济——不存在国际贸易。在这个模型中加入外国部门相对比较简单。根据萨缪尔森的代数（本章稍后将会提到），产品市场的方程将变为 $Y = C + I + G + X - M$。因此，当 $S + T + M = I + G + X$，而不是 $S = I$ 时，产品市场实现均衡。

加入国际贸易对于开放经济的 IS-LM 模型具有两个主要的效应。第一个比较简单：出口（X_0）和进口（M_0）变成可以使 IS 曲线发生移动的因素。自主出口的增加使 IS 曲线向右移动，而自主进口的增加将使 IS 曲线向左移动。

外国部门对于 IS-LM 模型的第二个影响是以罗伯特·蒙代尔（Robert Mundell, 1932—）和 J. 马库斯·弗莱明（J. Marcus Fleming, 1913—1976）各自的独立贡献为基础的，现在被称为蒙代尔-弗莱明模型。*蒙代尔是加拿大公民，他的大部分工作是在国际货币基金组织（IMF）和纽约的哥伦比亚大学完成的，由于对固定汇率和浮动汇率体系下的货币政策和财政政策效应作出的贡献，他获得了 1999 年的诺贝尔经济学奖。弗莱明在 IMF 的研究部门工作，担任副理事多年。

随着对外贸易引入到模型中，汇率和收支平衡成为需要考虑的重要事项。从美国经济角度来看，汇率衡量的是购买一单位的其他货币需要多少美元。如果汇率上升，为了得到另一种货币需要的美元就更多了，换言之，美元贬值了。

国际收支平衡账户（balance of payments accounts）发生在国与国之间的实物和金融交易。对一个国家来说，实物和金融交易的净流量必须等于零。例如，如果美国进口的商品和服务多于出口（贸易赤字），那么外国人得到的额外的美元最终必定会以某种形式流回到美国，比如通过外国人购买美国拥有的金融资产（储蓄债券）或实物资产（办

---

⑤ 政府支出的增加可以通过在图 22-1(b) 中在 45°线上画一条平行的直线来表示，新的直线和 45°线之间的垂直距离表示政府支出水平。

公大楼)等形式。对于一些美国人来说,为了购买过多的进口,必须购买外国货币,美国的实物或金融资产就必须卖给外国货币的持有者。

这一切对于 IS-LM 模型意味着,宏观经济一般均衡的实现,除了需要产品市场(IS)和国内货币市场(LM)的均衡,还需要国际收支平衡(BP)。如果国际收支不平衡,意味着国家持有过多或过少的外汇储备,那么汇率、利率或者二者同时都必须调整以恢复平衡。蒙代尔-弗莱明模型既适用于固定汇率体系也适用于浮动汇率体系,但是这里为了讨论需要,我们假设汇率是固定的。

在下面的图中我们引入 BP 曲线,它反映的是与国际收支平衡相一致的收入与利率的各种组合。BP 曲线具有向上倾斜的斜率:当收入提高时,进口的需求也提高。进口增加将导致美元从国内净流出。这将会造成国际收支失衡,除非那些被外国持有的美元返回美国。利率必须提高以吸引外国持有者通过投资于美国金融资产的方式返回这些美元。

随着 BP 曲线的加入,均衡利率(i_0)和均衡收入水平(Y_0)由 IS、LM 和 BP 曲线的交点决定。**

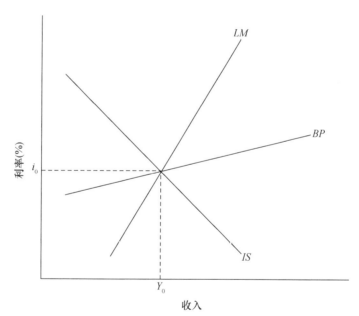

* 鲁迪格·多恩布什(Rudiger Dornbusch)将蒙代尔和弗莱明在 1976 年各自的独立工作综合起来,且与 IS-LM 模型合并为一个整体。多恩布什称之为蒙代尔-弗莱明模型,正如最通常所知的那样,但是关于是否弗莱明应该列在前面,存在一个小小的争议。具体地,参见:James M. Boughton,"On the Origins of the Fleming-Mundell Model," IMF Staff Papers 50,1(2003), 1—6; Robert Mundell, "On the History of the Mundell-Fleming Model: Keynote Speech," IMF Staff Papers 47, special issue (2002), 215—227.

** 这里假设资本不完全流动(资产不能自由地从一国流向另一国)。如果资本完全流动,BP 曲线就是水平的。对这一问题的可以理解的解释和该模型的其他说明方式,请参考中级水平的宏观经济学教科书。

22.1.2 经济停滞主题

汉森和凯恩斯一样担心投资支出将会日益变得不足以使经济达到最大潜力。在其《完全复兴还是停滞》(*Full Recovery or Stagnation？* 1938)一书中,汉森认为,随着新资本的增加和先进技术的采用,经济的生产能力将会提高。为了使国民收入和产出同步增长,新的投资支出必须不断增长,否则计划储蓄——它是收入的函数——将会超过计划投资,导致经济的实际产出水平下降到潜在产出水平以下。按照汉森的观点,在几十年时间内资本支出年复一年保持充分扩张、使经济保持充分就业并以一个适当的速度增长,是不可能的。人口看起来不再以过去的速度增长,新的地区建立定居点的速度也已大大减缓,技术进步看起来是以一种突发的形式进行的,而不是在一个平稳、可靠的基础上进行,并且也没有新的关键产业比如铁路和汽车登上历史舞台。结果是,投资支出的日益增加是不可能的。

但是,很重要的一点是,我们必须认识到汉森并不是一个马尔萨斯意义上的悲观主义者。汉森相信通过补偿性财政政府能够克服长期经济停滞的趋势。换言之,通过增加支出,政府能够补偿投资的不足并且弥补在私人部门需求和潜在产出(收入)之间的缺口。

回顾一下,汉森对长期经济停滞的担忧与凯恩斯相似,似乎并没有什么根据。在他表达了这一主题之后的几十年间美国经历了强劲的经济增长。然而,从汉森的角度来看,我们可能会发现在这几十年间政府支出占 GDP 的百分比确实增长了。如果没有政府需求的这种相对增长,GDP 的增长率是否会这样高是一个有很多争议的话题。

历史借鉴 22-2

阿巴·勒纳与"凯恩斯的方向盘"

凯恩斯的《通论》在 1936 年刚一出版,当时在伦敦经济学院的阿巴·勒纳(Abba Lerner,1903—1982)就认识到了它的重要意义并且从那时起他将注意力转移到探索和拓展凯恩斯的宏观经济学上来。1939 年他从伦敦来到美国,在从一所美国大学转移到另一所大学的过程中他发表了许多文章和著作,这些大学包括哥伦比亚大学、密歇根州立大学和加州大学伯克利分校。

勒纳认为经济就像一个没有方向盘的汽车,在一条宽阔的两边都有路缘的公路上前进。汽车将会撞向一边的路缘,然后转向公路的另一侧,在那儿它将撞向另一边的路缘,这反过来将使汽车再次冲向公路的另一边。为了防止经济周期——即使经济在一条更平稳的路线上运行——社会必须给汽车装备一个方向盘。在《控制的经济学》(*The Economics of Control*, 1944)和《就业的经济学》(*Economics of Employment*, 1951)中,勒纳提出了在萧条和需求拉动型通货膨胀两个极端之间驾驭经济的基本财政政策和货币政策工具。按照勒纳的观点,政府应该遵循功能财政的三条规律。*

- 调节政府支出和税收,以便经济中的总需求正好以现行价格足以购买充分就业的产出水平。遵循这一规律将会保证充分就业与价格稳定。因为目标是平衡经济而不是平衡预算,因此如果这个政策导致赤字或者盈余对于政府来说没有什么值得担忧的。决不能仅仅因为政府支出超过税收收入就征收,也决不能因为税收收入超过政府支出而减税。

- 只有改变利率是适宜的时候,才借入货币或偿还国债。从公众手中借入货币会减少货币供给,而偿还国债——购买国库券和债券——会增加货币供给。只有当有必要改变利率并且影响私人投资和消费者分期支出时,才应该采取这些行动。印制钞票能够为试图对付私人支出不充分的预算赤字最好地提供资金。由设计用来减少通货膨胀的财政政策所造成的预算盈余应该被政府持有,而不是用来归还债务。

- 将必要数量的货币投入流通或撤出流通,以便与按照前两个规律所采取的政策相协调。简而言之,政府必须采取与财政政策协调的货币政策以实现宏观经济目标。

勒纳的功能性财政的规律超出了凯恩斯在其《通论》中所倡导的政策建议。事实上,凯恩斯最初反对勒纳的部分推理逻辑。关于这一点勒纳写道:

> 在1944年华盛顿联邦储备委员会的一次会议上,[凯恩斯]对战后可能存在"过多的储蓄"表示了担忧。当我指出政府能够通过赤字[增加支出或减少税收]激发足够多的支出,以增加收入的时候,他起初表示反对,认为这只能导致"更多的储蓄",并且将我的建议——激发足够的总支出所需要的赤字可以通过增加国债来提供资金——指责为"空话"。(在这儿我必须补充,在我旁边的埃弗西·多马小声说:"他应该读一读《通论》。"一个月之后凯恩斯收回了这一指责。)**

正如科兰德所说:"最终变成了教科书中的凯恩斯主义政策,在很多方面是勒纳对凯恩斯政策的诠释……" ***

---

* 被总结于:Tibor Scitovsky, "Lerner's Contributions to Economics," *Journal of Economic Literature* 22 (December 1984), 1559—1560.

** Abba Lerner, "Keynesianism: Alive, If Not So Well," *Fiscal Responsibilities in a Constitutional Democracy*, ed. James Buchanan and Richard Wagner (Boston: Martinus Niijhoff, 1978), 67.

*** David C. Colander, "Was Keynes a Keynesian or a Lernerian?" *Journal of Economic Literature* 22 (December 1984), 1573.

22.2 保罗·A. 萨缪尔森

当保罗·A. 萨缪尔森(Paul A. Samuelson, 1915—2009)在1970年被宣布为荣获诺贝尔奖的首位美国经济学家时,几乎没有人对他的当选表示诧异。对于他的经济学同行和普通公众来说,他是最著名的美国经济学家之一。他不仅为这一领域的无数专业人士所认同,他的《经济学》(*Economics*)教科书对于数百万曾经学习过大学经济学课程的人们来说都是非常熟悉的。萨缪尔森出生于印第安纳州的加里,是波兰移民的后裔。他的父亲是一位药剂师。

萨缪尔森在芝加哥大学获得学士学位以后,进入了哈佛大学学习经济学的研究生课程。在哈佛大学,萨缪尔森在凯恩斯革命一开始就被吸引了,阿尔文·汉森就是他的一位教授。萨缪尔森已经是一位在数学方面的天才学生,很早以前他就决定将数学应用到经济理论的主体中去。他将当时的经济理论描述为:"一个肮脏的马厩,充满了继承来的冲突、重叠和错误。"⑥他早期努力的结果是他的博士论文《经济分析的基础》(*The Foundations of Economic Analysis*),于1947年出版。在这部直接为他赢得学术声誉的著作中,他使用数学来提出和证明经济学中的主要命题。

获得博士学位之后,萨缪尔森开始寻找一个他能够教学和继续研究的大学。令所有认识这位年轻学者的人吃惊的是,哈佛大学并没有给他安排一个职位,尽管还是一名研究生的时候他就已经发表了11篇文章。萨缪尔森毫不气馁地接受了邻近的麻省理工学院的一个职位。麻省理工学院因在工程和科学方面的卓越而长期享有盛誉,但是在经济学方面它并没有相当的声誉。萨缪尔森很快改变了这一点!

1948年萨缪尔森出版了他的入门性经济学教科书《经济学》,就像他的《经济分析的基础》在形成经济学命题方面具有创新性一样,《经济学》在传授初级的微观经济学和宏观经济学方面同样被证明具有创新性。自这本书第一次印刷以来(到2010年与他人合著的第19版),全世界数以百万计的学生从中学习了经济学原理。尽管它已经不再是这一领域的主导性教材,但是几乎所有的在流行程度上超过它的教科书都仍然采用萨缪尔森最初确立的基本说明顺序。

萨缪尔森在最权威的经济学杂志上发表了大量的、范围广泛的论文。这些论文中有些是非常数学化的,很多文章只会引起这个领域其他精通者的兴趣。萨缪尔森并不是一个实证主义者,事实上他称自己是一个喜欢拓展理论而不是检验理论的多面手。

将萨缪尔森归入某一特定的经济学流派是一件非常困难的事情。将他归入关于数理经济学的那一章或者关于福利经济学的那一章都是适宜的。他的文章涵盖了广泛的主题,如消费者行为、线性规划、资本与增长、经济学方法论、经济理论史、福利经济学、公共支出理论、国民收入的决定以及财政政策与货币政策。他的论文结集重新出版达5卷之多。

22.2.1 乘数-加速数的相互作用

1939年萨缪尔森发表了两篇论文,在这两篇论文中他确定并探讨了乘数与加速数原理之间的相互作用。这种相互作用已经成为现代经济周期理论的基础之一。这两种思想单独来看都不是什么新思想。从上一章中我们看到,卡恩提出了乘数的概念,凯恩斯将乘数用作他的理论的一个主要特征。约翰·贝茨·克拉克的儿子约翰·莫里斯·

---

⑥ H. W. Wilson Company, *Current Biography Yearbook*, 26 (University of Michigan: H. W. Wilson Company, 1966), 357.

克拉克(John Maurice Clark,1884—1963)早在1917年就讨论过加速原理。[7] 他认为,资本品产出和价格的波动要远远大于用它们生产的消费品产出和价格的波动。即使消费品的需求持续增长,增长率的变化将被以加强的力量或者加速的形式传递回资本品部门。因此,对最终产品需求的增长停止将会导致对资本品需求的急剧下降。

汉森意识到在这两个原理之间存在一种相互作用并建议萨缪尔森使用他的数学技巧来探讨这一想法。萨缪尔森使用微分方程证明收入(消费)的变化将取决于边际消费倾向的大小和加速数的大小。前者决定乘数,而后者是由收入增长率的变化所引致的投资支出的变化。萨缪尔森表明,取决于乘数和加速数的数值以及投资增长是否连续,投资最初自发增长会产生一系列结果,包括从收入的非持续增长到收入水平的一直增长。

22.2.2 收入决定的简单代数式

中级宏观经济学教科书中的大多数收入决定的代数式都来自萨缪尔森(回想一下凯恩斯的交叉图也是萨缪尔森的一个发明)。

为了说明萨缪尔森的方法的实质,让我们从基本的凯恩斯恒等式开始:

$$Y = C + I + G + X - M \tag{22-1}$$

其中,Y代表收入,C代表消费,I代表投资,G代表政府购买,X代表出口,M代表进口。

消费支出、税收收入、投资支出(由于加速原理)和进口都会随收入增长而增长。它们的增长对收入增长的比率为边际消费倾向、边际税收倾向、边际投资倾向和边际进口倾向。另一方面,政府支出和出口水平都被假设为自主的——即它们的决定独立于收入水平。

这个恒等式中的每一个独立变量都可以用一个方程来表示。最复杂的方程是关于C的方程,我们推导如下:

$$C = a + bY \tag{22-2}$$

$$C = a + b(Y - T), \text{或者} \tag{22-3}$$

$$C = a + bY - bT \tag{22-4}$$

$$T = T_0 + tY \tag{22-5}$$

$$C = a + bY - b(T_0 + tY), \text{或者} \tag{22-6}$$

$$C = a + bY - bT_0 - btY \tag{22-7}$$

方程(22-2)是消费函数,其中a是独立于收入水平的消费支出的数额,而b是消费边际倾向。总的税前消费C等于自主消费水平加上与收入水平相关的消费。后者可以通过用边际消费倾向(b)乘以Y而得到。但是,如方程(22-3)所示,收入,进而消费都会因税收的出现而降低。在方程(22-5)中,我们可以看到税收由以下两项构成:可能存在的不管收入水平多少而必须支付的税收(T_0)和随着收入增加而增加的税收(tY)。边

---

[7] John M. Clark, "Business Acceleration and the Law of Demand," *Journal of Political Economy* 25 (March 1917): 217—235.

际税收倾向为 t。通过将方程式(22-5)代入(22-4)，我们可以得到方程(22-6)。将方程(22-6)展开可以得到方程(22-7)。

用公式表示收入决定还需要的其他方程如下：

$$I = I_0 + zY \tag{22-8}$$

其中，I_0 是独立于收入的投资，z 是边际投资倾向。变量 z 表示当收入提高时所发生的投资的变化。这就是加速数的概念。其他方程还包括：

$$G = G_0 \tag{22-9}$$

$$X = X_0 \tag{22-10}$$

$$M = M_0 + mY \tag{22-11}$$

其中，G_0、X_0、M_0 分别表示自主的政府支出水平、自主的出口支出水平和自主的进口支出水平，m 是边际进口倾向。注意总的进口支出取决于收入水平。

将每一个方程代入到基本恒等式(22-1)中，并进行各项整理，我们能够推导出如下复杂的收入决定方程：

$$Y = \frac{1}{s + bt + m - z}(a - bT_0 + I_0 + G_0 + X_0 - M_0) \tag{22-12}$$

这个方程并不像它一开始看上去那么复杂。总收入由总支出决定，反过来总支出又由两部分构成：不取决于收入水平的部分和取决于收入水平的部分。自主支出由括号中的变量来表示。两个负的变量（税收和进口支出）仅仅是扣减的项，它们并不对国内生产的产品的需求作出直接贡献。重申一遍，括号中的各项之和是经济中总的自主支出。

方程(22-12)中的分数为一个复合乘数。我们可以回想起简单的乘数为 $1/MPS$。这个复合乘数包括如下变量：s 是边际储蓄倾向($1-b$)，bt 为边际消费倾向乘以边际税收倾向，m 为边际进口倾向，而 z 为边际投资倾向。我们可以看到分母中的所有变量都是正的，除了 z 以外。我们可以得出结论，边际储蓄倾向、边际税收倾向和边际进口倾向越大，乘数将会越小。原因是储蓄、税收和进口是当收入增长时会从收入流中发生的漏出。边际投资倾向 z 越大，或者由于收入的增长所导致的投资的增长越大，复合乘数也会越大。用净自主支出乘以复合乘数的数值，我们可以确定总均衡收入 Y。我们建议你通过确定这个方程中变量的变化对 Y 值的影响来检验你对这个模型的理解。

萨缪尔森关于收入决定的数学表达帮助澄清了凯恩斯体系中错综复杂的内容。其他经济学家也建立了类似的模型，在这些模型中他们极大地扩展了方程的数量并且加入了估计值。正如我们在第18章所表明的，这种计量经济模型被用来预测国民收入的变化。

萨缪尔森的代数式也证明，复合乘数小于那些只建立在边际储蓄倾向基础上的乘数。例如，在今天复杂的凯恩斯主义计量经济模型中，支出乘数大约在 2.2 至 2.7 之间变化。

22.2.3 菲利普斯曲线

回想一下，勒纳曾经提出存在以下这种可能性，即过早的通货膨胀，或者在经济达到"充分就业"之前就发生通货膨胀。1958年,伦敦经济学院的 A. W. 菲利普斯(A. W. Phillips)运用英国在1861年到1957年之间经验数据揭示了失业与货币工资变化率之间的关系。这些数据的几何表示后来被称为菲利普斯曲线。1960年,萨缪尔森和罗伯特·索洛绘制了一幅美国的菲利普斯散点图,从中他们初步估计了1960年经济中的菲利普斯曲线(图22-4)。他们写道:

> 所有的这些都表示在我们经过价格水平调整的菲利普斯曲线中(图22-4)。对应于价格稳定的点 A,可以看到它包括大约5.5%的失业率;而对应于3%的失业率的点 B,我们可以看出它包括大约每年4.5%的价格上涨……在这儿我们没有涉及以下重要问题,即哪些可行的制度改革可能被引入,以减轻充分就业与价格稳定之间的不和谐。当然,这些制度改革可能涉及这样一些范围广泛的议题,比如指导价格和工资管制、反工会与反托拉斯立法,以及希望设计能够使美国的菲利普斯曲线向下和向左移动的许多其他措施。⑧

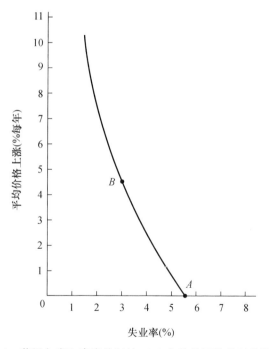

图22-4 萨缪尔森和索洛绘制的1960年的美国的菲利普斯曲线
1960年萨缪尔森和索洛撰文指出:"这条(曲线)表示在不同程度的失业和价格稳定之间的选择单,它是从过去25年美国的数据中初步估计出来的。"

萨缪尔森曾经将菲利普斯曲线称为我们这个时代最重要的概念之一。其潜在的经济逻辑是什么? 社会应该将曲线上的哪一点作为其目标? 哪些政策可能使曲线向内移

---

⑧ Paul A. Samuelson and Robert M. Solow, "Analytical Aspects of Anti-Inflation Policy," *American Economic Review* 50 (May 1960), 192—193.

动？随着时间的变化曲线是稳定的吗？什么因素导致 20 世纪 70 年代的散点图远远位于这条曲线的右上方？长期菲利普斯曲线有可能是完全垂直的吗？这些问题及相关问题成为 20 世纪 60 年代和 70 年代宏观经济分析的焦点。

22.2.4 其他贡献

萨缪尔森单独，或者与他人合作，提出了许多其他的重要经济学思想。以下所列举的远没有穷尽他的全部贡献。

- 比较静态。经济理论建立在均衡思想的基础上。给定一组力量，就像在供给与需求模型中那样，将会达到一种没有偏离的趋势的状态。这是一种静态情形。一旦我们允许这种力量发生变化——比如，人们的收入——那么我们将会拥有一种动态情形。最终，将会达到一种新的均衡。萨缪尔森的比较静态方法比较两种均衡状态，而不考虑调整的路径。在 1947 年当他形成比较静态方法的时候，他就清醒地意识到这个问题的一个重要部分被遗漏了——关于调整路径的信息。但是比较静态方法使一个人能够对调整路径作出推断。

- 显示偏好理论。在说明从需求曲线推导无差异曲线的过程中，希克斯和其他经济学家假设一个消费者能够在两种产品的所有可能组合中指定他的偏好。萨缪尔森以另一种方法替代了这种假设，这种方法并不要求消费者提供关于他的偏好的信息。这种方法使经济学家仅仅通过观察消费者在不同价格下的实际购买行为就能够重构无差异曲线。

- 有效市场理论。萨缪尔森与其他经济学家一起提出了"合理预期的价格随机波动"的概念。这个思想现在被称为有效市场理论。[9] 一个有效的金融市场是这样的市场：所有的新信息都很容易被理解并因此迅速地融入市场价格中去。因此，任意现存的市场价格——比如 IBM 股票的价格——已经建立在所有可得的信息基础上。资产价格接下来的任何变化都将与现存的信息或过去的价格变化无关。这个理论的一个有趣的含义是，作为一个投机者，从较长时期来看："你猜不透市场，也没有很容易得到的收获。"[10]

- 要素价格均等化理论。古典经济学家完全认识到，生产要素将会流向它们能够赢得最高价格的地方。萨缪尔森提供了一个数学证明来揭示产品的流动——在产品产地之外的国家或地区买卖产品——是使工资和其他要素价格的差异缩小的对要素流动的一种替代。对这一思想作出贡献的其他经济学家还有阿巴·勒纳与伯蒂尔·俄林。

- 公共支出理论。与维克塞尔、埃里克·林达尔和理查德·马斯格雷夫一起，萨缪尔森是对公共支出理论作出重要贡献的人之一。他将公共产品定义为"进入两个或两个以上人的效用的产品"。这一思想是，公共产品具有消费外部性（consumption externalities）——它的收益是不可分割的。从不同角度看，为额外一个消费者提供这种收

---

[9] 另一位对这一思想作出主要贡献的经济学家是佛朗哥·莫迪利亚尼。
[10] Paul Samuelson and William D. Nordhaus, *Economics*, 12th ed. (New York: McGraw-Hill, 1985), 288.

益的边际成本为零,而且不可能将不付费的使用者从获得这种收益中排除出去。因为不管消费者是否为公共产品付费,他们都能从中获益,所以潜在的购买者没有激励显示他们的真实偏好。结果,市场需求将不足以为生产者提供充分的收益以补偿他们的成本。简而言之,从这种意义上讲,市场是失灵的,它无法提供那些边际社会收益超过边际社会成本的产品。

至少从理论上来讲,公共产品的最优数量应该如何确定?萨缪尔森和其他经济学家通过提出蕴含在图 22-5 中的思想回答了这个问题。假设只有两个消费者埃弗里和贝克,他们对于某一特定公共产品的需求曲线分别是 D_a 和 D_b。这些曲线是虚假的需求曲线,因为这些消费者在市场上并没有显示他们的真实偏好。整个市场的虚假的需求曲线为 D。它是通过垂直加总 D_a 和 D_b 而推导出来的,而不是在私人产品情形中的那种水平加总。埃弗里和贝克都消费全部数量的公共产品,对于公共产品他们愿意支付的共同价格为他们每个人愿意支付的数额之和。公共产品的最优数量(Q_1)是由市场需求和市场供给曲线 D 和 S 的交点所决定的。能够补偿成本的价格是 P_t,它是价格 P_a 与 P_b 之和。从福利角度来看 Q_1 是最优的,因为边际社会收益(由曲线 D 上相关的点来表示)等于边际社会成本(由曲线 S 上相关的点来表示)。因此,政府应该提供 Q_1 单位的公共产品。

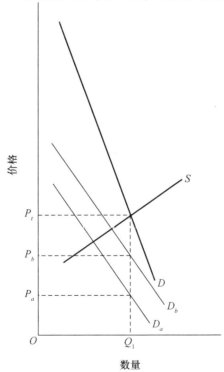

图 22-5　公共产品的最优数量

尽管公共产品的需求曲线(D)不能在市场中自己显示出来,但是从理论上我们可以通过垂直加总每一数量上的个人的意愿支付曲线(这里是 D_a 和 D_b)而得到它。公共产品的最优数量由点 Q_1 表示,因为在这一产出水平上边际社会收益(如曲线 D 上相关的点所示)等于边际社会成本(如曲线 S 上相关的点所示)。

22.3 后凯恩斯主义者

由于萨缪尔森和其他经济学家的努力，与新古典主义的微观经济学原理结合在一起的凯恩斯主义的宏观经济学原理最终进入了主流经济学。并不是所有的凯恩斯主义的学者都接受这种新古典综合。有些人既否定对于凯恩斯的 *IS-LM* 解释，也不接受标准的微观经济学。这些后凯恩斯主义批评者中的主要成员是英国剑桥的一群经济学家，包括皮耶罗·斯拉法（第 17 章）、尼古拉斯·卡尔多（Nicolas Kaldor,1908—1986）、琼·罗宾逊（第 17 章）和路易吉·帕西内蒂（Luigi Pasinetti,1930—）。约翰·K. 加尔布雷思（第 19 章）、西德尼·温特劳布（Sydney Weintraub,1914—1983）和许多其他的经济学家在美国对这一思想流派作出了重要贡献。许多后凯恩斯主义者充分吸收了波兰经济学家米哈尔·卡莱茨基（Michal Kalecki,1899—1970）的工作，卡莱茨基在 1933 年曾先于《通论》提出了一个"类似于凯恩斯主义的"总就业理论。在《后凯恩斯主义经济学杂志》(*Journal of Post-Keynesian Economics*)中可以找到许多现代后凯恩斯主义学者所做的研究。

主要信条

后凯恩斯主义者由一群规模较小但风格迥异的经济学家组成。这个团体中的每个个体的一些思想与其他人所表达的思想都有所不同。然而，我们可以从这一系列思想中辨别出一些基本信条。

- 新李嘉图主义的生产、价值和分配观。1960 年，皮耶罗·斯拉法出版了《用商品生产商品：经济理论批判绪论》(*Production of Commodities by Means of Commodities: A Prelude to a Critique of Economics*)一书，这本书以一种现代的形式重构了李嘉图的生产和价值理论。按照斯拉法的观点，对各种产品的需求模式并不影响价格模式，而只会影响每一产业的产出规模。产品的实际价值（价格）取决于生产它们所必需的其他商品的份额。相对价值（价格）和利润（如果工资给定）由生产一件复合标准商品所使用的生产技术决定，而一件复合标准商品由经济中的基本商品构成。这些基本商品是进入到所有其他商品的生产中的产品，它们在本质上是"资本品"，既以投入的形式也以产出的形式出现。复合标准商品的关键特征是无论工资还是利润的变化对投入的影响，正好和它对产出的影响方式相同。因此，斯拉法说，复合标准商品是李嘉图难懂的不变的价值或相对价格的尺度。

对于我们即将进行的讨论特别重要的是，斯拉法的理论产生了一个新颖的结论：国内产出水平与它如何在工资和利润之间进行分配完全无关，而任意一种工资与利润的分配都是与特定的产出水平相一致的。

罗宾逊和其他的后凯恩斯主义者扩展了斯拉法的非传统主题。他们认为，收入在工资和利润之间的实际分配将取决于阶级斗争、变更分配的公共政策以及投资率（较高的投资率将会提高利润份额)。罗宾逊认为由社会来控制收入分配是可取的并且是可能的。这可以通过投资社会化、生产资料的公共所有权、收入政策(控制工资和价格的政府政策)来实现。罗宾逊相信这些政策都坚定地植根于对凯恩斯的《通论》的正确解释之中。从这个角度她称自己为"左翼凯恩斯主义者"。她写道：

> 你可能几乎要说我是典型的左翼凯恩斯主义者。在《通论》出版较长时间以前我就从中得出了偏左的而不是偏右的结论(我有这样一种优势地位,因为我是凯恩斯写作《通论》期间与他一起工作的一群朋友中的一位)。因此,我是第一滴进入标着'左翼凯恩斯主义者'的瓶子的水滴。并且,今天我仍然占据着这个瓶子相当大的一部分空间,因为在此期间剩余的绝大部分已经漏掉。⑪

- 加成定价。价格是由寡头垄断企业制定的。这些企业主要是用留存利润来为投资提供资金。为了达到它们希望的利润水平并因此实现它们的投资计划,寡头垄断者会将价格设定在当前的成本之上。因此,价格"并不反映当前的需求条件;而是满足企业认为计划投资支出所必需的资金需求,如果企业将要调整其生产能力以充分满足预期的未来需求"⑫。当成本上升时,企业会提高它们的价格以保持它们在价格之上的加成。

- 内生货币。与费雪(第16章)和弗里德曼(第24章)所持有的观点相反,后凯恩斯主义者认为货币存量从本质上来说是内生于经济的,随着工资水平的变化而变化。贸易的需求决定货币的供给。凯恩斯本人指出货币"是与债务一起形成的"。

通货膨胀产生于因收入分配份额所进行的斗争。工资的增长引起生产成本上升,造成就企业方面而言对营运资本的更大需求,以便为更加昂贵的半成品和存货提供资金。因此,企业借入资金会上升,货币存量会增加。

- 显著的周期性不稳定。经济不稳定是固有的。投资必须充分增长以保证国民收入和产出以一个稳定的比率增长。由于经济景气环境和不景气环境的交替出现,投资经常无法达到这一增长。当投资少于保持稳定增长率所必需的数量时,经济就会衰退,失业就会上升。

- 收入政策的必要性。收入政策限制平均年工资收入的增长,使之不至于提高到与国民生产年增长率相当的程度。类似地,企业在能提高多少价格方面也受到限制。一项成功的收入政策要能够抑制通胀,弱化由通胀引起的收入再分配效应,并且能够避免反通胀财政政策和货币政策造成的产出损失。根据后凯恩斯主义的观点,为了收入份额而进行的"阶级斗争"和寡头垄断者的加成定价使得一个持久的收入政策是有必要的：

> 如果持后凯恩斯主义观点的经济学家们可能在一点上达成一致,这一点就是通货膨胀无法通过传统的财政和货币政策工具加以控制。这是因为他们认为通货膨胀并不一定是由于对产品的"过度需求"而引起的,相反是由于对可以获得的收入和产出分配的更加根本的冲突引起的。传统的政策工具,通过削减经济活动的水平,只会减少可以用于分配的收入和产出的数量,从而会加深潜在于通货膨胀过

---

⑪ Joan Robinson, *Collected Economic Papers*, 5 vols. (Cambridge, MA: MIT Press, 1980), 4, 264.
⑫ Peter Kenyon, "Pricing," in *A Guide to Post-Keynesian Economics*, ed. Alfred S. Eichner (White Plains, NY: M. E. Sharpe, 1979), 40.

程中的社会冲突……正是由于这个原因,后凯恩斯主义的经济学家不会提出收入政策是否必要的问题,而通常会转移到一项收入政策如何能够更加有效和公平地运转的问题上来。⑬

22.4 新凯恩斯主义者

大多数现代的凯恩斯主义者拒绝接受后凯恩斯主义者的新李嘉图主义的价值理论。他们也不接受后凯恩斯主义者的收入政策的倡议,他们引述了由于这些政策导致的资源错误配置,以及在减少通货膨胀方面进行工资和价格控制在历史上鲜有成功来支持他们的观点。⑭

价格与工资的向下刚性

现代凯恩斯主义的宏观经济学家从事的研究范围比后凯恩斯主义者更为狭窄。新凯恩斯主义的理论家将注意力再次集中到了为什么会发生萧条这一传统的凯恩斯主义问题上来。他们的回答是总需求的下降导致实际产出的下降以及相应的失业增加,因为价格水平和名义工资具有向下刚性。图 22-6 说明了价格与工资这一向下调整黏性的重要性。

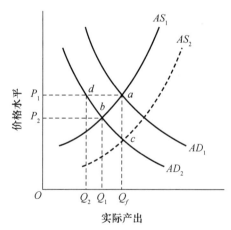

图 22-6　新凯恩斯主义:价格与工资刚性

按照新凯恩斯主义者的观点,有些因素,如菜单成本、正式与隐含契约、效率工资以及"局内人-局外人"关系导致了价格与工资的向下刚性。结果是,总需求的下降,比如从 AD_1 下降到 AD_2,会使经济从点 a 移动到点 d,而不是如古典经济学和新古典宏观经济学所预测的那样从点 a 到点 b 再到点 c。这将会导致持续的、长期的低产出和高失业,总供给曲线无法自动向右移动,除非政府采取扩张性的财政政策与货币政策来提高总需求。

---

⑬ Eichner, *A Guide to Post-Keynesian Economics*, 17—18.
⑭ 参见:Alan Blinder, *Economic Policy and the Great Stagflation* (New York:Academic Press, 1979), chapter 6.

为了便于说明,我们首先假设价格与名义工资是完全弹性的,同时假设总需求从 AD_1 下降到 AD_2 而总供给仍保持在 AS_1。因此,价格水平从点 a 的 P_1 下降到点 b 的 P_2,而实际产出将暂时从充分就业下的水平 Q_f 下降到小于充分就业下的产出 Q_1。这一较低的价格水平和较多的失业将使生产者能够减少他们的名义工资,以便使实际工资保持不变。随着名义工资的下降,总供给曲线将会向右移动,最终从 AS_1 移动到虚线 AS_2。在总需求 AD_2 和总供给 AS_2 的交点 c 处,实际产出回到 Q_f 而衰退将自动结束。这一过程仅仅是描述了古典学派与新兴古典学派(第 24 章)的观点。经济能够自动纠正,因此政府的稳定政策是不必要的。

但是,新凯恩斯主义者强调如果价格和名义工资在一段时间内是向下刚性的,那么情况就会完全不同。总需求从 AD_1 下降到 AD_2 不会使经济迅速从点 a 到点 b 再到点 c,而会使经济从点 a 移动到点 d,而实际产出将会从 Q_f 下降到 Q_2。因为工资具有向下刚性,所以与实际产出 Q_2 相联系的失业将会持续下去,直到总需求返回 AD_1。可能有必要采用积极的财政政策和货币政策才能使总需求曲线向右移动。

新凯恩斯主义的经济学家,如斯坦福大学的约瑟夫·斯蒂格利茨(Joseph Stiglitz)、哈佛大学的奥利弗·布兰查德(Oliver Blanchard)、麻省理工学院的斯坦利·费希尔(Stanley Fisher)、加州大学伯克利分校的乔治·阿克洛夫(George Akerlof)、斯德哥尔摩大学的阿萨·林德贝克(Assar Lindbeck)和西北大学的罗伯特·戈登(Robert Gordon),提出了关于价格和工资具有向下的刚性的几种解释。

菜单成本。 当一些企业降低价格时它们必然会引致新的成本,比如,一家餐厅必须印制新的菜单。类似地,其他企业要确定和印制新的价格单,也许通过新广告来向顾客传递较低价格的信息,印制和邮寄新的商品目录,对存货的商品重新定价。当诸如此类的菜单成本较高时,即使企业面临较为疲软的需求,它们可能也不愿意降低价格。同时,寡头垄断行业中的企业必然担忧单方面的价格下降可能会引起对手更大幅度的降价。因此,当经济中的总需求下降时,价格(至少在一段时间内)可能会保持不变,而产出和就业会下降。[15]

正式与隐含契约。 新凯恩斯主义者指出,工会通常签订长期合同,其中包含必要的名义工资的增长。当总需求的下降出乎意料地发生时,简单地降低工资不是一个好的选择;相反,企业会解雇工人。即使重新谈判签订契约,工会通常也会强烈反对工资"减让"。由大多数成员选举出来的工会领导人通常会倾向于解雇少数人而不是降低大多数人的工资。

尽管许多非工会的工人不在正式或明显的契约下工作,但这些工人可能在隐含契约下工作,隐含契约是非正式协议或"看不见的握手"。[16] 一个通常的默契可能是在产品需求疲软时期企业将保持现有的名义工资。这种反对降低工资的"保险"可能会对

---

[15] 关于菜单成本的更多研究,请参见:N. Gregory Mankiw and David Romer, eds., *New Keynesian Economics* (Cambridge, MA: MIT Press, 1991).
[16] 对这个专题的大部分文献请参见:Costas Azariadis and Joseph E. Stiglitz, "Implicit Contracts and Fixed-Price Equilibria," *Quarterly Journal of Economics* 98 (suppl. 1983), 1—22.

企业有利，因为能够使企业吸引到只需较少监督的高素质的工人。作为对不降低工资这种保证的回报，工人们实际上保证不去挑战企业由于产品需求下降而解雇工人的权利。

如果正式和隐含契约遍及工作场所，那么随着总需求的下降工资的下降就不会到来。就图 22-6 而言，经济将会从点 a 移动到点 d，衰退将会发生。

效率工资。 效率工资是高于市场出清的工资，它能够最小化雇主所雇用的每一单位有效劳动服务的工资成本。通常我们会认为市场工资就是效率工资。但是，当管理和监督工人的成本较高，或者人员变更比较多时，企业可能会发现高于市场的工资将会降低他们的劳动成本。在工人看来，较高的工资会提高工作的相对价值；它也会提高被解雇或离开的成本。逃避职责或被解雇的较高的机会成本（价格），或者自愿离开这个工作的较高的机会成本，将会导致较少的逃避职责和人员的变更，两者将一起提高生产力。

支付效率工资的企业并不愿意由于总需求的下降而降低工资率，因为降低工资会鼓励逃避职责和增加辞职人员的数量，降低生产力并且增加企业的单位劳动成本。简而言之，降低工资将会弄巧成拙。[17] 从这个方面来看，效率工资可能有助于解释工资的向下刚性和周期性失业。

局内人-局外人理论。 在阿萨·林德贝克的黏性工资"局内人-局外人模型"中，"局内人"是指具有一定市场力量的被雇用的工人，"局外人"是指不能够或不愿意以低于现有工资率获得就业机会的失业者。[18] 局外人可能不能叫价低于现有的工资，因为雇主可能会认为雇用他们的成本太高，雇主可能非常有理由担心其他获得较高工资的工人将把这些代替的工人看作是在"偷窃工作"。如果获得较高工资的"局内人"在团队生产中拒绝与新来的获得较低工资的工人进行合作，那么企业的产出和利润将会受到影响。

即使企业愿意以低于现有工资的水平雇用"局外人"，但是这些失业的人们可能不愿意在低于现有工资的水平上提供服务。即他们可能会担心来自获得较高工资的雇员的侵扰。因此，"局外人"可能会保持失业状态，等待总需求的增加以重新获得就业机会，而不是降低现有的工资数量等级以获得工作。在总需求不足和周期性失业的情况下，工资将会具有向下的刚性。

历史借鉴 22-3
关于大衰退的几种理论

2007 年，美国经济进入自大萧条以来最严重的衰退。真实 GDP 下降了 5.1%，失业率从 4.4% 上升到 10.1%。与二战后的大多数大衰退不同，这次是由严重的金融危

---

[17] 关于这个问题的更多研究，请参见：George A. Akerlof and Janet L. Yellen, eds., *Efficiency Wage Models of the Labor Market* (Cambridge: Cambridge University Press, 1986).

[18] Assar Lindbeck and Dennis Snower, *The Insider-Outsider Theory of Employment and Unemployment* (Cambridge: Cambridge University Press, 1988).

机导致的。大衰退的严重性再次引发了对经济衰退起因以及如何更好解决的长期争论。

正如上两章所述,凯恩斯主义框架将经济衰退归因于由投资支出波动导致的有效需求(即总需求)不足。恢复充分就业状态要刺激总支出,通常要采用扩张性的财政政策和货币政策。

凯恩斯主义的思想已经完全融入现代主流理论中,在大衰退中又赢得了再生,但是其他的解释,有些长期"休眠"的理论也再次出现了。

奥地利学派的后裔、1974 年诺贝尔奖获得者之一弗里德里希·A. 哈耶克(Friedrich A. Hayek,1899—1992),用企业家的失误导致错误投资来解释经济衰退(他的"繁荣与破产循环"中的"破产")。

> 对经济危机的每一种解释都必然包含企业家行为失误的假设。但事实上企业家即使犯错,也很难成为经济危机的充分解释。导致全盘皆输的错误方案不太可能出现,除非我们能表明为什么企业家总是在同一个方向、同一个时段上犯错误。*

对哈耶克来说,央行设定的极低的利率给企业传递了错误的信号,鼓励了资本品的同时过度投资。投资的繁荣造成企业产能过剩,当产出减缓时经济就到了破产的边缘。为了阻止这种趋势,哈耶克的药方是,货币增长中性——货币供给的改变能满足贸易的需要,但又不引起价格的变化。当破产发生时,扩张性的货币政策和财政政策使资源配置失调,这样可以最好地避免破产。在前期经济繁荣时期,美联储的宽松货币政策和信用极度扩张,造成了低利率状况,与哈耶克对继而发生的经济衰退的解释不谋而合。

后凯恩斯主义者海曼·明斯基(Hyman Minsky,1919—1996)的"金融不稳定性假说"主要关注经济周期波动中投机性泡沫的作用。明斯基区分了三种类型的借款者:(1) 套利借款者,即那些能够偿还本金和利息的人;(2) 投机借款者,即那种能偿还利息但必须再借款才能偿还本金的人;(3) 庞氏借款者,即那些无力偿还本金和利息,只能依赖资产价值上涨才能避免拖欠的人。在任何时点上,这三类借款者的共同作用将影响金融体系的稳定性,从而影响经济全局的稳定性。正如明斯基所说:

> 金融不稳定性假设的第一定理是,在一些金融体系下经济是稳定的,在另一些金融体系下经济是不稳定的。第二定理……经过一段长时间的繁荣,经济会从有助于稳定系统的金融体系转向有助于不稳定系统的金融体系。
>
> 特别是,好时期过多延长,资本主义经济将趋向于从套利金融主体主导的金融结构,转向由投机和庞氏金融主体主导的结构。**

当存在过多的投机借款者和庞氏借款者时,整个体系就将是"明斯基时刻",此时投资者被债务压垮,被迫出售资产还债,引起资产价格下跌。资产价格下跌迫使更多的庞氏借款者出售资产,这加剧了资产价格的进一步下跌。资产泡沫破灭。伴随着这类事件发生不可避免的贷款违约,致使金融体系流动性短缺,私人部门维持或增加消费及投资的能力受到严重削弱。***

* Friedrich A. Hayek, "Price Expectations, Monetary Disturbances and Malinvestments," *Readings in*

Business Cycle Theory (Homewood, IL: Richard D. Irwin, Inc. ,1951),354. 关于其理论的更完整阐述,参见:F. A. Hayek, *Prices and Production* (London: G. Routledge & Sons, 1935)[orig. pub. in 1931].

** Hyman P. Minsky, "The Financial Instability Hypothesis," Working Paper No. 74(May 1992), 7—8.更完整的讨论,参见:Minsky, *John Maynard Keynes* (Columbia University Press, 1975); *Stabilizing an Unstable Economy* (Yale University Press,1986).

*** 查尔斯·金德尔伯格(Charles Kindleberger,1910—2003)记录了世界历史上几次严重的资产泡沫的形成过程,参见他的著作:*Manias, Panics, and Crashes: A History of Financial Crises*, 5th ed. (Palgrave Macmillan, 2005)[orig. pub. in 1978]. 在他的研究中还有对大部分经济模型中的假设特征——市场及其参与者的合理性作了重要讨论。

复习与讨论

1. 解释下列名词,并简要说明其在经济思想史中的重要性:汉森,财政政策研讨班,*IS-LM* 分析,经济停滞主题,补偿性财政,勒纳的功能性财政,萨缪尔森,加速数,菲利普斯曲线,显示偏好理论,公共支出理论,斯拉法,后凯恩斯主义者,新凯恩斯主义者,菜单成本,正式与隐含契约,效率工资,局内人-局外人理论。

2. 评论凯恩斯的下列表述:"我知道汉森在美国以美国的凯恩斯而著名;我可能应该被认为是英国的汉森。"

3. 是什么促使希克斯和汉森提出了 *IS-LM* 分析? 解释财政政策如何能够使 *IS* 曲线向右移动。解释货币政策怎样能够使 *LM* 曲线向左移动。在每一种情形下均衡收入与均衡利率将会发生什么变化?

4. 勒纳的功能财政理论(历史借鉴 22-1)与他所表达的如下论断是如何联系在一起的:

"当然我们没有方向盘!"[汽车的]一位乘客非常愤怒地说道……"假设我们有方向盘并且当我们撞向路缘的时候有人握住它! 他将阻止方向盘的自动转向,汽车肯定会翻掉!"

5. 就哪方面而言储蓄、税收和进口支出之间是类似的? 解释为什么复合乘数倾向于比简单凯恩斯乘数小?

6. 解释为什么必须将个人需求曲线垂直加总以获得公共产品的总需求曲线,而对于私人产品而言却是将它们水平加总。

7. 批判性地评价艾希纳和克雷格尔的如下观点:后凯恩斯主义理论的目的是"解释经验观察到的现实世界",而新古典理论的目的是"证明如果现实世界与模型相似那么社会是最优的。"

8. 按照新凯恩斯主义者的观点,当经济面临总需求下降时它为什么不能自我纠正?

9. 在哪些方面新凯恩斯主义者与后凯恩斯主义者的观点不一致?

10. 哈耶克和明斯基关于经济衰退的解释(历史借鉴 22-3)是对立的还是互补的? 如果在某种程度上是互补的,这是否意味着哈耶克和明斯基在怎样最好地阻止和修正衰退方面达成了一致? 请解释。

精选文献

书籍

Eichner, Alfred S. , ed. *A Guide to Post-Keynesian Economics*. White Plains, NY: M. E. Sharpe, 1979.

Hansen, Alvin H. *Business Cycle Theory: Development and Present Status.* Boston, MA: Ginn & Co., 1927.

——. *Fiscal Policy and Business Cycles.* New York: W. W. Norton, 1941.

——. *Full Recovery or Stagnation?* New York: W. W. Norton, 1938.

——. *A Guide to Keynes.* New York: McGraw-Hill, 1953.

Lerner, Abba P. *The Economics of Control: Principles of Welfare Economics.* New York: Macmillan, 1944.

——. *Economics of Employment.* New York: McGraw-Hill, 1951.

Lindbeck, Assar, and Dennis Snower. *The Insider-Outsider Theory of Employment and Unemployment.* Cambridge: Cambridge University Press, 1988.

Mankiw, N. Gregory, and David Romer, eds. *New Keynesian Economics.* Cambridge, MA: MIT Press, 1991.

Samuelson, Paul A. *The Collected Scientific Papers of Paul Samuelson*, 5 vols. Vols. 1 and 2 edited by Joseph E. Stiglitz, vol. 3 edited by Robert Merton, vol. 4 edited by Hiroki Nagatani and Kate Crowley, vol. 5 edited by Kate Crowley. Cambridge, MA: MIT Press, 1966, 1972, 1977, 1986.

——. *Foundations of Economic Analysis.* Cambridge, MA: Harvard University Press, 1947.

Sraffa, Piero. *Production of Commodities by Means of Commodities: Prelude to a Critique of Economic Theory.* Cambridge: Cambridge University Press, 1960.

期刊论文

Barber, William J. "The Career of Alvin Hansen in the 1920s and 1930s: A Study in Intellectual Transformation." *History of Political Economy* 19 (Summer 1987), 191—205.

Colander, David. "Was Keynes a Keynesian or a Lernerian?" *Journal of Economic Literature* 22 (December 1984), 1572—1575.

Gordon, Robert J. "What Is New-Keynesian Economics?" *Journal of Economic Literature* 28 (September 1990), 1115—1171.

Hicks, J. R. "Mr. Keynes and the Classics: A Suggested Interpretation." *Econometrica* 5 (April 1937), 147—159.

Quarterly Journal of Economics 40 (February 1976). This issue contains articles on Hansen by Richard A. Musgrave, Gottfried Haberler, Walter S. Salant, Paul A. Samuelson, and James Tobin.

Samuelson, Paul A. "A. P. Lerner at Sixty." *Review of Economic Studies* 31 (June 1964), 169—178.

——. "Interaction between the Multiplier Analysis and the Principle of Acceleration." *Review of Economics and Statistics* 21 (May 1939), 75—78.

Samuelson, Paul A., and Robert M. Solow. "Analytical Aspects of Anti-Inflation Policy." *American Economic Review* 40 (May 1960), 177—194.

Scitovsky, Tibor. "Lerner's Contributions to Economics." *Journal of Economic Literature* 22 (December 1984), 1547—1571.

第 23 章　经济增长与经济发展理论

有几个学派的追随者和一些类似的折中主义的思想家对经济增长和经济发展思想作出了重大贡献。经济增长是指随着时间的变化一个国家的实际产出（GDP）的增长。它是由以下三个原因导致的：(1) 更大数量的自然资源、人力资源和资本；(2) 资源质量的改进；(3) 提高生产力的技术进步。

当一个国家实际产出的增长快于其人口增长时，其实际人均 GDP——即一个国家的生活水平——将会上升。经济发展是指随着时间的变化一个国家提高其生活水平的过程。经济发展方面的专家分析在低收入和中等收入国家中导致或阻碍生活水平提高的各种力量和政策。

特别是自 1945 年以来，在经济增长和经济发展方面出现了大量的学术成果。这有以下几个原因。第一，国家之间的经济增长非常不同。为什么一些国家的增长远快于其他国家？第二，发达工业化国家通过稳定政策和更加富有弹性的市场而克服了经济萧条时期的严重过剩。因此，强调的重点又转移到获得更高增长率的途径上来。第三，大多数贫穷国家，许多在二战前曾经是殖民地，现在实现了政治独立，并正在寻求促进经济增长与发展的战略。这些曾经被称为"落后的"或"不发达的"国家，现在被称为"发展中的"或"新兴的"国家。第四，东欧和苏联社会主义的解体使这些地区的注意力集中到了增长与发展方面。前社会主义国家能够使它们的经济向资本主义转型并实现更快的经济增长吗？最后，发展中国家生活水平的提高对于工业化发达国家来说在经济上变得日益重要，尤其在直接投资、国际贸易和国际金融方面。

本章我们将考察经济增长和发展的五种不同的分析。首先我们将讨论由哈罗德和多马所提出的凯恩斯主义的增长模型。然后我们将考察索洛的新古典增长模型。随后我们将分析熊彼特的经济发展和制度变迁理论。之后我们将讨论纳克斯和刘易斯，二人都对经济发展作出了开创性贡献。

23.1 罗伊·F.哈罗德爵士与埃弗西·多马

罗伊·F.哈罗德爵士(Sir Roy F. Harrod,1900—1978)和埃弗西·多马(Evsey Domar,1914—1997)分别对我们今天所谓的哈罗德-多马经济增长作出了重要贡献。他们在我们前两章所讨论的凯恩斯主义的框架内提出了他们的理论,因此他们都属于广义凯恩斯学派的成员。1947年,英国人哈罗德在伦敦大学的一系列讲演中提出了他的思想。① 同一年,多马在《美国经济评论》(*American Economic Review*)上发表了一篇包含相似理论的论文,多马后来在约翰斯·霍普金斯大学和麻省理工学院任职。② 由于这些理论都得出了相似的结论并有些复杂,因此我们只讨论多马的增长模型。③

23.1.1 投资的生产能力创造效应

多马指出,净投资支出会增加一个国家的资本存量,提高经济的生产能力,并提高其潜在的收入水平。他认为,生产能力的变化 ΔY_q 将取决于投资水平 I 和"新投资潜在的社会平均生产力"σ。用公式来表示,即:

$$\Delta Y_q = I\sigma \tag{23-1}$$

为了说明多马的重要观点,让我们假设 σ 的值为0.3。这告诉我们每一美元的投资支出将会提高经济的生产能力,使之产生30美分的未来收入。同时我们假设储蓄倾向(边际储蓄倾向=平均储蓄倾向)为0.2。如果均衡收入为5 000亿美元,那么储蓄将为1 000亿美元(0.2×5 000亿美元)。因此,净投资必然也是1 000亿美元,因为在均衡收入水平上投资必然等于储蓄。这1 000亿美元的投资将使经济的生产能力和潜在收入提高300亿美元(0.3×1 000亿美元)。如果在下一个时期中收入仍然保持在5 000亿美元,那么经济中将会出现生产能力闲置和失业。投资会扩展一个国家生产产出和产生收入的能力。

23.1.2 投资的需求创造效应

因为在凯恩斯模型中消费函数被假设为稳定的,所以只有收入的增加才会引起消费支出的增加。结果,投资支出是总需求从一个时期到下一个时期增长的源泉。如果上一时期投资所导致的潜在收入增加要实现,新时期的投资支出必须超过上一时期的投资数量。公式(23-2)给出了有效需求所必需的增长。

---

① R. F. Harrod, *Toward a Dynamic Analysis* (London: Macmillan, 1948).
② Evsey D. Domar, "Expansion and Employment," *American Economic Review* 37 (March 1947): 34—55. "The Problem of Capital Accumulation," *American Economic Review* 38 (December 1948), 77—94.
③ 华莱士·C.彼得森(Wallace C. Peterson)在他以下著作中对哈罗德模型作了出色的总结:*Income, Employment, and Economic Growth*, 5th ed. (New York: Norton, 1984). 哈罗德在1939年发表了动态增长理论的一个"尝试性的和初步的"概述,请参见:"An Essay in Dynamic Theory," *Economic Journal* 49 (March 1939), 14—33.

$$\Delta Y_d = \Delta I \times \frac{1}{\alpha} \tag{23-2}$$

其中，ΔY_d 是收入的变化，ΔI 是净投资支出的变化，α 是储蓄倾向，系数 $1/\alpha$ 是第 21 章所讨论过的简单凯恩斯投资乘数。

23.1.3 平衡增长的要求

多马将平衡增长定义为一种随着时间的变化可以保持资源的充分利用的收入增长率。当生产能力的变化[公式(23-1)中的 ΔY_q]等于有效需求的变化[公式(23-2)中的 ΔY_d]时，可以实现平衡增长。

$$\Delta Y_q = \Delta Y_d \tag{23-3}$$

将前面的 ΔY_q 和 ΔY_d 的值代入公式(23-3)可以得到公式(23-4)。

$$I\sigma = \Delta I \times \frac{1}{\alpha} \tag{23-4}$$

将公式(23-4)两边同时乘以 α 然后除以 I，我们可以得到公式(23-5)。

$$\frac{\Delta I}{I} = \sigma\alpha \tag{23-5}$$

这样多马得出了他的主要结论。为了保持经济中资源的充分利用，经济必须增长。为了实现与收入能力增长相匹配所必需的收入增长率，投资必须增长，并且每年以等于投资的潜在社会平均生产力 σ 和储蓄倾向 α 乘积的百分比增长。

在我们前边的例子中，收入必须从 5 000 亿美元增长到 5 300 亿美元(6 个百分点)。因为储蓄倾向为 0.2，所以乘数为 5(1/0.2)。为了使收入能够增长 300 亿美元，因此投资必须增长 60 亿美元(300 亿美元/5)。上一年度的投资是 1 000 亿美元，这一年度它必须是 1 060 亿美元，即它也必须增长 6 个百分点(60 亿美元/1 000 亿美元)。通过公式(23-5)我们可以确认这一事实，从中我们可以看到，这一比率(0.06)等于 σ 乘以 α，或者等于资本的生产力(0.3)和储蓄倾向(0.2)的乘积。每一项的数值越大，必需的投资增长率也就越大。

多马和哈罗德不相信年度投资增长能够自动充足以保持充分就业。因此，他们的模型加强了凯恩斯主义的这一结论：经济不稳定是固有的。事实上，他们的模型暗示经济是处于一个"刀刃"之上。如果投资没有以必需的或有保证的比率增长，那么经济将会衰退。另一方面，如果投资支出的增长超过了必需的或有保证的比率，将会发生需求拉动型通货膨胀。④

---

④ 并不是所有的经济学家都接受将哈罗德的分析解释为"刀刃"。可以参见：J. A. Kregel, "Economic Dynamics and the Theory of Steady Growth: An Historical Essay on Harrod's 'Knife-edge,'" *History of Political Economy* 12 (Spring 1980), 97—123.

23.2 罗伯特·M. 索洛

罗伯特·M. 索洛(Robert M. Solow, 1924—)出生于纽约的布鲁克林,1951 年从哈佛大学获得博士学位。他的整个学术生涯都是在麻省理工学院度过的,在那里他有时会与保罗·萨缪尔森合作。1979 年,他当选为美国经济学会的会长;1987 年,由于他早期在经济增长方面所做的研究,被授予诺贝尔经济学奖。

索洛对经济学的几个方面都作出了重要贡献,包括线性规划、宏观经济理论、环境经济学和劳动经济学。多年来,他一直捍卫新古典微观经济学与以凯恩斯主义为基础的宏观经济学的主流综合,与货币主义、后凯恩斯主义以及近来的新兴古典宏观经济学的支持者展开学术争论。考虑到他自己描述的"折中的凯恩斯主义和新凯恩斯主义的观点",有些讽刺意味的是他的宏观经济增长理论是植根于新古典主义而不是凯恩斯主义。

23.2.1 索洛的增长理论

1956 年索洛发表了一篇重要的分析经济增长的文章。与暗示经济增长路径从本质上是不稳定的哈罗德-多马理论不同,索洛的理论支持新古典主义的观点,即经济可以进行内部调整以达到稳定均衡的增长。索洛的增长理论包括几个主要因素。[5]

生产、劳动力和平衡投资。索洛通过设定一个总生产函数来开始他的分析,在这个总生产函数中,技术是固定不变的,而总产出取决于资本存量和劳动投入。在短期中,给定一个固定的资本存量,劳动力的增加会产生收益递减;而给定固定数量的工人,资本的增加也会如此。在长期中,生产函数表现为规模报酬不变。如果资本和劳动力都增长,比如说都增长了 1 个百分点,那么产出(和收入)也将增长 1 个百分点。

让我们假设劳动力的增长每年以不变的比率 n 增加。因此,劳动力会增加 nN,其中 N 是在一年开始的时候劳动力的规模。比如,如果 n 是 0.01(或者 1 个百分点)而 N 是 2 个亿,那么经过一年,劳动力会增长 200 万(0.01×2 亿),并且在下一年度开始的时候劳动力将为 2.02 亿。

如果每个工人的人均资本数量要保持不变,那么资本存量 K 的增长速度必须等于劳动力的增长速度 n。当然,资本存量的增长也就是净投资(总投资减去折旧)。因此,净投资每年必须增长 nK 以等于劳动力的增长 nN。比如,如果像我们已经假设的那样 n 是 0.01,资本存量为 30 万亿美元,那么净投资为 3 000 亿美元(0.01×30 万亿美元)。

---

[5] Robert M. Sollow, "A Contribution to the Theory of Economic Growth," *Quarterly Journal of Economics* 70 (February 1956), 65—94. 我们的简化讨论是根据: Robert E. Hall and John B. Taylor, *Macroeconomics*, 5th ed. (New York: W. W. Norton, 1997) 70—74. 想要了解索洛增长模型的数学表达方式,请参见: David Romer, *Advanced Macroeconomics* (New York: McGraw-Hill, 1996), 5—25.

资本存量增加3 000亿美元正好足以使每个工人的人均资本的数量保持不变。我们将这一必需的投资数量称为平衡投资,因为它正好平衡了劳动力与资本存量的增长,保证每个工人的人均资本数量保持不变。

储蓄与实际投资。索洛假设储蓄是收入的一定比例($MPS = APS$)。每年经济的参与者会将收入的一部分s用于储蓄,将收入的一部分$1-s$用于消费。储蓄率s和收入水平Y共同决定了总储蓄sY。例如,如果s是0.2(或20个百分点)并且收入为2万亿美元,那么总储蓄将是4 000亿美元(0.2×2万亿美元)。因为净投资会吸收经济中所有的储蓄,所以实际投资也是sY。实际投资是一年中实际即将发生的净投资的数量并且它始终等于储蓄的数量。

稳态点。在图23-1中,我们将索洛增长理论的主要因素结合在一起,其中所有的变量都被转换为"每个工人为基础"。每个工人的人均储蓄(等于每个工人的人均投资)用纵轴来度量,而每个工人的人均资本用横轴来度量。因为技术是固定不变的,所以工人的人均产出只取决于人均资本的数量。

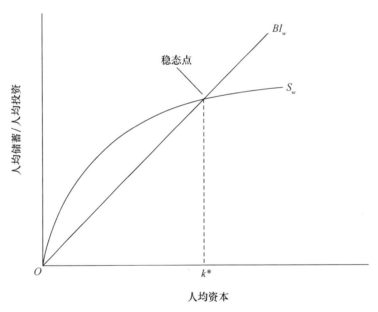

图23-1 索洛的增长理论

按照索洛的观点,经济趋向于一个稳态点,在这一点上实际投资(用曲线S_w衡量)等于平衡投资(用直线BI_w衡量)。平衡投资是保持资本存量以与劳动力相同的增长速度增长所必需的投资数量。如果实际投资大于平衡投资,人均资本将会上升;如果实际投资小于平衡投资,人均资本将会下降。当人均资本为k^*时,资本存量、劳动力和产出三者的增长率相同。

© Cengage Learning 2013

图23-1中的直线BI_w代表平衡投资。它表示为了维持人均资本水平所必须发生的人均投资的数量。相反,人均储蓄曲线S_w表示在每一人均资本数量下所发生的实际人均投资。曲线S_w的形状反映收益递减。人均储蓄以一个递减的比率增长,因为每增加一单位的人均资本对产出和收入的增加所作的贡献就会越小。产出和收入的增加越

来越小,用一个固定的储蓄率来相乘,意味着储蓄的增加也就越来越小。因为净投资等于储蓄,所以随着人均资本的增加实际投资以一个递减的比率增长。

曲线的交点是一个稳态点,在这一点上实际投资等于平衡投资。在这一稳态点上,每个工人的人均资本为 k^*,人均产出、劳动力、总储蓄和净投资的增长率都相等。在 k^* 上,经济处于一条均衡、稳态增长的路径上。现有的实际产出的增长率(图中未标出)将会持续下去。

索洛承认实际投资最初可能会小于或大于平衡投资。不管哪种情况,索洛都认为,经济将会调整它所使用的资本与劳动的相对数量,直到实际投资等于平衡投资为止。这种资本对劳动的替代或劳动对资本的替代在哈罗德-多马增长模型中被遗漏了。

为了理解这一调整过程,在图 23-1 中首先考虑人均资本水平低于 k^* 的情况。可以观察到实际投资(由曲线 S_w 决定)大于平衡投资(由直线 BI_w 决定)。因此,资本存量的增长要快于劳动力的增长,而人均资本的数量将会上升。这个过程将会持续下去直到达到稳态点为止。在那一点上,实际投资等于平衡投资。如果人均资本大于 k^* 将会怎样呢?那样,实际投资就会小于平衡投资,资本存量的增长不如劳动力的增长快。人均资本就会下降直到达到稳态点为止。因此,索洛揭示了对资本和劳动的相对使用的自动调整能够使经济获得一条稳定增长路径。

23.2.2　索洛论技术进步

索洛强调技术进步(在图 23-1 中保持固定不变)对于更高的生活水平的重要性。对于索洛而言,技术进步不仅包括生产技术的提高,还包括劳动力与资本质量的改进。新技术通常体现在资本之中,它被应用到新的设备与工厂中。索洛将技术进步引入到他的增长理论之后,假设的经济获得了更高的产出增长率,和人均资本数量的增长无关。

为了检验这个模型的预测,索洛提出了新的技术来度量引起经济增长各要素的相对贡献。他发现劳动力和资本投入的增长只能解释少于一半的经济增长。他认为其余部分来源于技术进步。[6]

23.3　约瑟夫·阿洛伊斯·熊彼特

23.3.1　生平及所受影响

约瑟夫·阿洛伊斯·熊彼特(Joseph Alois Schumpeter,1883—1950)是一个纺织厂

---

[6] Robert M. Solow, "Technical Change and the Aggregate Production Function," *Review of Economics and Statistics* 39 (August 1957), 312—320.

主的儿子,出生于奥地利的摩拉维亚省(现在是捷克共和国的一个地区),在维也纳大学接受了法律和经济学教育。他从事过几年的法律工作,讲授过政治经济学,1913 年和 1914 年是哥伦比亚大学的交换教授。正是在这一时期他和韦斯利·C.米切尔开始了他们长期的友谊。在第一次世界大战期间,他毫不掩饰他是和平主义者以及支持英国、反对德国的情感。1919 年他曾短暂担任奥地利共和国的财政部长。1921 年他成为维也纳一家具有极高声誉的私人银行的行长。在 1924 年德国严重的通货膨胀之后这家银行破产,他重新返回了学术界并且接受了波恩大学的一个教授职位。从 1932 年直到去世,他都在哈佛大学任教,并且担任美国经济学会的会长,这是第一次由出生于美国之外的经济学家获得这一殊荣。他的《经济发展理论》(The Theory of Economic Development,1911)、《资本主义、社会主义与民主》(Capitalism, Socialism, and Democracy, 1942),以及在他去世之后由他妻子编辑的百科全书式的《经济分析史》(History of Economic Analysis,1954),是他巨大学术成就中的杰出典范。

在熊彼特的一生中对其产生学术影响的最重要的两个人物是莱昂·瓦尔拉斯与卡尔·马克思。从瓦尔拉斯那里,熊彼特得出了他对于经济数量之间的相互依存的强调。熊彼特强烈反对马克思主义,但是他非常钦佩马克思对经济变迁过程的理解。熊彼特非常忠实于资本主义制度,并且非常警觉地看待资本主义的成功引起的各种力量,因为他认为它们将会毁灭资本主义制度。他赞同马克思关于资本主义将会崩溃的观点,尽管他出于不同的原因并且带有非常巨大的遗憾。

23.3.2　经济发展和经济波动

熊彼特构建了一个理论体系来解释经济周期和经济发展理论。经济变迁的关键过程是引入创新,而最主要的创新者是企业家。创新被定义为提供商品的方式的变化,比如引入新的产品或者新的生产方式;打开新的市场;控制原材料或半成品的新的供应源;或者实行一种新的产业组织,比如创造一个新的垄断或者打破一种垄断。创新不仅仅是发明。如果发明在一开始就失败了——即如果它没有被应用——那么发明就不是创新。只有当一项发明被应用于工业过程中的时候,才能成为一种创新。

企业家是那些执行新的组合、引入创新的人。并不是所有的企业领导者、管理者或实业家都是企业家,他们有些人可能在从不尝试新思想或者新的做事方式的情况下经营企业。企业家也不是风险承担者,这一功能留给了股东,股东通常是资本家而不是企业家。企业家可能与个人企业只有暂时的联系,作为其融资者或者发起人。但是在引入新的产品、新的生产过程和新的企业组织形式,或者在进入新的市场方面他们始终是开拓者。他们是具有特殊能力的人们,能够把握其他人会忽视的机会,或者能够通过他们自己的勇敢和想象力创造机会。

如果没有创新,经济生活将会达到静态均衡,并且年复一年经济的循环流动将会沿着大体相同的路径进行。利润和利息将会消失,财富的积累将会停止。通过创新寻求利润的企业家能够将这种静态的情况转化为动态的经济发展过程。企业家将会打破这种循环流动并且将劳动力和土地转移到投资中去。因为由循环流动所产生的储蓄是不充足的,所以企业家依靠信贷为他的企业提供生产资料。由此所导致的经济发展来源于经济体系本身,而不是由外部强加的。

创新并不会连续发生,但是会聚集发生。最具有进取心和冒险精神的企业家的活动会创造一种有利的氛围,其他企业家会追随他们。信用扩张,价格和收入上升,而繁荣会普遍盛行。但不会永远这样下去。经济繁荣会产生对其持续前进不利的条件。价格的上升会阻碍投资,新产品与旧产品的竞争会导致企业损失。当企业家清偿债务,通货紧缩的过程会进一步加强,萧条将会取代繁荣。因此,经济波动代表了对创新的适应过程。经济体系趋向于均衡,除非创新会经常打破这一趋势。产生经济发展的过程也产生了经济波动,每一次萧条都代表向新均衡的艰难移动。

23.3.3 资本主义的衰落

熊彼特相信资本主义已经在走向衰落。但是他并不同意大多数经济学家对这种衰落的确切本质方面的看法。他反对李嘉图所强调的报酬递减的作用,以及马尔萨斯的人口原理,这两者一般被认为是阻挠进步的。他也否定马克思关于经济矛盾将产生持续的、严重的危机的观点。他也反对凯恩斯在一些领域的停滞思想。大的创新的机会并没有穷尽;创新变为资本积累的趋势还没有被令人信服地证明;尽管新兴国家的开放进程已经完成,其他的机会还会出现;最后,出生率的下降可能会变得非常重要,但它并不能解释20世纪30年代的事件。

熊彼特写道,如果资本主义制度继续其在1928年以前刚建立60年间的增长模式,我们无须过多干预资本主义的进程,就将能够实现社会改革者的目标。但这是不可能的。熊彼特认为资本主义的经济和社会基础已经开始崩塌,原因是:(1)企业家作用的荒废;(2)保护性政治阶层的毁灭;(3)资本主义社会制度框架的损毁。

企业家作用的荒废。企业家作用正在逐渐荒废,因此资本主义的经济和社会基础正在崩塌。创新正在退化为例行程序。技术进步逐渐变成团队的工作,这个团队由训练有素的专家组成,他们知道什么是必要的,并且按照可测的方法行事。经济进步正在变成非个人化的、自动的。办公室和委员会的工作替代了个人行动。企业家个人再有机会投身于争论中,他们变成了不难替代的经理,仅此而已。这使得熊彼特得出结论:"既然资本主义的企业,凭借其突出的成就,正在变为自动化的进步。我们得到的结论是,它正在使其自身变成多余的——在其自身成功的压力下将变成碎片……社会主义的真正领跑者不是鼓吹社会主义的知识分子或煽动者,而是范德比尔特、卡内基和洛克菲勒。"⑦

政治阶层的毁灭。曾经为资本主义社会提供最强有力保护的政治阶层的毁灭是资本主义体系自我灭亡的第二个原因。熊彼特赞同马克思的观点,认为大企业毁掉了中小企业。在民主政治中,这个过程削弱了产业资产阶级的政治地位,因为大量的小企业主比少数经理人和大股东更有政治力量。股票替代了建筑和设备,这削弱了连接,并且

---

⑦ Joseph A. Schumpeter, *Capitalism, Socialism, and Democracy*, 3rd ed. (New York: Harper & Row, 1950), 134. Copyright 1942, 1947 by the trustees under the will of Elizabeth Boody Schumpeter. Copyright 1950 by Harper & Row.

也削弱了"在经济、体力、政治方面,如果必要,愿意为了'他'的工厂及其控制权而奋斗到死的意愿"……去物质化、非功能化、不在所有者,不会像形式的财产那样强加或者唤起道德忠诚。最终没有人真正关心自己代表着谁——在真正关心的区域内外都没有人。"⑧

熊彼特说,资本主义甚至创造、教化、资助了一个知识分子群体,在社会动荡的时期赋予了他们利益。知识分子对实际情况并没有直接责任,他们是旁观者,然而他们拥有演讲和写作的话语权。他们维护自身权利的主要机会是他们实际的或潜在的损害社会的价值。公众讨论的自由包括对资本主义的社会基础吹毛求疵的自由,知识分子阶层别无他法,只会吹毛求疵,因为它就靠批评生存。那些没有专业工作而又反对体力工作的大学毕业生,充斥着那些不满足的阶层,他们将其不满足归因于资本主义的社会秩序,心生仇恨。知识分子也遍布于劳动者队伍中并且煽动那些劳动者,以赢得那些内心对他们存在质疑的人的支持。

制度框架的损毁。动摇资本主义基础的第三个原因在于资本主义社会制度框架的损毁。基于其对20世纪20—30年代的欧洲和美国的观察,熊彼特得出的结论是,反对资本主义的政策降低了利润预期,减少了投资和创新。这些政策包括:税收是如此之高且累进,以至于阻碍了私人积累,反过来抑制公共支出;劳动立法将工资、工时、工厂纪律等问题转移到政治层面;在控诉的威胁之下对大企业的行为进行了严格的规制:

> 在这种条件下,公共收入的获取将自动成为永久性的,与理论强调的框架无关,该理论认为基于内生于资本主义社会的储蓄-投资过程,公共收入是必然的。这种制度毫无疑问地仍然可以被叫作资本主义。但它是在氧气帐篷里的资本主义,由人工装置维持存活,创造过去的成功的所有功能已经瘫痪。因此为什么它应该被保持存活的问题必然在短时间内会提出来。⑨

熊彼特将政府支出看作政府投资计划的永久性政策,即成为需要基于政治考量而采取的投资决策。这种"指导下的资本主义",隐身为"国家资本主义"而成为民族主义所采取的措施。在其国家资本主义中,政府拥有和管理特定的产业部门,控制劳动力市场和资本市场,严重干预本土企业和外国企业。不管这是否被称为社会主义,按照熊彼特的观点,这种状态将会招致摩擦和无效率,但可以通过回归纯资本主义或者前进至完全的社会主义而得以消除。另一方面,他认为国家资本主义可能保留一些很高的人类价值,而这些人类价值在其他制度中则可能会被损害。

历史借鉴 23-1
熊彼特、创造性破坏与反托拉斯政策

标准的新古典主义竞争的观点认为许多销售相同产品或相似产品的企业之间进行

---

⑧ Schumpeter, *Capitalism*, 142.
⑨ Joseph A. Schumpeter, *Essays*, ed. Richard V. Clemence (Reading, MA: Addison-Wesley, 1951),180.

竞争。当某一特定行业中的企业获得高额利润时,新的企业就会进入。这种进入会增加产品的供给,产品供给的增加会降低产品价格并使利润降低到正常水平。因此,竞争有利于消费者,它形成的价格刚好足以支付生产者的边际生产成本和平均生产成本并包括正常利润。竞争有利于社会,它引导社会资源配置到具有最高价值的用途上。

在这种新古典主义的竞争观点中,垄断对于消费者和社会是有害的。垄断者制定高于竞争价格的价格,这导致了小于竞争产出水平的产出和对被垄断产品的资源配置不足。由于这些原因,国家制定了反托拉斯法律,禁止占有主导地位的企业从事下列行为,如排挤竞争对手的定价、要求消费者仅仅购买它们的产品、购买或兼并竞争对手以及遏制潜在竞争者的进入等。美国曾经使用反托拉斯法来打破或限制有嫌疑的垄断者的活动,比如标准石油(1911年)、美国铝公司(1945年)、施乐复印机(1975年)以及美国电话电报公司(1982年)。1998年美国政府对微软公司提起了反托拉斯诉讼,指控微软公司在个人电脑操作系统市场上不公平地利用垄断来遏制相关市场上的竞争。

关于竞争和垄断熊彼特采取了一种更加长远的观点。他强调竞争是一个长期过程,在这一过程中企业会通过发展完全新的产品和新的生产过程来进行竞争。在长期中,垄断本身无法持续下去,因为垄断价格和利润会为竞争性的企业家生产新产品和发现新的生产方法创造一种强有力的激励。这种企业家创新最终将会导致创造性破坏;在破坏现有的垄断势力的同时它会创造新的产品和生产方法。正如熊彼特所言:

> 在资本主义的现实中……它是……来自新产品、新技术、新的供给来源和新的企业组织类型的竞争——支配着决定性的成本或数量优势,而且不仅对现有企业的利润空间造成冲击甚至会对它们的基础和它们的命脉造成冲击。这种竞争是……如此……重要以至于通常意义上的竞争发生作用是否迅速成了一件相对不重要的事情;在长期中增加产出和降低价格的强有力的杠杆无论从何种意义上来说都是由其他材料所制成的。*

关于竞争与垄断的这一长期观点的政策含义与新古典主义观点是不同的。如果创造性破坏是动态资本主义的一个不可避免的部分,那么某一行业的垄断化是不值得忧虑的。最终,新的企业家将会发展出新的产品和方法,从而使旧的垄断企业不造成危害。历史事例:航空和卡车破坏了铁路的垄断地位;电影为现场表演的剧院带来了新的竞争;CD和磁带取代了密纹唱片。按照熊彼特的观点,政府没有必要去打破或限制一个现有的垄断企业,因为垄断是动态的、长期竞争过程的一部分。所有的垄断都是暂时的,除非政府本身保护它们。

大多数现代经济学家认为创造性破坏能够发生,而且确实也偶尔发生了。但是他们怀疑它是否在所有的情况下都会不可避免地发生。如果不受法律的阻碍,通过采取行动来获得对新的和创新性产品的控制或阻止它们的发展,垄断者能够"建立起暴风雨的庇护所……以保护他们自己不受创造性破坏风暴的袭击"**。例如,当新的竞争对手出现时就尽快买断就是这样一种行动。通过阻止这样的反竞争性的行动,反托拉斯政策不仅有利于短期效率,同时也有利于长期的创造性破坏过程。

    * Joseph A. Schumpeter, *Capitalism, Socialism, and Democracy*, 3rd ed. (New York: Harper & Row, 1950),84—85.

    ** Walter Adams and James Brock, *The Structure of American Industry*, 9th ed. (Englewood Cliffs, NJ: Prentice-Hall,1995), 310.

23.3.4　回顾熊彼特

从今天的角度来看,很显然熊彼特和在他之前的马克思一样,对于资本主义的近期未来过于悲观。自从熊彼特写作的时代以来,资本主义在世界上的大部分地区保持了扩张与繁荣。最近企业家精神在世界范围内非常兴盛,正如非常成功的创业企业和与个人电脑、通信、基因工程以及互联网相关的主要创新所表明的那样。

因此,熊彼特对经济学的总体贡献主要不在于他关于资本主义长期命运的观点,而在于他强调了企业家和创新在实现经济增长方面的重要性。大部分由企业家进行的新的和改进的技术的商业化解释了发达工业化国家经济增长的大部分。

23.4　拉格纳·纳克斯

拉格纳·纳克斯(Ragnar Nurkse, 1907—1959)出生于爱沙尼亚。在20世纪30年代早期他全家移居加拿大,他曾经在爱丁堡大学和维也纳大学学习。作为国际联盟的一名职员,他发表了几篇杰出的国际经济学方面的研究论文。第二次世界大战以后,他接受了哥伦比亚大学的教授职位并且一直待在那里,直到当他在日内瓦休假时过早去世。

纳克斯重新强调了外部经济的重要性;所进行的投资越多,每项投资也就变得更加可行。因此,低收入经济要求一个宽广层面上的进步,与此同时伴随着产业扩张,这些产业能够相互支持并增加成功的机会。巨大的困难在于这些国家的贫穷限制了它们的资本形成。

23.4.1　贫困的恶性循环

纳克斯问道,为什么有些国家一直贫困?他的答案的核心是"贫困的恶性循环":

    "贫困的恶性循环"……当然暗含着一系列循环作用的力量,它们趋向于以相互作用并反复作用这样一种方式致使一个贫困的国家处于一种贫困状态。这种循环力量的特定事例并不难以想象。例如,一个贫穷的人可能没有足够的食物;由于营养不足,他的健康状况可能比较虚弱;由于体力较差,他的工作能力可能较低,这意味着他是贫穷的,而反过来这又意味着他将没有足够的食物;依此类推。这类情形如果应用于作为一个整体的国家,可以用如下一个古老的命题来加以总结:"一个国家之所以贫困是因为它贫困。"

在经济不发达国家,最重要的这类循环关系是那些困扰资本形成问题的循环关系。经济发展问题基本上是一个资本积累问题,尽管绝不完全是资本积累问题。与发达地区相对比,所谓的不发达地区的资本装备相对于它们的人口和自然资源而言是不足的。

实际资本形成这一问题有两个方面:需求方面和供给方面。资本的需求由投资的激励决定;资本的供给由储蓄的能力和意愿决定。在不发达国家中,一种循环关系存在于这一问题的两个方面。在供给方面,由于较低的实际收入水平,我们拥有较低的储蓄能力。但是,较低的实际收入是较低的生产力的一种反映,而较低的生产力反过来又主要是由于缺乏资本而引起的。缺乏资本是较低的储蓄能力的结果,因此这样一种循环也就完成了。

在需求方面,由于人们的购买力较低,投资的激励可能较低,而人们的购买力较低是由于较低的实际收入,较低的实际收入反过来是由于较低的生产力。但是,较低的生产力水平是生产中所使用资本数量较少的结果,而反过来在某种程度上来说这又是由较低的投资激励引起的……[10]

纳克斯认为,可能存在对资本需求的不足看起来似乎很奇怪。他问道:"在大多数这些地区对资本的需求不是巨大的吗?"[11]他的答案是否定的。私人企业的投资激励受到国内市场规模狭小的严重限制。市场的规模是由生产力的总水平决定的。从总量来看,"购买能力不仅取决于,而且实际上由生产能力决定"[12]。

23.4.2　平衡发展

纳克斯认为,如果贫困的国家想要获得发展,它们必须越来越依赖工业化,而不是主要依靠生产和出口原材料。他认为,非工业化国家几乎全部处于低收入国家的行列,它们之间的贸易往来很少。富有的工业化国家在人均实际收入方面表现出强劲的增长,但是它们并没有通过对初级产品需求的同比例增长而将它们自己的增长率传递到世界其他地区。这主要有六个方面的原因:(1) 在发达经济中,工业生产正在从"重"工业转向"轻"工业(比如工程与化学),因此相对于产成品而言需要较少的原材料;(2) 随着服务在较富的国家变得越来越重要,它们的原材料需求滞后于它们的国内产品的增长;(3)消费者对许多农产品需求的收入弹性较低;(4) 农业保护主义趋向于减少工业化国家对初级产品的进口;(5) 通过一些技术比如电解镀锡和金属的系统恢复

---

[10] Ragnar Nurkse, *Some Aspects of Capital Accumulation in Underdeveloped Countries* (Cairo: National Bank of Egypt, 1952), 1—3. Reprinted by permission of the publisher.

[11] Ragnar Nurkse, *Trade and Development*. Rainer Kattel, Jan A. Kregel, and Erik S. Reinert, eds. (New York: Anthem Press, 2009), 103.

[12] Ragnar Nurkse, *Some Aspects of Capital Accumulation*, 3.

与再处理的发展，大量的节约在自然资源的工业化使用过程中得以实现；(6) 工业化国家日益倾向于用人工合成材料来取代自然原材料。

如果出口的初级产品生产不能为经济扩张提供有吸引力的机会，那么另一种选择就是工业化。有两种类型的工业化：以生产制成品出口到工业化国家为目标的工业化和主要满足低收入国家国内市场的工业化。第二种类型通常需要国内农业的一种互补性发展，而第一种则不需要。这两种类型都不需要放弃或缩减一个国家自然适合生产的原材料的出口。

生产制成品出口到工业化国家几乎没有成功的希望。因此，低收入地区应该扩大制成品的国内市场。但是，市场的规模取决于生产的数量。困难在于由于其自身较低的生产力和收入，贫穷的农业人口无法购买销售的制成品。本国经济也无法提供维持新的产业工人所需要的食物。因此，为了国内市场的工业发展，要求后方的农业生产力保持同步增长。

同样的原理也适用于工业生产领域。就其本身而言，单一的产业无法为其自身的产出创造足够的需求，因为在新的产业中工作的人们并不想将他们的全部收入都花费在他们自己的产品上：

> 正如如果农民没能生产出可以进行买卖的剩余并且因为太穷而购买不起工厂生产出的任何东西的话，制造业作为一个整体有可能会失败一样，由于缺乏来自农业和工业中其他部门的支持，制造业中的单一一个部门同样可能失败，即由于缺乏市场……简而言之，既然积极部门倾向于向前拉动被动部门是正确的（这也是一些"非平衡增长"的倡导者所认为的），那么被动部门将倾向于阻止积极部门的前进同样也是正确的。如果每一个部门就同时前进这种意义来说在某种程度上都是"积极的"，其自身充满某种扩张的动力而不是等待来自其他部门的信号，这难道不是更好吗？那么价格激励和约束将仅被用来使每一个部门的前进速度与社会的需求模式保持一致。平衡增长原理可以被看作是提高产出增长总体速度的一种手段。⑬

对产出的多样化存在种种限制。必须维持一个有效率的工厂规模是一个重要的实际考虑，它经常限制某一个国家中产业的多样性。因此，在发展中国家为国内市场而进行的生产必须还包括为出口到另外一个市场而进行的生产。这对于那些购买力较低的国家来说尤其重要，它们可以从发展中国家之间的关税同盟中获得许多收益。

纳克斯认为，经济进步不是自发的或自动的。相反，系统内的各种力量倾向于使之稳定在一个既定的水平上。然而，一旦经济停滞的恶性循环被打破，循环关系趋向于导致累积性的进步。在许多产业中的同步资本投资将扩大它们所有的市场，尽管每一个产业如果单独考虑的话都对投资显得不具有吸引力。满足大众消费的大多数产业从它们都相互提供市场这一意义上来说都是互补的。资本的社会边际生产力在本质上高于

---

⑬ Ragnar Nurkse, *Patterns of Trade and Development* (Stockholm: Almqvist and Wicksell, 1959), 43.

其私人边际生产力。

纳克斯相信,在低收入国家能够打破控制经济停滞的力量必须通过某些中央指令或集体企业加以精心组织。尽管国家可能会实行强制储蓄然后协调投资,但是实际投资可以由私人企业来进行。对资本需求的不足只会出现在经济的私人部门中。当然,对于作为整体的经济来说,不存在这种不足。因此,大多数发展中国家需要私人与政府联合行动进行储蓄与投资。每一个国家必须按照其特殊的需要和机会设计出其自身的联合行动方式。

对于今天那些贫穷的新兴国家来说,平衡增长提供了迈向经济进步的一种可能路径。这一方法的困难之处在于它需要大量的资本,而贫穷国家却难以获得。有些国家提出并实行了另一种选择,即通过进口替代来促进增长。如果一个国家已经在进口制成品,它可以设立进口壁垒并且在国内进行这些产品的生产而不需要平衡增长。另一种选择是鼓励外国直接投资,这样可以提高本国工人可以使用的资本存量。

历史借鉴 23-2
尤努斯、微信用与诺贝尔和平奖

发展经济学家主要的政策目标是为贫困国家及其公民设计发展道路,以打破纳科斯所指的贫困恶性循环。要打破这个循环,必然要求之一就是对生产性资本进行投资,以创造就业机会。由于处于温饱中的人口没有机会拥有传统的信用资源,并且很难累积储蓄,因此这类投资对他们是一种严峻的挑战。解决这种困境的一种方案是微信用,即附带宽松偿还条件的长期小额贷款,特别是由穆罕默德·尤努斯(Muhammad Yunus,1940—)倡导并由孟加拉乡村银行(Grameen Bank)提供的那种类型。

由于通过微信用促进经济发展的实践,尤努斯和孟加拉乡村银行分享了2006年的诺贝尔和平奖。尤努斯于1969年在范德堡大学获得经济学博士学位,最后成为孟加拉国吉大港大学经济系主任。关于微型贷款和乡村银行的灵感来自1974年他到一个贫困村子的实地考察。根据尤努斯的传记:

> 他们接待了一位做竹凳子的妇女,了解到为做一只凳子她需要借款15波伊夏来购买生竹。支付给中间人之后,每周的利率高达10%,她处于无利润的边缘。如果她能够以更优惠的利率借款,她就能够有些积蓄缓和经济困难,并且将生活提升到温饱水平之上。

> 尤努斯意识到他教授的经济学一定在某个地方有错误,他亲自实践,从自己口袋里拿了价值27美元的货币给了42个网篮编织者。他发现,他的少量帮助不仅能帮他们糊口,还能激发他们的摆脱贫困的个人能动性和企业家精神,这种做法是可行的。*

尤努斯被称为"穷人的银行家",于1983年在孟加拉国创办了会员所有制的乡村银行,其源头可以追溯至尤努斯1976年在吉大港大学开展的农村经济研究项目。银行最初关注的是为穷人企业家特别是妇女提供贷款,他们缺乏抵押品,难以从传统的银行获得金融支持。而后乡村银行拓展了业务领域,为各类活动提供贷款,如穷人购房、教育、乡村通信,以及为借款者提供人寿保险。2009 年,乡村银行已经拥有将近 800 万借款人所有者(拥有 90% 的银行股权),这些人来自 83 000 个村子,95% 是妇女,平均借款大约是 123 美元。偿还率超过了 96%,在 2 562 个分支银行中,57% 以上分行的偿还率为 100%。** 乡村银行衍生的各种形式的微信用在 58 个国家中得到了采用,包括发达经济体如加拿大、法国、荷兰、挪威和美国。***

尽管乡村银行的信贷帮助很多人脱离了贫困,但它仅仅为经济发展提供了部分解决方案。正如诺贝尔奖委员会总结的那样:"尤努斯长远的愿景是消灭世界上的贫困。这个愿景不可能仅仅由微信用来实现。但穆罕默德·尤努斯和乡村银行已经证明,只要持续努力,微信用一定能发挥重要的作用。"†

  * Grameen Bank, "Biography of Dr. Muhammad Yunus," www.grameen-info.org, 2011.
  ** Grameen Bank, "Annual Report 2009" www.grameen-info.org, 2011.
  *** Grameen Bank, "Biography of Dr. Muhammad Yunus."
  † Norwegian Nobel Committee, "Press Release-Nobel Peace Prize 2006," www.Nobelprize.org, 2011.

23.5　W. 阿瑟·刘易斯

1979 年,两位专门研究发展经济学的杰出经济学家分享了诺贝尔经济学奖。其中之一是阿瑟·刘易斯(Arthur Lewis, 1915—1991);另一位是西奥多·舒尔茨(Theodore Schultz)。这里我们关注刘易斯。

W. 阿瑟·刘易斯于 1915 年出生于英属西印度群岛。他曾在伦敦经济学院学习并在那里任教,后来转到曼彻斯特大学。1949 年他出版了《经济计划原理》(*The Principles of Economic Planning*)一书,在这本书中他对中央计划的不切实际提出了警告并主张由市场来实行计划。在这部主要的著作之后,1954 年他发表了一篇至今仍非常著名的关于经济发展的论文《劳动无限供给条件下的经济发展》[14]。一年后,刘易斯出版了《经济增长理论》(*The Theory of Economic Growth*)一书,在这本书中他强调了发展中国家的增长过程(不同于哈罗德、多马和索洛的增长理论,他们的增长理论主要关注的是发达资本主义国家)。

刘易斯在其职业生涯中曾担任很多高级职务,包括西印度大学的副校长、加勒比发展银行的行长和美国经济学会的会长。从 1963 年直到他退休为止,他一直在普林斯顿大学的伍德罗·威尔逊公共及国际事务学院任教。

---

[14] W. Arthur Lewis, "Economic Development with Unlimited Supplies of Labour," *Manchester School* 22 (May 1954): 139—191.

23.5.1 刘易斯的两部门模型

刘易斯的二元经济发展模型将经济划分为两个部门：一个传统的农村生计部门和一个现代的城市工业部门。相对于资本和自然资源而言，农村部门拥有如此多的剩余劳动力，以至于大量的劳动力可以被转移到城市部门而不会减少农业产出。在极端的情况下，这种过剩劳动力的边际产量为零。

城市部门是工业化的并且有利润的。这些利润的一部分被用于储蓄和资本品投资。由于厂房和设备的这种扩张，城市部门对劳动力有一种不断增长的需求，同时它的工资率也大大高于农村部门。因此，农村部门中的工人将被吸引到城市部门中来。

刘易斯模型的结构用图 23-2 来描述，它表明了城市工业部门中的劳动力需求与供给。假设在这一部门中有某一固定数量的实际资本可供利用，这样对劳动力的需求为 D_1。这一劳动力需求曲线也就是边际收益产品曲线（MRP = 边际产品 × 边际收益），边际收益产品曲线是从约翰·贝茨·克拉克[图 14-4(a)]和阿尔弗雷德·马歇尔的著作中推导出来的。

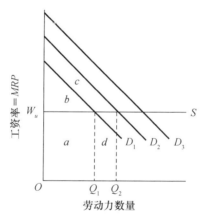

图 23-2 刘易斯的经济发展模型：劳动力无限供给

在刘易斯的模型中，城市工业部门的雇主会面临一条具有完全弹性的劳动力供给曲线，因为在农村的农业部门中存在剩余劳动力（未标出），并且城市的工资率高于农村的工资率（未标出）。如果在城市部门中劳动需求为 D_1，那么资本家将会雇用 Q_1 数量的工人并获得由区域 b 所表示的利息和利润收入。这部分收入的再投资将会增加资本存量，提高劳动生产率，并且使劳动力需求曲线向右移动，比如移动到 D_2。这样，城市就业将会增加，同样总工资、资本家的收入和国家的产出都会增加。这一过程将会继续下去直到农村部门中的剩余劳动力被城市工业部门完全吸收。

你将会注意到在图 23-2 中对城市部门的劳动力供给 S 在城市工资率 W_u 下是具有完全弹性的。刘易斯观察到，发展中国家的城市平均工资率要高于农村平均工资率约 30 个百分点。结果是，城市工业部门可以得到一个巨大的农村剩余劳动力的供给。在工资率 W_u 下，城市的雇主可以雇用到他们愿意雇用的尽可能少或尽可能多的工人。

在图 23-2 中，城市雇主将会选择雇用 Q_1 数量的工人，因为在这一雇佣水平上，边际收益产品等于工资率（边际资源成本）。我们可以回想一下克拉克的表述，总的城市工业产出是劳动力需求曲线 D_1 以下的区域，也就是区域 $a+b$。就这一数量而言，工人们将会以工资的形式得到区域 a；资本家将以利息和利润的形式得到剩余的区域 b。

资本家会将一部分利润再投资于城市部门的新资本上，提高那里的劳动生产率。劳动力边际产品的提高会转化为劳动力需求曲线的向右移动，比如，从 D_1 移动到 D_2。由于对劳动力的新的需求为 D_2，城市部门中的企业将会雇用 Q_2 数量的工人。因此，总工资将会从区域 a 增加为区域 $a+d$。同时，资本家的收入将从区域 b 增加到区域 $b+c$。Q_1Q_2 数量的农村工人将被城市工业部门吸收，并且由于在农村部门中它们的边际产量为零，因此国家的总产出将从区域 $a+b$ 增加到区域 $a+b+c+d$。这一过程会重复发生：新的再投资会发生，资本存量会提高，劳动力的需求增加，向城市部门的迁移会发生，国家的产出将会扩张。

23.5.2 含义

刘易斯的模型帮助解释了一个以前储蓄和投资仅占其国民收入较小比例的发展中国家是如何将自身转化为一个自愿储蓄和投资占其国民收入较大比例的经济的。刘易斯的过程一旦开始，国民产出和收入的增长将会自动发生。由于这个原因，刘易斯的两部门模型沿袭了斯密的古典经济理论的传统。一旦农村的剩余劳动力开始向城市工业部门转移，纳克斯的贫困的恶性循环就会被打破。这种转移会提高资本家的收入，这反过来又会促进更多的储蓄和投资。这个国家会在资源并没有从消费者直接转移到投资品的情况下经历资本和国民产出的增加。

刘易斯认为，最终农村部门中的全部剩余劳动力都将被吸收到城市工业部门中来。图 23-2 中的劳动供给曲线将转变为向上倾斜，因为城市部门对劳动力需求的进一步扩张将会要求更高的工资率，以便从农村部门中吸引劳动力。在这一发展阶段上，新古典经济学对工资率的分析和其向下倾斜的劳动需求曲线及向上倾斜的劳动供给曲线，开始变得适用。城市部门中劳动需求的进一步增加将同时提高那里的工资率和就业。

尽管刘易斯的模型受到了批评，被认为不适用于很多当前的欠发达国家（历史借鉴 23-3），但是这一模型大致描述了由美国和很多其他现在已实现工业化的经济在历史上所经历的发展过程。即使那些批评刘易斯观点的人也承认他是发展经济学形成过程中最重要的人物之一。

历史借鉴 23-3

托达罗对刘易斯和舒尔茨的批评

刘易斯关于农村-城市劳动力转移的乐观观点和西奥多·舒尔茨[*]对人力资本投资的强调受到了一些发展经济学家的批评，特别是在考虑到当今最贫穷的发展中国家的时候。

其中一位著名的批判者是迈克尔·托达罗（Michael Todaro，1942—），他注意到刘易斯的模型与许多低收入国家中发展的事实并不相符。他观察到在非洲、亚洲和拉丁美洲的发展中国家已经发生了人们从农村地区向城市地区的空前转移,然而结果并非刘易斯的模型所暗示的那样能够实现自我维持的增长。相反,从农村向城市转移的速度已经使城市地区创造就业的能力陷入困境,增加了城市的失业率并造成了城市的肮脏。

刘易斯的模型假设随着资本的扩张城市的工资率将会保持不变。但托达罗注意到在发展中国家城市的工资率会随着时间变化而提高,在绝对值和相对于农村的平均收入的相对值都会提高。即使在因为人们从农村向城市转移而存在大量失业的情况下,行业工会的压力、较高的最低工资(相对于平均工资)和跨国公司高工资政策的结合仍然引起了城市部门中工资率的上升。与此同时,发展中国家的政府通过对利率的补贴、优惠税收待遇和其他的投资激励而使资本的价格降低到了真实成本以下。过高估价的劳动力与过低估价的资本带来的结果就是资本密集型(节省劳动的)而不是劳动密集型(使用劳动的)技术的广泛使用。托达罗说:"拥有最现代化的、最精密的自动机械与设备的闪光的新工厂是城市工业的一个一般特征,而同时游手好闲的工人却聚集在工厂的大门外。"**

简而言之,托达罗称刘易斯模型所预测的城市就业的巨大增长并没有发生。"为了每一个新创造的工作,在农村地区从事农业生产的两三名迁移者都可能来到城市。"*** 托达罗认为,对大多数发展中国家来说,最好的政策是减少劳动力从农村地区向城市地区的流动。相反,发展缓慢的国家的政府应该追求农村部门和城市部门之间更加平衡的发展。

托达罗还质疑舒尔茨对于发展中国家人力资本投资的强调。较高的城市失业率导致存在大量的具备资格的工人排队等候可得的工作。在某一特定的市场工资率下,雇主通常会雇用等待队伍中那些受教育等级最高的申请者。因此,人们会急于利用机会来提高他们的教育水平。作为对这种需求的反应,发展中国家通常会将越来越多的社会稀缺资源配置到教育上。但是,所获得的教育上和技术上的成就实际上超过了发展中国家那些可得工作的需要。因此,人力资本投资是过度的,它只是提高了失业人员的教育水平。

反过来其他经济学家又对托达罗的分析提出了反驳。很显然,关于发展中国家的劳动力市场的特点、农村向城市转移的本质以及适当的公共政策仍然存在相当多的分歧。正如刘易斯在 1984 年所指出的:"如果矛盾与争论是学术活动的象征,那么我们的主题(发展经济学)看起来充满了争议。"†

---

* 西奥多·舒尔茨的传记及其对人力资本理论的贡献可以在本教科书的网页上找到。

** Michael P. Todaro, *Economic Development in the Third World*, 3rd ed. (New York: Longman, 1985),242. 关于托达罗批评的理论基础,参见:John R. Harris and Michael P. Todaro, "Migration, Unemployment and Development: A Two-Sector Analysis," *American Economic Review* 60 (March 1970), 126—142.

*** Todaro, 262.

† W. Arthur Lewis, "The State of Development Theory," *American Economic Review* 74 (March 1984),10.

复习与讨论

1. 解释下列名词，并简要说明其在经济思想史中的重要性：经济增长，经济发展，多马，多马的平衡增长率，索洛，稳态点，熊彼特，熊彼特式创新，纳克斯，贫困的恶性循环，刘易斯，农村生计部门，城市工业部门。

2. 解释下面这段来自埃弗西·多马的引文："用凯恩斯的术语来说，昨天的储蓄用于今天的投资是不足的，或者如通常的表述，投资会抵消储蓄。今天的投资必须永远高于昨天的储蓄。"

3. 假设一个没有政府、没有对外部门的经济的相关数据如下：(a) $\alpha = 0.25$；(b) $\sigma = 0.1$；(c) 第一时期的均衡收入 = 6 000亿美元。利用多马的模型来确定维持充分就业所必需的投资增长百分比。第二个时期的收入水平将为多少？在第三个时期投资支出必须增长多少？

4. 在索洛的增长理论中区分平衡投资与实际投资。解释：在图23-1曲线BI_w上的每一点都可以是一个稳态点，但是在这条曲线上只有一个点是稳态点。

5. 在索洛模型中我们如何来表示储蓄率的上升（图23-1）？为什么k^*不再是稳态的人均资本数量？解释为了达到新的稳态的人均资本数量将会发生的调整。

6. 当纳克斯说"一个国家之所以贫穷是因为它贫穷"时，其含义是什么？为什么一旦一个国家打破了贫穷的控制，上边这段话中所暗含的循环关系就提供了累积性进步的希望？

7. 在刘易斯的模型中两部门是指什么？在他的模型中劳动需求的增长是如何解释的？为什么劳动力转移时国民产出会增加？

8. 对刘易斯模型的主要批评是什么？

精选文献

书籍

Domar, Evsey D. *Essays in the Theory of Economic Growth.* New York：Oxford University Press，1957.

Harrod, Roy F. *Toward a Dynamic Analysis.* New York：St. Martin's Press，1966 [orig. pub. in 1948].

Lewis, W. Arthur. *The Principles of Economic Planning.* London：Allen and Unwin，1949.

——. *The Theory of Economic Growth.* Homewood, IL：Richard D. Irwin，1955.

Nurkse, Ragnar. *Patterns of Trade and Development.* Stockholm：Almqvist and Wiksell，1959.

——. *Some Aspects of Capital Accumulation in Underdeveloped Countries.* Cairo：National Bank of Egypt，1952.

Rawls, John. *A Theory of Justice.* Cambridge, MA：Harvard University Press，1971.

Schultz, Theodore W. *The Economic Value of Education.* New York：Columbia University Press，1963.

——. *Transforming Traditional Agriculture.* New Haven, CT：Yale University Press，1964.

Schumpeter, Joseph A. *Capitalism, Socialism, and Democracy*, 3rd ed. New York：Harper，1950 [orig. pub. in 1942].

——. *History of Economic Analysis.* Edited from manuscripts by Elizabeth B. Schumpeter. New York：Oxford University Press，1954.

——. *The Theory of Economic Development.* Translated by Redvers Opie. New York：Oxford University Press，1961 [orig. pub. in 1911].

Seidl, Christian, ed. *Lectures on Schumpeterian Economics: Schumpeter's Centenary Memorial Lectures*, Graz 1983. New York: Springer, 1984.

Sen, Amartya K. *Collective Choice and Social Welfare.* San Francisco: Holden-Day, 1970.

——. *On Inequality.* New York: Oxford University Press, 1973.

期刊论文

Bowman, Mary J. "On Theodore W. Schultz's Contributions to Economics," *Scandinavian Journal of Economics* 82, no. 1(1980), 80—107.

Domar, Evsey D. "Expansion and Employment," *American Economic Review* 37 (March 1947), 34—55.

Findlay, Ronald. "On W. Arthur Lewis' Contributions to Economics," *Scandinavian Journal of Economics* 82, no. 1(1980), 62—76.

Lewis, W. Arthur. "Economic Development with Unlimited Supplies of Labour," *Manchester School* 22 (May 1954), 139—191.

——"The State of Development Theory," *American Economic Review* 74 (March 1984), 1—10.

Parayil, Govindan. "Schumpeter on Invention, Innovation and Technological Change," *Journal of the History of Economic Thought* 13 (Spring 1991), 78—89.

Schultz, Theodore W. "Investment in Human Capital," *American Economic Review* 51 (March 1961), 1—17.

Sen, Amartya K., and Prasanta K. Pattanaik. "Necessary and Sufficient Conditions for Rational Choice under Majority Decision," *Journal of Economic Theory* 1 (August 1969), 178—202.

Solow, Robert M. "A Contribution to the Theory of Economic Growth," *Quarterly Journal of Economics* 70 (February 1956), 65—94.

——. "Technical Change and the Aggregate Production Function," *Review of Economics and Statistics* 39 (August 1957), 312—320.

第 24 章 芝加哥学派：新兴古典主义

芝加哥经济学派的现代阶段开始于1946年,这一年米尔顿·弗里德曼成为芝加哥大学的一名教员。[①] 他和1948年来到芝加哥大学的乔治·斯蒂格勒一起坚定地建立了这一学派的独特特征。加里·贝克尔、罗伯特·卢卡斯和芝加哥大学的其他几位著名经济学家延续了这一传统,一些经济学家广泛分布在学术界、商界和政府中,这样,与芝加哥学派相联系的这些思想不再被完全限定在为这一学派命名的芝加哥大学校内。

我们将会发现芝加哥学派的主要信条符合广义的古典-新古典传统。芝加哥学派的思想是新古典主义的一种变体,因此被称为"新兴古典主义"。

在提供了现代芝加哥学派的一个概览之后,我们将讨论三位主要代表人物的作品:弗里德曼、卢卡斯和贝克尔。在历史借鉴24-1中,我们将讨论与斯蒂格勒相关的信息经济学。而且,罗纳德·科斯(历史借鉴20-1)和西奥多·舒尔茨(历史借鉴23-2)也曾在芝加哥大学任教。

24.1 芝加哥学派概览

24.1.1 芝加哥学派产生的历史背景

自从马歇尔时代以来,经济思想的许多重要发展刺激了经济中更多的政府干预,或者至少将更多的政府干预合理化。庇古的外部性思想暗含着政府能够通过选择性税收

[①] 弗兰克·奈特(Frank Knight,1885—1972)和亨利·西蒙斯(Henry Simons,1900—1946)是形成芝加哥传统的早期贡献者,奈特与科斯一起对庇古的社会成本理论提出挑战,西蒙斯则是自由放任的坚定支持者。此外还包括雅各布·瓦伊纳(历史借鉴14-1)。对他们所作贡献的一个好的总结,参见:William Breit and Roger L. Ransom, *The Academic Scribblers*, rev. ed., chaps. 12 and 13 (Chicago: Dryden, 1982).

和补贴改善资源的配置。罗宾逊的买方垄断理论意味着政府应该确定最低工资并促进劳动者的工会主义。不完全竞争和垄断势力的理论引导许多经济学家得出结论：经济中政府的管制作用应该被扩大。自然垄断企业应该被作为公共事业加以管制，而非自然垄断企业应该通过反托拉斯行动来打破。由于缺乏竞争，管制者需要对企业的行为加以引导，以防止产生与国家效率和公平目标不一致的结果。市场社会主义的经济理论使许多人相信政府能够与私人企业一样有效率地配置资源及提供产品和服务。被广泛接受的经济发展理论暗示政府是打破发展中国家的贫困恶性循环的唯一适当手段。凯恩斯革命已经深深植根于人们的心中。它的基本前提——政府应该利用财政政策、货币政策和收入政策来稳定经济——已经成为新的传统智慧。政府收入再分配的基本原理既来自边际主义的分析，也来自凯恩斯主义的分析。

芝加哥学派的成员反对这一整套的推理思路。在这一学派的早期阶段，其支持者在说服他人方面几乎没有取得什么进步。芝加哥学派思想的支持者是在逆着一股强大的知识与历史潮流而前进。但20世纪70年代的经济事实使人们对新的正统经济学的几个方面的有效性产生了怀疑。原来的潮流开始衰退、转向，并将芝加哥学派的支持者们推到了一股新的知识思想浪潮的最前沿，无数年轻的经济学家都追随着他们的引导。

24.1.2 芝加哥学派的主要信条

芝加哥学派的主要原理和特征总结如下：

- 最优化行为。芝加哥学派的成员强调人们试图最大化他们福利的新古典主义原理。即在进行决策的时候，他们会进行最优化行为。基本的经济单位是个人。个人结合成为更大的单位——家庭、政治利益集团、企业组织——作为从专业化和交换中获得利益的一种方式。偏好趋于稳定并与价格无关。人们会作出理性选择，尽管这种选择并不能总是产生预期的结果。收益和成本是不确定的。为了减少这种不确定性，决策者搜寻信息，但仅会达到从额外的信息中所获得的边际收益等于获取信息的边际成本的那一点。消费者、工人和企业会对货币激励与抑制作出反应。

- 观察到的价格和工资大体上很好地近似于长期竞争的价格和工资。[②] 价格和工资反映社会边际的机会成本。由垄断和买方垄断所引起的实际价格与竞争价格之间的差异在总体上并不重要。只有在政府阻碍竞争性进入的情况下垄断价格才能在长期中存在下去。即使在这种情况下，竞争最终会产生新的产品和技术从而削弱垄断者的地位。确立明确的产权和鼓励私人协商能够使外部性最小化。制度安排——资历报酬、大量的行政人员的工资、工会合同等——从表面上看起来能够独立于市场力量确定工资和价格，这种情况通常会存在，因为涉及的各方认为他们是有效率的。

- 数学导向。芝加哥学派非常依赖数学推理（比如，与新奥地利学派不同），他们既使用马歇尔式的局部均衡方法也使用瓦尔拉斯式的一般均衡方法。他们也强调了实

---

② 梅尔文·W. 雷德强调了芝加哥学派的这一特征，参见：Melvin W. Reder, "Chicago Economics: Permanence and Change," *Journal of Economic Literature* 20 (March 1982), 1—38. 这是关于芝加哥学派的一篇最好的文章。

证检验,但有时将这个任务留给了他人。

- 抛弃凯恩斯主义。经济是自我调节和管制的,伴随着有自我限制的微小波动。严重的衰退和萧条是由不适当的货币政策导致的,而不是来自支出的自动变化。货币存量的变化会引起名义国内生产总值的直接变化,而不仅仅是通过金融利率来发挥作用。财政政策通常是无效的,除非伴随着货币供给的变化,而且即使在后一种情形下由于存在理性预期,财政政策通常也是无能为力的。卖者的或成本推动型的通货膨胀理论是错误的,因为通货膨胀无论何时何地都是一个货币现象。

- 有限政府。政府作为一个代理人在本质上是无效率的,它所追求的目标可以通过私人交换来满足。政府官员有他们自己要寻求最大化的目标,因此不可避免会将一部分归他们处置的资源转移到并非为纳税人带来利益的目标上。政府管制并非代表公众利益,政府管制通常对那些寻求这种管制的人有利或对那些学会按他们的私人优势配置它的人有利。

24.1.3 芝加哥学派对谁有利或为谁谋利

芝加哥学派观点的倡导者帮助使普通大众和被选举出来的官员相信:在相对免于政府干预的情况下,竞争性市场体系能够产生最大的经济自由,这反过来又会产生最大的个人和集体经济福利。只要这一命题是有效的,那么芝加哥学派的观点就对整个社会有利。

对芝加哥学派观点的更广泛的接受给公司带来很多利益。实际上一些公司支持并帮助传播了这些思想。这些新兴古典主义经济学家帮助论证较少的政府干预和文书工作的合理性。令许多公司非常高兴的是,他们还称垄断是不重要的或短暂的,公司兼并在"公司控制的市场"中是一个必要的因素,并且广告向消费者提供可供选择的替代品的信息,有助于形成竞争性的结果。一些人还认为,芝加哥学派的经济学家为税收制度应该被用来提高收入而不是收入再分配提供理由,从而对高收入群体有利。

但是,芝加哥学派的信条是"有利有弊的"。例如,他们反对这样一些政府行为,如为即将破产的企业提供贷款或者对外国商品强制实施进口配额。同样,他们反对设置诸如不必要的许可这样的人为障碍,这只会通过使新参与者难以进入而提高某些部门的报酬。

另一方面,依赖政府补贴、就业、管制或特别立法的团体和个人会由于芝加哥学派的政策在政治上被接受而遭受损失。例如,倡导政府价格支持与补贴的农业利益集团就反对芝加哥学派的观点。代表政府雇员的工会或专业团体也强烈表达了他们对芝加哥学派经济学的不满。从政府对经济活动的管制中获得个人就业和收入的政府官员也反对这些思想。

尽管芝加哥学派的许多最近的经济学家并不关心政治,但是作为一个整体,芝加哥学派为美国的政治保守主义提供了根据。正如芝加哥学派的一名成员梅尔文·W. 雷德所言:

芝加哥学派在本世纪第三个25年中所取得的巨大成功在很大程度上是由于其在科学研究和满足政治保守主义方面都能够取得领先地位。它能够实现这种双重作用是由于弗里德曼和斯蒂格勒所拥有的科学天才与解释技巧的幸运组合,但可能更为重要的是由于第二次世界大战末学术上保守主义的破产。

大萧条对自由放任资本主义声誉的破坏和希特勒造成的人们对各种类型的民族主义-保守主义信条的怀疑的这两种效应的组合,使政治权力几乎得不到任何学术支持。尽管存在自由放任的其他代言人(比如米塞斯团体),但是[芝加哥学派经济学家]的专业声誉和学术地位以及他们在非技术性交流方面的技巧,使他们在1945年之后的几十年中在争取保守公众的注意与支持方面获得了巨大的优势。③

24.1.4　芝加哥学派在当时是如何有效、有用或正确的

凯恩斯革命趋向于使微观经济学的进展处于停滞状态,这一领域的许多最优秀的学者将他们的注意力转向扩展凯恩斯主义的思想体系。其中包括早期杰出的微观经济学家,如琼·罗宾逊和约翰·R.希克斯。芝加哥学派从某种意义上保持并强化了边际主义的传统,当时边际主义传统的流行程度已经开始减弱。在凯恩斯革命主宰学术舞台的时候,它帮助保存了古典主义与新古典主义经济学的长期遗产。这并不意味着凯恩斯革命已经结束,但意味着经济学家再次转向微观经济分析以扩展他们对于当今问题的理解,包括那些以前看起来似乎是宏观经济学家的专有领域。例如,对失业的分析现在包括对微观经济理论的强调,如工作搜寻和工作与闲暇之间的暂时替代。

当费雪的货币思想在凯恩斯思想的重压之下很容易被永久埋没的时期,芝加哥学派通过复活费雪的货币思想而使其在所处的时代也是有用的。20世纪70年代和80年代早期的快速通货膨胀将这个国家的注意力从凯恩斯主义所关注的主要问题——失业——转移到费雪和弗里德曼所关注的问题——通货膨胀上来。在同一时期通货膨胀和失业的同时发生使许多凯恩斯主义者要求实行收入政策,尽管他们也承认这种政策很可能对效率产生负面的副作用。新兴古典主义者认为通货膨胀与失业之间的长期权衡关系是个错觉,他们保持了乐观的古典主义观点,即经济效率、价格稳定和自然的充分就业率是可以同时实现的。

24.1.5　芝加哥学派的哪些信条具有长远贡献

由于与新兴古典学派相联系的一些思想是最近时期的事物,因此现在判断哪些将对经济学作出持久贡献可能还不成熟,如果存在的话。例如,在20世纪80年代和90年代货币主义就失去了大部分支持。但是,新兴古典主义思想已经深深植根于美国大学的课程之中,这就足够了。比如,经济学原理方面的主要教科书都有关于新兴古典宏

---

③　Reder,"Chicago Economics",35.

观经济学思想的章节,包括对自然失业率、理性预期、长期垂直的菲利普斯曲线和短期总供给与长期总供给的讨论。芝加哥学派的人力资本、家庭生产、工作搜寻和歧视的理论在现代劳动经济学教科书中都会被讨论到。浮动汇率的内容是国际经济学教科书的标准内容。关于外部性的科斯定理(历史借鉴 20-1),尽管存在争议,但是在公共财政和环境经济学教科书中会予以论述。简而言之,由较广泛定义上的芝加哥学派的成员所提出的一些思想看起来可能会具有长远的价值。但是,对这些贡献的最终评价需要等待我们的后代加以仔细研究。

24.2　米尔顿·弗里德曼

米尔顿·弗里德曼(Milton Friedman,1912—2006)是芝加哥学派的领袖人物,他在罗杰斯大学完成了本科学业,从芝加哥大学和哥伦比亚大学获得了研究生学位。当他还是芝加哥大学的一名学生的时候,他受到了弗兰克·奈特的深刻影响。1948 年,弗里德曼成为芝加哥大学的一名教员,并且一直在那里待到 1977 年退休。在离开芝加哥大学之后,他成为斯坦福大学胡佛研究所的一名高级研究员。他是 1967 年美国经济学会的会长,1976 年获得诺贝尔经济学奖。弗里德曼的思想为广泛的美国公众所熟悉。他曾担任《新闻周刊》(*Newsweek*)的专栏作家,写了一些畅销书,参加教育性的电视系列节目并对大量的团体发表过演讲。

24.2.1　消费函数

1957 年,弗里德曼出版了《消费函数理论》(*A Theory of the Consumption Function*)一书,在这本书中他指出凯恩斯的消费函数过于简单:

> 考虑这样一种情形:许多人都是每周挣 100 美元并且每周都花费 100 美元用于当期消费。让他们每周得到一次报酬,并且支付报酬的日子是交错的,这样有 1/7 的人在星期天得到报酬,有 1/7 的人在星期一得到报酬,依此类推。假设我们随机选择这些人一天的预算数据作为样本,将收入定义为那一天的现金收入,将消费定义为那一天的现金支出。1/7 的人将会被记为有 100 美元的收入,而 6/7 的人则记为零收入。人们在获得报酬的那一天将会比其他时间花费得更多是合理的,但是在其他的时间他们也会有开支,所以我们将会将 100 美元收入的 1/7 的人记为有正的储蓄,而另外 6/7 的人拥有负的储蓄……这些结果并没有告诉我们关于消费行为的任何有意义的东西,它们仅反映了收入和消费概念的不合适的使用。人们并没有调整他们在消费上的现金支出以适应他们的(短期)现金收入……④

弗里德曼指出,在这个简单例子中,将观察时期从一天延长为一周将会消除这种错

---

④　Milton Friedman, *A Theory of the Consumption Function* (Princeton, NJ: Princeton University Press, 1957), 220.

误。但是就实际消费-收入数据而言，即使使用一年的时期也不能纠正这个问题。

按照弗里德曼的观点，一个家庭的消费是由持久收入而不是现期收入决定的，这里持久收入定义为在一个若干年的时期内人们预期得到的平均收入。在年复一年的时间里人们试图维持一个大致稳定的生活标准，暂时的收入变化既不会大幅度提高也不会大幅度降低人们当期的消费。换言之，消费并不会对由投资和政府支出的变化所引起的收入的每一个变化作出反应，它只会对那些人们认为是持久的和长期持续的收入变化作出反应。其含义是当前收入变化的边际消费倾向小于凯恩斯理论所认为的边际消费倾向。这意味着投资乘数较小，反过来又意味着所谓的经济中的内在不稳定被夸大了。⑤

24.2.2　货币理论

弗里德曼最著名的是他关于经济中货币作用的思想。就这方面他讨论了几个相互关联的主题，包括货币需求、货币数量论、大萧条的起因、财政政策的无效性、长期垂直的菲利普斯曲线以及"货币规则"。

货币需求。弗里德曼将货币需求看作现金余额需求。人们需要现金余额是因为它们能够为持有者提供效用。与凯恩斯不同，弗里德曼没有区分各种类型的货币，即区分闲散余额与积极余额，或者交易余额与投机余额。在任何特定的时间，家庭或企业愿意持有的货币数量有三个主要决定因素，这些决定因素独立于影响货币供给的因素。

- 总财富。以所有形式存在的总财富，包括人力资本，能够以持久收入最佳度量。随着财富或持久收入的增加，人们愿意以现金余额形式持有的货币数量也会增加。
- 持有货币的成本。货币需求的第二个主要决定因素是持有货币的成本。较高的成本将导致持有较少的货币。这些成本随着利率、预期通货膨胀率和价格水平的变化而变化。

持有货币的成本之一就包括所放弃的可以以其他财富形式持有的直接"利率"。如果非货币资产比如股票和债券的收益上升，那么持有货币的机会成本也会上升，人们将会需要较少的货币。然而，从总体上看，货币需求的数量对利率的变化是不敏感的。交易形式（货币）与非交易形式（股票、债券）的财富的收益差额是相对稳定的。例如，当利率总体上升时，银行之间会通过对可以开具支票的账户提供较高的利率或者通过提高非现金收益（服务质量、方便、"无成本的"安全保管箱）来相互竞争以维持他们的这些账户。结果是，持有货币的相对机会成本并没有随着经济中利率的变化而发生显著变化，货币需求对利率是无弹性的。

持有货币的另一种成本与预期通货膨胀有关。这是所放弃的实际资产的资本收益

---

⑤ 1963 年，宾夕法尼亚大学的阿尔伯特·安多和麻省理工学院的佛朗哥·莫迪利亚尼提出了一个相似的理论，认为消费与人们整个一生的收入相关。与弗里德曼的假设一样，这个"生命周期"理论暗示在某一给定时期内消费对当前收入的变化可能不如一些凯恩斯主义者所认为的那样敏感。参见：Albert Ando and Franco Modigliani,"The 'Life Cycle' Hypothesis of Saving：Aggregate Implications and Tests," *American Economic Review* 53 (March 1963), 55—84. 莫迪利亚尼由于他的工作获得了 1985 年的诺贝尔经济学奖。

的机会成本；它也是牺牲的能够增值的资产的"收益"。较高的预期通货膨胀率会提高资本收益的前景从而提高持有货币的成本。因此，当人们预期到较高的通货膨胀率时，他们会减少当前的现金余额。

持有货币的最后一种成本与价格水平（有别于预期通货膨胀率）相关。价格水平越高，持有货币的名义成本也就越低，因为所持有的每一美元将买到较少的东西。价格水平的上升，比如用消费价格指数衡量，会引起货币需求数量成比例的上升。人们将希望增加他们的现金余额以保持用实际变量来衡量的现金余额固定不变，即他们希望持有更多的现金来购买价格更高的产品。

- 偏好。关于持有和使用现金的偏好或基本态度是货币需求的第三个主要决定因素。弗里德曼断言，这些偏好"在非常大的空间和时间跨度上"会保持相对固定。

简而言之，弗里德曼认为货币需求数量与持久实际收入和价格水平成同方向变化，与预期通货膨胀率成反方向变化，对利率的变化反应并不明显。

现代货币数量论。按照弗里德曼的观点，货币需求在短期内是相对稳定的。联邦储备系统控制着货币供给。货币供给的增加将会使人们所持有的现金余额超过他们所希望持有的数量。他们将试图通过现金支出和写支票的方式来消耗掉这些过多的交易资产。但是社会作为一个整体无法消耗掉过多的现金余额，一个人的支出将会使另外一个人的钱夹或支票簿中有更多的现金。因此，人们花掉他们的现金余额的这种愿望将会增加对产品和服务的需求，提高产出、价格或者产出与价格的某种组合。当经济在其自然就业率和产出率水平运行时，长期中只有价格会上升。随着价格水平的上升，货币需求将会增加（回想一下我们前边的讨论），因为社会希望持有额外的货币来购买价格更高的产品。最终，货币供给数量与货币需求数量之间的均衡将会得到恢复，只是会在一个更高的价格水平上。

这样，根据弗里德曼的论述，现代货币数量论得以确立。它并没有像以前的货币数量论那样假设货币流通速度是不变的，而是假设货币需求是"高度稳定的——比其他那些关键关系的函数，如消费函数，还要稳定"。弗里德曼指出，通货膨胀"无论何时何地都是一种货币现象，它最初是由货币数量的过度增长所引起的"⑥。弗里德曼说，货币存量与价格之间的这种关系得到了经验数据的证实。参考其他人的研究，他在1956年指出：

> 在经济学中可能没有其他的实证关系像在短期中货币存量与价格的重大变化之间的这种关系一样，在一系列广泛的情况下可以观察到如此一致地重复发生；一个总是与另一个联系在一起并且按相同的方向发生变化；我怀疑，这种统一性与构成物理学基础的许多统一性是属于同一类的。⑦

1963年，弗里德曼和安娜·施瓦茨（Anna Schwartz）出版了《美国货币史：1867—

---

⑥ Milton Friedman, *Dollars and Deficits* (Englewood Cliffs, NJ: Prentice-Hall, 1968), 18.
⑦ Milton Friedman, "The Quantity Theory of Money—A Restatement," in *Studies in the Quantity Theory of Money*, ed. Milton Friedman (Chicago: University of Chicago Press, 1956), 20—21.

1960》(*A Monetary History of the United States*, 1867—1960)一书,在这本书中他们提出了自己的关于货币存量增长与通货膨胀率的实证发现。弗里德曼认为这本书是他最重要的著作。

大萧条的起因。在他们著作的第 7 章中,弗里德曼和施瓦茨得出了这样一个有争议的结论:即货币政策应该对 20 世纪 30 年代的大萧条负有主要责任。⑧ 后来,弗里德曼这样表述了他的立场:

> 凯恩斯与那个时代的其他大多数经济学家都认为尽管货币当局采取了积极的扩张性政策,但美国的大萧条仍然发生了——他们已经尽力,只是他们的努力并不足够好。最近的研究表明事实恰好相反:美国的货币当局采取了高度紧缩的政策。美国的货币数量在萧条的过程中下降了 1/3。而且它下降并不是因为没有愿意提供借款的人——不是马儿不喝水。它之所以下降是因为联邦储备系统强制或允许基础货币急剧下降,是因为它没有能够执行《联邦储备法案》赋予它的为银行系统提供流动性的责任。大萧条是货币政策能力的不幸证明——而不像凯恩斯和许多他那个时代的经济学家所认为的那样,是无能的证据。⑨

长期垂直的菲利普斯曲线。回想一下,维克塞尔区分了实际利率与自然利率。弗里德曼认为在实际失业率与自然失业率之间也有类似的差别:"我使用'自然的'这一术语是出于与维克塞尔相同的理由——尽量将实际因素与货币因素区分开来。"⑩弗里德曼认为,自然失业率也就是当实际通货膨胀率与预期通货膨胀率相等时会发生的失业率。当局只有通过产生一个大于预期的通货膨胀率水平才能将实际失业率暂时降低到自然失业率之下。但是一旦人们将预期调整到新的更高的通货膨胀率水平上,失业率将会重新回到自然失业率上。

图 24-1 用图形说明了弗里德曼的分析。⑪ 我们的解释方法是首先确定短期的菲利普斯曲线,然后解释这些短期的菲利普斯曲线如何向上移动而产生一条垂直的长期的菲利普斯曲线。该图有时也被称为菲尔普斯-弗里德曼菲利普斯曲线,埃德蒙·菲尔普斯(Edmund Phelps, 1933—)明确阐述了同样的思想,并赢得了 2006 年的诺贝尔经济学奖。⑫

首先,让我们集中在图 24-1 中的短期菲利普斯曲线 $SRPC_1$ 上。假设通货膨胀率为 P_1,失业处于自然失业率 U_n(点 a)上。接下来假设货币当局希望将实际失业率固定在

---

⑧ 弗里德曼和施瓦茨以这一章作为核心部分单独出版了以下著作:*The Great Contraction*(Princeton University Press, 1963).
⑨ Milton Friedman, "The Quantity Theory of Money——A Restatement", in *Studies in the Quantity Theory of Money*, ed. Milton Friedman(Chicago:University of Chicago Press, 1956), 20—21.
⑩ Milton Friedman, "The Role of Monetary Policy," in *The Optimum Quantity of Money and Other Essays*(Chicago: Aldine, 1969), 105. 这是弗里德曼在 1967 年美国经济学会会长就职演讲发表的论文。
⑪ 这个图中的根本思想是弗里德曼在他诺贝尔奖颁奖典礼上的演讲中提出的,重发表于:"Inflation and Unemployment," *Journal of Political Economy* 85(June 1977), 451—472.
⑫ Edmund Phelps, "Phillips Curves, Expectations of Inflation and Optimal Unemployment over Time," *Economica* 34(1967), 254—281. 图 24-1 的别名还有:"弗里德曼-菲尔普斯"菲利普斯曲线、考虑预期的菲利普斯曲线。

U_1上,从某种意义上说表明愿意用更高的通货膨胀率(P_2而不是P_1)来替代一个较低的失业率。假设货币当局通过增加货币存量来实现这一点。这最终将把通货膨胀率提高到P_2,而暂时将失业率降低到U_1(点b)。原因何在?企业会发现它们产品的价格上升速度快于单位劳动成本。许多工人的劳动合同是在预期通货膨胀将会继续为P_1的情况下签订的。因为价格上升而名义工资保持不变,所以实际工资率会下降,雇主的反应将是增加雇佣人数。此外,因为企业要获得新的雇员,所以正在寻找工作的失业工人将开始得到企业提供的更高的名义工资。如果工人们将这些名义工资的增加误认为提供了更高的实际工资,那么他们将会缩短他们寻找工作的时间长度。结果将是一个较低的摩擦失业率。结论:(1)当实际通货膨胀率高于预期通货膨胀率时(P_2而不是P_1),失业率将会下降(从U_n下降到U_1);(2)短期菲利普斯曲线(比如,$SRPC_1$)上的点表示与不同于预期通货膨胀率的实际通货膨胀率相联系的各种失业率。

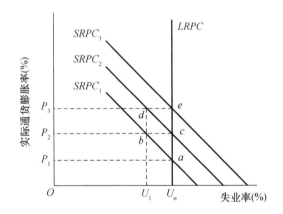

图24-1 弗里德曼的长期垂直的菲利普斯曲线

每一条短期的菲利普斯曲线都表示当实际通货膨胀率与预期通货膨胀率相偏离时可能的通货膨胀与失业的各种组合。当通货膨胀高于预期通货膨胀时,比如在P_2而不是P_1,失业会暂时下降到其自然失业率之下(从U_n下降到U_1,由点b来表示)。但是一旦P_2成为新的预期通货膨胀率,短期菲利普斯曲线会从$SRPC_1$移动到$SRPC_2$,失业率将会回到其自然失业率水平(点c)。弗里德曼认为,在长期中通货膨胀与失业之间并不需要权衡。长期的菲利普斯曲线是垂直的,表示这几个通货膨胀率中的任何一个都是与自然失业率相容的。

© Cengage Learning 2013

弗里德曼认为,经济不会停留在$SRPC_1$的点b上。人们将会把预期调整到更高的通货膨胀率P_2上并预期它会继续下去。一旦发生了这种调整,短期的菲利普斯曲线会向上移动到$SRPC_2$。更高的预期通货膨胀率会转化为短期菲利普斯曲线的更高位置。随着旧的合同的到期,工资将会上升,实际劳动成本会上升到它们以前的水平上,企业会解雇工人,从而自然失业率得以重新确立(点c)。现在自然失业率是与一个更高的实际通货膨胀率和预期通货膨胀率联系在一起的。

假设货币当局试图将失业率再次确定为U_1。通过增加货币供给,它们能够再次暂时地实现这一目标(点d)。但是这种就业收益是短暂的。短期的菲利普斯曲线会

向上移动到 $SRPC_3$，经济会移动到点 e。在长期中，通货膨胀与失业之间并不需要权衡。菲利普斯曲线($LRPC$)在自然失业率水平上完全垂直。在长期中，货币当局只有通过连续提高通货膨胀率才能将失业率降低到自然失业率之下。用弗里德曼的话来说：

> 换一种说法来表达这一结论，即在通货膨胀与失业之间始终存在一种暂时的权衡关系，并不存在持久的权衡关系。这种暂时的权衡并非来自通货膨胀本身，而是来自非预期的通货膨胀，这通常意味着它来自一个不断上升的通货膨胀率。一个广泛存在的信念是存在一种长期的权衡关系，这种信念是在一种复杂版本中的"较高的"和"不断上升的"两个概念之间的混淆，在更为简单的形式中我们都能认识到这种混淆。一个不断上升的通货膨胀率可能会降低失业，但一个较高的通货膨胀率将不会降低失业。[13]

货币规则。回想一下勒纳曾将经济比作一辆没有方向盘的汽车(回顾历史借鉴 22-1)。为了避免冲出一边的路缘然后又冲出另一边的路缘，汽车需要一个由熟练司机操作的方向盘——功能财政。弗里德曼对此作了如下反驳：

> 对于经济这辆汽车，我们并不需要一个熟练的货币司机，由他来持续转换方向盘以适应不可预期的道路的不规则性，而是需要某种方法，能够使坐在车厢内后座上的货币乘客保持稳定，不必不时前倾，而且在汽车即将抛出公路时能够给方向盘突然制动。[14]

只要政府不使之不稳定，那么这辆汽车将会沿着公路平稳地行驶下去。联邦储备体系应该放弃使用相机抉择的货币政策而坚持货币规则：每年按与生产力的长期增长速度相一致的一个稳定比率来增加货币供给。需要这样一种规则是基于以下四个原因。

- 联邦储备体系过去的表现。按照弗里德曼的观点："纵观历史，联邦储备体系宣称它在使用它的力量来促进经济稳定。但是历史记录并不支持这一论断。相反，联邦储备体系是不稳定的一个重要来源。"[15]
- 经济知识的局限。在货币存量的变化与产出和价格的变化之间存在时滞，并且这些时滞本身是可变的、不可预测的。试图微调经济就像校正经济一样，很可能会增加不稳定性。
- 信心。单一货币规则能够使企业、消费者和工人在签订合同的时候有信心，他们相信将来联邦储备体系不会令他们突然吃惊。
- 联邦储备体系的中立化。"单一货币规则将使货币政策既与不受选民控制的一

---

[13] Friedman, "Monetary Policy", 104.
[14] Milton Friedman, *A Program for Monetary Stability* (New York: Fordham University Press, 1959), 23.
[15] Milton Friedman, *An Economist's Protest: Columns in Political Economy* (Glen Ridge, NJ: Thomas Horton, 1972), 65.

群人的专断权相隔离,也与党团政治的短期压力相隔离。"⑯

24.2.3　经济自由主义

弗里德曼将自己描述为一个19世纪的自由主义者。当然,他指的是与强调经济自由的古典主义经济学家联系在一起的经济自由主义。因此,多年来他一直在倡导少依赖政府而多依赖市场的一系列改革。弗里德曼认为,市场体制不仅会保护经济自由,而且也会保护政治自由。"一个印刷机为国家所有而且工人为国家所雇用的国家会真正拥有政治自由吗?"弗里德曼问道。他的答案是"不会"。

弗里德曼的改革建议中有几项已经被实施;其他的仍然是公众争论的主题。他的建议包括:浮动的、市场决定的国际汇率体系,在美国实行完全自愿兵役制,对反托拉斯法的较宽松的解释,结束国家对收入政策的试验,负所得税,能够为父母将他们的孩子送到哪一所学校提供选择的教育优惠券,单一税率所得税,偶然吸毒的合法性,以及大量公共服务设施的"私有化"。

弗里德曼的崇拜者和批判者一致认为他帮助确立了货币在经济中"至关重要"的思想。他们也都一致认为弗里德曼本人在经济思想史和公共政策方向中是"至关重要"的或具有重要影响。正如萨缪尔森所说:"如果不存在米尔顿·弗里德曼的话,我们将有必要创造一个弗里德曼。"⑰

历史借鉴 24-1
从斯蒂格勒到"柠檬"

在20世纪60年代早期,芝加哥学派的经济学家乔治·J. 斯蒂格勒(George J. Stigler,1911—1992)指出,信息是一种经济商品。消费者会通过比较边际收益与边际成本来决定获取多少信息。*

考虑新车市场上消费者的例子。更多信息的边际效用(MB)包括:与发现符合某人需要的某种品牌和样式相联系的效用,以及与发现较低价格相联系的效用。尽管随着获得的信息越来越多总收益将会上升,但额外信息的边际收益会下降。相反,随着消费者获得越来越多的信息,额外信息的边际成本(MC)通常会上升。这种成本包括交通和其他搜寻费用、时间的机会成本以及由于推迟购买所牺牲的效用。

消费者会找出边际收益高于边际成本的所有单位的信息,并且当$MB = MC$时搜寻的过程结束。斯蒂格勒认为,在那一点上消费者获得最优数量的信息。因此,同一品牌的新车存在一组价格分布而不是一种单一的零售价格。消除这种价格变动所需要的额外信息导致边际成本高于边际收益。在其他条件相同的情况下,信息的边际成本越高,市场上价格的差异也就越大。

---

⑯ Friedman, *Economist's Protest*, 66.
⑰ Paul Anthony Samuelson and William Samuelson, *Economics*, (Chicago: McGraw-Hill, 1980),791.

1970 年，加州大学伯克利分校的乔治·A. 阿克洛夫（George A. Akerlof, 1940—）扩展了斯蒂格勒对信息的分析。阿克洛夫提出了一个相当简单的问题："为什么买者将新车开出卖场之后汽车会损失那么多价值？"如果物理折旧是罪魁祸首的话，那么为什么同一辆新车在卖场停留数周甚至数月都不会损失价值？阿克洛夫的答案是某些市场包含不对称信息（asymmetric information），这使他分享了 2001 年的诺贝尔经济学奖。**

二手车的出售者比潜在的购买者拥有关于他们汽车的状况的更多信息，市场双方的信息是不对称的。因为购买者缺乏关于二手车的重要信息，所以就出现了逆向选择问题。有缺陷的汽车（柠檬）的所有者希望卖掉他们的汽车，但是大多数相同品牌、年份和样式的高质量汽车的所有者不想卖掉他们的汽车。结果是市场上的大多数二手车质量要比不愿出售的相同型号的汽车差。因为二手车的潜在购买者知道这一点，所以对二手车的需求会降低，同样市场价格也会下降。二手车的这种较低的价格进一步降低了拥有高质量二手车的人们的出售激励。因此，质量较差的汽车趋向于将高质量的汽车逐出市场，并且许多潜在的能够提高福利的交易因此也不会发生。当购买者将一辆新车从经销商那里开走时，这辆汽车立即就呈现了"柠檬市场"上的价值，即使这辆车可能完好如初。

现代经济学家发现了几种存在不对称信息的市场，包括餐馆的饮食、汽车旅馆的房间、医生的服务、电器设备以及某些保险与劳动力市场。但是，他们还提醒我们，已经出现了许多私人部门的安排来帮助减少信息的不对称。例子有可转让产品保证书、特许经营以及商标名称的确立。而且，这类问题有所减少，因为一些私人信息提供者通过提供信息获取利润，比如企业发布消费报告、旅游向导的生产商、信用机构、担保机构、经纪人以及其他中介机构等。最后，可以较为便宜地获得互联网提供的信息也可以减少信息不对称问题。

* George J. Stigler, "The Economics of Information," *Journal of Political Economy* 69（June 1961），213—225. 你可以在本书网站第 24 章的补充材料中了解更多关于斯蒂格勒的工作。

** George A. Akerlof, "The Market for Lemons: Qualitative Uncertainty and the Market Mechanism," *Quarterly Journal of Economics* 84（August 1970），488—500.

24.3 小罗伯特·E. 卢卡斯

小罗伯特·E. 卢卡斯（Robert E. Lucas Jr., 1937—）出生于华盛顿的雅吉瓦，在芝加哥大学获得了学士学位和博士学位。在他研究生的早期阶段，他受到了弗里德曼教授的影响，弗里德曼教授其研究生课程的一年级微观经济学，并且他还受到了萨缪尔森的《经济分析基础》的影响。卢卡斯评论道："《经济分析基础》指出，'这就是你进行经济分析的方法'。它让你知道你应该如何玩这个游戏的秘密，而不是用大话来将你吓跑。我认为是萨缪尔森的著作和弗里德曼的课程的结合使我开始了经济研究。"⑱

卢卡斯在卡内基-梅隆大学度过了学术生涯的前 11 年,然后在 1974 年回到芝加哥大学。因他对宏观经济学所作出的贡献他被授予 1995 年的诺贝尔经济学奖。具有讽刺意味的是,他的前妻得到了 100 万美元奖金的一半,因为她在七年之前的离婚协议中加入了一个包括这种可能性的条款。这个条款定于 1996 年到期。

24.3.1 理性预期

弗里德曼的通货膨胀-失业关系的理论(图 24-1)建立在适应性预期的假设基础上。人们根据过去和现在的通货膨胀来确定他们对未来通货膨胀的预期,并且只有随着新的事件的发展他们才会改变他们的预期。卢卡斯超越了弗里德曼的分析,他指出经济人会形成关于当前稳定政策的未来结果的理性预期。尽管理性预期的思想并不是卢卡斯最先提出的,但正是卢卡斯详细描述了它对于宏观经济理论与政策的含义。⑲

卢卡斯认为,市场参与者会反省他们过去的错误,利用和加工处理所有可以得到的信息,并且在预测未来价格水平的变动中能够成功地消除规则性错误。因为人们知道扩张性的财政政策与货币政策会产生通货膨胀,所以当政府采取这些措施时他们会立即向上调整他们的通货膨胀预期。资源市场和金融市场会立即作出调整,因此工人们会得到更高的名义工资,原材料和其他资本品的出售者会得到更高的价格,贷出货币的人会得到更高的名义利率。

对预期通货膨胀的这些反应会使扩张性的财政政策与货币政策无效。利润、产出和就业的暂时性增加表现在图 24-1 中不是从点 a 移动到点 b,经济直接从点 a 移动到点 c,即扩张性的财政政策与货币政策会直接并立即沿着垂直的长期菲利普斯曲线向上将通货膨胀率从 P_1 提高到 P_2。

24.3.2 卢卡斯的总供给分析

卢卡斯的分析区分了短期总供给与长期总供给。在图 24-2(a) 和图 24-2(b) 中,纵轴衡量价格水平而不是通货膨胀率,横轴衡量实际产出而不是失业率。在由这两个图所代表的新兴古典主义的模型中,总需求的一个不可预期变化确实会影响实际产出水平,但仅仅是暂时的。与之相反,总需求的一个预期的变化对实际产出和就业没有影响。

假设经济最初位于图 24-2(a)中的点 a,并且一次不可预期的投资支出猛增使总需求从 AD_1 增加到 AD_2。生产者会立即感受到价格的上升,并且得出结论,这些价格相对

---

⑱ Arlo Kramer, *Conversations with Economists* (Totowa, NJ: Rowman & Allanheld, 1983), 30.
⑲ 约翰·J. 穆特(John J. Muth)在他的著作中最先提出了理性预期的思想:"Rational Expectations and the Theory of Price Movements," *Econometrica* 29 (July 1961). 卢卡斯的贡献编辑在以下著作中:*Studies in Business-Cycle Theory* (Cambridge, MA: MIT Press, 1981). *Models of Business Cycles* (Oxford, England: Basil Blackwell, 1987). 托马斯·萨金特(Thomas Sargent)和尼尔·华莱士(Neil Wallance)也为理性预期理论作出了重要贡献。

于其他价格而言(以及相对于劳动力价格)是在不断上升的。因为预期得到更高的利润,他们就会增加就业与产出,将经济从点 a 移动到点 b。可以观察到短期总供给曲线 AS_1 是向上倾斜的;不可预期的价格水平从 P_1 提高到 P_2,使实际产出从 Q_1 增加到 Q_2。

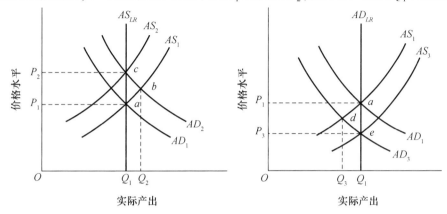

图 24-2　卢卡斯的新兴古典宏观经济学

图(a):总需求不可预期地从 AD_1 增加到 AD_2,会使经济暂时地从点 a 移动到点 b。然后经济会移动到点 c,因为名义工资和其他要素价格的上升使短期总供给曲线从 AS_1 向左移动到 AS_2。总需求不可预期的增加会使经济沿着长期总供给曲线 AS_{LR} 直接从点 a 移动到点 c。图(b):总需求不可预期地从 AD_1 下降到 AD_3 会使经济暂时地从点 a 移动到点 d。名义工资和其他投入要素价格的下降会使短期总供给曲线从 AS_1 向右移动到 AS_3,经济会移动到点 e。总需求可以预期的下降会使经济沿着长期总供给曲线 AS_{LR} 直接从点 a 移动到点 e。

© Cengage Learning 2013

但是实际上由于总需求的总体增加,所有的价格,包括劳动力与其他投入要素的价格都在上升。企业会共同经历成本的上升,导致短期总供给曲线最终从 AS_1 向左移动到 AS_2。经济会从点 b 移动到点 c,使产出以前的增加逆转回去。在长期中,经济的总供给曲线仅仅是一条从 Q_1 向上经过点 a 和点 c 的垂直直线(AS_{LR})。

总需求的一个不可预期的下降,如图 24-2(b)中从 AD_1 下降为 AD_3,会以相反的方向发生作用。最初,企业会错误地觉察到价格的下降仅局限于它们自己的产品。预期到利润将会下降,它们会减少就业和产出,经济会从点 a 移动到点 d。但是,企业很快就会发现所有的价格都在下降,包括工资和其他投入要素的价格。随着名义成本的下降,短期总供给曲线会从 AS_1 向右移动到 AS_3。经济会从点 d 移动到点 e,实际产出会从 Q_3 增加到 Q_1,衰退会自动结束。卢卡斯认为,经济能够自我调整,正如古典经济学家所认为的那样。正是由于这个原因,他的理论被称为新兴古典宏观经济学。

如果总需求的变化是可预期的,那么实际产出会保持固定不变。例如,假设在图 24-2(a)中,中央银行增加货币供应量以使总需求从 AD_1 扩展到 AD_2。因为联储的行动是公开的并且可以预期到通货膨胀的结果,所以企业会立刻意识到它们的产品获得的更高的价格只是它们预期到的总体通货膨胀的一部分。它们认识到提高价格的同一种力量也正在提高它们的成本,使它们的利润保持不变。短期总供给曲线会从 AS_1 向左移动到 AS_2,同时总需求会从 AD_1 向右移动到 AD_2。经济会在长期总供给曲线 AS_{LR} 上直接从点 a 移动到点 c。实际产出保持在 Q_1 不变,而只有通货膨胀发生。当总需求的增加是可以预期时,长期总供给曲线是唯一相关的总供给曲线。对于总需求的可以预期的下降,比如在图 24-2(b) 中从 AD_1 下降到 AD_3,这一点也是正确的。在这种情形下,经济会沿着 AS_{LR} 向下直接从点 a 移动到点 e。

24.3.3 评价

曾经认真学习过卢卡斯理论的人中没有任何人认为宏观经济学与以前是完全相同的。事实上,理性预期的思想现在无疑已经是主流宏观经济学的一个部分。然而,大多数宏观经济学家并不接受自动的自我调整和政策无效的新兴古典主义的观点。大多数经济学家认为价格与工资不具有完全弹性,特别是向下调整时。因此,图 24-2(b) 所暗含的衰退的迅速、自动的调整并不会发生,为了使经济走出衰退,财政政策与货币政策可能是必需的。(你可能愿意复习一下图 22-6)。主流经济学家同时也质疑基本的新兴古典主义的假设——扩张性财政政策与货币政策始终是通货膨胀性的。他们反问道,如果经济学家在这一点上都不能达成一致意见,我们怎么能期望普通公众会将这些政策与即将到来的通货膨胀等同起来并按这一预期行动?卢卡斯已经有效地将完全竞争、理性行为和瓦尔拉斯均衡等微观经济理论扩展到了宏观经济学中。但是,关于他的理论在多大程度上描述了当代现实世界的经济的真正运行机制,仍然存在相当多的争议。

24.4 加里·S.贝克尔

加里·S.贝克尔(Gary S. Becker,1930—)出生于宾夕法尼亚州的波茨敦,他在普林斯顿大学完成了本科学业,从芝加哥大学获得了博士学位。1957 年到 1969 年之间,他是哥伦比亚大学的教授。1970 年他进入芝加哥大学,现在仍然是那里的经济学与社会学教授。他是 1986 年的美国经济学会会长。按照一位经济思想史学家的说法,他是"现代经济学中最具有开创性思想的人之一"[20]。贝克尔是造诣极高的理论家,他似乎更愿意介绍实证经济学理论,而不是支持与弗里德曼和芝加哥学派相关的政策观点。然而,在 20 世纪 80 年代中期,他开始为《商业周刊》(*Business Week*)撰写专栏,这极大地提高了他在更广泛的公众面前出现的机会。1992 年贝克尔被授予诺贝尔经济学奖。

贝克尔被称为"知识帝国主义者"。这个称谓的意思是他将经济学方法及其最大化行为、稳定偏好以及市场均衡的联合假设一起,扩展到了社会学、政治学、法律、社会生物学和人类学的传统领域。他对于经济学方法与宽泛主题的相关性的强烈信念会随

---

[20] Mark Blaug, *Great Economists Since Keynes* (Totowa, NJ: Barnes and Noble, 1985), 15.

着我们对他几个思想的纵览而变得清晰。

24.4.1 歧视

1957年,贝克尔出版了《歧视经济学》(*The Economics of Discrimination*)一书,这本书是他1955年博士论文的修订版。他后来指出:"这是我将经济学方法应用到经济学传统领域之外问题上的第一次公开尝试,它受到了经济学绝大多数人的漠视与反对。"[21]

但是,到20世纪70年代中期,尽管贝克尔的歧视模型仍然存在争议,但却得到了劳动经济学大多数主要教科书的重点讨论。贝克尔将歧视看作是一种歧视者愿意支付的偏好或"喜好":

> 一个人被假设好像他们有"歧视的偏好"一样行动,并且这些偏好是实际歧视的最重要的直接原因。当一个雇主歧视其雇员时,他按照好像雇用他们会引致非金钱的、精神的生产成本一样行动……
>
> 一个雇主对一个雇员的歧视系数衡量的是雇用他的非金钱成本的价值,因为它代表了支付给他的货币工资率与真实或净工资率之间的百分比差异。如果 π 是所支付的货币工资率,那么 $\pi(1+d)$ 就是净工资率,其中 d 是歧视系数。[22]

一个具体的例子有助于阐述这些思想。假设市场工资率为6美元,并且雇主的 d 为0.5。那么从这个雇主的角度来看,被歧视的群体的工资率为9美元[$\pi(1+d)$ = 6美元×(1 + 0.5)]。这意味着,与雇用受偏见的群体相比,有偏见的雇主愿意在雇用首选的工人时支付一个最高3美元的额外费用。d 的数值越高表示对歧视具有越强烈的偏好。另一方面,如果 d 为零,那么这个雇主就是无偏见的。

如果在整个经济中歧视系数都是正的,那么对首选工人的需求将会大于不存在歧视偏好的情形。结果,首选工人的市场工资率将会超过那些同等生产力的非首选工人。这一事实有一个重要的含义:歧视的雇主比那些不歧视的雇主具有更高的工资成本。那些歧视的企业将必须为它们的偏好支付一个工资"额外费用"或"价格"。那些不具有这种歧视偏好的企业或者那些相对于工资差异偏好较低的企业将会在更低的工资水平雇用同等生产力的非首选工人,从而与他们的带有歧视偏好的竞争者相比会获得一种成本优势。从理论上来说,在一个竞争的市场经济中,长期内只有成本最低的生产者才能生存;歧视者将拥有高于市场决定的价格的平均成本,即他们将会遭受损失。

因此,贝克尔的理论与更加广义的新兴古典主义的观点是一致的:在长期,竞争市场体系将会给歧视者增加成本,这会减少歧视的数量,不管它是性别、种族还是宗教偏好方面的歧视。政府在加速这一进程中的作用应该是抵制利益集体阻碍自由职业选择的压力。

---

[21] Gary S. Becker, *The Economic Approach to Human Behavior* (Chicago: University of Chicago Press, 1976), 15.
[22] Gary S. Becker, *The Economics of Discrimination*, 2nd ed. (Chicago: University of Chicago Press, 1971), 153—154.

24.4.2 人力资本投资

在《人力资本理论》(*Human Capital*, 1964)一书中,贝克尔提出了现代的、概括形式的人力资本投资理论。这本书极大地扩展了贝克尔在芝加哥大学的同事西奥多·舒尔茨以前的工作(参见本书网站)。图 24-3 说明了这个理论,它表示一个假设的个人作出关于是否上大学的决策。出于投资目的而去上大学的决策取决于一个人投资的预期收益。如果不上大学,图中的信息表明这个人可以期望得到曲线 HH 所表示的年收入。如果上大学,收入曲线变为 CC。上四年大学的成本包括:(1) 直接成本,如学费和书本费;和(2) 间接成本,它的形式是在投资期间所放弃的收入。一旦这个大学毕业生加入劳动力大军,他将会比仅有高中学历的人挣得更多的收入。(3) 表示这两个收入流之间的差异。投资决策需要比较年收入的增加部分(3)的现值与直接成本与间接成本(1)和(2)的现值。如果前者超过后者——即如果净现值为正——投资将会发生。图 24-3 所暗含的基本原理适用于所有的人力资本投资决策,比如一个工人迁移到新地点工作的决策、一个企业为其工人提供在职培训的决策、一个发展中国家利用资源来提高其劳动力总体健康水平的决策。在每一种情形中,决策者都要衡量未来的收益与当前的损失。

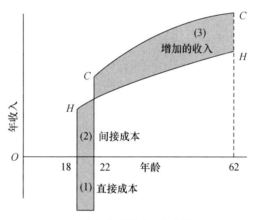

图 24-3　人力资本投资:大学教育

投资大学教育要求现在作出牺牲,以便获得一个更大的一生收入流(CC 而不是 HH)。四年大学教育的成本包括(1) 直接成本,如学费与书本费;和(2) 间接成本,如大学期间所放弃的收入。这些成本的现值将与由于大学学历而增加的预期收入(3)的现值进行比较。如果(3)的现值高于(1)和(2)的现值,那么投资就会发生。

© Cengage Learning 2013

贝克尔是第一个区分一般培训与专门培训的人。一般培训不仅能提高工人们在他们当前就业中的边际生产力,而且能提高他们将来可能从事的其他就业中的边际生产力。专门培训只能提高工人们在提供培训的公司中的边际生产力。因此,我们的一些技能是专门于一个特定的企业或情形的(专门资本),而另外一些则可以被广泛地应用于各种情形或工作环境(一般资本)。

贝克尔指出,人力资本理论有助于解释"被给予专门解释或者使研究者感到困惑的广泛的一系列经验现象"㉓。这种现象包括如下事实:(1)收入通常随着年龄的增长而以一个递减的比率增长,并且增长率趋向于与技能水平正相关;(2)对于那些拥有较高技能水平的人而言,失业率相对较低;(3)年轻人比年龄较大的人变换工作更加频繁,并且接受更多的学校教育和在职培训;(4)拥有较高能力的人在一生的时间内会接受比其他人更多的教育和在职培训。

在《人力资本》一书的最后一句话中,贝克尔指出:"我愿意冒险作出这样一个论断:人力资本将会成为思考发展、收入分配、劳动力流动和未来较长时间内许多其他问题的一个重要部分。"他是具有先见之明的。在过去的二十多年中,人力资本成为数十部著作和数百篇期刊论文的主题。

历史借鉴 24-2
人力资本形成? 或遴选与发出信号?

西奥多·舒尔茨(1902—1998)和加里·贝克尔(1930—)的研究显示,通过教育而形成的人力资本能够提高生产率和收入。教育对收入的影响得到了很好的证明,2009年大学毕业生的收入比那些只有高中学历的人高82%*。类似地,来自最有声望的大学的毕业生与那些来自声望较差大学的毕业生之间的收入差距是巨大的。但是大学教育对生产率的影响,独立于不受教育前的能力,并不太清楚。

收入较高的常青藤联盟的毕业生反映了其获得更多的人力资本吗? 还是显示了其他的问题? 迈克尔·斯彭斯(Michael Spence,1943—)与约瑟夫·斯蒂格利茨(Joseph Stiglitz,1943—),分享了2001年的诺贝尔经济学奖(与乔治·阿克洛夫一起),他们的研究提供了另一些解释。劳动力卖出者比未来的雇主更了解他们自己的能力。因为关于每一个申请者的详细信息通常要花费很高的费用才能获得,所以雇主寻求较为廉价的方法来评价工作候选人之间的品质差异。一种筛选机制就是申请人接受教育的学校。如果一个学术机构在培养高质量的毕业生方面享有盛誉,那么雇主会认为雇用这些毕业生要比雇用不知名学校的那些人风险更小。斯蒂格利茨称之为遴选(screening),即允许雇主根据学历名次挑选出高能力的申请者。斯蒂格利茨在保险产业的背景中提出了遴选的概念,但是这个概念也适用于劳动力市场。

由于知道未来的雇主采用遴选机制,因此工作候选人可能会选择教育来发出信号以显示他们具有较高的能力,如斯宾塞提出的那样。假设声望较高的学校发出更好的信号,但是在这类学校上学也更昂贵,所以一个学生必须确定从信号中得到的潜在收入的收益是否超过更高的上学成本。

根本的问题是被遴选的和被发出信号的是什么? 那些顶尖的大学比其他大学实际

㉓ Gary S. Becker, *Human Capital: A Theoretical and Empirical Analysis*, (New York: National Bureau of Economic Research, 1964), 7.

上真的创造了更多的人力资本吗？还是它们仅仅是吸引了那些已经具有较高能力的人？遴选和发出信号在这个过程的更早的时候就发生了，很高的大学声誉吸引那些最好的求学者，而阻止那些能力较差的人。计划考大学的高中学生能够通过考入较高声望的预备学校而显示出他们的能力。同时，大学的招生部门通过申请人所在高中的质量来遴选申请人。

在一定程度上较高的收入反映更高的生产率，来自较高声誉大学的毕业生倾向于具有更高的生产能力。但是斯宾塞和斯蒂格利茨的贡献中所提出的问题仍然存在：更高的生产率是来自更好的教育过程，还是来自学生给学校带来的一系列更高的质量的投入？人力资本的进展是更多地发生于有声望的学校，还是那些学校和他们的学生只是发出信号显示他们是具有更高质量、更高生产率的潜在工作者？

* Bureau of Labor Statistics, "Back to College, Spotlight on Statistics," *Current Population Survey*, www.bls.gov, September 2010. 在1981年，那些拥有大学学历的人的收入比那些仅有高中学历的人只高出57%。

24.4.3 时间配置理论

新古典主义的消费者行为理论假设消费是即时消费。贝克尔认为，消费会花时间，而时间是稀缺的并且具有价值。用于消费一件产品的时间就不能用于另外一个用途，比如，去获取收入。有些消费品的消费会比其他商品花费更多的时间。因此，贝克尔认为，人们在作出购买决策时会考虑产品的"完全成本"或"完全价格"。一件产品的完全价格由它的市场价格加上消费它所必需的时间价值构成。

这个重要的见解引导贝克尔重新构建了选择理论。作为基本决策单位的家庭，应该被认为是效用"商品"的消费者，也是它的生产者。商品的生产会通过将在市场上花费时间所购买的产品（产品和服务）组合起来而发生。为了得到必要的收入水平来购买生产商品所必需的产品，家庭需要在劳动市场上花费时间。为了在家庭中生产和消费商品，家庭必须花费生产时间和消费时间。一个例子是生产和消费一顿饭，比如一顿早餐。家庭通过使用生产时间（准备这顿饭所需要的时间长度）和消费时间（吃这顿饭所花费的时间）将产品（鸡蛋、面包、果汁和熏肉）组合在一起而将其生产出来并消费掉。

家庭必须对它希望消费哪些商品和它将如何着手生产这些商品作出决策。这些决策每天都在发生。一个复杂的因素是一些商品需要许多时间而不需要许多产品来进行生产，而另外一些商品则需要许多产品和少量的时间进行生产。时间密集型商品的一个例子是通过在海滩待几天而获得自然晒黑的肤色。产品密集型商品的一个例子是一顿快餐。

贝克尔指出了他的模型的几个有趣的含义，其他人则说明了其他的含义。三个例子有助于说明这个模型所阐明的思想类型。第一个含义是从劳动力市场上的时间中获得的收入的增长将有可能导致人们的消费方式从时间密集型商品转向产品密集型商品的改变。原因是家庭生产时间和消费时间的机会成本会上升。一个人可能会通过在美容院里花费较短的时间来获得晒黑的肤色而不愿意在海滩上躺上若干个小时,或者是在饭店里吃饭而不愿意生产和消费一顿用自家种植和刚采摘的蔬菜做成的饭。第二是家庭生产时间的生产率的提高,比如,微波炉、垃圾粉碎机、洗衣机和烘干机的发展,会解放消费时间(观看肥皂剧、参加体操课)、劳动力市场时间(兼职或全职工作),或者两者的某种组合。第三是当夫妻双方都具有在劳动力市场上获得较高收入的能力时,与夫妻中有一方具有较低的收入潜力而选择不工作的家庭相比,这些家庭可能会有较少的孩子并且会产生更多的产品密集型的家庭经历。

24.4.4 论家庭

在《家庭论》(*A Treatise on the Family*,1981)一书的序言中,贝克尔写道:

> 本书应用最大化行为、稳定偏好和隐含或明确市场的均衡假设来系统地分析家庭。我根据过去10年的研究来分析时间在孩子和市场劳动之间的配置、在一夫多妻和一夫一妻社会中的婚姻与离婚、在家庭中除自私以外的利他主义、代际流动以及家庭的许多其他方面。尽管没有考虑到所有的方面,但关于重要方面的系统的、统一的处理可能会给老式题目"论文"提供正当的理由。㉔

婚姻理论。婚姻通过劳动分工能够使夫妻双方最大化他们对"商品"的联合生产与消费,这会提供经济福利。生育和抚养小孩是婚姻帮助生产的核心"商品"。换言之,双方是出于经济自利才组成一个家庭的。能够从合作中获益的技能的不同来源于过去不同的经历和其他方面的人力资本投资。拥有最高市场工资机会的个人最有可能从事市场工作,而家庭生产将由在努力下具有最大相对生产率的个人来从事。传统上,已婚妇女专门从事抚养孩子和其他家庭活动。其结果是:

> 她们需要她们的丈夫提供一个长期"契约"以保护她们不被遗弃和发生其他不幸。事实上,所有的社会都形成了对已婚妇女的长期保护;我们甚至可以说"婚姻"的定义就是一个男人和一个女人的长期约定。㉕

即使婚姻双方生产能力的相对较小的差异也意味着在劳动力市场时间、家庭生产时间和消费时间之间的时间配置的较大差异。原因是从事一项活动会提高一个人专门的人力资本的存量,这反过来又会提高在那项活动中的生产能力。但是,这并不会总是导致完全的专门化。例如,在某些情形下,一方可能会倾向于兼职工作。

婚姻通常包括"高素质"男女之间的"正向选择"。其中一个原因是生产上的互补性。一方所拥有的正向特征会提高另一方在产生"完全收入"——从广义上来说包括"商品"——过程中的边际贡献。

生育。家庭生育小孩(耐用资本),这会增加家庭的完全收入或经济福利。但是,

㉔ Gary S. Becker, *A Treatise on the Family* (Cambridge:Harvard University Press, 1981), ix—x.
㉕ Becker, *Family*, 14—15.

家庭不会生育尽可能多的小孩,因为小孩是有成本的。贝克尔认为,就这方面而言,他们拥有一个"价格"。这个价格包括直接成本,如食物、居住、衣服、卫生保健、日托、教育等支出,也包括以时间的机会成本形式存在的间接成本。年龄较小的孩子更是时间密集型商品。生育将取决于孩子的价格、父母的收入以及父母所觉察到的在孩子的数量和质量之间的权衡。随着女性工资机会的增加,每个孩子的价格上升了(机会成本上升),父母倾向于要数量更少但"素质更高"(更加健康、受到良好教育)的孩子。

过去农村家庭比城市家庭拥有更多的孩子,因为在农村地区抚养孩子的成本相对较低。贝克尔认为,福利计划降低了生育孩子的成本,提高了生育。

利他主义。以关联效用的形式定义的利他主义是家庭的一个重要特征。一个人因为另一个人效用增加而自己的效用增加时,他是利他的。利他主义增加了婚姻的潜在收益,因为对一件商品的消费能够使效用的增加多于对消费者效用的增加。一个家庭成员的快乐能够增加其他家庭成员的快乐。

在被贝克尔非常形象地称为"坏孩子定理"的理论中,他指出,家庭中的利他主义将倾向于克服自私。贝克尔将这一定理大致表述如下:每个受益人,不管有多么自私,都会最大化他的捐赠者的家庭收入。换言之,即使是最讨厌的孩子也不愿意去做任何将会减少他的潜在遗产的事情。㉖

这里的思想是,减少家庭总收入的行动将会导致这个家庭利他主义的家长只有较少的收入转让给每个受益人。自私的孩子会认识到伤害这个家庭是以伤害他们自己为代价的。这个原理具有普遍意义,因为它适用于所有的利他主义者与受益人之间的相互作用。但是利他主义对自利的限制作用会随着受益人数量的增加而下降,即会随着家庭或组织规模的扩大而下降。

离婚。婚姻双方会寻找关于未来伙伴的信息,但是

> 在寻找的过程中必然要花费时间、努力和其他昂贵的资源,并且寻找的时间越长,从婚姻中获益被推迟的时间也就越长。一个理性人既会在额外候选人的"广延边际"上,也会在关于真正候选人额外信息的"集约边际"上继续寻找,直到在每一个边际上边际成本与边际收益相等为止。㉗

结果是,即便人们只拥有关于伴侣的不完全信息,他们通常也会结婚。当在婚姻过程中这类信息自我暴露时,离婚可能会成为一种新的最优决策。在婚姻的早期比在后期更容易发生离婚,因为信息的积累会发生在结婚的最初几年中。意料之外的好运或不幸(成为一个电影明星或遭遇不育)会增加离婚的可能性,因为它可能将最优的一对变成一方可能不再认为是最优的一对。女性市场生产率的提高降低了专门化的收益,增加了离婚的可能性。

㉖ Becker, *Family*, 183.
㉗ Becker, *Family*, 220.

很显然,贝克尔在这一领域的工作是开创性的、启发性的并且影响深远的。正像你可能会怀疑的,它也是具有争议的。正如本-波拉斯指出的:

> 所以当一切都被说到和做到的时候,经济学的婚姻和家庭是有趣的;它可能不幸福而且肯定是不平静的,但它不可能以离婚作为终结。它是否会产生一个可证实的知识成果?这有待于观察。㉘

复习与讨论

1. 解释下列名词,并简要说明其在经济思想史中的重要性:芝加哥经济学派,弗里德曼,持久收入,现代货币数量论,《美国货币史:1867—1960》,长期垂直的菲利普斯曲线,自然失业率,货币规则,卢卡斯,理性预期,斯蒂格勒,作为一种经济商品的信息,阿克洛夫,"柠檬"问题,贝克尔,歧视系数,专门培训与一般培训,斯蒂格利茨,遴选,"商品"。

2. 比较芝加哥学派的主要信条和边际学派、制度学派的主要信条。

3. 联系下面这段来自丹尼斯·罗伯逊爵士(Sir Dennis Robertson)的引文,评论新兴古典主义在经济思想史中的地位:"知识分子的观点就像猎到的野兔,如果你待的时间足够长,它将会返回到它出发的地方。"

4. 按照弗里德曼的观点,货币需求的主要决定因素是什么?在短期中这种需求是稳定的还是不稳定的?货币供给的增加超过产出的长期增长将会怎样引起总价格水平的上涨?

5. 解释弗里德曼的这段引文:"不断上升的通货膨胀率可能会减少失业,较高的通货膨胀率则不会。"

6. 解释卢卡斯对短期总供给与长期总供给的区分。将这些思想与弗里德曼对短期与长期菲利普斯曲线的区分联系起来。

7. 卢卡斯的新兴古典宏观经济学中哪些内容是"古典"的?根据你对他的理论的理解,你认为卢卡斯会赞成勒纳所提倡的积极的财政政策与货币政策(历史借鉴22-2),还是赞成弗里德曼和布坎南(第20章)所倡导的货币与财政规则?解释你的理由。

8. 简要概况斯蒂格勒的信息理论(历史借鉴24-1)。将他的理论与贝克尔的婚姻与离婚理论联系起来。

9. 不对称信息与逆向选择(历史借鉴24-1)问题是怎样与发出信号和遴选(历史借鉴24-2)的过程联系在一起的?

10. 应用贝克尔的理论来解释下列论断:
    (a) 歧视对于一个在竞争环境中运行的企业来说将是昂贵的。
    (b) 平均来说,年轻人比年龄大的人会获得更多的学校教育和在职培训。
    (c) 在美国去饭店吃饭的次数比在家中吃饭的次数增长得快。
    (d) 利他主义会增加婚姻的潜在收益。

㉘ Yoram Ben-Porath, "Economics and the Family-Match or Mismatch? A Review of Becker's *A Treatise on the Family*," *Journal of Economic Literature* 20 (March 1982), 62—63.

11. 你同意下面这两段论述中的哪一段？如果有的话，解释你的理由。

对于经济学本身而言，清晰思维的最重要的先决条件是认识到它在整个人类利益之中的有限地位。(弗兰克·奈特)

我的论断的核心是人类行为并非是相互割裂的：有时基于最大化而有时不是，有时由稳定偏好所激发而有时由不稳定偏好所激发，有时会导致一种信息的最优积累而有时不会。相反，所有的人类行为都可以被看作所涉及的当事人都从一系列稳定的偏好中最大化他们的效用，并在一系列市场上积累最优数量的信息和其他投入要素。(加里·贝克尔)

精选文献

书籍

Becker, Gary S. *The Economic Approach to Human Behavior*. Chicago: University of Chicago Press, 1976.

——. *The Economics of Discrimination*, 2nd ed. Chicago: University of Chicago Press, 1971 [orig. pub. in 1957].

——. *Human Capital: A Theoretical and Empirical Analysis with Special Reference to Education*. New York: National Bureau of Economic Research, 1964.

——. *A Treatise on the Family*. Cambridge: Harvard University Press, 1981.

Friedman, Milton. *Capitalism and Freedom*. Chicago: University of Chicago Press, 1962.

——. *Essays in Positive Economics*. Chicago: University of Chicago Press, 1953.

——. *The Optimum Quantity of Money and Other Essays*. Chicago: Aldine, 1969.

——, ed. *Studies in the Quantity Theory of Money*. Chicago: University of Chicago Press, 1956.

——. *Theory of the Consumption Function*. Princeton, NJ: Princeton University Press, 1957.

Friedman, Milton, and Anna J. Schwartz. *A Monetary History of the United States, 1867—1960*. Princeton, NJ: Princeton University Press, 1963.

Hirsh, Abraham, and Neil de Marchi. *Milton Friedman: Economics in Theory and Practice*. Ann Arbor: University of Michigan Press, 1990.

Lucas, Robert E. *Studies in Business-Cycle Theories*. Cambridge, MA: MIT Press, 1981.

——. *Models of Business Cycles*. Oxford, England: Basil Blackwell, 1987.

Samuels, Warren J., ed. *The Chicago School of Political Economy*. East Lansing, MI: Michigan State University, 1976.

Shackleton, J. R., and G. Locksley, eds. *Twelve Contemporary Economists*. Chapters 2 and 4. New York: Wiley, Halsted, 1981.

Stigler, George J. *The Economist as Preacher and Other Essays*. Chicago: University of Chicago Press, 1982.

Wood, John Cunningham, ed. *Milton Friedman: Critical Assesments*. 4 vols. London: Routledge, 1990.

期刊论文

Ben-Porath, Yoram. "Economics and the Family—Match or Mismatch? A Review of Becker's *A Treatise on the Family*," *Journal of Economic Literature* 20 (March 1982), 52—64.

Chari, V. V. "Nobel Laureate Robert E. Lucas, Jr.: Architect of Modern Macroeconomics," *Journal of E-

conomic Perspectives 12 (Winter 1998), 171—186.

Hannan, Michael T. "Families, Markets, and Social Structures: An Essay on Becker's *A Treatise on the Family*," *Journal of Economic Literature* 20 (March 1982), 65—72.

Reder, Melvin W. "Chicago Economics: Permanence and Change," *Journal of Economic Literature* 20 (March 1982), 1—38.

"Symposium on the Chicago School," *Journal of Economic Issues* 9 (December 1975) and 10 (March 1976).

Thygesen, Niels. "The Scientific Contributions of Milton Friedman," *Scandinavian Journal of Economics* 79, no. 1 (1977), 56—98.

第 25 章 结 束 语

如果能够得出一些结论的话,那么我们能够从经济思想史的研究中得出哪些结论呢?其他的观察者可能会得出不同的结论,而以下是我们的结论。

- 经济学是一个动态的学科。我们对经济学原理和经济运行的理解随着时间的流逝而不断向前进步,并且仍在发展之中。这一领域中的新的思想和发展经常伴随着其他的思想和发展。后来的一些思想扩展、加强和提高了现存的知识基础;而另外一些理论和研究则对新的思想提出了挑战。因此,我们再次注意到经济思想的时间序列表中的白色与黑色箭头。回想一下,白色箭头表示这些学派基本上接受其先驱者的思想,而黑色箭头表示这些思想学派基本上反对其先驱者的思想。这种思想的扩展与竞争并不总是产生科学意义上的"真理",但是它们产生了一个广泛的、几乎广为接受的经济学基本原理的主体。在这一领域中这种原理仍在不断出现。

- 当时的重大事件和日益提高的专业化都不能单独解释经济理论的发展。在一些情形中,正是当时的重大事件激发了经济理论的新的发展。其中一个例子是关于谷物法的争论和古典主义收益递减理论与地租理论的出现。在其他一些情形中,当时的事件和问题将专业人士和公众的注意力转向了很长时间以前提出的理论——它们突然具有了新的适用性。其中的一个例子是在 2007 年严重的经济衰退袭击许多先进工业化国家时期对经济周期理论的重新关注。但是在另外一些情形中,新理论的进展几乎完全独立于当时的事件。经济学家中日益增长的专业化精神、对理解尚未解决的难题与改进现有理论的突出兴趣,是这一学科发展的主要因素。主要的一个例子是一般均衡分析的发展。

- 个别经济学家"至关重要"。经济思想家进行经济学思考。我们已经发现,个别经济学家在经济理论和方法的历史中具有重要的影响。斯密、李嘉图、马克思、马歇尔、瓦尔拉斯和凯恩斯,我们仅列出了其中几位,他们之于经济学,就像牛顿和爱因斯坦之于物理学、达尔文之于生物学一样。很明显这并不意味着经济学的发展应该完全归功于我们在本书中所讨论过的那些经济学家。对于所研究过的每一位经济学家,其背后都有成百上千的对这一学科的发展作出重大贡献的其他经济学家。关于一个主题的每一部著作和每一篇期刊论文都直接或间接地对经济思想的发展作出了贡献。

历史借鉴 25-1
诺贝尔经济学奖得主

瑞典企业家阿尔弗雷德·诺贝尔(Alfred Nobel)在他 1895 年的遗嘱中设立了五项巨额奖金,每年授予在生理学或医学、化学、物理学、文学及和平领域作出特别突出成就的人。1968 年,瑞典中央银行增加了纪念诺贝尔经济学奖。*

下表列举了诺贝尔经济学奖获得者、国籍以及他们作出主要贡献的领域。快速浏览一下这个表会发现很多经济学家在本书中已经讨论过。而且,注意他们作出贡献的领域是多样的,既包括微观经济学也包括宏观经济学。最后,我们会发现美国具有经济学发展的特别肥沃的土壤。

获奖年份	获奖者姓名(国籍)	主要贡献
1969	拉格纳·弗里希(挪威)	计量经济研究
	简·丁伯根(荷兰)	计量经济研究
1970	保罗·萨缪尔森(美国)	数理经济学和凯恩斯经济学
1971	西蒙·库兹涅茨(美国)	国民收入核算
1972	肯尼思·阿罗(美国)	福利经济学
	约翰·R. 希克斯(英国)	微观经济理论
1973	瓦西里·里昂惕夫(美国)	投入–产出分析
1974	冈纳·缪尔达尔(瑞典)	宏观经济学和制度经济学
	弗里德里希·冯·哈耶克(英国)	宏观经济学和制度经济学
1975	列昂尼德·康托罗维奇(苏联)	线性规划
	加林·库普曼斯(美国)	线性规划
1976	米尔顿·弗里德曼(美国)	货币理论;政治经济学
1977	伯尔蒂尔·俄林(瑞典)	国际贸易理论
	詹姆斯·米德(英国)	国际贸易政策
1978	赫伯特·西蒙(美国)	管理行为;理性
1979	W. 阿瑟·刘易斯(英国)	发展经济学
	西奥多·舒尔茨(美国)	农业;人力资本
1980	劳伦斯·克莱因(美国)	计量经济预测
1981	詹姆斯·托宾(美国)	宏观经济学和金融经济学
1982	乔治·斯蒂格勒(美国)	产业组织;信息理论
1983	杰拉德·德布鲁(美国)	福利经济学
1984	理查德·斯通(英国)	国民收入核算
1985	佛朗哥·莫迪利亚尼(美国)	储蓄理论
1986	詹姆斯·布坎南(美国)	公共选择
1987	罗伯特·索洛(美国)	增长理论

(续表)

获奖年份	获奖者姓名(国籍)	主要贡献
1988	莫里斯·阿莱(法国)	公共部门定价
1989	特里夫·哈维默(挪威)	计量经济学
1990	哈里·马科维茨(美国)	金融经济学
	威廉·夏普(美国)	金融经济学
	莫顿·米勒(美国)	金融经济学
1991	罗纳德·科斯(美国)	产权;组织理论
1992	加里·贝克尔(美国)	人力资本;歧视;家庭行为
1993	罗伯特·福格尔(美国)	经济史
	道格拉斯·诺斯(美国)	经济史;制度分析
1994	约翰·海萨尼(美国)	博弈论
	约翰·纳什(美国)	博弈论
	莱茵哈德·泽尔腾(德国)	博弈论
1995	小罗伯特·卢卡斯(美国)	宏观经济学
1996	詹姆斯·莫里斯(英国)	信息经济学
	威廉·维克里(美国)	信息经济学
1997	罗伯特·莫顿(美国)	金融经济学
	迈伦·斯科尔斯(美国)	金融经济学
1998	阿马蒂亚·森(印度/美国)	福利经济学;发展经济学
1999	罗伯特·蒙代尔(加拿大)	开放经济的宏观经济学
2000	詹姆斯·赫克曼(美国)	微观计量经济学
	丹尼尔·麦克法登(美国)	微观计量经济学
2001	乔治·阿克洛夫(美国)	非对称信息
	A·迈克尔·斯宾塞(美国)	非对称信息
	约瑟夫·斯蒂格利茨(美国)	非对称信息
2002	丹尼尔·卡尼曼(以色列/美国)	不确定条件下的决策制定
	弗农·史密斯(美国)	实验经济学
2003	罗伯特·恩格尔(美国)	计量经济学
	克利夫·格兰杰(英国)	计量经济学
2004	费恩·基德兰德(挪威)	动态宏观经济学
	爱德华·普雷斯科特(美国)	动态宏观经济学
2005	罗伯特·奥曼(以色列)	博弈论
	托马斯·谢林(美国)	博弈论
2006	埃德蒙·菲尔普斯(美国)	宏观经济学
2007	利奥尼德·赫维茨(美国)	机制设计(微观经济学)

(续表)

获奖年份	获奖者姓名(国籍)	主要贡献
	埃里克·马斯金(美国)	机制设计(微观经济学)
	罗杰·迈尔森(美国)	机制设计(微观经济学)
2008	保罗·克鲁格曼(美国)	国际和区域经济学
2009	埃莉诺·奥斯特罗姆(美国)	经济治理
	奥利弗·威廉姆森(美国)	经济治理
2010	彼得·戴蒙德(美国)	有搜寻成本的市场
	戴尔·莫滕森(美国)	有搜寻成本的市场
	克里斯托弗·皮萨里德斯(英国)	有搜寻成本的市场
2011	托马斯·J.萨金特(美国)	宏观经济学
	克里斯托弗·A.西姆斯(美国)	宏观经济学

关于获奖的标准和评选的过程,请参见:Assar Lindbeck, "The Sveriges Riksbank (Bank of Sweden) Prize in Economics Sciences in Memory of Alfred Nobel 1969—2000," in *The Nobel Prize: The First 100 Years*, Agneta Levinovitz and Nils Ringertz, eds. (London: Imperial College Press and World Scientific Publishing Co., 2001). 如果感兴趣的话,还有:Bernard S. Katz, ed., *Nobel Laureates in Economic Science: A Biographical Dictionary* (New York: Garland, 1989). 最后,威廉·布雷特和罗杰·斯潘塞等人把13位诺贝尔奖获得者的有趣的自传性演讲集结成一本书出版:William Breit and Roger W. Spencer, eds., *Lives of the Laureates: Thirteen Nobel Economists*, 3rd ed. (Cambridge, MA: MIT Press, 1997).

- 新思想很少导致对现有传统的全部放弃。经济学中的新思想通常是与以前的思想主体相联系的,尽管它可能改变或转换这一旧的传统,但它很少会取代旧传统。例如,凯恩斯就从新古典主义的知识和方法中吸收了很多灵感。尽管凯恩斯的思想是革命性的,但是它并没有取代新古典主义的传统。回想一下,凯恩斯本人与马歇尔的微观经济理论的主体部分并没有重要的分歧。同样,尽管由罗宾逊和张伯伦所提出的垄断竞争理论最初似乎挑战了经济学的正统,但是从长期来看它仅仅变成了正统的一部分。正如斯蒂格勒所说:"人类思想史最突出的经验之一便是新的思想并没有导致对以前传统的放弃;新的思想为现存的主体所吞没,且现存的主体在此之后会有些不同。有时会更好一些。"①

- 经济学已经变得日益专门化。随着总体经济学知识的不断增加,经济学家发现,专门研究这一学科的一个或有限几个领域变得越来越必要且有用。在过去的几十年中,这种专门化变得尤其显著。不仅在经济学学科范围内存在专门化(国际经济学、福利经济学、经济增长与发展、劳动经济学,等等),而且在经济学的一些领域中也存在专门化(人力资本理论、流动与迁移,都属于劳动经济学)。

表25-1说明了《经济文献杂志》(*Journal of Economic Literature*)对经济学中的新的著作所使用的分类体系。列项A、B、C等表示经济学的主要领域,而括号则包括在每一

---

① George J. Stigler, *Five Lectures on Economic Problems* (London: Longmans, Green, 1949), 24.

个主要领域中的子目录的个数。例如,注意经济思想史的标志是 B。在过去的几十年中,经济学的一个或两个领域内的这些专门化对这一学科产生了巨大的总效应。"大的思考"——对宽广的、无所不包的理论的论证——仍在发生,但趋向于在经济学的某些具体的子领域内发生而不是经济学整个学科。大量的注意力被集中到了"小的思考"上,它试图在更加宽广的经济学难题之中填补一些小的空白。我们对于经济思想史的研究表明,为了达到经济学知识的最大产量,在"大"的思考和"小"的思考之间存在着努力的某种最优配置。

表 25-1 《经济文献杂志》关于著作的分类体系:主标题(子标题的数量)

A	一般经济学及教学(3)
B	经济思想史、方法论及非正统方法(6)
C	数学与定量方法(10)
D	微观经济学(10)
E	宏观经济学与货币经济学(7)
F	国际经济学(6)
G	金融经济学(4)
H	公共经济学(9)
I	卫生、教育与福利(4)
J	劳动与人口经济学(9)
K	法经济学(5)
L	产业组织(10)
M	企业管理与企业经济学;市场营销;会计(6)
N	经济史(10)
O	经济发展、技术变迁与增长(6)
P	经济体制(6)
Q	农业与自然资源经济学;环境与生态经济学(6)
R	城市、农村与区域经济学(6)
Y	杂项类
Z	其他特别专题(2)

资料来源:American Economic Association,*Journal of Economic Literature*,www.aeaweb.org/jel/guide/jel.php,2011.

- 实证经济学和规范经济学的思想在经济学中都非常重要。几百年以来,经济学这一学科逐渐远离了"政治经济学"——强调政策和"应该是什么",而转向了"实证经济学"——避免价值判断而主要集中于发现和阐明经济现象之中的一致性("是什么")。实证经济学的例子包括价值和价格理论、企业理论、得自专业化和贸易的收益的原理、消费函数理论,等等。

但是我们的研究同样表明,"政治经济学"或规范经济学对于公众认识经济学原理作出了重要的贡献,并且帮助推进了经济学学科本身的发展。即时是在最近的过去,这一点也是正确的,正如布坎南、萨缪尔森、加尔布雷思、弗里德曼和森的作品所证明的那样。

- 经济学越来越多地将数学和统计学结合到它的基本方法之中。几位重要的经济学家如古诺、瓦尔拉斯和帕累托自称为数理经济学家。其他的一些经济学家如杰文斯和维克塞尔也大量地使用数学。在过去的几十年中,计量经济学已经成为新古典主义和凯恩斯主义传统中的标准常客。早在1952年,萨缪尔森写道:

> 事实上当我回首最近这些年的时候,我为纯粹的数理经济学家这一类型看起来好像日渐消亡和灭绝这一事实所震惊。相反,当我的一位老朋友向我抱怨:"现今你几乎无法区分一个数理经济学家与一个普通的经济学家。"我知道他这番评论的含义,但是让我通过提出这个问题来颠倒一下它所强调的重点:这难道不好吗?②

越来越多的经济学家作出了否定的回答。危险在于手边的工具往往会决定所从事的工作。换一种方法表述,一个熟练使用锤头的人可能只会想到需要使用钉子的项目。一些人宣称,数学更适合于"小的思考"而不是"大的思考",因此它使这一学科过多地向前者倾斜。主流经济学家反驳道,数学方法中没有什么内在的东西使它不能用于阐明更宽广的理论。贝克尔的婚姻和家庭理论就是这方面的一个例子。

- 经济学和经济的未来发展难以预测。在经济思想的时间序列表中的任何单一点,确定性地预测经济学和经济中后来的事件及其发展几乎是不可能的。我们的研究表明,我们应该对那些预测乌托邦、世界末日或者其他"不可避免的"结果的经济理论保持高度警惕。人们和人们在其中发挥作用的经济体制在面对经济环境的变化时表现出了显著的适应力。我们也必须抵制作出如下结论的冲动:今天的风潮就一定是明天的风潮。凯恩斯经济学在20世纪中期的主导地位可能使一些经济学的参与者和观察者错误地得出了这样的结论:新古典思想正永久地处于衰退之中。今天我们可能会同样很容易地——并且同样不成熟地——得出相反的结论:经济学就是新古典经济学。在过去的20年中,一些经济学家采纳了"短期凯恩斯、长期新古典"的方法,将两种传统合并为一种努力,创造了更统一、更完整的宏观经济理论。制度主义和社会主义思想仍然非常活跃并且很有可能将来会主导经济学。

此外,今天在几个前沿领域还有一些活动,参加者是那些对当前正统并不满意的经济学家团体。这些团体包括新奥地利学派,他们拒绝这一学科的数学化取向和遍及主流思想大部分的效率的静态定义。同时还存在供给学派的经济学家,他们提倡提高产

---

② Paul A. Samuelson, "Economic Theory and Mathematics—An Appraisal," *American Economic Review* 42 (May 1952), 56—67.

量和刺激生产率增长的各种政策，反对严格的货币主义。还有传统的制度主义者和社会主义者，他们现在正处于守势，但仍在努力使他们的思想正规化与普及化。还包括我们在第22章所讨论过的"后凯恩斯主义者"，他们正在努力提出一些模型，在这些模型中通过权力的运用，价格和工资是"固定的"，而不是在市场上自由决定的。一个人无法预测这些推理方式中的哪些会产生足够重要的知识，而使它包括进经济思想史的下一个章节中。但是我们对历史记录的回顾非常清楚地表明一件事：经济学中新的发展必将发生。我们今天所了解的经济学知识不足以持续我们的一生。有些讽刺意味的是，对经济学历史的研究告诉了我们紧随潮流的重要性。它也恳求我们要保持一个开放的、有辨识能力的头脑。

复习与讨论

1. 解释下列名词，并简要说明其在经济思想史中的重要性：实证经济学，规范经济学，"大的思考"，"小的思考"。
2. 评论下面这段来自 C. R. 麦康奈尔 1955 年的引文：

   在经济学中关于政策与分析的全部问题可能是资源配置问题的一个变体。期望经济学家[或他们的时间]在政策和实证经济学之间的配置上存在某种平衡是合理的，各种组合由此将会导致经济学本身的一个最优的发展速度。

3. 讨论来自萨缪尔森的这段引文："很明显，在不懂数学的情况下你也能够成为一位伟大的[经济]理论家。但是公平地说，你需要更聪明、优秀才能做到这一点。"
4. 你是否认为大学中所有的经济学专业都应该设置经济思想史课程？解释你的理由。
5. 约翰·梅纳德·凯恩斯写道："……经济学家和政治哲学家的思想，无论正确与否，其力量之大往往出乎一般的理解。实际上，统治世界的不过就是这些思想。许多实干家自以为不受任何理论的影响，却往往恰好沦为某个已故经济学家思想的奴隶。"选择一个现代经济学家或政治人物，追踪他的知识渊源。
6. 找一个当前的政策争论，讨论不同学派的经济思想将对这一核心问题如何评论。

精选文献

书籍

Blaug, Mark. *Great Economists Since Keynes*. Totowa, NJ: Barnes and Noble, 1985.

Klamer, Arjo. *Conversations with Economists*. Totowa, NJ: Rowman & Allanheld, 1984.

Reder, Melvin. *Economics: The Culture of a Controversial Science*. Chicago: University of Chicago Press, 1999.

Robinson, Joan. *Economic Heresies: Some Old-Fashioned Questions in Economic Theory*. New York: Basic Books, 1973.

Shackelton, J. R., and Gareth Locksley, eds. *Twelve Contemporary Economists*. New York: Wiley, Halsted, 1981.

Shand, Alexander H. *The Capitalist Alternative: An Introduction to Neo-Austrian Economics*. New York: New York University Press, 1984.

Spiegel, H. W., and W. J. Samuels. *Contemporary Economists in Perspective*. Greenwich, CT: JAI Press, 1984.

Szenberg, Michael. *Eminent Economists: Their Life Philosophies*. Cambridge: Cambridge University Press, 1992.

期刊论文

Anderson, Gary M., David M. Levy, and Robert D. Tollison. "The Half-Life of Dead Economists," *Canadian Journal of Economics* 22 (February 1989), 174—183.

Bordo, David Michael, and Daniel Landau. "The Pattern of Citations in Economic Theory 1945—1968: An Exploration Towards a Quantitative History of Thought," *Journal of Political Economy* 11 (Summer 1979), 240—253.

Franklin, Raymond S., and William K. Tabb. "The Challenge of Radical Political Economy," *Journal of Economic Issues* 8 (March 1974), 124—150.

Heilbroner, Robert L. "Analysis and Vision in the History of Modem Economic Thought," *Journal of Economic Literature* 28 (September 1990), 1097—1114.

——. "Modern Economics as a Chapter in the History of Economic Thought," *History of Political Economy* 11 (Summer 1979), 192—198.

Rima, Ingrid H. "The Role of Numeracy in the History of Economic Analysis," *Journal of the History of Economic Thought* 16 (Fall 1994), 188—201.

Walker, Donald A. "The Relevance for Present Economic Theory of Economic Theory Written in the Past," *Journal of the History of Economic Thought* 21 (November 1999), 7—26.

人名索引

说明：人名索引中的页码为英文原书页码，在本书边空处有所标识。

Adams, Walter, 沃尔特·亚当斯, 516n
Akerlof, George A., 乔治·A. 阿克洛夫, 83n, 498, 499n, 549
Alchian, Armen, 阿门·阿尔钦, 314n
Alcott, Amos Bronson, 阿莫斯·布朗森·奥尔科特, 172
Allen, R. D. G., R. D. G. 艾伦, 384n
Ando, Albert, 阿尔伯特·安多, 534n
Antoinette, Marie, 玛丽·安托瓦内特, 44
Aquinas, Thomas, 托马斯·阿奎那, 1, 42n, 135
Aristotle, 亚里士多德, 1
Arrow, Kenneth, 肯尼思·阿罗, 339n, 375, 439-441
Ashenfelter, Orley, 奥利·阿申费尔特, 148n
Axelrod, Robert, 罗伯特·阿克塞尔罗德, 63
Ayres, Clarence E., 克拉伦斯·E. 艾尔斯, 395n
Azariadis, Costas, 科斯塔斯·阿扎里亚迪斯, 498n

Bailey, Martin, 马丁·贝利, 433
Barone, Enrico, 恩里克·巴龙, 438n
Barro, Robert, 罗伯特·巴罗, 119n
Bastiat, Frédéric, 弗雷德里克·巴师夏, 263-264
Baumol, William J., 威廉·J. 鲍莫尔, 121n, 193n, 379n
Baysinger, B., B. 贝辛格, 18n
Becker, Gary S., 加里·S. 贝克尔, 见主题词索引
Bell, Clive, 克莱夫·贝尔, 460
Bell, Vanessa, 范奈莎·贝尔, 460
Ben-Porath, Yoram, 约拉姆·本-波拉斯, 553
Bentham, Jeremy, 杰里米·边沁, 见主题词索引
Bergson, Abram, 艾布拉姆·伯格森, 429n
Bernard, Andrew, 安德鲁·伯纳德, 372
Bernstein, Eduard, 爱德华·伯恩斯坦, 164

Bertrand, Joseph, 约瑟夫·伯特兰, 233
Blanc, Louis, 路易·布朗基, 162, 178-179
Blanchard, Oliver, 奥利弗·布兰查德, 498
Blau, Francine D., 弗朗辛·D. 布劳, 148n
Blaug, Mark, 马克·布劳格, 7, 545n
Blinder, Allan, 艾伦·布林德, 497n
Boughton, James M., 詹姆斯·M. 鲍顿, 484n
Breit, William, 威廉·布雷特, 405n, 478n, 529n, 560n
Brennan, H. Geoffrey, H. 杰弗里·布伦南, 444n
Brisbane, Albert, 艾伯特·布里斯班, 171
Brock, James, 詹姆斯·布罗克, 516n
Bronfenbrenner, Martin, 马丁·布朗芬布伦纳, 193n
Bronson, Orestes, 奥利斯蒂斯·布朗森, 172
Buchanan, James, 詹姆斯·布坎南, 18n, 139, 420, 441-445, 487n
Busse, Meghan, 梅根·布斯, 372

Cain, Glen G. 格伦·G. 凯恩, 148n
Cantillon, Richard, 理查德·康替龙, 56-58, 137
Carlyle, Thomas, 托马斯·卡莱尔, 98
Chamberlin, Edward Hastings, 爱德华·黑斯廷斯·张伯伦, 276n, 347-352, 358
Channing, William Henry, 威廉·亨利·钱宁, 172
Charles II, 查尔斯二世, 14
Cheung, Steven N. S., 张五常, 434n
Clark, John Bates, 约翰·贝茨·克拉克, 见主题词索引
Clark, John Maurice, 约翰·莫里斯·克拉克, 488
Clower, Robert W., 罗伯特·W. 克洛尔, 390n
Coase, Ronald H., 罗纳德·H. 科斯, 313-314, 420, 433, 529

Cobb, Charles, 查尔斯·柯布, 277n
Colander, David C., 戴维·C. 科兰德, 487-488
Colbert, Jean Baptiste, 让·巴蒂斯特·柯尔培尔, 26-28
Cole, G. D. H., G. D. H. 科尔, 164-165
Commons, John R., 约翰·R. 康芒斯, 395n, 396
Condorcet, Marquis de, 孔多塞侯爵, 93
Cournot, Antoine Augustin, 安东尼·奥古斯丁·古诺, 227-233
Crabbe, George, 乔治·克雷布, 161

Dale, David, 戴维·戴尔, 174-175
Dana, Charles A., 查尔斯·A. 达纳, 172
Darwin, Charles Robert, 查尔斯·罗伯特·达尔文, 184
Davenant, Charles, 查尔斯·戴维南特, 25-26, 370
Debreu, Gerald, 杰拉尔德·德布勒, 375
Demsetz, Harold, 哈罗德·德姆塞茨, 314n, 420
Dickenson, H. D., H. D. 狄肯森, 438n
Dingwall, James, 詹姆斯·丁沃尔, 257n
Director, Aaron, 阿伦·迪雷克托, 433
Dobb, Maurice, 莫里斯·多布, 438n
Domar, Evsey, 埃弗西·多马, 478, 506-508
Dorfman, Joseph, 约瑟夫·多尔夫曼, 400n
Dorfman, Robert, 罗伯特·多尔夫曼, 97n, 411n
Dornbusch, Rudiger, 鲁迪格·多恩布什, 484n
Douglas, Paul, 保罗·道格拉斯, 277n
Due, John F., 约翰·F. 迪尤, 390n
Duesenberry, James, 詹姆斯·杜森伯里, 477n
Duncan, Greg J., 格雷格·J. 邓肯, 82n
Dunlop, John, 约翰·邓洛普, 478
Dupuit, Jules, 朱尔斯·杜普伊特, 234-238

Edgeworth, Francis Y., 弗朗西斯·Y. 埃奇沃思, 见主题词索引
Eichner, Alfred S., 艾尔弗雷德·S. 艾希纳, 496n
Ekelund, R. B., Jr., R. B. 小埃克隆, 18n, 151n, 153n
Elliot, R. F., R. F. 埃利奥特, 82n
Ely, Richard T., 理查德·T. 埃利, 396
Emerson, Ralph Waldo, 拉尔夫·沃尔多·爱默生, 172
Engels, Friedrich, 弗里德里希·恩格斯, 183-184

Engle, Robert, 罗伯特·恩格尔, 372-373
Euzent, Patricia J., 帕特里夏·J. 尤赞特, 140n

Ferber, Marianne, A., 玛丽安娜·A. 费伯, 148n
Feuerbach, Ludwig, 路德维希·费尔巴哈, 185
Fisher, Irving, 欧文·费雪, 见主题词索引
Fisher, Stanley, 斯坦利·费希尔, 498
Fleming, J. Marcus, J. 马库斯·弗莱明, 483
Forster, E. M., E. M. 福斯特, 460
Fourier, Charles, 查尔斯·傅立叶, 170-172
Franklin, Benjamin, 本杰明·富兰克林, 263-264
Franklin, Julia, 朱利亚·富兰克林, 171n
Friedman, Milton, 米尔顿·弗里德曼, 见主题词索引
Frisch, Ragnar, 拉格纳·弗里希, 370-371, 372
Fuller, Margaret, 玛格丽特·富勒, 172

Galbraith, John Kenneth, 约翰·肯尼思·加尔布雷思, 见主题词索引
George, Henry, 亨利·乔治, 38, 286-287
Giffen, Robert, 罗伯特·吉芬, 387-388
Godwin, William, 威廉·戈德温, 92
Gordon, Barry, 巴里·戈登, 42n
Gordon, Robert A., 罗伯特·A. 戈登, 399-400, 498
Gossen, Herman Heindrich, 赫尔曼·海因里希·戈森, 237-238
Gournay, Vincent de, 文森特·德·古尔奈, 37
Gram, Harvey, 哈维·格拉姆, 361n
Granger, Clive, 克莱夫·格兰杰, 372
Greeley, Horace, 霍勒斯·格里利, 171
Groenewegen, Peter, 彼得·格罗尼维根, 45n

Hafer, R. W., R. W. 哈弗, 151n
Hall, Robert E., 罗伯特·E. 霍尔, 508n
Hamilton, Alexander, 亚历山大·汉密尔顿, 218
Hansen, Alvin H., 阿尔文·H. 汉森, 477-485, 488
Harberger, Arnold, 阿诺德·哈伯格, 433
Harrod, Sir Roy F., 罗伊·F. 哈罗德爵士, 506-508
Hawthorne, Nathaniel, 纳撒尼尔·霍桑, 172
Hawtrey, Ralph George, 拉尔夫·乔治·霍特里, 335-338

Hayek, Friedrich A., 弗里德里希·A. 哈耶克, 500-501

Hayek, Friedrich von, 弗里德里希·冯·哈耶克, 436n, 439

Hébert, Robert F., 罗伯特·F. 赫伯特, 153n

Heckman, James, 詹姆斯·赫克曼, 372-373

Heckscher, Eli, 伊莱·赫克歇尔, 125

Hegel, Georg, 格奥尔格·黑格尔, 185

Heilbroner, Robert L., 罗伯特·L. 海尔布伦纳, 365n

Heller, Walter, 沃尔特·赫勒, 477n

Henry VIII, 亨利八世, 16

Hicks, John R., 约翰·R. 希克斯, 309n, 382-388, 478, 532

Hinrichs, A. Ford, A. 福特·海因里希, 261n

Hirst, Margaret E., 玛格丽特·E. 赫斯特, 209n

Hitler, Adolf, 阿道夫·希特勒, 220

Hobbes, Thomas, 托马斯·霍布斯, 137

Hobson, John A., 约翰·A. 霍布森, 456

Hollander, Jacob H., 雅各布·H. 霍兰德, 54n

Hollander, Samuel, 萨缪尔·霍兰德, 128n

Holmlund, Bertil, 伯蒂尔·霍姆兰德, 82n

Hoover, Calvin B., 卡尔文·B. 胡佛, 472

Hoselitz, Bert F., 伯特·F. 赫兹利兹, 257n

Hotelling, Howard, 霍华德·霍特林, 276n

Hume, David, 大卫·休谟, 45, 58-63, 68, 84

Humphrey, Thomas M., 托马斯·M. 汉弗莱, 121n

Hutcheson, Francis, 弗朗西斯·哈奇森, 68

Jevons, William Stanley, 威廉·斯坦利·杰文斯, 见主题词索引

Kahn, R. F., R. F. 卡恩, 325n, 467-468

Kahneman, Daniel, 丹尼尔·卡尼曼, 298-299

Kaldor, Nicolas, 尼古拉斯·卡尔多, 429n, 493

Kalecki, Michal, 米哈尔·卡莱茨基, 494

Katz, Bernard S., 伯纳德·S. 卡茨, 560n

Kautsky, Karl, 卡尔·考茨基, 184

Kenyon, Peter, 彼特·凯尼恩, 496n

Kerry, John, 约翰·克里, 22

Keynes, John Maynard, 约翰·梅纳德·凯恩斯, 见主题词索引

Keynes, John Neville, 约翰·内维尔·凯恩斯, 208-209, 209n, 216n, 459-460

Kindleberger, Charles, 查尔斯·金德尔伯格, 501n

Kingsley, Charles, 查尔斯·金斯利, 162, 179-181

Klein, Lawrence, 劳伦斯·克莱因, 371, 477n

Knight, Frank, 弗兰克·奈特, 43, 442, 529n, 533

Kordsmeier, William F., 威廉·F. 考茨梅尔, 151n

Kramer, Arlo, 阿洛·克雷默, 542n

Kregel, J. A., J. A. 克雷格尔, 442n, 508n

Krugman, Paul, 保罗·克鲁格曼, 126

Lange, Oscar, 奥斯卡·兰格, 437-439

Lassalle, Ferdinand, 斐迪南德·拉萨尔, 144, 220

Layard, Richard, 理查德·莱亚德, 148n

Leibenstein, Harvey, 哈维·莱本斯坦, 352, 402

Leijonhufvud, Axel, 阿克塞尔·莱荣霍夫德, 466n

Lenin, Vladimir, 弗拉基米尔·列宁, 194n

Leontief, Wassily, 瓦西里·里昂惕夫, 376-379

Lerner, Abba P., 阿巴·P. 勒纳, 438n, 450, 486-487, 493

Lewis, Gregg, 格雷格·刘易斯, 433

Lewis, W. Arthur, W. 阿瑟·刘易斯, 520-524

Lindahl, Erik, 埃里克·林达尔, 323n

Lindbeck, Assar, 阿萨·林德贝克, 498, 560n

Lippincott, Benjamin, 本杰明·利平科特, 438n

List, Friedrich, 弗里德里希·李斯特, 209-213

Locke, John, 约翰·洛克, 138

Louis XVI, 路易十六, 44

Lowry, S. Todd, S. 托德·劳里, 132n

Lucas, Robert E., Jr., 小罗伯特·E. 卢卡斯, 540-545

Malthus, Daniel, 丹尼尔·马尔萨斯, 91, 92

Malthus, Thomas Robert, 托马斯·罗伯特·马尔萨斯, 见主题词索引

Malynes, Gerard, 杰拉德·马利尼斯, 24-25

Mandeville, Bernard de, 伯纳德·德·曼德维尔, 16, 472

Mankiw, N. Gregory, N. 格里高利·曼昆, 498n

Markham, F. M. H., F. M. H. 马卡姆, 169n, 170n

Marshall, Alfred, 阿尔弗雷德·马歇尔, 见主题词索引

Martin, Thomas L., 托马斯·L. 马丁, 140n

Marx, Karl, 卡尔·马克思, 见主题词索引
Matile, G. A., G. A. 马蒂尔, 211n
McFadden, Daniel, 丹尼尔·麦克法登, 372-373
Medema, Steven G., 斯蒂文·G. 梅德玛, 434n
Meek, Ronald L., 罗纳德·L. 米克, 41, 192n, 193n
Mencken, H. L., H. L. 门肯, 401n
Menger, Carl, 卡尔·门格尔, 216, 254-259
Mill, James, 詹姆斯·穆勒, 108
Mill, John Stuart, 约翰·斯图亚特·穆勒, 见主题词索引
Minsky, Hyman, 海曼·明斯基, 501
Mitchell, Wesley Clair, 韦斯利·克莱尔·米切尔, 4, 410-415, 511
Modigliani, Franco, 佛朗哥·莫迪利亚尼, 477n, 492n, 534n
Montaigne, Michel de, 米歇尔·德·蒙田, 14
Moreshima, Michio, 森岛道雄, 181n
Morgenstern, Oskar, 奥斯卡·摩根斯坦, 62, 379-382
Morris, George S., 乔治·S. 莫里斯, 396
Mun, Thomas, 托马斯·孟, 20-24
Mundell, Robert, 罗伯特·蒙代尔, 484
Murrell, Peter, 彼得·默雷尔, 436n
Musgrave, Richard A., 理查德·A. 马斯格雷夫, 442n, 477-478
Muth, John J., 约翰·J. 穆特, 543n
Myles, Jack C., 杰克·C. 迈尔斯, 205n
Myrdal, Gunnar, 冈纳·缪尔达尔, 323n, 470

Nash, John, 约翰·纳什, 382-383
Nassar, Sylvia, 西尔维娅·纳萨尔, 382
Newman, Philip C., 菲利普·C. 纽曼, 439n
Newton, Isaac, 艾萨克·牛顿, 49-50
Nobel, Alfred, 阿尔弗雷德·诺贝尔, 558
Nordhaus, William D., 威廉·D. 诺德豪斯, 439n, 492n
North, Douglass, 道格拉斯·诺斯, 420, 421n
North, Sir Dudley, 达德利·诺思爵士, 54-56
Nurkse, Ragnar, 拉格纳·纳克斯, 516-520

O'Brien, D., D. 奥布赖恩, 128n
O'Donnell, Margaret G., 玛格丽特·G. 奥唐奈, 430n
O'Driscoll, Gerald, 杰拉尔德·奥德里斯科尔, 119n

Ohlin, Bertil, 伯蒂尔·俄林, 125, 323n, 493
Okun, Arthur, 阿瑟·奥肯, 477n
Owen, Robert, 罗伯特·欧文, 174-178

Paine, Thomas, 托马斯·佩恩, 93
Pareto, Vilfredo, 维尔弗雷多·帕累托, 273-274, 425-429
Parker, Theodore, 西奥多·帕克, 172
Pasinetti, Luigi, 路易吉·帕西内蒂, 494
Patinkin, Don, 唐·帕廷金, 43n
Peacock, A. T., A. T. 皮科克, 442n
Peterson, Wallace C., 华莱士·C. 彼得森, 506n
Petty, Sir William, 威廉·配第爵士, 28-31
Phelps, Edmund, 埃德蒙·菲尔普斯, 537
Phillips, A. W., A. W. 菲利普斯, 490-492
Pigou, Arthur Cecil, 阿瑟·塞西尔·庇古, 见主题词索引
Place, Francis, 弗朗西斯·普雷斯, 95
Plato, 柏拉图, 1
Posner, Richard, 理查德·波斯纳, 420
Pratten, Clifford F., 克利福德·F. 普拉顿, 73n
Proudhon, Pierre-Joseph, 皮埃尔-约瑟夫·蒲鲁东, 163

Quesnay, François, 弗朗索瓦·魁奈, 39-42, 370

Rae, John, 约翰·雷, 61n
Ransom, Roger L., 罗杰·L. 兰塞姆, 405n, 478n, 529n
Rashid, Salmin, 塞尔民·拉什伊德, 99n
Rawls, John, 约翰·罗尔斯, 448
Reder, Melvin W., 梅尔文·W. 雷德, 530n, 532
Ricardo, David, 大卫·李嘉图, 见主题词索引
Ripley, George, 乔治·里普利, 171
Robbins, Lionel, 莱昂内尔·罗宾斯, 17
Robinson, Joan, 琼·罗宾逊, 见主题词索引
Romer, David, 戴维·罗默, 498n, 508n
Roncaglia, A., A. 隆卡格利亚, 128n
Roscher, Wilhelm, 威廉·罗雪尔, 214-215
Rothschild, Emma, 埃玛·罗思柴尔德, 446
Rutherford, Malcolm, 马尔科姆·拉瑟福德, 421n

Saint-Simon, Henri, Comte de, 亨利·克劳德·圣西门, 167-170
Salant, Walter S., 沃尔特·S.萨伦特, 478n
Samuelson, Paul A., 保罗·A.萨缪尔森, 见主题词索引
Sandy, R., R.桑迪, 82n
Sargent, Thomas, 托马斯·萨金特, 543n
Savage, L. J., L. J.萨维奇, 253
Say, Jean-Baptiste, 让-巴蒂斯特·萨伊, 6, 139-142
Schapiro, J. Salwyn, J.萨尔温·夏皮罗, 93n
Schelle, Gustave, 古斯塔夫·谢勒, 46n
Schmoller, Gustav, 古斯塔夫·施莫勒, 215-218
Schultz, Theodore W., 西奥多·W.舒尔茨, 2, 524-525, 529, 549
Schumpeter, Joseph Alois, 约瑟夫·阿洛伊斯·熊彼特, 511-516
Schwartz, Anna, 安娜·施瓦茨, 536
Scitovsky, Tibor, 蒂伯·西托夫斯基, 429n, 487n
Sen, Amartya, 阿马蒂亚·森, 103, 445-451
Senior, Nassau William, 纳索·威廉·西尼尔, 142-145
Shaw, George Bernard, 乔治·萧伯纳, 137
Shepherd, William G., 威廉·G.谢泼德, 352n, 369n
Sidgwick, Henry, 亨利·西奇威克, 430
Sismondi, Simonde de, 西蒙·德·西斯蒙第, 172-174
Slutsky, Eugen, 欧根·斯勒茨基, 384n
Smith, Adam, 亚当·斯密, 见主题词索引
Smith, Margaret Douglas, 玛格丽特·道格拉斯·斯密, 67
Snower, Dennis, 丹尼斯·斯诺沃, 499n
Solow, Robert M., 罗伯特·M.索洛, 477n, 490-491, 508-511
Sombart, Werner, 维尔纳·桑巴特, 220
Sorel, Georges, 乔治·索雷尔, 164
Spence, Michael, 迈克尔·斯彭斯, 549-550
Spencer, Roger W., 罗杰·W.斯潘塞, 560n
Spengler, Joseph J., 约瑟夫·J.斯彭格勒, 83n
Sraffa, Piero, 皮耶罗·斯拉法, 344-347, 493
Stacklberg, Heinrick von, 海因里希·冯·斯塔克尔伯格, 233
Stark, W., W.斯塔克, 133n, 136n

Stigler, George J., 乔治·J.斯蒂格勒, 4, 433, 541-542, 560n
Stiglitz, Joseph E., 约瑟夫·E.斯蒂格利茨, 498, 498n, 549-550
Strachey, Lytton, 利顿·斯特雷奇, 460
Sweezy, Paul M., 保罗·M.斯威齐, 193n, 478

Tawney, R. H., R. H.托尼, 219
Taylor, Fred M., 弗雷德·M.泰勒, 438n
Taylor, Harriet, 哈丽雅特·泰勒, 147
Taylor, John B., 约翰·B.泰勒, 508n
Temin, Peter, 彼特·特明, 537n
Temple, William, 威廉·泰姆普, 16
Thweatt, William O., 威廉·O.斯威特, 141n
Tinbergen, Jan, 简·丁伯根, 371, 372
Tobin, James, 詹姆斯·托宾, 291n, 477n, 478
Todaro, Michael, 迈克尔·托达罗, 524-525
Tollison, R. D., R. D.托利森, 18n
Townsend, Charles, 查尔斯·汤森, 67
Tullock, Gordon, 戈登·塔洛克, 139, 420, 442, 445n
Turgot, Anne Robert Jacques, 安·罗伯特·雅克·杜尔阁, 42, 44-46, 61
Tversky, Amos, 阿莫斯·特沃斯基, 298-299

Veblen, Thorstein Bunde, 索尔斯坦·邦德·凡勃仑, 见主题词索引
Viner, Jacob, 雅各布·瓦伊纳, 279-280, 529
von Böhm-Bawerk, Eugen, 欧根·冯·庞巴维克, 262-266
von Mises, Ludwig, 路德维希·冯·米塞斯, 435-437
von Neumann, John, 约翰·冯·诺依曼, 62, 375, 379-382
von Stackelberg, Heinrich, 海因里希·冯·斯塔克尔伯格, 233, 344
von Thünen, Johann Heinrich, 约翰·海因里希·冯·屠能, 238-241
von Westphalen, Jenny, 燕妮·冯·威斯特华伦, 183
von Wieser, Friedrich, 弗里德里希·冯·维塞尔, 259-262

Wagner, Richard, 理查德·瓦格纳, 487n
Wallace, Neil, 尼尔·华莱士, 543n
Wallich, Henry, 亨利·沃利克, 478
Walras, Léon, 莱昂·瓦尔拉斯, 347-376, 511
Walsh, Vivian, 维维安·沃尔什, 361n
Webb, Sidney and Beatrice, 西德尼·韦伯和比阿特丽斯·韦伯, 164
Weber, Max, 马克斯·韦伯, 218-220
Weintraub, Sydney, 西德尼·温特劳布, 464

West, Edwin G., 埃德温·G. 韦斯特, 151n, 199
Wicksell, Knut, 克努特·维克塞尔, 见主题词索引
Williamson, Oliver E., 奥利弗·E. 威廉姆森, 314n, 420
Woolf, Leonard, 伦纳德·伍尔芙, 460
Woolf, Virginia, 弗吉尼亚·伍尔芙, 460

Yellen, Janet L., 珍妮特·L. 耶伦, 83n, 499n
Yunus, Muhammad, 穆罕默德·尤努斯, 520-521

主题词索引

说明：主题词索引中的页码为英文原书页码，在本书边空处有所标识。

Abstinence, 节欲, 143-144
Abstract deductive method, 抽象演绎方法, 224
Acceleration principle, 加速原理, 488
Acquirement problem, 获得问题, 103
Active monetary policy, 积极的货币政策, 338
Adaptive expectations, 适应性预期, 542
Adding-up problem, 加总问题, 288-290
Adverse selection problem, 逆向选择问题, 541
Affirmative purpose of the firm, 企业的积极性目标, 418
Aggregate expenditures, 总支出, 456
Aggregate supply, 总供给, 543-545
Agricultural location, 农业区域, 239-240
Algebra of income determination, 收入决定的代数式, 488-490
Allocation of time, 时间配置, 548-550
Allocative inefficiency, 配置无效率, 349-350
Alternative-cost concept, 选择成本概念, 262
Altruism, 利他主义, 552
Anarchism, 无政府主义, 92, 163
Antitrust laws, 反托拉斯法, 515-516
Archive for the History of Economics, 经济学历史的档案, 12
Association for Evolutionary Economics, 演化经济学学会, 399
Asymmetric information, 不对称信息, 541-542
Austrian school, 奥地利学派, 254
Autobiography (Mill), 《自传》(穆勒), 146
Average cost curves, 平均成本曲线, 279-280
Average products, 平均产量, 276-278, 282

Balance of payments accounts, 收支平衡账户, 483
Balanced development, 平衡发展, 518-520
Balanced growth, 平衡增长, 507-508
Balancing of marginal utilities, 边际效用平衡, 238
Bank rate of interest, 银行利率, 324
Banker to the poor, 穷人的银行家, 521
Becker, Gary S., 加里·S. 贝克尔, 104n, 545
   discrimination, 歧视, 546-547
   family, 家庭, 550-553
   human capital, 人力资本, 547-550
   theory of allocation of time, 时间配置理论, 548-550
Behavioral economics, 行为经济学, 298-299
Bentham, Jeremy, 杰里米·边沁, 131
   criticisms, 批评, 136-138
   diminishing marginal utility, 边际效用递减, 133
   forced savings, 强制储蓄, 326
   implications, 含义, 133-134
   legacy, 贡献, 138
   usury, 高利贷, 135-136
   utilitarianism, 功利主义, 131-133
Big think, 大的思考, 562
Bloomsbury Group, 布鲁姆斯伯里团体, 460
Brook Farm, 布鲁克农场, 172
Budget lines, 预算线, 386
Bullionism, 金银, 19
Business Cycle Theory (Hansen), 《经济周期理论》(汉森), 477
Business cycles, 经济周期
   Jevons, 杰文斯, 251
   Mitchell, 米切尔, 411-414
   Schumpeter, 熊彼特, 511-512

Sismondi, 西斯蒙第, 173
Veblen, 凡勃仑, 407-409
Business enterprises, life cycle, 商业企业, 生命周期, 312, 314

Calculus of Consent: Logical Foundations of Constitutional Democracy, The (Buchanan/Tullock),《同意的计算：立宪民主的逻辑基础》,（布坎南/塔洛克）, 442
Cambridge equation, 剑桥方程, 321
Capacity-creating effect of investment, 投资的生产能力创造效应, 506
Capital accumulation, 资本积累, 87
　crises, 危机, 195-196, 199-200
　falling rate of profit, 利润率下降, 193-195
Capital goods, 资本品, 436
Capital-labor ratios, 资本-劳动比率, 115
Capitalism, decay of, 资本主义, 衰落, 512-514
Capitalism, Socialism, and Democracy (Schumpeter),《资本主义、社会主义与民主》(熊彼特), 511-516
Centralization of capital and concentration of wealth, 资本集中与财富积聚, 196-197
CEO salaries, 首席执行官的薪水, 288-289
Chartists, 宪章主义者, 179, 180
Chicago school of economics, 芝加哥经济学派, 529
　Becker, 贝克尔, 545-553
　beneficiaries, 受益者, 531-532
　Friedman, 弗里德曼, 533-540
　historical background, 历史背景, 529-530
　lasting contributions, 长远贡献, 533
　Lucas, 卢卡斯, 540-545
　tenets, 信条, 530-531
　validity, 有效性, 532-533
China, modern mercantilism in, 中国, 现代重商主义, 22
Choice, 选择, 443-444
Christian socialism, 基督教社会主义, 162
Circular flow diagram, 循环流向图, 43
Clark, John Bates, 约翰·贝茨·克拉克
　adding-up problem, 加总问题, 288-290
　biographical details, 生平细节, 281

　executive salaries, 执行官的薪水, 288-289
　marginal productivity theory of distribution, 分配的边生产力理论, 281-286
　Veblen influenced by, 凡勃仑被影响, 396
Class conflict, 阶级斗争, 196-197, 200-201
Classical school, 古典学派, 49
　beneficiaries, 受益者, 52
　Bentham, 边沁, 131-138
　Cantillon, 康替龙, 56-58
　historical background, 历史背景, 49-51
　Hume, 休谟, 58-63
　lasting contributions, 长远贡献, 53
　Malthus, 马尔萨斯, 见托马斯·罗伯特·马尔萨斯
　Mill, 穆勒, 见约翰·斯图亚特·穆勒
　North, 诺思, 54-56
　Ricardo, 李嘉图, 见大卫·李嘉图
　Say, 萨伊, 138-142
　Senior, 西尼尔, 142-145
　Smith, 斯密, 见亚当·斯密
　tenets, 信条, 51
　validity, 有效性, 52-53
Clayton Act, 克莱顿法案, 359
Coase theorem, 科斯定理, 433-434
Coefficient of determination (R^2), 判定系数(R^2), 370
Cointegration, 共线性, 373
Colbertism, 柯尔培尔主义, 26-28
Collective Choice and Social Welfare (Sen),《集体选择与社会福利》(森), 446
Colonization, 殖民地化, 15
Commodities, 商品, 548-550
Communism, 共产主义, 163-164
Comparative advantage, 比较优势, 123-124
Comparative costs, 比较成本, 123-125
Comparative statics, 比较静态, 492
Compensating wage differences, 补偿性工资差异, 82
Compensatory finance, 补偿性财政, 485
Competing theories of the Great Ression, 关于大衰退的几种理论, 500-501
Competition emphasis, 强调竞争, 224
Competition in invisible hand, 看不见的手的竞争, 74
Competitive economy 竞争经济

economic development, 经济发展, 86-88
market price, 市场价格, 80
money/debt, 货币/债务, 84-85
profit, 利润, 84
rent, 地租, 84-85
value, 价值, 78-80
wages, 工资, 80-84
Concluding thoughts, 结论性的思想, 557-563
Conditional logit analysis, 条件 logit 分析, 372
Conservatism, 保守主义, 404-405
Conservative reform, 保守的改革, 207
"Considerations on Representative Government" (Mill), 《代议制政府》(穆勒), 157
Conspicuous consumption, 炫耀性消费, 401
Constant returns to scale, 规模报酬不变, 288-289, 315
Constitutional economics, 宪法经济学, 444-445
Consumer goods, 消费品, 436
Consumer surplus, 消费者剩余, 136, 236, 300-302
Consumers' cooperative, 消费者合作社, 177
Consumption, 消费
   conspicuous, 炫耀性, 401
   curve of, 曲线, 234-235
   unproductive, 非生产性的, 99
Consumption externalities, 消费外部性, 493
Consumption function, 消费函数, 461-462, 534
Contemporary representation of distribution of income, 收入分配的现代表述, 121-122
Contract curve, 契约曲线, 272
Conventional wisdom, 传统思维, 415-416
Cooperation strategy, 合作策略, 63
Cooperative games, 合作博弈, 383
Corn laws, 谷物法, 92, 101, 123
Cost curves, 成本曲线, 279-280
Craft guilds, 手工业行会, 36
Creative destruction, 创造性破坏, 515-516
Credit, 信用, 407-409
Credit deadlock, 信用僵局, 337
Currency question, 货币问题, 109-110
Curve of consumption, 消费曲线, 234-235

Das Kapital (Marx), 《资本论》(马克思), 184, 187
   labor theory of value, 劳动价值论, 187-188
   theory of exploitation, 剥削理论, 188-193
Deadweight losses, 绝对损失, 139
Debt, Smith, 债务, 斯密, 85-86
Decay of capitalism, 资本主义的衰落, 512-514
Decreasing returns to scale, 规模报酬递减, 149, 289, 290, 315
Deer-beaver example, 鹿-海狸的例子, 79
Defense of Usury (Bentham), 《为高利贷辩护》(边沁), 135-136
Demand, 需求
   effective, 有效的, 456
   elasticity, 弹性, 303
   investment demand curve, 投资需求曲线, 464
   laws, 法则, 297-300, 308-309
   money, 货币, 535-536
   reciprocal, 相互的, 154
Demand-creating effect of investment, 投资的需求创造效应, 506-507
Demand-oriented price theory, 需求导向的价格理论, 225
Demand schedule, 需求表, 152
Demand theory, 需求理论, 384-388
Dependence effect, 依赖效应, 416-417
Destruction of the political strata, 政治阶层的毁灭, 513-514
Destruction of the institutional framework, 制度框架的损毁, 514
Dialectical process, 辩证法, 185
Differing capital-labor ratios, 不同的资本-劳动比率, 115
Diminishing marginal utility, 边际效用递减, 133
   Jevons, 杰文斯, 246-248
   Menger, 门格尔, 254, 255
Diminishing returns, 收益递减
   Gossen, 戈森, 237
   Ricardo, 李嘉图, 110
   Turgot, 杜尔阁, 45
Discourse of Trade from England unto the East Indies, A (Mun), 《论英国东印度贸易》(孟), 20
Discourses on the Publick Revenues, and on the Trade of

England (Davenant),《论英国的财政收入与贸易》(戴维南特),26
Discourses upon Trade(North),《贸易论》(诺思),54
Discrete choices,离散选择,372
Discretionary monetary policy,相机抉择的货币政策,336-337
Discrimination,歧视,546-547
Discrimination coefficient,歧视系数,546
Diseconomies of scale,规模不经济,290
Distribution,分配,149-150
Distribution of employment,就业分布,88
Distribution of income,收入分配
　　Marshall,马歇尔,307-311
　　Ricardo,李嘉图,117-122
Distribution of Wealth,*The*(Clark),《财富的分配》(克拉克),281
Division of labor,劳动分工
　　Petty,配第,30
　　Smith,斯密,72-73,86
Divorce,离婚,552-553
Dominant strategy,占优策略,383
Duopoly,双寡头垄断
　　Cournot,古诺,230-233
　　Edgeworth,埃奇沃思,274-276
Dynamics,动态学,154-156

Econometric Society,世界计量经济学会,370
Econometrics,计量经济学,370-371
Economic calculation,经济核算,436-437
Economic Consequences of the Peace,*The*(Keynes),《和约的经济后果》(凯恩斯),460
"Economic Development with Unlimited Supplies of Labour"(Lewis),《劳动无限供给条件下的经济发展》(刘易斯),521
Economic growth and development,经济增长与经济发展
　　definitions,定义,505
　　Harrod-Domar growth model,哈罗德–多马增长模型,506-508
　　Lewis,刘易斯,520-524
　　Nurkse,纳克斯,516-520

　　Schultz,舒尔茨,524-525
　　Schumpeter,熊彼特,511-516
　　Smith,斯密,86-88
　　Solow,索洛,508-511
Economic investment,经济投资,462
Economic laws,经济规律,51
Economic liberalism,经济自由主义,51,540
Economic rent in mercantilism,重商主义的经济租,18
Economic Science(Roscher),《经济科学》(罗雪尔),214
Economic Sentiments:*Adam Smith*,*Condorcet and the Enlightenment*(Rothschild),《经济的情操:亚当·斯密、孔多塞和启蒙运动》(罗思柴尔德),446
Economic theory of socialism,社会主义的经济理论,438-439
Economics(Samuelson),《经济学》(萨缪尔森),485-486
Economics and the Public Purpose(Galbraith),《经济学与公共目标》(加尔布雷思),418-419
Economics of Control,*The*(Lerner),《控制的经济学》(勒纳),486
Economics of Discrimination,*The*(Becker),《歧视经济学》(贝克尔),546
Economics of Employment(Lerner),《就业的经济学》(勒纳),486
Economics of Imperfect Competition,*The*(Robinson),《不完全竞争经济学》(罗宾逊),353
Economics of Welfare,*The*(Pigou),《福利经济学》(庇古),429
Economies of high wages,高工资效率,81
Economies of scale,规模经济,290
Edgeworth,Francis Y.弗朗西斯·Y.埃奇沃思
　　background information,背景信息,271-272
　　duopoly theory,双寡头理论,232,274-276
　　indifference curves and exchange,无差异曲线与交换,272-274
　　marginal vs. average product,边际产量与平均产量,276-278
　　reciprocal value,相互价值,153n
Edgeworth box,埃奇沃思方盒,274,427n
Effective demand,有效需求,456

Efficiency losses,效率损失,139
Efficiency wages,效率工资,80-83,499
Efficient markets theory,有效市场理论,492
Egalitarianism,均等主义,450-451
Elastic demand,弹性需求,302
Elasticity coefficient,弹性系数,302
Elasticity of demand,需求弹性,302-303
Elasticity of substitution,替代弹性,388
Elasticity of supply,供给弹性,152
Elements of Pure Economies(Walras),《纯粹经济学要义》(瓦尔拉斯),374
Empirical investigation,经验研究,411
Employment, distribution of,就业,分布,88
Enclosure laws,圈地法,50
End of Laissez-Faire, The(Keynes),《自由放任的终结》(凯恩斯),460
Endogenous money,内生货币,496
"*Enfranchisement of Women*"(Mill/Mill),《论妇女的解放》(穆勒/穆勒),147
Engineers,技师,409-410
England's Treasure by Forraign Trade(Mun),《英国得自对外贸易的财富》(孟),20,31
English Navigation Acts,英国航海法,15
Enlightenment,启蒙运动,68
Enquiry Concerning Political Justice and Its Influence on General Virtue and Happiness, An(Godwin),《政治正义论：论政治正义及其对道德和幸福的影响》(戈德温),92
Entrepreneurial function,企业家作用,513
Entrepreneurs,企业家,56
Entrepreneurship,企业家精神,139
Equalizing wage differences,工资差异均等化,82
Equilibrium income and employment,均衡收入与就业,466-469
Equilibrium price,均衡价格,153,305-307
Equimarginal rule,等边际规则,248-249
Equivalence theorem,等价定理,118-119
Errors of Historicism(Menger),《历史主义的错误》(门格尔),216
Essai sur la Nature du Commerce en Général(Cantillon),《商业性质概论》(康替龙),56

Essay on the East-India Trade, An(Davenant),《论东印度的贸易》(戴维南特),25
Essay on the Principle of Population, An(Malthus),《人口论》(马尔萨斯),94-97
Essay on the Probable Means of Making the People Gainers in the Balance of Trade, An(Davenant),《论贸易平衡中可能的获利办法》(戴维南特),25
Essay on Trade and Commerce(Temple),《论贸易与商业》(泰姆普),16
Essays on Some Unsettled Questions of Political Economy(Mill),《论政治经济学的若干未定问题》(穆勒),326
Essence of Christianity(Feuerbach),《基督教的本质》(费尔巴哈),185
Essentials of Economic Theory(Clark),《经济理论的实质》(克拉克),286
Evolutionary approach,演化方法,206,397
Ex ante vs. ex post saving/investment,事前与事后的储蓄/投资,470-471
Exchange,交换
　Edgeworth,埃奇沃思,272-274
　Jevons,杰文斯,249
　Mill,穆勒,152-153
Exchange rate,汇率,483
Exchange value,交换价值,114-116,259-261
Executive salaries,执行官的工资,288-289
Explicit contracts,明显的契约,498
Exploitation,剥削,188,356-357
　labor power vs. labor time,劳动力与劳动时间,189
　rate of profit,利润率,192
　surplus value,剩余价值,189-192
　transformation problem,转化问题,192-193
Extensive margin of cultivation,耕种的广延边际,111-112
External economies,外部经济,314-315
Externalities,外部性,430-432,493

Fable of the Bees: or, Private Vices, Publick Benefits, The(Mandeville),《蜜蜂的寓言：私人的恶德、公众的利益》(曼德维尔),472
Factor-price equalization theory,要素-价格均等化理

论,493
Factory Acts,工厂法,145
Fair Labor Standards Act,公平劳动标准法案,359-360
Family,家庭,550-553
Famine,饥荒,102
Fear of goods,对商品的恐惧,14,21
Fear of services,对服务的恐惧,21-22
Felicific calculus,幸福计算,138
Fertility,生育,551-552
Feudalism,封建制度,186-187
Final degree of utility,效用的最后程度,248
Financial instability hypothesis,金融不稳定性假说,501,501n
Financial investment,金融投资,462
First-degree price discrimination,一级价格歧视,435
Fiscal Policy and Business Cycles(Hansen),《财政政策与经济周期》(汉森),478
Fiscal Policy Seminar,财政政策研讨班,477
Fisher,Irving 欧文·费雪
    biographical details,生平细节,328
    monetary policy,货币政策,332-335
    quantity theory of money,货币数量论,330-332
    theory of interest,利息理论,328-330
    usury,高利贷,135-136
Fisher effect,费雪效应,330
Five major questions,五个主要问题,3-6
Fixed costs,固定成本,303
Forced savings,强制储蓄,326
Formal contracts,正式契约,498-499
Foundations of Economic Analysis, The(Samuelson),《经济分析的基础》(萨缪尔森),485-486
Free trade theory,自由贸易理论,212-213
Friedman,Milton 米尔顿·弗里德曼
    biographical details,生平细节,533-534
    Coase meeting,科斯会面,433
    consumption function,消费函数,534
    economic liberalism,经济自由主义,540
    monetary theory,货币理论,535-540
    rational behavior,理性行为,299
Full Recovery or Stagnation(Hansen),《完全复兴还是停滞》(汉森),485

Functional distribution of income,收入的功能性分配,117
Functional finance,功能性财政,486-487

Galbraith,John Kenneth,约翰·肯尼思·加尔布雷思
    biographical details,生平细节,415
    conventional wisdom,传统思维,415-416
    criticisms,批评,419
    dependence effect,依赖效应,416-417
    neoclassical synthesis,新古典综合,494
    on new ideas,新思想,4
    theory of the firm,企业理论,417-419
Gambling,赌博,252-253
Game theory,博弈论,62-63,379-382
General equilibrium analysis,一般均衡分析,374-376
General journals,一般期刊,10-11
General Theory, The(Keynes),《通论》(凯恩斯),455-456,461-469
General training,一般培训,547
German historical school,德国历史学派,205
    beneficiaries,受益者,207-208
    historical background,历史背景,205-206
    lasting contributions,长远贡献,208-209
    List,李斯特,209-213
    Roscher,罗雪尔,213-214
    Schmoller,施莫勒,215-218
    Sombart,桑巴特,220
    tenets,信条,206-207
    validity,有效性,208
    Weber,韦伯,218-220
Giffen good,吉芬商品,387
Giffen paradox,吉芬悖论,387-388
Goods-intensive commodity,产品密集型商品,550
Government,政府,156-157
Grameen Bank,孟加拉乡村银行,521-522
Great Depression,大衰退,500
    cause,起因,537
    mercantilism in,重商主义,21
Great Ression,大衰退,338-339,500-501
Guide to Keynes, A(Hansen),《凯恩斯学说指南》(汉森),478-479

Guild socialism,行会社会主义,164-165
Guilds,行会,36

Harmony of interests,利益的和谐,51,73-77
Harrod-Domar growth model,哈罗德-多马增长模型,506-508
Heckman correction,赫克曼修正,372
Heckscher-Ohlin model,赫克歇尔-俄林模型,125
Hedge borrowers,套利借款者,501
Hedonism,享乐主义,131-132,406
Hicks-Hansen synthesis,希克斯-汉森综合,478-482
History of Economic Analysis(Schumpeter),《经济分析史》(熊彼特),511
History of Economic Thought web site,经济思想史网站,11-12
History of England(Hume),《英国史》(休谟),58
Holy Alliance,神圣同盟,205
Human Action: A Treatise on Economics(von Mises),《人类行为的经济学分析》(冯·米塞斯),436
Human capital,人力资本,524-525,547-550
Human Capital(Becker),《人力资本理论》(贝克尔),547-548

Impatience rate,不耐心程度,328
Imperfect capital mobility,资本不完全流动,484n
Imperfect competition,不完全竞争,343-344
    Chamberlin,张伯伦,347-350
    monopolistic competition,垄断竞争,347-350
    monopsony,买方垄断,353-356
    Robinson,罗宾逊,353-361
    Sraffa,斯拉法,344-347
    Wicksell,维克塞尔,327-328
Implicit contracts,隐含契约,498-499
Impossibility theorem,不可能定理,440
Imputation,归因,257-258
Income distribution,收入分配
    Marshall,马歇尔,307-311
    Ricardo,李嘉图,117-122
Income effect,收入效应,17,300,387-388
Income redistribution,收入再分配,317,429-430
Increasing returns to scale,规模报酬递增,149,289,290,315
Index numbers,指数,251
Index of Economic Articles,《经济学论文索引》,11
Indifference curves,无差异曲线,272-274,384-386,425
Inductive/historical approach,归纳/历史方法,207
Industrial revolution,工业革命,50-51
Industry and Trade(Marshall),《工业与贸易》(马歇尔),294
Inelastic demand,缺乏弹性的需求,302
Inequality,不平等,449-451
Infant industry defense of tariffs,幼稚工业关税保护,211
Inferior goods,劣等商品,387
Inflexible prices and wages,刚性价格与工资,497-499
Information,信息,541-542
Information sources,资料来源,9-12
Input-output tables,投入-产出表,376-378
Insider-outsider theory,局内人-局外人理论,499
Instinct for workmanship,手艺本能,406-407
Institutionalist school,制度主义学派,395
    beneficiaries,受益者,398
    Galbraith,加尔布雷思,415-420
    historical background,历史背景,395-396
    lasting contributions,长远贡献,399-400
    Mitchell,米切尔,410-415
    tenets,信条,396-398
    traditional vs. new institutionalism,传统的与新的制度主义,395,420-421
    validity,有效性,398-399
    Veblen,凡勃仑,400-410
Intensive margin of cultivation,耕种的集约边际,112-114
Interest,利息
    Marshall,马歇尔,309-310
    rates,利率,324
    usury,高利贷,135-136
    von Böhm-Bawerk,冯·庞巴维克,262-265
Interest and Prices(Wicksell),《利息与价格》(维克塞尔),324
Internal economies,内部经济,314-315
International trade,国际贸易,483-484

International value,国际价值,153-154
Internet sites,网站,11-12
Interpersonal comparisons,人际比较,447
Intrinsic value,内在价值,56
Introduction to the Principles of Morals and Legislation, An（Bentham）,《道德与立法原理导论》（边沁）,132
Investment,投资,462-464
Investment demand curve,投资需求曲线,464
Investment opportunity rate,投资机会率,328
Invisible hand,看不见的手,72,74
Iron law of wages,工资铁律,44,118
IS curve,IS 曲线,479-480
IS-LM model,IS-LM 模型,481-482
Isocost-isoquant analysis,等成本–等产量分析,388

Jahrbuch（Schmoller）,《新政治经济学年鉴》（施莫勒）,216
Jevons,William Stanley,威廉·斯坦利·杰文斯
    biographical details,生平细节,245
    gambling,赌博,252-253
    Gossen and,和戈森,237
    public policy,公共政策,251-254
    topics,问题,251
    value theory,价值理论,245-251
Journal articles,期刊论文,10-12
Journal of Economic Literature,《经济文献杂志》,11
Journal of Economic Literature's classification system,《经济文献杂志》的分类体系,561
Just price,公平价格,42

Keynes,John Maynard,约翰·梅纳德·凯恩斯
    biographical details,生平细节,459-461
    consumption function,消费函数,461-462
    criticisms,批评,470-472
    equilibrium income and employment,均衡收入与就业,466-469
    investment,投资,462-464
    liquidity preference,流动性偏好,464-466
    monetary/fiscal policy,货币/财政政策,469
    Say and,和萨伊,141
    unemployment,失业,469
Keynesian cross model,凯恩斯交叉模型,466
Keynesian school,凯恩斯学派,455
    beneficiaries,受益者,457-458
    Hansen,汉森,477-485
    historical background,历史背景,455-456
    IS-LM model,IS-LM 模型,481-482
Keynes,凯恩斯,见约翰·梅纳德·凯恩斯
    lasting contributions,长远贡献,459
    new Keynesians,新凯恩斯主义,497-499
    Phillips curve,菲利普斯曲线,488-492
    post-Keynesians,后凯恩斯主义,493-496
    Samuelson,萨缪尔森,485-493
    stagnation thesis,停滞主题,485
    tenets,信条,456-457
    validity,有效性,458-459
Keynesian Steering Wheel,凯恩斯的方向盘,486-487
Knife edge,刀刃,507-508

Labor,劳动,249-251
    division of,劳动分工,72-73,86
    unproductive,非生产性,148
Labor commanded theory of value,可支配劳动价值论,79
Labor cost theory of value,劳动成本价值论,79
Labor power,劳动力,189
Labor quality in exchange value,交换价值中的劳动质量,116
Labor theory of value,劳动价值论
    Marx,马克思,187-188
    Petty,配第,30-31
    primitive societies,原始社会,79
    problems,问题,199
Labor time,劳动时间,189
Labouring poor,贫穷的劳动者,133
Laissez-faire,自由放任,37,75-76
Landrum-Griffin Act,兰德姆–格里芬法案,359
Lausanne School of Economics,洛桑经济学派,374
Law of absolute advantage in international trade,国际贸易中的绝对优势规律,77-78
Law of comparative advantage,比较优势规律,123-124

Law of demand, Marshall, 需求法则, 马歇尔, 297-300
Law of diminishing returns, 收益递减规律
 Gossen, 戈森, 237
 Ricardo, 李嘉图, 110
 Turgot, 杜尔阁, 45
Law of international value, 国际价值规律, 153-154
Law of markets, 市场定律, 141-142
Law of motion of capitalism, 资本运动规律, 187
 capital accumulation/crises, 资本积累/危机, 195-196
 capital accumulation/falling rate of profit, 资本积累/利润率下降, 193-195
 centralization of capital/concentration of wealth, 资本集中/财富积聚, 196
 class conflict, 阶级斗争, 196-197
 labor theory of value, 劳动价值论, 187-188
 summary, 总结, 197
 theory of exploitation, 剥削理论, 188-193
Laws of derived demand, 派生需求法则, 308-309
Laws of development, 发展规律, 207
Laws of Human Relations and Rules of Human Action Deprived Therefrom (Gossen), 《人类关系的规律和与之相应的人类行为的规则》(戈森), 237
Leisure class, 有闲阶级, 401, 404-405
Lemon's market, 柠檬市场, 541-542
Lerner functional finance, 勒纳功能性财政, 486-487
Lex Mercatoria: or, the Ancient-Law Merchant (Malynes), 《古代商业法典》(马利尼斯), 24
Liberalism, 自由主义, 51, 540
Life cycle of business enterprises, 商业企业的生命周期, 312, 314
Life-cycle theory, 生命周期理论, 534n
Limited government, 有限政府, 73-77, 531
Linear programming, 线性规划, 388-391
Liquidity preference, 流动性偏好, 464-466
Liquidity trap, 流动性陷阱, 339, 469
Little think, 小的思考, 562
LM curve, *LM* 曲线, 480-481
Location theory, 区域理论, 238-240
Long-run vertical Phillips curve, 长期垂直的菲利普斯曲线, 537-539

Majority voting rule, 多数投票规则, 445
Malinvestment, 错误投资, 500
Malthus, Thomas Robert, 托马斯·罗伯特·马尔萨斯, 57
 biographical details, 生平细节, 91
 contributions, 贡献, 100-101, 104
 historical setting, 历史背景, 91-92
 intellectual setting, 知识背景, 92-93
 need for unproductive consumption, 非生产性消费的必要性, 99
 poor laws, 济贫法, 96-97
 population theory, 人口理论, 94-97
 Ricardo and, 和李嘉图, 110, 117
 theory of market gluts, 市场供给过剩理论, 97, 99-100
Manifesto of the Communist Party (Engels/Marx), 《共产党宣言》(恩格斯/马克思), 183
Manual of Political Economy (Bentham), 《政治经济学手册》(边沁), 326
Manual of Political Economy (Pareto), 《政治经济学手册》(帕累托), 425
Marginal cost, 边际成本, 228
Marginal cost curve, 边际成本曲线, 279-280
Marginal efficiency of capital, 资本的边际效率, 457, 463
Marginal product, 边际产量, 276-278
Marginal productivity, 边际生产力, 240-241
Marginal productivity, theory of distribution, 边际生产力, 分配理论, 281-286
Marginal propensity to consume, 边际消费倾向, 461
Marginal propensity to save, 边际储蓄倾向, 462, 469n
Marginal rate of substitution, 边际替代率, 386, 426
Marginal rate of technical substitution, 边际技术替代率, 427
Marginal rate of transformation, 边际转换率, 428
Marginal revenue, 边际收入, 228
Marginal revenue product, 边际收益产品, 356
Marginal utility, 边际效用
 Dupuit, 杜普伊特, 234-235
 Marshall, 马歇尔, 295-297
Marginalist school, 边际主义学派, 223

beneficiaries,受益者,225-226
Clark,克拉克,281-290
Cournot,古诺,227-233
Dupuit,杜普伊特,234-238
Edgeworth,埃奇沃思,271-280
historical background,历史背景,223-224
Jevons,杰文斯,245-254
lasting contributions,长远贡献,227
Menger,门格尔,254-259
tenets,信条,224-225
validity,有效性,226
von Böhm-Bawerk,冯·庞巴维克,262-266
von Thünen,冯·屠能,238-241
von Wieser,冯·维塞尔,259-262
Market gluts,市场供给过剩,97,99-100
Market price in competitive economy,竞争经济中的市场价格,80
Market sector,市场部门,417
Markup pricing,加成定价,496
Marriage,婚姻,550
Marshall, Alfred,阿尔弗雷德·马歇尔,293
    biographical details,生平细节,293-295
    Clark and,和克拉克,284
    consumer's surplus,消费者剩余,300-302
    distribution of income,收入分配,307-311
    elasticity of demand,需求弹性,302-303
    equilibrium price,均衡价格,305-307
    increasing/decreasing returns to scale,规模报酬递增/递减,315
    interest,利息,309-310
    internal vs. external economics,内部经济与外部经济,314-315
    law of demand,需求法则,297-300
    life cycle of business enterprises,商业企业的生命周期,312,314
    marginal utility,边际效用,295-297
    monetary analysis,货币分析,321
    profits,利润,310-311
    quasi-rent,准地租,310-311
    rational consumer choice,理性消费者选择,297
    reciprocal value,相互价值,153n
    rent,地租,310-311
    representative firms,代表性企业,312
    Ricardo and,和李嘉图,128
    Robinson and,和罗宾逊,360
    rules of derived demand,派生需求法则,308-309
    supply,供给,303-304
    wages,工资,308-309
    waiting,等待,144
    welfare effects of taxes/subsidies,税收/补贴的福利效应,315-317
Marx, Karl,卡尔·马克思,144,183,513
    biographical details,生平细节,183-184
    capital accumulation/crises,资本积累/危机,195-196
    capital accumulation/falling rate of profit,资本积累/利润率下降,193-195
    centralization of capital/concentration of wealth,资本集中/财富积聚,196
    class conflict,阶级斗争,196-197
    criticisms,批评,198-201
    intellectual influences,学术影响,184-185
    labor theory of value,劳动价值论,187-188
    lasting contributions,长远贡献,197-198
    law of motion,运动规律,见资本运动规律
    Schumpeter and,和熊彼特,511
    theory of exploitation,剥削理论,188-193
    theory of history,历史理论,185-187
Marxian Socialism,马克思的社会主义,163,183,201-202,也见卡尔·马克思
Materialism,唯物主义,185
Mathematical economics,数理经济学
    advances,进展,372-373
    defined,定义,365
    econometrics,计量经济学,370-371
    game theory,博弈论,379-382
    Hicks,希克斯,382-388
    input-output tables,投入-产出表,376-378
    Leontief,里昂惕夫,376-379
    linear programming,线性规划,388-391
    mathematical theorizing,数学推理,366-368
    statistical testing,统计检验,368-370
    von Neumann/Morgenstern,冯·诺依曼/摩根斯

坦,379-382
Walras,瓦尔拉斯,374-376
Mathematical Foundations of Quantum Mechanics(von Neumann),《量子力学的数学基础》(冯·诺依曼),379
Mathematical Physics(Edgeworth),《数学心理学》(埃奇沃思),271
Mathematical Principles of Natural Philosohy(Newton),《自然哲学的数学原理》(牛顿),49
Maximin solution,最大化最小解,381
Maximin egalitarianism,最大化最小均等主义,451
Menu costs,菜单成本,498
Mercantilism,重商主义,13
 beneficiaries,受益者,18
 Colbert,柯尔培尔,26-28
 current remnants of doctrine,教条的当前残余,21-22
 Davenant,戴维南特,25-26
 historical background,历史背景,13
 lasting contributions,长远贡献,19-20
 Malynes,马利尼斯,24-25
 Mun,孟,20-24
 Petty,配第,28-31
 Smith,Adam,and,和亚当·斯密,75
 supply of labor,劳动供给,17
 tenets,信条,13-16
 validity,有效性,19
Methodenstreit,方法论之争,216-217
Microcredit,微信用,520-521
Microeconometrics,微观计量经济学,372
Militarism,军国主义,14
Mill,John Stuart,约翰·斯图亚特·穆勒
 distribution,分配,149-150
 dynamics,动态学,154-156
 exchange,交换,152-153
 forced accumulation,强制积累,326
 government,政府,156-157
 on happiness,论幸福,137
 importance,重要性,157
 international value,国际价值,153-154
 life/influences,生命/影响,145-146,148

 production,生产,148-149
 taxes,税收,39
 wages fund,工资基金,150-152
 women's rights,妇女的权利,147-148
Minimal government involvement,最小的政府干预,51,225
Minimax solution,最小化最大解,381
Minimum wage,最低工资,360
Minsky moment,明斯基时刻,501
Modern cardinal utility,现代基数效用,379n
Modern-day famine,现代饥荒,102
Modern quantity theory,现代数量论,536
Monetarists,货币主义者,321
Monetary economics,货币经济学,321-322
 Fisher,费雪,328-335
 Hawtrey,霍特里,335-338
 Wicksell,维克塞尔,322-328
Monetary History of the United States, A(Friedman/Schwartz),《美国货币史》(弗里德曼/施瓦茨),536
Monetary policy,货币政策,469
Monetary rule,货币规则,539-540
Monetary theory,货币理论,535-540
Monetary Theory and Fiscal Policy(Hansen),《货币理论与财政政策》(汉森),479
Money,货币
 Friedman,弗里德曼,535-536
 Smith,斯密,85-86
Monopolistic competition,垄断竞争,347-350
Monopoly,垄断
 Cournot,古诺,228-230
 Dupuit,杜普伊特,236-237
 Schumpeter,熊彼特,515-516
 Sraffa,斯拉法,345
 Wicksell,维克塞尔,327
Monopsonistic exploitation,买方垄断剥削,356-357
Monopsony,买方垄断,353-361
Moral hazard,道德风险,339
"Mr. Keynes and the Classics: A Suggested Interpretation"(Hicks),《凯恩斯先生与古典学派:一个建议解释》(希克斯),478

Multiple regression analysis, 多元回归分析, 366-368
Multiplier, 乘数, 469
Multiplier-accelerator interaction, 乘数-加速数的相互作用, 488
Mundell-Fleming model, 蒙代尔-弗莱明模型, 483-484

N-M index of utility, N-M 效用指数, 379n
Nash equilibrium, 纳什均衡, 382
National Bureau of Economic Research, 美国国家经济研究局, 411
National Equitable Labour Exchange, 全国公平劳动交易市场, 177
National Labor Relations Act, 国家劳动关系法案, 359
National planning, 国家计划, 414
National System of Political Economy (List), 《政治经济学的国民体系》(李斯特), 210
Nationalism, 民族主义, 14
Natural monopoly, 自然垄断, 345
Natural order, 自然秩序, 36
Natural price, 自然价格, 78
Natural rate of interest, 自然利率, 325
Natural rate of unemployment, 自然失业率, 537-539
Natural value, 自然价值, 259-261
"Nature of the Firm, The" (Coase), 《企业的性质》(科斯), 313-314
Need for unproductive consumption, 非生产性消费的必要性, 99
Neo-Austrians, 新奥地利学派, 439
Neoclassical school, 新古典学派
　　attacks on, 批判, 405-406
　　Chamberlin, 张伯伦, 347-350
　　Fisher, 费雪, 328-335
　　Hawtrey, 霍特里, 335-338
　　imperfect competition, 不完全竞争, 见不完全竞争
　　Marshall, 马歇尔, 见阿尔弗雷德·马歇尔
　　monetary economics, 货币经济学, 见货币经济学
　　Robinson, 罗宾逊, 353-361
　　Sraffa, 斯拉法, 344-347
　　Wicksell, 维克塞尔, 322-328
Neoclassical synthesis, 新古典综合, 477, 493

New classical macroeconomics, 新兴古典宏观经济学, 543-545
New classicism, 新兴古典主义, 529, 见芝加哥学派
New Industrial and Social World, The (Fourier), 《新的工业和社会世界》(傅立叶), 170
New institutionalism, 新制度主义, 420-421
New Keynesians, 新凯恩斯主义, 497-501
New Lanark Mills, 纽拉纳克工厂, 174-176
New Principles of Political Economy (Sismondi), 《政治经济学新原理》(西斯蒙第), 172
Nobel laureates, 诺贝尔奖得主, 558-560
Nominal price, 名义价格, 80
Noncooperative games, 非合作博弈, 383
Nonreproducible commodities, 不可再生的商品, 114
Normal goods, 正常商品, 387
Normal rate of interest, 正常利率, 325
Normative economics, 规范经济学, 142, 562
North American Phalanx, 北美法朗吉, 172

Observation sur un Mémoire de M. de Saint-Péravy (Turgot), 《基于圣·佩拉维论文的观察》(杜尔阁), 45
"Of Interest" (Hume), 《论利息》(休谟), 59
"Of Money" (Hume), 《论货币》(休谟), 59
"Of the Balance of Trade" (Hume), 《论贸易平衡》(休谟), 59
"Of the Jealousy of Trade" (Hume), 《论贸易的妒忌》(休谟), 60
Offshoring, 离岸, 21-22
On Economic Inequality (Sen), 《论经济不公平》(森), 446
"On Liberty" (Mill), 《论自由》(穆勒), 157
"On Profits, and Interests" (Mill), 《论利润和利息》(穆勒), 326
"On the Economic Theory of Socialism" (Lange), 《论社会主义经济理论》(兰格), 438
100 percent money plan, 100% 货币计划, 334
Open-market operations, 公开市场操作, 334, 336
Ophelimity, 满意, 426
Opportunity-cost principle, 机会成本原理, 262

Optimal voting rule, 最优投票法则, 445
Organic composition of capital, 资本有机构成, 193
Organization of Work (Blanc), 《工作的组织》(布朗基), 178-179
Origin of Species (Darwin), 《物种起源》(达尔文), 184

Pain-pleasure calculus, 痛苦-快乐计算, 138
Paradox of value, 价值悖论, 260
Paradox of voting, 投票悖论, 440-441
Pareto optimality, 帕累托最优, 426-428, 449-450
Partial equilibrium analysis, 局部均衡分析, 374, 376
Path dependent institutions, 路径依赖制度, 421
Payoff matrices, 支付矩阵, 381
Permanent income, 持久收入, 535
Phalanxes, 法朗吉, 172
Phillips curve, 菲利普斯曲线, 488-492, 537-539
Philosophic radicals, 哲学的激进派, 134
Philosophy of Economic Science, The (Bentham), 《经济科学的哲学》(边沁), 133
Physiocratic school, 重农学派, 35
 beneficiaries, 受益者, 37-38
 historical background, 历史背景, 35-36
 lasting contributions, 长远贡献, 38-39
 Quesnay, 魁奈, 39-42
 tenets, 信条, 36-37
 Turgot, 杜尔阁, 42, 44-46
 validity, 有效性, 38
Pigou, Arthur Cecil, 阿瑟·塞西尔·庇古
 biographical details, 生平细节, 429
 contributions, 贡献, 434-435
 exploitation, 剥削, 356
 externalities, 外部性, 433-434
 income redistribution, 收入再分配, 317, 429-430
 private and social costs and benefits, 私人与社会成本及收益, 430-432
Pigou effect, 庇古效应, 435
Pin manufacturing, 大头针工厂, 72-73
Planning sector, 计划部门, 417
Political Anatomy of Ireland, The (Petty), 《爱尔兰的政治剖析》(配第), 28, 31

Political Arithmetick (Petty), 《政治算术》(配第), 28-30
Political Discourses (Hume), 《政治论丛》(休谟), 58
Political Economy and Its Method (Schmoller), 《政治经济学及其研究方法》(施莫勒), 216
Political Lent, 政治斋戒, 14
Politics for the People, 《人民政治》, 180
Ponzi borrowers, 庞氏借款者, 501
Poor Law Amendment, 济贫法修正案, 96
Poor laws, 济贫法, 91, 96-97, 100, 145
Population 人口
 Malthus, 马尔萨斯, 94-97
 policy implications, 政策含义, 96-97
 positive checks to, 积极控制, 95-96
 preventive checks to, 预防性控制, 94-95
 Senior, 西尼尔, 143
Positive checks to population, 对人口的积极控制, 95-96
Positive economics, 实证经济学, 142, 562
Positive role of government, 政府的积极作用, 206-207
Post-Keynesians, 后凯恩斯主义, 493-496
Poverty, 贫困, 517-518
Precautionary motive, 预防性动机, 465
Preventive checks to population, 对人口的预防性控制, 94-95
Price discrimination, 价格歧视
 Dupuit, 杜普伊特, 236-237
 Pigou, 庇古, 435
Price level changes, 价格水平变化, 323-324
Price specie-flow mechanism, 价格-铸币流动机制, 59, 125
Price takers, 价格接受者, 345
Primary sources, 主要来源, 9
Prime costs, 主要成本, 303
Principal-agent problem, 委托-代理问题, 351-352
Principle of capital accumulation, 资本积累原理, 143
Principle of diminishing returns, 收益递减原理, 143
Principle of income maximization, 收入最大化原理, 143
Principle of population, 人口原理, 143

Principles of Economic Planning, *The*（Lewis）,《经济计划原理》(刘易斯),521

Principles of Economics（Marshall）《经济学原理》(马歇尔),见阿尔弗雷德·马歇尔

Principles of Economics（Menger）,《经济学原理》(门格尔),254

Principles of Political Economy（Malthus）,《政治经济学原理》(马尔萨斯),97,100

Principles of Political Economy（Mill）,《政治经济学原理》(穆勒),145-146,148-156

Principles of Political Economy（Roscher）,《政治经济学原理》(罗雪尔),214,215

Principles of Political Economy and Taxation（Ricardo）,《政治经济学及赋税原理》(李嘉图),97,108,114-115,127

Prisoner's dilemma,囚徒困境,62-63

Probabilistic egalitarianism,或然均等主义,450-451

probit model,probit 模型,372

"Problem of Social Cost, The"（Coase）,《社会成本问题》(科斯),433

Producers' cooperative,生产者合作社,177

Product differentiation,产品差异,347-350

Product-market monopsony,产品市场的买方垄断,353-355

Production,生产,148-149

Production of Commodities by Means of Commodities（Sraffa）,《用商品生产商品》(斯拉法),345,495

Production theory,生产理论,388

Productive labor,生产性劳动,144,148

Profits 利润
　　in exchange value,交换价值,116
　　Marshall,马歇尔,310-311
　　Ricardo,李嘉图,119-120
　　Smith,斯密,84

Progress and Poverty（George）,《进步与贫困》(乔治),286

Proletary,无产者,173

Pronounced cyclical instability,显著的周期性不稳定,496

Protectionism,保护主义
　　List,李斯特,211,213
　　Schmoller,施莫勒,218

Protective purpose of the firm,企业的保护性目标,417-418

Protestantism,新教,218-219

Pseudo-demand curves,虚假的需求曲线,493

Public-choice theory,公共选择理论,443-444

Public expenditures theory,公共支出理论,493

Public good,公共产品,493

Public policy,公共政策
　　Jevons,杰文斯,251-254
　　monopsony,买方垄断,359-360
　　Robinson,罗宾逊,359-360
　　Wicksell,维克塞尔,324-326

"Pure Theory of Monopoly"（Edgeworth）,《垄断的纯粹理论》(埃奇沃思),232

Quantity theory of money,货币数量论,330-332,536

Quasi-rent,准地租,310-311

Rate of Interest, *The*（Fisher）,《利率》(费雪),328

Rate of profit,利润率,192

Rational choice,理性选择,248-249

Rational consumer choice,理性消费者选择,297

Rational economic behavior,理性经济行为,224

Rational expectations,理性预期,542-543

Reaction curves,反应曲线,232

Real balance effect,实际余额效应,332n,435

Real price,真实价格,80

Reciprocal demand,相互需求,154

Redistribution, income,收入再分配,317,429-430

Reflections on the Formation and the Distribution of Riches（Turgot）,《关于财富的形成与分配的考察》(杜尔阁),44

Regression analysis,回归分析,368-370

Regression line,回归直线,369

Relative prices,相对价格,116-117

Rents 租金
　　Buchanan,布坎南,443-444
　　in exchange value,交换价值,116

Marshall, 马歇尔, 310-311
in mercantilism, 重商主义, 18
Petty, 配第, 31
Ricardo, 李嘉图, 110-114, 120
Say, 萨伊, 139-140
Smith, 斯密, 84-85
Repeated games, 重复博弈, 62-63
Representative firms, 代表性企业, 312
Reproducible commodities, 可再生商品, 114
Resource-market monopsony, 资源市场的买方垄断, 355-356
Returns to scale, 规模报酬, 149, 288-290, 315
Revealed preference theory, 显示偏好理论, 492
Review of Economics and Statistics (Leontief)《经济学和统计学评论》(里昂惕夫), 376
Revisionism, 修正主义, 164
Ricardian equivalence theorem, 李嘉图等价定理, 118-119
Ricardo, David, 大卫·李嘉图, 107
　assessment of contributions, 贡献的评价, 128-129
　biographical details, 生平细节, 107-109
　comparative costs, 比较成本, 123-125
　currency question, 货币问题, 109-110
　diminishing returns, 收益递减, 110
　distribution of income, 收入分配, 117-122
　equivalency of debt/tax financing, 借债/税收融资的等价, 118-119
　exchange value, 交换价值, 114-116
　Malthus and, 和马尔萨斯, 97, 110, 117
　Marx influenced by, 影响马克思, 184
　policy implications, 政策含义, 122-125
　population, 人口, 97
　profits, 利润, 119-120
　relative prices, 相对价格, 116-117
　rent, 地租, 110-114, 120
　trade theory, 贸易理论, 125-126
　unemployment, 失业, 100, 126-128
　wages, 工资, 117-119
Robinson, Joan, 琼·罗宾逊, 193n, 494, 495n, 532
　biographical details, 生平细节, 353
　criticisms, 批评, 358, 360-361
　marginal revenue, 边际收益, 347n
　monopsony, 买方垄断, 353-358
　public policy, 公共政策, 359-360
Robinson-Patman Act, 罗宾逊-帕特曼法案, 359-360
Rochdale Pioneers' Cooperative, 罗奇代尔先锋合作社, 177
Rotten kid theorem, 坏孩子定理, 552
Roundabout production, 迂回生产, 264-265
Rules of derived demand, 派生需求法则, 308-309
Rural subsistence sector, 农村生计部门, 522

Samuelson, Paul A., 保罗·A. 萨缪尔森
　algebra of income determination, 收入决定的代数式, 488-490
　biographical and background details, 生平与背景细节, 485-488
　contributions, 贡献, 492-493
　equilibrium income, 均衡收入, 467
　Hansen student, 汉森的学生, 478
　Lucas influenced by, 影响卢卡斯, 541-542
　on mathematical epoch, 论数学时代, 365
　on mathematics, 论数学, 562
　multiplier-accelerator interaction, 乘数-加速数相互作用, 488
　Phillips curve, 菲利普斯曲线, 488-492
　on rediscovering theories, 论重新发现理论, 281n
　socialism, 社会主义, 439
　Solow collaboration, 与索洛合作, 508
　transformation problem, 转化问题, 193n
Saving, 储蓄, 144
Say's law, 萨伊定律, 141-142
Scandinavian Journal of Economics,《斯堪的纳维亚经济学杂志》, 11
Scientific revolution, 科学革命, 49-50
Scientific socialism, 科学社会主义, 183
Screening, 遴选, 549-550
Second-degree price discrimination, 二级价格歧视, 435
Selection bias, 有偏选择, 372
Selective samples, 选择性样本, 372

Self-interested behavior,自利行为,51,73-74
Self-selection problem,自我选择问题,372
Selfishness,自私,70-71
Shadow price,影子价格,438
Signaling,发出信号,549-550
Sketch of the Intellectual Progress of Mankind(Condorcet),《人类精神进步史纲要》(孔多塞),93
Slavery,奴隶制度,187
Smith,Adam,亚当·斯密,67
    biographical details,生平细节,67-68
    deer-beaver example,鹿-海狸的例子,79
    division of labor,劳动分工,72-73,86
    economic development,经济发展,86-88
    harmony of interests/limited government,利益的和谐/有限政府,73-77
    Hume and,和休谟,61,68
    important influences,重要影响,68
    law of diminishing returns,收益递减法则,45
    market price,市场价格,80
    Marx influenced by,影响马克思,184
    mercantilism,重商主义,75
    Moral Sentiments,《道德情操论》,69-72
    principal-agent problem,委托-代理问题,351
    profit,利润,84
    rent,地租,84-85,140n
    value,价值,78-80
    wages,工资,80-84
    water-diamond paradox,水-钻石悖论,78
    Wealth of Nations,《国富论》,72-77
Social choice,社会选择,446-448
Social Choice and Individual Values(Arrow),《社会选择与个人价值》(阿罗),440
Social costs and benefits,社会成本与收益,430-432
Social imbalance,社会不平衡,417
Social passions,社会性情感,69
Social planning,社会计划,414-415
Social reform,社会改革,217-218
Socialism,社会主义,161
    beneficiaries,受益者,165
    Blanc,布朗基,178-179
    economic theory of,经济理论,438
    Fourier,傅立叶,170-172
    historical background,历史背景,161-162
    Kingsley,金斯利,179-181
    Lange,兰格,438
    lasting contributions,长远贡献,166-167
    Marxian,马克思主义,见卡尔·马克思
    Owen,欧文,174-178
    Saint-Simon,圣西门,167-170
    Sismondi,西斯蒙第,172-174
    types of,类型,162-165
    validity of,有效性,166
    von Mises,冯·米塞斯,435-437
Socialism(von Mises),《社会主义》(冯·米塞斯),436
Socialists of the Chair,讲坛社会主义者,207
Socially necessary labor time,社会必要劳动时间,188
Soviet of technicians,技师代表会,409-410
Specific training,专门培训,547
Speculative borrowers,投机借款者,501
Speculative motive,投机性动机,465
Speenhamland law,史宾汉姆兰法,91
Spillover effects,溢出效应,430
Spontaneous order,自发秩序,443
Stagnation thesis,停滞主题,485
Standard error of the estimate,估计的标准误差,369
State socialism,国家社会主义,162
Stationary state,稳定状态,120,155
Statistical testing,统计检验,368-370
Steady-state point,稳态点,509-510
Sterile class,非生产阶层,40
Stockholm school of economics,斯德哥尔摩经济学派,323,470-471
Strategic trade theory,战略贸易理论,212-213
"Subjection of Women,The"(Mill),《论妇女的屈从地位》(穆勒),147,157
Subjective utility,主观效用,225
Substitution effect,替代效应,17,300,387-388
Summary View of the Principle of Population,*A*(Malthus),《人口原理》(马尔萨斯),94

Sunspot theory of business cycle, 经济周期的太阳黑子理论, 251
Supplementary costs, 辅助成本, 303
Supply, 供给, 303-304
Supply schedule, 供给表, 152
Surplus utility, 剩余效用, 236
Surplus value, 剩余价值, 189-192
Sympathy, 同情, 69
Syndicalism, 工会组织主义, 164
System of Logic(Mill), 《逻辑体系》(穆勒), 157

t-statistic, t 统计量, 370
Tableau Economique(Quesnay), 《经济表》(魁奈), 39-41, 43
Taft-Hartley Act, 塔夫特-哈特利法案, 359
Technological progress, 技术进步, 510-511
Technostructure, 技术专家团体, 418
Theories of Surplus Value(Kautsky), 《剩余价值理论》(考茨基), 184
Theory of agricultural location, 农业区域理论, 239
Theory of allocation of time, 时间配置理论, 548-550
Theory of choice, 选择理论, 548
Theory of comparative costs, 比较成本理论, 123-125
Theory of Economic Development, The (Schumpeter), 《经济发展理论》(熊彼特), 511
Theory of Economic Growth, The (Lewis), 《经济增长理论》(刘易斯), 521
Theory of exploitation, 剥削理论, 188
  labor power vs. labor time, 劳动力与劳动时间, 189
  problems, 问题, 199
  rate of profit, 利润率, 192
  surplus value, 剩余价值, 189-192
  transformation problem, 转化问题, 192-193
Theory of Games and Economic Behavior(von Neumann/Morgenstern), 《博弈论与经济行为》(冯·诺依曼/摩根斯坦), 62, 379
Theory of history, 历史理论, 185-187
Theory of human capital, 人力资本理论, 83
Theory of Interest, The(Fisher), 《利息理论》(费雪), 328

Theory of market gluts, 市场供给过剩理论, 97, 99-100
Theory of Money and Credit(von Mises), 《货币与信贷理论》(冯·米塞斯), 435
Theory of Monopolistic Competition, The(Chamberlin), 《垄断竞争理论》(张伯伦), 347
Theory of Moral Sentiments, The(Smith), 《道德情操论》(斯密), 61, 69-72
Theory of Political Economy, The(Jevons), 《政治经济学原理》(杰文斯), 237, 246
Theory of the Consumption Function, A(Friedman), 《消费函数理论》(弗里德曼), 534
Theory of the firm, 企业理论, 417-419
Theory of the Four Movements and General Destinies(Fourier), 《关于四种运动和普遍命运的理论》(傅立叶), 170
Theory of the Leisure Class, The(Veblen), 《有闲阶级论》(凡勃仑), 401
Theory of Universal Unity, The(Fourier), 《宇宙统一论》(傅立叶), 170
Theses of scientific change, 关于科学进步的论著, 10
Third-degree price discrimination, 三级价格歧视, 435
Time allocation, 时间配置, 548-550
Time-intensive commodity, 时间密集型商品, 550
Time Scale, 时间序列表, 2-3
Time series analysis, 时间序列分析, 372
Time varying volatility, 时间变化不稳定性, 373
tobit model, tobit 模型, 372
Total product, 总产量, 277, 282
Trade, *IS-LM* model, 贸易, IS-LM 模型, 483-484
Trade theory, 贸易理论, 125-126, 212-213
Trade unions, 行业工会, 145
Training, 培训, 547
Transaction costs, 交易成本, 313-314
Transaction motive, 交易动机, 464
Transformation problem, 转化问题, 192-193
Treatise of Taxes and Contributions, A(Petty), 《赋税论》(配第), 28-31
Treatise on Human Nature, A(Hume), 《人性论》(休谟), 63
Treatise on Money(Keynes), 《货币论》(凯恩斯), 471

Treatise on Political Economy, *A*（Say），《政治经济学概论》（萨伊），138
Treatise on the Family, *A*（Becker），《家庭论》（贝克尔），550
Treatises on history of economic thought，关于经济思想史的论著，10
Two-sector model，两部门模型，522-523

Unanimity，rule，一致同意规则，445
Unemployment，失业
    Friedman，弗里德曼，537-539
    Keynes，凯恩斯，469
    Phillips curve，菲利普斯曲线，488-492，537-539
    Ricardo，李嘉图，100，126-128
Unintended investment，非意愿投资，462
Unions，工会，145，359
Unit elastic demand，单一弹性需求，302
Unproductive consumption，非生产性消费，99
Unproductive labor，非生产性劳动，148
Urban industrial sector，城市工业部门，522
Usury，高利贷，135-136
Utilitarianism，功利主义，131-138，449-450
Utilité relative，相对效用，236
Utility maximization，效用最大化，386
Utopian socialism，空想社会主义，162

Value，价值
    in competitive economy，竞争经济，78-80
    Jevons，杰文斯，245-251
    Marx，马克思，188
    Menger，门格尔，254-257
    Say，萨伊，139
    Smith，斯密，78-80
    von Wieser，冯·维塞尔，259-261
Variable costs，可变成本，303
Veblen，Thorstein Bunde，索尔斯坦·邦德·凡勃仑
    biographical details，生平细节，400
    Clark and，和克拉克，281
    credit and business cycles，信用和经济周期，407-409
    instinct for workmanship，手艺本能，406-407
    leisure class，有闲阶级，401，404-405
    neoclassical school attacks，对新古典经济学的批判，405-406
    soviet of technicians，技师代表会，409-410
Veblen goods，凡勃仑物品，402-403
Velocity，流通速度，30
Verbum Sapienti（Petty），《语言的智慧》（配第），28-30
Vicious circle of poverty，贫困的恶性循环，517-518

Wage inflexibility，工资刚性，497-499
Wages，工资
    in exchange value，交换价值，116
    Marshall，马歇尔，308-309
    Ricardo，李嘉图，117-119
    Smith，斯密，80-84
Wages fund，工资基金，80，150-152
Wagner Act，瓦格纳法案，359-360
Wait unemployment，等待性失业，83
Waiting，等待，144，304
Water-diamond paradox，水-钻石悖论，78
Wealth of Nations（Smith），《国富论》（斯密），72-77，82-83，351
Web sites，网站，11-12
Welfare economics，福利经济学，425
    Arrow，阿罗，439-441
    Buchanan，布坎南，441-445
    constitutional economics，宪法经济学，444-445
    economic theory of socialism，社会主义经济理论，438
    impossibility theorem，不可能定理，440
    Lange，兰格，437-439
    Pareto，帕累托，425-429
    Pareto optimality，帕累托最优，426-428
    Pigou，庇古，429-435
    price discrimination，价格歧视，435
    public-choice theory，公共选择理论，443-444
    Sen，森，445-451
    social costs and benefits，社会成本与收益，430-432

socialism, 社会主义, 436-438
　　von Mises, 冯·米塞斯, 436-437
Welfare effects of taxes/subsidies, 税收/补贴的福利效应, 315-317
Wheel of wealth, 财富之轮, 43
Wicksell, Knut, 克努特·维克塞尔
　　adding-up problem, 加总问题, 288-290
　　biographical details, 生平细节, 322-323
　　forced saving, 强制储蓄, 326
　　imperfect competition, 不完全竞争, 327-328
　　price level changes, 价格水平变化, 323-324
　　public policy, 公共政策, 324-326
　　taxes, 税收, 442
Wobblies, 摇晃工会, 164
Women's rights, 妇女的权利, 147-148
Work, avoiding, 劳动, 避免, 404
Workhouses, 济贫院, 97
Workmanship, 手艺, 406-407

X-inefficiency, X-无效率, 351

Zero-sum games, 零和博弈, 380